# 北海道市町村財政便覧
【大正12年初版】

川西輝昌 編纂

地方自治法研究
復刊大系〔第二四八巻〕

# 北海道市町村財政便覧

〔大正十二年初版〕

日本立法資料全集 別巻 1058

信山社

# 北海道市町村財政便覧

北海道自治協會

# 正誤表

| 頁數 | 種別 | 誤 大正六年度 | 誤 同七年度 | 誤 同八年度 | 誤 同九年度 | 誤 同十年度 | 正 大正六年度 | 正 同七年度 | 正 同八年度 | 正 同九年度 | 正 同十年度 |
|---|---|---|---|---|---|---|---|---|---|---|---|
| 四 | 小樽市 地方税額 | — | — | — | — | — | 一二九、〇三八 | 一五七、二〇八 | 二四六、五七八 | 三三五、九〇二 | 四二二、一四三 |
| 五 | 同 納税者實人員 | — | — | — | — | — | 一、八五〇 | 二、〇〇五 | 二、二一五 | 二、五九二 | 三、六四三 |
| 五 | 旭川市 課率地價割 | | 一 | | | | 削除 | | | | |
| 五八 | 上ノ國村 直接國税額 | 四七 | 七 | 五〇 | 五〇 | 五〇 | 三、六五九 | 四、〇三二 | 四、三六〇 | 三、六六九 | 四、〇一八 |
| 五八 | 同 地方税額 | 五三 | 五四 | 七〇 | 九〇 | 一一三 | 三、九六一 | 四、四〇六 | 五、九二〇 | 七、八八四 | 八、四八八 |
| 七九 | 泊村 第三種所得税額 | 一七、〇九七 | 二〇、四一一 | 二七、九二四 | 一八、二六二 | | 八、五五一 | 一五、九〇一 | 一三、九六一 | 一七、二六一 | |
| 一一〇 | 三笠山村 直接國税額 | 三四 | 三四 | 四〇 | 三九 | 三九 | 五、八三一 | 七、七三四 | 一一、一二七 | 一〇、〇七一 | 一〇、五三四 |
| 同 | 同 地方税額 | 三〇 | 三五 | 五二 | 七七 | 八〇 | 一二、八二八 | 一八、〇六三 | 二六、〇九七 | 二三、五二二 | 二五、九二五 |
| 同 | 市町村税額 | 三〇 | 四〇 | 四〇 | 四一 | 四〇 | 二五、六六三 | 四一、一九八 | 五九、四九九 | 七九、九三四 | 六九、四九三 |
| 一一一 | | 第三種所得税價 | | | | | 第三種所得税額 | | | | |
| 一一四 | 浦臼村 直接國税額 | 一、九〇五 | | | | | 二、〇三五 | | | | |
| 一一五 | | 第三種所得税價 | | | | | 第三種所得税額 | | | | |
| 一二八 | 永山村 直接國税額 | 七、八四七 | 七、四七三 | 七、四八六 | 九、〇一八 | 九、八二〇 | 四、四四六 | 七、〇一六 | 一一、〇四七 | 八、〇五〇 | 八、九四七 |
| 一三五 | 多寄村 同 納税者實人員 | — | — | — | — | — | 一七九 | 一六八 | 二〇四 | 一五〇 | 一三四 |
| 一四一 | 智恵文村 第三種所得税額 | | | | 五、九五六 | | | | | 五二八 | |
| 一四二 | 和寒村 直接國税額 | 一、三四五 | 一、三〇〇 | 三、五〇〇 | 四、〇〇〇 | 五、五〇〇 | 一、四二八 | 四、九二七 | 五、九九五 | 五、四三六 | 四、五四七 |
| 一四三 | 同 第三種所得税額 | 二九、九一五 | 三、四〇八 | | 二、二〇〇 | | 八四五 | 三、一〇七 | | 二、二九三 | |
| 一五四 | 鬼鹿村 直接國税額 | 八一一 | 八七九 | 九四三 | 一、〇九二 | 一、二五二 | 二、〇五五 | 二、八九一 | 四、〇三二 | 一、九五四 | 二、一三二 |
| 同 | 同 地方税額 | 一三三 | 一五六 | 二八九 | 四七六 | 六一四 | 五、九九九 | 四、九三四 | 六、〇六一 | 八、〇四〇 | 八、一五一 |
| 同 | 同 市町村税額 | — | — | — | — | — | 六、六二七 | 一〇、九一一 | 一八、二四八 | 二二、八四八 | 一九、七七三 |
| 一八一 | 常呂村 第三種所得税額 | | 五、七九六 | | | | | 二、七九六 | | | |
| 二〇〇 | 徳舜瞥村 直接國税額 | 五〇 | 一〇一 | 一、〇三〇 | | | 五九〇 | 九五一 | 一、七七〇 | | |
| 二一九 | 音更村 同 納税者實人員 | — | — | — | — | — | 二〇〇 | 二二七 | 二七一 | 一九八 | 一九三 |
| 二三〇 | | 豊頃町 | | | | | 豊頃村 | | | | |
| 同 | 豊頃村 直接國税額 | 三五〇 | 三四〇 | 五四九 | 六六六 | 九〇五 | 一、八五二 | 二、〇三九 | 二、三八七 | 二、八五九 | 二、六二二 |
| 二三一 | 同 第三種所得税額 | 七二〇 | 七二八 | 一、二〇〇 | 一、五八〇 | 七五二 | 六二八 | 一、一九八 | 一、五七一 | 九二五 | 七一一 |

# 凡例

一、本表ハ自大正六年度至大正十年度五ケ年間ノ北海道市町村財政狀況ヲ市町村別ニ調査セルモノトス

二、本表掲載事項ハ左ノ十項トス

（イ）面　積

（ロ）現住戸口

（ハ）負　擔

（ニ）一般會計歳入出豫算

（ホ）市町村有財産

（ヘ）財産ヨリ生スル收入

（ト）市町村債額

（チ）第三種所得稅額

（リ）全納稅者實人員

（ヌ）市町村税課率

三、計數ハ四捨五入シテ圓若クハ錢單位トス但シ稅率ニ限リ厘單位トス

四、民有地ハ官有地及國有地以外ノ全部ヲ包含スルモノトス

五、本表中人口戶數ハ歷年末現在其ノ他ハ會計年度末現在トス

六、財政欄歲入出豫算ハ一般會計豫算ノミヲ揭記シ特別會計豫算ハ之ヲ除ク

七、市町村債額ハ償還未了額ヲ計上ス

八、附加稅ノ課率ハ本稅一圓當トシ水產稅割ハ雜種稅割ニ包含スルモノトス

# 北海道市町村財政便覧目次

## 檜山支廳管内



## 後志支廳管内

## 空知支廳管内

## 上川支廳管內



## 留萌支廳管內

宗谷支廳管內



網走支廳管內



膽振支廳管內

## 根室支廳管内

| 種別 | 單位 | 札幌市 | | | | | 函館市 | | | | |
|---|---|---|---|---|---|---|---|---|---|---|---|
| | | 大正六年度 | 同 七年度 | 同 八年度 | 同 九年度 | 同 十年度 | 同 六年度 | 同 七年度 | 同 八年度 | 同 九年度 | 同 十年度 |
| 面積 | 方里 | 一、四六 | 一、四六 | 一、四六 | 一、四六 | 一、四六 | 一、二二 | 一、二二 | 一、二二 | 一、二二 | 一、二二 |
| 民有地 田 反別 | 反 | 一六二 | 一六二 | 一六六 | 一七一 | 一七三 | 一〇二 | 一〇二 | 一〇二 | 一〇二 | 一〇二 |
| 民有地 畑 同 | 同 | 一、〇九八四 | 一、〇九一五 | 一、〇七〇二 | 一、〇六五六 | 一、〇二九一 | 、五九三四 | 、五九三五 | 、五七七八 | 、五八〇四 | 、五七七五 |
| 民有地 宅地 同 | 同 | 二八四二 | 二八七〇 | 二九〇九 | 三三三六 | 三六三三 | 三七四八 | 三七五一 | 三六九一 | 三七四三 | 三七八七 |
| 民有地 山林 同 | 同 | — | — | — | — | — | 一二三 | 一二三 | 一二二 | 一二一 | 一二四 |
| 民有地 原野 同 | 同 | 三三一 | 三七八 | 三七八 | 三七五 | 三七五 | 一〇三 | 一〇三 | 一三五 | 一四五 | 一五二 |
| 民有地 牧場 同 | 同 | — | — | — | — | — | — | — | — | — | — |
| 民有地 其他 同 | 同 | 一一 | 一一 | 一五 | 一五 | 一五 | 六三六 | 六四〇 | 六八四 | 八四六 | 九五〇 |
| 現住戸數 | 戸 | 一六、八七四 | 一七、〇八九 | 一七、七六二 | 一九、二一九 | 二〇、九七六 | 二二、九五七 | 二六、八六七 | 三〇、一二九 | 三〇、七二六 | 三一、七四九 |
| 現住人口 | 人 | 八九、五九六 | 九四、五六八 | 九八、六四八 | 一〇七、六〇一 | 一一六、二八三 | 一一四、八三二 | 一三二、一六九 | 一三六、三六一 | 一三七、四三三 | 一四〇、二三七 |
| 負擔 直接國税額 | 圓 | 三二〇、四二八 | 三七五、九五二 | 六三七、九八二 | 四六九、九九四 | 七一〇、八四三 | 六二五、三五八 | 八六三、三一四 | 五九二、八三五 | 四九八、一九九 | 五四九、三〇四 |
| 負擔 地方税額 | 同 | 一〇二、三〇二 | 一二八、八〇九 | 一八〇、八三三 | 二六五、二六〇 | 三二一、八〇七 | 一五五、九六四 | 一九九、五〇四 | 二三八、三二八 | 三四〇、六四四 | 三六七、一四〇 |
| 負擔 市町村税額 | 同 | 一八一、一一四 | 二六四、三一六 | 三八六、八〇四 | 四七三、二〇四 | 七四八、九七〇 | 二三四、一五四 | 三九八、一七七 | 六一一、六九〇 | 八九四、一一一 | 一、一〇三、九四三 |
| 財政 歳入 | 同 | 三七七、五七四 | 四二九、二九四 | 七三八、六五三 | 一、〇一七、六九五 | 一、六八五、九〇八 | 一、二〇五、九〇六 | 九一二、〇六二 | 一、五五三、九九七 | 二、八〇四、九一四 | 四、二一八、六七六 |
| 財政 歳出經常部 役所役場費 | 同 | 四七、六一八 | 六七、六〇五 | 九五、六四〇 | 九三、三三八 | 一四七、五二八 | 六五、〇五七 | 七八、九四一 | 一二五、八一九 | 一五一、一二一 | 一六七、八七四 |
| 財政 歳出經常部 土木費 | 同 | 二一、一〇三 | 三〇、四二六 | 三八、七三〇 | 六二、六五七 | 一〇五、二〇一 | 三一、二五三 | 四四、二六七 | 六一、四八五 | 一四〇、〇一二 | 一三九、〇一六 |
| 財政 歳出經常部 教育費 | 同 | 一二九、三七六 | 一六五、三八三 | 二五〇、一九一 | 二九四、五二二 | 三四六、九〇八 | 一一、九四七 | 一四二、三九七 | 二二六、一二八 | 三二〇、五四七 | 三六〇、七二七 |
| 財政 歳出經常部 衛生費 | 同 | 二一、六九七 | 四一、五六四 | 四九、五九二 | 七二、三九七 | 八二、六二七 | 三五、九三一 | 六三、三八四 | 八八、九三二 | 一一〇、一一三 | 二〇〇、八九二 |
| 財政 歳出經常部 勸業費 | 同 | 一、七一三 | 一、七二二 | 二、四五四 | 、六四三 | 一、九一四 | 、八七四 | 一、二六八 | 一、七六六 | 二、八六五 | 三、〇四五 |
| 財政 歳出經常部 其他 | 同 | 四二、六五八 | 五三、〇六一 | 六五、八八四 | 九九、九四五 | 一二七、八一六 | 一三一、八五一 | 一九〇、一七四 | 二五二、三一二 | 三四三、〇九八 | 三七四、〇三〇 |
| 財政 歳出經常部 計 | 同 | 二六四、一六五 | 三五九、七六一 | 五〇二、四九一 | 六二三、五〇二 | 八一一、九九二 | 三七六、九一三 | 五二〇、四三一 | 七五六、四四二 | 一、〇六七、四四二 | 一、二四五、五八四 |
| 財政 歳出臨時部 計 | 同 | 一一三、四〇九 | 六九、五三三 | 二三六、一六二 | 三九四、一九三 | 八七三、九一六 | 八二八、九九三 | 三九一、六三一 | 七九七、五五五 | 一、七三七、一五八 | 二、九七三、〇九二 |
| 財政 歳出 通計 | 同 | 三七七、五七四 | 四二九、二九四 | 七三八、六五三 | 一、〇一七、六九五 | 一、六八五、九〇八 | 一、二〇五、九〇六 | 九一二、〇六二 | 一、五五三、九九七 | 二、八〇四、九一四 | 四、二一八、六七六 |
| 基本財産 動産 | 同 | 、四〇五 | 、五五三 | 、七七一 | 、七九四 | 、八四四 | 一一、四八九 | 六、二六六 | 六、七一八 | 八、四四〇 | 一一、九六八 |
| 基本財産 不動産 | 同 | 三三、一七三 | 四六、六二七 | 四七、〇〇〇 | 六四、五七一 | 七三、九五四 | 二四二、五七四 | 三二三、六五九 | 三六三、一五八 | 三九一、六七四 | 九七二、七六二 |

| | | | | | | | | | | | |
|---|---|---|---|---|---|---|---|---|---|---|---|
| 財産 學校基本財産 動産 | 同 | 、一九七 | 、二二九 | 、二五二 | 、五九七 | 、五二七 | — | — | — | — | — |
| 財産 學校基本財産 不動産 | 同 | — | — | — | — | — | — | — | — | — | — |
| 財産 特別基本財産 動産 | 同 | — | — | — | — | — | 三一、〇九二 | 三一、九三一 | 三三、二四二 | 三四、〇四三 | 三五、〇七五 |
| 財産 特別基本財産 不動産 | 同 | — | — | — | — | — | — | — | — | — | — |
| 財産 收益ナキ財産 動産 | 同 | — | — | — | — | — | 一九三、三八〇 | 二〇五、六〇三 | 二一九、七五三 | 二七〇、六一三 | 二七〇、七一六 |
| 財産 收益ナキ財産 不動産 | 同 | — | — | — | — | — | 一、二〇三、三〇一 | 一、四一五、〇六三 | 一、五三九、九九六 | 一、八〇九、二七三 | 二、八二一、九四九 |
| 財産 一部有財産 動産 | 同 | — | — | — | — | — | — | — | — | — | — |
| 財産 一部有財産 不動産 | 同 | — | — | — | — | — | — | — | — | — | — |
| 財産 積立金穀 | 同 | 二八、四〇四 | 三、四六六 | 、四〇二 | 二八、三二一 | 一、〇七九 | — | — | — | — | — |
| 財産 罹災救助金 | 同 | — | — | — | — | — | — | — | — | — | — |
| 財産ヨリ生スル收入 | 同 | 三三、四九〇 | 四七、五八六 | 四八、二一七 | 六六、一六二 | 七五、五四三 | 三二、八一六 | 三四、四七五 | 三四、四四八 | 六二、七二一 | 五八、三四九 |
| 市町村債額 | 同 | — | — | — | 一〇三、〇〇〇 | 二一〇、〇〇〇 | 四九八、〇〇〇 | 四九八、〇〇〇 | 九二三、〇〇〇 | 一、六七四、九二二 | 三、六二二、四四五 |
| 第三種所得税額 | 同 | 一三〇、〇〇〇 | 二四二、二〇〇 | 三三五、〇〇〇 | 四四五、〇〇〇 | 七〇〇、〇〇〇 | 三六九、六二四 | 二七九、六八五 | 一七八、六一四 | 一二一、〇八六 | 一七〇、八五八 |
| 同納税者人員 | 人 | 四、一〇八 | 四、七八九 | 五、〇〇八 | 四、〇二九 | 五、三一〇 | 二、六八九 | 二、六〇七 | 三、一五六 | 二、七二六 | 三、五二三 |
| 課率 附加税 地價割 | 厘 | 、〇九〇 | 、〇九〇 | 、一四四 | 、一四四 | — | 、一六三 | 、一一八 | 、一九三 | 、四八五 | 、五六九 |
| 課率 附加税 國税營業税割 | 同 | 、一五〇 | 、一五〇 | 、二四〇 | 、四〇〇 | 、四七〇 | 、二二〇 | 、一九三 | 、三二四 | 、七八五 | 、七五二 |
| 課率 附加税 所得税割 | 同 | 、一五〇 | 、一五〇 | 、二四〇 | 、一四〇 | 、二二六 | 、二二〇 | 、一九三 | 、三二四 | 、二三四 | 、二二四 |
| 課率 附加税 戸別割 | 同 | 二、一〇〇 | 二、九五〇 | 三、〇〇〇 | 三、〇〇〇 | 三、〇〇〇 | 、七五〇 | 、八五五 | 、九六〇 | 二、二〇〇 | 二、八八〇 |
| 課率 附加税 地方税營業税割 | 同 | 、五〇〇 | 、六〇〇 | 、七五〇 | 一、〇〇〇 | 一、〇〇〇 | 、六〇〇 | 、七〇〇 | 、八五〇 | 一、〇〇〇 | 一、〇〇〇 |
| 課率 附加税 雑種税割 | 同 | 、五〇〇 | 、六〇〇 | 一、〇〇〇 | 一、〇〇〇 | 一、〇〇〇 | 、六〇〇 | 、七〇〇 | 、八一五 | 一、一一〇 | 一、五〇三 |
| 課率 特別税 反別割 田 | 同 | — | — | — | — | — | — | — | — | — | — |
| 課率 特別税 反別割 畑 | 同 | — | — | — | — | — | — | — | — | — | — |
| 課率 特別税 反別割 宅地 | 同 | — | — | — | — | — | — | — | — | — | — |
| 課率 特別税 反別割 山林 | 同 | — | — | — | — | — | — | — | — | — | — |
| 課率 特別税 反別割 原野 | 同 | — | — | — | — | — | — | — | — | — | — |
| 課率 特別税 反別割 牧場 | 同 | — | — | — | — | — | — | — | — | — | — |
| 課率 特別税 反別割 海産干場 | 同 | — | — | — | — | — | — | — | — | — | — |
| 課率 特別税 反別割 雑種地 | 同 | — | — | — | — | — | — | — | — | — | — |
| 課率 特別税 建物割 | 同 | 、〇八五 | 、〇〇七 | 、〇一〇 | 、〇一〇 | 、〇一〇 | 、二八〇 | 、二九〇 | 、三六〇 | 、四八〇 | 、五〇〇 |
| 課率 特別税 牛馬割 | 同 | — | — | — | — | — | — | — | — | — | — |
| 課率 特別税 戸別割 | 同 | — | — | — | — | — | — | — | — | — | — |

| 種別 | 單位 | 小樽市 大正六年度 | 同 七年度 | 同 八年度 | 同 九年度 | 同 十年度 |
|---|---|---|---|---|---|---|
| 面積 | 方里 | 三、七 | 三、七 | 三、七 | 三、七 | 三、七 |
| 民有地 田 反別 | 反 | 一六 | 一六 | 一六 | 一六 | 一六 |
| 民有地 畑 | 同 | 一、〇二四六 | 九九九三 | 九八五八 | 九五七九 | 九三五三 |
| 民有地 宅地 | 同 | 三二四一 | 三二四五 | 三二六二 | 三三〇一 | 三三〇二 |
| 民有地 山林 | 同 | 二九三四 | 三一三一 | 三二五一 | 三三九四 | 三五一五 |
| 民有地 原野 | 同 | 一七七五 | 一八八一 | 二〇一六 | 二一二八 | 二二二八 |
| 民有地 牧場 | 同 | — | — | — | — | — |
| 民有地 其他 | 同 | 一七三七 | 一七三七 | 一七三七 | 一七四二 | 一七四二 |
| 現住戸數 | 戸 | 一八、〇二二 | 一八、五〇六 | 一九、二九〇 | 二一、〇四六 | 一一、七七八 |
| 現住人口 | 人 | 一〇三、六一一 | 一〇二、四六二 | 一〇六、九四五 | 一〇七、九九七 | 一一一、九三九 |
| 負擔 直接國稅額 | 圓 | 四一二、六一八 | 七四二、六三六 | 七八三、七五九 | 六〇八、四六八 | 六八五、〇四〇 |
| 負擔 地方稅額 | 同 | — | — | — | — | — |
| 負擔 市町村稅額 | 同 | 三三三、三五五 | 四七七、〇一〇 | 五五七、七四三 | 七四三、一六二 | 七四三、一六二 |
| 財政 歳入 | 同 | 六六三、三二四 | 一、〇二二、八二二 | 一、〇六三、九七〇 | 一、四五一、三四九 | 一、四五一、三四九 |
| 歳出經常部 役所役場費 | 同 | 六一、三二五 | 七七、二九〇 | 一〇四、〇四六 | 一三七、六五七 | 一三七、六五七 |
| 歳出經常部 土木費 | 同 | 四一、八七三 | 八八、五一六 | 七七、一三九 | 八五、九〇四 | 八五、九〇四 |
| 歳出經常部 教育費 | 同 | 一〇七、六九九 | 一六三、六三五 | 二三四、七八七 | 二八〇、九〇八 | 二八〇、九〇八 |
| 歳出經常部 衛生費 | 同 | 三五、二〇七 | 四九、四八六 | 七六、五二二 | 九〇、七九六 | 九〇、七九六 |
| 歳出經常部 勸業費 | 同 | 八二 | 九七 | 二九三 | 四六八 | 四六八 |
| 歳出經常部 其他 | 同 | 一四一、七九八 | 一六四、八二九 | 二九〇、〇九八 | 一八五、四〇六 | 一八五、四〇六 |
| 同 計 | 同 | 三八七、九八四 | 五四三、八五三 | 八八二、八八五 | 七八一、一三九 | 七八一、一三九 |
| 臨時部 計 | 同 | 二七五、四四〇 | 四六八、九六九 | 一八一、〇八五 | 六七〇、二一〇 | 六七〇、二一〇 |
| 通計 | 同 | 六六三、三二四 | 一、〇二二、八二二 | 一、〇六三、九七〇 | 一、四五一、三四九 | 一、四五一、三四九 |
| 基本財産 動産 | 同 | 二〇、〇〇〇 | 二〇、〇〇〇 | 二〇、〇〇〇 | 二九、〇〇〇 | 一九、〇〇〇 |
| 基本財産 不動産 | 同 | 四、八二五、〇〇〇 | 四、八二五、〇〇〇 | 四、八二九、六三五 | 四、八二九、六三五 | 七、一九四、〇四一 |

| 種別 | 單位 | 旭川市 同 六年度 | 同 七年度 | 同 八年度 | 同 九年度 | 同 十年度 |
|---|---|---|---|---|---|---|
| 面積 | 方里 | 一、一二 | 一、一二 | 一、一二 | 一、一二 | 一、一二 |
| 民有地 田 反別 | 反 | 一六八〇 | 一七三二 | 一八八〇 | 二〇〇三 | 二〇八七 |
| 民有地 畑 | 同 | 三九三三 | 三八一三 | 三七八九 | 三四八三 | 三四八七 |
| 民有地 宅地 | 同 | 一八七六 | 一九〇四 | 一九八四 | 二二〇一 | 二〇二四 |
| 民有地 山林 | 同 | 二二三 | 二二三 | 二二三 | 二二三 | 二二七 |
| 民有地 原野 | 同 | 二五九 | 二一五 | 一四六 | 一一三 | 九五 |
| 民有地 牧場 | 同 | — | — | — | 一五 | 一五 |
| 民有地 其他 | 同 | 四六二 | 五四八 | 五二九 | 六一四 | 六一八 |
| 現住戸數 | 戸 | 九、五二五 | 一〇、四三四 | 一〇、七一七 | 一一、四九〇 | 一一、九三六 |
| 現住人口 | 人 | 四七、三二二 | 五一、八三一 | 五三、二四五 | 五七、一〇二 | 五八、八〇五 |
| 負擔 直接國稅額 | 圓 | 一二四、八九〇 | 一五六、一五一 | 二三九、三〇〇 | 一九七、二八五 | 二二七、五八三 |
| 負擔 地方稅額 | 同 | 五九、二七二 | 七一、五五二 | 九七、四八七 | 一二五、九五一 | 一九四、一一四 |
| 負擔 市町村稅額 | 同 | 九八、四〇一 | 一六六、五〇二 | 二三五、一四七 | 二六七、四七六 | 四〇六、三四二 |
| 財政 歳入 | 同 | 二七二、六六六 | 三七四、六二六 | 四七九、九二六 | 七八六、七九五 | 八二四、九一四 |
| 歳出經常部 役所役場費 | 同 | 三二、七五二 | 四〇、七二七 | 七〇、一〇〇 | 九二、四六九 | 一〇二、〇〇三 |
| 歳出經常部 土木費 | 同 | 五、七〇〇 | 七、五二九 | 一三、〇〇〇 | 二三、二七二 | 二九、九二五 |
| 歳出經常部 教育費 | 同 | 六〇、三六九 | 七八、八四三 | 一四七、八〇七 | 一八四、五一七 | 二一六、七三三 |
| 歳出經常部 衛生費 | 同 | 一五、二二二 | 二五、〇〇六 | 三七、二五〇 | 四八、七三〇 | 五八、五四六 |
| 歳出經常部 勸業費 | 同 | 九二八 | 四二六 | 二、四〇三 | 一、八一六 | 二、五二七 |
| 歳出經常部 其他 | 同 | 二八、一二四 | 四四、七三三 | 六二、三二四 | 五一、七七〇 | 八一、八六七 |
| 同 計 | 同 | 一四三、〇八五 | 一九七、二六四 | 三三三、三八四 | 四〇二、五七四 | 四九一、六〇一 |
| 臨時部 計 | 同 | 一〇九、七八五 | 一五一、五四〇 | 一四六、五四〇 | 二四九、七八七 | 三五一、三二三 |
| 通計 | 同 | 二五二、八七〇 | 三四八、八〇四 | 四七九、九二五 | 六五二、三六一 | 八四二、九二四 |
| 基本財産 動産 | 同 | 一四一、六九一 | 二四、一七三 | 一四、八七五 | 二、七八九 | 二七二 |
| 基本財産 不動産 | 同 | 一、〇二六、八〇四 | 三、〇九八、二六三 | 三、一一三、二五五 | 五、一六三、二九〇 | 五、一六九、七一七 |

| 財産 學校基本財産 動産 | 學校基本財産 不動産 | 特別基本財産 動産 | 特別基本財産 不動産 | 收益ナキ財産 動産 | 收益ナキ財産 不動産 | 一部有財産 動産 | 一部有財産 不動産 | 積立金穀 | 罹災救助金 | 財産ヨリ生スル收入 | 市町村債額 | 第三種所得税額 | 同納税者實人員 | 課率 附加税 地價割 | 附加税 國税營業税割 | 附加税 所得税割 | 附加税 戶別割 | 附加税 地方税營業税割 | 附加税 雜種税割 | 特別税 反別割 田 | 反別割 畑 | 反別割 宅地 | 反別割 山林 | 反別割 原野 | 反別割 牧場 | 反別割 海産干場 | 反別割 雜種地 | 特別税 建物割 | 特別税 牛馬割 | 特別税 戶別割 |
|---|---|---|---|---|---|---|---|---|---|---|---|---|---|---|---|---|---|---|---|---|---|---|---|---|---|---|---|---|---|---|
| 同 | 同 | 同 | 同 | 同 | 同 | 同 | 同 | 同 | 同 | 同 | 同 | 同 | 人 | 厘 | 同 | 同 | 同 | 同 | 同 | 同 | 同 | 同 | 同 | 同 | 同 | 同 | 同 | 同 | 同 | 同 |
| 六四五〇 | — | — | 二一、〇〇〇 | — | 三、八五三、七〇〇 | — | — | — | — | 二六、九二六 | — | 二四一、〇九七 | — | — | 、〇一〇 | 一〇 | 一、九〇〇 | — | 、九〇〇 | — | — | — | — | — | — | — | — | — | — | — |
| 六、四五〇 | — | — | 二一、〇〇〇 | — | 二、八六四、四六〇 | — | — | — | — | 二七、三七一 | — | 三〇九、四〇八 | — | — | 、二〇五 | 、二〇五 | 二、〇〇〇 | 一、〇〇〇 | 一、〇〇〇 | — | — | — | — | — | — | — | — | — | — | — |
| 六、四五〇 | — | — | 二一、〇〇〇 | — | 二、八六五、〇〇〇 | — | — | — | — | 二六、七〇三 | — | 三一二、四五六 | — | — | 、二〇五 | 、二〇五 | 二、〇〇〇 | 一、〇〇〇 | 一、〇〇〇 | — | — | — | — | — | — | — | — | — | — | — |
| 六、四五〇 | — | — | 二一、〇〇〇 | — | 二、八七五 五七六 | — | — | — | — | 二五、八〇三 | — | 二二七、七六一 | — | — | 、四七〇 | 、二六〇 | 二、二〇〇 | 一、〇〇〇 | 一、〇〇〇 | — | — | — | — | — | — | — | — | — | — | — |
| 六、四五〇 | — | — | 二一、〇〇〇 | — | 二、八八一、五七六 | — | — | — | — | 三六、〇六二 | — | 二六九、三三八 | — | — | 、四七〇 | 、二八〇 | 三、〇〇〇 | 一、〇〇〇 | 一、〇〇〇 | — | — | — | — | — | — | — | — | — | — | — |
| 六〇、三六一 | 四一、一九九 | — | — | — | 八九、七〇六 | — | — | — | — | — | — | 五三、二三一 | 一、四三八 | — | 、一六八 | 一六八 | 三、〇〇〇 | 一、〇〇〇 | 一、〇〇〇 | 、四〇〇 | 、四〇〇 | 、〇〇三 | — | — | — | — | — | — | — | — |
| 六、九一九 | 七〇、五〇〇 | — | — | — | 三一〇、一〇五 | — | — | 五〇 | — | — | — | 八一、一九九 | 一、六八九 | — | 、二〇〇 | 二〇〇 | 三、九〇〇 | 一、〇〇〇 | 一、〇〇〇 | 、四〇〇 | 、四〇〇 | 、〇〇三 | — | — | — | — | — | — | — | — |
| 八、八九五 | 七〇、五〇〇 | — | — | — | 三一一、七八六 | — | — | 七、九〇八 | — | — | — | 一四〇、三九九 | 二、六六九 | — | 、二五八 | 二五八 | 四、七〇〇 | 一、〇〇〇 | 一、〇〇〇 | 、四〇〇 | 、四〇〇 | 、〇〇三 | — | — | — | — | — | — | — | — |
| 八、三一三 | 一七二、六〇〇 | — | — | — | 八七五、五二三 | — | — | 六、〇八五 | — | — | 一五五、〇〇〇 | 九六、〇二七 | 二、四三二 | — | 、四七〇 | 二八一 | 五、〇〇〇 | 一、二〇〇 | 一、二〇〇 | 、六二五 | 、五〇〇 | 、〇一七 | — | — | — | — | — | 、〇二〇 | — | — |
| 一一二 | 一七二、六〇〇 | — | — | — | 七九九、四四九 | — | — | 五、六一六 | — | — | 四〇、〇〇〇 | 一一八、二四五 | 二、五〇一 | — | 、四七〇 | 二八〇 | 四、五〇〇 | 一、二〇〇 | 一、二〇〇 | 、六二五 | 、五〇〇 | 、〇一七 | — | — | — | — | — | 、〇二〇 | — | — |

| 種別 | 單位 | 室蘭市 大正六年度 | 室蘭市 同七年度 | 室蘭市 同八年度 | 室蘭市 同九年度 | 室蘭市 同十年度 | 釧路市 同六年度 | 釧路市 同七年度 | 釧路市 同八年度 | 釧路市 同九年度 | 釧路市 同十年度 |
|---|---|---|---|---|---|---|---|---|---|---|---|
| 面積 | 方里 | 五、〇五 | 五、〇五 | 五、〇五 | 五、〇五 | 五、〇五 | 一四、一 | 一四、一 | 一四、一 | 三、〇八 | 三、〇八 |
| 民有地 田 | 反 | 二七 | 二七 | 二九 | 二九 | 二九 | — | — | — | — | — |
| 民有地 畑 | 同 | 一、九二八四 | 一、九〇八〇 | 一、八八一六 | 一、九二七六 | 一、八八一四 | 二、三七七三 | 一、〇五九九 | 一、〇四五八 | 八九七五 | 八一一七 |
| 民有地 宅地 | 同 | 一一四五 | 一一六三 | 一三三五 | 一七七二 | 一八三九 | 一四三一 | 二五六八 | 三四七九 | 一五〇四 | 一二八六 |
| 民有地 山林 | 同 | 四八六〇 | 五三九八 | 五八五一 | 四九六六 | 六三六五 | 一、五一八九 | 一、八二二九 | 一、九七三〇 | 三〇二一 | 三一五八 |
| 民有地 原野 | 同 | 一、三一三三 | 一、二八二四 | 一、二八〇六 | 一、三二一三 | 一、二三九八 | 二、五〇六四 | 一、三九二一 | 一、六四二一 | 四〇五一 | 七一九一 |
| 民有地 牧場 | 同 | 七四五 | 七四五 | 七四五 | 七四五 | 七四五 | 六、二四六五 | 六、〇三五八 | 六、一一五三 | 五七二七 | 六〇二九 |
| 民有地 其他 | 同 | 五九七 | 六〇〇 | 六〇六 | 六九五 | 六九四 | — | — | — | — | — |
| 現住戸數 | 戸 | 一一、二六〇 | 一二、一四八 | 一二、三九〇 | 一二、〇七二 | 一一、八五一 | 六、六九五 | 七、一五七 | 七、九八二 | 七、八五二 | 八、二二四 |
| 現住人口 | 人 | 五三、七六五 | 五八、三四九 | 五八、四五七 | 五六、四〇八 | 五五、〇七八 | 三一、四八〇 | 三三、五八二 | 三七、四一四 | 三八、六二一 | 四〇、三三九 |
| 負擔 直接國税額 | 圓 | 六二、三〇六 | 七七、一二三 | 一一七、四〇五 | 一〇四、三九四 | 一二〇、七五五 | 九八、七三一 | 五八、六七四 | 七八、七一七 | 一九〇、六八二 | 一八九、〇九二 |
| 負擔 地方税額 | 同 | 四〇、三七〇 | 五二、四七八 | 七九、七二七 | 一四五、二四八 | 二五〇、四六〇 | 三一、五七六 | 三七、六八二 | 四四、二八四 | 七四、七五六 | 八五、一四五 |
| 負擔 市町村税額 | 同 | 九五、五六五 | 二二〇、四二〇 | 三〇〇、五一三 | 四七〇、二七五 | 三五二、八七六 | 九八、四二四 | 一一三、六一八 | 一九〇、七八〇 | 一三七、八二八 | 三二四、六〇二 |
| 財政 歳入 | 同 | 一七五、六一四 | 二九九、八二三 | 四一二、三二二 | 七七五、五三五 | 七九〇、六九八 | 一三七、五六九 | 一六二、九一〇 | 三〇七、四八九 | 二七九、五八五 | 五六七、四六三 |
| 歳出經常部 役所役場費 | 同 | 二二、〇二六 | 四四、一〇七 | 六一、六八三 | 九〇、一七七 | 一〇二、八八一 | 二四、三二五 | 二八、九八三 | 四四、四一九 | 五四、五九七 | 八一、五一六 |
| 歳出經常部 土木費 | 同 | 二、八三五 | 五、四四二 | 九、六二二 | 一〇、三六〇 | 一四、一六四 | 四、三七四 | 七、四九六 | 八、〇五九 | 七、一三八 | 六、六八五 |
| 歳出經常部 教育費 | 同 | 四二、五〇二 | 八二、六六八 | 一二三、〇三二 | 二五二、七六一 | 一七七、九二八 | 三九、一七三 | 五六、九九二 | 八九、二二九 | 七九、五一四 | 一一九、六六八 |
| 歳出經常部 衛生費 | 同 | 八、三九二 | 一九、八七六 | 三〇、六二七 | 四八、九一三 | 五〇、七八七 | 五、八四六 | 九、〇四七 | 一七、七一四 | 一五、四六四 | 二六、七五一 |
| 歳出經常部 勸業費 | 同 | — | 一五二 | 五二 | 六四 | 五四四 | — | — | — | — | — |
| 歳出經常部 其他 | 同 | 一三、〇七七 | 二五、九一四 | 六四、四〇九 | 五四、八二八 | 七〇、二四八 | 一八、三〇九 | 二二、八八一 | 三四、八三九 | 二三、二六二 | 七七、一六二 |
| 歳出經常部 計 | 同 | 八八、八三二 | 一七八、一五九 | 二八九、四二五 | 三五七、一〇三 | 四一六、五五一 | 九二、〇二七 | 一二五、三九九 | 一九四、二六〇 | 一七九、九七五 | 三一一、八〇二 |
| 同臨時部 計 | 同 | 八六、七八二 | 一二一、六六四 | 一二二、九八七 | 四一八、四三二 | 三七四、一四七 | 四五、五四二 | 三四、九九七 | 一一〇、七九五 | 九九、六一〇 | 二五五、六六一 |
| 通計 | 同 | 一七五、六一四 | 二九九、八二三 | 五、六九八 | 七七五、五三五 | 七九〇、六九八 | 一三七、五六九 | 一六〇、三九六 | 三〇五、〇五五 | 二七九、五八五 | 五六七、四六三 |
| 基本財産 動産 | 同 | 三、三一〇 | 五、六九八 | 六、四八五 | 七、二六六 | 九、一四九 | 五九、六九九 | 四六、七七四 | 二、六一三 | 一二、〇〇七 | 一二、〇〇七 |
| 基本財産 不動産 | 同 | 四三六、〇一五 | 一、〇三三、三七三 | 一、〇三三、三七二 | 一、〇〇九、三二八 | 一、一四〇、二〇二 | 一一、五七七 | 一四、四一四 | 一五、二六九 | 一六、三九三 | 一六、六三二 |

| 區分 | | 單位 | 1 | 2 | 3 | 4 | 5 | 6 | 7 | 8 | 9 | 10 |
|---|---|---|---|---|---|---|---|---|---|---|---|---|
| 財產 | 學校基本財產 動產 | 同 | — | 二、九八八 | 三、一一七 | 四、五七七 | 四、二七八 | 三四〇 | 一、三一八 | 一、七三七 | 三、四一〇 | 四、一二七 |
| | 學校基本財產 不動產 | 同 | — | 一〇、二五九 | 一〇、二五九 | 一〇、二五九 | 四四、九七一 | — | — | — | — | — |
| | 特別基本財產 動產 | 同 | — | — | — | — | — | 二、二一三 | 二、二二六 | 二、三四九 | 二、五三六 | 二、八六四 |
| | 特別基本財產 不動產 | 同 | — | — | — | — | — | — | — | — | — | — |
| | 收益ナキ財產 動產 | 同 | — | — | — | — | — | — | — | — | — | — |
| | 收益ナキ財產 不動產 | 同 | 二五三、七九九 | 七六五、九七二 | 七九一、五七〇 | 八四六、五二五 | 一、三九三、〇五一 | 一〇九、六七二 | 一二四、八五七 | 一五〇、一一四 | 一六七、五二〇 | 一九〇、四二五 |
| | 一部有財產 動產 | 同 | — | — | — | — | — | — | — | — | — | — |
| | 一部有財產 不動產 | 同 | — | — | — | — | — | — | — | — | — | — |
| | 積立金穀 | 同 | — | — | — | — | — | 五九、六九九 | 七、〇七四 | 四、五五三 | 一二、〇〇〇 | 一二、〇〇〇 |
| | 罹災救助金 | 同 | — | — | — | — | — | — | — | — | — | — |
| 財產ヨリ生スル收入 | | 同 | 九、五三九 | 一一、七六〇 | 一二、二四二 | 一九、八四六 | 二九、八九五 | 八、四二八 | 九、四七二 | 九、九七七 | 四八四 | 五〇三 |
| 市町村債額 | | 同 | 一五九、三〇五 | 一六七、一〇四 | 一五〇、五一五 | 二四七、〇〇一 | 三九六、四二〇 | — | — | — | — | 三三、〇〇〇 |
| 第三種所得稅額 | | 同 | 二七、三〇五 | 四三、五〇八 | 七一、一六四 | 四四、一二四 | 五八、四八六 | 二六、三三一 | 三二、六一六 | 四五、七七三 | 四二、〇九六 | 五五、六一三 |
| 同納稅者實人員 | | 人 | 九八三 | 一、二一〇 | 一、八六三 | 一、一七五 | 一、四三五 | 九一〇 | 一、一五〇 | 一、三四三 | 一、四三九 | 一、五二八 |
| 課率 附加稅 | 地價割 | 厘 | — | — | — | — | — | 宅地 二七〇 其他 — | 宅地 二七〇 其他 六三〇 | 宅地 二七〇 其他 六三〇 | 宅地 三六四 其他 八五八 | 宅地 四二〇 其他 九九〇 |
| | 國稅營業稅割 | 同 | 、一九二 | 、二二〇 | 、三一〇 | 、四七〇 | 、五〇〇 | 一九〇 | 一六〇 | 二五〇 | 六一一 | 六一一 |
| | 所得稅割 | 同 | 、一九二 | 、二二〇 | 、三一〇 | 、二二〇 | 、二〇〇 | 一九〇 | 一六〇 | 二五〇 | 二八二 | 二一〇 |
| | 戶別割 | 同 | 二、三一〇 | 二、五〇〇 | 二、五〇〇 | 二、五〇〇 | 二、五〇〇 | 三、一〇〇 | 三、二〇〇 | 四、五〇〇 | 五、七〇〇 | 五、五〇〇 |
| | 地方稅營業稅割 | 同 | 、六五〇 | 、九〇〇 | 一、〇〇〇 | 一、〇〇〇 | 一、〇〇〇 | 一、〇〇〇 | 一、〇〇〇 | 一、〇〇〇 | 一、二〇〇 | 一、二〇〇 |
| | 雜種稅割 | 同 | 、六五〇 | 、九〇〇 | 一、〇〇〇 | 一、〇〇〇 | 一、〇〇〇 | 一、〇〇〇 | 一、〇〇〇 | — | — | — |
| 課率 特別稅 反別割 | 田 | 同 | — | — | — | — | — | — | — | — | — | — |
| | 畑 | 同 | — | — | — | — | — | 二 | 二 | 二 | 二 | 二 |
| | 宅地 | 同 | — | — | — | — | — | 二 | 二 | 二 | 二 | 二 |
| | 山林 | 同 | — | — | — | — | — | 二 | 二 | 二 | 二 | 二 |
| | 原野 | 同 | — | — | — | — | — | 二 | 二 | 二 | 二 | 二 |
| | 牧場 | 同 | — | — | — | — | — | 二 | 二 | 二 | 二 | 二 |
| | 海產干場 | 同 | — | — | — | — | — | 二 | 二 | 二 | 二 | 二 |
| | 雜種地 | 同 | — | — | — | — | — | 二 | 二 | 二 | 二 | 二 |
| 課率 特別稅 | 建物割 | 同 | 、〇一八 | 、〇一八 | 、〇二〇 | 、〇二〇 | 、〇二〇 | — | — | — | — | — |
| | 牛馬割 | 同 | — | — | — | — | — | — | — | — | — | — |
| | 戶別割 | 同 | — | — | — | — | — | — | — | — | — | — |

| 町村名 | 種別 | 面積（方里） | 民有地 田（反） | 民有地 畑（同） | 民有地 宅地（同） | 民有地 山林（同） | 民有地 原野（同） | 民有地 牧場（同） | 民有地 其他（同） | 現住戸數（戸） | 現住人口（人） | 負擔 直接國税額（圓） | 負擔 地方税額（同） | 負擔 市町村税額（同） | 財政 歳入（同） | 歳出經常部 役所役場費（同） | 歳出經常部 土木費（同） | 歳出經常部 教育費（同） | 歳出經常部 衛生費（同） | 歳出經常部 勸業費（同） | 歳出經常部 其他（同） | 經常部計（同） | 臨時部計（同） | 通計（同） | 基本財産 動産（同） | 基本財産 不動産（同） |
|---|---|---|---|---|---|---|---|---|---|---|---|---|---|---|---|---|---|---|---|---|---|---|---|---|---|---|
| 豊平町 | 大正六年度 | 五二、五六 | 五六〇三 | 三、七九八九 | 三七一 | 二、二七七四 | 三、七六八八 | 一七二九 | — | 一、九六八 | 一一、二九五 | 五、六一一 | 八、四四〇 | 一七、四一七 | 一七、九一六 | 四、九二二 | 四〇〇 | 九、八九三 | 二九九 | — | 一、八〇二 | 一七、三一六 | 六〇〇 | 一七、九一六 | 三一、四四〇 | 四二、二八一 |
| | 同 七年度 | 五二、五六 | 五六四〇 | 四、二四七三 | 三八〇 | 二、二七八二 | 三、七二六〇 | 一六三〇 | — | 二、〇一三 | 一二、二〇七 | 六、九〇〇 | 八、二四二 | 二〇、四〇六 | 二一、六二九 | 五、四四七 | 二二〇 | 一二、四八四 | 三三二 | — | 一、五〇〇 | 二〇、一二九 | 六五六 | 二一、六二九 | 三三、二〇〇 | 四二、九六九 |
| | 同 八年度 | 五二、五六 | 六〇七五 | 四、七九七六 | 四四八 | 二、四五八一 | 三、四八三六 | 一二六八 | — | 二、一三一 | 一一、四五二 | 一一、六五九 | 九、二一一 | 二九、八二九 | 三三、一〇八 | 七、九一八 | 二四四 | 一九、一八七 | 三三六 | — | 一二、七七七 | 三〇、四五八 | 二、六五〇 | 三三、一〇八 | 三七、五五〇 | 一〇、六〇五 |
| | 同 九年度 | 五二、五六 | 六一二九 | 四、二三〇七 | 五四七 | 一、七五二五 | 三、一九〇三 | 一二九五 | — | 二、一九〇 | 一一、四三〇 | 一八、四七五 | 一〇、九七六 | 三九、一七九 | 四七、一八九 | 一〇、七九七 | 四五〇 | 二八、八八九 | 六七二 | — | 三、六一五 | 四四、四二三 | 二、七六六 | 四七、一八九 | 四〇、二〇七 | 一〇、五九八 |
| | 同 十年度 | 五二、五六 | 七四七四 | 三、五八六七 | 五六一 | 二、七〇五一 | 二、六三九六 | 一四四七 | — | 二、一八四 | 一一、四二五 | 一五、四一九 | 一三、五八六 | 四五、〇八一 | 五三、六三〇 | 一三、六〇〇 | 七五〇 | 三一、五一二 | 八四一 | — | 三、八九七 | 五〇、六〇〇 | 三、〇三〇 | 五三、六三〇 | 四四、七五三 | 九、六四六 |
| 廣島村 | 同 六年度 | 八、八九 | 五一〇〇 | 四、〇五三九 | 二二二 | 一、〇三五八 | 七二八四 | 六九〇 | — | 八一五 | 五、〇八六 | 一、〇三五 | 五、三六二 | 一〇、一三三 | 一〇、六二五 | 一、六四一 | 二八〇 | 六、四五六 | 六三 | 六五 | 一、四七二 | 九、九七七 | 六四八 | 一〇、六二五 | 八、二四八 | 五四、八五〇 |
| | 同 七年度 | 八、八九 | 五一一二 | 四、〇四〇八 | 二〇二 | 一、二七七四 | 七二〇一 | 六九〇 | — | 八三〇 | 五、七二七 | 二、五三〇 | 五、三六二 | 一二、九五〇 | 一二、六一五 | 一、六六七 | 三〇〇 | 八、一七一 | 六七 | 一〇 | 一、五四四 | 一一、七五九 | 八五六 | 一二、六一五 | 九、六〇七 | 五五、二六七 |
| | 同 八年度 | 八、八九 | 五一七四 | 四、〇二一〇 | 一七二 | 一、三〇〇二 | 七二二七 | 六九〇 | — | 七八二 | 五、三八六 | 四、〇七〇 | 五、七八三 | 一七、六四五 | 一八、六一〇 | 二、八二四 | 六〇〇 | 一二、二四四 | 九二 | 三〇 | 二、〇一六 | 一七、八〇六 | 八〇四 | 一八、六一〇 | 七、九八一 | 三三、二九五 |
| | 同 九年度 | 八、八九 | 五二一九 | 三、七六八二 | 二〇五 | 一、五四七一 | 七二三八 | 六九〇 | — | 七六七 | 四、九〇八 | 五、五〇〇 | 四、八四六 | 二二、四八五 | 二八、六二四 | 三、四七五 | 六六〇 | 一六、六六三 | 九二 | 一一五 | 三、〇一九 | 二四、〇二四 | 四、六〇〇 | 二八、六二四 | 一一、八九一 | 二五、〇八〇 |
| | 同 十年度 | 八、八九 | 五三六八 | 三、七五三六 | 二八四 | 一、五五六二 | 七〇六五 | 六九〇 | — | 七三五 | 五、〇四六 | 七、七一五 | 八、七四三 | 二六、二一六 | 三六、一〇〇 | 九、一三六 | 八七〇 | 一六、六二二 | 一、六〇八 | 一一五 | 六、八九五 | 三五、二四六 | 八五四 | 三六、一〇〇 | 一一、九七〇 | 七六、七三三 |

| 財産 學校基本財産 動産 | 學校基本財産 不動産 | 特別基本財産 動産 | 特別基本財産 不動産 | 收益ナキ財産 動産 | 收益ナキ財産 不動産 | 一部有財産 財産 | 一部有財産 不動産 | 積立金穀 | 罹災救助金 | 財産ヨリ生スル收入 | 市町村債額 | 第三種所得税額 | 同納税者實人員 |
|---|---|---|---|---|---|---|---|---|---|---|---|---|---|
| 同 | 同 | 同 | 同 | 同 | 同 | 同 | 同 | 同 | 同 | 同 | 同 | 同 | 人 |
| — | — | — | — | — | 三一、一一二 | — | — | — | — | 一、九六六 | 一、八〇〇 | 二、九三九 | 二四三 |
| — | — | — | — | — | 三一、八〇〇 | — | — | — | — | 二、〇三三 | 一、二〇〇 | 三、七一六 | 二一四 |
| — | — | — | — | — | 四七、九〇八 | — | — | — | — | 二、二二〇 | 六〇〇 | 七、四六七 | 三六一 |
| — | — | — | — | — | 五二、一一二 | — | — | — | — | 二、三九九 | — | 二、一六七 | 一八四 |
| — | — | — | — | — | 六六、四八三 | — | — | — | — | 二、三七四 | — | 二、六三〇 | 二二四 |
| — | 五〇〇 | — | — | — | — | — | — | — | — | 七八六 | 二、一四四 | 七五三 | 七五 |
| — | 五〇〇 | — | — | — | — | — | — | — | — | 八〇六 | 一、七一六 | 二、一七七 | 七七 |
| — | — | — | — | — | 一二、六三八 | — | — | — | — | 八七二 | 一、二八八 | 二、三七五 | 一一四 |
| — | — | — | — | — | 一三、一六六 | — | — | — | — | 一、二二四 | 八六〇 | 一、〇四五 | 八四 |
| — | — | — | — | — | 三二、九六一 | — | — | — | — | 一、三二六 | 四三二 | 一、六二五 | 九八 |

| 課率 附加税 地價割 | 國税營業税割 | 所得税割 | 戸別割 | 地方税營業税割 | 雜種税割 | 特別税 反別割 田 | 畑 | 宅地 | 山財 | 原野 | 牧場 | 海産干場 | 雜種地 | 建物割 | 牛馬割 | 戸別割 |
|---|---|---|---|---|---|---|---|---|---|---|---|---|---|---|---|---|
| 同 | 同 | 同 | 同 | 同 | 同 | 同 | 同 | 同 | 同 | 同 | 同 | 同 | 同 | 同 | 同 | 同 |
| — | 一五〇 | 一五〇 | 三、六七〇 | 五〇〇 | 五〇〇 | 一三二 | 〇七六 | 二二三 | 〇一五 | 〇一〇 | 〇一五 | — | — | — | — | — |
| — | 一五〇 | 一五〇 | 三、七六〇 | 五〇〇 | 五〇〇 | 一三二 | 〇七六 | 二二三 | 〇一五 | 〇一〇 | 〇一五 | — | — | — | — | — |
| — | 一五〇 | 一五〇 | 四、四〇〇 | 五〇〇 | 五〇〇 | 二四一 | 一一一 | 二四一 | 〇三二 | 〇二三 | 〇八九 | — | — | — | — | — |
| — | 二四〇 | 二四〇 | 五、二〇〇 | 一、〇〇〇 | 一、〇〇〇 | 二四二 | 一二三 | 二八八 | 〇二三 | 〇三九 | 一二四 | — | — | — | — | — |
| — | 四七〇 | 一四〇 | 五、五五〇 | 一、〇〇〇 | 一、〇〇〇 | 二三八 | 一一八 | 三二八 | 〇二五 | 〇二四 | 〇九四 | — | — | — | — | — |
| — | 一五〇 | 一五〇 | 三、七〇〇 | 五〇〇 | 五〇〇 | 〇八〇 | 〇五五 | 一三〇 | 〇二〇 | 〇二〇 | — | — | — | — | — | — |
| — | 一五〇 | 一五〇 | 三、七〇〇 | 五〇〇 | 五〇〇 | 一〇〇 | 〇八〇 | 二〇〇 | 〇二〇 | 〇二〇 | — | — | — | — | — | — |
| — | 一五〇 | 一五〇 | 五、五二〇 | 五〇〇 | 五〇〇 | 一四〇 | 一〇〇 | 二四〇 | 〇三〇 | 〇三〇 | — | — | — | — | — | — |
| — | 二四〇 | 二四〇 | 五、三三〇 | 八〇〇 | 八〇〇 | 二〇三 | 一七〇 | 三八七 | 〇六〇 | 〇六〇 | — | — | — | — | — | — |
| — | 四七〇 | 一四〇 | 五、六〇〇 | 一、〇〇〇 | 一、〇〇〇 | 二八八 | 一九八 | 四〇八 | 〇七〇 | 〇六〇 | — | — | — | — | — | — |

| 種別 | | 單位 | 江別町 大正六年度 | 江別町 同七年度 | 江別町 同八年度 | 江別町 同九年度 | 江別町 同十年度 | 石狩町 同六年度 | 石狩町 同七年度 | 石狩町 同八年度 | 石狩町 同九年度 | 石狩町 同十年度 |
|---|---|---|---|---|---|---|---|---|---|---|---|---|
| 面積 | | 方里 | 一四、九七 | 一四、九七 | 一四、九七 | 一四、九七 | 一四、九七 | 九、三一 | 九、三一 | 九、三一 | 九、三一 | 九、三一 |
| 民有地 | 田反別 | 反 | 二一二七 | 二三二一 | 一六二四 | 一六七八 | 一六七八 | 四四五 | 五九一 | 七五一 | 六五三 | 七八八 |
| | 畑同 | 同 | 六、五三六二 | 七、五三五五 | 七、五三〇九 | 八、一一一一 | 八、一一一一 | 七、二〇四三 | 七、二五二三 | 七、三五三七 | 六、九六一一 | 六、三三〇四 |
| | 宅地同 | 同 | 七〇五 | 七四五 | 七三五 | 七九四 | 七九四 | 一四〇 | 一三七 | 三七一 | 四二〇 | 四五〇 |
| | 山林同 | 同 | 一六八六 | 二二九三 | 二三〇一 | 一八八四 | 一八八四 | 一三〇 | 一二六二 | 三九一四 | 三六八八 | 三九四〇 |
| | 原野同 | 同 | 三、〇七一〇 | 二、四二六二 | 二、八六五五 | 二、七八九四 | 二、七八九四 | 五七〇三 | 七一六八 | 七四五一 | 八〇八六 | 六四四〇 |
| | 牧場同 | 同 | 一二一〇 | 一四七一 | 一三七一 | 三三〇 | 三三〇 | 二九七八 | 二九三〇 | 三八〇三 | 二八七二 | 二二四六 |
| | 其他同 | 同 | 九七 | 二二九 | 二七五 | 二〇〇 | 一八五 | 八 | 八 | 一六二 | 一四四 | 一五二 |
| 現住戸數 | | 戸 | 二、五四五 | 二、四〇八 | 二、六三一 | 三、四五三 | 三、二八七 | 一、四〇八 | 一、四〇七 | 一、三五〇 | 一、六二二 | 一、四二一 |
| 現住人口 | | 人 | 一六、九九一 | 一五、三三九 | 一六、五七八 | 一八、九九二 | 一八、四五二 | 一〇、四六六 | 九、〇〇三 | 八、九六一 | 八、九四〇 | 八、六七三 |
| 負擔 | 直接國税額 | 圓 | 一一、三六二 | 一六、〇五三 | 二三、四二一 | 六六、六〇八 | 二五、四三六 | 四、一三三 | 六、一一〇 | 一一、六五七 | 一三、一五六 | 一八、六四九 |
| | 地方税額 | 同 | 一四、七七二 | 一四、四九二 | 一七、二一四 | 一五、二〇〇 | 三六、四五〇 | 一〇、九四六 | 一〇、七〇九 | 一一、六七三 | 九、六四八 | 一九、九四四 |
| | 市町村税額 | 同 | 二三、六〇三 | 三四、一六〇 | 三六、九六六 | 八九、八七一 | 一〇三、八三二 | 一九、六四四 | 二二、八六九 | 三八、〇四四 | 四二、四七八 | 四八、七一三 |
| 財政 | 歳入 | 同 | 二九、〇四五 | 三八、七三四 | 五五、三四一 | 一〇五、三一三 | 一〇一、九〇六 | 二三、二六五 | 二八、〇三九 | 三九、六九七 | 五一、五四七 | 五四、三一二 |
| | 歳出經常部 役所役場費 | 同 | 五、六一九 | 六、七六四 | 九、九三九 | 一六、六一八 | 一八、三九九 | 五、六九五 | 六、三四七 | 八、五六七 | 一三、三〇四 | 一三、七六二 |
| | 土木費 | 同 | 一、〇五三 | 二、四一五 | 二、九五二 | 五、八七九 | 三、一三五 | 一、二六一 | 一、三八九 | 一、六九七 | 二、五六七 | 二、二六六 |
| | 教育費 | 同 | 一四、二三八 | 二八、三一八 | 二八、六七〇 | 四五、八三九 | 五〇、四三七 | 一〇、八七四 | 一三、三九六 | 一九、七四六 | 二七、二〇二 | 二九、九八五 |
| | 衛生費 | 同 | 五一三 | 八二〇 | 一、三一七 | 二、五七八 | 二、二六三 | 四四五 | 三八一 | 四六二 | 六九六 | 七三二 |
| | 勸業費 | 同 | 一〇〇 | 一一八 | 一三三 | 二〇七 | 二〇七 | 一〇 | 一二 | 一二 | 三〇 | 一五 |
| | 其他 | 同 | 一、八〇六 | 二、三四七 | 二、九九三 | 四、九五八 | 六、五四六 | 三、二四六 | 三、二四〇 | 四、三二六 | 三、一三四 | 三、五三〇 |
| | 計 | 同 | 二三、三二九 | 三〇、七八二 | 四六、〇〇四 | 七六、〇七九 | 八〇、九八五 | 二一、五三一 | 二四、九九一 | 三四、八一〇 | 四六、九三三 | 五〇、二九〇 |
| | 同臨時部計 | 同 | 五、七一六 | 七、九五二 | 九、三三七 | 二九、二三四 | 二〇、九二一 | 一、七三四 | 三、〇四八 | 四、八八七 | 四、六一四 | 四、〇二二 |
| | 通計 | 同 | 二九、〇四五 | 三八、七三四 | 五五、三四一 | 一〇五、三一三 | 一〇一、九〇六 | 二三、二六五 | 二八、〇三九 | 三九、六九七 | 五一、五四七 | 五四、三一二 |
| 基本財産 | 動産 | 同 | 八、一〇五 | 七、三八一 | 七、三四七 | 六、四七三 | 一〇、七九四 | 二一、五一四 | 二二、九四一 | 九八〇 | 八三〇 | 三三、八八〇 |
| | 不動産 | 同 | 四、四二八 | 四、四二八 | 四、三六四 | 四、三六四 | 一三、六五四 | 三一、二三五 | 三九、四五七 | 二五、三九八 | 二五、三九八 | 二六、三五一 |

| | | | | | | | | | | | | |
|---|---|---|---|---|---|---|---|---|---|---|---|---|
| 財產 | 學校基本財產 動產 | 同 | — | — | — | — | — | — | — | — | — | — |
| 財產 | 學校基本財產 不動產 | 同 | — | — | — | — | — | — | — | — | — | — |
| 財產 | 特別基本財產 動產 | 同 | — | — | — | — | — | — | — | — | — | — |
| 財產 | 特別基本財產 不動產 | 同 | — | — | — | — | — | — | — | — | — | — |
| 財產 | 收益ナキ財產 動產 | 同 | — | — | — | — | — | — | — | — | — | — |
| 財產 | 收益ナキ財產 不動產 | 同 | 四〇、〇〇六 | 四〇、〇一五 | 四七、一三〇 | 八一、二三〇 | 一一二、五八六 | 一一、九八一 | 一二、一七二 | 一三、六四九 | 一三、六四九 | 一三、六四九 |
| 財產 | 一部有財產 動產 | 同 | 二五、〇五〇 | 一五、二三三 | 一五、九〇〇 | 二四、四九三 | 三〇、三二六 | — | — | — | — | — |
| 財產 | 一部有財產 不動產 | 同 | 六四、七九九 | 六四、五七四 | 六一、七三九 | 五七、九八三 | 五七、九八三 | — | — | — | — | — |
| 財產 | 積立金穀 | 同 | — | — | — | — | — | — | — | — | — | — |
| 財產 | 罹災救助金 | 同 | — | — | — | — | — | — | — | — | — | — |
| 財產ヨリ生スル收入 | | 同 | 四六四 | 四九六 | 五一九 | 七五四 | 八五九 | 三、四二八 | 三、六九二 | 三、七八一 | 三、三六五 | 三、三六四 |
| 市町村債額 | | 同 | — | — | — | — | — | — | — | — | — | — |
| 第三種所得税額 | | 同 | 四、二二〇 | 六、六八一 | 一一、六六七 | 六、一七八 | 七、九〇九 | 一、七八六 | 三、四九三 | 八、九九〇 | 二、一五一 | 二、七六五 |
| 同納税者實人員 | | 人 | 二五三 | 二五九 | 三五九 | 二六六 | 三一四 | 一五八 | 一八四 | 三一六 | 二一三 | 二〇五 |
| 課率 附加税 | 地價割 | 厘 | — | — | — | — | — | 宅地 、〇九〇 其他 、二一〇 | 、〇九〇 、二一〇 | 、〇九〇 、二一〇 | — | — |
| 課率 附加税 | 國税營業税割 | 同 | 一五〇 | 一五〇 | 一五〇 | 二四〇 | 四七〇 | 一五〇 | 一五〇 | 一五〇 | 二四〇 | 四七〇 |
| 課率 附加税 | 所得税割 | 同 | 一五〇 | 一五〇 | 一五〇 | 二四〇 | 一四〇 | 一五〇 | 一五〇 | 一五〇 | 二四〇 | 一四〇 |
| 課率 附加税 | 戸別割 | 同 | 三、〇〇〇 | 三、六七〇 | 四、七五〇 | 六、三三〇 | 五、四五〇 | 三、二二〇 | 三、五〇〇 | 五、八五〇 | 五、七二〇 | 五、八一〇 |
| 課率 附加税 | 地方税營業税割 | 同 | 五〇〇 | 五〇〇 | 五〇〇 | 一、〇〇〇 | 八一〇 | 五〇〇 | 五〇〇 | 七〇〇 | 九五〇 | 一、〇〇〇 |
| 課率 附加税 | 雜種税割 | 同 | 五〇〇 | 五〇〇 | 五〇〇 | 一、〇〇〇 | 八一〇 | 五〇〇 | 五〇〇 | 七〇〇 | 九五〇 | 一、〇〇〇 |
| 課率 特別税 反別割 | 田 | 同 | 〇九四 | 一〇八 | 二一〇 | 三九八 | 二四七 | 一五二 | 一七八 | 二二八 | 三三五 | 三四六 |
| 課率 特別税 反別割 | 畑 | 同 | 〇四七 | 〇七二 | 一一五 | 二六八 | 一六六 | 一一二 | 一三四 | 一七四 | 二一八 | 二一〇 |
| 課率 特別税 反別割 | 宅地 | 同 | 一四二 | 二二〇 | 三九〇 | 六三九 | 九九九 | 一八〇 | 二四九 | 三二三 | 四四〇 | 四七〇 |
| 課率 特別税 反別割 | 山林 | 同 | 〇〇六 | 〇〇九 | 〇三〇 | 〇六〇 | 〇三七 | 〇一二 | 〇一五 | 〇一九 | 〇二七 | 二七五 |
| 課率 特別税 反別割 | 原野 | 同 | 〇一一 | 〇一七 | 〇三七 | 〇七四 | 〇四六 | 〇一二 | 〇一五 | 〇一九 | 〇二七 | 二七五 |
| 課率 特別税 反別割 | 牧場 | 同 | 〇〇六 | 〇〇九 | 〇三〇 | 〇六〇 | 〇三七 | 〇一二 | 〇一五 | 〇一九 | 〇二七 | 二七五 |
| 課率 特別税 反別割 | 海產干場 | 同 | — | — | — | — | — | — | — | — | — | — |
| 課率 特別税 反別割 | 雜種地 | 同 | 一三五 | 一七〇 | 一九〇 | 三九九 | 二四七 | 〇二五 | 三〇〇 | 三九〇 | 四四六 | 五四八 |
| 課率 特別税 | 建物割 | 同 | — | — | — | — | — | — | — | — | — | — |
| 課率 特別税 | 牛馬割 | 同 | — | — | — | — | — | — | — | — | — | — |
| 課率 特別税 | 戸別割 | 同 | — | — | — | — | — | — | — | — | — | — |

| 種別 | 單位 | 當別村 大正六年度 | 同 七年度 | 同 八年度 | 同 九年度 | 同 十年度 | 厚田村 同 六年度 | 同 七年度 | 同 八年度 | 同 九年度 | 同 十年度 |
|---|---|---|---|---|---|---|---|---|---|---|---|
| 面積 | 方里 | 二八、五九 | 二八、五九 | 二八、五九 | 二八、五九 | 二八、五九 | 二〇、四二 | 二〇、四二 | 二〇、四二 | 二〇、四二 | 二〇、四二 |
| 民有地 田 | 反別 | 一、二〇〇〇 | 一、五六〇〇 | 一、五六〇〇 | 一、四一八六 | 一、三五〇二 | 七一五 | 一〇二八 | 一二〇二 | 一二九五 | 一七八九 |
| 民有地 畑 | 同 | 八、〇一三〇 | 九、四三五五 | 九、九七四二 | 八、八六〇一 | 九、三九五六 | 三、二六二三 | 三、二八二三 | 三、二七九七 | 三、四三二四 | 三、一四〇〇 |
| 民有地 宅地 | 同 | 二七六 | 三二六 | 三四八 | 四九五 | 六二二 | 五三 | 四四 | 四四 | 四〇 | 三四 |
| 民有地 山林 | 同 | 三、三四七八 | 三、二三五一 | 三、一五三三 | 一、〇二一四 | 一、〇一四二 | 一九〇〇 | 四〇五四 | 四〇五四 | 三六四七 | 四五三八 |
| 民有地 原野 | 同 | 一、八〇三六 | 一、七八六七 | 一、七三六九 | 一、六九二六 | 一、七三〇一 | 八〇四 | 八四〇三 | 八四〇三 | 八四七二 | 一、四一八七 |
| 民有地 牧場 | 同 | 五三六二 | 四五〇四 | 四三二〇 | 二二二五 | 二一八四 | 三九九六 | 三九〇一 | 三九〇一 | 三九〇一 | 四四〇一 |
| 民有地 共他 | 同 | 一一三 | 一二三 | 一七七 | 三五三 | 四八一 | 四三三 | 五一七 | 五一七 | 五二三 | 五一七 |
| 現住戸數 | 戸 | 二、〇三五 | 二、一六七 | 二、二〇〇 | 二、二六二 | 二、〇七一 | 一、〇六一 | 一、〇五三 | 一、〇五八 | 一、一二二 | 一、〇三七 |
| 現住人口 | 人 | 一三、六八四 | 一二、四二五 | 一三、〇〇二 | 一三、一六二 | 一一、八〇五 | 六、八九六 | 七、一一五 | 七、二八五 | 七、二五八 | 七、一〇五 |
| 負擔 直接國税額 | 圓 | 四、五一七 | 五、九二四 | 九、八七四 | 二一、五四二 | 二二、九一七 | 三、一八五 | 九、一六九 | 一二、〇七五 | 一八、三五九 | 一五、二五六 |
| 負擔 地方税額 | 同 | 一二、一五二 | 一二、四八八 | 一四、八八八 | 一三、四〇〇 | 二五、三九〇 | 五、九七三 | 四、六七七 | 五、〇八四 | 六、五五二 | 一二、一八四 |
| 負擔 市町村税額 | 同 | 二八、三三三 | 三六、六六六 | 五六、九九九 | 七八、九〇九 | 六八、五一五 | 一一、一四六 | 一四、四三九 | 二〇、七二三 | 二五、九六六 | 三〇、一二八 |
| 財政 歲入 | 同 | 二八、六八七 | 一〇七、五八四 | 五五、一八八 | 一四五、四〇九 | 九一、五六八 | 一六、〇一一 | 一九、七二四 | 二三、三二一 | 三三、三五二 | 三五、八七三 |
| 歲出經常部 役所役場費 | 同 | 六、二〇八 | 七、八六四 | 一一、五七三 | 一八、九三六 | 一五、八八六 | 四、三九七 | 四、九四五 | 七、一三二 | 九、五三二 | 一〇、二三八 |
| 歲出經常部 土木費 | 同 | 二、三一一 | 四、三八二 | 七、三二四 | 一二、一〇〇 | 一一、四四〇 | 一三一 | 一七一 | 一九四 | 二二一 | 二四一 |
| 歲出經常部 教育費 | 同 | 一四、〇二四 | 一九、〇一五 | 二六、〇七六 | 四四、一九〇 | 四一、四四七 | 七、〇一二 | 八、六九〇 | 一二、一〇二 | 一六、四七一 | 一八、三九五 |
| 歲出經常部 衛生費 | 同 | 四五六 | 四二二 | 六四九 | 二、二二〇 | 二、二六四 | 一四三 | 一三四 | 一七九 | 二八一 | 二八一 |
| 歲出經常部 勸業費 | 同 | 二一 | 三五〇 | 五八三 | 八六 | 一〇二 | 一〇 | 一〇 | 一〇 | 一〇 | 一〇 |
| 歲出經常部 共他 | 同 | 三、五五五 | 四、二二七 | 六、三〇二 | 九、〇九六 | 一〇、六六二 | 二、一三九 | 二、三三三 | 三、一〇四 | 三、七七六 | 四、一九一 |
| 歲出經常部 計 | 同 | 二六、五七五 | 三六、二六〇 | 五二、五〇八 | 八六、六二八 | 八一、八〇〇 | 一三、八三三 | 一六、二八三 | 二二、七二一 | 三〇、二九一 | 三三、三五六 |
| 同臨時部 計 | 同 | 二、一一二 | 七〇、三二四 | 二、六八〇 | 五八、七八一 | 九、七六八 | 二、一七九 | 三、四四一 | 六〇〇 | 三、〇六一 | 二、五一七 |
| 通計 | 同 | 二八、六八七 | 一〇五、五八四 | 五五、一七八 | 一四五、四〇九 | 九一、五六八 | 一六、〇一一 | 一九、七二四 | 二三、三二一 | 三三、三五二 | 三五、八七三 |
| 基本財産 動産 | 同 | ― | ― | 四六二 | 四六二 | 四六二 | 八、九六三 | 九、四二一 | 九、七八三 | 一〇、一四三 | 一〇、七〇五 |
| 基本財産 不動産 | 同 | 四一八、八一四 | 五七七、三三二 | 五六七、一六〇 | 五五六、六九七 | 五三三、一三七 | 一一、一五一 | 一一、一五一 | 三〇、七〇〇 | 二一、五〇〇 | 一九、五〇〇 |

| 財産 學校基本財産 動産 | 財産 學校基本財産 不動産 | 財産 特別基本財産 動産 | 財産 特別基本財産 不動産 | 財産 收益ナキ財産 動産 | 財産 收益ナキ財産 不動産 | 財産 一部有財産 動産 | 財産 一部有財産 不動産 | 積立金穀 | 罹災救助金 | 財産ヨリ生スル收入 | 市町村債額 | 第三種所得税額 | 同納税者實人員 | 課率 附加税 地價割 | 課率 附加税 國税營業税割 | 課率 附加税 所得税割 | 課率 附加税 戸別割 | 課率 附加税 地方税營業税割 | 課率 附加税 雜種税割 | 課率 特別税 反別割 田 | 課率 特別税 反別割 畑 | 課率 特別税 反別割 宅地 | 課率 特別税 反別割 山林 | 課率 特別税 反別割 原野 | 課率 特別税 反別割 牧場 | 課率 特別税 反別割 海産干場 | 課率 特別税 反別割 雜種地 | 課率 特別税 建物割 | 課率 特別税 牛馬割 | 課率 特別税 戸別割 |
|---|---|---|---|---|---|---|---|---|---|---|---|---|---|---|---|---|---|---|---|---|---|---|---|---|---|---|---|---|---|---|
| 同 | 同 | 同 | 同 | 同 | 同 | 同 | 同 | 同 | 同 | 同 | 同 | 同 | 人 | 厘 | 同 | 同 | 同 | 同 | 同 | 同 | 同 | 同 | 同 | 同 | 同 | 同 | 同 | 同 | 同 | 同 |
| — | — | — | — | — | 一二、五九八 | — | — | — | — | 五、〇四七 | 一、七五〇 | 二、五五七 | 一六三 | 宅地 〇、九〇〇 其他 二、一〇〇 | 一五〇 | 一五〇 | 四、六〇〇 | 五〇〇 | 五〇〇 | 一二〇 | 〇六五 | 一七〇 | 〇一〇 | — | 〇一〇 | — | — | — | — | — |
| — | — | — | — | — | 一五、二九五 | — | — | — | — | 五、三三四 | 八七五 | 二、九〇〇 | 一八〇 | 〇、九〇〇 二、一〇〇 | 一五〇 | 一五〇 | 五、〇〇〇 | 五〇〇 | 五〇〇 | 二二〇 | 一二〇 | 三五〇 | 〇二〇 | — | 〇二〇 | — | — | — | — | — |
| — | — | — | — | — | 二四、五三二 | — | — | — | — | 五、四七九 | — | 六、二五七 | 二六一 | — — | 一五〇 | 一五〇 | 六、五〇〇 | 五〇〇 | 五〇〇 | 二二〇 | 一二〇 | 三五〇 | 〇五〇 | 〇五〇 | 〇五〇 | — | 三五〇 | 一 | 一 | 一 |
| — | — | — | — | — | 九一、四二一 | — | — | — | — | 八、六八四 | 二五、〇〇〇 | 四、三七三 | 三四二 | — — | 二四〇 | 二四〇 | 七、〇〇〇 | 一、〇〇〇 | 一、〇〇〇 | 四九二 | 二四二 | 六二九 | 一二〇 | 一〇〇 | — | — | 六〇〇 | — | — | — |
| — | — | — | — | — | 一二六、一四六 | — | — | — | — | 九、八八八 | 二五、〇〇〇 | 六、一六七 | 三四四 | — — | 四七〇 | 一四〇 | 六、〇〇〇 | 一、〇〇〇 | 一、〇〇〇 | 四五六 | 二二七 | 六七七 | 一〇〇 | 〇八〇 | 一〇〇 | — | 四八〇 | — | — | — |
| 二、四二七 | — | — | — | — | 一五、二四四 | — | — | — | — | 二、〇一九 | 一、一〇〇 | 一、四四九 | 七〇 | — | 一五〇 | 一五〇 | 四、〇五〇 | 五〇〇 | 五〇〇 | 一二〇 | 〇五二 | 二二〇 | 〇五 | 〇一〇 | 〇一〇 | — | 九五 | — | — | — |
| 二、四七二 | — | — | — | — | 一五、二四四 | — | — | — | — | 二、一四七 | 五五〇 | 五、四一六 | 七五 | — | 一五〇 | 一五〇 | 四、六一〇 | 五〇〇 | 五〇〇 | 一二六 | 〇六三 | 二二〇 | 〇〇四 | 〇九〇 | 〇九〇 | — | 九九 | — | — | — |
| 二、六九九 | — | 八二四 | — | — | 一六、八二一 | — | — | — | — | 二、二二〇 | — | 四、〇三九 | 一二一 | — | 一五〇 | 一五〇 | 五、九〇〇 | 五〇〇 | 五〇〇 | 一四五 | 〇七二 | 二七〇 | 〇〇五 | 〇一〇 | 〇一〇 | — | 一一五 | — | — | — |
| 二、八五二 | — | 二、〇七三 | — | — | 一一、七七八 | — | — | — | — | 二、三八三 | — | 二、〇四八 | 八二 | — | 二四〇 | 二四〇 | 六、一七〇 | 一、〇〇〇 | 一、〇〇〇 | 二六九 | 一三五 | 五二七 | 〇〇九 | 〇一九 | 〇一九 | — | 二二〇 | — | — | — |
| 三、〇五九 | — | 二、三七五 | — | — | 一一、七九一 | — | — | — | — | 三、四五〇 | — | 三、一五二 | 九六 | — | 四七〇 | 一四〇 | 六、六〇〇 | 一、〇〇〇 | 一、〇〇〇 | 二六九 | 一三五 | 九九四 | 〇九〇 | 〇一九 | 〇一九 | — | 二二〇 | — | — | — |

| 種別 | 單位 | 濱益村 大正六年度 | 同 七年度 | 同 八年度 | 同 九年度 | 同 十年度 | 札幌村 同 六年度 | 同 七年度 | 同 八年度 | 同 九年度 | 同 十年度 |
|---|---|---|---|---|---|---|---|---|---|---|---|
| 面積 | 方里 | 二一、九八 | 二一、九八 | 二一、九八 | 二一、九八 | 二一、九八 | 二、九八 | 二、九八 | 二、九八 | 二、九八 | 二、九八 |
| 民有地 田 | 反 | 二四八八 | 二四八八 | 二五〇一 | 二五一〇 | 二四六六 | — | 五三八 | 五三八 | 五三八 | 五三八 |
| 民有地 畑 | 同 | 九〇二〇 | 九一三一 | 九二〇〇 | 九一五九 | 一、〇一一七 | 三、二一九九 | 三一、八〇四 | 三、一八四三 | 三、二〇二一 | 三、一九九〇 |
| 民有地 宅地 | 同 | 三〇二 | 三〇五 | 三〇五 | 三一六 | 三〇三 | 二五五 | 二五五 | 二八四 | 二八七 | 二九七 |
| 民有地 山林 | 同 | 一〇四〇 | 一〇八二 | 一八六五 | 一九〇五 | 二三四〇 | 一六 | 一六 | 一六 | 六〇 | 六〇 |
| 民有地 原野 | 同 | 一四八一 | 一五〇八 | 一七九〇 | 一九八二 | 一八四八 | 二三 | 二六 | 二九 | 九四 | 九七 |
| 民有地 牧場 | 同 | 七〇八 | 八三二 | 四三六八 | 四九六二 | 四九四三 | — | — | 三 | 三 | 三 |
| 民有地 其他 | 同 | 七〇八 | 七〇八 | 七三〇 | 七四四 | 八三二 | 二 | 二 | 二 | 二 | 二 |
| 現住戸數 | 戸 | 一、一五八 | 一、一六九 | 一、一三九 | 一、一四三 | 一、一三七 | 九五四 | 九八六 | 九九二 | 一、〇二七 | 一、二三八 |
| 現住人口 | 人 | 七、六〇五 | 八、〇二四 | 七、八〇三 | 七、九六九 | 七、九六七 | 五、六五三 | 五、五六六 | 五、六六四 | 五、八五八 | 六、九四八 |
| 負擔 直接國税額 | 圓 | 三、九八五 | 五、九六七 | 二二、〇六八 | 二六、一七二 | 九、六一七 | 四、七二三 | 九、七七八 | 一四、二四五 | 二〇、七四八 | 二〇、一三四 |
| 負擔 地方税額 | 同 | 一〇、五四〇 | 三、九六四 | 四、一七四 | 一二、一四四 | 一七、一二六 | 四、九三一 | 五、八一八 | 六、六五〇 | 八、六六七 | 一三、五八六 |
| 負擔 市町村税額 | 同 | 一五、四一四 | 一八、九一五 | 三二、〇五二 | 三八、一八〇 | 四五、[illegible] | 九、八四六 | 一二、三七一 | 一〇、五四〇 | 二一、五八六 | 三九、九五七 |
| 財政 歳入 | 同 | 一七、二九七 | 二一、三四〇 | 二九、八七九 | 四六、一五八 | 四六、八八八 | 一三、八四八 | 一三、二四四 | 一八、四九六 | 四六、〇六一 | 七四、五九九 |
| 歳出經常部 役所役場費 | 同 | 四、四五八 | 五、〇一六 | 七、二四三 | 一一、二七二 | 一一、九三三 | 二、一五八 | 二、七三六 | 三、二三一 | 四、二四一 | 五、一三八 |
| 歳出經常部 土木費 | 同 | 一一五 | 二四九 | 二七〇 | 四五〇 | 四五〇 | 二、七九二 | 六八二 | 八七〇 | 二、八八八 | 一、二二二 |
| 歳出經常部 教育費 | 同 | 九、二四三 | 一一、四四〇 | 一七、五七五 | 二三、七七二 | 二五、一一四 | 六、九八二 | 八、三九〇 | 一二、一一二 | 一四、七八二 | 一六、八九五 |
| 歳出經常部 衛生費 | 同 | 三二八 | 三〇八 | 四八三 | 六三四 | 六三四 | 九八 | 一二六 | 一二六 | 一九三 | 三五七 |
| 歳出經常部 勸業費 | 同 | — | — | — | — | 一二 | 一七〇 | 五 | 五 | 五 | 五 |
| 歳出經常部 其他 | 同 | 二、九〇八 | 三、〇三三 | 四、一五七 | 五、一四四 | 五、四四四 | 一、二〇八 | 一、一六九 | 二、〇四二 | 二、三七四 | 三、四七八 |
| 歳出經常部 計 | 同 | 一七、〇五三 | 二〇、〇四四 | 二九、七二八 | 四一、二七二 | 四三、五八七 | 一三、四〇八 | 一三、一〇八 | 一八、三九六 | 二四、四八三 | 二七、〇九五 |
| 同臨時部 計 | 同 | 二四四 | 一、二九六 | 一五一 | 四、八八六 | 三、三〇一 | 四四〇 | 一三八 | 一〇〇 | 二一、五七八 | 四七、五〇四 |
| 通計 | 同 | 一七、二九七 | 二一、三四〇 | 二九、八七九 | 四六、一五八 | 四六、八八八 | 一三、八四八 | 一三、二四四 | 一八、四九六 | 四六、〇六一 | 七四、五九九 |
| 基本財産 動産 | 同 | — | — | 五五、九一六 | 五六、七九三 | 五三、五四三 | 二八、八九六 | 三二、一八八 | 四一、五八一 | 四七、三三〇 | 四三、六四一 |
| 基本財産 不動産 | 同 | 一一八、〇三二 | 一一八、一八二 | 二四、八二六 | 三九、〇六六 | 四五、七七一 | 三七、四七四 | 三七、四七四 | 三七、四七四 | 七七、二〇〇 | 八七、二九一 |

| 財産 學校基本財産 動産 | 財産 學校基本財産 不動産 | 財産 特別基本財産 動産 | 財産 特別基本財産 不動産 | 財産 收益ナキ財産 動産 | 財産 收益ナキ財産 不動産 | 財産 一部有財産 動産 | 財産 一部有財産 不動産 | 積立金穀 | 罹災救助金 | 財産ヨリ生スル收入 | 市町村債額 | 第三種所得税額 | 同納税者實人員 | 課率 附加税 地價割 宅地 | 課率 附加税 地價割 其他 | 課率 附加税 國税營業税割 | 課率 附加税 所得税割 | 課率 附加税 戸別割 | 課率 附加税 地方税營業税割 | 課率 附加税 雜種税割 | 課率 特別税 反別割 田 | 課率 特別税 反別割 畑 | 課率 特別税 反別割 宅地 | 課率 特別税 反別割 山林 | 課率 特別税 反別割 原野 | 課率 特別税 反別割 牧場 | 課率 特別税 反別割 海産干場 | 課率 特別税 反別割 雜種地 | 課率 特別税 建物割 | 課率 特別税 牛馬割 | 課率 特別税 戸別割 |
|---|---|---|---|---|---|---|---|---|---|---|---|---|---|---|---|---|---|---|---|---|---|---|---|---|---|---|---|---|---|---|---|
| 同 | 同 | 同 | 同 | 同 | 同 | 同 | 同 | 同 | 同 | 同 | 同 | 同 | 人 | 厘 | | 同 | 同 | 同 | 同 | 同 | 同 | 同 | 同 | 同 | 同 | 同 | 同 | 同 | 同 | 同 | 同 |
| — | — | — | — | — | 三,七七五 | — | — | — | — | 四,六四六 | — | 一,七一九 | 七〇 | 〇九〇 | 二一〇 | 一五〇 | 一五〇 | 四,〇〇〇 | 五〇〇 | 五〇〇 | 二〇〇 | 七〇 | 二五六 | — | — | — | — | 三〇〇 | — | — | — |
| — | — | — | — | — | 三,九二五 | — | — | — | — | 五,一五一 | — | 二,九四四 | 六一 | 〇九〇 | 二一〇 | 一五〇 | 一五〇 | 四,七〇〇 | 五〇〇 | 五〇〇 | 二〇三 | 七〇 | 二五六 | — | — | — | — | 三〇〇 | — | — | — |
| — | — | — | — | — | 一六,一三六 | — | — | — | — | 五,七八五 | — | 一一,[illegible]〇八 | 八七 | 〇九〇 | 二一〇 | 一五〇 | 一五〇 | 七,〇〇〇 | 五〇〇 | 五〇〇 | 二〇三 | 七〇 | 二五六 | — | — | — | — | 三〇〇 | — | — | — |
| — | — | — | — | — | 一六,一三七 | — | — | — | — | 六,〇一九 | — | 二,一二〇 | 六〇 | — | — | 二四〇 | 二四〇 | 六,八〇〇 | 一,〇〇〇 | 一,〇〇〇 | 三〇七 | 二〇三 | 三三二 | 一五 | 一五 | 一五 | — | 三九九 | — | — | — |
| — | — | 二三一二 | — | — | 一六,一三七 | — | — | — | — | 六,六七〇 | — | 四,〇九〇 | 八五 | — | — | 四七〇 | 一四〇 | 七,一八〇 | 一,〇〇〇 | 一,〇〇〇 | 三〇七 | 二〇三 | 三三二 | 一五 | 一五 | 一五 | — | 三九九 | — | — | — |
| — | — | — | — | — | 三,六一八 | — | — | — | — | 四,二七五 | 三五〇 | 三,〇七〇 | 一三〇 | 〇九〇 | 二一〇 | 一五〇 | 一五〇 | 二,七五〇 | 五〇〇 | 五〇〇 | — | 一七〇 | 二五〇 | — | — | — | — | — | — | — | — |
| — | — | — | — | — | 三,六一八 | — | — | — | — | 四,九七二 | — | 二,六三二 | 一五九 | 〇九〇 | 二一〇 | 一五〇 | 一五〇 | 二,九四〇 | 五〇〇 | 五〇〇 | — | 二五〇 | 三五〇 | — | — | — | — | — | — | — | — |
| — | — | — | — | — | 一二,六一八 | — | — | — | — | 五,〇二九 | — | 五,五二九 | 二五六 | 〇九〇 | 二一〇 | 一五〇 | 一五〇 | 四,一五〇 | 五〇〇 | 五〇〇 | — | 二八六 | 三五〇 | — | — | — | — | — | — | — | — |
| — | — | — | — | — | 九,一二三 | — | — | — | — | 五,三二五 | — | 二,三四三 | 一九一 | — | — | 二四〇 | 二四〇 | 五,〇〇〇 | 五〇〇 | 五〇〇 | 二二七 | 二〇四 | 一六二 | — | — | — | — | — | — | — | — |
| — | — | — | — | — | 四五,七二三 | — | — | — | — | 五,四二五 | — | 三,二二三 | 一七二 | 二八〇 | 六六〇 | 四七〇 | 一四〇 | 六,〇五〇 | 一,〇〇〇 | 一,〇〇〇 | — | 三二七 | 三五〇 | — | — | — | — | — | — | — | — |

| 種別 | 單位 | 篠路村 大正六年度 | 同 七年度 | 同 八年度 | 同 九年度 | 同 十年度 | 琴似村 大正六年度 | 同 七年度 | 同 八年度 | 同 九年度 | 同 十年度 |
|---|---|---|---|---|---|---|---|---|---|---|---|
| 面積 | 方里 | 三、二六 | 三、二六 | 三、二六 | 三、二六 | 三、二六 | 三、五〇 | 三、五〇 | 三、五〇 | 三、五〇 | 三、五〇 |
| 民有地 田 | 反 | 八四一 | 八四一 | 一二八八 | 一二八八 | 一二八九 | 四八三 | 七八三 | 三〇五〇 | 五〇〇〇 | 六二〇〇 |
| 民有地 畑 | 同 | 三、〇二六三 | 三、二一五四 | 三、一六三七 | 三、一九八一 | 三、一八五九 | 三、九八四三 | 三、九五二一 | 三、七二五二 | 三、五五二二 | 三、四三四二 |
| 民有地 宅地 | 同 | 一〇三 | 一〇三 | 一〇五 | 一一五 | 一一三 | 三二六 | 三四八 | 三四八 | 三九九 | 四〇六 |
| 民有地 山林 | 同 | | | | | 一〇 | | | | | |
| 民有地 原野 | 同 | 四六五五 | 四二五五 | 四二五五 | 四七九二 | 四九八二 | 一、三〇三七 | 一、三〇三七 | 一、二九九九 | 一、二七六八 | 一、二七四一 |
| 民有地 牧場 | 同 | | | | | 九八一 | 七〇 | 七〇 | 七〇 | 七〇 | 七〇 |
| 民有地 其他 | 同 | 一四 | 一四 | 一四 | 一二 | 一二 | — | — | — | — | — |
| 現住戸數 | 戸 | 四六一 | 四六五 | 四六八 | 四五六 | 四五六 | 八九二 | 八八三 | 九〇五 | 一、〇七四 | 一、〇二六 |
| 現住人口 | 人 | 三、〇一八 | 二、八六七 | 二、八一六 | 二、九一三 | 二、八三九 | 五、二七九 | 五、〇八一 | 五、四二二 | 六、〇五四 | 六、二六八 |
| 負擔 直接國税額 | 圓 | 三、四四六 | 四、〇七五 | 五、四九二 | 五、九五五 | 九、三九二 | 三、〇五六 | 四、七二五 | 七、六四三 | 九、九八一 | 九、一一三 |
| 負擔 地方税額 | 同 | 三、四九三 | 三、七〇一 | 四、一九四 | 四、三三八 | 七、〇九七 | 五、九五六 | 五、九七四 | 六、四六一 | 五、七二四 | 一二、二五六 |
| 負擔 市町村税額 | 同 | 五、七二一 | 七、三三五 | 一一、三七二 | 一四、二八五 | 一六、〇五三 | 九、二四一 | 一二、三六三 | 一八、四五八 | 二四、三七九 | 二九、六八一 |
| 財政 歳入 | 同 | 六、九二〇 | 八、〇六八 | 一五、八四五 | 一八、七七〇 | 一八、八八三 | 一〇、八九一 | 一五、一五五 | 一八、七五九 | 二八、四三五 | 三一、一一三 |
| 歳出經常部 役所役場費 | 同 | 一、一七〇 | 一、三八九 | 一、八三四 | 二、八七八 | 二、八三九 | 一、七五三 | 二、三一四 | 三、〇二〇 | 四、五一五 | 四、八八二 |
| 歳出經常部 土木費 | 同 | 九一七 | 九二四 | 一、八五五 | 一、八五八 | 一、八〇六 | 一、三〇七 | 二、一三九 | 一、九四八 | 二、七三五 | 三、五五五 |
| 歳出經常部 教育費 | 同 | 三、二〇九 | 四、一六〇 | 六、五一五 | 一〇、二四二 | 一〇、六〇八 | 五、八五一 | 七、七〇五 | 一一、四〇三 | 一七、四五一 | 一八、七一四 |
| 歳出經常部 衛生費 | 同 | 七五 | 六四 | 八一 | 八一 | 七九 | 一二七 | 一三一 | 一五八 | 二二六 | 三一〇 |
| 歳出經常部 勸業費 | 同 | 三 | 一八 | 一四 | 一四 | 一三 | — | — | — | — | — |
| 歳出經常部 其他 | 同 | 一、五四六 | 一、五一三 | 一、九四六 | 三、〇一一 | 三、〇五八 | 一、〇七〇 | 一、一七〇 | 一、三二三 | 二、一七一 | 二、二二五 |
| 歳出經常部 計 | 同 | 六、九二〇 | 八、〇六八 | 一二、二四五 | 一八、〇八四 | 一八、四〇三 | 一〇、一〇八 | 一三、四五九 | 一七、八五二 | 二七、〇九八 | 二九、六八六 |
| 同臨時部計 | 同 | — | — | 三、六〇〇 | 六八六 | 四八〇 | 七八三 | 一、六九六 | 九〇七 | 一、三三七 | 一、四二七 |
| 通計 | 同 | 六、九二〇 | 八、〇六八 | 一五、八四五 | 一八、七七〇 | 一八、八八三 | 一〇、八九一 | 一五、一五五 | 一八、七五九 | 二八、四三五 | 三一、一一三 |
| 基本財産 動産 | 同 | — | — | 一六、〇四八 | 一七、〇四四 | 一九、二四六 | 一三九二九 | 一三、九四九 | 一四、九二七 | 一三、四四一 | 二四、八六二 |
| 基本財産 不動産 | 同 | 八一、四六五 | 一〇一、八三一 | 一〇一、八三一 | 一〇一、八三一 | 一〇一、八三一 | 四一、三九八 | 四一、三九八 | 四一、三九八 | 四一、三九八 | 四二、〇六八 |

| | | 1 | 2 | 3 | 4 | 5 | 6 | 7 | 8 | 9 | 10 |
|---|---|---|---|---|---|---|---|---|---|---|---|
| 財産 學校基本財産 動産 | 同 | — | — | — | — | — | — | — | — | — | — |
| 財産 學校基本財産 不動産 | 同 | — | — | — | — | — | — | — | — | — | — |
| 財産 特別基本財産 動産 | 同 | — | — | — | — | — | — | — | — | — | — |
| 財産 特別基本財産 不動産 | 同 | — | — | — | — | — | — | — | — | — | — |
| 財産 收益ナキ財産 動産 | 同 | — | — | — | — | — | — | — | — | — | — |
| 財産 收益ナキ財産 不動産 | 同 | 五、七三四 | 七、一六八 | 七、一六八 | 七、一六八 | 七、一六八 | 七、九八四 | 八、七七八 | 八、七七八 | 六四、〇四九 | 六三、〇七九 |
| 財産 一部有財産 動産 | 同 | — | — | — | — | — | 二五、六三七 | 二二、九七四 | 二六、八五七 | 二〇、八六一 | 二一、〇四七 |
| 財産 一部有財産 不動産 | 同 | — | — | — | — | — | 一六二、四六九 | 一六一、六一八 | 一五九、〇九六 | 一五五、三三三 | 一五五、六三三 |
| 財産 積立金穀 | 同 | — | — | — | — | — | — | — | — | — | — |
| 財産 罹災救助金 | 同 | — | — | — | — | — | — | — | — | — | — |
| 財産ヨリ生スル收入 | 同 | 二、六四五 | 三、〇四九 | 三、一二二 | 三、二五九 | 三、三五八 | 一、二五二 | 一、二八七 | 四、一三一 | 六、五二二 | 三、四五七 |
| 市町村債額 | 同 | — | — | — | — | — | 四三三 | — | — | — | — |
| 第三種所得稅額 | 同 | 七九一 | 一、一〇七 | 一、八八四 | 七一三 | 九六七 | 一、七一五 | 二、四三一 | 四、〇一二 | 二、〇三七 | 二、二三五 |
| 同納稅者實人員 | 人 | 七二 | 七三 | 九九 | 八一 | 九三 | 一五〇 | 一三七 | 二〇四 | 一七八 | 一三六 |
| 課率 附加稅 地價割 宅地 | 厘 | 〇九〇 | 〇九〇 | 〇九〇 | 一四四 | 二八〇 | — | — | — | — | — |
| 課率 附加稅 地價割 其他 | 厘 | 二一〇 | 二一〇 | 二一〇 | 二三六 | 六六〇 | | | | | |
| 課率 附加稅 國稅營業稅割 | 同 | 一五〇 | 一五〇 | 一五〇 | 二四〇 | 四七〇 | 一五〇 | 一五〇 | 一五〇 | 二四〇 | 四七〇 |
| 課率 附加稅 所得稅割 | 同 | 一五〇 | 一五〇 | 一五〇 | 二四〇 | 一四〇 | 一五〇 | 一五〇 | 一五〇 | 二四〇 | 一四〇 |
| 課率 附加稅 戶別割 | 同 | 一、九〇〇 | 三、一〇〇 | 六、〇〇〇 | 六、〇〇〇 | 五、三〇〇 | 二、四〇〇 | 二、〇七〇 | 三、五〇〇 | 五、〇〇〇 | 四、八七〇 |
| 課率 附加稅 地方稅營業稅割 | 同 | 五〇〇 | 五〇〇 | 五〇〇 | 一、〇〇〇 | 一、〇〇〇 | 五〇〇 | 五〇〇 | 五〇〇 | 八〇〇 | 八〇〇 |
| 課率 附加稅 雜種稅割 | 同 | 五〇〇 | 五〇〇 | 五〇〇 | 一、〇〇〇 | 一、〇〇〇 | 五〇〇 | 五〇〇 | 五〇〇 | 八〇〇 | 一、〇〇〇 |
| 課率 特別稅 反別割 田 | 同 | 一五〇 | 一五〇 | 一五〇 | 二九九 | 三〇〇 | 一七〇 | 二一〇 | 二六〇 | 三八二 | 四三四 |
| 課率 特別稅 反別割 畑 | 同 | 〇八〇 | 一〇〇 | 一二五 | 二二七 | 二一六 | 一二〇 | 一三〇 | 一八〇 | 二五一 | 二九〇 |
| 課率 特別稅 反別割 宅地 | 同 | — | — | — | 三九八 | 四〇〇 | 二三〇 | 二三〇 | 三二〇 | 四一七 | 四七三 |
| 課率 特別稅 反別割 山林 | 同 | — | — | — | — | — | — | — | 〇一〇 | 〇一三 | 〇一五 |
| 課率 特別稅 反別割 原野 | 同 | 〇三〇 | 〇三〇 | 〇四〇 | 〇八〇 | 〇八〇 | 〇一〇 | 〇一〇 | 〇一〇 | 〇一三 | 〇一五 |
| 課率 特別稅 反別割 牧場 | 同 | — | — | — | — | — | — | — | — | — | — |
| 課率 特別稅 反別割 海產干場 | 同 | — | — | — | — | — | — | — | — | — | — |
| 課率 特別稅 反別割 雜種地 | 同 | — | — | — | — | — | — | — | — | — | — |
| 課率 特別稅 建物割 | 同 | — | — | — | — | — | — | — | — | — | — |
| 課率 特別稅 牛馬割 | 同 | — | — | — | — | — | — | — | — | — | — |
| 課率 特別稅 戶別割 | 同 | — | — | — | — | — | — | — | — | — | — |

| 町村名 | 種別 | 面積 | 民有地 田 | 畑 | 宅地 | 山林 | 原野 | 牧場 | 其他 | 現住戸数 | 現住人口 | 負擔 直接國税額 | 地方税額 | 市町村税額 | 財政 歳入 | 歳出 役所役場費 | 土木費 | 教育費 | 衛生費 | 勸業費 | 其他 | 經常部計 | 臨時部計 | 通計 | 基本財産 動産 | 不動産 |
|---|---|---|---|---|---|---|---|---|---|---|---|---|---|---|---|---|---|---|---|---|---|---|---|---|---|---|
| | 單位 | 方里 | 反 | 同 | 同 | 同 | 同 | 同 | 同 | 戸 | 人 | 同 | 同 | 同 | 同 | 同 | 同 | 同 | 同 | 同 | 同 | 同 | 同 | 同 | 同 | 同 |
| 手稲村 | 大正六年度 | 七、九二 | 四七九三 | 二、四八六〇 | 一八九 | 二、六九三一 | 二、三九三四 | 二三〇一 | — | 七三八 | 四、四八四 | 二、六五四 | 三、六七九 | 七、九〇四 | 八、五一六 | 一、五六九 | 一三七 | 三、九四二 | 四一 | 一四 | 一、四七〇 | 七、一七三 | 一、三四三 | 八、五一六 | 七〇九 | 七九五 |
| | 同 七年度 | 七、九二 | 四九六八 | 二、四〇二六 | 一八八 | 二、七二八七 | 二、四三六四 | 二四三二 | — | 七七八 | 四、七二三 | 三、五一五 | 三、六三九 | 八、五七一 | 九、七四一 | 二、〇九七 | 六三一 | 五、〇七五 | 五四 | 三五 | 一、五三五 | 九、四二七 | 三一四 | 九、七四一 | 九五六 | 一、〇七七 |
| | 同 八年度 | 七、九二 | 四六四八 | 二、三〇三九 | 一七五 | 二、八六八七 | 二、三一六四 | 二五三三 | — | 七五七 | 四、六〇五 | 五、〇四七 | 四、〇九四 | 一九、七二九 | 一四、七九五 | 二、九四二 | 三六六 | 七、八二四 | 六八 | 六五 | 一、九三六 | 一三、二〇一 | 一、五九四 | 一四、七九五 | 二一、三五三 | 八、二〇〇 |
| | 同 九年度 | 七、九二 | 四五八〇 | 二、二九六五 | 一八五 | 二、八四七六 | 二、三六〇三 | 二五四七 | — | 七一〇 | 四、〇四九 | 一四、一二三 | 三、四三六 | 一七、六四一 | 二〇、〇八三 | 三、六七五 | 一、一六六 | 一一、七九四 | 三四 | 三五 | 二、三一二 | 一九、〇一六 | 一、〇六七 | 二〇、〇八三 | 二三、四五八 | 二八、九一三 |
| | 同 十年度 | 七、九二 | 五四一〇 | 二、七五二八 | 二〇八 | 二、八一八八 | 二、三六三一 | 二三三二 | — | 六九四 | 四、四一四 | 七、九九五 | 七、一九三 | 一八、八七七 | 一八、六四八 | 三、四二三 | 七五〇 | 一一、三五七 | 五七 | 四〇 | 二、七〇七 | 一八、三三四 | 三一四 | 一八、六四八 | 二六、二〇三 | 二九、二八八 |
| 藻岩村 | 同 六年度 | 三、五〇 | 二四九 | 一、三三九八 | 九一 | 三六三 | 六四八一 | — | — | 五四〇 | 三、六七九 | 一、九四三 | 一、三〇五 | 二、九二四 | 五、九〇九 | 一、三二三 | 五〇 | 二、四八二 | 七二 | 一七 | 一、一三三 | 五、〇七七 | 八三二 | 五、九〇九 | — | 二、〇七〇 |
| | 同 七年度 | 三、五〇 | 二九九 | 一、三九一八 | 九〇 | 三五六 | 七〇一〇 | — | — | 五二三 | 三、四七〇 | 二、二三九 | 二、七二七 | 一、六四三 | 五、二七八 | 一、七一一 | 五〇 | 三、〇八四 | 七四 | 一七 | 二六二 | 五、一九八 | 八〇 | 五、二七八 | — | 二、〇七〇 |
| | 同 八年度 | 三、五〇 | 三四三 | 一、一七三三 | 九一 | 二一八九 | 五一二七 | — | — | 五六〇 | 三、六六六 | 三、八三九 | 三、〇八五 | 五、七九四 | 一一、五八四 | 二、二五二 | 五〇 | 四、四一一 | 八七 | 一七 | 六二一 | 七、四三九 | 四、一四五 | 一一、五八四 | 三、六二〇 | 二、四八四 |
| | 同 九年度 | 三、五〇 | 三九六 | 一、四一六四 | 一二二 | 二四〇四 | 五二六八 | 五四 | — | 五七二 | 三、三五五 | 四、五三二 | 二、九〇六 | 四、六一七 | 五四、一七四 | 三、四六八 | 三〇 | 九、六二五 | 一五〇 | 一七 | 一、〇〇四 | 一四、二九四 | 三九、八八〇 | 五四、一七四 | 三、九七〇 | 二、二三六 |
| | 同 十年度 | 三、五〇 | 三八五 | 一、四〇五〇 | 一二六 | 二四七四 | 五四一七 | 五四 | — | 五八一 | 三、四八二 | 五、三二五 | 六、二〇九 | 一七、二五一 | 三〇、三八三 | 四、一二七 | 三〇 | 一〇、六一三 | 一三二 | 一七 | 一、一二四 | 一六、〇四三 | 一四、三四〇 | 三〇、三八三 | 四、六七一 | 二、二三六 |

| 財産 學校基本財産 動産 | 財産 學校基本財産 不動産 | 財産 特別基本財産 動産 | 財産 特別基本財産 不動産 | 財産 收益ナキ財産 動産 | 財産 收益ナキ財産 不動産 | 財産 一部有財産 財産 | 財産 一部有財産 不動産 | 財産 積立金穀 | 財産 罹災救助金 | 財産ヨリ生スル收入 | 市町村債額 | 第三種所得税額 | 同納税者實人員 | 課率 附加税 地價割 | 課率 附加税 國税營業税割 | 課率 附加税 所得税割 | 課率 附加税 戸別割 | 課率 附加税 地方税營業税割 | 課率 附加税 雑種税割 | 課率 特別税 反別割 田 | 課率 特別税 反別割 畑 | 課率 特別税 反別割 宅地 | 課率 特別税 反別割 山林 | 課率 特別税 反別割 原野 | 課率 特別税 反別割 牧場 | 課率 特別税 反別割 海産干場 | 課率 特別税 反別割 雑種地 | 課率 特別税 建物割 | 課率 特別税 牛馬割 | 課率 特別税 戸別割 |
|---|---|---|---|---|---|---|---|---|---|---|---|---|---|---|---|---|---|---|---|---|---|---|---|---|---|---|---|---|---|---|
| 同 | 同 | 同 | 同 | 同 | 同 | 同 | 同 | 同 | 同 | 同 | 同 | 同 | 人 | 同 | 同 | 同 | 同 | 同 | 同 | 同 | 同 | 同 | 同 | 同 | 同 | 同 | 同 | 同 | 同 | 同 |
| — | — | — | — | — | 二九,九一二 | — | — | — | — | 一,四七六 | 一,五七〇 | 八〇三 | 六六 | — | 一五〇 | 一五〇 | 二,四四〇 | 五〇〇 | 五〇〇 | 一八九 | 八四 | 一〇五 | 〇〇六 | 〇〇六 | 〇一二 | — | — | — | — | — |
| — | — | — | — | — | 二九,九一二 | — | — | — | — | 一,七二三 | 一,二五六 | 一,三五四 | 七五 | — | 一五〇 | 一五〇 | 二,九五〇 | 五〇〇 | 五〇〇 | 一七〇 | 八四 | 一〇五 | 〇〇六 | 〇〇六 | 〇一二 | — | — | — | — | — |
| — | — | — | — | — | 一〇,六六三 | — | — | 三〇 | — | 二,二五七 | 九四二 | 二,四四〇 | 九五 | — | 一五〇 | 一五〇 | 四,七二〇 | 五〇〇 | 五〇〇 | 一八九 | 九五 | 一〇五 | 〇〇六 | 〇〇六 | 〇一二 | 一 | — | — | — | — |
| — | — | — | — | — | 一三,三八五 | — | — | — | — | 二,四八八 | 六二八 | 一,二〇四 | 七九 | — | 二四〇 | 二四〇 | 五,〇〇〇 | 一,〇〇〇 | 一,〇〇〇 | 四六一 | 一三〇 | 一四八 | 〇九〇 | 〇三〇 | 〇一八 | — | — | — | — | — |
| — | — | — | — | — | 二七,七二四 | — | — | 二,七四四 | — | 二,七四八 | 三一四 | 一,三三九 | 七七 | — | 四七〇 | 一四〇 | 四,二三〇 | 五〇〇 | 五〇〇 | 四六一 | 一三〇 | 一四八 | 〇九〇 | 〇三〇 | 〇一八 | — | — | — | — | — |
| 九一〇 | 六四,一二〇 | — | — | — | 一四,六六九 | — | — | — | — | 二〇八 | — | 九八二 | 七三 | 宅地 〇九〇 其他 二一〇 | 一五〇 | 一五〇 | 四〇〇 | 五〇〇 | 五〇〇 | 四〇 | 三〇 | — | — | — | — | — | — | — | — | — |
| 九一〇 | 六四,一二〇 | — | — | — | 一四,六六九 | — | — | — | — | 二五六 | — | 一,六二五 | 六八 | 〇九〇 二一〇 | 一五〇 | 一五〇 | 五〇〇 | 五〇〇 | 五〇〇 | 四〇 | 二三 | — | — | — | — | — | — | — | — | — |
| 四,八二三 | 七六,九四四 | — | — | — | 一七,六〇三 | — | — | — | — | 三〇二 | — | 二,五九九 | 一〇四 | 〇九〇 二一〇 | 一五〇 | 一五〇 | 一,一〇〇 | 五〇〇 | 五〇〇 | 四〇 | 二三 | — | — | — | — | — | — | — | — | — |
| 五,一七七 | 六九,二五〇 | — | — | — | 一五,八四二 | — | — | — | — | 三三五 | — | 一,二三〇 | 八九 | — — | 二四〇 | 二四〇 | 一,六〇〇 | 八〇〇 | 八〇〇 | 九〇 | 五八 | 九七 | 二 | 二 | — | — | — | — | — | — |
| 五,六九七 | 六九,二五〇 | — | — | — | 二八,八七七 | — | — | — | — | 三三八 | — | 一,六五一 | 八四 | — — | 四七〇 | 一四〇 | 一,一八二 | 一,〇〇〇 | 一,〇〇〇 | 九〇 | 五八 | 九五 | 二 | 二 | — | — | — | — | — | — |

| 種別 | 單位 | 白石村 大正六年度 | 同 七年度 | 同 八年度 | 同 九年度 | 同 十年度 | 新篠津村 同 六年度 | 同 七年度 | 同 八年度 | 同 九年度 | 同 十年度 |
|---|---|---|---|---|---|---|---|---|---|---|---|
| 面積 | 方里 | 三、二八 | 三、二八 | 三、二八 | 三、二八 | 三、二八 | 五、二五 | 五、二五 | 五、二五 | 五、二五 | 五、二五 |
| 民有地反別 田 | 町 | 九七〇〇 | 九〇六〇 | 一、一四五二 | 九九七〇 | 九九七〇 | 四六 | 四六 | 四六 | 四六 | 四六 |
| 同 畑 | 同 | 一、二三〇〇 | 一、六二九〇 | 一、六七〇七 | 一、六五四〇 | 一、六五四〇 | 四、〇一五三 | 四、〇二三七 | 四、〇四六六 | 三、九七八二 | 四、〇四六六 |
| 同 宅地 | 同 | 三五〇 | 三三〇 | 三三四 | 三三〇 | 三三〇 | — | — | — | — | — |
| 同 山林 | 同 | 一一〇〇 | 八九〇 | 八九〇 | 一五六〇 | 一五六〇 | — | — | — | — | — |
| 同 原野 | 同 | 一、九五五〇 | 一、八一三〇 | 一、八二〇〇 | 一、八六二〇 | 一、八六二〇 | — | — | — | — | — |
| 同 牧場 | 同 | — | — | — | — | — | — | — | — | — | — |
| 同 其他 | 同 | 五〇 | 三〇 | 三〇 | 三〇 | 三〇 | — | — | — | — | — |
| 現住戸數 | 戸 | 八二二 | 八二一 | 八四六 | 八七〇 | 九三九 | 五〇三 | 五〇五 | 四九八 | 四八七 | 四八三 |
| 現住人口 | 人 | 五、四一八 | 五、六五七 | 五、七八九 | 五、七四二 | 六、一〇三 | 二、八七二 | 二、八六一 | 二、八四八 | 二、九二三 | 三、〇五七 |
| 負擔 直接國稅額 | 圓 | 五、〇六五 | 七、〇五五 | 九、五六六 | 一五、八一二 | 一六、一一七 | 五一一 | 八三八 | 二、〇四六 | 三、〇三一 | 三、七九七 |
| 同 地方稅額 | 同 | 四、六一二 | 四、六九八 | 五、二〇一 | 四、〇二五 | 一〇、一五一 | 三、六六五 | 三、八四〇 | 四、三二五 | 二、三四五 | 七、〇〇九 |
| 同 市町村稅額 | 同 | 九、八五九 | 一三、四二三 | 一八、〇〇八 | 二六、七三九 | 三〇、一四六 | 六、九九二 | 八、九九五 | 八、五〇九 | 一六、四四一 | 一九、四〇九 |
| 財政 歲入 | 同 | 九、四〇九 | 一五、三三六 | 三七、七九六 | 二九、四三七 | 三一、〇〇五 | 八、二八三 | 九、四七四 | 一三、〇一二 | 二〇、〇一六 | 一九、九八三 |
| 歲出經常部 役所役場費 | 同 | 一、八七八 | 二、七五五 | 三、四〇五 | 五、一六二 | 五、六四四 | 一、四一三 | 一、八〇一 | 二、三五四 | 三、四〇四 | 三、七〇三 |
| 同 土木費 | 同 | 三二〇 | 七三八 | 六四〇 | 一、一六〇 | 八四〇 | — | — | — | — | — |
| 同 教育費 | 同 | 五、三二一 | 六、九一四 | 一〇、〇一〇 | 一三、九六三 | 一六、六四二 | 三、六五六 | 四、八九〇 | 八、〇〇二 | 一一、八四六 | 一一、〇六三 |
| 同 衛生費 | 同 | 一一〇 | 一一九 | 一四四 | 二一八 | 二八一 | 七七 | 七七 | 七七 | 八四 | 八四 |
| 同 勸業費 | 同 | — | — | — | 一〇 | 一〇 | 二〇 | 二〇 | 二〇 | 二六三 | 六八 |
| 同 其他 | 同 | 一、四一四 | 一、六九四 | 一、九〇三 | 二、二二三 | 二、一三九 | 二、三一〇 | 二、四八八 | 二、五一一 | 四、一四〇 | 五、〇一七 |
| 同 計 | 同 | 九、〇四三 | 一二、二二〇 | 一六、一〇二 | 二二、七三五 | 二五、五五六 | 七、四七六 | 九、二七六 | 一二、九六四 | 一九、七三七 | 一九、九三五 |
| 臨時部 計 | 同 | 三六六 | 三、一一六 | 二一、六九四 | 六、七〇二 | 五、四四九 | 八〇七 | 一九八 | 四八 | 二七九 | 四八 |
| 通計 | 同 | 九、四〇九 | 一五、三三〇 | 三七、七九六 | 二九、四三七 | 三一、〇〇五 | 八、二八三 | 九、四七四 | 一三、〇一二 | 二〇、〇一六 | 一九、九八三 |
| 基本財産 動産 | 同 | 一二、四〇三 | 一二、九五六 | 五、九四三 | 二、一三三 | 六、五〇〇 | 八、四三〇 | 一一、二九一 | 一一、八四七 | 一一、八五九 | 一二、二五九 |
| 同 不動産 | 同 | 一七、三四七 | 二六、六九八 | 一〇四、三八一 | 一〇四、三八一 | 一〇四、三八一 | 五九、一九六 | 一三三、七五四 | 六九、一八五 | 六九、一八五 | 六一、五四二 |

| | 財産 學校基本財産 動産 | 財産 學校基本財産 不動産 | 財産 特別基本財産 動産 | 財産 特別基本財産 不動産 | 財産 收益ナキ財産 動産 | 財産 收益ナキ財産 不動産 | 財産 一部有財産 動産 | 財産 一部有財産 不動産 | 財産 積立金穀 | 財産 罹災救助金 | 財産ヨリ生スル收入 | 市町村稅額 | 第三種所得稅額 | 同納稅者實人員 | 課率 附加稅 地價割 | 課率 附加稅 國稅營業稅割 | 課率 附加稅 所得稅割 | 課率 附加稅 戸別割 | 課率 附加稅 地方稅營業稅割 | 課率 附加稅 雜種稅割 | 課率 特別稅 反別割 田 | 課率 特別稅 反別割 畑 | 課率 特別稅 反別割 宅地 | 課率 特別稅 反別割 山林 | 課率 特別稅 反別割 原野 | 課率 特別稅 反別割 牧場 | 課率 特別稅 反別割 海産干場 | 課率 特別稅 反別割 雜種地 | 課率 特別稅 建物割 | 課率 特別稅 牛馬割 | 課率 特別稅 戸別割 |
|---|---|---|---|---|---|---|---|---|---|---|---|---|---|---|---|---|---|---|---|---|---|---|---|---|---|---|---|---|---|---|
| | 圓 | 同 | 同 | 同 | 同 | 同 | 同 | 同 | 同 | 同 | 圓 | 同 | 同 | 人 | 厘 | 同 | 同 | 同 | 同 | 同 | 同 | 同 | 同 | 同 | 同 | 同 | 同 | 同 | 同 | 同 | 同 |
| | — | — | — | — | 一二,六五二 | 八四〇 | — | — | — | — | 七九六 | 一,四六八 | 一,〇三九 | 七三 | — | 一五〇 | 一五〇 | 三,一〇〇 | 五〇〇 | 五〇〇 | 一七三 | 一二九 | 二五九 | 〇三五 | 〇二〇 | — | — | 〇一六 | — | — | — |
| | — | — | — | — | 一六,八七三 | 一,二一八 | — | — | — | — | 八三一 | 一,一〇二 | 一,八〇二 | 八〇 | — | 一五〇 | 一五〇 | 四,四二〇 | 五〇〇 | 五〇〇 | 二三〇 | 一三〇 | 二六〇 | 〇三八 | 〇二〇 | — | — | 〇二五 | — | — | — |
| | — | — | — | — | — | 四五,四〇五 | — | — | — | — | 九六三 | 七三六 | 三,二九八 | 一五〇 | — | 一五〇 | 一五〇 | 六,五五〇 | 五〇〇 | 五〇〇 | 二三〇 | 一四〇 | 二六〇 | 〇四〇 | 〇二五 | — | — | 〇二五 | — | — | — |
| | — | — | — | — | — | 四五,四〇五 | — | — | — | — | 一,二六二 | 八,三七〇 | 一,五九五 | 一一六 | — | 二四〇 | 二四〇 | 七,〇〇〇 | 一,〇〇〇 | 一,〇〇〇 | 四一二 | 二七五 | 五六〇 | 〇六九 | 〇四二 | — | — | 〇五三 | — | — | — |
| | — | — | — | — | — | 四五,三八五 | — | — | — | — | 一,二二五 | 七,一一二 | 二,六八五 | 一二七 | — | 四七〇 | 一四〇 | 六,三一〇 | 一,〇〇〇 | 一,〇〇〇 | 五一〇 | 三四二 | 六九八 | 〇八一 | 〇五二 | — | — | 〇六六 | — | — | — |
| | — | — | — | — | — | 一一,四八三 | — | — | — | — | 一,八六一 | — | 三九七 | 四〇 | — | 一五〇 | 一五〇 | 二,九八〇 | 五〇〇 | 五〇〇 | 一三三 | 〇八〇 | 一三三 | — | — | — | — | — | — | — | — |
| | — | — | — | — | — | 一二,三五九 | — | — | — | — | 一,九二二 | — | 七〇八 | 四五 | — | 一五〇 | 一五〇 | 三,四五〇 | 五〇〇 | 五〇〇 | 一九〇 | 一二八 | 一七七 | — | — | — | — | — | — | — | — |
| | — | — | — | — | — | 五,二二五 | — | — | — | — | 二,一一〇 | — | 一四一〇 | 七三 | — | 一五〇 | 一五〇 | 四,六〇〇 | 五〇〇 | 五〇〇 | 二三五 | 一五八 | 二一八 | — | — | — | — | — | — | — | — |
| | — | — | — | — | — | 五,二二五 | — | — | — | — | 二,六〇七 | — | 六一四 | 七七 | — | 二四〇 | 二四〇 | 五,二〇〇 | 一,〇〇〇 | 一,〇〇〇 | 四〇〇 | 二二九 | 三五〇 | — | — | — | — | — | — | — | — |
| | — | — | — | — | — | 四,六九五 | — | — | — | — | 二,六三六 | — | 六七四 | 八五 | — | 四七〇 | 一四〇 | 五,〇〇〇 | 一,〇〇〇 | 一,〇〇〇 | 四〇〇 | 二二九 | 三五〇 | — | — | — | — | — | — | — | — |

| 種別／町村名 | 面積 | 民有地 田 | 民有地 畑 | 民有地 宅地 | 民有地 山林 | 民有地 原野 | 民有地 牧場 | 民有地 其他 | 現住戸數 | 現住人口 | 負擔 直接國税額 | 負擔 地方税額 | 負擔 市町村税額 | 財政 歳入 | 歳出經常部 役所役場費 | 歳出經常部 土木費 | 歳出經常部 教育費 | 歳出經常部 衛生費 | 歳出經常部 勸業費 | 歳出經常部 其他 | 歳出經常部 計 | 臨時部計 | 通計 | 基本財産 動産 | 基本財産 不動産 |
|---|---|---|---|---|---|---|---|---|---|---|---|---|---|---|---|---|---|---|---|---|---|---|---|---|---|
| 單位 | 方里 | 反 | 同 | 同 | 同 | 同 | 同 | 同 | 戸 | 人 | 圓 | 同 | 同 | 同 | 同 | 同 | 同 | 同 | 同 | 同 | 同 | 同 | 同 | 同 | 同 |
| **惠庭村** 大正六年度 | 二〇、七九 | 一、二〇〇〇 | 三、七二七七 | 三七 | 五二五八 | 一二五八 | 九一四七 | — | 一、〇八八 | 六、五九八 | 一、三二三 | 五、七三二 | 一二、〇七一 | 一二、九六三 | 一、八一〇 | 六一五 | 六、六一一 | 一〇五 | — | 七九一 | 九、九三二 | 三、〇三一 | 一二、九六三 | 八、九八九 | 一五、三五五 |
| 同 七年度 | 二〇、七九 | 一、二〇二〇 | 三、七三一二 | 三七 | 六九〇八 | 一三五四 | 八七五一 | — | 一、〇五四 | 六、四一三 | 二、七六八 | 五、七九〇 | 一三、八八五 | 一五、七七七 | 二、三三九 | 七六〇 | 七、九二八 | 一一六 | — | 八三二 | 一一、九七五 | 三、八〇二 | 一五、七七七 | 九、八八六 | 二四、〇八一 |
| 同 八年度 | 二〇、七九 | 一、三三〇四 | 四、二四六四 | 一五九 | 七八四〇 | 一一〇七 | 九二八二 | — | 一、一六〇 | 六、六四六 | 四、九一七 | 六、六二九 | 二四、一〇八 | 二五、一〇一 | 四、二六六 | 一、一六五 | 一二、六三〇 | 一四八 | — | 一、五一〇 | 一九、七一九 | 五、三八二 | 二五、一〇一 | 九、〇五六 | 二四、〇八一 |
| 同 九年度 | 二〇、七九 | 一、三三五四 | 四、二四六四 | 二〇九 | 七八四〇 | 一一六五 | 一、三七三三 | — | 一、二三五 | 六、九一八 | 六、二一四 | 三、九五五 | 三一、四八四 | 三四、〇八〇 | 六、六六一 | 一、九〇四 | 一七、五二六 | 三五四 | — | 二、一一七 | 二八、四六二 | 五、六一八 | 三四、〇八〇 | 一〇、五七七 | 二四、〇八一 |
| 同 十年度 | 二〇、七九 | 一、八一七八 | 三、五六三七 | 二六二 | 八三九〇 | 一二〇九 | 一、三七三三 | — | 一、二五二 | 七、〇六二 | 八、二六九 | 一三、五三〇 | 三二、九四二 | 三九、五七八 | 六、一五二 | 九九九 | 二一、三九〇 | 二五四 | — | 二、六六二 | 三一、四五七 | 一一、二二三 | 三九、五七八 | 一二、五二五 | 二四、〇八一 |

| 種別／町村名 | 面積 | 民有地 田 | 民有地 畑 | 民有地 宅地 | 民有地 山林 | 民有地 原野 | 民有地 牧場 | 民有地 其他 | 現住戸數 | 現住人口 | 負擔 直接國税額 | 負擔 地方税額 | 負擔 市町村税額 | 財政 歳入 | 歳出經常部 役所役場費 | 歳出經常部 土木費 | 歳出經常部 教育費 | 歳出經常部 衛生費 | 歳出經常部 勸業費 | 歳出經常部 其他 | 歳出經常部 計 | 臨時部計 | 通計 | 基本財産 動産 | 基本財産 不動産 |
|---|---|---|---|---|---|---|---|---|---|---|---|---|---|---|---|---|---|---|---|---|---|---|---|---|---|
| **千歳村** 同 六年度 | 三八、九八 | 三八八 | 二、四六九五 | 二三九 | 七三二三 | 七、八一八七 | 五、七一〇九 | — | 八一二 | 四、二四二 | 四〇八 | 四、〇六一 | 四、〇六一 | 一二、三五五 | 二、七六一 | 六一〇 | 五、六三七 | 一三一 | 八 | 一、三七七 | 一〇、五二四 | 一、八三一 | 一二、三五五 | 二四〇 | 三二、二八五 |
| 同 七年度 | 三八、九八 | 四〇一五 | 二、四二四五 | 二三九 | 七三二三 | 六、〇二六五 | 七、二〇六一 | — | 八五一 | 五、一七一 | 一、〇八九 | 四、〇六三 | 四、〇六三 | 一九、九二七 | 二、九七〇 | 一、六四〇 | 九、二二三 | 一三一 | 八 | 一、九三九 | 一五、九一〇 | 四、〇一七 | 一九、九二七 | 三〇〇 | 二一、五四〇 |
| 同 八年度 | 三八、九八 | 三二〇二 | 一、八二九一 | 三二〇 | 七一〇二 | 六、一三二四 | 六、三一一〇 | — | 九一三 | 四、八五七 | 一、七三一 | 四、五九〇 | 四、五九〇 | 二八、三四八 | 四、五六三 | 一、一四八 | 一二、九八九 | 一五〇 | 一五 | 三、三八三 | 二二、三四八 | 六、〇〇〇 | 二八、三四八 | 一六、八七〇 | 五三、一八七 |
| 同 九年度 | 三八、九八 | 四二四〇 | 四、〇一八四 | 三四五 | 七二四一 | 六、四四一七 | 六、三三八一 | — | 一、〇一二 | 五、二九七 | 五三、二五七 | 四、五二四 | 四、五二四 | 三九、一八二 | 七、六五一 | 三、〇〇〇 | 二〇、二〇六 | 一七三 | 三二〇 | 五、一五三 | 三六、五〇三 | 二、六七九 | 三九、一八二 | 一七、一三四 | 四七、八五二 |
| 同 十年度 | 三八、九八 | 四五五〇 | 二、五〇二四 | 三四五 | 七二五二 | 七、〇二九一 | 六、五八五五 | — | 一、〇三八 | 五、五八七 | 六、〇七九 | 七、八五八 | 七、八五八 | 三八、〇五三 | 八、一一八 | 二、二〇〇 | 二一、〇九〇 | 二四五 | 一七〇 | 四、七四七 | 三六、五七〇 | 一、四八三 | 三八、〇五三 | 一九、一六三 | 五四、三三二 |

| 財産 學校基本財産 動産 | 財産 學校基本財産 不動産 | 財産 特別基本財産 動産 | 財産 特別基本財産 不動産 | 財産 收益ナキ財産 動産 | 財産 收益ナキ財産 不動産 | 財産 一部有財産 動産 | 財産 一部有財産 不動産 | 積立金穀 | 罹災救助金 | 財産ヨリ生スル收入 | 市町村債額 | 第三種所得稅額 | 同納稅者資人員 |
|---|---|---|---|---|---|---|---|---|---|---|---|---|---|
| 同 | 同 | 同 | 同 | 同 | 同 | 同 | 同 | 同 | 同 | 同 | 同 | 同 | 人 |
| — | — | 二、八四一 | — | — | 三二、〇二四 | — | — | — | — | 三四八 | 三、三〇〇 | 七三一 | 七〇 |
| — | — | 二、八八二 | — | — | 三三、四八一 | — | — | — | — | 一、〇二七 | 二、七五〇 | 一、五六〇 | 一〇六 |
| — | — | — | 三、一一三 | — | 三二、〇四〇 | — | — | — | — | 一、〇五一 | 二、二〇〇 | 二、八五七 | 一四四 |
| — | — | — | 二四、〇八一 | — | 三二、〇四二 | — | — | — | — | 一、四三二 | 一、六五〇 | 一、二八九 | 一二九 |
| — | — | 三、四三〇 | — | — | 三二、七一八 | — | — | — | — | 一、四六五 | 一、一〇〇 | 一、六二七 | 一一三 |
| — | — | — | — | 五、〇五九 | 八一五 | — | — | — | — | 一八四 | 二、四二六 | 二五五 | 八六 |
| — | — | — | — | 九、三五四 | 一二五〇 | — | — | — | — | 二一二 | 一、七五九 | 八五四 | 一六三 |
| — | — | — | — | — | 二二、三九〇 | — | — | — | — | 九三〇 | 一、〇五〇 | 一、三七六 | 三〇九 |
| — | — | — | — | — | 二〇、一三九 | — | — | — | — | 一、一三一 | 九〇〇 | 四四八 | 二四九 |
| — | — | — | — | — | 三五、二六〇 | — | — | — | — | 一、一七二 | 七五〇 | 七七〇 | 二七〇 |

| 課率 附加稅 地價割 | 課率 附加稅 國稅營業稅割 | 課率 附加稅 所得稅割 | 課率 附加稅 戶別割 | 課率 附加稅 地方稅營業割 | 課率 附加稅 雜種稅割 | 課率 特別稅 反別割 田 | 課率 特別稅 反別割 畑 | 課率 特別稅 反別割 宅地 | 課率 特別稅 反別割 山林 | 課率 特別稅 反別割 原野 | 課率 特別稅 反別割 牧場 | 課率 特別稅 反別割 海産干場 | 課率 特別稅 反別割 雜種地 | 課率 特別稅 建物割 | 課率 特別稅 牛馬割 | 課率 特別稅 戶別割 |
|---|---|---|---|---|---|---|---|---|---|---|---|---|---|---|---|---|
| 厘 | 同 | 同 | 同 | 同 | 同 | 同 | 同 | 同 | 同 | 同 | 同 | 同 | 同 | 同 | 同 | 同 |
| — | 一五〇 | 一五〇 | 四、三〇〇 | 五〇〇 | 五〇〇 | 九〇 | 六〇 | 一三〇 | — | 一〇 | 一五 | — | — | — | — | — |
| — | 一五〇 | 一五〇 | 四、四七〇 | 五〇〇 | 五〇〇 | 九〇 | 六〇 | 一三〇 | — | 一〇 | 一五 | — | — | — | — | — |
| — | 一五〇 | 一五〇 | 五、八〇〇 | 五〇〇 | 五〇〇 | 二一〇 | 一五〇 | 二七〇 | — | 二八 | 三五 | — | — | — | — | — |
| — | 二四〇 | 二四〇 | 五、八〇〇 | 八〇〇 | 八〇〇 | 三六二 | 二一六 | 三七八 | 六〇 | 四五 | 五七 | — | — | — | — | — |
| — | 四七〇 | 一四〇 | 五、八〇〇 | 一、〇〇〇 | 一、〇〇〇 | 三七六 | 二一二 | 三七六 | 六〇 | 四五 | 五七 | — | — | — | — | — |
| — | 一五〇 | 一五〇 | 二、六五〇 | 五〇〇 | 五〇〇 | 一四〇 | 八〇 | 一八〇 | — | 六 | 六 | — | — | — | — | — |
| — | 一五〇 | 一五〇 | 二、五〇〇 | 五〇〇 | 五〇〇 | 一四〇 | 八〇 | 一八〇 | 六 | 六 | 六 | — | — | — | — | — |
| — | 一五〇 | 一五〇 | 四、五〇〇 | 五〇〇 | 五〇〇 | 二〇〇 | 一五〇 | 二五〇 | 二〇 | 二〇 | 二〇 | — | — | — | — | — |
| — | 二四〇 | 二四〇 | 五、五〇〇 | 一、〇〇〇 | 一、〇〇〇 | 二七〇 | 一七〇 | 三五〇 | 二五〇 | 二五〇 | 二五〇 | — | — | — | — | — |
| — | 四七〇 | 一四〇 | 四、五〇〇 | 五〇〇 | 五〇〇 | 四〇〇 | 一五〇 | 四〇〇 | 三五〇 | 三五〇 | 三五〇 | — | — | — | — | — |

| 町村名 | 種別 | 面積 | 民有地 田 | 畑 | 宅地 | 山林 | 原野 | 牧場 | 其他 | 現住戸数 | 現住人口 | 負擔 直接國税額 | 地方税額 | 市町村税額 | 財政 歳入 | 歳出 經常部 役所役場費 | 土木費 | 教育費 | 衛生費 | 勸業費 | 其他 | 經常部計 | 臨時部計 | 通計 | 基本財産 動産 | 不動産 |
|---|---|---|---|---|---|---|---|---|---|---|---|---|---|---|---|---|---|---|---|---|---|---|---|---|---|---|
| 単位 | | 方里 | 反別 | 同 | 同 | 同 | 同 | 同 | 同 | 戸 | 人 | 圓 | 同 | 同 | 同 | 同 | 同 | 同 | 同 | 同 | 同 | 同 | 同 | 同 | 同 | 同 |
| 福山町 | 大正六年度 | 一、一二 | \| | 三〇六四 | 六七一 | 七七九〇 | 四六二 | 一〇二六 | 九八九五 | 九五一 | 四、七九三 | 三、四六八 | 三、八一七 | 一〇、〇七二 | 一三、〇九五 | 四、一九〇 | 一一七 | 五、三三一 | 八五 | 四〇 | 一、八九五 | 一一、六五八 | 一、四三七 | 一三、〇九五 | 一二、六三五 | 五五、一四〇 |
| | 同 七年度 | 一、一二 | \| | 三〇六八 | 六七一 | 七七六二 | 四六二 | 一〇二六 | 七八六七 | 九〇一 | 四、五二二 | 三、六三二 | 四、一五四 | 一一、七一六 | 一六、一三九 | 五、三七五 | 一六一 | 六、七九七 | 二三三 | 七八 | 二、一二五 | 一四、七六四 | 一、三七五 | 一六、一三九 | 二一、四〇三 | 一三〇、二二三 |
| | 同 八年度 | 一、一二 | \| | 三〇六九 | 六七〇 | 七七六二 | 四六二 | 一〇二六 | 七八六七 | 八七六 | 四、四六三 | 三、四三三 | 四、四八一 | 一五、五八一 | 二〇、二九二 | 五、三七五 | 三四四 | 七、二八六 | 三二九 | 一三七 | 二、一六七 | 一五、六三八 | 四、六五四 | 二〇、二九二 | 二一、八三三 | 一二九、九〇二 |
| | 同 九年度 | 一、一二 | \| | 三〇六九 | 六七〇 | 七七六二 | 四六二 | 一〇二六 | 七八六七 | 八六六 | 四、四三一 | 二、七七七 | 六、二九〇 | 二三、九二三 | 二八、二八七 | 七、二〇八 | 八三七 | 一一、一九三 | 三二一 | 一三三 | 三、三七一 | 二三、〇六三 | 五、二二四 | 二八、二八七 | 二三、五二〇 | 一二六、一八八 |
| | 同 十年度 | 一、一二 | \| | 二六三三 | 六五九 | 七七六二 | 四一七 | 一〇二一 | 八三六四 | 八六四 | 四、三五〇 | 二、八二〇 | 六、三〇八 | 二四、七六五 | 三五、〇七六 | 九、四六八 | 六六六 | 一三、二六五 | 四五一 | 一三三 | 四、三一〇 | 二八、二九三 | 六、七八三 | 三五、〇七六 | 二三、五四八 | 一三〇、五〇四 |
| 福島村 | 同 六年度 | 一一、三〇 | 二八六 | 五三一二 | 二五〇 | 一、一二一六 | 一、〇七七三 | 三五〇 | 一〇四 | 八一二 | 五、八〇六 | 四、二〇四 | 三、二八九 | 九、八八七 | 一二、八三八 | 三、六〇五 | 一二〇 | 五、二五一 | 九四 | 五 | 一、七四五 | 一〇、八二〇 | 二、〇一八 | 一二、八三八 | \| | 一三、四七八 |
| | 同 七年度 | 一一、三〇 | 二九八 | 四七八三 | 二三四 | 一、〇九一九 | 七八七三 | 三五〇 | 四三〇二 | 八三〇 | 五、一八二 | 三、九四二 | 四、一六〇 | 一一、三九五 | 一四、七六七 | 五、〇七二 | 四〇 | 七、〇八五 | 八二 | 二八 | 一、七三五 | 一四、〇四二 | 七二五 | 一四、七六七 | \| | 一四、二六一 |
| | 同 八年度 | 一一、三〇 | 二九八 | 六一一五 | 二三四 | 一、一二六〇 | 七八三八 | 一九八三 | 一六三〇 | 七九六 | 五、三〇〇 | 一〇、二三二 | 五、〇五七 | 一五、九四八 | 一八、七三五 | 五、四一五 | 四〇 | 八、一八二 | 八八 | 一八 | 二、四七二 | 一六、二一五 | 二、五二〇 | 一八、七三五 | \| | 一六、六〇六 |
| | 同 九年度 | 一一、三〇 | 三〇六 | 五〇四五 | 二二九 | 一、〇八一四 | 七四六六 | 四三四三 | 七二三 | 八〇六 | 四、一五四 | 一、九一三 | 六、四七二 | 二一、四八六 | 二六、七八六 | 七、一九八 | 四〇 | 一一、五〇三 | 一五五 | 一八 | 二、九二六 | 二一、八四〇 | 四、九四六 | 二六、七八六 | \| | 一六、七八九 |
| | 同 十年度 | 一一、三〇 | 三八〇 | 五八三九 | 二三九 | 八、九〇二三 | 七五四一 | 四三四三 | 三二七〇 | 七九八 | 四、六四七 | 一、九二〇 | 四、五四五 | 二五、〇八二 | 二九、九五六 | 一〇、二〇八 | 六〇 | 一二、四一九 | 一七九 | 二〇 | 六、六七一 | 二九、五五七 | 三九九 | 二九、九五六 | \| | 一七、四七九 |

| 項目 | 單位 | | | | | | | | | | |
|---|---|---|---|---|---|---|---|---|---|---|---|
| 財産 學校基本財産（動産） | 同 | 一二〇 | 一二〇 | 一二〇 | 一二〇 | 一二〇 | — | — | — | — | — |
| 財産 學校基本財産（不動産） | 同 | — | — | — | — | — | — | — | — | — | — |
| 財産 特別基本財産（動産） | 同 | 三、七〇〇 | 六、八八〇 | 六、八七〇 | 七、八七〇 | 八、三六〇 | — | — | — | — | — |
| 財産 特別基本財産（不動産） | 同 | — | — | — | — | — | — | — | — | — | — |
| 財産 收益ナキ財産（動産） | 同 | 九、四一七 | 八、二五二 | 八、七六九 | 九、五四三 | 九、六四三 | 四、二九六 | 四、五八五 | 四、二二六 | 四、三六六 | 四、七五二 |
| 財産 收益ナキ財産（不動産） | 同 | 四六、二五四 | 六一、一九一 | 六〇、八七〇 | 五七、一六一 | 六一、三七二 | 一一、三八[illegible] | 一四、二〇七 | 一四、七九一 | 一五、一二二 | 一五、六〇五 |
| 財産 一部有財産（動産） | 同 | — | — | — | — | — | — | — | — | — | — |
| 財産 一部有財産（不動産） | 同 | — | — | — | — | — | — | — | — | — | — |
| 財産 積立金穀 | 同 | 二五、〇五三 | 三、六九二 | 四、五二六 | 三、七一〇 | 三、四二四 | 四、二二七 | 四、一五七 | 四、八五六 | 三、六二三 | 五、九四八 |
| 財産 罹災救助金 | 同 | — | — | — | — | — | — | — | — | — | — |
| 財産ヨリ生スル收入 | 同 | 一、〇六一 | 一、二五七 | 二、〇四五 | 四、〇四一 | 一、五一八 | 四三二 | 四八一 | — | 一、五三一 | 一、六二三 |
| 市町村債額 | 同 | — | — | — | — | — | — | — | — | — | — |
| 第三種所得税價 | 同 | 一、三六六 | 一、三六七 | 一、一二三 | 二六一 | 三二六 | 六八九 | 七九〇 | 八、一八四 | 一、二二三 | 三八一 |
| 同納税者實人員 | 人 | 五二 | 四五 | 五一 | 二六 | 一八 | 三〇 | 二五 | 三五 | 二一 | 二一 |
| 課率 附加税 地價割 | 厘 | 宅地 、〇九〇 其他 、二一〇 | 、〇九〇 、二一〇 | 、〇九〇 、二一〇 | 、二四〇 、六六〇 | 、二八〇 、六六〇 | — | — | — | — | — |
| 課率 附加税 國税營業税割 | 同 | 、一五〇 | 、一五〇 | 、二四〇 | 、二三〇 | 、四七〇 | 、一五〇 | 、一五〇 | 、二四〇 | 、二四〇 | 、四七〇 |
| 課率 附加税 所得税割 | 同 | 、一五〇 | 、一五〇 | 、二四〇 | 、一四〇 | 、一四〇 | 、一五〇 | 、一五〇 | 、二四〇 | 、二四〇 | 、一四〇 |
| 課率 附加税 戸別割 | 同 | 二、七九〇 | 三、四〇四 | 四、一三〇 | 六、二一〇 | 七、二九〇 | 三、八〇〇 | 四、〇〇〇 | 五、九〇〇 | 六、九五〇 | 八、三七〇 |
| 課率 附加税 地方税營業割 | 同 | 、八〇〇 | 、八〇〇 | 、八五九 | 一、八〇〇 | 一、八〇〇 | 、八〇〇 | 、八〇〇 | 一、〇〇〇 | 一、〇〇〇 | 一、五〇〇 |
| 課率 附加税 雜種税割 | 同 | 、六九六 | 、六四二 | 、七三九 | 一、六八九 | 一、七四六 | 、八〇〇 | 、八〇〇 | 一、〇〇〇 | 一、〇〇〇 | 一、五〇〇 |
| 課率 特別税 反別割 田 | 同 | — | — | — | — | — | 、四〇〇 | 、四〇〇 | 、六〇〇 | 、六〇〇 | 、四〇〇 |
| 課率 特別税 反別割 畑 | 同 | — | — | — | — | — | 、一二〇 | 、一二〇 | 、一八〇 | 、一八〇 | 、一二〇 |
| 課率 特別税 反別割 宅地 | 同 | — | — | — | — | — | 、四〇〇 | 、四〇〇 | 、六〇〇 | 、六〇〇 | 、四〇〇 |
| 課率 特別税 反別割 山林 | 同 | — | — | — | — | — | 、〇五〇 | 、〇五〇 | 、〇七五 | 、〇七五 | 、〇五〇 |
| 課率 特別税 反別割 原野 | 同 | — | — | — | — | — | 、〇五〇 | 、〇五〇 | 、〇七五 | 、〇七五 | 、〇五〇 |
| 課率 特別税 反別割 牧場 | 同 | — | — | — | — | — | — | — | — | — | — |
| 課率 特別税 反別割 [illegible]場 | 同 | — | — | — | — | — | 、四〇〇 | 、四〇〇 | 、六〇〇 | 、六〇〇 | 、四〇〇 |
| 課率 特別税 反別割 雜種地 | 同 | — | — | — | — | — | — | — | — | — | — |
| 課率 特別税 建物割 | 同 | 、〇三四 | 、〇三三 | 、〇三七 | 、〇四〇 | 、〇四〇 | 、〇八[illegible] | 、〇八九 | 、一〇六 | 、一五九 | 、一五九 |
| 課率 特別税 牛馬割 | 同 | — | — | — | — | — | — | — | — | — | — |
| 課率 特別税 戸別割 | 同 | — | — | — | — | — | — | — | — | — | — |

| 種別 | | 面積 | 民有地 田 | 畑 | 宅地 | 山林 | 原野 | 牧場 | 其他 | 現住戸數 | 現住人口 | 負擔 直接國税額 | 地方税額 | 市町村税額 | 財政 歳入 | 歳出 經常部 役所役場費 | 土木費 | 教育費 | 衛生費 | 勸業費 | 其他 | 計 | 臨時部計 | 通計 | 基本財産 動産 | 不動産 |
|---|---|---|---|---|---|---|---|---|---|---|---|---|---|---|---|---|---|---|---|---|---|---|---|---|---|---|
| 町村名 | 單位 | 方里 | 反 | 同 | 同 | 同 | 同 | 同 | 同 | 戸 | 人 | 圓 | 同 | 同 | 同 | 同 | 同 | 同 | 同 | 同 | 同 | 同 | 同 | 同 | 同 | 同 |
| 木古内村 | 大正六年度 | 一五、一五 | 三四六 | 一、二九二五 | 四七〇 | 一二、七一七八 | 二、九〇一三 | 九二二 | 一三九 | 一、一二三 | 七、〇三〇 | 三、二七五 | 四、四五〇 | 九、八六五 | 一三、七四一 | 二、一八七 | 一二二 | 六、五九四 | 一八六 | 五 | 二、三[illegible]九 | 一一、四九三 | 二、二四八 | 一三、七四一 | 一七、六五二 | 四八、九七〇 |
| | 同 七年度 | 一五、一五 | 三八九 | 一、三〇七七 | 四八二 | 一二、九三〇三 | 三、一〇五八 | 一、一八五 | 一三九 | 一、一三八 | 七、一五〇 | 三、五七六 | 四、六九五 | 一一、六[illegible]〇 | 二〇、四三七 | 二、九九〇 | 二〇〇 | 八、二四八 | 一五五 | 四〇 | 七、二八六 | 一八、九一九 | 一、五一八 | 二〇、四三七 | 二八、一一〇 | 七二、一三一 |
| | 同 八年度 | 一五、一五 | 四二〇 | 一、四四九三 | 四八二 | 一二、九三〇三 | 三、一〇五八 | 一、一八五 | 一三九 | 一、一四〇 | 七、一七二 | 四、一二五 | 四、七〇九 | 二二、一七[illegible] | 二六、五七四 | 六、二八七 | 二六八 | 九、五四五 | 一九六 | 四〇 | 三、七八一 | 二〇、一一七 | 六、四五七 | 二六、五七四 | 二八、二六一 | 七二、一三一 |
| | 同 九年度 | 一五、一五 | 四二〇 | 一、四四九三 | 四八二 | 一二、九三〇三 | 三、一〇五八 | 一、一八九 | 一三九 | 一、〇八[illegible] | 六、八一〇 | 三、四九九 | 六、三二六 | 二九、六六三 | 三三、五四六 | 八、四七四 | 二五〇 | 一四、二五〇 | 二五〇 | 三三〇 | 五、四七〇 | 二八、九七九 | 四、五六七 | 三三、五四六 | 一八、一七七 | 七二、三一九 |
| | 同 十年度 | 一五、一五 | 四八四 | 一、四五八三 | 四八五 | 一二、九一四六 | 三、〇九一四 | 一、三四二 | 一二六 | 一、〇八七 | 六、九八五 | 三、四[illegible]七 | 八、二七八 | 二八、九五五 | 三八、六一一 | 一一、二七[illegible] | 六六九 | 一五、六一四 | 二二〇 | 三六〇 | 五、七八九 | 三三、[illegible]三一 | 四、六八〇 | 三八、六一一 | 二六、一八〇 | 七九、一六一 |
| 上磯町 | 同 六年度 | 八、〇〇 | 六四三〇 | 六六[illegible]一 | [illegible]一五 | 四、四〇三一 | 二六一一 | — | 八[illegible]四 | 一、八一九 | 一〇、七七八 | 一一、三四二 | 七、七七二 | 一七、三〇三 | 三二、一四〇 | 六、三四七 | 三六六 | 一三、三二二 | 三一〇 | 二〇九 | 三、一八六 | 二三、七三四 | 八、四〇六 | 三二、一四〇 | 五、四三〇 | 一一一、五七七 |
| | 同 七年度 | 八、〇〇 | 六六九三 | 六六七〇 | 八〇四 | 四、五〇四三 | 二九三九 | — | 一九四 | 二、〇一一 | 一一、七一[illegible] | 一二、五四二 | 九、四四三 | 二三、四五〇 | 三三、一二四 | 六、八一〇 | 三六〇 | 一四、一三四 | 三一〇 | 一三九 | 二、七六五 | 二四、五一八 | 八、六〇六 | 三三、一二四 | 五、四三〇 | 一一八、三四一 |
| | 同 八年度 | 八、〇〇 | 六八一一 | 七七七〇 | 八二一 | 四、三五〇七 | 三三八〇 | — | 一八八 | 二、〇三八 | 一二、五三二 | 二二、八〇五 | 一二、八〇六 | 二九、八一四 | 四二、五五九 | 九、二九六 | 四二〇 | 二一、五六二 | 一、一五三 | 五九 | 四、七三八 | 三七、二二八 | 五、三三一 | 四二、五五九 | 一五、九三〇 | 一二五、二六六 |
| | 同 九年度 | 八、〇〇 | 六八六〇 | 七六七〇 | 八五九 | 四、五五二九 | 四七二四 | — | 四六八 | 二、〇八〇 | 一二、七八九 | 一四、九七八 | 一九、二九六 | 三七、三八三 | 五〇、五五五 | 一一、八六八 | 一、二八〇 | 二六、〇〇八 | 五九九 | 一八四 | 五、七三二 | 四五、六七一 | 四、八八四 | 五〇、五五五 | 一五、九三〇 | 一二五、一九五 |
| | 同 十年度 | 八、〇〇 | 七〇六三 | 八二四一 | 七五七 | 四、五〇一七 | 五三〇三 | — | 四六一 | 二、〇八九 | 一二、八七六 | 一六、八九九 | 二二、三一三 | 四六、五一七 | 五三、二九八 | 一三、三七八 | 六六〇 | 二八、〇八六 | 五九五 | 一八四 | 七、八四八 | 五〇、七六〇 | 二、五三八 | 五三、二九八 | 二〇、九三〇 | 一二六、〇一九 |

| 項目 | 單位 | 1 | 2 | 3 | 4 | 5 | 6 | 7 | 8 | 9 | 10 |
|---|---|---|---|---|---|---|---|---|---|---|---|
| 財産 學資基本財産 動産 | 同 | — | — | — | — | — | 九〇〇 | 九〇〇 | 九〇〇 | 九〇〇 | 九〇〇 |
| 財産 學資基本財産 不動産 | 同 | — | — | — | — | — | — | — | — | — | — |
| 財産 特別基本財産 動産 | 同 | — | — | — | — | — | 一九 | 一九 | 四一九 | 四一九 | 四一九 |
| 財産 特別基本財産 不動産 | 同 | — | — | — | — | — | — | — | — | — | — |
| 財産 收益ナキ財産 動産 | 同 | 四、三〇〇 | 四、五六八 | 六、七七八 | 七、二一三 | 一〇、八五〇 | 七、五四五 | 八、三五〇 | 九、三四二 | 一一、二六三 | 一一、五五九 |
| 財産 收益ナキ財産 不動産 | 同 | 一三、一四七 | 一四、二九六 | 一五、二八三 | 一五、九七一 | 二〇、〇一三 | 二三、九九九 | 三二、三四六 | 三五、八四四 | 三八、八四五 | 四〇、二四四 |
| 財産 一部有財産 動産 | 同 | — | — | — | — | — | — | — | — | — | — |
| 財産 一部有財産 不動産 | 同 | — | — | — | — | — | — | — | — | — | — |
| 財産 積立金穀 | 同 | 一一、九八四 | 三、〇六〇 | 四、九三九 | 九、九七九 | 一二、九五五 | 一五、四九五 | 一八、三三五 | 八、九六四 | 一一、四七六 | 一三、四〇六 |
| 財産 罹災救助金 | 同 | — | — | — | — | — | — | — | — | — | — |
| 財産ヨリ生スル收入 | 同 | 一一、六七二 | 二、〇七二 | 二、八〇〇 | 二、七二〇 | 二、九四三 | 二、六二八 | 二、八九七 | 六、六〇五 | 五、五七五 | 三、七二二 |
| 市町村債額 | 同 | — | — | — | — | — | 八一三 | 六五〇 | 四八八 | 三二五 | 一六二 |
| 第三種所得税額 | 同 | 七八八 | 一、〇七〇 | 一、九六六 | 三七一 | 三七六 | 三、八九三 | 四、六二八 | 一四、三〇一 | 五、八八九 | 七、六〇二 |
| 同納税者實人員 | 人 | 四四 | 三六 | 五六 | 三三 | 四四 | 八一 | 八一 | 一一五 | 七三 | 一〇一 |
| 課率 附加税 地價割 | 厘 | 宅地〇九〇 其他〇九〇 | 宅地〇九〇 其他二一〇 | — | — | — | — | — | — | — | — |
| 課率 附加税 國稅營業稅割 | 同 | 、二五〇 | 、一五〇 | 、一五〇 | 、二四〇 | 、四七〇 | 、一五〇 | 、一五〇 | 、一五〇 | 、二四〇 | 、四七〇 |
| 課率 附加税 所得稅割 | 同 | 、一五〇 | 、一五〇 | 、一五〇 | 、二四〇 | 、一四〇 | 、一五〇 | 、一五〇 | 、一五〇 | 、二四〇 | 、一四〇 |
| 課率 附加税 戶別割 | 同 | 四、五八〇 | 四、七〇〇 | 五、二〇〇 | 五、八五〇 | 六、三〇〇 | 一、五五〇 | 一、五五〇 | 二、一〇〇 | 二、一〇〇 | 二、三〇〇 |
| 課率 附加税 地方稅營業稅割 | 同 | 、五〇〇 | 、六〇〇 | 、八〇〇 | 一、〇〇〇 | 一、〇〇〇 | 、五〇〇 | 、五〇〇 | 、七〇〇 | 一、〇〇〇 | 一、〇〇〇 |
| 課率 附加税 雜種稅割 | 同 | 、五〇〇 | 、六〇〇 | 、八〇〇 | 一、〇〇〇 | 一、〇〇〇 | 、五〇〇 | 、五〇〇 | 、七〇〇 | 一、〇〇〇 | 一、〇〇〇 |
| 課率 特別税 反別割 田 | 同 | — | — | 、三〇〇 | 、五〇〇 | 、五〇〇 | 、三〇〇 | 、三〇〇 | 、四〇〇 | 、四〇〇 | 、四五〇 |
| 課率 特別税 反別割 畑 | 同 | — | — | 、三〇〇 | 、三五〇 | 、三五〇 | 、一〇〇 | 、一〇〇 | 、二〇〇 | 、二〇〇 | 、二三〇 |
| 課率 特別税 反別割 宅地 | 同 | — | — | 、四〇〇 | 、八〇〇 | 、八〇〇 | 、四〇〇 | 、四〇〇 | 、四〇〇 | 、四〇〇 | 、四五〇 |
| 課率 特別税 反別割 山林 | 同 | — | — | 、〇三〇 | 、〇五〇 | 、〇五〇 | 、〇二〇 | 、〇二〇 | 、〇二〇 | 、〇二〇 | 、〇四〇 |
| 課率 特別税 反別割 原野 | 同 | — | — | 、〇三〇 | 、〇五〇 | 、〇五〇 | 、〇二〇 | 、〇二〇 | 、〇二〇 | 、〇二〇 | 、〇四〇 |
| 課率 特別税 反別割 牧場 | 同 | — | — | 、〇三〇 | 、〇五〇 | 、〇五〇 | — | — | — | — | — |
| 課率 特別税 反別割 海産干場 | 同 | — | — | 、二〇〇 | 、三〇〇 | 、三〇〇 | 、二〇〇 | 、二〇〇 | 、二〇〇 | 、二〇〇 | 、二〇〇 |
| 課率 特別税 反別割 雜種地 | 同 | — | — | — | — | — | — | — | — | — | — |
| 課率 特別税 建物割 | 同 | — | — | — | — | — | 、〇一五 | 、〇一五 | 、〇一五 | 、〇一五 | 、〇一五 |
| 課率 特別税 牛馬割 | 同 | — | — | — | — | — | — | — | — | — | — |
| 課率 特別税 戶別割 | 同 | — | — | — | — | — | — | — | — | — | — |

| 町村名 | 種別 | 面積 | 民有地 田 | 民有地 畑 | 民有地 宅地 | 民有地 山林 | 民有地 原野 | 民有地 牧場 | 民有地 其他 | 現住戸數 | 現住人口 | 負擔 直接國税額 | 負擔 地方税額 | 負擔 市町村税額 | 財政 歳入 | 歳出 經常部 役所役場費 | 歳出 經常部 土木費 | 歳出 經常部 教育費 | 歳出 經常部 衛生費 | 歳出 經常部 勸業費 | 歳出 經常部 其他 | 歳出 經常部計 | 歳出 臨時部計 | 歳出 同通計 | 基本財産 動産 | 基本財産 不動産 |
|---|---|---|---|---|---|---|---|---|---|---|---|---|---|---|---|---|---|---|---|---|---|---|---|---|---|---|
| | 單位 | 方里 | 反別 反 | 同 | 同 | 同 | 同 | 同 | 同 | 戸 | 人 | 圓 | 同 | 同 | 同 | 同 | 同 | 同 | 同 | 同 | 同 | 同 | 同 | 同 | 同 | 同 |
| 大野村 | 大正六年度 | 八、七八 | 一、六四二九 | 九七四三 | 八〇四 | 二、三六九三 | 一七六 | 一、七七四九 | 四〇 | 一、二四五 | 八、五四〇 | 一一、六六九 | 五、八二九 | 一三、五二八 | 一八、八〇五 | 四、七六二 | 四五五 | 八、四三一 | 一九九 | 三二四 | 四、一六六 | 一八、三三七 | 四六八 | 一八、八〇五 | — | 一〇五、三六八 |
| | 同 七年度 | 八、七八 | 一、六四四二 | 九五四二 | 八〇三 | 二、四一八九 | 三二五 | 一、八〇一八 | 四四 | 一、二三三 | 八、五六一 | 一一、九九六 | 六、三三七 | 一六、一六七 | 二五、三九三 | 五、五三二 | 二五〇 | 一一、六〇九 | 三三〇 | 三一九 | 四、三三二 | 二三、三七一 | 三、〇二二 | 二五、三九三 | — | 一五五、二一二 |
| | 同 八年度 | 八、七八 | 一、六四七三 | 九四九〇 | 八〇三 | 二、五〇三三 | 四六〇 | 一、八〇一八 | 三八 | 一、二二九 | 八、五五八 | 一二、七七五 | 八、七一八 | 二二、九一〇 | 三二、三一二 | 六、三八五 | 二七〇 | 一二、〇〇八 | 三一七 | 三六〇 | 六、二六〇 | 二五、六〇〇 | 六、七一二 | 三二、三一二 | — | 二七六、五九六 |
| | 同 九年度 | 八、七八 | 一、七四六二 | 八三三五 | 八五四 | 二、四五八二 | 三三六 | 一、八〇二三 | 四七 | 一、二四九 | 七、八八四 | 一二、二七〇 | 一二、九三二 | 三〇、七八五 | 四七、二三九 | 八、二一五 | 四五〇 | 一八、六〇二 | 三、二四〇 | 四二〇 | 一〇、六六七 | 四一、五九四 | 五、六四五 | 四七、二三九 | — | 二七八、一〇七 |
| | 同 十年度 | 八、七八 | 一、七四六〇 | 八二八三 | 八五二 | 二、四六〇四 | 三三五 | 一、八〇八八 | 五〇 | 一、二五六 | 七、九一四 | 一二、一〇六 | 一三、二四三 | 三〇、一三〇 | 五八、四二五 | 一一、〇二二 | 六三三 | 二三、〇三五 | 一、〇三〇 | 五二〇 | 五、二五六 | 四一、四九六 | 一六、九二九 | 五八、四二五 | — | 二八〇、六四〇 |
| 七飯村 | 同 六年度 | 一四、二五 | 七九九三 | 三、〇三三 | 八七三 | 二、三三七八 | 二〇九六 | 二、〇五六八 | — | 一、三八七 | 八、四〇一 | 七、五三八 | 六、五六三 | 一五、三五五 | 二六、二二一 | 四、四三五 | 二六〇 | 一〇、〇一五 | 一〇二 | 三八 | 八、三九三 | 二三、二四三 | 二、九七八 | 二六、二二一 | 三、六〇〇 | 七四、八一七 |
| | 同 七年度 | 一四、二五 | 八四八二 | 三、一三七八 | 八七三 | 二、三三七八 | 二〇九六 | 二、〇五六八 | — | 一、三五四 | 八、〇八二 | 七、七九五 | 六、七一〇 | 一六、六二七 | 三三、三九九 | 五、〇七八 | 二五〇 | 一一、六九四 | 一〇七 | 三〇三 | 一一、五一五 | 二八、九四七 | 四、四五二 | 三三、三九九 | 二五、六〇〇 | 一一三、一二六 |
| | 同 八年度 | 一四、二五 | 八四八五 | 三、二三八六 | 八九三 | 二、三三七八 | 二九〇八 | 二、三一一六 | — | 一、三三七 | 八、二八三 | 八、六八五 | 九、一〇七 | 二六、七三二 | 四四、三四五 | 五、八一四 | 二五〇 | 一三、五六四 | 三、〇六五 | 四〇 | 九、七二七 | 三二、四六〇 | 一一、八八五 | 四四、三四五 | 二四、六〇〇 | 二〇二、九五七 |
| | 同 九年度 | 一四、二五 | 八三〇八 | 三、〇六一七 | 九二五 | 二、九四五五 | 二三五五 | 二、九六五二 | — | 一、三五二 | 八、二二一 | 七、九二四 | 一三、〇五七 | 三九、六五〇 | 五九、二一九 | 九、八二三 | 四五〇 | 二一、六三八 | 一、五五七 | 一二〇 | 一四、四四九 | 四八、〇三七 | 一一、一八二 | 五九、二一九 | 二五、六〇〇 | 二五二、七八九 |
| | 同 十年度 | 一四、二五 | 八七〇八 | 二、六七五[illegible] | 九〇[illegible] | 二、九五五九 | 三八五〇 | 二、三〇二一 | — | 一、三八一 | 八、三一九 | 八、三九五 | 一三、八二一 | 三九、〇九九 | 五七、二一六 | 一〇、六八二 | 四五〇 | 二五、九六三 | 六八四 | 九〇 | 一六、九五八 | 五四、八二七 | 二、三八九 | 五七、二一六 | 二五、六〇〇 | 三三四、六七一 |

| | | | | | | | | | | | | |
|---|---|---|---|---|---|---|---|---|---|---|---|---|
| 財産 | 學校基本財産 動産 | 同 | — | — | — | — | — | — | 一、〇〇〇 | 一、〇〇〇 | 一、〇〇〇 | 一、〇〇〇 |
| 財産 | 學校基本財産 不動産 | 同 | — | — | — | — | — | — | — | — | — | — |
| 財産 | 特別基本財産 動産 | 同 | — | — | — | — | — | 三、七五〇 | 六、八五〇 | 六、八五〇 | 六、八五〇 | 六、八五〇 |
| 財産 | 特別基本財産 不動産 | 同 | — | — | — | — | — | — | — | — | — | — |
| 財産 | 收益ナキ財産 動産 | 同 | — | — | — | — | — | 七、六五六 | 九、四六四 | 一一、一三八 | 一二、五三二 | 一二、六一八 |
| 財産 | 收益ナキ財産 不動産 | 同 | 三五、五六二 | 四〇、〇一一 | 四〇、一九九 | 四〇、四一九 | 四八、九七三 | 一四、一五六 | 一六、五〇一 | 一九、七八二 | 二八、九二八 | 四〇、八二四 |
| 財産 | 一部有財産 動産 | 同 | — | — | — | — | — | 二、〇〇〇 | 三、〇〇〇 | 三、〇〇〇 | 二、〇〇〇 | 二、〇〇〇 |
| 財産 | 一部有財産 不動産 | 同 | — | — | — | — | — | — | — | — | — | — |
| 財産 | 積立金穀 | 同 | 五〇、三八二 | 五八、二八〇 | 八一、五六〇 | 八五、一七六 | 八〇、一四七 | 一八、二五六 | 四、七六七 | 六、九四〇 | 二二、一六三 | 二四、〇七七 |
| 財産 | 罹災救助金 | 同 | — | — | — | — | — | 六三五 | 六四三 | 六五七 | 六六二 | 六七六 |
| | 財産ヨリ生スル收入 | 同 | 二四、〇七四 | 一四、六四〇 | 一五、九五九 | 二一、三六六 | 一九、五三一 | 一〇、〇八四 | 五、〇九六 | 一一、四四五 | 一一、七〇二 | 一二、三五九 |
| | 市町村債額 | 同 | — | — | — | — | — | — | — | — | — | — |
| | 第三種所得税額 | 同 | 一、五九九 | 一、八六一 | 二、四九三 | 一、七六二 | 一、四四五 | 九六二 | 一、〇九八 | 一、七七七 | 四六六 | 五三六 |
| | 同納税者實人員 | 人 | 一一二 | 一〇六 | 一二八 | 九五 | 九一 | 七六 | 八七 | 九一 | 六八 | 五九 |
| 課率 附加税 | 地價割 | 厘 | — | — | — | — | — | — | — | — | — | — |
| 課率 附加税 | 國税營業税割 | 同 | 一五〇 | 一五〇 | 一五〇 | 二四〇 | 四七〇 | 〇五〇 | 一五〇 | 二五〇 | 二四〇 | 四七〇 |
| 課率 附加税 | 所得税割 | 同 | 一五〇 | 一五〇 | 一五〇 | 一四〇 | 一四〇 | 一五〇 | 一五〇 | 二五〇 | 二四〇 | 一四〇 |
| 課率 附加税 | 戸別割 | 同 | 二、七八〇 | 三、四八〇 | 四、二〇〇 | 四、八〇〇 | 五、〇〇〇 | 二、九〇〇 | 三、〇〇〇 | 三、八〇〇 | 五、〇〇〇 | 四、二五〇 |
| 課率 附加税 | 地方税營業税割 | 同 | 八五〇 | 八五〇 | 一、〇〇〇 | 一、〇〇〇 | 一、〇〇〇 | 五〇〇 | 五〇〇 | 八〇〇 | 一、〇〇〇 | 一、〇〇〇 |
| 課率 附加税 | 雜種税割 | 同 | 八〇〇 | 八〇〇 | 一、〇〇〇 | 一、〇〇〇 | 一、〇〇〇 | 五〇〇 | 五〇〇 | 八〇〇 | 一、〇〇〇 | 一、〇〇〇 |
| 課率 特別税 反別割 | 田 | 同 | 二三〇 | 二三〇 | 二八〇 | 四〇〇 | 四〇〇 | 二二八 | 二二八 | 三七九 | 五九八 | 五九八 |
| 課率 特別税 反別割 | 畑 | 同 | 一五三 | 一五三 | 二〇〇 | 二五〇 | 二五〇 | 一三一 | 一三一 | 二一七 | 三三八 | 三四〇 |
| 課率 特別税 反別割 | 宅地 | 同 | 二六八 | 二六八 | 三五〇 | 四五〇 | 四五〇 | 二六七 | 二六七 | 三六〇 | 六〇〇 | 六〇〇 |
| 課率 特別税 反別割 | 山林 | 同 | 〇二三 | 〇二三 | 〇三〇 | 〇四〇 | 〇四〇 | 〇二〇 | 〇二〇 | 〇五〇 | 〇五〇 | 〇五〇 |
| 課率 特別税 反別割 | 原野 | 同 | 〇二三 | 〇二三 | 〇三〇 | 〇四〇 | 〇四〇 | 〇二〇 | 〇二〇 | 〇五〇 | 〇五〇 | 一〇〇 |
| 課率 特別税 反別割 | 牧場 | 同 | — | — | 〇三〇 | 〇三〇 | 〇三〇 | 〇一二 | 〇一二 | 〇五三 | 〇六七 | 〇七三 |
| 課率 特別税 反別割 | 海産 | 同 | — | — | — | — | — | — | — | — | — | — |
| 課率 特別税 反別割 | 干場 | | | | | | | | | | | |
| 課率 特別税 反別割 | 雜種地 | 同 | — | — | — | — | — | — | — | — | — | — |
| 課率 特別税 | 建物割 | 同 | — | — | — | — | — | — | — | — | — | — |
| 課率 特別税 | 牛馬割 | 同 | — | — | — | — | — | 六〇〇 | 六〇〇 | — | — | — |
| 課率 特別税 | 戸別割 | 同 | — | — | — | — | — | — | — | — | — | — |

| 種別 | 單位 | 龜田村 大正六年度 | 龜田村 同七年度 | 龜田村 同八年度 | 龜田村 同九年度 | 龜田村 同十年度 | 錢龜澤村 同六年度 | 錢龜澤村 同七年度 | 錢龜澤村 同八年度 | 錢龜澤村 同九年度 | 錢龜澤村 同十年度 |
|---|---|---|---|---|---|---|---|---|---|---|---|
| 面積 | 方里 | 六、六八 | 六、六八 | 六、六八 | 六、六八 | 六、六八 | 一二、三〇 | 一二、三〇 | 一二、三〇 | 一二、三〇 | 一二、三〇 |
| 民有地 反別 田 | 反 | 四七一二 | 四六三一 | 四五二〇 | 五〇二七 | 五〇二七 | 三四五 | 三四五 | 三四五 | 三四九 | 三四九 |
| 民有地 同 畑 | 同 | 一、八四一一 | 一、八四八三 | 一、九〇七一 | 一、八一八三 | 一、八一一五 | 一、三一九五 | 一、三二一〇 | 一、三二三〇 | 一、三二三二 | 一、三二五九 |
| 民有地 同 宅地 | 同 | 六五一 | 六七二 | 六六四 | 六七五 | 六九二 | 三三七 | 三三九 | 三四四 | 三四八 | 三五三 |
| 民有地 同 山林 | 同 | 二、一三〇七 | 二、二一六一 | 二、二六二五 | 二、三七七八 | 二、三七〇三 | 四二二六 | 四二三九 | 四二三六 | 四二九五 | 四四八四 |
| 民有地 同 原野 | 同 | 四六〇一 | 四九〇二 | 三九六七 | 三八九三 | 四一〇六 | 六〇〇 | 六〇〇 | 六〇〇 | 六二一 | 六六五 |
| 民有地 同 牧場 | 同 | 二四八二 | 二四七二 | 二四七二 | 二四七二 | 二四八五 | 一七〇 | 一七〇 | 一七〇 | 一七〇 | 一七〇 |
| 民有地 同 其他 | 同 | 三一 | 四〇 | 七九 | 七九 | 七九 | 二五七 | 二五七 | 二五七 | 二五七 | 二五九 |
| 現住戸數 | 戸 | 一、〇三八 | 一、〇一六 | 一、〇六五 | 一、一四二 | 一、一六五 | 一、〇四九 | 一、〇一六 | 九八五 | 一、〇一三 | 一、〇〇二 |
| 現住人口 | 人 | 六、二二三 | 五、六三五 | 五、八一八 | 六、三六八 | 六、六八一 | 六、五二九 | 六、四一一 | 六、〇一二 | 六、〇九六 | 五、九七〇 |
| 擔負 直接國税額 | 圓 | 七、一二一 | 七、四五九 | 八、四四四 | 七、三三五 | 七、三二六 | 二、四三五 | 二、五九七 | 二、九四九 | 二、一三五 | 三、七一七 |
| 擔負 地方税額 | 同 | 五、一二九 | 五、六七一 | 七、五九四 | 一〇、四〇八 | 一〇、八七二 | 四、八九八 | 五、一六七 | 六、一一一 | 八、四〇一 | 八、〇〇一 |
| 擔負 市町村税額 | 同 | 九、二八四 | 一〇、二三七 | 一七、〇一三 | 二五、三八五 | 二七、八七八 | 九、一五九 | 九、八六九 | 一八、二九五 | 二五、三七七 | 二八、一六八 |
| 財政 歳入 | 同 | 一一、〇三〇 | 一三、七三一 | 二二、九六六 | 二九、七七一 | 四九、八八九 | 一四、三四八 | 一三、六六七 | 二二、一六五 | 三五、八二八 | 三四、〇七四 |
| 經常部歳出 役所役場費 | 同 | 一、七〇四 | 二、一一九 | 五、七六〇 | 九、四九五 | 一〇、八五一 | 一、六五六 | 一、九九〇 | 四、六五〇 | 七、一九〇 | 一〇、五一〇 |
| 經常部歳出 土木費 | 同 | 六〇三 | 六七二 | 七三四 | 九一二 | 九一〇 | 三〇 | 七八 | 九九四 | 二六〇 | 一七五 |
| 經常部歳出 教育費 | 同 | 六、一二六 | 六、一二六 | 七、五七九 | 一二、四八一 | 一六、一〇四 | 六、三五二 | 八、八三三 | 八、八四三 | 一四、一四八 | 一八、八八九 |
| 經常部歳出 衛生費 | 同 | 一六四 | 一六七 | 七二三 | 五九〇 | 四八五 | 八六 | 七九 | 一四八 | 一六八 | 二〇二 |
| 經常部歳出 勸業費 | 同 | 二一九 | 一七三 | 一五二 | 二八一 | 一四一 | 二〇 | 二〇 | 二五 | 七二 | 一七〇 |
| 經常部歳出 其他 | 同 | 一、八〇三 | 一、八四一 | 二、九〇三 | 三、二八三 | 二、六二四 | 一、五四七 | 一、九二二 | 三、〇九五 | 二、〇六二 | 二、八八一 |
| 經常部歳出 計 | 同 | 一〇、六一九 | 一一、一五一 | 一七、八五〇 | 二七、〇〇二 | 三一、一一五 | 九、六九一 | 一二、九二二 | 一七、七五五 | 二三、八九三 | 三二、八二七 |
| 臨時部 計 | 同 | 四一一 | 二、五八〇 | 五、一一六 | 二、七二九 | 一八、七七四 | 四、六五七 | 七四五 | 四、四一〇 | 一一、九三五 | 一、二四七 |
| 通計 | 同 | 一一、〇三〇 | 一三、七三一 | 二二、九六六 | 二九、七七一 | 四九、八八九 | 一四、三四八 | 一三、六六七 | 二二、一六五 | 三五、八二八 | 三四、〇七四 |
| 基本財産 動産 | 同 | 一六、三二二 | 二八、九一六 | 三〇、八三五 | 三一、一一五 | 四九、六二四 | — | — | — | — | — |
| 基本財産 不動産 | 同 | 四六、〇一五 | 四四、六一二 | 四五、一一三 | 五七、九八三 | 七五、四七六 | 二五、一九〇 | 三二、二八四 | 三一、七八四 | 六三、三九七 | 六一、三九二 |

| 學校基本財産 動産 | 學校基本財産 不動産 | 特別基本財産 動産 | 特別基本財産 不動産 | 收益ナキ財産 動産 | 收益ナキ財産 不動産 | 一部有財産 動産 | 一部有財産 不動産 | 積立金穀 | 罹災救助金 | 財産ヨリ生スル收入 | 市町村債額 | 第三種所得税額 | 同納税者實人員 | 附加税課率 地價割 | 附加税課率 國税營業税割 | 附加税課率 所得税割 | 附加税課率 戸別割 | 附加税課率 地方税營業割 | 附加税課率 雜種税割 | 特別税 反別割 田 | 特別税 反別割 畑 | 特別税 反別割 宅地 | 特別税 反別割 山林 | 特別税 反別割 原野 | 特別税 牧場 | 特別税 海産干場 | 特別税 雜種地 | 特別税 建物割 | 特別税 牛馬割 | 特別税 戸別割 |
|---|---|---|---|---|---|---|---|---|---|---|---|---|---|---|---|---|---|---|---|---|---|---|---|---|---|---|---|---|---|---|
| 同 | 同 | 同 | 同 | 同 | 同 | 同 | 同 | 同 | 同 | 同 | 同 | 同 | 人 | 厘 | 同 | 同 | 同 | 同 | 同 | 同 | 同 | 同 | 同 | 同 | 同 | 同 | 同 | 同 | 同 | 同 |
| 二一〇 | — | — | — | — | — | — | — | 一六、五三七 | 一一六 | 三、〇二四 | — | 九六六 | 五六 | — | 一五〇 | 一五〇 | 二、八〇〇 | 五〇〇 | 五〇〇 | 一五〇 | 一〇〇 | 一六〇 | 〇二〇 | 〇二五 | 〇二〇 | — | 三〇〇 | — | — | — |
| 二一三 | — | — | — | — | — | — | — | 二九、一二九 | 一一七 | 二、三八三 | — | 八七一 | 四三 | — | 一五〇 | 一五〇 | 二、八六〇 | 五〇〇 | 五〇〇 | 一五〇 | 一〇〇 | 一六〇 | 〇二〇 | 〇二五 | 〇二〇 | — | 三〇〇 | — | — | — |
| 二三一 | — | — | — | — | — | — | — | 三一、〇六六 | 六九五 | 二、〇四七 | — | 一、四七五 | 六一 | — | 二四〇 | 二四〇 | 四、七〇〇 | 八〇〇 | 八〇〇 | 一五〇 | 一〇〇 | 一六〇 | 〇二〇 | 〇二五 | 〇二〇 | — | 三〇〇 | — | — | — |
| 二五五 | — | — | — | — | — | — | — | 三二、四六三 | 七三〇 | 一、八二八 | — | 六四一 | 四一 | — | 一四〇 | 一四〇 | 四、九〇〇 | 一、〇〇〇 | 一、〇〇〇 | 四〇〇 | 三〇〇 | 四〇〇 | 〇五〇 | 一〇〇 | 〇五〇 | — | 三〇〇 | — | — | — |
| 五二五 | — | — | — | — | — | — | — | 五一、三二一 | 八〇一 | 二〇、六五〇 | — | 五六五 | 三七 | — | 一四〇 | 一四〇 | 四、四〇〇 | 一、〇〇〇 | 一、〇〇〇 | 四〇〇 | 三〇〇 | 四〇〇 | 〇五〇 | 一〇〇 | 〇五〇 | — | 三〇〇 | — | — | — |
| — | — | — | — | 七、七五五 | 一四、六三〇 | — | — | 二七、九〇二 | — | 二、四七二 | — | 七九一 | 六一 | 宅地 、〇九〇 其他 二一〇 | 一五〇 | 一五〇 | 三、四〇〇 | 七〇〇 | 七〇〇 | — | — | — | — | — | — | — | — | — | — | — |
| — | — | — | — | 七、九五二 | 一七、二五九 | — | — | 三〇、七二三 | — | 二、六三五 | — | 八八一 | 六〇 | 、〇九〇 二一〇 | 一五〇 | 一五〇 | 三、二四〇 | 七五〇 | 七五〇 | — | — | — | — | — | — | — | — | — | — | — |
| — | — | — | — | 八、一八五 | 一七、二五九 | — | — | 三二、二八五 | — | 三、八五〇 | — | 一、〇二五 | 五五 | 、〇九〇 二一〇 | 一五〇 | 一五〇 | 六、六〇〇 | 一、〇〇〇 | 一、〇〇〇 | — | — | — | — | — | — | — | — | — | — | — |
| — | — | — | — | 八、四〇九 | 二一、一一一 | — | — | 三二、六八九 | — | 三、八九八 | — | 三三八 | 二一 | — | 四七〇 | 二四〇 | 七、〇〇〇 | 一、〇〇〇 | 一、〇〇〇 | 四〇〇 | 二〇〇 | 五〇〇 | 〇三〇 | 一一〇 | 〇五〇 | 五〇〇 | — | — | — | — |
| — | — | — | — | 八、五八九 | 二四、九三九 | — | — | 三七、一六二 | — | 四、八二〇 | — | 一、一四七 | 三七 | — | 四七〇 | 一四〇 | 七、〇〇〇 | 一、二〇〇 | 一、三五〇 | 八〇〇 | 二三〇 | 八〇〇 | 〇四〇 | 一五〇 | 〇五〇 | 八〇〇 | — | — | — | — |

| 種別 | 單位 | 戸井村 大正六年度 | 同 七年度 | 同 八年度 | 同 九年度 | 同 十年度 | 森町 同 六年度 | 同 七年度 | 同 八年度 | 同 九年度 | 同 十年度 |
|---|---|---|---|---|---|---|---|---|---|---|---|
| 面積 | 方里 | 三、四七 | 三、四七 | 三、四七 | 三、四七 | 三、四七 | 二〇、四〇 | 二〇、四〇 | 二〇、四〇 | 二〇、四〇 | 二〇、四〇 |
| 民有地 田 | 反別 反 | — | — | — | — | — | 四〇 | 二〇 | 三三 | 三三 | 三〇 |
| 民有地 畑 | 同 | 三一五二 | 三二九〇 | 三五七四 | 三六二七 | 三七五九 | 三、〇〇〇〇 | 三、二〇〇〇 | 三、二〇〇〇 | 三、三〇〇〇 | 三、六五〇〇 |
| 民有地 宅地 | 同 | 三七六 | 三七八 | 三七九 | 三八七 | 三八六 | 七九六 | 七九六 | 七九六 | 七九六 | 七九六 |
| 民有地 山林 | 同 | 一、一六七〇 | 一、一九六〇 | 一、二三五〇 | 一、三七四〇 | 一、四一二三 | 三、二八三〇 | 三、三六〇〇 | 三、四三〇〇 | 三、三九五〇 | 三、九一〇〇 |
| 民有地 原野 | 同 | 二六五二 | 二二七八 | 二一五七 | 二一八〇 | 二一八六 | 三、四一七〇 | 三、六四〇〇 | 三、五七〇〇 | 三、六〇五〇 | 四、〇九〇〇 |
| 民有地 牧場 | 同 | 七八三 | — | — | — | — | 七二〇〇 | 一、三〇〇〇 | 一、三〇〇〇 | 二、三〇〇〇 | 一、六〇〇〇 |
| 民有地 其他 | 同 | 一七二 | 一七五 | 一七〇 | 一六九 | 一七八 | 六二 | 六二 | 六二 | 六二 | 六二 |
| 現住戸數 | 戸 | 一、一一一 | 一、一二〇 | 一、〇五五 | 一、〇二一 | 一、〇二一 | 一、八六一 | 一、九五六 | 一、九五四 | 一、九一七 | 一、八七九 |
| 現住人口 | 人 | 六、八〇〇 | 六、八七四 | 六、五七六 | 六、一九六 | 六、一五一 | 一一、六〇八 | 一二、〇六八 | 一一、八七九 | 一一、六四五 | 一一、三三七 |
| 擔負 直接國税額 | 圓 | 二、八二〇 | 三、〇二二 | 二、九六六 | 二、一五九 | 二、五三一 | 五、六四四 | 五、九四一 | 六、九四八 | 六、九四八 | 五、七六五 |
| 擔負 地方税額 | 同 | 八、五三七 | 八、六一七 | 九、四六七 | 一三、一〇〇 | 一一、二四五 | 七、五八七 | 九、三三三 | 一一、九五〇 | 一五、七七二 | 一五、三一六 |
| 擔負 市町村税額 | 同 | 一二、二四四 | 一四、三二〇 | 二四、四三六 | 二九、九八四 | 三九、四〇四 | 一六、七三一 | 一八、六六八 | 二七、五三六 | 三九、一四七 | 四二、二二三 |
| 財政 歳入 | 同 | 一六、〇七五 | 二六、四四三 | 二八、六六八 | 三六、五九六 | 三九、八七一 | 二一、〇六三 | 二四、三二一 | 三六、五八八 | 四七、〇〇六 | 六二、四〇一 |
| 歳出 經常部 役所役場費 | 同 | 二、三六三 | 二、七五〇 | 六、一〇一 | 九、四九九 | 一二、三六三 | 五、九四三 | 六、四二〇 | 八、〇〇四 | 一一、二一二 | 一六、三六三 |
| 土木費 | 同 | 六四 | 二〇 | 三〇 | 一五〇 | 一〇〇 | 五三 | 二一九 | 一四四 | 二〇四 | 二二二 |
| 教育費 | 同 | 八、六二四 | 一一、三二〇 | 一〇、四三九 | 一四、四七八 | 二〇、二二九 | 一〇、三四〇 | 一一、六五一 | 一五、三一一 | 一六、四一一 | 一九、五五三 |
| 衛生費 | 同 | 二一七 | 三九六 | 五〇〇 | 八一二 | 一、〇三二 | 三一三 | 三七四 | 五九七 | 八〇八 | 一、〇四四 |
| 勸業費 | 同 | 二〇 | 五〇 | 九〇 | 一一〇 | 六五 | 一〇〇 | 二〇〇 | 二〇〇 | 三〇〇 | 三〇〇 |
| 共其他 | 同 | 二、九〇四 | 三、五四五 | 三、二一七 | 四、〇〇六 | 四、三七二 | 一、九五〇 | 二、三五五 | 三、二九五 | 四、七二四 | 一二、六六九 |
| 計 | 同 | 一四、一九二 | 一八、〇八一 | 二〇、三七七 | 二九、〇五五 | 三八、一六一 | 一八、六九九 | 二一、二一九 | 二七、四〇七 | 三三、六五九 | 五〇、一五一 |
| 臨時部 計 | 同 | 一、八八三 | 八、三六二 | 八、二九一 | 七、五四一 | 一、七一〇 | 二、三六四 | 三、一〇二 | 九、一八一 | 一三、三四七 | 一二、二五〇 |
| 通計 | 同 | 一六、〇七五 | 二六、四四三 | 二八、六六八 | 三六、五九六 | 三九、八七一 | 二一、〇六三 | 二四、三二一 | 三六、五八八 | 四七、〇〇六 | 六二、四〇一 |
| 基本財産 動産 | 同 | 三二、六六六 | 三四、八七九 | 三六、五八六 | 四一、七二五 | 四四、五七九 | 一七、四六[illegible] | 三五、五一二 | 四七、五八[illegible] | 五二、一〇五 | 五四、一三一 |
| 基本財産 不動産 | 同 | 二九、三八七 | 三一、六六一 | 三五、四五〇 | 三五、七二七 | 三八、六六二 | 七五、一一一 | 一一二、九七一 | 一二九、六八九 | 一六一、三二六 | 一六一、七二三 |

| 財産 學校基本財産 動産 | 財産 學校基本財産 不動産 | 財産 特別基本財産 動産 | 財産 特別基本財産 不動産 | 財産 收益ナキ財産 動産 | 財産 收益ナキ財産 不動産 | 財産 一部有財産 動産 | 財産 一部有財産 不動産 | 財産 積立金穀 | 財産 罹災救助金 | 財産ヨリ生スル收入 | 市町村債額 | 第三種所得税額 | 同納税者實人員 | 課率 附加税 地價割 | 課率 附加税 國税營業税割 | 課率 附加税 所得税割 | 課率 附加税 戸別割 | 課率 附加税 地方税營業税割 | 課率 附加税 雜種税割 | 課率 特別税 反別割 田 | 課率 特別税 反別割 畑 | 課率 特別税 反別割 宅地 | 課率 特別税 反別割 山林 | 課率 特別税 反別割 原野 | 課率 特別税 反別割 牧場 | 課率 特別税 反別割 海産 | 課率 特別税 反別割 干場 雜種地 | 課率 特別税 建物割 | 課率 特別税 牛馬割 | 課率 特別税 戸別割 |
|---|---|---|---|---|---|---|---|---|---|---|---|---|---|---|---|---|---|---|---|---|---|---|---|---|---|---|---|---|---|---|
| 同 | 同 | 同 | 同 | 同 | 同 | 同 | 同 | 同 | 同 | 同 | 同 | 同 | 人 | 厘 | 同 | 同 | 同 | 同 | 同 | 同 | 同 | 同 | 同 | 同 | 同 | 同 | 同 | 同 | 同 | 同 |
| 三〇二 | — | — | — | — | — | — | — | — | — | 一,〇八七 | — | 一,〇八九 | 一三〇 | 宅地 〇九〇 其他 二一〇 | 一五〇 | 一五〇 | 二,八〇〇 | 一,〇〇〇 | 一,〇〇〇 | — | — | — | — | — | — | — | — | — | — | — |
| 五一六 | — | — | — | — | — | — | — | — | — | 二,三九九 | — | 一,九七七 | 一〇五 | 〇九〇 二一〇 | 一五〇 | 一五〇 | 三,〇〇〇 | 一,〇〇〇 | 一,〇〇〇 | — | — | — | — | — | — | — | — | — | — | — |
| 五六六 | — | — | — | — | — | — | — | — | — | 二,〇五七 | — | 一,八六三 | 一〇六 | 〇九〇 二一〇 | 一五〇 | 一五〇 | 六,〇〇〇 | 一,五〇〇 | 一,五〇〇 | — | — | — | — | — | — | — | — | — | — | — |
| 六一六 | — | — | — | — | — | — | — | — | — | 一,六七一 | — | 一,〇〇二 | 八五 | — | 二四〇 | 二四〇 | 五,〇〇〇 | 一,〇〇〇 | 一,〇〇〇 | — | 二〇〇 | 六〇〇 | 一二〇 | 一二〇 | 一二〇 | 四〇〇 | — | — | — | — |
| 六九五 | — | — | — | — | — | — | — | — | — | 一,四六四 | — | 一,二二二 | 九五 | — | 四七〇 | 一四〇 | 七,八〇〇 | 一,三〇〇 | 一,三〇〇 | — | 二〇〇 | 六〇〇 | 一二〇 | 一二〇 | 一二〇 | 四〇〇 | — | — | — | — |
| — | — | — | — | — | 一四,二五六 | — | — | 三五,四四七 | — | 一,五五四 | — | 一,九四一 | 八七 | — | 一五〇 | 一五〇 | 四〇〇 | 五〇〇 | 七五〇 | 四〇〇 | 〇四六 | 二三〇 | 〇一〇 | 〇一〇 | 〇〇八 | 一〇〇 | — | — | — | — |
| — | — | — | — | — | 一六,七八〇 | — | — | 四八,三三二 | — | 三,七一一 | — | 二,五九三 | 一〇四 | — | 一五〇 | 一五〇 | 三,七四〇 | 七〇〇 | 八五〇 | 一〇〇 | 〇五六 | 二三〇 | 〇一二 | 〇一二 | 〇一二 | 一〇〇 | — | — | — | — |
| — | — | — | — | — | 一九,五五三 | — | — | 五二,六八五 | — | 四,七〇九 | — | 三,五一八 | 一一二 | — | 一五〇 | 一五〇 | 四,九〇〇 | 一,〇〇〇 | 一,〇〇〇 | 一五〇 | 一〇〇 | 三七七 | 〇二〇 | 〇二〇 | 〇二〇 | 一五〇 | — | — | — | — |
| — | — | — | — | — | 二二,五四七 | — | — | 五四,四三一 | — | 五,九六五 | — | 一,三九一 | 七七 | — | 二四〇 | 二四〇 | 五,九〇〇 | 一,〇〇〇 | 一,〇〇〇 | 一八〇 | 一二〇 | 三七七 | 〇二〇 | 〇二〇 | 〇二〇 | 一八〇 | — | — | — | — |
| — | — | — | — | — | 二二,五五二 | — | — | 五九,四八九 | — | 五,九二三 | — | 一,五一一 | 七三 | — | 四七〇 | 一四〇 | 五,六〇〇 | 一,〇〇〇 | 一,〇〇〇 | 一八〇 | 一二〇 | 三七七 | 〇二〇 | 〇二〇 | 〇二〇 | 一八〇 | — | — | — | — |

| 種別 | 単位 | 八雲町 大正六年度 | 同 七年度 | 同 八年度 | 同 九年度 | 同 十年度 | 大島村 同 六年度 | 同 七年度 | 同 八年度 | 同 九年度 | 同 十年度 |
|---|---|---|---|---|---|---|---|---|---|---|---|
| 面積 | 方里 | 三七、二四 | 三七、二四 | 三七、二四 | 三七、二四 | 三七、二四 | 八、七九 | 八、七九 | 八、七九 | 八、七九 | 八、七九 |
| 民有地 田 | 反別 反 | — | — | — | — | — | 三 | 三 | 三 | 三 | 三 |
| 畑 | 同 | 八、三〇〇三 | 八、四〇〇〇 | 八、四一三二 | 八、九八三二 | 八、九八三二 | 二八二五 | 二八二五 | 二八二五 | 二八二五 | 三七二二 |
| 宅地 | 同 | 八二四 | 八二四 | 八二四 | 八二四 | 八二四 | 一二二 | 一二二 | 一二二 | 一二二 | 一二二 |
| 山林 | 同 | 三一九一 | 七三七五 | 一、九〇三六 | 一、九〇三六 | 一、九〇三六 | 三八、五一三三 | 三八、五一三三 | 三八、五一三三 | 三八、五一三三 | 三八、五一三三 |
| 原野 | 同 | 七九八一 | 一、二二九一 | 二、八五五五 | 二、八五五五 | 二、八五五五 | 二六一四 | 二六一四 | 二六一四 | 二六一四 | 二六一四 |
| 牧場 | 同 | 四七八九 | 四九一六 | 一、八八三〇 | 四、七九六〇 | 四、七九六〇 | 一七九四 | 一七九四 | 一七九四 | 一七九四 | 一一七〇 |
| 其他 | 同 | 一八九 | 一八九 | 一八九 | 一八九 | 一八九 | 六三 | 六三 | 六三 | 六三 | 六三 |
| 現住戸数 | 戸 | 二、五〇五 | 二、五三三 | 二、五三五 | 二、六五三 | 二、六五八 | 四五二 | 四五三 | 四六七 | 四六七 | 五〇七 |
| 現住人口 | 人 | 一五、三一一 | 一五、八六四 | 一六、二一三 | 一四、二七二 | 一四、六五五 | 三、二三四 | 三、三一四 | 三、四〇六 | 三、一〇三 | 三、二五五 |
| 負擔 直接國税額 | 圓 | 七、六六七 | 七、五一七 | 七、四五五 | 七、〇一〇 | 六、〇七一 | 九〇六 | 九八六 | 九七七 | 七三四 | 八四八 |
| 地方税額 | 同 | 一三、一九一 | 一三、三五六 | 一八、九五七 | 二四、七七九 | 二六、九八四 | 三、八〇三 | 三、二八一 | 四、六一八 | 四、八三一 | 五、九一一 |
| 市町村税額 | 同 | 二一、〇六〇 | 二四、三九一 | 三八、九一九 | 五二、五六四 | 五一、八九五 | 五、三四八 | 七、四六三 | 九、八一〇 | 一二、五二三 | 一五、三五八 |
| 財政 歳入 | 同 | 二七、五八八 | 三〇、〇六三 | 五二、一七〇 | 六五、一八九 | 六五、一一八 | 一六、〇二一 | 一〇、三八一 | 一一、九七四 | 一四、一〇〇 | 三〇、一一五 |
| 歳出經常部 役所役場費 | 同 | 六、三五九 | 六、九一六 | 九、〇四八 | 一一、六二四 | 一四、二五〇 | 一、三六三 | 一、五七三 | 二、一一九 | 三、四〇三 | 三、八七八 |
| 土木費 | 同 | 四六 | 四六 | 一〇二 | 一二七 | 一二七 | — | — | — | 四〇 | 三〇 |
| 教育費 | 同 | 二三、九六五 | 一七、一〇六 | 二二、九七一 | 二六、九二七 | 二八、一四〇 | 三、四二五 | 四、二四三 | 五、二三九 | 六、三九五 | 八、三二四 |
| 衛生費 | 同 | 七七三 | 九八三 | 一、二〇一 | 一、六四四 | 一、九八三 | 一〇〇 | 一〇四 | 六四 | 五四 | 五九 |
| 勸業費 | 同 | — | — | — | — | — | 七九 | 九五 | 三〇 | 三〇 | 一五 |
| 其他 | 同 | 四、三九四 | 四、八九五 | 七、〇九三 | 八、六五三 | 二〇、〇三九 | 一、七四三 | 二、六一二 | 二、八一四 | 二、二九三 | 二、二八九 |
| 同部計 | 同 | 二五、五三七 | 二九、九六四 | 四〇、四二一 | 四八、九七五 | 六四、五三八 | 六、七〇九 | 八、六二七 | 一〇、二六六 | 一二、二一五 | 一四、五九五 |
| 臨時部計 | 同 | 二、〇五一 | 九九 | 一一、七四九 | 一六、二一四 | 五八〇 | 九、三一二 | 一、七五四 | 一、七〇八 | 一、八八五 | 一五、五二〇 |
| 通計 | 同 | 二七、五八八 | 三〇、〇六三 | 五二、一七〇 | 六五、一八九 | 六五、一一八 | 一六、〇二一 | 一〇、三八一 | 一一、九七四 | 一四、一〇〇 | 三〇、一一五 |
| 基本財産 動産 | 同 | — | — | — | — | — | 一一、六七〇 | 一一、六六〇 | 一一、六〇〇 | 一一、五五〇 | 一一、五二〇 |
| 不動産 | 同 | 三一、九三一 | 三二、五二八 | 三〇二、一八四 | 三〇二、一八四 | 三一八、一二一 | 一九、八九五 | 三九、一〇六 | 三九、一六四 | 三七、四一九 | 四八、〇五二 |

| 項目 | 單位 | 1 | 2 | 3 | 4 | 5 | 6 | 7 | 8 | 9 | 10 |
|---|---|---|---|---|---|---|---|---|---|---|---|
| 財產 學校基本財產 動產 | 同 | — | — | — | — | — | — | — | — | — | — |
| 財產 學校基本財產 不動產 | 同 | — | — | — | — | — | — | — | — | — | — |
| 財產 特別基本財產 動產 | 同 | — | — | — | — | — | — | — | — | — | — |
| 財產 特別基本財產 不動產 | 同 | — | — | — | — | — | — | — | — | — | — |
| 財產 收益ナキ財產 動產 | 同 | 五、八六二 | 六、四〇八 | 七、三九三 | 七、五六五 | 一三、〇七五 | 四、六三八 | 四、六三八 | 五、[illegible]二五 | 五、二九二 | 五、八二六 |
| 財產 收益ナキ財產 不動產 | 同 | 二六、五五七 | 二六、五五七 | 三九、一三五 | 四〇、五九三 | 四〇、六〇八 | — | — | — | — | — |
| 財產 一部有財產 動產 | 同 | — | — | — | — | — | — | — | — | — | — |
| 財產 一部有財產 不動產 | 同 | — | — | — | — | — | — | — | — | — | — |
| 財產 積立金穀 | 同 | 三七、四五三 | 三七、五五九 | 三八、九八〇 | 四〇、二一四 | 四四、三八九 | 三、一八一 | 八七八 | 四、二八七 | 七、九三五 | 一、三九[illegible] |
| 財產 罹災救助金 | 同 | — | — | — | — | — | — | — | — | — | — |
| 財產ヨリ生スル收入 | 同 | 四、二二七 | 四、五四一 | 六、一一八 | 六、一五九 | 六、一五四 | 一、八四三 | 一、一一八 | 三、二二五 | 一、八七六 | 六、四五七 |
| 市町村債額 | 同 | — | — | — | — | — | — | — | — | — | — |
| 第三種所得稅額 | 同 | 三、四〇六 | 三、九九九 | 六、一六二 | 三、五五三 | 二、六〇三 | 二六三 | 三三二 | 三〇七 | 二五 | 二三 |
| 同納稅者實人員 | 人 | 一八一 | 一五七 | 一九七 | 一八七 | 一三八 | 一〇八 | 一〇六 | 一〇四 | 二四 | 二四 |
| 課率 附加稅 地價割 | 厘 | — | — | — | — | — | 宅地 、〇九〇 其他 、二一〇 | 、〇九〇 、二一〇 | 、〇九〇 、二一〇 | 、〇九〇 、二一〇 | 、二八[illegible] 六八〇 |
| 課率 附加稅 國營業稅割 | 同 | 一五〇 | 一五〇 | 一五〇 | 二四〇 | 四七〇 | 一五〇 | 一五〇 | 一五〇 | 一五〇 | 四七〇 |
| 課率 附加稅 所得稅割 | 同 | 一五〇 | 一五〇 | 一五〇 | 二四〇 | 一四〇 | 一五〇 | 一五〇 | 一五〇 | 一五〇 | 一四〇 |
| 課率 附加稅 戶別割 | 同 | 三、四〇〇 | 三、七五〇 | 五、五〇〇 | 六、四〇〇 | 五、九七〇 | 三、五〇〇 | 五、五五〇 | 五、四〇〇 | 六、〇〇〇 | 五、八九〇 |
| 課率 附加稅 地方稅營業割 | 同 | 五〇〇 | 五〇〇 | 一、〇〇〇 | 一、〇〇〇 | 一、〇〇〇 | 五〇〇 | 五〇〇 | 一、〇〇〇 | 一、〇〇〇 | 一、〇〇〇 |
| 課率 附加稅 雜種稅割 | 同 | 五〇〇 | 五〇〇 | 一、〇〇〇 | 一、〇〇〇 | 一、〇〇〇 | 五〇〇 | 五〇〇 | 一、〇〇〇 | 一、〇〇〇 | 一、〇〇〇 |
| 課率 特別稅 反別割 田 | 同 | — | — | — | — | — | — | — | — | — | — |
| 課率 特別稅 反別割 畑 | 同 | 〇五〇 | 〇五〇 | 〇八〇 | 〇八〇 | 〇八〇 | — | — | — | — | — |
| 課率 特別稅 反別割 宅地 | 同 | 〇八〇 | 〇八〇 | 二〇八 | 二〇八 | 二〇八 | — | — | — | — | — |
| 課率 特別稅 反別割 山林 | 同 | 〇〇五 | 〇〇五 | 〇一〇 | 〇一〇 | 〇一〇 | — | — | — | — | — |
| 課率 特別稅 反別割 原野 | 同 | 〇〇五 | 〇〇五 | 〇一〇 | 〇一〇 | 〇一〇 | — | — | — | — | — |
| 課率 特別稅 反別割 牧場 | 同 | 〇〇五 | 〇〇五 | 〇二〇 | 〇二〇 | 〇二〇 | — | — | — | — | — |
| 課率 特別稅 反別割 海產干場 | 同 | 〇五〇 | 〇五〇 | 一五〇 | 一五〇 | 一五〇 | — | — | — | — | — |
| 課率 特別稅 反別割 雜種地 | 同 | — | — | — | — | — | — | — | — | — | — |
| 課率 特別稅 建物割 | 同 | — | — | — | — | — | — | — | — | — | — |
| 課率 特別稅 牛馬割 | 同 | — | — | — | — | — | — | — | — | — | — |
| 課率 特別稅 戶別割 | 同 | — | — | — | — | — | — | — | — | — | — |

| 町村名 | 種別 | 面積 | 民有地 田 | 畑 | 宅地 | 山林 | 原野 | 牧場 | 其他 | 現住戸數 | 現住人口 | 負擔 直接國税額 | 地方税額 | 市町村税額 |
|---|---|---|---|---|---|---|---|---|---|---|---|---|---|---|
| | 單位 | 方里 | 反別 反 | 同 | 同 | 同 | 同 | 同 | 同 | 戸 | 人 | 圓 | 同 | 同 |
| 吉岡村 | 大正六年度 | 〇、八七 | — | 四三一 | 九六 | 八三九五 | 二四一 | — | 二〇 | 四四八 | 二、六三四 | 六四五 | 二、一三七 | 四、五〇四 |
| | 同 七年度 | 〇、八七 | — | 四三七 | 九六 | 八三九五 | 二四一 | — | 二〇 | 四四三 | 二、六〇〇 | 一、一二九 | 二、一四九 | 五、一〇六 |
| | 同 八年度 | 〇、八七 | — | 四三七 | 九六 | 八三九五 | 二四〇 | — | 二〇 | 四二三 | 二、五〇八 | 一、〇六三 | 二、五〇四 | 七、〇九四 |
| | 同 九年度 | 〇、八七 | — | 四四一 | 九六 | 八三九五 | 二四〇 | — | 二〇 | 四二三 | 二、五〇四 | 五一五 | 三、二〇七 | 八、九八八 |
| | 同 十年度 | 〇、八七 | — | 四四一 | 九六 | 八四三三 | 二〇二 | — | 二〇 | 四二一 | 二、五二九 | 一、六一六 | 三、一七二 | 九、五六八 |
| 知内村 | 同 六年度 | 一二、九〇 | 一八七 | 一、七六六 | 一六八 | 四、七一六一 | 八五八九 | 一九二四 | 一二七 | 七二一 | 四、四七〇 | 二、八三七 | 三、二六六 | 八、八六八 |
| | 同 七年度 | 一二、九〇 | 一八七 | 一、七七一六 | 一六九 | 四、七一八九 | 八五八四 | 一八四二 | 一二四 | 七一七 | 四、一四九 | 二、九二〇 | 三、五八四 | 一〇、九五二 |
| | 同 八年度 | 一二、九〇 | 一八七 | 一、七七四六 | 一七四 | 四、七二五〇 | 八七八五 | 一七七五 | 一一七 | 七一九 | 四、二六〇 | 三、〇一四 | 四、五七二 | 一三、六九二 |
| | 同 九年度 | 一二、九〇 | 二〇〇 | 一、七七九六 | 一七八 | 四、七二六三 | 九〇六七 | 一八四五 | 一二六 | 七六八 | 四、四三四 | 三、四五七 | 四、九一二 | 二〇、二〇〇 |
| | 同 十年度 | 一二、九〇 | 二〇〇 | 一、七八二八 | 一七八 | 四、七二七一 | 九一五〇 | 一八八六 | 一三三 | 七五九 | 四、三〇七 | 三、五七九 | 六、六九〇 | 二一、五四〇 |

| 町村名 | 種別 | 財政 歳入 | 歳出經常部 役所役場費 | 土木費 | 教育費 | 衛生費 | 勸業費 | 其他 | 同計 | 臨時部計 | 通計 | 基本財産 動産 | 不動産 |
|---|---|---|---|---|---|---|---|---|---|---|---|---|---|
| | 單位 | 同 | 同 | 同 | 同 | 同 | 同 | 同 | 同 | 同 | 同 | 同 | 同 |
| 吉岡村 | 大正六年度 | 五、九二五 | 一、二〇一 | 一〇 | 三、一五一 | 一一 | — | 一、四九三 | 五、八六六 | 五九 | 五、九二五 | 一二、八二二 | 一五、六一〇 |
| | 同 七年度 | 七、六三一 | 一、四一六 | 一〇 | 三、八九九 | 一五 | 一〇 | 一、六四七 | 六、九九七 | 六三四 | 七、六三一 | 一三、六七四 | 一五、六一〇 |
| | 同 八年度 | 九、八三八 | 一、三五五 | 一〇 | 四、一三四 | 三九〇 | 五 | 一、四六七 | 七、三六一 | 二、四七七 | 九、八三八 | 一四、五一七 | 四〇、四一四 |
| | 同 九年度 | 一三、四二七 | 一、八〇三 | 一一三 | 五、二二九 | 四三 | 五 | 二、〇九六 | 九、二八九 | 四、一三八 | 一三、四二七 | 一五、六一六 | 三九、八三五 |
| | 同 十年度 | 一四、〇九七 | 二、六三〇 | 九七 | 八、六九九 | 六四二 | 五 | 一、九九八 | 一四、〇七一 | 二六 | 一四、〇九七 | 一六、三一七 | 四〇、八八二 |
| 知内村 | 同 六年度 | 一〇、〇七七 | 一、五八九 | 三〇 | 五、三〇六 | 二二二 | 一二五 | 二、三五四 | 九、六二六 | 四五一 | 一〇、〇七七 | 一八、三一九 | 七六、五〇九 |
| | 同 七年度 | 一二、八八七 | 一、八三三 | 一一五 | 五、六一九 | 九〇 | 一〇〇 | 二、一四三 | 九、八九九 | 二、九八八 | 一二、八八七 | 一八、二七〇 | 一六三、九三一 |
| | 同 八年度 | 一九、二七四 | 二、六〇六 | 一一五 | 六、九六〇 | 一四八 | 一〇〇 | 二、八二一 | 一二、七五〇 | 六、五二四 | 一九、二七四 | 一八、八二〇 | 一六八、五七二 |
| | 同 九年度 | 二五、八八六 | 四、六八六 | 一八五 | 一〇、八六二 | 八〇 | 一五〇 | 八、九一六 | 二四、八七九 | 一、〇〇七 | 二五、八八六 | 二〇、七三〇 | 一六九、八三三 |
| | 同 十年度 | 二六、二一四 | 四、七二三 | 六一 | 一三、八三六 | 六一 | 一五〇 | 六、八六二 | 二五、六九三 | 五二一 | 二六、二一四 | 二二、〇〇五 | 一七〇、五六一 |

| 財産 學校基本財産 動産 | 財産 學校基本財産 不動産 | 財産 特別基本財産 動産 | 財産 特別基本財産 不動産 | 財産 收益ナキ財産 動産 | 財産 收益ナキ財産 不動産 | 財産 一部有財産 動産 | 財産 一部有財産 不動産 | 財産 積立金穀 | 財産 罹災救助金 | 財産ヨリ生スル收入 | 市町村債額 | 第三種所得税額 | 同納税者實人員 | 課率 附加税 地價割 | 課率 附加税 國税營業税割 | 課率 附加税 所得税割 | 課率 附加税 戸別割 | 課率 附加税 地方税營業税割 | 課率 附加税 雜種税割 | 課率 特別税 反別割 田 | 課率 特別税 反別割 畑 | 課率 特別税 反別割 宅地 | 課率 特別税 反別割 山林 | 課率 特別税 反別割 原野 | 課率 特別税 反別割 牧場 | 課率 特別税 反別割 海産 干場 | 課率 特別税 反別割 雜種地 | 課率 特別税 建物割 | 課率 特別税 牛馬割 | 課率 特別税 戸別割 |
|---|---|---|---|---|---|---|---|---|---|---|---|---|---|---|---|---|---|---|---|---|---|---|---|---|---|---|---|---|---|---|
| 同 | 同 | 同 | 同 | 同 | 同 | 同 | 同 | 同 | 同 | 同 | 同 | 同 | 人 | 釐 | 同 | 同 | 同 | 同 | 同 | 同 | 同 | 同 | 同 | 同 | 同 | 同 | 同 | 同 | 同 | 同 |
| — | — | — | — | — | 七、八一五 | — | — | 三、二八七 | — | 四五六 | — | 一九七 | 一〇 | 一五〇 | 一五〇 | 一五〇 | 四、五〇〇 | 九〇〇 | 八〇〇 | — | — | — | — | — | — | — | — | — | — | — |
| — | — | — | — | 四 | 七、八七七 | — | — | 三、一二六 | — | 三〇八 | — | 六六八 | 九 | 一五〇 | 一五〇 | 一五〇 | 四、六五〇 | 九〇〇 | 八五〇 | — | — | — | — | — | — | — | — | — | — | — |
| 一四七 | — | — | — | 一五一 | 七、八三九 | — | — | 一、九八九 | — | 一、九一九 | — | 六一四 | 一二 | 一五〇 | 一五〇 | 一五〇 | 五、六五〇 | 一、〇〇〇 | 九五〇 | — | — | — | — | — | — | — | — | — | — | — |
| 二八〇 | — | — | — | 二八四 | 九、〇〇七 | — | — | 三、一〇二 | — | 一〇八 | — | 三九 | 六 | — | 二四〇 | 二四〇 | 六、一五〇 | 一、二〇〇 | 一、〇五〇 | — | 二〇〇 | 四〇〇 | 〇六〇 | 〇六〇 | — | 二〇〇 | — | — | — | — |
| 二九二 | — | — | — | 二九六 | 九、一一八 | — | — | 三、八〇七 | — | 二、〇二九 | — | 一、一〇二 | 六 | — | 四七〇 | 一四〇 | 六、八五〇 | 一、二〇〇 | 一、一〇〇 | — | 二〇〇 | 四〇〇 | 〇六〇 | 〇六〇 | — | 二〇〇 | — | — | — | — |
| — | — | — | — | — | 六、四一八 | — | — | 三、六六二 | — | 三、七三三 | — | 一二八 | 八三 | — | 一五〇 | 一五〇 | 四、四〇〇 | 七〇〇 | 七〇〇 | 〇八五 | 〇八五 | 一三八 | 〇〇八 | 〇二五 | 〇三〇 | 〇六〇 | — | — | — | — |
| 一一七 | — | — | — | — | 六、三四七 | — | — | 五、八四一 | — | 五、一四八 | — | 一六二 | 八一 | — | 一五〇 | 一五〇 | 四、二〇〇 | 七〇〇 | 七〇〇 | 〇八三 | 〇八五 | 一二七 | 〇〇八 | 〇一六 | 〇一七 | 一〇二 | — | — | — | — |
| 三〇五 | — | — | — | — | 六、五七六 | — | — | 五、五二四 | — | 七、一四四 | — | 一五九 | 八六 | — | 一五〇 | 一五〇 | 五、〇〇〇 | 八〇〇 | 七〇〇 | 一九五 | 一四五 | 一三〇 | 〇一九 | 〇三〇 | 〇三〇 | 一九〇 | — | — | — | — |
| 三〇五 | — | — | — | — | 六、六六一 | — | — | 一〇、六二〇 | — | 八、一一八 | — | 一六八 | 八四 | — | 二四〇 | 二四〇 | 六、五〇〇 | 一、〇〇〇 | 一、〇〇〇 | 三二五 | 二六〇 | 三八〇 | 〇〇九 | 〇四七 | 〇四五 | 〇四五 | 二六〇 | — | — | — |
| 三八二 | — | — | — | — | 六、八七四 | — | — | 一二、六五二 | — | 九、一一三 | — | 一七四 | 八八 | — | 一四〇 | 四七〇 | 五、〇四〇 | 一、〇〇〇 | 一、〇〇〇 | 三二五 | 二六〇 | 三八〇 | 〇〇九 | 〇四五 | 〇四五 | 〇四五 | 二六〇 | — | — | — |

| 種別 | | 單位 | 茂別村 大正六年度 | 茂別村 同七年度 | 茂別村 同八年度 | 茂別村 同九年度 | 茂別村 同十年度 | 湯川村 同六年度 | 湯川村 同七年度 | 湯川村 同八年度 | 湯川村 同九年度 | 湯川村 同十年度 |
|---|---|---|---|---|---|---|---|---|---|---|---|---|
| 面積 | | 方里 | 八、九五 | 八、九五 | 八、九五 | 八、九五 | 八、九五 | 一三、〇〇 | 一三、〇〇 | 一三、〇〇 | 一三、〇〇 | 一三、〇〇 |
| 民有地 反別 | 田 | 反 | 二四 | 二三 | 二三 | 二九 | 五三 | 二〇四二 | 二〇三九 | 二〇九四 | 二一一九 | 二二七七 |
| | 畑 | 同 | 四二六六 | 六五三八 | 六〇八二 | 六一〇四 | 六一二四 | 一、一七三四 | 一、〇九二六 | 一、〇〇〇一 | 九五一〇 | 九五五〇 |
| | 宅地 | 同 | 一二四 | 一一九 | 一一九 | 二三六 | 二四五 | 四四〇 | 四四二 | 四四九 | 四五六 | 四七四 |
| | 山林 | 同 | 三、三八六八 | 三、四〇八三 | 三、一九五〇 | 三、二三六五 | 三、二四五七 | 七、九八一六 | 八、〇〇二一 | 八、三二六九 | 八、五二一二 | 一〇、四八七二 |
| | 原野 | 同 | 二三四一 | 七一一八 | 一、〇五四四 | 八七四六 | 八六三五 | 二三二〇 | 二四三九 | 二五三〇 | 二五五一 | 二九二八 |
| | 牧場 | 同 | 五一八五 | 五四七 | 七一一八 | 一、六〇一二 | 一、六〇一二 | 三四〇一 | 三四〇一 | 三、四〇一 | 三四〇一 | 三三九八 |
| | 其他 | 同 | 四一 | 四七 | 四七 | 二二 | 三五 | 八二 | 八九 | 八七 | 一〇八 | 三六 |
| 現住戸數 | | 戸 | 七四六 | 六七九 | 七〇四 | 六七九 | 七〇七 | 九一六 | 九九六 | 九九六 | 九二二 | 九八七 |
| 現住人口 | | 人 | 四、三三五 | 四、〇三二 | 三、九一三 | 三、九三七 | 四、〇二九 | 四、九二九 | 五、四〇〇 | 五、一八一 | 五、五二九 | 五、七一二 |
| 負擔 | 直接國稅額 | 圓 | 一、三七五 | 一、三八九 | 一、五五五 | 一、二九八 | 七、一一五 | 四、八八五 | 五、九七一 | 六、九四三 | 六、二三五 | 六、七九七 |
| | 地方稅額 | 同 | 二、八八〇 | 三、五五〇 | 三、六五六 | 四、七六三 | 五、〇〇二 | 六、六九二 | 七、七三八 | 一〇、八七五 | 一五、〇九二 | 一六、〇七五 |
| | 市町村稅額 | 同 | 七、六八五 | 七、九三一 | 一三、三四一 | 一四、六八七 | 一五、三九四 | 九、四四八 | 九、九九一 | 一六、四七七 | 二一、四四六 | 二五、九一二 |
| 財政 | 歲入 | 同 | 八、七六六 | 一二、四四一 | 一六、五三一 | 一七、七九七 | 一九、九七三 | 一一、九八八 | 一三、九二七 | 一七、四一一 | 二七、一二六 | 五二、三〇四 |
| 歲出經常部 | 役所役場費 | 同 | 一、四八三 | 二、一二三 | 二、五六九 | 二、六〇一 | 三、六一四 | 二、〇四五 | 二、五八〇 | 三、〇八三 | 五、〇九四 | 六、七四九 |
| | 土木費 | 同 | 一八 | 四〇 | 五五 | 八〇 | 五〇 | 八〇四 | 一、三〇七 | 一、八一三 | 二、八九九 | 二、七三七 |
| | 教育費 | 同 | 四、三四九 | 六、五五四 | 七、七八〇 | 九、七七四 | 一一、〇九〇 | 五、〇七六 | 五、七四三 | 六、八三九 | 九、四一六 | 一二、五三九 |
| | 衛生費 | 同 | 六四 | 八二 | 八四 | 二二七 | 二八七 | 一三一 | 一七一 | 二四二 | 二五一 | 二七一 |
| | 勧業費 | 同 | 一〇 | 七〇 | 八七 | 六八 | 一二一 | 六 | 一四 | 四五 | 一五 | 一五 |
| | 其他 | 同 | 二、二三七 | 二、〇五四 | 二、八二五 | 三、〇七二 | 三、五一九 | 一、五四八 | 一、八四〇 | 二、一八三 | 三、〇六六 | 六、五二九 |
| | 計 | 同 | 八、一六一 | 一〇、九二三 | 一三、四〇〇 | 一五、八二二 | 一八、六八一 | 九、六一〇 | 一一、六五六 | 一四、二〇五 | 二〇、七四一 | 二八、八四〇 |
| | 同臨時部計 | 同 | 六〇五 | 一、五一八 | 三、一三一 | 一、九七五 | 一、二九二 | 二、三七八 | 二、二七一 | 三、二〇六 | 六、三八五 | 二三、四六四 |
| | 通計 | 同 | 八、七六六 | 一二、四四一 | 一六、五三一 | 一七、七九七 | 一九、九七三 | 一一、九八八 | 一三、九二七 | 一七、四一一 | 二七、一二六 | 五二、三〇四 |
| 基本財産 | 動産 | 同 | 一八、五六〇 | 二八、二八〇 | 二八、一〇〇 | 二七、九一〇 | 二七、七四〇 | 二、四〇〇 | 二、四〇〇 | 二、四〇〇 | 二、四〇〇 | 二、四〇〇 |
| | 不動産 | 同 | 三八、〇五二 | 三八、九四六 | 三九、三四六 | 四二、一〇四 | 五一、八四〇 | 三三、二四一 | 三三、七九〇 | 三四、一五二 | 三四、七二二 | 三六、九五六 |

| 財産 學校基本財産 動産 | 財産 學校基本財産 不動産 | 財産 特別基本財産 動産 | 財産 特別基本財産 不動産 | 財産 收益ナキ財産 動産 | 財産 收益ナキ財産 不動産 | 財産 一部有財産 財産 | 財産 一部有財産 不動産 | 財産 積立金穀 | 財産 罹災救助金 | 財産ヨリ生スル收入 | 市町村債額 | 第三種所得税額 | 同納税者實人員 |
|---|---|---|---|---|---|---|---|---|---|---|---|---|---|
| 同 | 同 | 同 | 同 | 同 | 同 | 同 | 同 | 同 | 同 | 同 | 同 | 同 | 人 |
| — | — | — | — | — | 一二、四七六 | — | — | 一〇、五四五 | — | 一、八六七 | — | 四一八 | 一五 |
| — | — | — | — | — | 一三一八一 | — | — | 三、〇二七 | — | 一、九五二 | — | 四一七 | 一五 |
| — | — | — | — | — | 一三、八三九 | — | — | 四、五三〇 | — | 二、四二一 | — | 五〇五 | 一八 |
| — | — | — | — | — | 一六、九四二 | — | — | 八、四七〇 | — | 二、二八七 | — | 一七五 | 五 |
| — | — | — | — | — | 一七、二七一 | — | — | 一一、一六〇 | — | 二、五二〇 | — | 五、八三四 | 一四 |
| — | — | — | — | 四、八二二 | 一三、〇七七 | — | — | 二二、一九四 | — | 一、六一七 | — | 一、一〇七 | 六〇 |
| — | — | — | — | 四、九八七 | 一三、二四一 | — | — | 三九、七一〇 | — | 一六、三六一 | — | 一、八二五 | 七四 |
| — | — | — | — | 五、一一七 | 一三、四二八 | — | — | 四三、八八九 | — | 三、四四〇 | — | 二、五二五 | 九四 |
| — | — | — | — | 九、一六七 | 一三、六八七 | — | — | 四九、〇七一 | — | 四、五八二 | — | 一、一三四 | 七八 |
| — | — | — | — | 九、七五二 | 一三、九一九 | — | — | 五一、九三九 | — | 五、三〇六 | — | 一、四八六 | 八四 |

| 課率 附加税 地價割 | 課率 附加税 國税營業税割 | 課率 附加税 所得税割 | 課率 附加税 戸別割 | 課率 附加税 地方税營業税割 | 課率 附加税 雜種税割 | 課率 特別税 反別割 田 | 課率 特別税 反別割 畑 | 課率 特別税 反別割 宅地 | 課率 特別税 反別割 山林 | 課率 特別税 反別割 原野 | 課率 特別税 反別割 牧場 | 課率 特別税 反別割 海産干場 | 課率 特別税 反別割 雜種地 | 課率 特別税 建物割 | 課率 特別税 牛馬割 | 課率 特別税 戸別割 |
|---|---|---|---|---|---|---|---|---|---|---|---|---|---|---|---|---|
| 同 | 同 | 同 | 同 | 同 | 同 | 同 | 同 | 同 | 同 | 同 | 同 | 同 | 同 | 同 | 同 | 同 |
| — | 一五〇 | 一五〇 | 四、三五三 | 八〇〇 | 八〇〇 | 一四〇 | 〇八五 | 三〇〇 | 〇二〇 | 〇二八 | 〇二八 | 二八〇 | — | — | — | — |
| — | 一五〇 | 一五〇 | 四、六八〇 | 一、〇〇〇 | 一、〇〇〇 | 一五〇 | 〇九〇 | 三二〇 | 〇二五 | 〇三〇 | 〇三〇 | 三〇〇 | — | — | — | — |
| — | 二四〇 | 二四〇 | 六、五九〇 | 一、二〇〇 | 一、二〇〇 | 二四八 | 一五〇 | 五二五 | 〇四四 | 〇五二 | 〇五二 | 〇一二 | — | — | — | — |
| — | 二四〇 | 一四〇 | 六、五六〇 | 一、五〇〇 | 一、五〇〇 | 一五〇 | 〇九〇 | 三二〇 | 〇二五 | 〇三〇 | 〇三〇 | 三〇〇 | — | — | — | — |
| — | 四七〇 | 一四〇 | 五、七〇〇 | 一、五〇〇 | 一、五〇〇 | 一七五 | 一二五 | 三二五 | 〇四〇 | 〇二五 | 〇二五 | 三二五 | — | — | — | — |
| — | 一五〇 | 一五〇 | 二、六〇〇 | 八〇〇 | 八〇〇 | 二二二 | 一〇六 | 二三九 | 〇一五 | 〇一六 | 〇二〇 | 一五〇 | 四〇〇 | — | — | — |
| — | 一五〇 | 一五〇 | 一、七五〇 | 八〇〇 | 八〇〇 | 二二二 | 一〇六 | 二三九 | 〇一五 | 〇一六 | 〇二〇 | 一五〇 | 四〇〇 | — | — | — |
| — | 二三〇 | 二三〇 | 三、二四〇 | 九〇〇 | 九〇〇 | 二二二 | 一〇六 | 二三九 | 〇一五 | 〇一六 | 〇二〇 | 一五〇 | 四〇〇 | — | — | — |
| — | 二三〇 | 一四〇 | 三、二五〇 | 七三〇 | 七三〇 | 三一五 | 一五六 | 三二九 | 〇一九 | 〇三七 | 〇二五 | 二一〇 | 五二〇 | — | — | — |
| — | 四七〇 | 一四〇 | 三、四一〇 | 七五〇 | 七五〇 | 三一五 | 一五六 | 三二九 | 〇一九 | 〇三七 | 〇二五 | 二一〇 | 五二〇 | — | — | — |

| 町村名 | 年度 | 面積（方里） | 民有地 田（反） | 畑（同） | 宅地（同） | 山林（同） | 原野（同） | 牧場（同） | 其他（同） | 現住戸数（戸） | 現住人口（人） | 負擔 直接國稅額（圓） | 地方稅額（同） | 市町村稅額（同） | 財政 歲入（同） | 歲出經常部 役所役場費（同） | 土木費（同） | 教育費（同） | 衛生費（同） | 勸業費（同） | 其他（同） | 計（同） | 同臨時部計（同） | 通計（同） | 基本財産 動産（同） | 不動産（同） |
|---|---|---|---|---|---|---|---|---|---|---|---|---|---|---|---|---|---|---|---|---|---|---|---|---|---|---|
| 尻岸内村 | 大正六年度 | 六、三七 | — | 六一七二 | 二四六 | 九〇七四 | 一、五八八一 | 一、七五〇七 | 一九三 | 八五三 | 五、五〇〇 | 一、七八七 | 四、二九七 | 七、九七七 | 一〇、九八〇 | 一、七五九 | — | 五、六三〇 | 八五 | 一五 | 九八三 | 八、四七三 | 二、五〇八 | 一〇、九八〇 | — | 六、八四五 |
| 同 | 同七年度 | 六、三七 | — | 六一九五 | 二二八 | 九五八六 | 一、五五二一 | 一、七五〇七 | 一九三 | 八四四 | 五、一一六 | 三、一四〇 | 四、四五〇 | 八、七〇一 | 一二、八四三 | 二、三四二 | — | 六、五九五 | 八四 | 一三 | 一、二〇六 | 一〇、二四〇 | 二、六〇三 | 一二、八四三 | — | 七、四六七 |
| 同 | 同八年度 | 六、三七 | — | 六二三〇 | 二三〇 | 一、〇二八七 | 一、五五六六 | 一、七五〇七 | 一九四 | 七六九 | 四、五三七 | 一、六九八 | 四、九一三 | 一一、七二九 | 一五、三六八 | 二、六〇五 | — | 六、九六三 | 七一 | 一三 | 一、二六五 | 一〇、九一七 | 四、四五一 | 一五、三六八 | — | 八、一七九 |
| 同 | 同九年度 | 六、三七 | — | 六二四一 | 二三〇 | 一、〇三〇〇 | 一、六四二八 | 一、七五〇七 | 一九四 | 七八七 | 四、七二八 | 一、三七五 | 六、五三七 | 一四、七四三 | 一八、八六〇 | 三、五五〇 | — | 一〇、八二一 | 一六七 | 一三 | 一、八四二 | 一六、三九三 | 二、四六七 | 一八、八六〇 | — | 七、九〇二 |
| 同 | 同十年度 | 六、三七 | — | 六二四一 | 二三〇 | 一、〇三〇〇 | 一、六四二八 | 一、七五〇七 | 一九四 | 七六九 | 五、三三四 | 一、五七四 | 七、一〇六 | 一四、九一一 | 一八、九六七 | 四、七二二 | — | 一二、〇〇二 | 一二〇 | 一三 | 二、一〇〇 | 一八、九五七 | 一〇 | 一八、九六七 | — | 七、九〇二 |
| 椴法華村 | 同六年度 | 一、五六 | — | 二九六三 | 八九 | 三五一九 | 三〇四 | 三九〇 | 四八 | 四五八 | 二、五三六 | 六〇八 | 二、四〇七 | 三、六八四 | 五、六三五 | — | 一〇四 | 二、六三一 | 四七 | — | 一、七四五 | 四、五二七 | 一、一〇八 | 五、六三五 | 五、四八九 | 一九、一四五 |
| 同 | 同七年度 | 一、五六 | — | 四六六 | 五八 | 一、三一八二 | — | 三九〇 | 四四 | 四六三 | 二、五七四 | 七三九 | 二、三八二 | 五、三七四 | 一五、七一二 | — | 二 | 三、二八四 | 四三 | — | 一、三四九 | 四、六七八 | 一一、〇三四 | 一五、七一二 | 六、一六二 | 六、三三三 |
| 同 | 同八年度 | 一、五六 | 一 | 二七二〇 | 六四 | 三九一七 | 七六一 | 五三四 | 五三 | 四五二 | 二、三八五 | 七二七 | 二、六八二 | 七、三三六 | 一二、二二五 | 一、九二四 | 四五 | 三、五〇七 | 六〇 | — | 一、六一一 | 七、一四七 | 五、〇七八 | 一二、二二五 | 二、五四二 | 四、四六六 |
| 同 | 同九年度 | 一、五六 | 一 | 二五一一 | 一〇八 | 四一五〇 | 七五七 | 五一九 | 五六 | 四〇七 | 一、八二四 | 五二六 | 三、二四六 | 八、四三五 | 一一、八九六 | 三、三六四 | 一六〇 | 四、八九四 | 六六 | 一六 | 一、二九四 | 九、七九四 | 二、一〇二 | 一一、八九六 | 四、二五五 | 七四、三八八 |
| 同 | 同十年度 | 一、五六 | 二 | 二五四七 | 八二 | 四九五六 | 六四八 | 八三二 | 四〇 | 四一七 | 二、三八五 | 六七七 | 三、四二六 | 九、一一六 | 一二、三三八 | 三、四〇七 | 八〇 | 五、六七四 | 七五 | 二三 | 二、一四八 | 一一、四〇七 | 九三一 | 一二、三三八 | 四、七六八 | 六八、八五九 |

| 財産 學校基本財産 動産 | 學校基本財産 不動産 | 特別基本財産 動産 | 特別基本財産 不動産 | 穀益ナキ財産 動産 | 穀益ナキ財産 不動産 | 一部有財産 動産 | 一部有財産 不動産 | 積立金穀 | 罹災救助金 | 財産ヨリ生スル收入 | 市町村債額 | 第三種所得税價 | 同納税者實人 | 課 附加税 地價割 | 附加税 國税營業税割 | 附加税 所得税割 | 附加税 戸別割 | 附加税 地方税營業税割 | 附加税 雜種税割 | 特別税 反別割 田 | 反別割 畑 | 反別割 宅地 | 反別割 山林 | 反別割 原野 | 反別割 牧場 | 反別割 海產干場 | 反別割 雜種地 | 特別税 建物割 | 特別税 牛馬割 | 特別税 戸 |
|---|---|---|---|---|---|---|---|---|---|---|---|---|---|---|---|---|---|---|---|---|---|---|---|---|---|---|---|---|---|---|
| 同 | 同 | 同 | 同 | 同 | 同 | 同 | 同 | 同 | 同 | 同 | 同 | 同 | 人 | 厘 | 同 | 同 | 同 | 同 | 同 | 同 | 同 | 同 | 同 | 同 | 同 | 同 | 同 | 同 | 同 | 同 |
| — | — | — | — | 五、〇九一 | 七、七四三 | — | — | 一五、二六五 | — | 九六一 | — | 五二六 | 五八 | 宅地 〇九〇 其他 二一〇 | 一五〇 | 一五〇 | 三、一〇〇 | 七〇〇 | 七五〇 | — | — | — | — | — | — | — | — | — | — | — |
| — | — | — | — | 五、二二八 | 八、一九六 | — | — | 一六、二四七 | — | 一、〇五六 | — | 五九三 | 三六 | 〇九〇 二一〇 | 一五〇 | 一五〇 | 三、五〇〇 | 八〇〇 | 七五〇 | — | — | — | — | — | — | — | — | — | — | — |
| — | — | — | — | 五、三七二 | 九、八二五 | — | — | 一七、六六六 | — | 八六八 | — | 五二六 | 三五 | 〇九〇 二一〇 | 一五〇 | 一五〇 | 四、六〇〇 | 九〇〇 | 九五〇 | — | — | — | — | — | — | — | — | — | — | — |
| — | — | — | — | 五、七一三 | 九、六〇二 | — | — | 一九、一二〇 | — | 一、二七六 | — | 一二〇 | 二〇 | — | 一五〇 | 一五〇 | 五、九〇〇 | 一、三〇〇 | 一、二五〇 | — | 一二〇 | 三〇〇 | 〇二〇 | 〇二〇 | 〇三〇 | 一八〇 | — | — | — | — |
| — | — | — | — | 五、七一三 | 九、五〇二 | — | — | 二〇、六六三 | — | 一、四九四 | — | 一六二 | 二二 | — | 四七〇 | 一四〇 | 四、八〇〇 | 一、三〇〇 | 一、二〇〇 | — | 一二〇 | 三〇〇 | 〇二〇 | 〇二〇 | 〇三〇 | 一八〇 | — | — | — | — |
| — | — | 一、六〇五 | — | 三、九九一 | 一、一一三 | — | — | 七〇九 | — | 五〇九 | — | 三二五 | 二三 | 宅地 〇九〇 其他 二一〇 | 一五〇 | 一五〇 | 四、〇五〇 | 五〇〇 | 五〇〇 | — | — | — | — | — | — | — | — | — | — | — |
| — | — | 一、六二〇 | — | 四、〇四四 | 一、一一三 | — | — | 一、四〇二 | — | 五三四 | — | 三九四 | 二〇 | 〇九〇 二一〇 | 一五〇 | 一五〇 | 四、〇五〇 | 五〇〇 | 五〇〇 | — | — | — | — | — | — | — | — | — | — | — |
| — | — | 一、七九七 | — | 三〇 | 一六、九四九 | — | — | 七二二 | 一四六 | 三九八 | — | 四四二 | 二五 | 〇九〇 二一〇 | 一五〇 | 一五〇 | 六、六〇〇 | 七〇〇 | 七〇〇 | — | — | — | — | — | — | — | — | — | — | — |
| — | — | 一、八四八 | — | 六一 | 二四、〇五三 | — | — | 二、四三五 | 一四六 | 四五九 | — | 一一五 | 一八 | 二八〇 六六〇 | 四七〇 | 一四〇 | 五、九四二 | 一、〇〇〇 | 一、〇〇〇 | — | — | — | — | — | — | — | — | — | — | — |
| — | — | 一、九四〇 | — | 一八八 | 二三、一三六 | — | — | 二、九五八 | 一六一 | 五三五 | — | 二一一 | 二一 | — | 四七〇 | 一四〇 | 五、六九五 | 一、二〇〇 | 一、二〇〇 | 二〇〇 | 二〇〇 | 四〇〇 | 〇三〇 | 〇三〇 | 〇三〇 | 四〇〇 | — | — | — | — |

| 種別 | | 單位 | 尾札部村 大正六年度 | 同 七年度 | 同 八年度 | 同 九年度 | 同 十年度 | 臼尻村 同 六年度 | 同 七年度 | 同 八年度 | 同 九年度 | 同 十年度 |
|---|---|---|---|---|---|---|---|---|---|---|---|---|
| 面積 | | 方里 | 四、八〇 | 四、八〇 | 四、八〇 | 四、八〇 | 四、八〇 | 五、六四 | 五、六四 | 五、六四 | 五、六四 | 五、六四 |
| 民有地 | 田 | 反別 | — | — | — | — | — | — | — | — | — | — |
| | 畑 | 同 | 二三八五 | 二三〇二 | 二三三六 | 二三四五 | 二三四五 | 二九一三 | 二九一三 | 二九一三 | 二九一三 | 二九一三 |
| | 宅地 | 同 | 一九〇 | 一九二 | 一九八 | 一九八 | 一九八 | 一八〇 | 一八〇 | 一八〇 | 一八〇 | 一八〇 |
| | 山林 | 同 | 九〇二三 | 九〇六九 | 九〇七二 | 九二〇九 | 九九六〇 | 八四〇四 | 八四〇四 | 五、六五六三 | 五、六五六三 | 五、六五六三 |
| | 原野 | 同 | — | — | — | — | — | 一三四〇 | 一三四〇 | 一三四〇 | 一三四〇 | 一三四〇 |
| | 牧場 | 同 | — | — | — | — | — | 六五四〇 | 六五四〇 | 六五四〇 | 六五四〇 | 六五四〇 |
| | 其他 | 同 | 一七 | 一七 | 一七 | 一七 | 一七 | 二二七 | 二二七 | 二二七 | 二二七 | 二二七 |
| 現住戸数 | | 戸 | 六八五 | 六八一 | 六八五 | 七一〇 | 七一一 | 四六五 | 五四四 | 四七三 | 四六九 | 四九九 |
| 現住人口 | | 人 | 四、二九二 | 四、一一七 | 四、四七九 | 四、二七三 | 四、四一五 | 二、七〇五 | 三、〇〇三 | 二、六五六 | 二、六二四 | 二、七四六 |
| 負擔 | 直接國稅額 | 円 | 九七五 | 九八七 | 一、〇一五 | 一、〇八〇 | 一、〇四六 | 一、〇〇九 | 一、一五四 | 一、五三九 | 一、一六九 | 一、八六七 |
| | 地方稅額 | 同 | 二、九一二 | 二、八七四 | 三、一一〇 | 三、八一五 | 四、六四二 | 二、六一四 | 二、六五三 | 三、一三二 | 三、九七二 | 四、一八〇 |
| | 市町村稅額 | 同 | 七、七四〇 | 九、六二五 | 一二、一四七 | 一六、六八九 | 一七、二七六 | 五、一九九 | 五、八六四 | 七、六四三 | 一一、六六七 | 一二、〇一六 |
| 財政 | 歳入 | 同 | 九、六七八 | 一六、〇三四 | 一五、七九八 | 一九、九八五 | 二一、〇四八 | 六、六四五 | 七、五九四 | 八、八七七 | 一四、六九九 | 一六、〇〇二 |
| | 歳出 經常部 役所役場費 | 同 | 一、五四二 | 一、六二六 | 一、九八三 | 二、八五二 | 三、〇三七 | 一、三三三 | 一、五〇四 | 一、五〇五 | 二、三三九 | 二、九三二 |
| | 土木費 | 同 | 一二七 | 一三七 | 一六二 | 二一六 | 一八五 | 一五 | 一五 | 一五 | 一五 | 一五 |
| | 教育費 | 同 | 五、二七一 | 六、六八〇 | 七、四八八 | 一一、二三一 | 一三、一七四 | 三、三三一 | 四、八一五 | 四、六一八 | 七、三九八 | 八、六九八 |
| | 衛生費 | 同 | 六五 | 六五 | 六九 | 二九 | 七五 | 三二 | 四〇 | 三六 | 三六 | 四三 |
| | 勸業費 | 同 | 一〇 | 二三 | 三三 | 三七 | 三九 | 二〇 | 二〇 | 一〇 | 三八 | 三〇 |
| | 其他 | 同 | 二、六一七 | 二、二六四 | 二、七二八 | 二、九五六 | 三、三八七 | 一、〇四六 | 九七八 | 一、六二九 | 一、八八二 | 二、三五三 |
| | 計 | 同 | 九、六三二 | 一〇、七九五 | 一二、四六三 | 一七、三二一 | 一九、八九七 | 五、七七七 | 六、七四二 | 七、八一三 | 一一、七〇八 | 一四、〇七一 |
| | 同臨時部計 | 同 | 四六 | 五、二三九 | 三、三三五 | 二、六六四 | 一、一五一 | 八六八 | 八五二 | 一、〇六四 | 二、九九一 | 一、九三一 |
| | 通計 | 同 | 九、六七八 | 一六、〇三四 | 一五、七九八 | 一九、九八五 | 二一、〇四八 | 六、六四五 | 七、五九四 | 八、八七七 | 一四、六九九 | 一六、〇〇二 |
| 基本財産 | 動産 | 同 | — | — | — | — | — | 六、九五七 | 七、六五六 | 八、四一九 | 九、五〇〇 | 一〇、八一〇 |
| | 不動産 | 同 | 一〇、一六九 | 一〇、二〇八 | 一〇、三六七 | 一〇、一四二 | 一〇、五六一 | 八、五五四 | 八、五二二 | 八、六一六 | 八、六一三 | 一一、五九九 |

| 財産 學校基本財産 動産 | 財産 學校基本財産 不動産 | 財産 特別基本財産 動産 | 財産 特別基本財産 不動産 | 財産 收益ナキ財産 動産 | 財産 收益ナキ財産 不動産 | 財産 一部有財産 動産 | 財産 一部有財産 不動産 | 積立金穀 | 罹災救助金 | 財産ヨリ生スル收入 | [illegible]額 | [illegible]稅額 | [illegible]人員 | 町村稅 附加稅 [illegible]割 | 附加稅 營業割 | 附加稅 [illegible]割 | 附加稅 [illegible]割 | 附加稅 營業割 | 附加稅 [illegible]割 | 特別稅 段別割 田 | 段別割 畑 | 段別割 宅地 | 段別割 山林 | 段別割 原野 | 段別割 牧場 | 段別割 海産干場 | 段別割 雜種地 | 特別稅 建物割 | 特別稅 牛馬割 | 特別稅 戸別割 |
|---|---|---|---|---|---|---|---|---|---|---|---|---|---|---|---|---|---|---|---|---|---|---|---|---|---|---|---|---|---|---|
| 同 | 同 | 同 | 同 | 同 | 同 | 同 | 同 | 同 | 同 | 同 | 同 | 同 | 人 | 厘 | 同 | 同 | 同 | 同 | 同 | 同 | 同 | 同 | 同 | 同 | 同 | 同 | 同 | 同 | 同 | 同 |
| — | — | — | — | 四,七六七 | 七,五一五 | — | — | 一八,四九五 | — | 一,二六一 | — | 二四八 | 二八 | 一五〇 | 一五〇 | 一五〇 | 五,四〇〇 | 六〇〇 | 六〇〇 | — | — | — | — | — | — | — | — | — | — | — |
| — | — | — | — | 五,二九二 | 八,五二八 | — | — | 一九,八四三 | — | 二,〇四五 | — | 二四一 | 一四 | 一五〇 | 一五〇 | 一五〇 | 六,五〇〇 | 六〇〇 | 六〇〇 | — | — | — | — | — | — | — | — | — | — | — |
| — | — | — | — | 五,八二七 | 九,三八三 | — | — | 二一,二九一 | — | 二,三九六 | — | 五六一 | 二三 | 一五〇 | 一五〇 | 一五〇 | 七,六二〇 | 八〇〇 | 八〇〇 | — | — | — | — | — | — | — | — | — | — | — |
| — | — | — | — | 六,三一八 | 一一,二七五 | — | — | 二一,三九二 | — | 二,三二二 | — | 二五 | 七 | — | 二四〇 | 一四〇 | 八,九七〇 | 一,一〇〇 | 一,一〇〇 | — | 二〇〇 | 四〇〇 | 〇三〇 | 〇三〇 | — | 六二〇 | — | — | — | — |
| — | — | — | — | 六,九六六 | 一二,九四五 | — | — | 二二,九七七 | — | 二,三九二 | — | 三八 | 八 | — | 四七〇 | 一四〇 | 八,九七〇 | 一,一〇〇 | 一,一〇〇 | — | 一〇〇 | 四〇〇 | 〇一〇 | 〇一〇 | — | 六〇〇 | — | — | — | — |
| 五八 | — | — | — | — | 二,九八一 | — | — | — | — | 六七五 | — | 六四二 | 一九 | 宅地 〇九〇 其他 二一〇 | 一五〇 | 一五〇 | 四,八〇〇 | 五〇〇 | 六五〇 | — | — | — | — | — | — | — | — | — | — | — |
| 九一 | — | — | — | — | 二,九八一 | — | — | — | — | 七一五 | — | 四〇五 | 一二 | 〇九〇 二一〇 | 一五〇 | 一五〇 | 四,八〇〇 | 五〇〇 | 五〇〇 | — | — | — | — | — | — | — | — | — | — | — |
| 二七 | — | — | — | — | 二,九八一 | — | — | — | — | 八六七 | — | 七二七 | 二〇 | 一四〇 三五〇 | 二四〇 | 二四〇 | 五,八三五 | 一,〇〇〇 | 一,〇〇〇 | — | — | — | — | — | — | — | — | — | — | — |
| 三〇 | — | — | — | — | 二,九八一 | — | — | — | — | 一,一二三 | — | 三〇九 | 一〇 | 二三二 四二二 | 二四〇 | 二四〇 | 七,六四三 | 一,〇〇〇 | 一,〇〇〇 | — | — | — | — | — | — | — | — | — | — | — |
| 二八 | — | — | — | — | 二,九八一 | — | — | — | — | 一,四二四 | — | 八九九 | 一〇 | — | 四七〇 | 一四〇 | 六,二一〇 | 一,〇〇〇 | 一,〇〇〇 | — | 二〇〇 | 九六〇 | 〇六〇 | 〇六〇 | 〇八〇 | 九六〇 | — | — | — | — |

| 町村名 | 種別 | 面積 | 民有地 田 | 民有地 畑 | 民有地 宅地 | 民有地 山林 | 民有地 原野 | 民有地 牧場 | 民有地 其他 | 現住戸數 | 現住人口 | 負擔 直接國稅額 | 負擔 地方稅額 | 負擔 市町村稅額 | 財政 歳入 | 財政 歳出 經常部 役所役場費 | 財政 歳出 經常部 土木費 | 財政 歳出 經常部 教育費 | 財政 歳出 經常部 衛生費 | 財政 歳出 經常部 勸業費 | 財政 歳出 經常部 其他 | 財政 歳出 經常部 計 | 財政 歳出 臨時部 計 | 財政 歳出 通計 | 基本財産 動産 | 基本財産 不動産 |
|---|---|---|---|---|---|---|---|---|---|---|---|---|---|---|---|---|---|---|---|---|---|---|---|---|---|---|
| | 單位 | 方里 | 反 | 同 | 同 | 同 | 同 | 同 | 同 | 戸 | 人 | 圓 | 同 | 同 | 同 | 同 | 同 | 同 | 同 | 同 | 同 | 同 | 同 | 同 | 同 | 同 |
| 鹿部村 | 大正六年度 | 七、四八 | — | 五八一六 | 一九六 | 三、四九二三 | 二二八八 | 二、七二四二 | 一八九八 | 四九二 | 二、四三九 | 二、四七八 | 二、一〇八 | 五、八九〇 | 七、一二六 | 一、四七三 | 九五 | 三、〇七二 | 七九 | 二〇 | 二、〇八六 | 六、八二五 | 三〇一 | 七、一二六 | 三八七 | 七、一二八 |
| | 同 七年度 | 七、四八 | — | 五七六四 | 二〇九 | 三、八七五七 | 二二一一 | 二、七三八三 | 一一五 | 四六五 | 二、五一六 | 八四〇 | 二、二七四 | 六、七八一 | 一一、四七五 | 二、〇〇一 | 七五 | 三、九二九 | 一一二 | 八三 | 一、二二〇 | 七、四二〇 | 四、〇五五 | 一一、四七五 | 八、三七八 | 七、一四四 |
| | 同 八年度 | 七、四八 | — | 四九八〇 | 一七二 | 三、八六七三 | 三三六七 | 一、九〇二七 | 一一五 | 四七二 | 二、五六七 | 一、六一七 | 二、七〇九 | 七、四四一 | 一二、〇一六 | 二、二九四 | 二〇〇 | 四、七八八 | 一三二 | 六〇 | 二、二二九 | 九、七〇三 | 二、三一三 | 一二、〇一六 | 九、四〇〇 | 八、一一一 |
| | 同 九年度 | 七、四八 | — | 五七七三 | 一八九 | 三、六六四八 | 六〇六八 | 二、九〇二七 | 七九二 | 四五八 | 二、四二四 | 八二八 | 三、九三七 | 一一、二二二 | 一四、八九〇 | 二、八五二 | 一五〇 | 七、三四三 | 一一九 | 二七 | 二、一七二 | 一二、六六三 | 二、二二七 | 一四、八九〇 | 九、四〇〇 | 七、九三七 |
| | 同 十年度 | 七、四八 | — | 五七六五 | 一九五 | 三、〇九六四 | 六〇六八 | 一、五八〇〇 | 六五〇一 | 四六九 | 二、五八一 | 一、三〇八 | 四、〇五三 | 一三、七六九 | 一六、一九五 | 三、〇一八 | 二〇〇 | 七、八四〇 | 一六一 | 二七 | 二、四〇四 | 一三、六五〇 | 二、五四五 | 一六、一九五 | 九、四〇〇 | 九、二二六 |
| 砂原村 | 同 六年度 | 三、七五 | — | 九三一七 | 三四三 | 二七〇八 | 一〇七〇 | 七二一八 | 二〇五 | 四四一 | 二、八九三 | 一、一二六 | 一、七六七 | 四、一七九 | 五、四八九 | 一、一七五 | 一〇 | 二、四七六 | 二九七 | 四〇 | 一、四五九 | 五、四五七 | 三二 | 五、四八九 | 一八、三九九 | 一〇、四一一 |
| | 同 七年度 | 三、七五 | — | 八二五三 | 三三九 | 三六〇一 | 一四七四 | 七二一八 | 二〇八 | 四四五 | 二、八七四 | 七四四 | 一、七三二 | 四、八八〇 | 七、二四四 | 一、四〇五 | 一〇〇 | 三、一七五 | 三四七 | 七三 | 一、八九九 | 六、九三一 | 三一三 | 七、二四四 | 二三、六八七 | 二五、三六八 |
| | 同 八年度 | 三、七五 | — | 八三三九 | 三三九 | 三六〇〇 | 一四七三 | 七二一八 | 二〇四 | 四三七 | 二、八一三 | 九〇四 | 二、六七四 | 六、三〇二 | 八、七三〇 | 一、六五七 | 二五 | 三、一四四 | 一〇三 | 五三 | 二、一八五 | 七、一六七 | 一、五六三 | 八、七三〇 | 二二、六三六 | 二六、八六八 |
| | 同 九年度 | 三、七五 | — | 七三四二 | 三三四 | 四一一一 | 一二五 | 八二一一 | 一七〇 | 四四二 | 二、八七二 | 九二五 | 三、六三四 | 九、七〇一 | 一二、五一一 | 二、六六九 | 一〇 | 五、五〇六 | 一、三〇七 | 一〇〇 | 一、八九一 | 一一、四八三 | 一、〇二八 | 一二、五一一 | 一八、八〇五 | 二九、四四八 |
| | 同 十年度 | 三、七五 | — | 七二〇二 | 三三四 | 三七九三 | 五三八 | 八二一一 | 一七〇 | 四五一 | 三、〇七九 | 一、四〇一 | 三、八二八 | 一〇、七八八 | 一七、五三一 | 二、七六四 | — | 七、七六〇 | 一、〇四〇 | 一〇〇 | 一、五二八 | 一三、一九二 | 四、三三九 | 一七、五三一 | 二五、五〇二 | 三〇、九九〇 |

| 項目 | 單位 | | | | | | | | | | |
|---|---|---|---|---|---|---|---|---|---|---|---|
| 財産 學校基本財産 動産 | 同 | — | — | — | — | — | 六〇 | 六四八 | 六六〇 | 一、一九一 | 五〇 |
| 財産 學校基本財産 不動産 | 同 | — | — | — | — | — | — | — | — | — | — |
| 財産 特別基本財産 動産 | 同 | 一、一四三 | 一、七四三 | 一、七五〇 | 一、七五〇 | 一、七五〇 | — | — | — | — | — |
| 財産 特別基本財産 不動産 | 同 | — | — | — | — | — | — | — | — | — | — |
| 財産 收益ナキ財産 動産 | 同 | 二、七三一 | 二、七七六 | 三、六七七 | 三、六八八 | 三、八一一 | 二、〇〇〇 | 五、二八二 | 三、一一八 | 四、〇三五 | 五、一八五 |
| 財産 收益ナキ財産 不動産 | 同 | 四、四〇四 | 五、六五五 | 六、六六七 | 六、六六七 | 七、〇〇九 | 四、七二四 | 二、八九〇 | 五、五四四 | 五、四三八 | 八、九二三 |
| 財産 一部有財産 動産 | 同 | — | — | — | — | — | — | — | — | — | — |
| 財産 一部有財産 不動産 | 同 | — | — | — | — | — | — | — | — | — | — |
| 財産 積立金穀 | 同 | 一二、八〇二 | 三、五七五 | 二、六七三 | 二、八二五 | 三、三二七 | 四、八〇二 | 三、七一〇 | 五、三八七 | 六、六三四 | 三、七二〇 |
| 財産 罹災救助金 | 同 | — | — | — | — | — | — | — | — | — | — |
| 財産ヨリ生スル收入 | 同 | 八九八 | 一、二一〇 | 一、〇六〇 | 一、六九八 | 一、三一一 | 一、四二〇 | 一、二五五 | 一、四八一 | 一、五四一 | 一、六五九 |
| 市町村債額 | 同 | — | — | — | — | — | — | — | — | — | — |
| 第三種所得稅額 | 同 | 二、〇八六 | 三六七 | 一、〇一八 | 二八 | 一八四 | 三八七 | 三六三 | 四〇四 | 六三 | 一七〇 |
| 同納稅者實人員 | 人 | 二〇 | 一二 | 七 | 五 | 一〇 | 三〇 | 二〇 | 二五 | 一〇 | 一〇 |
| 課率 附加稅 地價割 | 厘 | 宅地 〇九〇 其他 二一〇 | 宅地 〇九〇 其他 二一〇 | 宅地 一四〇 其他 三三〇 | 宅地 二八〇 其他 六六〇 | 宅地 二八〇 其他 六六〇 | 二一〇 | — | — | — | — |
| 課率 附加稅 國稅營業稅割 | 同 | 、一五〇 | 、一五〇 | 、二四〇 | 、四七〇 | 、四七〇 | 、一五〇 | 、一五〇 | 、一五〇 | 、六〇〇 | 、二四〇 |
| 課率 附加稅 所得稅割 | 同 | 、一五〇 | 、一五〇 | 、二四〇 | 、一四〇 | 、一四〇 | 、一五〇 | 、一五〇 | 、一五〇 | 、六〇〇 | 、一四〇 |
| 課率 附加稅 戸別割 | 同 | 四、七〇〇 | 四、七〇〇 | 五、二〇〇 | 五、〇〇〇 | 四、三〇〇 | 四、五七〇 | 四、三六〇 | 四、六四〇 | 五、五〇〇 | 五、五〇〇 |
| 課率 附加稅 地方稅營業稅割 | 同 | 、五〇〇 | 、六〇〇 | 、六〇〇 | 一、〇〇〇 | 一、八〇〇 | 、五〇〇 | 、五〇〇 | 一、〇〇〇 | 一、二〇〇 | 一、五〇〇 |
| 課率 附加稅 雜種稅割 | 同 | 一、〇〇〇 | 一、〇〇〇 | 一、二〇〇 | 一、七〇〇 | 一、八〇〇 | 、五〇〇 | 、五〇〇 | 一、〇〇〇 | 一、五〇〇 | 一、五〇〇 |
| 課率 特別稅 反別割 田 | 同 | — | — | — | — | — | — | — | — | — | — |
| 課率 特別稅 反別割 畑 | 同 | 、〇四五 | 、〇四五 | 、一三五 | 、一〇〇 | 、一〇〇 | — | 、〇四〇 | 、〇四〇 | 、〇四〇 | 、〇五〇 |
| 課率 特別稅 反別割 宅地 | 同 | 、一一〇 | 、一一〇 | 、一四〇 | 、四〇〇 | 、四〇〇 | — | 、一五〇 | 、一五〇 | 、一五〇 | 、一五〇 |
| 課率 特別稅 反別割 山林 | 同 | 、〇一〇 | 、〇一〇 | 、〇一五 | 、〇四〇 | 、〇四〇 | — | 、〇一〇 | 、〇一〇 | 、〇一〇 | 、〇一五 |
| 課率 特別稅 反別割 原野 | 同 | 、〇一〇 | 、〇一〇 | 、〇一五 | 、〇四〇 | 、〇四〇 | — | 、〇一〇 | 、〇一〇 | 、〇一〇 | 、〇一〇 |
| 課率 特別稅 反別割 牧場 | 同 | 、〇一五 | 、〇一五 | 、〇二五 | 、〇六〇 | 、〇六〇 | — | 、〇一〇 | 、〇一〇 | 、〇一〇 | 、〇二〇 |
| 課率 特別稅 反別割 海産干場 | 同 | 、一五〇 | 、一五〇 | 、三〇〇 | 、六四〇 | 、六四〇 | — | 、〇八〇 | 、〇八〇 | 、〇八〇 | 、一〇〇 |
| 課率 特別稅 反別割 雜種地 | 同 | — | — | — | — | — | — | — | — | — | — |
| 課率 特別稅 建物割 | 同 | — | — | — | — | — | — | — | — | — | — |
| 課率 特別稅 牛馬割 | 同 | — | — | — | — | — | — | — | — | — | — |
| 課率 特別稅 戸別割 | 同 | — | — | — | — | — | — | — | — | — | — |

| 町村名 | 種別 | 面積 | 民有地 田 | 民有地 畑 | 民有地 宅地 | 民有地 山林 | 民有地 原野 | 民有地 牧場 | 民有地 其他 | 現住戸數 | 現住人口 | 直接國稅額 | 地方稅額 | 市町村稅額 | 財政 歳入 | 歳出 經常部 役場費 | 歳出 經常部 土木費 | 歳出 經常部 教育費 | 歳出 經常部 衛生費 | 歳出 經常部 勸業費 | 歳出 經常部 其他 | 歳出 經常部 計 | 歳出 臨時部計 | 歳出 通計 | 基本財産 動産 | 基本財産 不動産 |
|---|---|---|---|---|---|---|---|---|---|---|---|---|---|---|---|---|---|---|---|---|---|---|---|---|---|---|
| 單位 | | 方里 | 反 | 同 | 同 | 同 | 同 | 同 | 同 | 戸 | 人 | 圓 | 同 | 同 | 同 | 同 | 同 | 同 | 同 | 同 | 同 | 同 | 同 | 同 | 同 | 同 |
| 落部村 | 大正六年度 | 一二、〇〇 | — | 一、三一五九 | 一九二 | 三、三四八四 | 三九二六 | 一、〇三九八 | 二三 | 五五二 | 三、四八一 | 一、四八一 | 二、五三九 | 五、四四五 | 七、五五二 | 一、三二四 | 三〇 | 三、六五九 | 五八 | 五〇 | 一、〇九四 | 六、二一五 | 一、三三七 | 七、五五二 | 五、二二五 | 三一、九二三 |
| | 同 七年度 | 一二、〇〇 | — | 一、三〇九五 | 一八三 | 三、三四七七 | 三九五〇 | 一、一五一八 | 二三 | 五五九 | 三、六六四 | 一、五七四 | 三、〇一六 | 七、六三八 | 八、〇九〇 | 一、五二九 | 一三〇 | 四、五九九 | 六八 | 八九 | 一、三五九 | 七、七七四 | 三一六 | 八、〇九〇 | 一二、一二〇 | 三一、〇六九 |
| | 同 八年度 | 一二、〇〇 | — | 一、三〇八六 | 一八三 | 三、三四七七 | 三九五〇 | 一、一五一八 | 二三 | 五五七 | 三、七五五 | 一、九七七 | 三、八六二 | 九、六一五 | 一〇、四七四 | 二、一四二 | 八〇 | 五、二一〇 | 一〇七 | 一二八 | 一、四五七 | 九、一二四 | 一、三五〇 | 一〇、四七四 | 一四、〇二四 | 三一、〇六九 |
| | 同 九年度 | 一二、〇〇 | — | 一、四一四七 | 一八八 | 三、二八六一 | 五二一四 | 一、一六四三 | 二三 | 五四七 | 三、〇九二 | 二、一八二 | 五、一六九 | 一二、六七九 | 一六、七五七 | 三、三四〇 | 五〇 | 八、三七八 | 八六 | 一二五 | 二、一九二 | 一四、一七一 | 二、五八六 | 一六、七五七 | 一五、一七三 | 三一、〇五五 |
| | 同 十年度 | 一二、〇〇 | — | 一、四一八〇 | 一八八 | 三、一七四三 | 一、〇四三五 | 一、一六四三 | 一七 | 五四五 | 三、〇五一 | 二、七七〇 | 五、〇七五 | 一二、四九四 | 一五、五六五 | 三、一八六 | 二一 | 九、〇七四 | 一〇五 | 九五 | 二、八〇九 | 一五、二九〇 | 二七五 | 一五、五六五 | 一五、〇一〇 | 三一、一七五 |
| 長萬部村 | 同 六年度 | 一九、〇〇 | 六 | 三、九〇三一 | 三二 | 一三二 | 一、九四二五 | 一、〇一〇五 | 一二六 | 一、〇三八 | 五、三四七 | 一、三二〇 | 四、一二一 | 一〇、二三八 | 一二、二〇三 | 二、一七五 | 一〇 | 六、八一六 | 一二四 | 五 | 二、三九八 | 一一、五二八 | 六七五 | 一二、二〇三 | 六、二〇四 | 四、四三四 |
| | 同 七年度 | 二一、一六 | 六 | 四、二五八八 | 三二 | 七一九六 | 三、九七一〇 | 一、四六〇九 | 一二六 | 一、一二〇 | 五、七九二 | 一、七五五 | 五、一〇一 | 一三、七五四 | 一六、九二八 | 二、九〇六 | 一〇 | 一〇、二四二 | 一五四 | 五 | 三、〇六六 | 一六、三八三 | 五四五 | 一六、九二八 | 九、一五五 | 二二、八七九 |
| | 同 八年度 | 二一、一六 | 六 | 四、八七一五 | 三二 | 七九一七 | 四、二一八〇 | 一、四八九〇 | 一二六 | 一、三七〇 | 六、二五八 | 一、〇七九 | 七、三八八 | 一九、二九六 | 二三、四五二 | 三、六九一 | 一〇 | 一一、五九五 | 一五四 | 五 | 三、三六〇 | 一八、八一五 | 四、六三七 | 二三、四五二 | 二〇、一二八 | 二二、八七九 |
| | 同 九年度 | 二一、一六 | 四一 | 三、九〇〇八 | 二一〇 | 九四一七 | 四、七八六九 | 一、四八九〇 | 一九一 | 一、三五二 | 六、二八一 | 二、八九七 | 一〇、八三〇 | 二三、六七九 | 三〇、二九八 | 四、八四二 | 一〇 | 一六、五四八 | 二一一 | 五 | 五、一四四 | 二六、七六〇 | 三、五三八 | 三〇、二九八 | 一九、〇八三 | 三〇、五三二 |
| | 同 十年度 | 二一、一六 | 三一五 | 三、八五一八 | 二六六 | 九五七五 | 四、八七六二 | 一、五三一五 | 一九一 | 一、三八八 | 七、〇五九 | 三、五六三 | 一〇、一六〇 | 二六、一九七 | 三二、六四七 | 五、六〇八 | 五〇 | 二〇、二八六 | 一六〇 | 五 | 五、三七五 | 三一、四九二 | 一、一五五 | 三二、六四七 | 一九、九八一 | 三〇、五三三 |

| 財産 學校基本財産 動産 | 學校基本財産 不動産 | 特別基本財産 動産 | 特別基本財産 不動産 | 收入ナキ総財産 動産 | 收入ナキ総財産 不動産 | 一部有財産 動産 | 一部有財産 不動産 | 積立金穀 | 罹災救助金 | 財産ヨリ生スル收入 | 市町村債額 | 第三種所得税額 | 同納税者人員 |
|---|---|---|---|---|---|---|---|---|---|---|---|---|---|
| 同 | 同 | 同 | 同 | 同 | 同 | 同 | 同 | 同 | 同 | 同 | 同 | 同 | 人 |
| — | — | 二三 | — | 六、〇九二 | 六四〇 | — | — | 四、五五九 | — | 一、二三八 | 一、五六六 | 二三五 | 二六 |
| — | — | 五四 | — | 六、〇九二 | 五五四 | — | — | 一、九三二 | — | 一、四二六 | 一、四一五 | 二五一 | 二〇 |
| — | — | 五四 | — | 六、六四八 | 五五四 | — | — | 三、六七〇 | — | 二、〇一六 | 一、二六六 | 四八三 | 二九 |
| — | — | 一二〇 | — | 六、五五四 | 六三一 | — | — | 四、三八一 | — | 二、四〇四 | 一、一一六 | 一一〇 | 一四 |
| — | — | 四一〇 | — | 六、五五四 | 六三一 | — | — | 二、四五三 | — | 二、〇三三 | 九六六 | 一五五 | 一〇 |
| — | — | — | — | 九、一九九 | 四、五三八 | — | — | 三、五八二 | — | 七四三 | 四二五 | 三九三 | 三九 |
| — | — | — | — | 一二、四五〇 | 七、五二〇 | — | — | 一〇、八七七 | — | 一、一一四 | — | 五一〇 | 三七 |
| — | — | — | — | 一二、四五〇 | 七、五二〇 | — | — | 五八一 | — | 一、三四七 | — | 一、一三四 | 五二 |
| — | — | — | — | 一三、二二六 | 七、五七五 | — | — | 二、七一三 | — | 一、七四七 | — | 六〇八 | 六三 |
| — | — | — | — | 一三、二二六 | 八、二五七 | — | — | 四、五一三 | — | 二、〇七九 | — | 四六一 | 五八 |

| 課率 附加税 地租割 | 附加税 国税営業税割 | 附加税 所得税割 | 附加税 戸別割 | 附加税 地方税営業税割 | 附加税 雑種税割 | 特別税 反別割 田 | 反別割 畑 | 反別割 宅地 | 反別割 山林 | 反別割 原野 | 反別割 牧場 | 反別割 海産干場 | 反別割 雑種地 | 特別税 建物割 | 特別税 牛馬割 | 特別税 戸別割 |
|---|---|---|---|---|---|---|---|---|---|---|---|---|---|---|---|---|
| 厘 | 同 | 同 | 同 | 同 | 同 | 同 | 同 | 同 | 同 | 同 | 同 | 同 | 同 | 同 | 同 | 同 |
| — | 一五〇 | 一五〇 | 四、〇五〇 | 五〇〇 | 五〇〇 | — | 〇五〇 | 一五〇 | 〇一〇 | 〇一〇 | — | — | — | — | — | — |
| — | 一五〇 | 一五〇 | 四、三七〇 | 五〇〇 | 五〇〇 | — | 〇九〇 | 一三五 | 〇二五 | 〇一五 | — | — | — | — | — | — |
| — | 一五〇 | 一五〇 | 五、一五〇 | 一、〇〇〇 | 一、〇〇〇 | — | 〇九〇 | 一三五 | 〇二三 | 〇一五 | — | — | — | — | — | — |
| — | 四七〇 | 一四〇 | 五、九〇〇 | 一、〇〇〇 | 一、〇〇〇 | — | 〇九〇 | 一三五 | 〇二五 | 〇一七 | — | — | — | — | — | — |
| — | 四七〇 | 一四〇 | 五、九〇〇 | 一、〇〇〇 | 一、〇〇〇 | — | 一二〇 | 三二〇 | 〇二五 | 〇二〇 | 〇二〇 | — | — | — | — | — |
| 宅地〇九〇 其他二一〇 | 一五〇 | 六五 | 五、〇〇〇 | 一、〇〇〇 | 一、〇〇〇 | — | 〇二五 | 〇二五 | 〇〇三 | 〇〇三 | 〇〇三 | 〇二五 | — | — | — | — |
| 宅地〇九〇 其他二一〇 | 一五〇 | 一五〇 | 五、一五〇 | 一、〇〇〇 | 一、〇〇〇 | — | 〇四五 | 〇四五 | 〇〇五 | 〇〇五 | 〇〇五 | 〇四五 | — | — | — | — |
| 宅地〇九〇 其他二一〇 | 二四〇 | 一五〇 | 五、三〇〇 | 一、〇〇〇 | 一、〇〇〇 | — | 一一二 | 〇九六 | 〇〇九 | 〇〇九 | 〇〇九 | 〇九六 | — | — | — | — |
| — | 二四〇 | 一四〇 | 六、五〇〇 | 一、〇〇〇 | 一、〇〇〇 | — | 一四五 | 四五〇 | 〇一八 | 〇一四 | 〇一四 | 一五五 | — | — | — | — |
| — | 四七〇 | 一四〇 | 六、二五〇 | 一、〇〇〇 | 一、〇〇〇 | — | 一四五 | 四五〇 | 〇一八 | 〇一四 | 〇一四 | 一五五 | — | — | — | — |

| 種別 | | 面積 | 民有地 | | | | | | | 現住戸數 | 現住人口 | 擔負 | | | 財政 | | | | | | | | | | 基本財産 | |
|---|---|---|---|---|---|---|---|---|---|---|---|---|---|---|---|---|---|---|---|---|---|---|---|---|---|---|
| | | | 田 | 畑 | 宅地 | 山林 | 原野 | 牧場 | 其他 | | | 直接國税額 | 地方税額 | 市町村税額 | 歳入 | 歳出 經常部 役所役場費 | 土木費 | 教育費 | 衛生費 | 勸業費 | 其他 | 計 | 臨時部 計 | 通計 | 動産 | 不動産 |
| 町村名 | 單位 | 方里 | 反別 反 | 同 | 同 | 同 | 同 | 同 | 同 | 戸 | 人 | 圓 | 同 | 同 | 同 | 同 | 同 | 同 | 同 | 同 | 同 | 同 | 同 | 同 | 同 | 同 |
| 根部田外四村 | 大正六年度 | 五、一二 | — | 一二〇一 | 七八 | 二、一二三〇 | 一九一三 | 四一六二 | 五七 | 二七五 | 一、八一八 | 三三三 | 二、八二二 | 三、〇〇一 | 三、八四五 | — | — | 二、四〇〇 | 七五 | — | 一、三四〇 | 三、八一五 | 三〇 | 三、八四五 | 二、六九〇 | 六八七 |
| | 同 七年度 | 五、一二 | — | 一二三八 | 七八 | 二、一二三〇 | 一八七六 | 四一六二 | 五七 | 二七二 | 一、八四八 | 三一九 | 二、九四三 | 三、一八四 | 四、八二三 | — | — | 二、九七〇 | 五四 | 五〇 | 一、七一九 | 四、七九三 | 三〇 | 四、八二三 | 二、六九〇 | 七二三 |
| | 同 八年度 | 五、一二 | — | 一二四七 | 七八 | 二、一二三〇 | 一八六七 | 四一六二 | 五七 | 二八〇 | 一、八四八 | 四一四 | 三、四二五 | 四、二七四 | 七、八八三 | — | — | 三、六〇四 | 四一九 | — | 一、三六〇 | 五、三八三 | 二、五〇〇 | 七、八八三 | 二、六九〇 | 七八五 |
| | 同 九年度 | 五、一二 | — | 一二六五 | 七九 | 二、一二三〇 | 一八四八 | 四一六二 | 五七 | 二九四 | 一、八一六 | 三一八 | 三、六六三 | 六、八三六 | 一五、三五四 | — | — | 三、九四六 | 五一 | 二〇 | 一、八四三 | 五、八六〇 | 九、四九四 | 一五・三五四 | 二、六九〇 | 八八八 |
| | 同 十年度 | 五、一二 | — | 一二八九 | 七九 | 二、一二三〇 | 一八二四 | 四一六二 | 五七 | 二九五 | 一、八一六 | 三六七 | 三、九七五 | 七、九三六 | 一〇、〇四〇 | — | — | 六、〇〇四 | 三八七 | 二〇 | 一、九三一 | 八、三四二 | 一、六九八 | 一〇、〇四〇 | 二、六九〇 | 九八八 |
| 大澤外三村 | 同 六年度 | 四、二〇 | — | 一四八七 | 一二五 | 一、三八九二 | — | 七四 | 七八 | 三一六 | 二、〇二七 | 四一八 | 一、二一六 | 二、七四八 | 三、八四一 | 二〇三 | — | 二、〇三三 | 四四 | 一七 | 一、二七七 | 三、五七四 | 二六七 | 三、八四一 | 一、一二七 | 二一、二八〇 |
| | 同 七年度 | 四、二〇 | 三 | 一七二七 | 一二五 | 一、三九二五 | — | 七四 | 七八 | 三二二 | 二、〇四五 | 四三四 | 一、三九四 | 三、四一三 | 五、一〇五 | 三九三 | — | 二、七三六 | 三九 | 二二 | 一、五四七 | 四、七三七 | 三六八 | 五、一〇五 | 六、五二二 | 一二、二二〇 |
| | 同 八年度 | 四、二〇 | 三 | 一七五二 | 一二五 | 一、四〇二八 | — | 七四 | 七九 | 三一七 | 二、〇二三 | 八四三 | 一、五九七 | 三、九六四 | 六、六四八 | 二六七 | — | 三、〇三一 | 一三七 | 六〇 | 二、〇一四 | 五、五〇九 | 一、一三九 | 六、六四八 | 八、一二三 | 一二、三六二 |
| | 同 九年度 | 四、二〇 | — | 一四三五 | 一二一 | 一、三五六六 | — | 七四 | 一〇三 | 三一七 | 一、九〇一 | 五三八 | 二、二四五 | 五、二〇〇 | 七、三三二 | 三三一 | — | 四、三〇〇 | 一六六 | 一〇七 | 一、三四二 | 六、二四六 | 一、〇八六 | 七、三三二 | 一〇、三五八 | 一三、七九三 |
| | 同 十年度 | 四、二〇 | — | 一四三五 | 一二一 | 一、四七六二 | — | 七四 | 一〇三 | 三一〇 | 一、八五〇 | 四三八 | 二、三四四 | 六、二一〇 | 八、九九二 | 三五八 | — | 五、五八七 | 五二 | 三二 | 二、〇〇一 | 八、〇三〇 | 九六二 | 八、九九二 | 一五、二八五 | 一七、七五四 |

| | 財産 學校基本財産 動産 | 學校基本財産 不動産 | 特別基本財産 動産 | 特別基本財産 不動産 | 收益ナキ財産 動産 | 收益ナキ財産 不動産 | 一部有財産 動産 | 一部有財産 不動産 | 積立金穀 | 罹災救助金 | 財産ヨリ生スル收入 | 市町村債額 | 第三種所得税額 | 同納税者實人員 | 課率 附加税 地價割 | 附加税 國稅營業稅割 | 附加税 所得稅割 | 附加税 戸別割 | 附加税 地方稅營業稅割 | 附加税 雜種稅割 | 特別税 反別割 田 | 反別割 畑 | 反別割 宅地 | 反別割 山林 | 反別割 原野 | 反別割 牧場 | 反別割 海産干場 | 反別割 雜種地 | 建物割 | 牛馬割 | 戸別割 |
|---|---|---|---|---|---|---|---|---|---|---|---|---|---|---|---|---|---|---|---|---|---|---|---|---|---|---|---|---|---|---|---|
| | 同 | 同 | 同 | 同 | 同 | 同 | 同 | 同 | 同 | 同 | 同 | 同 | 同 | 人 | 厘 | 同 | 同 | 同 | 同 | 同 | 同 | 同 | 同 | 同 | 同 | 同 | 同 | 同 | 同 | 同 | 同 |
| | — | — | — | — | — | 九、九二八 | — | — | 四、七四一 | — | 三八四 | — | 六四 | 七 | 宅地 、〇九〇 其他 、二一〇 | 、二〇〇 | 、一〇〇 | 四、七〇〇 | 、二〇〇 | 、三〇〇 | — | — | — | — | — | — | — | — | — | — | — |
| | — | — | — | — | — | 一〇、一二三 | — | — | 六、五九四 | — | 四三〇 | — | 七四 | 三 | 、〇九〇 、二一〇 | 、二〇〇 | 、二〇〇 | 四、〇〇〇 | 、二〇〇 | 、二〇〇 | — | — | — | — | — | — | — | — | — | — | — |
| | — | — | — | — | — | 一〇、三五九 | — | — | 七、三四六 | — | 六〇三 | — | 一五六 | 一三 | 、〇九〇 、二一〇 | — | 、一五〇 | 三、五〇〇 | 、五〇〇 | 、五〇〇 | — | — | — | — | — | — | — | — | 、〇三七 | — | — |
| | — | — | — | — | — | 二二、六〇八 | — | — | 三、二五一 | — | 六〇〇 | — | 二四 | 二 | 、〇九〇 、二一〇 | 、一五〇 | 、二〇〇 | 四、八六〇 | 五〇〇 | 五〇〇 | — | — | — | — | — | — | — | — | — | — | — |
| | — | — | — | — | — | 二三、三二二 | — | — | 五、〇八九 | — | 四三九 | — | 四三 | 四 | — | 、四七〇 | 、一四〇 | 四、八〇〇 | 一、〇〇〇 | 一、〇〇〇 | — | 、一〇〇 | 、四〇〇 | 、〇二〇 | 、〇二〇 | 〇二〇 | 一五〇 | — | — | — | — |
| | — | — | — | — | 四、七二六 | 一一六 | — | — | 七三六 | — | 一五二 | — | 九六 | 八 | 宅地 、〇九〇 其他 、二一〇 | — | 、一五〇 | 四、二〇〇 | 、五〇〇 | 、五〇〇 | — | — | — | — | — | — | — | — | — | — | — |
| | — | — | — | — | 四、六二七 | 一一五 | — | — | 一、八九五 | — | 三八七 | — | 九七 | 三 | 、〇九〇 、二一〇 | — | 、一五〇 | 五、〇〇〇 | 、五〇〇 | 、五〇〇 | — | — | — | — | — | — | — | — | — | — | — |
| | — | — | — | — | 四、五五七 | 二九四 | — | — | 一、三六一 | — | 三八七 | — | 四八六 | 九 | — | — | 、一五〇 | 四、八六〇 | 、五〇〇 | 、五〇〇 | — | 、一〇〇 | 、四〇〇 | 、〇五〇 | — | 、〇二〇 | 、一五〇 | — | — | — | — |
| | — | — | — | — | 六、〇一〇 | 三二四 | — | — | 二、二六九 | — | 三八七 | — | 一六九 | 三 | — | — | 、一四〇 | 四、七〇〇 | 、五〇〇 | 、五〇〇 | — | 、一〇〇 | 、四〇〇 | 、〇五〇 | — | 、〇二〇 | 、一五〇 | — | — | — | — |
| | — | — | — | — | 六、一〇五 | 三九二 | — | — | 二、〇〇八 | — | 五五九 | — | 五三 | 三 | — | — | 、一四〇 | 五、一二〇 | 一、〇〇〇 | 一、〇〇〇 | — | 、一〇〇 | 、四〇〇 | 、〇五〇 | — | 、〇二〇 | 、一五〇 | — | — | — | — |

| 種別 | 單位 | 江差町 大正六年度 | 同 七年度 | 同 八年度 | 同 九年度 | 同 十年度 | 瀬棚町 同 六年度 | 同 七年度 | 同 八年度 | 同 九年度 | 同 十年度 |
|---|---|---|---|---|---|---|---|---|---|---|---|
| 面積 | 方里 | 二、五九 | 二、五九 | 二、五九 | 二、五九 | 二、五九 | 一二、三八 | 一二、三八 | 一二、三八 | 一二、三八 | 一二、三八 |
| 民有地 田 | 反別 反 | 五一二 | 五二五 | 三八三 | 四二九 | 四二九 | 三二 | 三九 | 一五 | ― | ― |
| 民有地 畑 | 同 | 五七四四 | 五五六三 | 三六三二 | 三七四七 | 三七四七 | 二、〇一二四 | 二〇〇四 | 四八二三 | 四九九四 | 六四六三 |
| 民有地 宅地 | 同 | 四四一 | 四四〇 | 四三七 | 四三七 | 四三七 | 六一三 | 六二二 | 三三七 | 四九〇 | 四九〇 |
| 民有地 山林 | 同 | 七四四五 | 七七五四 | 二三二九 | 三〇八四 | 三〇八四 | 三〇 | 三五 | 六二八 | ― | ― |
| 民有地 原野 | 同 | 七九二 | 七四九 | 五一三 | 五二六 | 五二六 | 五〇二五 | 五〇四八 | 一七九九 | ― | ― |
| 民有地 牧場 | 同 | 六二八 | 六二八 | ― | ― | ― | ― | ― | ― | ― | ― |
| 民有地 其他 | 同 | 九九 | 九九 | 一 | 一 | 一 | 三一六 | 二一八 | ― | ― | ― |
| 現住戸數 | 戸 | 一、七四二 | 一、六一七 | 一、六四一 | 一、六〇三 | 一、六五七 | 一、一二三 | 一、〇八四 | 一、〇二〇 | 一、〇四九 | 一、〇三九 |
| 現住人口 | 人 | 八、六八六 | 八、六六六 | 八、一九五 | 八、一六四 | 七、九九八 | 六、九二〇 | 六、四〇七 | 五、九六二 | 五、八三二 | 五、七七九 |
| 擔負 直接國稅額 | 圓 | 七、八九三 | 一〇、二一三 | 一二、四一七 | 一〇、八八八 | 一〇、二九九 | 三、二二〇 | 三、四八三 | 五、〇八四 | 四、一〇〇 | 五、〇四三 |
| 擔負 地方稅額 | 同 | 七、〇〇二 | 七、八九四 | 九、九八一 | 一四、〇九〇 | 一三、八六七 | 五、一〇二 | 六、二二九 | 八、〇三九 | 九、六七二 | 九、〇〇二 |
| 擔負 市町村稅額 | 同 | 二二、〇二八 | 二八、六一六 | 三六、四七二 | 五〇、七六七 | 五〇、五八二 | 一三、〇二九 | 一五、二八九 | 二七、二一六 | 三一、一八四 | 三六、三三二 |
| 財政 歳入 | 同 | 三六、二七七 | 四七、七三二 | 四九、七五五 | 六七、二三八 | 七五、三七八 | 一五、四五九 | 一五、八〇六 | 三一、四九八 | 三七、五一〇 | 四二、〇七三 |
| 歳出經常部 役所役場費 | 同 | 六、三三六 | 八、一三九 | 一一、七〇六 | 一六、四七一 | 一、八四四 | 二、八二二 | 三、八九二 | 九、三五一 | 一〇、一八三 | 一二、八一〇 |
| 歳出經常部 土木費 | 同 | 六一〇 | 八九二 | 二、〇八二 | 一、七〇一 | 一、八七二 | 二五八 | 二五〇 | 五六五 | 七九三 | 八三一 |
| 歳出經常部 教育費 | 同 | 一一、三九九 | 一五、六三四 | 一九、五六二 | 二五、四四八 | 二八、一二九 | 八、一九〇 | 九、八一二 | 一五、七八一 | 一七、八六〇 | 一八、七七一 |
| 歳出經常部 衛生費 | 同 | 一、七二五 | 二、五二〇 | 二、四八三 | 三、〇一六 | 三、七一〇 | 三八五 | 四一八 | 六六五 | 八六四 | 九五九 |
| 歳出經常部 勸業費 | 同 | 一四〇 | 一〇〇 | 三二〇 | 五〇〇 | 三一〇 | 四八 | 一二九 | 四〇 | 三三 | 一九一 |
| 歳出經常部 其他 | 同 | 四、〇六九 | 四、二九八 | 四、六九五 | 六、〇二九 | 六、六四二 | 二、七三六 | 二、九〇〇 | 三、七九五 | 四、九七五 | 六、六三一 |
| 歳出經常部 計 | 同 | 二四、二七九 | 三一、五八三 | 四〇、八四八 | 五三、一六五 | 五八、九七七 | 一四、四三九 | 一七、四〇一 | 三〇、一九七 | 三四、七〇八 | 四〇、一九三 |
| 同臨時部計 | 同 | 一一、九九八 | 一六、一四九 | 八、九〇七 | 一四、〇七三 | 一六、三九九 | 一、〇二〇 | 二、四〇五 | 一、三〇一 | 二、八〇二 | 一、八八〇 |
| 通計 | 同 | 三六、二七七 | 四七、七三二 | 四九、七五五 | 六七、二三八 | 七五、三七六 | 一五、四五九 | 一九、八〇六 | 三一、四九八 | 三七、五一〇 | 四二、〇七三 |
| 基本財産 動産 | 同 | 一一、八五〇 | 一一、八五〇 | 一一、八五〇 | 一一、八五〇 | 一一、八五〇 | 七、七八一 | 八、五八五 | 九、六八一 | 一〇、二三六 | 一三、七八〇 |
| 基本財産 不動産 | 同 | 一〇、九三七 | 三四、一九三 | 三三、六六三 | 三七、四〇三 | 三六、二七〇 | 四、九八八 | 四、九四四 | 九、六九五 | 九、一〇〇 | 九、一一四 |

| 項目 | 單位 | | | | | | | | | | |
|---|---|---|---|---|---|---|---|---|---|---|---|
| 財産 學校基本財産 動産 | 同 | 九、七四〇 | 九、七五〇 | 九、九五〇 | 九、七五〇 | 二、七〇五 | 一、四三六 | 三、〇八八 | 九六九 | 七、八六〇 | 七、八六九 |
| 財産 學校基本財産 不動産 | 同 | 二八二 | 一、八一八 | 二、〇〇〇 | 一一、六七一 | 一二、二七五 | 四、一七四 | 三、〇八八 | 九六九 | 七、八六〇 | 七、八六九 |
| 財産 特別基本財産 動産 | 同 | 一、〇〇〇 | 一、〇〇〇 | 一、〇〇〇 | 一、〇〇〇 | 一、〇〇〇 | 一、一一八 | 一、二一一 | 一、二二六 | — | 一、三七六 |
| 財産 特別基本財産 不動産 | 同 | 九五八 | 一、五六二 | 一、七一八 | 一、九五一 | 二、〇四九 | — | — | — | — | — |
| 財産 收益ナキ財産 動産 | 同 | — | — | — | — | — | — | — | — | — | — |
| 財産 收益ナキ財産 不動産 | 同 | 二二、九七七 | 五九、二〇七 | 七二、四四五 | 九二、九三四 | 九三、三七一 | 七、九四四 | 七、四五〇 | 二五、八七二 | 二五、八七二 | 二五、八七二 |
| 財産 一部有財産 動産 | 同 | — | — | — | — | — | — | — | — | — | — |
| 財産 一部有財産 不動産 | 同 | — | — | — | — | — | — | — | — | — | — |
| 財産 積立金穀 | 同 | 七、三〇四 | 一〇、〇八三 | 一〇、九五四 | 一二、〇六六 | 一三、一二四 | — | — | — | — | — |
| 財産 罹災救助金 | 同 | — | — | — | — | — | — | — | — | — | — |
| 財産ヨリ生スル收入 | 同 | 二、三九三 | 二、四七四 | 二、一五九 | 三、〇九三 | 三、〇七七 | 一、一三五 | 一、二八四 | 一、五九二 | 一、五九六 | 一、八四一 |
| 市町村債額 | 同 | — | — | — | — | — | — | — | — | — | — |
| 第三種所得税價 | 同 | 四、〇〇五 | 五、一三六 | 六、四六六 | 五、一〇六 | 四、五三七 | 一、三八二 | 一、九八五 | 二、一一二 | 九三一 | 一、五〇九 |
| 同納税者實人員 | 人 | 一七四 | 一七四 | 二〇一 | 一三八 | 一五八 | 七七 | 六七 | 七〇 | 六五 | 七九 |
| 課 附加税 地價割 | 厘 | 宅地 〇九〇 其他 二一〇 | — | — | — | — | — | — | — | — | — |
| 課 附加税 營業税割 | 同 | 一五〇 | 一五〇 | 二四〇 | 一四〇 | 一四〇 | 一五〇 | 一五〇 | 二四〇 | 四七〇 | 四七〇 |
| 課 附加税 所得税割 | 同 | 一五〇 | 一五〇 | 二四〇 | 四七〇 | 四七〇 | 一五〇 | 一五〇 | 二四〇 | 一四〇 | 一四〇 |
| 課 附加税 戸別割 | 同 | 六、三八〇 | 八、四六〇 | 七、七〇〇 | 九、一五〇 | 八、〇一五 | 五、一五〇 | 五、五〇〇 | 八、二〇〇 | 一〇、三〇〇 | 一六、二五〇 |
| 課 附加税 地方税營業割 | 同 | 五〇〇 | 七〇〇 | 一、〇〇〇 | 一、〇〇〇 | 一、〇〇〇 | 六〇〇 | 一、〇〇〇 | 一、〇〇〇 | 一、〇〇〇 | 一、〇〇〇 |
| 課 附加税 雑種税割 | 同 | 三、二五〇 | 三、三五〇 | 五、五〇〇 | 五、五〇〇 | 五、五〇〇 | 六〇〇 | 一、〇〇〇 | 一、〇〇〇 | 一、〇〇〇 | 一、〇〇〇 |
| 課 特別税 反別割 田 | 同 | — | 二五〇 | 二五〇 | 四三七 | 四三七 | 〇六〇 | — | 三〇〇 | 三〇〇 | 三〇〇 |
| 課 特別税 反別割 畑 | 同 | — | 二〇〇 | 二〇〇 | 一九五 | 一九五 | 〇五〇 | 〇六〇 | 〇八〇 | 〇八〇 | 〇八〇 |
| 課 特別税 反別割 宅地 | 同 | — | 一、五〇〇 | 一、五〇〇 | 七八一 | 七八一 | 三九九 | 一二〇 | 八〇六 | 八〇六 | 八〇六 |
| 課 特別税 反別割 山林 | 同 | 〇二〇 | 〇二〇 | 〇二〇 | 〇二〇 | 〇二〇 | — | — | 〇一〇 | 〇一〇 | 〇一〇 |
| 課 特別税 反別割 原野 | 同 | 〇二〇 | 〇二〇 | 〇二〇 | 〇二〇 | 〇二〇 | — | — | 〇一〇 | 〇一〇 | 〇一〇 |
| 課 特別税 反別割 牧場 | 同 | 〇二〇 | 〇二〇 | 〇二〇 | 〇二〇 | 〇二〇 | — | — | 〇一〇 | 〇一〇 | 〇一〇 |
| 課 特別税 反別割 海産干場 | 同 | — | — | — | — | — | — | — | — | — | — |
| 課 特別税 反別割 雑種地 | 同 | — | — | — | — | — | — | — | — | — | — |
| 課 特別税 [illegible]物割 | 同 | — | — | — | — | — | — | — | — | — | — |
| 課 特別税 牛馬割 | 同 | — | — | — | — | — | — | — | — | — | — |
| 課 特別税 戸別割 | 同 | — | — | — | — | — | — | — | — | — | — |

| 町村名 | 種別（單位） | 面積（方里） | 民有地 田（反） | 民有地 畑（同） | 民有地 宅地（同） | 民有地 山林（同） | 民有地 原野（同） | 民有地 牧場（同） | 民有地 其他（同） | 現住戸數（戸） | 現住人口（人） | 負擔 直接國税額（円） | 負擔 地方税額（同） | 負擔 市町村税額（同） | 財政 歳入（同） | 歳出 經常部 役所役場費（同） | 歳出 經常部 土木費（同） | 歳出 經常部 教育費（同） | 歳出 經常部 衛生費（同） | 歳出 經常部 勧業費（同） | 歳出 經常部 其他（同） | 歳出 經常部 計（同） | 歳出 臨時部計（同） | 歳出 通計（同） | 基本財産 動産（同） | 基本財産 不動産（同） |
|---|---|---|---|---|---|---|---|---|---|---|---|---|---|---|---|---|---|---|---|---|---|---|---|---|---|---|
| 泊村 | 大正六年度 | 三、七一 | 三五一九 | 七七七二 | 二九二 | 四六四六 | 二一五二 | 四五九〇 | 一〇六 | 五六九 | 四、二〇二 | 一、七〇五 | 二、一九六 | 五、七六〇 | 六、八八二 | 一、六五八 | 一〇六 | 三、〇八一 | 四六 | — | 一、四九一 | 六、三八二 | 五〇〇 | 六、八八二 | 一、六六〇 | 四、二七四 |
| | 同七年度 | 三、七一 | 三五二六 | 七四八一 | 二九二 | 四六二九 | 五〇二九 | 四六六五 | 一〇三 | 五八〇 | 三、九八〇 | 一、七四五 | 二、三三一 | 六、六四五 | 二四、三六五 | 二、〇四三 | 一〇三 | 四、三八五 | 五九 | 八二 | 二、〇一七 | 六、六八九 | 一五、六七六 | 二四、三六五 | 一、六四〇 | 三一、八三一 |
| | 同八年度 | 三、七一 | 四二九二 | 七三二四 | 二六五 | 四七五〇 | 四四九〇 | 四六二〇 | 七五 | 五八三 | 三、七七一 | 一、八七六 | 三、〇七一 | 一〇、六六二 | 一三、八八三 | 二、八八三 | 二七八 | 六、三五七 | 一一五 | 八五 | 三、五七五 | 一三、二九三 | 五九〇 | 一三、八八三 | 一、六二〇 | 三九、三一〇 |
| | 同九年度 | 三、七一 | 四五五〇 | 六七五〇 | 二七五 | 四〇〇〇 | 四六五〇 | 七四八〇 | 七六 | 五八九 | 三、三九〇 | 一、八六七 | 四、〇八六 | 一二、四六二 | 一五、六一五 | 三、一九二 | 二〇〇 | 八、〇九二 | 一三九 | 八五 | 三、五二四 | 一五、二三二 | 三八三 | 一五、六一五 | 一、五四〇 | 二七、四五七 |
| | 同十年度 | 三、七一 | 四五五〇 | 六七七〇 | 二八〇 | 四〇二〇 | 四七〇四 | 七五〇〇 | 七六 | 五八〇 | 三、四五四 | 二、一八四 | 四、〇八六 | 一三、二九四 | 二九、六一五 | 三、四九〇 | 一〇〇 | 八、〇九二 | 二六三 | 六五 | 二、五〇一 | 一五、〇二六 | 一四、五八九 | 二九、六一五 | 一、五三〇 | 二七、二九七 |
| 厚澤部村 | 同六年度 | 二九、一九 | 三〇五〇 | 三、〇四九五 | 三五二 | 三八三七 | 八〇九三 | 五〇二一 | — | 一、一〇八 | 七、二〇六 | 二、六三九 | 四、六三三 | 一一、九一七 | 一六、九八九 | 三、五一二 | 三二〇 | 六、七七七 | 一一五 | 九六 | 二、九八〇 | 一三、八〇〇 | 三、一八九 | 一六、九八九 | 一、八三七 | 三、七八二 |
| | 同七年度 | 二九、一九 | 三四三〇 | 三、四九七五 | 三六二 | 四〇五〇 | 一、五九一六 | 五四八七 | — | 一、一八六 | 七、三九六 | 三、一八六 | 五、四一八 | 一六、一二七 | 三〇、〇三九 | 四、六四五 | 七九〇 | 八、五七九 | 三四五 | 二一一 | 三、一五〇 | 一七、七二〇 | 一二、三一九 | 三〇、〇三九 | 一、一二八 | 三、七八二 |
| | 同八年度 | 二九、一九 | 三三四〇 | 三、五九七五 | 三六二 | 四〇五〇 | 一、五九一六 | 五四八七 | — | 一、一九〇 | 七、五六一 | 三、八三三 | 七、三八七 | 二二、五〇八 | 三八、六〇二 | 五、三八八 | 一七〇 | 一三、七四八 | 三七一 | 一五九 | 三、五四七 | 二三、三八三 | 一五、二一九 | 三八、六〇二 | 八四四 | 三、七八二 |
| | 同九年度 | 二九、一九 | 三四三五 | 三、六九三五 | 三七二 | 六四七三 | 一、九六三一 | 五七一五 | — | 一、二二八 | 七、〇〇八 | 三、六六七 | 九、五九五 | 二九、二一五 | 三四、六三八 | 六、〇二七 | 九二〇 | 一五、六五九 | 五〇四 | 一八四 | 四、五九九 | 二七、八九三 | 六、七四五 | 三四、六三八 | 一、二〇三 | 三、九七九 |
| | 同十年度 | 二九、一九 | 三五〇八 | 三、九六九〇 | 三七二 | 七三五六 | 二、一二二〇 | 一、〇七一六 | — | 一、二〇七 | 六、九〇四 | 四、四〇〇 | 一〇、四八四 | 三一、八〇七 | 四六、六二四 | 五、六一六 | 二、五五〇 | 一八、七二一 | 六一七 | 二一七 | 五、一四三 | 三二、八六四 | 一三、七六〇 | 四六、六二四 | 二、〇五三 | 四、二八一 |

| 財産 學校基本財産 動産 | 財産 學校基本財産 不動産 | 財産 特別基本財産 動産 | 財産 特別基本財産 不動産 | 財産 收益ナキ財産 動産 | 財産 收益ナキ財産 不動産 | 財産 一部有財産 動産 | 財産 一部有財産 不動産 | 財産 積立金穀 | 財産 罹災救助資金 | 財産ヨリ生スル收入 | 市町村債額 | 第三種所得税額 | 同納税者人員 |
|---|---|---|---|---|---|---|---|---|---|---|---|---|---|
| 同 | 同 | 同 | 同 | 同 | 同 | 同 | 同 | 同 | 同 | 同 | 同 | 同 | 人 |
| 一、一三〇 | 五一〇 | — | — | — | 六、一九三 | — | — | 三、九六三 | — | 六三五 | — | 二九五 | 三五 |
| 一、六二〇 | 七三〇 | — | — | — | 六、七〇八 | — | — | 三、〇六二 | — | 七〇九 | — | 三二二 | 二七 |
| 二、〇〇〇 | 九八〇 | — | — | — | 七、〇六〇 | — | — | 三、六四一 | — | 八七一 | — | 三四二 | 二七 |
| 一、九九〇 | 六八六 | — | — | — | 五、六〇三 | — | — | 四、九二八 | — | 九四〇 | — | 一〇五 | 一五 |
| 一、九七〇 | 八九一 | — | — | — | 五、六〇三 | — | — | 三、九一二 | — | 一、〇一四 | — | 一二四 | 二〇 |
| 二、二八六 | 二、〇四七 | 一、七五一 | — | 六、一三〇 | — | — | — | — | — | 五三二 | 二、三九二 | 六七五 | 八七 |
| 三、〇二三 | 二、〇四七 | 一、九四二 | — | 六、一三〇 | — | — | — | — | — | 八七五 | 一、九一五 | 八四六 | 七二 |
| 一、一七六 | 二、〇四七 | 二、一〇一 | — | 七、四三八 | — | — | — | — | — | 八〇九 | 八、三〇一 | 一、一六三 | 九〇 |
| 一、三三九 | 二、〇四七 | 一、一〇九 | — | 七、七四一 | — | — | — | — | — | 七九七 | 七、一三八 | 二四一 | 五七 |
| 二、四九一 | 二、二四八 | 二、三八七 | — | 八、六四一 | — | — | — | — | — | 一、〇〇八 | 五、九七五 | 二八九 | 六一 |

| 課率 附加税 地價割 | 課率 附加税 國税營業税割 | 課率 附加税 所得税割 | 課率 附加税 戸別割 | 課率 附加税 地方税營業税割 | 課率 附加税 雑種税割 | 課率 特別税 反別 田 | 課率 特別税 反別 畑 | 課率 特別税 反別 宅地 | 課率 特別税 反別 山林 | 課率 特別税 反別 原野 | 課率 特別税 割 牧場 | 課率 特別税 割 治産 | 課率 特別税 割 營種地 干場 | 課率 特別税 建物割 | 課率 特別税 牛馬割 | 課率 特別税 戸別割 |
|---|---|---|---|---|---|---|---|---|---|---|---|---|---|---|---|---|
| 厘 | 同 | 同 | 同 | 同 | 同 | 同 | 同 | 同 | 同 | 同 | 同 | 同 | 同 | 同 | 同 | 同 |
| — | 一五〇 | 一五〇 | 三、七一五 | 五〇〇 | 五〇〇 | 一八〇 | 一二〇 | 二一〇 | 〇二〇 | — | 〇二〇 | 一二〇 | — | — | — | — |
| — | 一五〇 | 一五〇 | 三、六六〇 | 五〇〇 | 五〇〇 | 二一〇 | 一四〇 | 二三〇 | 〇二〇 | — | 〇二〇 | 一二〇 | — | — | — | — |
| — | 一五〇 | 一五〇 | 三、七五〇 | 五〇〇 | 五〇〇 | 三一四 | 二二一 | 三二六 | 〇二五 | 〇〇五 | 〇二五 | 一三〇 | — | — | — | — |
| — | 二四〇 | 二四〇 | 六、二〇〇 | 六〇〇 | 五二五 | 三〇〇 | 二〇〇 | 三四〇 | 〇二五 | 〇〇五 | 〇二五 | 一三〇 | — | — | 五〇〇 | — |
| — | 二〇〇 | 一四〇 | 五、七四〇 | 八〇〇 | 六七五 | 三六〇 | 二四〇 | 三八〇 | 〇三〇 | 〇〇六 | 〇三〇 | 一六〇 | — | — | 六〇〇 | — |
| — | 一五〇 | 一五〇 | 二、一九五 | 五〇〇 | 五〇〇 | 二六四 | 一九四 | 二九八 | 一四〇 | 一四〇 | 一四〇 | — | — | — | 五〇〇 | — |
| — | 一五〇 | 一五〇 | 二、五五〇 | 五〇〇 | 五〇〇 | 二六四 | 一九四 | 二九八 | 一四〇 | 一四〇 | 一四〇 | — | — | — | 五〇〇 | — |
| — | 一五〇 | 一五〇 | 五、九五二 | 五〇〇 | 五〇〇 | 二六四 | 一九四 | 二九八 | 一四〇 | 一四〇 | 一四〇 | — | — | — | 五〇〇 | — |
| — | 二四〇 | 二四〇 | 四、七七八 | 五〇〇 | 五〇〇 | 二六四 | 一九四 | 二九八 | 一四〇 | 一四〇 | 一四〇 | — | — | — | 五〇〇 | — |
| — | 三五〇 | 一四〇 | 五、六〇〇 | 八〇〇 | 八〇〇 | 二六四 | 一九四 | 二九八 | 一四〇 | 一四〇 | 一四〇 | — | — | — | 五〇〇 | — |

| 種別 | 單位 | 乙部村 大正六年度 | 同 七年度 | 同 八年度 | 同 九年度 | 同 十年度 | 熊石村 同 六年度 | 同 七年度 | 同 八年度 | 同 九年度 | 同 十年度 |
|---|---|---|---|---|---|---|---|---|---|---|---|
| 面積 | 方里 | 一二、二三 | 一二、二三 | 一二、二三 | 一二、二三 | 一二、二二 | 一三、一四 | 一三、一四 | 一三、一四 | 一三、一四 | 一三、一四 |
| 民有地 田 | 反 | 一二一八 | 一二一八 | 一二六四 | 一三六五 | 一三六五 | 四二 | 四二 | 三六 | 三六 | 八五 |
| 民有地 畑 | 同 | 九七一一 | 九七一一 | 一、〇二五一 | 一、〇四六三 | 一、〇六一三 | 七一五四 | 七七一五 | 三五九〇 | 三七〇三 | 四六四〇 |
| 民有地 宅地 | 同 | 三六二 | 三六三 | 三九〇 | 三九四 | 三九四 | 三五八 | 三六二 | 三五六 | 三五五 | 三五九 |
| 民有地 山林 | 同 | 二三〇六 | 二三〇六 | 二五八八 | 二五三九 | 二五三九 | 五九四二 | 五九九四 | 三四〇六 | 三四二三 | 三五五七 |
| 民有地 原野 | 同 | 三五五四 | 四三五八 | 五二〇六 | 五七二六 | 六五七四 | 二四一 | 五一六 | 一五三 | 一五三 | 四八三 |
| 民有地 牧場 | 同 | 七四六六 | 七四六六 | 七四六六 | 七四六六 | 七四六六 | — | — | — | — | — |
| 民有地 其他 | 同 | 二八〇 | 二八〇 | 二八〇 | 二八〇 | 二八〇 | 五五七 | 一八二二 | — | — | — |
| 現住戸數 | 戸 | 一、〇七八 | 一、〇六五 | 一、〇四七 | 一、〇四四 | 一、〇二六 | 一、〇五七 | 一、〇二三 | 一、〇〇二 | 一、〇〇二 | 一、〇〇五 |
| 現住人口 | 人 | 六、九八一 | 六、五三七 | 六、三九二 | 六、一二三 | 六、〇五六 | 六、九五四 | 六、七五九 | 六、六二〇 | 六、六一三 | 六、四九〇 |
| 負擔 直接國税額 | 圓 | 二、〇四七 | 二、五五五 | 二、七一〇 | 二、五六〇 | 二、七七八 | 一、八二七 | 二、〇一六 | 二、一九〇 | 一、九三二 | 二、一一三 |
| 負擔 地方税額 | 同 | 四、七八〇 | 四、九四七 | 五、九三〇 | 七、〇四三 | 七、四四五 | 四、三二一 | 四、六四五 | 五、五九八 | 六、七三七 | 六、七一九 |
| 負擔 市町村税額 | 同 | 九、七三四 | 一一、七一四 | 一六、〇六六 | 三、六九二 | 二五、八五四 | 八、五九九 | 一一、四五一 | 二一、三八〇 | 二二、四四一 | 二五、三一八 |
| 財政 歳入 | 同 | 一一、七四一 | 一八、〇七八 | 二〇、七六九 | 二七、〇一二 | 三〇、五九七 | 一〇、七三二 | 三六、七〇八 | 二四、一四〇 | 二七、一〇二 | 三五、九一三 |
| 歳出經常部 役所役場費 | 同 | 二、一一〇 | 二、九七四 | 三、七二六 | 四、八一九 | 五、八九五 | 二、〇四五 | 三、一一七 | 四、五七〇 | 五、九二六 | 六、八一二 |
| 歳出經常部 土木費 | 同 | 五〇 | 一〇〇 | 三二〇 | 二三五 | 一五〇 | 五五 | 五〇 | 五〇 | 二〇〇 | 二 |
| 歳出經常部 教育費 | 同 | 七、四二五 | 九、五〇六 | 一三、八七八 | 一六、四二二 | 一八、八三七 | 五、七一四 | 八、二七八 | 一一、八七〇 | 一四、四三六 | 一七、三八二 |
| 歳出經常部 衛生費 | 同 | 三六 | 六九 | 四五 | 九二 | 一四二 | 三〇二 | 一、三四八 | 八五七 | 九四八 | 八七一 |
| 歳出經常部 勸業費 | 同 | — | — | — | — | — | 二一〇 | 一一〇 | 二五〇 | 四〇〇 | 八四〇 |
| 歳出經常部 其他 | 同 | 二、一二〇 | 二、八二六 | 二、八〇〇 | 五、〇八五 | 四、三二三 | 二、一三一 | 二、四四二 | 三、五七八 | 三、八八八 | 四、九七二 |
| 歳出經常部 計 | 同 | 一一、七四一 | 一五、四七五 | 二〇、七六九 | 二六、六五三 | 二九、三四七 | 一〇、四五七 | 一五、三四五 | 二一、一七五 | 二五、七九八 | 三〇、八六九 |
| 同臨時部 計 | 同 | — | 二、六〇三 | — | 三五九 | 一、二五〇 | 二七五 | 二一、三六三 | 二、九六五 | 一、三〇四 | 五、〇四四 |
| 通計 | 同 | 一一、七四一 | 一八、〇七八 | 二〇、七六九 | 二七、〇一二 | 三〇、五九七 | 一〇、七三二 | 三六、七〇八 | 二四、一四〇 | 二七、一〇二 | 三四、九一三 |
| 基本財産 動産 | 同 | — | — | — | — | — | — | — | — | — | — |
| 基本財産 不動産 | 同 | 八六八 | 八六八 | 八六八 | 八六八 | 八六八 | 二、〇一七 | 二、〇一七 | 一、九六九 | 一、九七〇 | 二、三〇〇 |

| 財産 學校基本財産 動産 | 財産 學校基本財産 不動産 | 財産 特別基本財産 動産 | 財産 特別基本財産 不動産 | 財産 收益ナキ財産 動産 | 財産 收益ナキ財産 不動産 | 財産 一部有財産 動産 | 財産 一部有財産 不動産 | 財産 積立金穀 | 財産 罹災救助金 | 財産ヨリ生スル收入 | 市町村債額 | 第三種所得税額 | 同納税者實人員 |
|---|---|---|---|---|---|---|---|---|---|---|---|---|---|
| 同 | 同 | 同 | 同 | 同 | 同 | 同 | 同 | 同 | 同 | 同 | 同 | 同 | 人 |
| 一、五〇〇 | 一、一四四 | 七〇〇 | — | 五、一九六 | 一三、五二〇 | — | — | 五、八三一 | — | 五〇九 | — | 六八四 | 五九 |
| 一、五〇〇 | 一、一四四 | 七〇〇 | — | 五、六六七 | 一三、五二〇 | — | — | 六、一八六 | — | 五五〇 | — | 七二二 | 五三 |
| 一、五〇〇 | 一、一四四 | 六八〇 | — | 六、〇八五 | 一三、五二〇 | — | — | 六、八一四 | — | 六〇一 | — | 七六九 | 五四 |
| 一、五〇〇 | 一、一四四 | 六八〇 | — | 六、二九四 | 一三、五二〇 | — | — | 七、三五〇 | — | 五五三 | — | 三六九 | 三五 |
| 一、五〇〇 | 一、一二一 | 六八〇 | — | 六、九〇七 | 一四、五二〇 | — | — | 八、一五六 | — | 五八五 | — | 四七六 | 三七 |
| — | 二、五〇〇 | 二、九六三 | — | — | 一七、三八〇 | — | — | 一二、七六四 | — | 七八一 | 二、〇〇〇 | 三四四 | 三三 |
| — | 二、五〇〇 | 三、一七〇 | — | — | 一七、三八〇 | — | — | 一三、四八九 | — | 七四九 | 一、七五〇 | 四〇一 | 三一 |
| — | 二、八〇〇 | 三、三〇三 | — | — | 一七、七八〇 | — | — | 一四、八六六 | — | 七八九 | 一、〇〇〇 | 四六一 | 三〇 |
| — | 二、八〇〇 | 三、三二四 | — | — | 一八、七八〇 | — | — | 一六、二六八 | — | 八五〇 | 五〇〇 | 一三一 | 一八 |
| — | 三、八〇〇 | 三、四五四 | — | — | 二三、一八〇 | — | — | 一七、一六五 | — | 九六四 | 三、六〇〇 | 二〇五 | 二四 |

| 課率 附加税 地價割 | 附加税 國税營業税割 | 附加税 所得税割 | 附加税 戸別割 | 附加税 地方税營業割 | 附加税 地方税雜種税割 | 特別税 反別割 田 | 反別割 畑 | 反別割 宅地 | 反別割 山林 | 反別割 原野 | 反別割 牧場 | 反別割 海産干場 | 反別割 雜種地 | 特別税 建物割 | 特別税 牛馬割 | 特別税 戸別割 |
|---|---|---|---|---|---|---|---|---|---|---|---|---|---|---|---|---|
| 厘 | 同 | 同 | 同 | 同 | 同 | 同 | 同 | 同 | 同 | 同 | 同 | 同 | 同 | 同 | 同 | 同 |
| — | 一五〇 | 一五〇 | 四、〇五〇 | 五〇〇 | 五〇〇 | 一三〇 | 〇七〇 | 一二〇 | 〇〇五 | — | 〇〇二 | 〇八〇 | — | — | — | — |
| — | 一五〇 | 一五〇 | 四、八一〇 | 五〇〇 | 五〇〇 | 一三〇 | 〇七〇 | 一二〇 | 〇〇五 | — | 〇〇二 | 〇八〇 | — | — | — | — |
| — | 二四〇 | 二四〇 | 五、八九五 | 五〇〇 | 五〇〇 | 一三〇 | 〇七〇 | 一二〇 | 〇〇五 | — | 〇〇二 | 〇八〇 | — | — | 一、〇〇〇 | — |
| — | 二四〇 | 二四〇 | 六、一二〇 | 一、〇〇〇 | 一、〇〇〇 | 三九〇 | 二一〇 | 三六〇 | 〇一五 | — | 〇〇六 | 二四〇 | — | — | 一、〇〇〇 | — |
| — | 二四〇 | 四七〇 | 七、八二〇 | 一、〇〇〇 | 一、〇〇〇 | 三九〇 | 二一〇 | 三六〇 | 〇一五 | — | 二〇六 | 二四〇 | — | — | 一、〇〇〇 | — |
| 宅地 〇九〇 其他 二一〇 | 一五〇 | 一五〇 | 三、八九〇 | 五〇〇 | 五〇〇 | 〇七〇 | 〇四〇 | — | — | — | — | — | — | — | — | — |
| 〇九〇 二一〇 | 一五〇 | 一五〇 | 五、二五〇 | 五〇〇 | 五〇〇 | 〇七〇 | 〇四〇 | — | — | — | — | — | — | — | — | — |
| 一四五 三三六 | 二四〇 | 二四〇 | 六、五二七 | 一、〇〇〇 | 七五〇 | 〇七〇 | 〇四〇 | — | — | — | — | — | — | — | — | — |
| — | 二四〇 | 一四〇 | 六、七五〇 | 一、〇〇〇 | 七五〇 | 四〇〇 | 二〇〇 | 八五〇 | 〇〇八 | 〇〇八 | 〇〇八 | 四四〇 | — | — | — | — |
| — | 四七〇 | 一四〇 | 七、四〇〇 | 一、〇〇〇 | 七五〇 | 四〇〇 | 二〇〇 | 八五〇 | 〇〇八 | 〇〇八 | 〇〇八 | 四四〇 | — | — | — | — |

| 町村名 | 種別 | 面積 | 民有地 田 | 民有地 畑 | 民有地 宅地 | 民有地 山林 | 民有地 原野 | 民有地 牧場 | 民有地 其他 | 現住戸数 | 現住人口 | 負擔 直接國税額 | 負擔 地方税額 | 負擔 市町村税額 | 財政 歳入 | 財政 歳出經常部 役所役場費 | 財政 歳出經常部 土木費 | 財政 歳出經常部 教育費 | 財政 歳出經常部 衛生費 | 財政 歳出經常部 勧業費 | 財政 歳出經常部 其他 | 財政 歳出經常部 計 | 財政 同臨時部計 | 財政 通計 | 基本財産 動産 | 基本財産 不動産 |
|---|---|---|---|---|---|---|---|---|---|---|---|---|---|---|---|---|---|---|---|---|---|---|---|---|---|---|
| 單位 | | 方里 | 反 | 同 | 同 | 同 | 同 | 同 | 同 | 戸 | 人 | 圓 | 同 | 同 | 同 | 同 | 同 | 同 | 同 | 同 | 同 | 同 | 同 | 同 | 同 | 同 |
| 久遠村 | 大正六年度 | 一、六〇 | — | 三四六三 | 一四五 | 二一〇 | 三九七 | — | 一六九 | 六六一 | 四、二二四 | 一、〇八三 | 二、六九二 | 七、二一〇 | 九、九三三 | 一、五五四 | 一三〇 | 四、四四二 | 八八七 | 一九 | 一、六三四 | 八、六七六 | 一、二五七 | 九、九三三 | 四、一〇七 | 六七九 |
| | 同 七年度 | 一、六〇 | — | 三四六四 | 一五四 | 二四五 | 三七八 | — | 一七一 | 五七四 | 三、四二一 | 一、二五八 | 三、七一〇 | 六、六一〇 | 一一、五二三 | 二、一八一 | 一一〇 | 五、四四八 | 三〇九 | 五七 | 一、七九一 | 九、八九六 | 一、六二六 | 一一、五二二 | 四、八七八 | 八一〇 |
| | 同 八年度 | 一、六〇 | — | 一六八一 | 一五六 | 三九 | 四二六 | — | — | 五六四 | 三、六九一 | 一、三五五 | 三、二四〇 | 九、四七三 | 一三、三五一 | 二、六二五 | 七〇 | 七、八四一 | 二九一 | 八七 | 一、五四二 | 一二、四五六 | 八九五 | 一三、三五一 | 五、一三一 | 一、〇七〇 |
| | 同 九年度 | 一、六〇 | — | 一八五六 | 一五四 | 五五 | 五〇四 | — | — | 五三二 | 三、一九六 | 一、〇五五 | 三、五四九 | 一二、五〇四 | 一六、六七〇 | 三、三二〇 | 一五〇 | 九、一二〇 | 三九六 | 九〇 | 二、四一九 | 一五、四九五 | 一、一七五 | 一六、六七〇 | 五、三五二 | 九九〇 |
| | 同 十年度 | 一、六〇 | — | 二〇〇四 | 一四九 | 一〇七 | 七六〇 | — | — | 五一二 | 三、〇九〇 | 一、二〇一 | 三、四五三 | 一三、一四二 | 三二、五八二 | 三、八〇七 | 一〇〇 | 九、六一七 | 七五二 | 五五 | 二、八七六 | 一七、二〇七 | 一五、三七五 | 三二、五八二 | 五、七三六 | 九二五 |
| 奥尻村 | 同 六年度 | 九、六二 | 一二三〇 | 一、六六四七 | 二四八 | 一〇七〇 | 八九二八 | 三四四一 | 四七五八 | 一、二九〇 | 七、三九六 | 二、〇六七 | 六、二七三 | 一四、二六六 | 一四、〇八四 | 二、四八八 | 三四三 | 七、四四〇 | 一二二 | 三五〇 | 二、二九〇 | 一三、〇三三 | 一、〇五一 | 一四、〇八四 | 一、五二八 | 四二五 |
| | 同 七年度 | 九、六二 | 三三〇 | 一、七八五七 | 二五二 | 一〇九〇 | 一、〇八二一 | 四六三五 | 五三七六 | 一、三一〇 | 七、二〇二 | 二、七六九 | 八、〇五七 | 一五、七八二 | 三三、四六一 | 三、八二一 | 二一五 | 一〇、〇七七 | 一二三 | 四〇 | 二、七三二 | 一七、〇〇七 | 一六、四五四 | 三三、四六一 | 一、七三三 | 三三五 |
| | 同 八年度 | 九、六二 | — | 一六八六 | 七三 | 四五 | 二三二 | — | — | 一、二四七 | 六、五五一 | 二、七一四 | 六、九六五 | 二〇、九〇八 | 二六、一三三 | 四、六〇一 | 九〇〇 | 一五、二七三 | 二〇〇 | 一〇〇 | 二、四〇四 | 二三、四七八 | 二、六五五 | 二六、一三三 | 二、〇一四 | 三三五 |
| | 同 九年度 | 九、六二 | — | 二三二九 | 七八 | 一三 | 一二七 | — | — | 一、一八七 | 六、〇五七 | 二、二三五 | 七、四〇五 | 三三、三一六 | 三五、三一六 | 六、一〇二 | 七五〇 | 一七、二六五 | 二〇〇 | 一〇〇 | 五、七五四 | 三〇、一七一 | 五、一四五 | 三五、三一六 | 二、〇九六 | 三三五 |
| | 同 十年度 | 九、六二 | 一六 | 二七二八 | 七七 | 九三 | 四四四 | — | — | 九八九 | 六、三一七 | 一、九一六 | 七、二六七 | 二〇、二〇五 | 二六、八三二 | 四、六九九 | 七〇〇 | 一四、五一八 | 二五〇 | 二〇〇 | 五、四六五 | 三五、八三二 | 一、〇〇〇 | 二六、八三三 | 二、三九四 | 三三五 |

| | | | 1 | 2 | 3 | 4 | 5 | 6 | 7 | 8 | 9 | 10 |
|---|---|---|---|---|---|---|---|---|---|---|---|---|
| 財産 學校基本財産 動産 | 同 | | 一,〇五一 | 一,〇五八 | 一,一二三 | 一,二一二 | 一,三〇〇 | 三,五一二 | 四,一一三 | 四,七〇五 | 四,九五九 | 四,九六九 |
| 財産 學校基本財産 不動産 | 同 | | 一,八一七 | 二,一八〇 | 二,六二〇 | 三,五三〇 | 三,八三七 | 一,〇四九 | 一,〇四九 | 一,〇四九 | 一,〇四九 | 一,〇四九 |
| 財産 特別基本財産 動産 | 同 | | — | — | — | — | — | 五三三 | 二,二三九 | 二,二四九 | 二,三四八 | 二,四七八 |
| 財産 特別基本財産 不動産 | 同 | | — | — | — | — | — | — | — | — | — | — |
| 財産 收益ナキ財産 動産 | 同 | | — | — | — | — | — | — | — | — | — | — |
| 財産 收益ナキ財産 不動産 | 同 | | 二,〇五一 | 二,二七六 | 二,三〇〇 | 二,七七〇 | 二,七七〇 | 一〇,四六四 | 二三,九〇四 | 二三,九〇四 | 二三,九〇四 | 二三,九〇四 |
| 財産 一部有財産 動産 | 同 | | — | — | — | — | — | — | — | — | — | — |
| 財産 一部有財産 不動産 | 同 | | — | — | — | — | — | — | — | — | — | — |
| 財産 積立金穀 | 同 | | — | — | — | — | — | — | — | — | — | — |
| 財産 罹災救助金 | 同 | | — | — | — | — | — | — | — | — | — | — |
| 財産ヨリ生スル收入 | 同 | | 三九八 | 四六四 | 七四一 | 六四八 | 四三六 | 一,三四九 | 六九〇 | 九一九 | 一,二八五 | 八九九 |
| 市町村債額 | 同 | | — | — | — | — | 一五,〇〇〇 | — | — | — | — | — |
| 第三種所得税額 | 同 | | 二六四 | 三八四 | 四三四 | 九三 | 一五〇 | 一,一九七 | 一,七三〇 | 一,五二六 | 六九四 | 四三二 |
| 同納税者實人員 | 人 | | 二五 | 二四 | 二五 | 一四 | 二〇 | 四八 | 五二 | 五三 | 四〇 | 三九 |
| 課率 附加税 地價割 | 厘 | | 宅地 、〇九〇 其他 、二一〇 | 宅地 、〇九〇 其他 、二一〇 | 宅地 、〇九〇 其他 、二一〇 | 宅地 、一四四 其他 、三三六 | 宅地 、二八〇 其他 、六六〇 | 一六四 | 一六五 | 一六五 | 一七〇 | — |
| 課率 附加税 國税營業税割 | 同 | | 一五〇 | 一五〇 | 一五〇 | 二四〇 | 四七〇 | 一五〇 | 一五〇 | 一五〇 | 二四〇 | 四七〇 |
| 課率 附加税 所得税割 | 同 | | 一五〇 | 一五〇 | 一五〇 | 二四〇 | 一四〇 | 一五〇 | 一五〇 | 一五〇 | 二四〇 | 一四〇 |
| 課率 附加税 戸別割 | 同 | | 五,三七八 | 四,八八〇 | 六,五四〇 | 八,五三五 | 八,六六〇 | 三,三〇〇 | 四,四〇〇 | 六,三〇〇 | 九,八〇〇 | 五,二〇〇 |
| 課率 附加税 地方税營業税割 | 同 | | 七〇〇 | 七〇〇 | 五〇〇 | 一,〇〇〇 | 一,〇〇〇 | 一,〇〇〇 | 一,〇〇〇 | 一,〇〇〇 | 一,〇〇〇 | 一,〇〇〇 |
| 課率 附加税 雜種税割 | 同 | | 六〇〇 | 六三三 | 六六六 | 八三三 | 九〇〇 | 一,〇〇〇 | 一,〇〇〇 | 一,〇〇〇 | 一,〇〇〇 | 一,〇〇〇 |
| 課率 特別税 反別割 田 | 同 | | — | — | — | — | — | — | — | — | — | 五〇〇 |
| 課率 特別税 反別割 畑 | 同 | | — | — | — | — | — | — | — | — | — | 一〇〇 |
| 課率 特別税 反別割 宅地 | 同 | | — | — | — | — | — | — | — | — | — | 四〇〇 |
| 課率 特別税 反別割 山林 | 同 | | — | — | — | — | — | — | — | — | — | 〇二〇 |
| 課率 特別税 反別割 原野 | 同 | | — | — | — | — | — | — | — | — | — | 〇二〇 |
| 課率 特別税 反別割 牧場 | 同 | | — | — | — | — | — | — | — | — | — | 〇二〇 |
| 課率 特別税 反別割 海産干場 | 同 | | — | — | — | — | — | — | — | — | — | — |
| 課率 特別税 反別割 雜種地 | 同 | | — | — | — | — | — | — | — | — | — | 一五〇 |
| 課率 特別税 建物割 | 同 | | — | — | — | — | — | — | — | — | — | — |
| 課率 特別税 牛馬割 | 同 | | — | — | — | — | — | — | — | — | — | — |
| 課率 特別税 戸別割 | 同 | | — | — | — | — | — | — | — | — | — | — |

| 種別 | 面積 | 民有地 田 | 民有地 畑 | 民有地 宅地 | 民有地 山林 | 民有地 原野 | 民有地 牧場 | 民有地 其他 | 現住戸數 | 現住人口 | 負擔 直接國稅額 | 負擔 地方税額 | 負擔 市町村税額 | 財政 歳入 | 財政 歳出 經常部 役所役場費 | 財政 歳出 經常部 土木費 | 財政 歳出 經常部 教育費 | 財政 歳出 經常部 衛生費 | 財政 歳出 經常部 勸業費 | 財政 歳出 經常部 其他 | 財政 歳出 經常部 計 | 財政 歳出 同臨時部計 | 財政 歳出 通計 | 基本財産 動産 | 基本財産 不動産 |
|---|---|---|---|---|---|---|---|---|---|---|---|---|---|---|---|---|---|---|---|---|---|---|---|---|---|
| 町村名／單位 | 方里 | 反 | 同 | 同 | 同 | 同 | 同 | 同 | 戸 | 人 | 圓 | 同 | 同 | 同 | 同 | 同 | 同 | 同 | 同 | 同 | 同 | 同 | 同 | 同 | 同 |
| 太櫓村 大正六年度 | 一四、四三 | 一〇 | 一、四五一〇 | 二一五 | 二〇三 | 二五八 | 一、四四〇〇 | 九〇 | 八六二 | 四、三四七 | 六六一 | 二、四一五 | 七、二一〇 | 九、九三三 | 一、五六四 | 一三〇 | 四、四四二 | 八八七 | 一九 | 一、六三四 | 八、六七六 | 一、二五七 | 一〇、四〇三 | 一七、七三一 | 二四、〇九八 |
| 同 七年度 | 一四、四三 | 四 | 一、五五七四 | 二二四 | 二〇八 | 三八八 | 一、四七五九 | 九〇 | 八九八 | 四、四三六 | 七九九 | 三、四六五 | 六、六一〇 | 一一、五二二 | 二、一八一 | 一一〇 | 五、四四八 | 三〇九 | 五七 | 一、七九一 | 九、八九六 | 一、六二六 | 一三、四七九 | 二〇、〇六三 | 二四、九二九 |
| 同 八年度 | 一四、四三 | 一〇 | 一四、九五八 | 二一三 | 二一六 | 三五二 | 一、五〇九七 | 八六 | 八八〇 | 四、三七九 | 九二〇 | 四、四〇六 | 九、四七三 | 一三、三五一 | 二、六二五 | 七〇 | 七、八四一 | 二九一 | 八七 | 一、五四二 | 一二、四五六 | 八九五 | 一九、〇四三 | 二〇、〇九五 | 二四、九三九 |
| 同 九年度 | 一四、四三 | 四 | 三、一三七五 | 一三六 | 二二五 | 二二九 | 一、五二七六 | 三三五一 | 七二三 | 四、二一一 | 七九四 | 五、四九五 | 一二、五〇四 | 一六、六七〇 | 三、三二〇 | 一五〇 | 九、一二〇 | 三九六 | 九〇 | 二、四一九 | 一五、四九五 | 一、一七五 | 三〇、四一四 | 一九、八五二 | 四七、〇一九 |
| 同 十年度 | 一四、四三 | 五六 | 三、一七八七 | 一五〇 | 一七三 | 一〇六八 | 一、五二七六 | 三〇九 | 七一七 | 四、一八二 | 八九二 | 五、一〇二 | 一三、一四二 | 三二、五八二 | 三、八〇七 | 一〇〇 | 九、六一七 | 七五二 | 五五 | 二、八七六 | 一七、二〇七 | 一五、三七五 | 二五、一四八 | 二二、五六三 | 四四、六三七 |
| 上ノ國村 同 六年度 | 三四、五四 | 四四五七 | 一、一三二六 | 四二一 | 一七三八 | 三七六一 | 一、三七〇一 | 二七四 | 一、〇二二 | 六、五二二 | 四七 | 五三 | 一〇、二六七 | 一一、九七四 | 一、六八三 | 二七 | 六、一八〇 | 八 | ― | 一、七一三 | 九、六一一 | 一、七九九 | 一一、四一〇 | 三、〇三五 | 一、五一二 |
| 同 七年度 | 三四、五四 | 四四九七 | 一、二四二六 | 四五四 | 一七五八 | 三四六三 | 一、五七〇二 | 二九七 | 一、〇四五 | 七、一四八 | 四七 | 五四 | 一一、三二八 | 一七、二七三 | 二、五六五 | 一五 | 八、六〇六 | 一三 | ― | 二、五二八 | 一三、七二七 | 三、五〇六 | 一七、二三三 | 四、三一六 | 一、五四〇 |
| 同 八年度 | 三四、五四 | 四四四七 | 五〇三五 | 四〇八 | 一八九〇 | 二一二四 | ― | ― | 一、〇一五 | 七、四一二 | 五〇 | 七〇 | 一七、五五二 | 二四、八五五 | 三、二九七 | ― | 一三、〇〇六 | 一三 | 二 | 二、八二四 | 一九、一四二 | 五、三六八 | 二四、五一〇 | 三、七八五 | 一、六〇二 |
| 同 九年度 | 三四、五四 | 四〇九〇 | 五二一八 | 三八〇 | 一九六四 | 五二五 | ― | ― | 一、〇七三 | 七、〇一六 | 五〇 | 九〇 | 二四、六五四 | 二九、九四三 | 四、九七九 | 二八五 | 一七、二四四 | 一五 | 七〇 | 三、六四三 | 二六、二二六 | 一、九三三 | 二八、一五八 | 四、三二七 | 一、六〇五 |
| 同 十年度 | 三四、五四 | 四一四四 | 五五二三 | 三七六 | 二〇〇六 | 六二 | ― | ― | 一、〇一七 | 七、二〇一 | 五〇 | 一一三 | 二六、〇九一 | 三三、九二〇 | 四、五〇二 | 一九三 | 一六、九五一 | 一九 | 一〇〇 | 六、〇五八 | 二七、八二三 | 四、六五九 | 三二、四八二 | 六、六四六 | 一、九〇〇 |

| 財産 學校基本財産 動産 | 財産 學校基本財産 不動産 | 財産 特別基本財産 動産 | 財産 特別基本財産 不動産 | 財産 收益ナキ財産 動産 | 財産 收益ナキ財産 不動産 | 財産 一部有財産 財産 | 財産 一部有財産 不動産 | 財産 積立金穀 | 財産 罹災救助金 | 財産ヨリ生スル收入 | 市町村債額 | 第三種所得税額 | 同納税者實人員 | 課率 附加税 地價割 | 課率 附加税 國税營業税割 | 課率 附加税 所得税割 | 課率 附加税 戸別割 | 課率 附加税 地方税營業税割 | 課率 附加税 雜種税割 | 課率 特別税 反別割 田 | 課率 特別税 反別割 畑 | 課率 特別税 反別割 宅地 | 課率 特別税 反別割 山林 | 課率 特別税 反別割 原野 | 課率 特別税 反別割 牧場 | 課率 特別税 反別割 海産干場 | 課率 特別税 反別割 雜種地 | 課率 特別税 建物割 | 課率 特別税 牛馬割 | 課率 特別税 戸別割 |
|---|---|---|---|---|---|---|---|---|---|---|---|---|---|---|---|---|---|---|---|---|---|---|---|---|---|---|---|---|---|---|
| 同 | 同 | 同 | 同 | 同 | 同 | 同 | 同 | 同 | 同 | 同 | 同 | 同 | 人 | 同 | 同 | 同 | 同 | 同 | 同 | 同 | 同 | 同 | 同 | 同 | 同 | 同 | 同 | 同 | 同 | 同 |
| 二、二八三 | 二、三七〇 | — | — | — | 六、六〇〇 | — | — | 一、一二〇 | — | 二、五一八 | — | 三三三 | 三〇 | — | 一五〇 | 一五〇 | 五、五〇〇 | 八〇〇 | 九〇〇 | 一〇〇 | 〇五〇 | 一〇〇 | — | — | — | — | 〇五〇 | — | — | — |
| 二、五四二 | 二、四〇〇 | — | — | — | 八、五〇〇 | — | — | 一、一三三 | — | 二、六二三 | — | 三四六 | 一九 | — | 一五〇 | 一五〇 | 五、六六〇 | 一、〇〇〇 | 七六七 | 二六〇 | 一三〇 | 三〇〇 | 〇〇五 | 〇〇五 | 〇〇五 | — | 二一〇 | — | — | — |
| 二、五一二 | 二、三七〇 | — | — | — | 八、八八〇 | — | — | 一、一七二 | — | 二、八一二 | — | 三九九 | 二二 | — | 二四〇 | 二四〇 | 六、九五〇 | 一、〇〇〇 | 八三三 | 二六〇 | 一三〇 | 三〇〇 | 〇〇五 | 〇〇五 | 〇〇五 | — | 二一〇 | — | — | — |
| 二、五二九 | 五、二三〇 | — | — | — | 九、二八九 | — | — | 一、三一四 | — | 三、六六五 | 五、〇〇〇 | 一二九 | 二四 | — | 二四〇 | 二四〇 | 九、五五四 | 一、〇〇〇 | 八六七 | 二六〇 | 一五六 | 三六〇 | 〇一〇 | 〇一〇 | 〇一〇 | — | 二一〇 | — | — | — |
| 二、九〇一 | 二、六九〇 | — | — | — | 一一、一一六 | — | — | 一、四二二 | — | 三、七一五 | 三、九五六 | 一四一 | 二四 | — | 四七〇 | 一四〇 | 九、六〇〇 | 一、〇〇〇 | 一、〇〇〇 | 三五四 | 二一五 | 六六〇 | 〇三七 | 〇三七 | 〇三七 | — | 二七五 | — | — | — |
| 二、七〇五 | 二、七一〇 | 一、九四〇 | — | — | — | — | — | 六四四 | — | 六八八 | — | 五五一 | 四二 | — | 一五〇 | 一五〇 | 四、四〇〇 | 五〇〇 | 五〇〇 | 二二〇 | 〇八〇 | 一八〇 | 〇〇四 | 〇〇二 | 〇〇二 | — | 一二〇 | — | — | — |
| 二、八七一 | 二、三九七 | 二、〇四六 | — | — | — | — | — | 一、三四一 | — | 一、二一二 | — | 八六七 | 四五 | — | 一五〇 | 一五〇 | 四、五〇〇 | 五〇〇 | 五〇〇 | 二二〇 | 〇八〇 | 一八〇 | 〇〇四 | 〇〇二 | 〇〇二 | — | 一二〇 | — | — | — |
| 一八三 | 二、五三四 | 二、一〇九 | — | — | — | — | — | 一、四七五 | — | 一、三七九 | — | 一、〇五六 | 五〇 | — | 一五〇 | 一五〇 | 四、八二〇 | 五〇〇 | 五〇〇 | 三五〇 | 一四〇 | 三〇〇 | 〇〇八 | 〇〇四 | 〇〇四 | — | 一〇〇 | — | — | — |
| 三三五 | 一二、三〇二 | 二、二五〇 | — | — | — | — | — | 一、七〇〇 | — | 一、五二六 | — | 一、一七二 | 五八 | — | 二四〇 | 一四〇 | 六、五三〇 | 一、〇〇〇 | 一、〇〇〇 | 三五〇 | 一四〇 | 三〇〇 | 〇〇八 | 〇〇四 | 〇〇四 | — | 一〇〇 | — | 一、〇〇〇 | — |
| 一、五五九 | 一三、三九六 | 二、七〇三 | — | — | — | — | — | 一、五六〇 | — | 一、四四四 | — | 三五三 | 五四 | — | 四七〇 | 一四〇 | 八、〇六〇 | 一、〇〇〇 | 一、〇〇〇 | 三五〇 | 一四〇 | 三〇〇 | 〇〇八 | 〇〇四 | 〇〇四 | — | 一〇〇 | — | 一、〇〇〇 | — |

| 種別 | 單位 | 利別村 大正六年度 | 利別村 同七年度 | 利別村 同八年度 | 利別村 同九年度 | 利別村 同十年度 | 東瀬棚村 同六年度 | 東瀬棚村 同七年度 | 東瀬棚村 同八年度 | 東瀬棚村 同九年度 | 東瀬棚村 同十年度 |
|---|---|---|---|---|---|---|---|---|---|---|---|
| 面積 | 方里 | 三二、九二 | 三二、九二 | 三二、九二 | 三二、九二 | 三二、九二 | 九、六六 | 九、六六 | 九、六六 | 九、六六 | 九、六六 |
| 民有地 田 | 反 | — | — | 五 | 一一四〇 | 一二八一 | 一〇六 | 一〇六 | 一三三 | 一五六 | 八一七 |
| 民有地 畑 | 同 | 四、五七二〇 | 五、二四六三 | 五、五一四四 | 五、三二九〇 | 六、四五七三 | 二、六〇六四 | 二、七〇七八 | 二、七四九六 | 二、七三四九 | 三、三四〇七 |
| 民有地 宅地 | 同 | 三〇四 | 七二〇 | 七五九 | 七一二 | 六九七 | 九 | 三七 | 三八 | 四六 | 一二六 |
| 民有地 山林 | 同 | 二、六四八二 | 二、六八〇三 | 二、七一九〇 | 二、八六〇〇 | 三、〇四四六 | 七四二 | 八二一 | 八三七 | 八二五 | 一九六八 |
| 民有地 原野 | 同 | 一〇、六五五四 | 一〇、七二〇一 | 一〇、八〇〇〇 | 一一、四四〇八 | 一二、一七八四 | 六六八二 | 六七三六 | 七九六五 | 一、〇〇七四 | 一、五五八一 |
| 民有地 牧場 | 同 | 二一二〇 | 二一二〇 | 二一二〇 | 四五五〇 | 六一七〇 | 二一九一 | 二一九一 | 二二七五 | 九六五六 | 九六四四 |
| 民有地 其他 | 同 | 五九六 | 六四〇 | 六五二 | 六六七 | 六九二 | — | — | — | — | — |
| 現住戸數 | 戸 | 一、六八四 | 一、五五四 | 一、五四五 | 一、三七二 | 一、三四五 | 六六六 | 六六一 | 六〇九 | 六一五 | 六一七 |
| 現住人口 | 人 | 九、七七九 | 九、一五三 | 九、一四五 | 七、六七〇 | 七、五七七 | 三、五二四 | 三、八五三 | 三、三四二 | 三、九〇[illegible] | 三、九五三 |
| 擔負 直接國稅額 | 圓 | 二、一二〇 | 二、六七二 | 三、九〇一 | 二、七五五 | 三、三八七 | 八七五 | 一、〇七二 | 一、三七三 | 九三一 | 一、八〇〇 |
| 擔負 地方稅額 | 同 | 六、〇一五 | 七、二九四 | 九、五六九 | 一四、六四六 | 一四、九九四 | 二、七五九 | 三、〇三三 | 四、二三〇 | 五、七五〇 | 六、〇七七 |
| 擔負 市町村稅額 | 同 | 一七、二八八 | 二二、三七六 | 三〇、三九五 | 三六、二一四 | 三五、四五二 | 七、五九一 | 九、〇〇八 | 一二、三五三 | 一七、九三四 | 一八、四四五 |
| 財政 歳入 | 同 | 二六、九八四 | 三三、九九五 | 四二、五五八 | 五三、二一八 | 五四、〇五八 | 一二、六一〇 | 二二、四三六 | 二〇、四六四 | 二〇、四六四 | 三〇、九三〇 |
| 經常部歳出 役所役場費 | 同 | 二、九〇八 | 五、〇八九 | 五、七七六 | 六、五四四 | 六、三九六 | 一、五五八 | 一、八八三 | 二、七〇七 | 三、八二六 | 三、九七四 |
| 經常部歳出 土木費 | 同 | 四一三 | 一八〇 | 四九五 | 七三四 | 八三九 | — | — | 一三五 | 三〇 | 三〇 |
| 經常部歳出 教育費 | 同 | 九、六四一 | 一三、五〇八 | 一九、三五三 | 二三、六〇七 | 二四、九一〇 | 四、二五三 | 五、六六三 | 九、〇二七 | 一一、三七九 | 一二、三四二 |
| 經常部歳出 衛生費 | 同 | 三四二 | 一九三 | 四五九 | 七一四 | 四三二 | 一五九 | 二八五 | 一六七 | 二六二 | 四七一 |
| 經常部歳出 勸業費 | 同 | — | — | 一一〇 | 一一〇 | 一〇 | — | — | — | — | — |
| 經常部歳出 其他 | 同 | 三、七五〇 | 四、七二四 | 三、五一〇 | 四一五四 | 五、六五七 | 一、六七七 | 一、八四六 | 一、八二七 | 二、一三六 | 二、七二六 |
| 經常部歳出 計 | 同 | 一七、〇五四 | 二三、六九四 | 二九、七〇三 | 三五、八六三 | 三八、二四四 | 七、六四七 | 九、六七七 | 一三、八六三 | 一七、六三三 | 一九、五四四 |
| 臨時部計 | 同 | 九、九三〇 | 一〇、三〇一 | 一二、八五五 | 一七、三五五 | 一五、八一四 | 四、九六三 | 一二、七五九 | 八、六〇〇 | 二、八三一 | 一一、三八六 |
| 通計 | 同 | 二六、九八四 | 三三、九九五 | 四二、五五八 | 五三、二一八 | 五四、〇五八 | 一二、六一〇 | 二二、四三六 | 二二、四六三 | 二〇、四六四 | 三〇、九三〇 |
| 基本財産 動産 | 同 | 三、〇三一 | 四、八〇七 | 六、五四八 | 七、六六二 | 八、三三三 | 一、六一九 | 一、一六四 | 一、七一一 | 五八七 | 二、五一三 |
| 基本財産 不動産 | 同 | 一一、三〇三 | 一一、七九三 | 一一、七九三 | 一一、七九三 | 一一、三〇六 | 一四、八六九 | 一四、九六九 | 一四、九六九 | 一四、九六九 | 一四、七一九 |

| | | | | | | | | | | | | |
|---|---|---|---|---|---|---|---|---|---|---|---|---|
| 財産 | 學校基本財産 動産 | 同 | 一、一四四 | 一、四八七 | 一、六七四 | 二、〇四二 | 二、三五〇 | 二一六 | 三八七 | 二八四 | 三五五 | 三五三 |
| 財産 | 學校基本財産 不動産 | 同 | 二、七一二 | 二、七一二 | 二、七一二 | 二、七一二 | 二、七一二 | 八七〇 | 八七〇 | 八七〇 | 八七〇 | 八七〇 |
| 財産 | 特別基本財産 動産 | 同 | 五〇 | 五〇 | 二六〇 | 二七一 | 二八四 | 八〇四 | 八二八 | 八六三 | 一、〇四四 | 一、〇六四 |
| 財産 | 特別基本財産 不動産 | 同 | ― | ― | ― | ― | ― | ― | ― | ― | ― | ― |
| 財産 | 收益ナキ財産 動産 | 同 | 一六、九六五 | 一六、八五五 | 三五、四六六 | 三九、〇二六 | 四二、四〇八 | ― | ― | ― | ― | ― |
| 財産 | 收益ナキ財産 不動産 | 同 | 一、一五〇 | 一、三三八 | 一、四四三 | 一、五八八 | 一、六三六 | 九、一三二 | 一五三三二 | 一六、七〇七 | 一八、二〇七 | 一八、二〇七 |
| 財産 | 一部有財産 動産 | 同 | ― | ― | ― | ― | ― | ― | ― | ― | ― | ― |
| 財産 | 一部有財産 不動産 | 同 | ― | ― | ― | ― | ― | ― | ― | ― | ― | ― |
| 財産 | 積立金穀 | 同 | ― | ― | ― | ― | ― | ― | ― | ― | ― | ― |
| 財産 | 罹災救助金 | 同 | ― | ― | ― | ― | ― | ― | ― | ― | ― | ― |
| 財産ヨリ生スル收入 | | 同 | 六五四 | 八二六 | 六五六 | 一、〇〇一 | 一、一〇〇 | 五三〇 | 五七二 | 七八〇 | 一、一八三 | 一、二五九 |
| 市町村債額 | | 同 | 四〇〇 | ― | ― | ― | ― | 八〇〇 | 四〇〇 | ― | ― | ― |
| 第三種所得税額 | | 同 | 一、三五四 | 一、五六三 | 一、七四一 | 六五一 | 八七七 | 六七四 | 七七三 | 八一〇 | 二二八 | 五〇二 |
| 同納税者實人員 | | 人 | 九七 | 六七 | 六七 | 五一 | 七〇 | 六七 | 五三 | 四九 | 四三 | 四八 |
| 課率 附加税 | 地價割 | 厘 | ― | 宅地 一三〇 其他 三二〇 | 〇九〇 二一〇 | ― | ― | 宅地 ― 其他 二一〇 | ― 二一〇 | ― 三二〇 | 一四四 三三六 | 二八〇 六六〇 |
| 課率 附加税 | 國税營業税割 | 同 | 一五〇 | 一五〇 | 二四〇 | 四七〇 | 四七〇 | 一五〇 | 一五〇 | 一五〇 | 二四〇 | 四七〇 |
| 課率 附加税 | 所得税割 | 同 | 一五〇 | 一五〇 | 二四〇 | 一四〇 | 一四〇 | 一五〇 | 一五〇 | 一五〇 | 二四〇 | 一四〇 |
| 課率 附加税 | 戸別割 | 同 | 五、九五五 | 七、一五〇 | 七、〇九〇 | 七、五四〇 | 六、〇三八 | 五、一三〇 | 五、九九〇 | 六、八〇〇 | 九、一四〇 | 九、四六〇 |
| 課率 附加税 | 地方税營業税割 | 同 | 五〇〇 | 五〇〇 | 五〇〇 | 八〇〇 | 一、〇〇〇 | 五〇〇 | 五〇〇 | 五〇〇 | 一、〇〇〇 | 一、〇〇〇 |
| 課率 附加税 | 雜種税割 | 同 | 五〇〇 | 五〇〇 | 三、二五〇 | 四、〇〇〇 | 二、五〇〇 | 五〇〇 | 五〇〇 | 五〇〇 | 一、〇〇〇 | 一、〇〇〇 |
| 課率 特別税 反別割 | 田 | 同 | ― | ― | 二〇〇 | 三〇〇 | 三〇〇 | 〇九〇 | 〇九〇 | 一五〇 | 三〇〇 | 三九〇 |
| 課率 特別税 反別割 | 畑 | 同 | 〇四五 | 〇六〇 | 〇七四 | 一四〇 | 一四〇 | 〇五五 | 〇五五 | 〇八〇 | 一一三 | 一六三 |
| 課率 特別税 反別割 | 宅地 | 同 | 〇七〇 | 一四〇 | 四〇〇 | 四〇〇 | 一〇〇 | 二二〇 | 二二〇 | 二二〇 | 四二〇 | 四九〇 |
| 課率 特別税 反別割 | 山林 | 同 | ― | 〇二〇 | 一〇〇 | 一〇〇 | 一〇〇 | ― | ― | ― | ― | ― |
| 課率 特別税 反別割 | 原野 | 同 | 〇二〇 | 一〇〇 | 一〇〇 | 一〇〇 | 一〇〇 | 〇二二 | 〇二二 | 〇三〇 | 〇四六 | 〇七〇 |
| 課率 特別税 雜種割 | 牧場 | 同 | 〇四〇 | 一〇〇 | 一〇〇 | 一〇〇 | 一〇〇 | 〇三〇 | 〇三〇 | 〇三六 | 〇五六 | 〇八〇 |
| 課率 特別税 雜種割 | 海産干場 | 同 | ― | ― | ― | ― | ― | ― | ― | ― | ― | ― |
| 課率 特別税 雜種割 | 雜種地 | 同 | ― | ― | ― | ― | ― | ― | ― | ― | ― | ― |
| 課率 特別税 | 建物割 | 同 | ― | ― | ― | ― | ― | ― | ― | ― | ― | ― |
| 課率 特別税 | 牛馬割 | 同 | ― | ― | ― | ― | ― | ― | ― | ― | ― | ― |
| 課率 特別税 | 戸別割 | 同 | ― | ― | ― | ― | ― | ― | ― | ― | ― | ― |

| 種別 | 単位 | 貝取澗外二村 大正六年度 | 同 七年度 | 同 八年度 | 同 九年度 | 同 十年度 | 余市町 同 六年度 | 同 七年度 | 同 八年度 | 同 九年度 | 同 十年度 |
|---|---|---|---|---|---|---|---|---|---|---|---|
| 面積 | 方里 | 七、〇〇 | 七、〇〇 | 七、〇〇 | 七、〇〇 | 七、〇〇 | 八、〇〇 | 八、〇〇 | 八、〇〇 | 八、〇〇 | 八、〇〇 |
| 民有地 田 反別 | 反 | — | — | — | — | — | 二八二三 | 二九三八 | 二九八六 | 三〇五五 | 三〇六七 |
| 民有地 畑 同 | 同 | 四一〇一 | 三三一八 | 一一六七 | 二〇七八 | 二七六五 | 二、五一二九 | 二、五六二八 | 二、六一一八 | 二、七五二〇 | 二、七五二〇 |
| 民有地 宅地 同 | 同 | 七二 | 七一 | 七三 | 七二 | 七二 | 一〇四九 | 一〇八七 | 一一二三 | 一一五九 | 一一五九 |
| 民有地 山林 同 | 同 | 二七三〇 | 二八二六 | 二七八二 | 三二六四 | 三三一六 | 四三七九 | 四六七七 | 五〇七九 | 五一八三 | 五一八三 |
| 民有地 原野 同 | 同 | 四二六 | 五〇四 | 七六〇 | 三一一 | 二二八 | 五三四八 | 四三六七 | 三九八〇 | 三二〇〇 | 三二〇〇 |
| 民有地 牧場 同 | 同 | — | — | — | — | — | — | — | — | — | — |
| 民有地 其他 同 | 同 | 一四五 | 一四五 | — | — | — | 五八一 | 五九二 | 七〇八 | 七一一 | 七一一 |
| 現住戸数 | 戸 | 二五三 | 二五〇 | 二五一 | 二五五 | 二四三 | 三、二四〇 | 三、一二九 | 三、三二七 | 三、三〇八 | 三、三二七 |
| 現住人口 | 人 | 一、九三一 | 一、六五四 | 一、五二九 | 一、六六八 | 一、六〇二 | 一八、三九九 | 一七、八五三 | 一九、一〇七 | 一七、七七六 | 一七、九八七 |
| 負擔 直接國税額 | 圓 | 二五九 | 二八二 | 三二一 | 三五五 | 四一七 | 二九、八三〇 | 六六、八八三 | 九九、七八七 | 五五、七六七 | 五〇、五五五 |
| 負擔 地方税額 | 同 | 一、二二六 | 一、四三四 | 一、五二九 | 一、六八四 | 一、七九九 | 二八、六三六 | 三〇、八八二 | 四一、九三九 | 五六、六〇六 | 五五、七八七 |
| 負擔 市町村税額 | 同 | 二、一八四 | 一、九六七 | 二、四二一 | 三、五〇九 | 四、一九八 | 四四、六五一 | 五九、七〇〇 | 九三、三四九 | 一一〇、四一一 | 一二二、二一五 |
| 財政 歳入 | 同 | 二、五二三 | 三、三八五 | 四、〇〇二 | 五、三七五 | 五、八八〇 | 八九、二〇二 | 七三、九四二 | 一一〇、八四一 | 一三六、七八七 | 一七〇、八九一 |
| 歳出經常部 役所役場費 | 同 | — | — | — | — | — | 八、四一九 | 一〇、七五八 | 一八、〇〇六 | 二五、八一九 | 二六、二九一 |
| 歳出經常部 土木費 | 同 | 九〇 | 六〇 | 一〇 | 三〇 | 一五 | 三、九〇七 | 五、二三八 | 五、〇二七 | 四、三八一 | 六、三三九 |
| 歳出經常部 教育費 | 同 | 一、九一四 | 二、五九四 | 三、二六一 | 四、一四四 | 四、七一三 | 二三、八六二 | 三二、五二二 | 五三、一六三 | 六三、二三〇 | 七〇、五一九 |
| 歳出經常部 衛生費 | 同 | 三一 | 一二一 | 三四四 | 二九〇 | 一二八 | 六、二三三 | 四、五四四 | 八、六五七 | 九、二八四 | 七、三九七 |
| 歳出經常部 勧業費 | 同 | 九〇 | 三三 | 一九 | 六五 | 一〇 | 六〇 | 六〇 | 六〇 | 七〇 | 七一 |
| 歳出經常部 其他 | 同 | 三九八 | 五七七 | 三六八 | 七二九 | 一、〇一四 | 七、一二四 | 六、一八九 | 七、二〇九 | 九、一六三 | 一一、四〇〇 |
| 歳出經常部 計 | 同 | 二、五二三 | 三、三八五 | 四、〇〇二 | 五、二五八 | 五、八八〇 | 四九、六〇五 | 五九、三一一 | 九二、一二二 | 一一一、九四七 | 一二二、〇一七 |
| 同臨時部 計 | 同 | — | — | — | 一一七 | — | 三九、五九六 | 一四、六三一 | 一八、七二〇 | 二四、八四一 | 四八、八七四 |
| 通計 | 同 | 二、五二三 | 三、三八五 | 四、〇〇二 | 五、三七五 | 五、八八〇 | 八九、二〇二 | 七三、九四二 | 一一〇、八四一 | 一三六、七八七 | 一七〇、八九一 |
| 基本財産 動産 | 同 | — | — | — | — | — | 二一、〇〇〇 | 五二、四〇〇 | 七六、二〇〇 | 一〇五、九〇〇 | 一一一、〇〇〇 |
| 基本財産 不動産 | 同 | 六九 | 七五 | 一一四 | 一〇四 | 一〇三 | 六〇、三四九 | 一〇九、八七四 | 一六三、九七二 | 二〇七、五二〇 | 一八三、五六四 |

| 財産 學校基本財産 動産 | 財産 學校基本財産 不動産 | 財産 特別基本財産 動産 | 財産 特別基本財産 不動産 | 財産 收益ナキ財産 動産 | 財産 收益ナキ財産 不動産 | 財産 一部有財産 動産 | 財産 一部有財産 不動産 | 財産 積立金穀 | 財産 罹災救助金 | 財産ヨリ生スル收入 | 市町村債額 | 第三種所得税額 | 同納税者實人員 | 課率 附加税 地價割 | 課率 附加税 國税營業税割 | 課率 附加税 所得税割 | 課率 附加税 戸別割 | 課率 附加税 地方税營業税割 | 課率 附加税 雑種税割 | 課率 特別税 反別割 田 | 課率 特別税 反別割 畑 | 課率 特別税 反別割 宅地 | 課率 特別税 反別割 山林 | 課率 特別税 反別割 原野 | 課率 特別税 反別割 牧場 | 課率 特別税 反別割 海産干場 | 課率 特別税 反別割 雑種地 | 課率 特別税 建物割 | 課率 特別税 牛馬割 | 課率 特別税 戸別割 |
|---|---|---|---|---|---|---|---|---|---|---|---|---|---|---|---|---|---|---|---|---|---|---|---|---|---|---|---|---|---|---|
| 同 | 同 | 同 | 同 | 同 | 同 | 同 | 同 | 同 | 同 | 同 | 同 | 同 | 人 | 厘 | 同 | 同 | 同 | 同 | 同 | 同 | 同 | 同 | 同 | 同 | 同 | 同 | 同 | 同 | 同 | 同 |
| 一、九七五 | 二三、三五〇 | 一、〇五〇 | — | — | 一、八六四 | — | — | 二、九八五 | — | 四二九 | — | — | — | — | 、一五〇 | — | — | 一、〇〇〇 | 一、〇〇〇 | 〇八〇 | 三一〇 | 三六〇 | — | — | — | — | — | — | — | 四六〇 |
| — | 三、二六三 | 一、〇五〇 | — | — | 二、〇八〇 | — | — | 三、二三六 | — | 四七八 | — | — | — | — | 、一五〇 | — | — | 一、〇〇〇 | 一、〇〇〇 | 〇八〇 | 三一〇 | 三六〇 | — | — | — | — | — | — | — | 二〇〇 |
| 一、九七〇 | 四、〇二三 | 一〇四〇 | — | — | 二、九七〇 | — | — | 三、九〇七 | — | 三六七 | — | 七 | 二 | — | 、一五〇 | 、一五〇 | — | 一、〇〇〇 | 一、〇〇〇 | 〇八〇 | 三一〇 | 三六二 | — | — | — | — | — | — | — | 三一〇 |
| 一、九六〇 | 四、一四〇 | 一、〇四〇 | — | — | 二、九九〇 | — | — | 四、二二四 | — | 四六七 | — | — | — | — | 、一五〇 | — | — | 一、〇〇〇 | 一、〇〇〇 | 〇八〇 | 三〇〇 | 三六六 | — | — | — | — | — | — | — | 五〇〇 |
| 一、九五〇 | 六、七〇九 | 一、〇四〇 | — | — | 三、一八二 | — | — | 四、二九二 | — | 四六九 | — | 八 | 二 | — | 、一五〇 | 、一五〇 | — | 一、〇〇〇 | 一、〇〇〇 | 〇八〇 | 三〇〇 | 三六六 | — | — | — | — | — | — | — | 五〇〇 |
| — | 六八、三五〇 | — | — | — | — | — | — | 三八、五八三 | — | 一一、五二一 | — | 一九、二〇五 | 二七五 | 宅地 〇九〇 其他 二一〇 | 、一五〇 | 、一五〇 | 四、四五〇 | 、五〇〇 | 、五〇〇 | 、〇八〇 | 、〇五〇 | 、一〇〇 | — | — | — | 、一〇〇 | — | — | — | — |
| — | 三六、二六六 | — | — | — | — | — | — | 二〇、三五九 | — | 一〇、九二二 | — | 三六、四〇九 | 二三七 | 〇九〇 二一〇 | 、一五〇 | 、一五〇 | 五、八〇〇 | 、七五〇 | 、七五〇 | 、一六〇 | 、一〇〇 | 、二〇〇 | — | — | — | 、二〇〇 | — | — | — | — |
| — | 三六、二六六 | — | — | — | — | — | — | 一八、九三〇 | — | 二一、七八四 | — | 五五、〇九六 | 二九一 | 〇九〇 二一〇 | 、一五〇 | 、一五〇 | 七、三七〇 | 、八五〇 | 、八五〇 | 、二五〇 | 、一五〇 | 、五〇〇 | — | — | — | 、三〇〇 | — | — | — | — |
| — | 九六、四〇四 | — | — | — | — | — | — | 六、二四五 | — | 二四、〇六八 | — | 三八、八五八 | 二六六 | — | 、四七〇 | 、一四〇 | 七、三〇〇 | 一、〇〇〇 | 一、〇〇〇 | 、三五〇 | 、二〇〇 | 一、五〇〇 | — | — | — | 、三五〇 | — | — | — | — |
| — | 九二、四八一 | — | — | — | — | — | — | 三二、三五六 | — | 二六、七四五 | — | 三一、五六一 | 三一八 | — | 、四七〇 | 、一四〇 | 八、四〇〇 | 一、〇〇〇 | 一、〇〇〇 | 、三五〇 | 、二〇〇 | 一、五〇〇 | 、〇二〇 | 、〇二〇 | — | 、三五〇 | — | — | — | — |

| 種別 | 單位 | 塩谷村 大正六年度 | 塩谷村 同 七年度 | 塩谷村 同 八年度 | 塩谷村 同 九年度 | 塩谷村 同 十年度 | 大江村 同 六年度 | 大江村 同 七年度 | 大江村 同 八年度 | 大江村 同 九年度 | 大江村 同 十年度 |
|---|---|---|---|---|---|---|---|---|---|---|---|
| 面積 | 方里 | 三、五〇 | 三、五〇 | 三、五〇 | 三、五〇 | 三、五〇 | 一六、〇〇 | 一六、〇〇 | 一六、〇〇 | 一六、〇〇 | 一六、〇〇 |
| 民有地 田 反別 | 反 | 二九五 | 二九五 | 二九五 | 三一〇 | 三三〇 | 二五七六 | 二五七六 | 二七一九 | 三五〇〇 | 四四七八 |
| 民有地 畑 | 同 | 九八三 | 一、〇〇一八 | 一、〇〇一八 | 九九三二 | 九九八三 | 四、二一五一 | 四、二二〇五 | 三、六七九九 | 三、五七九三 | 三、四七四一 |
| 民有地 宅地 | 同 | 一六 | 一六 | 五 | 二 | 二 | 二三〇 | 二三〇 | 二四七 | 二七〇 | 二六九 |
| 民有地 山林 | 同 | 七二〇七 | 七一八七 | 六八二四 | 八〇一四 | 六九三一 | 四四七三 | 四四七三 | 六五〇二 | 六八七八 | 七八二九 |
| 民有地 原野 | 同 | 三〇八 | 二九四 | 一一〇〇 | 一〇八七 | 一九三六 | — | — | 一、二九二六 | 一、四五四三 | 一、四五八一 |
| 民有地 牧場 | 同 | — | — | — | — | — | — | — | 六四二五 | 六六九〇 | 六六九〇 |
| 民有地 其他 | 同 | — | — | — | — | — | — | — | — | — | — |
| 現住戸數 | 戸 | 一、一二〇 | 一、〇四三 | 一、〇七二 | 一、〇七七 | 一、一〇五 | 一、〇四三 | 九七三 | 九五三 | 九五五 | 九五五 |
| 現住人口 | 人 | 五、七一三 | 五、三五六 | 五、五〇五 | 五、七九二 | 五、九二〇 | 五、六七二 | 五、六三二 | 五、五七三 | 五、五〇三 | 五、五三五 |
| 負擔 直接國稅額 | 圓 | 三、三九〇 | 六、八九九 | 一四、七七一 | 八、二八〇 | 五、三四〇 | 四、一八九 | 五、二二八 | 五、九二五 | 四、四二七 | 五、〇四三 |
| 負擔 地方稅額 | 同 | 七、一七二 | 八、二五一 | 一一、二九九 | 一八、一六六 | 一九、〇三二 | 四、九八四 | 五、二七一 | 六、九五七 | 九、九五四 | 九、八七〇 |
| 負擔 市町村稅額 | 同 | 一一、九五四 | 一三、六六九 | 一八、三二七 | 二九、二五〇 | 三五、四〇九 | 一三、四二二 | 一四、九二六 | 二四、四五五 | 三七、六二〇 | 三六、〇三二 |
| 財政 歳入 | 同 | 一二、九五七 | 一七、一四八 | 二四、〇三七 | 三五、三四〇 | 四〇、八三六 | 一五、七六一 | 二四、三七四 | 三〇、一一五 | 四二、九五一 | 四六、七九六 |
| 歳出經常部 役所役場費 | 同 | 二、一九一 | 三、三一六 | 五、一一六 | 七、六八七 | 一一、九九三 | 四、六二五 | 六、〇四九 | 八、六三〇 | 一一、九二五 | 一二、三八〇 |
| 歳出經常部 土木費 | 同 | 二七五 | 一九三 | 三〇〇 | 一、〇〇七 | 一、〇九〇 | 四二二 | 五四九 | 一、三〇七 | 二、四四三 | 一、六八一 |
| 歳出經常部 教育費 | 同 | 七、八七四 | 一〇、八九五 | 一四、二二七 | 一五、二〇一 | 二二、一四一 | 七、一九一 | 九、二八三 | 一三、六六二 | 一六、三九五 | 一七、六〇五 |
| 歳出經常部 衛生費 | 同 | 四六 | 四六 | 六六 | 三二〇 | 四九〇 | 三五 | 一三九 | 八二 | 六九〇 | 三八〇 |
| 歳出經常部 勸業費 | 同 | 九 | 九 | 三〇 | 五六 | 四八 | — | — | — | — | — |
| 歳出經常部 其他 | 同 | 二、一八五 | 一、五五八 | 一、六六八 | 一、八〇三 | 三、五四八 | 一、一四九 | 二、〇八五 | 三、〇三三 | 三、二一七 | 四、九五四 |
| 歳出經常部 計 | 同 | 一二、五八〇 | 一六、〇一七 | 二一、四〇七 | 二六、〇七四 | 三九、三一〇 | 一三、四二二 | 一八、一〇五 | 二六、七一四 | 三四、六七〇 | 三、七〇〇 |
| 同臨時部 計 | 同 | 三七七 | 一、一三一 | 二、六三〇 | 九、二六六 | 一、五二六 | 七六三 | 六、〇八九 | 二、五二九 | 二、四六五 | 一、四五八 |
| 通計 | 同 | 一二、九五七 | 一七、一四八 | 二四、〇三七 | 三五、三四〇 | 四〇、八三六 | 二九、九四六 | 四八、五六八 | 五九、三五八 | 八〇、〇八六 | 八五、二五四 |
| 基本財產 動產 | 同 | — | — | — | — | — | 一八、八二二 | 一六、三〇四 | 一六、六八四 | 一八、七七二 | 二一、一一一 |
| 基本財產 不動產 | 同 | — | — | — | — | — | — | — | — | — | — |

| 財産 學校基本財産 動産 | 財産 學校基本財産 不動産 | 財産 特別基本財産 動産 | 財産 特別基本財産 不動産 | 財産 收益ナキ財産 動産 | 財産 收益ナキ財産 不動産 | 財産 一部有財産 動産 | 財産 一部有財産 不動産 | 財産 積立金穀 | 財産 罹災救助金 | 財産ヨリ生スル收入 | 市町村債額 | 第三種所得税額 | 同納税者實人員 |
|---|---|---|---|---|---|---|---|---|---|---|---|---|---|
| 同 | 同 | 同 | 同 | 同 | 同 | 同 | 同 | 同 | 同 | 同 | 同 | 同 | 人 |
| — | — | — | 七、〇一六 | — | 三〇、九〇二 | — | — | 一九、七一〇 | — | 四二七 | — | 六八七 | 六二 |
| — | — | — | 九、〇七五 | — | 三、一二六 | — | — | 二〇、六三三 | — | 六一四 | — | 三、九一七 | 五六 |
| — | — | — | 二六、五一〇 | — | 四、〇七七 | — | — | 三〇、〇〇七 | — | 七九三 | — | 一一、三七三 | 九二 |
| — | — | — | 三五、八二一 | — | 五一、六七〇 | — | — | 三六、〇二六 | — | 一、一四二 | — | 四、五六九 | 六〇 |
| — | 三、二二五 | — | 三八、〇九二 | — | 三七、三二〇 | — | — | 三七、三二〇 | — | 一、四八五 | — | 一、四四八 | 五〇 |
| — | — | 二、〇五五 | — | — | — | — | — | — | — | 一、六一一 | — | 一、六四四 | 一一一 |
| — | — | 二、一五三 | — | — | — | — | — | — | — | 一、四五一 | — | 二、三六五 | 一三〇 |
| — | — | 二、二六五 | — | — | — | — | — | — | — | 三、四三三 | — | 二、八三〇 | 一五七 |
| — | — | 二、四〇四 | — | — | — | — | — | — | — | 一、二四八 | — | 一、四二四 | 一三一 |
| — | — | 二、七〇二 | — | — | — | — | — | — | — | 一、三二七 | — | 一、四二四 | 一三二 |

| 課率 附加税 地價割 宅地 | 課率 附加税 地價割 其他 | 營業税割 | 所得税割 | 戸別割 | 地方税營業割 | 雜種税割 | 特別税 反別割 田 | 反別割 畑 | 反別割 宅地 | 反別割 山林 | 反別割 原野 | 反別割 牧場 | 反別割 海產 | 反別割 干場・雜種地 | 建物割 | 牛馬割 | 戸別割 |
|---|---|---|---|---|---|---|---|---|---|---|---|---|---|---|---|---|---|
| 厘 | | 同 | 同 | 同 | 同 | 同 | 同 | 同 | 同 | 同 | 同 | 同 | 同 | 同 | 同 | 同 | 同 |
| 〇九〇 | 二一〇 | 一五〇 | 一五〇 | 三、一〇〇 | 五〇〇 | 五〇〇 | 一〇〇 | 〇八〇 | 一二〇 | 〇一〇 | 〇〇三 | — | — | 一二〇 | — | — | — |
| 〇九〇 | 二一〇 | 一五〇 | 一五〇 | 三、九八四 | 五〇〇 | 五〇〇 | 一〇〇 | 〇八〇 | 一二〇 | 〇一〇 | 〇〇三 | — | — | 一二〇 | — | — | — |
| 〇九〇 | 二一〇 | 一五〇 | 一五〇 | 四、六〇〇 | 五〇〇 | 五〇〇 | 一〇〇 | 〇八〇 | 一二〇 | 〇一〇 | 〇〇三 | — | — | 一二〇 | — | — | — |
| 二八〇 | 六六〇 | 四七〇 | 一四〇 | 六、五〇〇 | 一、二〇〇 | 、八八〇 | 五〇〇 | 三七五 | — | 〇四〇 | 〇二〇 | — | — | 四〇〇 | — | — | — |
| 二八〇 | 六六〇 | 四七〇 | 一四〇 | 五、七六〇 | 一、二〇〇 | 一、〇〇〇 | 五〇〇 | 三七五 | — | 〇四〇 | 〇二〇 | — | — | 四〇〇 | — | — | — |
| — | | 一五〇 | 一五〇 | 三、四二〇 | 五〇〇 | 五〇〇 | 三四二 | 一一七 | 三二五 | — | — | — | — | — | — | — | — |
| — | | 一五〇 | 一五〇 | 三、六〇〇 | 五〇〇 | 五〇〇 | 三四二 | 一一七 | 二二五 | — | — | — | — | — | — | — | — |
| — | | 一五〇 | 一五〇 | 五、三〇〇 | 五〇〇 | 五〇〇 | 三八三 | 二八〇 | 二八三 | 三一 | 一〇 | 二〇 | — | — | — | — | — |
| — | | 二四〇 | 二四〇 | 六、三〇〇 | 一、〇〇〇 | 一、〇〇〇 | 六二七 | 六〇五 | 六三〇 | 五二 | 一一 | 三〇 | — | — | — | — | — |
| — | | 四七〇 | 一四〇 | 六、二〇〇 | 一、〇〇〇 | 一、〇〇〇 | 八二七 | 四二〇 | 八八四 | 五二 | 一一 | 三〇 | — | — | — | — | — |

| 種別 | 單位 | 古平町 大正六年度 | 同 七年度 | 同 八年度 | 同 九年度 | 同 十年度 | 美國町 同 六年度 | 同 七年度 | 同 八年度 | 同 九年度 | 同 十年度 |
|---|---|---|---|---|---|---|---|---|---|---|---|
| 面積 | 方里 | 一二、〇〇 | 一一、〇〇 | 一二、〇〇 | 一二、〇〇 | 一二、〇〇 | 六、〇〇 | 六、〇〇 | 六、〇〇 | 六、〇〇 | 六、〇〇 |
| 民有地 田 | 反別 反 | 二 | 二 | 二 | 二 | 二 | ― | ― | ― | ― | ― |
| 畑 | 同 | 九〇五一 | 九三二八 | 九二二三 | 九二二三 | 九四八九 | 五三五五 | 五〇一四 | 五七二三 | 五三〇三 | 五一三二 |
| 宅地 | 同 | 三六〇 | 三六〇 | 三六〇 | 三六三 | 三四一 | 二一一 | 二三〇 | 二二五 | 二三二 | 二二七 |
| 山林 | 同 | 一九九〇 | 二二〇五 | 二七五二 | 三五〇一 | 四〇五〇 | 五五四四 | 五五四四 | 六一七六 | 六九二三 | 八三四八 |
| 原野 | 同 | 七九六〇 | 六九九七 | 六二九一 | 三二三〇 | 八一一四 | 八三九四 | 八七五二 | 七五一一 | 一、〇八一六 | 八一四二 |
| 牧場 | 同 | 三〇一二 | 三〇一二 | 二三一〇 | 四八六九 | 三九九 | 五三九三 | 五一四七 | 五三二三 | 二四四三 | 二四四三 |
| 其他 | 同 | 四一二 | 四〇七 | 四一二 | 四二〇 | 四二〇 | 三四二 | 三五三 | 三七二 | 三八六 | 三八六 |
| 現住戸數 | 戸 | 一、四五七 | 一、四三九 | 一、四三〇 | 一、四四五 | 一、四六九 | 八七一 | 八七四 | 八八〇 | 八三〇 | 八三二 |
| 現住人口 | 人 | 九、二三六 | 九、六九八 | 八、五四一 | 九、〇九九 | 七、五四六 | 六、一一二 | 四、九七八 | 五、八七四 | 五、六一六 | 五、七五五 |
| 負擔 直接國稅額 | 圓 | 二二、七〇五 | 五六、三八五 | 八七、五九五 | 三七、七五〇 | 三〇、二七六 | 六、四四一 | 三一、五二七 | 二九、一二七 | 一〇、五九四 | 八、三〇七 |
| 地方稅額 | 同 | 一六、一六九 | 一七、四五五 | 二二、五六二 | 二六、〇三九 | 二六、三五七 | 一五、三六八 | 一六、一六〇 | 一九、三一二 | 二三、八三九 | 二五、六一三 |
| 市町村稅額 | 同 | 一七、七六六 | 二三、一三八 | 四一、九七三 | 四七、五二三 | 五八、五〇六 | 一三、二一一 | 一六、一四七 | 二一、〇〇五 | 四三、〇五一 | 三三、五一〇 |
| 財政 歳入 | 同 | 二三、二八四 | 三二、八二五 | 六〇、三一六 | 六、九二九三 | 六九、四五五 | 一七、四〇六 | 二三、六一八 | 三〇、九八三 | 四二、〇一二 | 四六、三四二 |
| 歳出 經常部 役所役場費 | 同 | 五、〇一九 | 七、二五九 | 九、二九八 | 一三、八二七 | 一三、〇二二 | 四、六九七 | 五、二九三 | 六、一三九 | 九、七三七 | 一二、七三八 |
| 土木費 | 同 | 八六三 | 一、六二八 | 一、五〇〇 | 一、六二二 | 一、五五二 | 一、三四八 | 一、三五五 | 一、八八五 | 六一〇 | 一、八七五 |
| 教育費 | 同 | 一一、一〇七 | 一五、三三三 | 二三、四〇五 | 三一、七四四 | 三〇、三三二 | 八、三九二 | 一二、八四八 | 一一、四七八 | 一七、六四六 | 一八、八六七 |
| 衛生費 | 同 | 一七八 | 二〇〇 | 二四九 | 五二〇 | 四九五 | 九六 | 一一一 | 三一四 | 三二〇 | 三八二 |
| 勸業費 | 同 | 三〇 | 一一三 | 三五 | 一九五 | 五五 | 一〇〇 | 五〇 | 五〇 | ― | ― |
| 其他 | 同 | 四、七五一 | 四、二八六 | 三四、四八七 | 七、〇四二 | 一七、一七七 | 二、二八三 | 二、五四〇 | 四、〇二四 | 五、〇五六 | 八、二二九 |
| 計 | 同 | 一二、九四八 | 二八、八一九 | 四〇、九一五 | 九四、九五〇 | 六二、六三四 | 一六、九一六 | 二三、一九七 | 二三、八九〇 | 三三、三六九 | 四二、〇九一 |
| 臨時部計 | 同 | 一、三三六 | 四、〇〇六 | 一九、六〇一 | 一四、三四三 | 六、八二一 | 一六〇 | 一、三八〇 | 六、八二一 | 七、六二一 | 一、二二九 |
| 通計 | 同 | 二三、二八四 | 三二、八二五 | 六〇、三一六 | 六九、二九三 | 六九、四五五 | 一六、四九二 | 二二、一二五 | 二八、二七四 | 三五、九五七 | 三八、二〇九 |
| 基本財産 動産 | 同 | 三三、九四四 | 三六、四六八 | 四二、六九六 | 一一五、一〇四 | 一一五、一〇四 | 一三六、八九八 | 一二六、七三四 | 一二七、七九七 | 一三六、九〇五 | 一五九、三八八 |
| 不動産 | 同 | 六〇、〇〇〇 | 六〇、〇〇〇 | 七〇、〇〇〇 | 四五、〇四七 | 六一、二二二 | 五三、九一二 | 五二、七一二 | 五一、四〇六 | 五〇、三九一 | 四七、九九一 |

| 財産 學校基本財産 動産 | 財産 學校基本財産 不動産 | 財産 特別基本財産 動産 | 財産 特別基本財産 不動産 | 財産 收益ナキ財産 動産 | 財産 收益ナキ財産 不動産 | 財産 一部有財産 動産 | 財産 一部有財産 不動産 | 積立金穀 | 罹災救助金 | 財産ヨリ生スル收入 | 市町村債額 | 第三種所得税額 | 同納税者實人員 | 課率 附加税 地價割 | 課率 附加税 國税營業税割 | 課率 附加税 所得税割 | 課率 附加税 戸別割 | 課率 附加税 地方税營業税割 | 課率 附加税 雑種税割 | 課率 特別税 反別割 田 | 課率 特別税 反別割 畑 | 課率 特別税 反別割 宅地 | 課率 特別税 反別割 山林 | 課率 特別税 反別割 原野 | 課率 特別税 反別割 牧場 | 課率 特別税 反別割 海産干場 | 課率 特別税 反別割 雑種地 | 課率 特別税 建物割 | 課率 特別税 牛馬割 | 課率 特別税 戸別割 |
|---|---|---|---|---|---|---|---|---|---|---|---|---|---|---|---|---|---|---|---|---|---|---|---|---|---|---|---|---|---|---|
| 同 | 同 | 同 | 同 | 同 | 同 | 同 | 同 | 同 | 同 | 同 | 同 | 同 | 人 | 厘 | 同 | 同 | 同 | 同 | 同 | 同 | 同 | 同 | 同 | 同 | 同 | 同 | 同 | 同 | 同 | 同 |
| \| | \| | \| | 二五、〇〇〇 | \| | 三五、〇〇〇 | \| | \| | 二八、八七六 | 五、三三〇 | 一、三一八 | \| | 一、三一八 | 一〇六 | 、〇九〇 宅地其他 、二一〇 | 、一五〇 | 、一五〇 | 三、九五〇 | 、五〇〇 | 、五〇〇 | \| | \| | \| | \| | \| | \| | \| | \| | \| | \| | \| |
| \| | \| | \| | 二五、〇〇〇 | \| | 三五、〇〇〇 | \| | \| | 三〇、七七三 | 五、六九五 | 三、〇一〇 | \| | 三、〇一〇 | 一一〇 | 、〇九〇 、二一〇 | 、一五〇 | 、一五〇 | 四、六五〇 | 、五〇〇 | 、五〇〇 | \| | \| | \| | \| | \| | \| | \| | \| | \| | \| | \| |
| \| | \| | \| | 三〇、〇〇〇 | \| | 四〇、〇〇〇 | \| | \| | 三一、四〇六 | 一一、二九〇 | 三 六六七 | \| | 三、六六七 | 一三〇 | 、一四四 、三三六 | 、二四〇 | 、二四〇 | 七、〇〇〇 | 、六八〇 | 、六八〇 | \| | \| | \| | \| | \| | \| | \| | \| | \| | \| | \| |
| \| | \| | \| | 五〇、六二二 | \| | 六四、四八二 | \| | \| | 三三、二八八 | 一一、七五九 | 三、二八一 | \| | 三、二八一 | 一一七 | \| | 、四七〇 | 、一四〇 | 六、八〇〇 | 、七〇〇 | 、七〇〇 | 、三八〇 | 、一六七 | 、六一二 | 、〇一〇 | 、〇一〇 | 、〇一〇 | \| | \| | \| | \| | \| |
| \| | \| | \| | 五〇、六二二 | \| | 六四、四八二 | \| | \| | 四八、八八五 | 一二、三三七 | 四、六一三 | \| | 四、六一三 | 一五〇 | \| | 、四七〇 | 、一四〇 | 八、五〇〇 | 、八〇〇 | 、八〇〇 | 、四二〇 | 、一七七 | 一、二一五 | 、〇二三 | 、〇一六 | 、〇一五 | \| | \| | \| | \| | \| |
| \| | \| | \| | \| | \| | \| | \| | \| | 六、八八五 | \| | 六、九五六 | \| | 五、一一五 | 六九 | 、一五〇 | 、一五〇 | 、一五〇 | 三、五〇〇 | 、五〇〇 | 、五〇〇 | \| | \| | \| | \| | \| | \| | \| | \| | \| | \| | \| |
| \| | \| | \| | \| | \| | \| | \| | \| | 五、一一一 | \| | 六、八〇九 | \| | 一八、四二〇 | 七五 | 、一七〇 | 、一五〇 | 、一五〇 | 三、八四〇 | 、五〇〇 | 、五〇〇 | \| | \| | \| | \| | \| | \| | \| | \| | \| | \| | \| |
| \| | \| | \| | \| | \| | \| | \| | \| | 三、四七三 | \| | 八、八四七 | \| | 一七、二八四 | 八六 | 、一七〇 | 、一五〇 | 、一五〇 | 四、〇〇〇 | 、五〇〇 | 、五〇〇 | \| | \| | \| | \| | \| | \| | \| | \| | \| | \| | \| |
| \| | \| | \| | \| | \| | \| | \| | \| | 八、九一五 | \| | 一〇、三八一 | \| | 八、六四七 | 五三 | \| | 、二〇〇 | 、二〇〇 | 六、二〇〇 | 一、〇〇〇 | 一、〇〇〇 | \| | 二七二 | 六四〇 | 四八 | 四八 | 六四 | \| | 五一二 | \| | \| | \| |
| \| | \| | \| | \| | \| | \| | \| | \| | 一〇、六〇六 | \| | 一一、三四〇 | \| | 六、一六九 | 八一 | \| | 、四七〇 | 、四〇〇 | 六、〇五〇 | 、八〇〇 | 、八〇〇 | \| | 二八〇 | 六四〇 | 四〇 | 四〇 | 六〇 | \| | 五二〇 | \| | \| | \| |

| 町村名 | 種別 | 面積 | 民有地 田 | 民有地 畑 | 民有地 宅地 | 民有地 山林 | 民有地 原野 | 民有地 牧場 | 民有地 其他 | 現住戸数 | 現住人口 | 負擔 直接國税額 | 負擔 地方税額 | 負擔 市町村税額 | 財政 歳入 | 財政 歳出 經常部 役所役場費 | 財政 歳出 經常部 土木費 | 財政 歳出 經常部 教育費 | 財政 歳出 經常部 衛生費 | 財政 歳出 經常部 勸業費 | 財政 歳出 經常部 其他 | 財政 歳出 經常部 計 | 財政 歳出 同臨時部 計 | 財政 歳出 通計 | 基本財産 動産 | 基本財産 不動産 |
|---|---|---|---|---|---|---|---|---|---|---|---|---|---|---|---|---|---|---|---|---|---|---|---|---|---|---|
| 單位 | | 方里 | 反 | 同 | 同 | 同 | 同 | 同 | 同 | 戸 | 人 | 圓 | 同 | 同 | 同 | 同 | 同 | 同 | 同 | 同 | 同 | 同 | 同 | 同 | 同 | 同 |
| 岩内町 | 大正六年度 | 、二七 | 五四 | 二六一九 | 五一二 | — | 一〇〇 | 四八五 | 一八九 | 二、四一三 | 一六、八一一 | 三〇、七八三 | 一四、六四六 | 三六、〇〇一 | 五七、一七九 | 九、三四八 | 六五九 | 一三、八三三 | 一、三七四 | 八六 | 四、六三四 | 二九、九三四 | 二七、二四五 | 五七、一七九 | 二三六 | 八一、四一二 |
| | 同 七年度 | 、二七 | 五四 | 二六二〇 | 五一三 | — | 一〇〇 | 四八五 | 一九〇 | 二、五五〇 | 一五、〇六四 | 八三、〇九二 | 一五、三七八 | 四一、六三〇 | 六五、二七六 | 一二、一七一 | 八九三 | 一七、六八六 | 一、七二九 | 二六 | 五、三七五 | 三七、八八〇 | 二七、三九六 | 六五、二七六 | 二三六 | 八一、四一二 |
| | 同 八年度 | 、二七 | 五四 | 二六二〇 | 五一二 | — | 一〇〇 | 四八五 | 一九〇 | 二、五二〇 | 一四、七八九 | 三七、〇九六 | 二〇、六七〇 | 四九、七二六 | 七一、〇二六 | 二二、七七四 | 一、〇五二 | 二七、三八四 | 二、四五四 | 三七 | 九、四三九 | 六三、一四〇 | 六、七三六 | 七一、〇二六 | 二三六 | 八一、四六〇 |
| | 同 九年度 | 、二七 | 五四 | 二六二〇 | 五一二 | — | 一〇〇 | 四八五 | 一九〇 | 二、五三七 | 一五、一〇三 | 三三、七二二 | 二六、九七八 | 七五、八三一 | 九九、五八六 | 二〇、三四一 | 二、一九二 | 三八、一一五 | 三、三二六 | 二九 | 一〇、〇六〇 | 七四、〇五三 | 二五、五三二 | 九九、五八六 | 五七、八七〇 | 八七、七八〇 |
| | 同 十年度 | 、二七 | 五四 | 二六二〇 | 五一二 | — | 一〇〇 | 四八五 | 一九〇 | 二、六一五 | 一五、一四二 | 五一、五二九 | 三三、三六四 | 八六、二〇四 | 一〇三、二四四 | 二三、二九六 | 二、〇三五 | 三八、〇八九 | 二、二六四 | 一七三 | 一〇、五五九 | 七五、四一六 | 二七、八二七 | 一〇三、二四四 | 五三、七六〇 | 一八一、五四四 |
| 倶知安町 | 同 六年度 | 一五、五〇 | 一一 | 一一、四四九七 | 九〇一 | | 二、〇〇六六 | 八四六 | — | 二、五一一 | 一三、四八七 | 八、九三二 | 一八、七九〇 | 四五、一六七 | 四五、三九〇 | 九、八一八 | 一、九七八 | 一八、六一五 | 四三〇 | 一、一七九 | 三、三二三 | 三五、三四三 | 一〇、〇四七 | 四五、三九〇 | 一、三六〇 | 九、九三二 |
| | 同 七年度 | 一五、五〇 | 一一 | 一〇、九六〇六 | 八三一 | | 三、一五一六 | 一、三四二 | — | 二、五九二 | 一四、九九二 | 一六、一四七 | 一九、四四六 | 七〇、四六一 | 六七、四〇二 | 一二、九六五 | 四、二二八 | 二七、一〇三 | 一、七二五 | 一、七二七 | 三、八四〇 | 五一、五八八 | 一五、八一四 | 六七、四〇二 | 一、三二〇 | 一三、一八二 |
| | 同 八年度 | 一五、五〇 | 一一 | 一〇、九六九六 | 九〇八 | | 二、四九〇七 | 九一五 | — | 二、六四〇 | 一五、七九四 | 二三、〇八八 | 二七、六五五 | 一〇四、一一〇 | 九九、〇五六 | 一六、八七〇 | 四、三四三 | 四二、九九七 | 一、一四五 | 一、五一八 | 四、八四三 | 七一、七一六 | 二七、三四〇 | 九九、〇五六 | 一、三一〇 | 一三、一八二 |
| | 同 九年度 | 一五、五〇 | 一一 | 一〇、七九三三 | 一〇四三 | | 二、八四四九 | 八六四 | — | 二、七四五 | 一五、五八四 | 一六、〇二八 | 三七、三三七 | 一五二、六八九 | 一五〇、二〇五 | 二五、二三二 | 五、六九三 | 五六、六五五 | 一、八三一 | 二一 | 八、〇〇八 | 九七、四四〇 | 五二、七六三 | 一五〇、二〇三 | 一、〇五三 | 一三、一八二 |
| | 同 十年度 | 一五、五〇 | 四九一 | 一〇、七四四二 | 一〇四三 | | 三、四二七六 | 八六三 | — | 二、七七三 | 一五、七〇五 | 二〇、一六五 | 三六、四七七 | 一二〇、九八六 | 一一四、四九七 | 二八、五〇二 | 五、七三六 | 五六、四三九 | 一、七九五 | 二一 | 八、三七六 | 一〇〇、八六九 | 一三、六二八 | 一一四、四九七 | 一、〇三七 | 一三、一八二 |

| | | | | | | | | | | | |
|---|---|---|---|---|---|---|---|---|---|---|---|
| 財産 學校基本財産 動産 | 同 | 一、三一二 | 八、三一二 | 八、五一一 | 一六、九四六 | 一七、三〇六 | 一〇〇 | 四〇〇 | 一、〇〇〇 | 七一〇 | 九八〇 |
| 財産 學校基本財産 不動産 | 同 | — | — | — | — | — | 九、二四七 | 九、二四七 | 一〇、一一六 | 一〇、一一六 | 一〇、一一六 |
| 財産 特別基本財産 動産 | 同 | 一、四五六 | 一、五一九 | 一、五八四 | 一、六五二 | 一、七四五 | 一七〇 | 一七〇 | 三七〇 | 二八五 | 三七〇 |
| 財産 特別基本財産 不動産 | 同 | — | — | — | — | — | — | — | — | — | — |
| 財産 收益ナキ財産 動産 | 同 | — | — | — | — | — | — | — | — | — | — |
| 財産 收益ナキ財産 不動産 | 同 | 二四、三四九 | 二六、六九一 | 二五、六二二 | 二五、六二三 | 三二、九五五 | 六九、二一一 | 六九、三六九 | 六九、三六九 | 六九、三九九 | 六九、四四九 |
| 財産 一部有財産 財産 | 同 | — | — | — | — | — | — | — | — | — | — |
| 財産 一部有財産 不動産 | 同 | — | — | — | — | — | — | — | — | — | — |
| 財産 積立金穀 | 同 | — | — | — | — | — | 一〇、六四一 | 一二、一八五 | 一五五 | 一、三九八 | 一、五四四 |
| 財産 罹災救助金 | 同 | — | — | — | — | — | — | — | — | — | — |
| 財産ヨリ生スル收入 | 同 | 二六、六四五 | 一七、七四八 | 一四、一六九 | 一六、一七九 | 一四、二二一 | 二、二三六 | 一、六〇四 | 二、〇〇九 | 一、四〇三 | 一、四〇七 |
| 市町村借額 | 同 | 四九八、八〇六 | 四九四、八〇六 | 四九二、三〇六 | 五九一、六四四 | 五八三、八三一 | — | — | — | 三六、〇〇〇 | 三六、〇〇〇 |
| 第三種所得稅額 | 同 | 二〇、〇二五 | 一三、四二四 | 一七、八一三 | 一五、三四二 | 三一、一六三 | 七、〇七五 | 六、六二三 | 一二、九九二 | 八、一八六 | 五、二五九 |
| 同納稅者實人員 | 人 | 三三〇 | 二四六 | 二七〇 | 二三五 | 三六七 | 二九七 | 二五四 | 三四三 | 二六五 | 二六八 |
| 課率 附加稅 地價割 | 同 | — | — | — | — | — | — | — | — | — | — |
| 課率 附加稅 國稅營業稅割 | 同 | 一五〇 | 一五〇 | 一五〇 | 三〇〇 | 四七〇 | 一五〇 | 一五〇 | 一五〇 | 二四〇 | 二七〇 |
| 課率 附加稅 所得稅割 | 同 | 二五〇 | 二五〇 | 二五〇 | 三〇〇 | 二一〇 | 一五〇 | 一五〇 | 一五〇 | 二四〇 | 一四〇 |
| 課率 附加稅 戸別割 | 同 | 五、九〇〇 | 五、〇〇〇 | 五、二一〇 | 六、〇〇〇 | 六、九〇〇 | 三、八九六 | 三、六八五 | 五、七五〇 | 六、四七〇 | 四、九七〇 |
| 課率 附加稅 地方稅營業稅割 | 同 | 一、〇〇〇 | 一、〇〇〇 | 一、〇〇〇 | 一、〇〇〇 | 一、〇〇〇 | 五〇〇 | 一、〇〇〇 | 一、〇〇〇 | 一、三〇〇 | 一、三〇〇 |
| 課率 附加稅 雜種稅割 | 同 | 一、〇〇〇 | 一、〇〇〇 | 一、〇〇〇 | 一、〇〇〇 | 一、〇〇〇 | 五〇〇 | 一、〇〇〇 | 一、〇〇〇 | 一、三〇〇 | 一、三〇〇 |
| 課率 特別稅 反別割 田 | 同 | 、四五〇 | 、四五〇 | 、四五〇 | 、七五〇 | 、七五〇 | 〇六〇 | 〇六〇 | 四〇〇 | 四〇〇 | 四〇〇 |
| 課率 特別稅 反別割 畑 | 同 | 三一〇 | 三一〇 | 三一〇 | 四九〇 | 四九〇 | 一二五 | 一二五 | 一七一 | 二二二 | 二二〇 |
| 課率 特別稅 反別割 宅地 | 同 | — | — | — | — | — | 三九七 | 三九七 | 一、五八七 | 一、五八七 | 一、四一七 |
| 課率 特別稅 反別割 山林 | 同 | — | — | — | — | — | 〇〇五 | 〇〇五 | 〇一五 | 〇二七 | 〇二七 |
| 課率 特別稅 反別割 原野 | 同 | — | — | — | — | — | 〇〇五 | 〇〇五 | 〇一五 | 〇二五 | 〇二五 |
| 課率 特別稅 反別割 牧場 | 同 | 〇三〇 | 〇三〇 | 〇三〇 | 〇〇四 | 〇〇四 | 〇二五 | 〇二五 | 〇二五 | 〇三五 | 〇三五 |
| 課率 特別稅 反別割 海産干場 | 同 | — | — | — | — | — | — | — | — | — | — |
| 課率 特別稅 反別割 雜種地 | 同 | — | — | — | — | — | — | — | — | — | — |
| 課率 特別稅 建物割 | 同 | — | — | — | — | — | — | — | — | — | — |
| 課率 特別稅 牛馬割 | 同 | — | — | — | — | — | 一、〇〇〇 | 一、〇〇〇 | 一、〇〇〇 | 一、〇〇〇 | 一、〇〇〇 |
| 課率 特別稅 戸別割 | 同 | — | — | — | — | — | — | — | — | — | — |

| 町村名 | 年度 | 面積（方里） | 民有地 田（反別・反） | 民有地 畑（同） | 民有地 宅地（同） | 民有地 山林（同） | 民有地 原野（同） | 民有地 牧場（同） | 民有地 其他（同） | 現住戸數（戸） | 現住人口（人） | 負擔 直接國税額（圓） | 負擔 地方税額（同） | 負擔 市町村税額（同） |
|---|---|---|---|---|---|---|---|---|---|---|---|---|---|---|
| 磯谷村 | 大正六年度 | 三、五五 | 一五六 | 五、九二四 | 一八七 | 一、六一三四 | 七二〇一 | 三一三二 | 三一九 | 九六〇 | 五、五八四 | 四、九七一 | 八、七八九 | 一四、五六〇 |
| | 同 七年度 | 三、五五 | 一四二 | 五、九二四 | 一九一 | 一、六五四八 | 六九〇八 | 三六一〇 | 三一[illegible] | 八七五 | 四、八二六 | 四、七九二 | 八、五六四 | 九、一八一 |
| | 同 八年度 | 三、五五 | 一四二 | 六、二六八 | 一九二 | 一、六五七二 | 六四〇五 | 三六一〇 | 三一九 | 八三五 | 四、七六四 | 八、四七一 | 一〇、二三三 | 一七、三八七 |
| | 同 九年度 | 三、五五 | 二三五 | 五、六九五 | 一九三 | 一、六六七七 | 六〇四七 | 一八五〇 | 三〇九 | 八二四 | 四、〇七九 | 四、二五九 | 一一、二八九 | 二一、四四〇 |
| | 同 十年度 | 三、五五 | 二四六 | 五、三七一 | 一九八 | 一、六七二〇 | 四八三八 | 一八五〇 | 三二四 | 七[illegible]五 | 三、九一一 | 七、二[illegible]八六 | 一一、六〇七 | 二六、四一五 |
| 壽都町 | 同 六年度 | 、五〇 | — | 一六七三 | 三一六 | 五四七 | 一三四 | — | 一八四 | 一、一六四 | 六、五四三 | 一〇、六四八 | 九、二二四 | 一四、四一六 |
| | 同 七年度 | 、五〇 | — | 一六七三 | 三一六 | 五四七 | 一三四 | — | 一八四 | 一、二二一 | 六、七四七 | 九、五六五 | 八、九四三 | 一五、九六六 |
| | 同 八年度 | 、五〇 | — | 一六七三 | 三一六 | 五四七 | 一三四 | — | 一八四 | 一、〇一九 | 六、〇二二 | 二一、七四八 | 一一、一一〇 | 一九、三九六 |
| | 同 九年度 | 、五〇 | — | 一六七三 | 三一六 | 五四七 | 一三五 | — | 一八四 | 一、〇三六 | 五、六五四 | 一二、八八三 | 一四、七一六 | 二九、五〇〇 |
| | 同 十年度 | 、五〇 | — | 一六七三 | 三二一 | 五四七 | 一三五 | — | 一八四 | 一、〇四二 | 五、六〇五 | 一六、六二六 | 一五、九三八 | 三二、三一八 |

| 町村名 | 年度 | 財政 歳入（同） | 歳出 經常部 役所役場費（同） | 土木費（同） | 教育費（同） | 衛生費（同） | 勸業費（同） | 其他（同） | 經常部計（同） | 臨時部計（同） | 同通計（同） | 基本財産 動産（同） | 基本財産 不動産（同） |
|---|---|---|---|---|---|---|---|---|---|---|---|---|---|
| 磯谷村 | 大正六年度 | 一五、九六四 | 三、九九四 | 三四七 | 八、四四六 | 一四五 | 五 | 二、八二八 | 一五、七六五 | 二〇〇 | 一五、九六五 | 四七、八一〇 | 七一、一五二 |
| | 同 七年度 | 二〇、五〇三 | 四、八八二 | 一〇五 | 九、七三五 | 一八〇 | 五 | 二、三一五 | 一七、二二二 | 三、二八一 | 二〇、五〇三 | 四九、〇六八 | 八二、九九一 |
| | 同 八年度 | 二四、四五八 | 七、〇二一 | 七五 | 一三、七三二 | 二三〇 | 五 | 三、二[illegible]五 | 二四、三五八 | 一〇〇 | 二四、四五八 | 五〇、五六八 | 八二、九九一 |
| | 同 九年度 | 二八、四六六 | 七、八〇一 | 九〇 | 一六、三六七 | 四〇五 | 二三 | 三、四五一 | 二八、一三七 | 三二八 | 二八、四六五 | 五一、一六九 | 八八、〇〇五 |
| | 同 十年度 | 三一、一二三 | 七、八九〇 | 九〇 | 一六、七三六 | 四六八 | 五 | 三、九〇七 | 二九、〇九六 | 二、〇二六 | 三一、一二二 | 五〇、一六四 | 八八、〇〇五 |
| 壽都町 | 同 六年度 | 三六、八五九 | 五、九〇一 | 七二四 | 九、三二〇 | 四九〇 | — | 一五、五五一 | 三一、九八六 | 四、八七三 | 三六、八五九 | 二四、六三六 | 九八、五九〇 |
| | 同 七年度 | 三七、七三四 | 七、四六七 | 五八八 | 一一、六四〇 | 六三七 | — | 一六、七四五 | 三七、〇七七 | 六五八 | 三七、七三五 | 二七、二八三 | 一七七、七九〇 |
| | 同 八年度 | 四九、七二四 | 一〇、四九二 | 七八二 | 一四、八九〇 | 一、一八五 | — | 二一、七四五 | 四九、〇九四 | 六三〇 | 四九、七二四 | 三一、四一七 | 一八〇、九九八 |
| | 同 九年度 | 六七、一三八 | 一三、八六九 | 二、一七〇 | 二〇、八九七 | 一、四三八 | — | 二二、九八七 | 六一、三六一 | 五、七七七 | 六七、一三八 | 二九、五九七 | 一六六、一一七 |
| | 同 十年度 | 七一、一九四 | 一五、二九七 | 三、五八〇 | 二一、六〇八 | 一、一四五 | 七〇 | 二三、〇一七 | 六四、七一七 | 六、四七七 | 七一、一九四 | 三一、三〇三 | 一六五、七五二 |

| 財產 學校基本財產 動產 | 財產 學校基本財產 不動產 | 財產 特別基本財產 動產 | 財產 特別基本財產 不動產 | 財產 收益ナキ財產 動產 | 財產 收益ナキ財產 不動產 | 財產 一部有財產 動產 | 財產 一部有財產 不動產 | 財產 積立金穀 | 財產 罹災救助金 | 財產ヨリ生スル收入 | 市町村債額 | 第三種所得稅價 | 同納稅者實人員 | 課率 附加稅 地價割 宅地 | 課率 附加稅 地價割 其他 | 課率 附加稅 國稅營業稅割 | 課率 附加稅 所得稅割 | 課率 附加稅 戶別割 | 課率 附加稅 地方稅營業稅割 | 課率 附加稅 雜種稅割 | 課率 特別稅 反別割 田 | 課率 特別稅 反別割 畑 | 課率 特別稅 反別割 宅地 | 課率 特別稅 反別割 山林 | 課率 特別稅 反別割 原野 | 課率 特別稅 反別割 牧場 | 課率 特別稅 反別割 海產干場 | 課率 特別稅 反別割 雜種地 | 課率 特別稅 建物割 | 課率 特別稅 牛馬割 | 課率 特別稅 戶別割 |
|---|---|---|---|---|---|---|---|---|---|---|---|---|---|---|---|---|---|---|---|---|---|---|---|---|---|---|---|---|---|---|---|
| 同 | 同 | 同 | 同 | 同 | 同 | 同 | 同 | 同 | 同 | 同 | 同 | 同 | 人 | 厘 | | 同 | 同 | 同 | 同 | 同 | 同 | 同 | 同 | 同 | 同 | 同 | 同 | 同 | 同 | 同 | 同 |
| — | — | 一、七七六 | — | — | 八、六〇〇 | — | — | — | — | 五、一六九 | — | 三、一三六 | 八八 | 〇九〇 | 二一〇 | 一五〇 | 一五〇 | 五、一七〇 | 五〇〇 | 五〇〇 | — | — | — | — | — | — | — | — | — | — | — |
| — | — | 一、八四二 | — | — | 一〇、八七三 | — | — | — | — | 五、〇七九 | — | 二、八二六 | 六五 | 〇九〇 | 二一〇 | 一五〇 | 一五〇 | 三、〇二〇 | 五〇〇 | 五〇〇 | — | — | — | — | — | — | — | — | — | — | — |
| — | — | 一、八九六 | — | — | 一〇、九三九 | — | — | — | — | 五、五五三 | — | 五、七〇〇 | 五八 | 一四四 | 三三六 | 二四〇 | 二四〇 | 五、五九六 | 五〇〇 | 五〇〇 | — | — | — | — | — | — | — | — | — | — | — |
| — | — | 一、九九七 | — | — | 一二、五一八 | — | — | 六六四 | — | 五、九二七 | — | 一、七〇九 | 三九 | 二八〇 | 六六〇 | 四七〇 | 一四〇 | 五、六六〇 | 一、〇〇〇 | 一、〇〇〇 | — | — | — | — | — | — | — | — | — | — | — |
| — | — | 二、〇六三 | — | — | 一二、五一九 | — | — | 七三五 | — | 七、一四〇 | — | 四、六〇九 | 五九 | — | | 四七〇 | 一四〇 | 七、〇〇〇 | 一、〇〇〇 | 一、〇〇〇 | 七〇〇 | 三七五 | 八二五 | 一六 | 一三 | 一六 | 七二五 | — | — | — | — |
| 一、六一二 | — | 二二、七二三 | 八五、一六八 | — | 一三、四二二 | — | — | 三〇二 | — | 三、八八七 | — | 五、三一六 | 二一四 | 〇九〇 | 二一〇 | 一五〇 | 一五〇 | 五、三〇〇 | 八〇〇 | 八〇〇 | — | — | — | — | — | — | — | — | — | — | — |
| 一、六九〇 | — | 二五、二八一 | 一四四、〇七七 | — | 三三、七一三 | — | — | 三一二 | — | 三、九九二 | — | 三、八八六 | 一八〇 | 〇九〇 | 二一〇 | 一五〇 | 一五〇 | 四、九〇〇 | 八〇〇 | 八〇〇 | — | — | — | — | — | — | — | — | — | — | — |
| 一、七七一 | — | 二九、三一九 | 一四四、一九七 | — | 三六、八〇一 | — | — | 三二七 | — | 四、〇〇五 | — | 一〇、六四五 | 二〇八 | 〇九〇 | 二一〇 | 一五〇 | 一五〇 | 五、〇〇〇 | 八〇〇 | 八〇〇 | — | — | — | — | — | — | — | — | — | — | — |
| 一、八五六 | — | 二七、三九八 | 九一、三八一 | — | 七四、七三六 | — | — | 三四三 | — | 四、一六九 | — | 五、八九四 | 一六九 | 一四四 | 三三六 | 二四〇 | 一四〇 | 八、八〇〇 | 一、〇〇〇 | 一、〇〇〇 | — | — | — | — | — | — | — | — | — | — | — |
| 二、〇四一 | — | 二八、六八三 | 九一、二〇二 | — | 七四、五五〇 | — | — | 五七九 | — | 五、二〇九 | — | 八、五〇九 | 二五六 | 二〇〇 | 六〇〇 | 三〇〇 | 一四〇 | 八、〇〇〇 | 一、〇〇〇 | 一、〇〇〇 | — | — | — | — | — | — | — | — | — | — | — |

| 町村名 | 種別 | 面積 | 民有地 田 | 民有地 畑 | 民有地 宅地 | 民有地 山林 | 民有地 原野 | 民有地 牧場 | 民有地 其他 | 現住戸数 | 現住人口 | 負擔 直接國税額 | 負擔 地方税額 | 負擔 市町村税額 | 財政 歳入 | 歳出經常部 役所役場費 | 歳出經常部 土木費 | 歳出經常部 教育費 | 歳出經常部 衛生費 | 歳出經常部 勸業費 | 歳出經常部 其他 | 歳出經常部 計 | 同臨時部 計 | 通計 | 基本財産 動産 | 基本財産 不動産 |
|---|---|---|---|---|---|---|---|---|---|---|---|---|---|---|---|---|---|---|---|---|---|---|---|---|---|---|
| 単位 | | 方里 | 反 | 同 | 同 | 同 | 同 | 同 | 同 | 戸 | 人 | 圓 | 同 | 同 | 同 | 同 | 同 | 同 | 同 | 同 | 同 | 同 | 同 | 同 | 同 | 同 |
| 高嶋町 | 大正六年度 | 、六〇 | ー | 一六〇六 | 二三六 | 九七 | 一四〇 | ー | 一七一 | 一、一三六 | 六、五七四 | 四、七七二 | 八、七四四 | 九、〇九六 | 一二、二七四 | 二、五五四 | 八六 | 七、二八三 | 九五六 | ー | 一、一〇三 | 一一、九八三 | 一六 | 一一、九九九 | 一四、五二〇 | 一、一四六 |
| | 同 七年度 | 、六〇 | ー | 一六〇六 | 二三六 | 九七 | 一四〇 | ー | 一七一 | 一、一二三 | 七、〇六六 | 一三、九五六 | 八、一八七 | 一五、〇六八 | 一九、〇九三 | 三、五五二 | 一七五 | 九、六一二 | 四五四 | ー | 一、四六三 | 一五、二五六 | 二、七二八 | 一七、九八四 | 一五、七五五 | 一、一四六 |
| | 同 八年度 | 、六〇 | ー | 二二二六 | 二四〇 | 二八九 | 五一八 | ー | 一七六 | 一、一六六 | 七、一六〇 | 五三、三六三 | 一二、二〇五 | 二四、七七一 | 三〇、八二一 | 六、三六八 | 七五一 | 一四、二〇五 | 三五二 | ー | 二、八九三 | 二四、五七〇 | 四、四四五 | 二九、〇一四 | 二〇、〇五〇 | 五、四三八 |
| | 同 九年度 | 、六〇 | ー | 二五二七 | 二五二 | 三九六 | 六四一 | ー | 一八三 | 一、二五四 | 七、六一一 | 一六、六五五 | 一五、五八二 | 三七、三五八 | 五九、八二八 | 八、六二五 | 一、四八八 | 二〇、八五八 | 七一七 | ー | 三、九二一 | 三五、六〇九 | 二〇、〇〇六 | 五五、六一六 | 一〇、〇二五 | 五、四六八 |
| | 同 十年度 | 、六〇 | ー | 二五六六 | 二五三 | 四九二 | 六一七 | ー | 一八五 | 一、二八一 | 七、五〇八 | 六、〇四三 | 一六、六七一 | 四四、四三六 | 六〇、四二八 | 一四、二一九 | 一、〇二八 | 二二、〇六一 | 一、五六四 | ー | 四、七六五 | 四三、六二七 | 一三、〇六二 | 三六、六九〇 | 一〇、四四八 | 五、四三八 |
| 朝里村 | 同 六年度 | 七、〇〇 | 二九五 | 一、七〇〇七 | 五四 | 四、一九六一 | 二、一八三一 | 一、一四三八 | 一九七 | 八五七 | 五、三四〇 | 一、九七〇 | 四、四六〇 | 七、二六〇 | 九、五〇〇 | 一、八二五 | 一一〇 | 五、九一五 | 九八 | 五〇 | 七七〇 | 八、七六八 | 七三二 | 九、五〇〇 | 四〇、六五四 | 一三、七六〇 |
| | 同 七年度 | 七、〇〇 | 三三六 | 一、四九七三 | 五七 | 四、八二〇一 | 二、〇三一一 | 一二一九 | 一八八 | 八六〇 | 四、八七四 | 一、九四六 | 四、一五八 | 八、六九二 | 一二、六〇五 | 一、九六一 | 九〇 | 七、五六一 | 七五 | 五〇 | 七九四 | 一〇、五三一 | 二、〇七四 | 一二、六〇五 | 四一、六八二 | 四二、五九九 |
| | 同 八年度 | 七、〇〇 | 三九〇 | 一、四五九六 | 七九 | 五、〇一一二 | 二、〇〇〇五 | 一二一九 | 二〇一 | 八四七 | 五、〇六八 | 九、六七七 | 五、九二九 | 一三、七七四 | 一九、一三〇 | 三、〇二五 | ー | 一一、二四八 | 三五三 | 五〇 | 六三四 | 一五、三一〇 | 三、八二〇 | 一九、一三〇 | 四一、六八六 | 四二、五九九 |
| | 同 九年度 | 七、〇〇 | 四八七 | 一、四六八〇 | 八九 | 五、一〇三七 | 二、三七七四 | 一二一九 | 二一六 | 八五一 | 五、一〇五 | 三、四三三 | 八、四二三 | 一八、一四二 | 二一、九四六 | 四、六二九 | ー | 一五、四六八 | 二三四 | ー | 一、一四七 | 二一、四七八 | 四六八 | 二一、九四六 | 五七、九九一 | 六八、九七七 |
| | 同 十年度 | 七、〇〇 | 五二二 | 一、四〇四五 | 八八 | 五、一六三一 | 二、三〇七二 | 二〇四四 | 二一八 | 八三二 | 四、六八九 | 三、四八八 | 八、八七六 | 一八、四八七 | 二二、四三八 | 五、一九三 | ー | 一五、〇九〇 | 三五〇 | ー | 一、一二六 | 二一、七五九 | 六七九 | 二二、四三八 | 六一、六九二 | 六三、四二九 |

| 財産 學校基本財産 動産 | 財産 學校基本財産 不動産 | 財産 特別基本財産 動産 | 財産 特別基本財産 不動産 | 財産 收益ナキ財産 動産 | 財産 收益ナキ財産 不動産 | 財産 一部有財産 動産 | 財産 一部有財産 不動産 | 財産 積立金穀 | 財産 罹災救助金 | 財産ヨリ生スル收入 | 市町村債額 | 第三種所得税額 | 同納税者實人員 | 課税 附加税 地價割 宅地 | 課税 附加税 地價割 其他 | 課税 附加税 營業税割 | 課税 附加税 所得税割 | 課税 附加税 戸別割 | 課税 附加税 地方税營業割 | 課税 附加税 雜種税割 | 課税 特別税 反別割 田 | 課税 特別税 反別割 畑 | 課税 特別税 反別割 宅地 | 課税 特別税 反別割 山林 | 課税 特別税 反別割 原野 | 課税 特別税 反別割 牧場 | 課税 特別税 反別割 海産干場 | 課税 特別税 反別割 雜種地 | 課税 特別税 建物割 | 課税 特別税 牛馬割 | 課税 特別税 戸別割 |
|---|---|---|---|---|---|---|---|---|---|---|---|---|---|---|---|---|---|---|---|---|---|---|---|---|---|---|---|---|---|---|---|
| 同 | 同 | 同 | 同 | 同 | 同 | 同 | 同 | 同 | 同 | 同 | 同 | 同 | 人 | 圓 | | 同 | 同 | 同 | 同 | 同 | 同 | 同 | 同 | 同 | 同 | 同 | 同 | 同 | 同 | 同 | 同 |
| 一二〇 | — | — | 三、三七九 | — | 三九、六〇四 | — | — | — | — | 一、〇六九 | — | 二、六六八 | 七五 | 、〇九〇 | 、二一〇 | 一五〇 | 一五〇 | 一、二五〇 | 五〇〇 | 三、一〇〇 | — | — | — | — | — | — | — | — | — | — | — |
| 一四七 | — | — | 三、五〇九 | — | 四一、一〇四 | — | — | — | — | 一、三五九 | — | 七、七五七 | 七八 | 〇九〇 | 二一〇 | 一五〇 | 一五〇 | 二、〇〇〇 | 五〇〇 | 七〇〇 | — | — | — | — | — | — | — | — | — | — | — |
| 一五五 | — | — | 四、五七一 | — | 四二、一九四 | — | — | — | — | 一、七七五 | — | 九、二三二 | 九九 | 一四〇 | 三三六 | 二四〇 | 二四〇 | 三、〇〇〇 | 一、〇〇〇 | 一、二五〇 | — | — | — | — | — | — | — | — | — | — | — |
| 四三五 | — | — | 四、一〇五 | — | 五一、〇九七 | — | — | — | — | 一、二〇〇 | — | 一四、〇〇三 | 九三 | 二八〇 | 六六〇 | 四七〇 | 一四〇 | 二、四〇〇 | 一、六〇〇 | 一、六〇〇 | — | — | — | — | — | — | — | — | — | — | — |
| 四六九 | — | — | 四、三九二 | — | 四九、九〇三 | — | — | — | — | 一、九六一 | — | 三、一七三 | 九七 | 二八〇 | 六六〇 | 四七〇 | 一四〇 | 六、〇〇〇 | 一、三〇〇 | 三、二〇〇 | — | — | — | — | — | — | — | — | — | — | — |
| — | — | — | — | — | 一一、二四五 | — | — | — | — | 二、五七八 | — | 四五九 | 三七 | 〇九〇 | 二一〇 | 一五〇 | 一五〇 | 二、八五〇 | 五〇〇 | 六〇〇 | 一〇〇 | 〇八〇 | 一二〇 | — | — | — | 一二〇 | — | — | — | — |
| — | — | — | — | — | 一六、八六七 | — | — | — | — | 二、六七〇 | — | 二九二 | 一六 | 〇九〇 | 二一〇 | 一五〇 | 一五〇 | 二、九二五 | 五〇〇 | 八〇〇 | 一〇〇 | 〇八〇 | 一二〇 | — | — | — | 一二〇 | — | — | — | — |
| — | — | — | — | — | 一六、九〇七 | — | — | — | — | 三、〇〇七 | — | 五、六〇二 | 一〇七 | — | | 一五〇 | 一五〇 | 三、二五〇 | 五〇〇 | 一、〇〇〇 | 三〇〇 | 一八〇 | 五〇〇 | 〇三〇 | 〇三〇 | 〇二〇 | 五〇〇 | — | — | — | — |
| — | — | — | — | — | 二三、七四五 | — | — | — | — | 三、五九九 | — | 一、二二八 | 二八 | — | | 二四〇 | 二四〇 | 三、八七五 | 七〇〇 | 七〇〇 | 五〇〇 | 三二〇 | 六〇〇 | 〇二〇 | 〇二〇 | 〇二〇 | 六〇〇 | — | — | — | — |
| — | — | — | — | — | 一八、九二二 | — | — | — | — | 三、六六九 | — | 一、〇五〇 | 四七 | — | | 四七〇 | 一四〇 | 三、八七五 | 一、〇〇〇 | 一、〇〇〇 | 五三〇 | 三三〇 | 六〇〇 | 〇三〇 | 〇三〇 | 〇三〇 | 六〇〇 | — | — | — | — |

| 町村名 | 種別 | 面積 | 民有地 田 | 畑 | 宅地 | 山林 | 原野 | 牧場 | 其他 | 現住戸數 | 現住人口 | 負擔 直接國稅額 | 地方稅額 | 市町村稅額 | 財政 歲入 | 歲出經常部 役所役場費 | 土木費 | 教育費 | 衛生費 | 勸業費 | 其他 | 計 | 同臨時部 計 | 通計 | 基本財產 動產 | 不動產 |
|---|---|---|---|---|---|---|---|---|---|---|---|---|---|---|---|---|---|---|---|---|---|---|---|---|---|---|
| 單位 | | 方里 | 反別 反 | 同 | 同 | 同 | 同 | 同 | 同 | 戸 | 人 | 圓 | 同 | 同 | 同 | 同 | 同 | 同 | 同 | 同 | 同 | 同 | 同 | 同 | 同 | 同 |
| 赤井川村 | 大正六年度 | 一四、六〇 | — | 二、三二三五 | 二三 | 一四九 | 三七一 | 七六四六 | 一九八四 | 七二八 | 三、七八七 | 五六一 | 三、六四四 | 一〇、五七八 | 一一、九三三 | 二、二八一 | 八〇一 | 五、五九三 | 六六 | — | 二、二一三 | 一〇、九五四 | 九七九 | 一一、九三三 | 一四、八九五 | 二〇、一七二 |
| 赤井川村 | 同七年度 | 一四、六〇 | 二 | 二、三八四三 | 二五 | 一四九 | 三七二五 | 七六四六 | 一九八四 | 五九二 | 三、三四五 | 八三六 | 四、〇三〇 | 一二、四六五 | 一四、七一一 | 二、八六一 | 九一九 | 七、〇七八 | 六二 | — | 二、六一七 | 一三、五三三 | 一、一七八 | 一四、七一一 | 一五、五六六 | 二〇 二九七 |
| 赤井川村 | 同八年度 | 一四、六〇 | 一七 | 二、三九一八 | 二九 | 一五二 | 三八二七 | 七六四六 | 二〇〇〇 | 五四四 | 三、二二七 | 一、一四五 | 四、六五六 | 一四、六一〇 | 二〇、二六八 | 三、四八六 | 一、五一二 | 八、五八二 | 五六 | — | 三、〇五六 | 一六、六九二 | 三、五七六 | 二〇、二六八 | 一二、九〇三 | 二一、七三六 |
| 赤井川村 | 同九年度 | 一四、六〇 | 一一九 | 二、三七二〇 | 三五 | 一六五 | 三九一一 | 七六四六 | 二二〇五 | 六二一 | 三、〇八二 | 七六九 | 六、〇五九 | 一五、七二二 | 二〇、八七四 | 四、三二六 | 三九八 | 八、九〇七 | 六五 | — | 一、八二三 | 一五、五一八 | 五、三五六 | 二〇、八七四 | 一四、一八一 | 二一、七三六 |
| 赤井川村 | 同十年度 | 一四、六〇 | 四二 | 二、三五二〇 | 四〇 | 一七八 | 三九五〇 | 七六四六 | 二二一〇 | 六三〇 | 三、〇六六 | 一、二〇二 | 五、七六六 | 一九、六二七 | 二〇、二四一 | 四、三二三 | 五三〇 | 一一、〇八二 | 一六〇 | 六一八 | 二、〇八一 | 一八、七九四 | 一、四四七 | 二〇、二四一 | 一五、三三六 | 二一、七三六 |
| 入舸村 | 同六年度 | 四、〇〇 | — | 二九八 | 二 | 二五八 | 二九八 | 二五六八 | 二 | 三三〇 | 二、二二七 | 五、六八九 | 六、二九九 | 四、七〇一 | 一五、六三四 | 二、七一一 | 三六〇 | 二、二八二 | 三〇五 | — | 一、〇八〇 | 六、七三八 | 二、六八二 | 九、四二〇 | 一、二〇〇 | 五二、六〇〇 |
| 入舸村 | 同七年度 | 四、〇〇 | — | 三〇八 | 二 | 二〇六 | 二九八 | 二五六八 | 二 | 三五〇 | 二、二一八 | 六、二二四 | 六、二二八 | 三、八五二 | 七、九九九 | 二、八六〇 | 三八二 | 四、〇五六 | 二〇 | — | 一、二二一 | 八、五二九 | 二、〇八八 | 一〇、六一七 | 一、二〇〇 | 五二、六〇〇 |
| 入舸村 | 同八年度 | 四、〇〇 | — | 三五二 | 二 | 二四九 | 三〇二 | 二五六八 | 二 | 三五〇 | 二、二六四 | 七、八九六 | 五、八八九 | 一一、四四八 | 一三、一一二 | 二、七一八 | 三二五 | 六、一一八 | 一 | — | 一、三四二 | 一〇、五〇四 | 一、七二二 | 一二、二二六 | 一、二〇〇 | 五二、六〇〇 |
| 入舸村 | 同九年度 | 四、〇〇 | — | 三五二 | 二 | 二五九 | 三一五 | 二五六八 | 二 | 三五一 | 二、二六六 | 八、八二二 | 六、五八二 | 一二、六二二 | 一七、〇一〇 | 四、〇八四 | 二一八 | 六、五二三 | 一、五六三 | — | 一、〇九一 | 一三、四七九 | 二、七九一 | 一六、二七〇 | 一、二〇〇 | 五二、六〇〇 |
| 入舸村 | 同十年度 | 四、〇〇 | — | 三九一 | 二 | 二六二 | 三一五 | 二五六八 | 二 | 三五〇 | 二、四一一 | 八、八三五 | 六、五五七 | 一四、一〇二 | 一七、八九九 | 四、〇八五 | — | 七、四五七 | 三二〇 | — | 二、二七九 | 一四、一四一 | 二、五七九 | 一六、七二〇 | 一、二〇〇 | 五二、六〇〇 |

| 財産 學校基本財産 | | 財産 特別基本財産 | | 財産 收益ナキ財産 | | 財産 一部有財産 | | 財産 | | 財産ヨリ生スル收入 | 市町村債額 | 第三種所得税額 | | 課率 附加税 | | | | | | 課率 特別税 反別割 | | | | | | | | 課率 特別税 | | |
|---|---|---|---|---|---|---|---|---|---|---|---|---|---|---|---|---|---|---|---|---|---|---|---|---|---|---|---|---|---|---|
| 動産 | 不動産 | 動産 | 不動産 | 動産 | 不動産 | 動産 | 不動産 | 積立金穀 | 罹災救助金 | | | | 同納税者人員 | 地價割 | 國税營業税割 | 所得税割 | 戸別割 | 地方税營業税割 | 雜種税割 | 田 | 畑 | 宅地 | 山林 | 原野 | 牧場 | 海産干場 | 雜種地 | 建物割 | 牛馬割 | 戸別割 |
| 同 | 同 | 同 | 同 | 同 | 同 | 同 | 同 | 同 | 同 | 同 | 同 | 同 | 人 | 厘 | 同 | 同 | 同 | 同 | 同 | 同 | 同 | 同 | 同 | 同 | 同 | 同 | 同 | 同 | 同 | 同 |
| — | — | 一四、四九七 | 二〇、一七二 | — | 一、八〇七 | — | — | 六、〇五五 | — | 二五〇 | — | 四一五 | 四六 | — | 一五〇 | 一五〇 | 四、〇〇〇 | 五〇〇 | 五〇〇 | — | 二三九 | 四四〇 | 〇三〇 | 〇三〇 | 〇二〇 | — | 〇七〇 | — | — | — |
| — | — | 一五、一六五 | 二〇、二九七 | — | 一、八〇七 | — | — | 三、七四六 | — | 二七〇 | — | 六五一 | 四一 | — | 一五〇 | 一五〇 | 五、七〇〇 | 五〇〇 | 五〇〇 | — | 二三九 | 四四〇 | 〇三〇 | 〇三〇 | 〇二〇 | — | 〇七〇 | — | — | — |
| — | — | 一二、四八四 | 二一、七三六 | — | 三、二七二 | — | — | 五二八 | — | 二四六 | — | 九四四 | 六一 | — | 一五〇 | 一五〇 | 六、二〇〇 | 五〇〇 | 五〇〇 | — | 二三九 | 四四〇 | 〇三〇 | 〇三〇 | 〇二〇 | — | 〇七〇 | — | — | — |
| — | — | 一三、七二二 | 二一、七三六 | — | 三、二七二 | — | — | 一、八八六 | — | 二四六 | — | 一二一 | 二二 | — | 二四〇 | 二四〇 | 六、〇〇〇 | 五〇〇 | 五〇〇 | — | 二三九 | 四四〇 | 〇三〇 | 〇三〇 | 〇二〇 | — | 〇七〇 | — | — | — |
| — | — | 一四、八六二 | 二一、七三六 | — | 三、二七二 | — | — | 三、〇四一 | — | 二五一 | — | 一五九 | 二二 | — | 四七〇 | 一四〇 | 七、〇〇〇 | 一、〇〇〇 | 一、〇〇〇 | 六〇〇 | 二八八 | 一、〇〇〇 | 〇六〇 | 〇六〇 | 〇四〇 | — | 一二〇 | — | — | — |
| — | — | 一、七九六 | — | 六〇〇 | — | — | — | — | — | — | — | 三、〇〇〇 | 一三 | 九三〇 | 一五〇 | 一五〇 | 五、七五〇 | 五〇〇 | 一、二〇〇 | — | — | — | — | — | — | — | — | — | — | — |
| — | — | 二、八三七 | — | 六〇〇 | — | — | — | — | — | — | — | 三、〇〇〇 | 一三 | 九四〇 | 一五〇 | 一五〇 | 三、五〇〇 | 五〇〇 | 一、二〇〇 | — | — | — | — | — | — | — | — | — | — | — |
| — | — | 一、八一七 | — | 六〇〇 | — | — | — | — | — | — | — | 四、〇〇〇 | 一六 | 九三〇 | 四七〇 | 一五〇 | 五、二〇〇 | 一、〇〇〇 | 一、五〇〇 | — | — | — | — | — | — | — | — | — | — | — |
| — | — | 一、八八二 | — | 六〇〇 | — | — | — | — | — | — | — | 六、〇〇〇 | 二五 | 九三〇 | 四七〇 | 一五〇 | 一〇、一二〇 | 一、〇〇〇 | 二、五〇〇 | — | — | — | — | — | — | — | — | — | — | — |
| — | — | 二、〇〇四 | — | 六〇〇 | — | — | — | — | — | — | — | 七、〇〇〇 | 二五 | 九三〇 | 四七〇 | 一五〇 | 八、八八〇 | 一、〇〇〇 | 二、三五〇 | — | — | — | — | — | — | — | — | — | — | — |

| 町村名 | 種別 | 面積（方里） | 民有地 田（反別・反） | 民有地 畑（同） | 民有地 宅地（同） | 民有地 山林（同） | 民有地 原野（同） | 民有地 牧場（同） | 民有地 其他（同） | 現住戸数（戸） | 現住人口（人） | 負擔 直接国税額（同） | 負擔 地方税額（同） | 負擔 市町村税額（同） | 財政 歳入（同） | 財政 経常部歳出 役所役場費（同） | 財政 経常部歳出 土木費（同） | 財政 経常部歳出 教育費（同） | 財政 経常部歳出 衛生費（同） | 財政 経常部歳出 勧業費（同） | 財政 経常部歳出 其他（同） | 財政 経常部歳出 計（同） | 財政 臨時部歳出 計（同） | 財政 通計（同） | 基本財産 動産（同） | 基本財産 不動産（同） |
|---|---|---|---|---|---|---|---|---|---|---|---|---|---|---|---|---|---|---|---|---|---|---|---|---|---|---|
| 余別村 | 大正六年度 | 六、〇〇 | — | 一八七四 | 七七 | 一七四二 | 九一二 | — | 四三一 | 五七六 | 三、二五一 | 三、六二八 | 六、〇五七 | 四、七八三 | 三三、九六一 | 一、九七七 | 一四四 | 五、〇三一 | 八〇 | — | 一、八五六 | 九、〇八八 | 二二、二四二 | 三一、三三〇 | 一一八、六一三 | 一〇七、六八〇 |
| | 同 七年度 | 六、〇〇 | — | 一九〇三 | 七七 | 一七八二 | 九一二 | — | 四八九 | 五四一 | 三、〇七一 | 七、八九四 | 六、一九七 | 五、六二〇 | 三二、五二八 | 二、八一一 | — | 七、二九〇 | 六七四 | 一三 | 一、九八七 | 一二、七七五 | 一八、五二〇 | 三一、二九五 | 九八、三六八 | 一〇七、六八〇 |
| | 同 八年度 | 六、〇〇 | — | 二〇三五 | 七七 | 一八一五 | 九一二 | — | 五一六 | 四八一 | 二、七一六 | 九、〇五〇 | 八、九六一 | 一〇、〇八八 | 二七、三五一 | 三、一二二 | 四二 | 一〇、四五四 | 一二一 | 三〇 | 二、一五三 | 一五、九二二 | 八、二七六 | 二四、一九八 | 一〇一、九八三 | 一〇七、六八〇 |
| | 同 九年度 | 六、〇〇 | — | 二〇五三 | 七七 | 一八三〇 | 九一二 | — | 五五二 | 四八六 | 二、七〇二 | 四、六六二 | 一〇、七九七 | 一一、三七八 | 三一、六六六 | 四、四八八 | 五〇 | 一二、六六二 | 六七 | — | 二、七九五 | 二〇、〇六二 | 七、一七六 | 二七、二三八 | 一〇六、五四二 | 一〇七、六八〇 |
| | 同 十年度 | 六、〇〇 | — | 二〇八九 | 七七 | 一八五三 | 九一二 | — | 五五二 | 五〇一 | 二、八〇八 | 六、六六九 | 一二、〇六二 | 一三、〇一五 | 三三、七八〇 | 五、二二五 | 二八〇 | 一二、六六五 | 一二五 | 六 | 三、一六八 | 二一、四六九 | 八、八一六 | 三〇、二八五 | 一一三、五〇〇 | 七〇、四八〇 |
| 神恵内村 | 同 六年度 | 八、八〇 | — | 五五六七 | 一六五 | 二二一 | 一八八五 | — | 一五八 | 八三四 | 四、五〇三 | 六、六一三 | 一一、〇九五 | 一〇、一四四 | 一三、三五六 | 二、二六八 | 七六 | 六、四〇四 | 四四 | 二〇七 | 三、〇九四 | 一二、〇九三 | 一、二六二 | 一三、三五六 | 四一、〇七五 | 二八、六三八 |
| | 同 七年度 | 八、八〇 | — | 五八七〇 | 一六八 | 一八五 | 二七五三 | — | 一七二 | 八一九 | 四、五〇四 | 七、〇七四 | 一三、九一六 | 一一、二二六 | 一六、二〇六 | 三、二四四 | 六五 | 八、二七一 | 四五 | 一三 | 三、六九〇 | 一五、三二九 | 八七八 | 一六、二〇六 | 四六、三八三 | 二八、六三八 |
| | 同 八年度 | 八、八〇 | — | 六二三三 | 一七二 | 一八〇 | 一九四三 | — | 一八六 | 七九四 | 四、三六七 | 五〇、七七五 | 一七、一二四 | 一九、一一六 | 二二、九三一 | 四、一八一 | 二〇〇 | 一二、四二八 | 一四七 | 一三 | 四、八六八 | 二一、八三七 | 一、〇九四 | 二二、九三一 | 六三、〇四一 | 八三、四〇一 |
| | 同 九年度 | 八、八〇 | — | 六四八七 | 一七三 | 一六三 | 二四三六 | — | 二〇四 | 八一〇 | 四、四五五 | 一二、六〇八 | 一八、二七一 | 二〇、五九二 | 三〇、二四三 | 四七四二 | 六四二 | 一五、八一七 | 一八六 | 八二 | 五、〇六四 | 二六、五三三 | 三、七一〇 | 三〇、二四三 | 七六、九五六 | 八四、四四八 |
| | 同 十年度 | 八、八〇 | — | 六七〇八 | 一七八 | 一四〇 | 二四一三 | — | 二二三 | 八一九 | 四、五七八 | 五、七九八 | 一九、九〇三 | 二三、四九四 | 三二、〇三四 | 四、九二〇 | 九〇九 | 一七、〇六六 | 一八二 | 六五 | 五、七五三 | 二八、八九五 | 三、一三九 | 三二、〇三四 | 三三、六〇一 | 八五、一二一 |

| 財産 學校基本財産 動産 | 財産 學校基本財産 不動産 | 財産 特別基本財産 動産 | 財産 特別基本財産 不動産 | 財産 收益ナキ財産 動産 | 財産 收益ナキ財産 不動産 | 財産 一部有財産 動産 | 財産 一部有財産 不動産 | 積立金穀 | 罹災救助金 | 財産ヨリ生スル收入 | 市町村費額 | 第三種所得税額 | 同納税者人員 | 課率 附加税 地價割 | 課率 附加税 營業税割 | 課率 附加税 所得税割 | 課率 附加税 戸別割 | 課率 附加税 地方税營業税割 | 課率 附加税 雑種税割 | 課率 特別税 反別割 田 | 課率 特別税 反別割 畑 | 課率 特別税 反別割 宅地 | 課率 特別税 反別割 山林 | 課率 特別税 反別割 原野 | 課率 特別税 反別割 牧場 | 課率 特別税 反別割 海産干場 | 課率 特別税 反別割 雑種地 | 課率 特別税 建物割 | 課率 特別税 牛馬割 | 課率 特別税 戸別割 |
|---|---|---|---|---|---|---|---|---|---|---|---|---|---|---|---|---|---|---|---|---|---|---|---|---|---|---|---|---|---|---|
| 同 | 同 | 同 | 同 | 同 | 同 | 同 | 同 | 同 | 同 | 同 | 同 | 同 | 人 | 厘 | 同 | 同 | 同 | 同 | 同 | 同 | 同 | 同 | 同 | 同 | 同 | 同 | 同 | 同 | 同 | 同 |
| — | — | 二、一三一 | — | — | — | — | — | — | — | 一六、八三一 | — | 二、六五一 | 三七 | 、〇九〇 | 、一五〇 | 、一五〇 | 一、八〇〇 | 、五〇〇 | 、五〇〇 | — | — | — | — | — | — | — | — | — | — | — |
| — | — | 二、二二八 | — | — | — | — | — | — | — | 一四、九七一 | — | 四、〇五八 | 三五 | 、〇八六 | 、一五〇 | 、一五〇 | 二、二九〇 | 、五〇〇 | 、五〇〇 | — | — | — | — | — | — | — | — | — | — | — |
| — | — | 二、三二三 | — | — | — | — | — | — | — | 一三、三三六 | — | 四、八五二 | 五六 | 、〇九〇 | 、一五〇 | 、一五〇 | 三、四〇〇 | 、五〇〇 | 、五〇〇 | — | — | — | — | — | — | — | — | 一 | — | — |
| — | — | 二、六七〇 | — | — | — | — | — | — | — | 一六、六四〇 | — | 三、一八九 | 三五 | 、一四〇 | 、二四〇 | 、二四〇 | 三、八〇〇 | 、七〇〇 | 、六五〇 | — | — | — | — | — | — | — | — | — | — | — |
| — | — | 二、八四一 | — | — | — | — | — | — | — | 一四、七一二 | — | 五、三九六 | 五四 | 、二八〇 | 、四七〇 | 、一四〇 | 四、〇〇〇 | 、八〇〇 | 、七三五 | — | — | — | — | — | — | — | — | — | — | — |
| — | — | 三、七七六 | — | — | 一一、八三五 | — | — | — | — | 九、二四〇 | — | 四、四〇一 | — | 宅地 、〇九〇 其他 、二一〇 | 、一五〇 | 、一五〇 | 二、五二五 | 、五〇〇 | 、五〇〇 | — | — | — | — | — | — | — | — | — | — | — |
| — | — | 三、八五九 | — | — | 一一、八三五 | — | — | — | — | 一四、二四六 | — | 三、七五一 | — | 、〇九〇 、二一〇 | 、一五〇 | 、一五〇 | 二、二二五 | 、五〇〇 | 、五〇〇 | — | — | — | — | — | — | — | — | — | — | — |
| — | — | 四、一〇九 | — | — | 一八、〇八五 | — | — | — | — | 一二、三二七 | — | 五、三九九 | — | 、〇九〇 、二一〇 | 、一五〇 | 、二四〇 | 二、九五〇 | 、七五〇 | 、七五〇 | — | — | — | — | — | — | — | — | — | — | — |
| — | — | 四、三四四 | — | — | 二七、四六二 | — | — | — | — | 一二、〇八六 | — | 一〇、六一九 | — | 、二八〇 、六六〇 | 、四七〇 | 、一四〇 | 三、〇五〇 | 、七五〇 | 、七五〇 | — | — | — | — | — | — | — | — | — | — | — |
| — | — | 四、七六四 | — | — | — | — | — | — | — | 一一、二六三 | — | 三、四七二 | — | 、二八〇 、六六〇 | 、四七〇 | 、一四〇 | 三、七五〇 | 、八〇〇 | 、八〇〇 | — | — | — | — | — | — | — | — | — | — | — |

| 種別 | | 單位 | 泊村 大正六年度 | 同 七年度 | 同 八年度 | 同 九年度 | 同 十年度 |
|---|---|---|---|---|---|---|---|
| 面積 | | 方里 | 六、〇〇 | 六、〇〇 | 六、〇〇 | 六、〇〇 | 六、〇〇 |
| 民有地 | 田 | 反 | 二 | 二 | 一〇 | 一〇 | 一〇 |
| | 畑 | 同 | 五二九一 | 五二九四 | 五四二五 | 五四五九 | 五五五九 |
| | 宅地 | 同 | 二三〇 | 二四七 | 二六二 | 二六八 | 二六七 |
| | 山林 | 同 | 九九〇 | 九九〇 | 九九〇 | 一〇四二 | 一〇九二 |
| | 原野 | 同 | 二五〇〇 | 二五〇〇 | 二七五七 | 二七七六 | 二七七五 |
| | 牧場 | 同 | 三一四六 | 三一四六 | 三一四六 | 三一四六 | 三一四六 |
| | 其他 | 同 | 二八八 | 三三五 | 四〇〇 | 九九八 | 六〇八 |
| 現住戸數 | | 戸 | 一、〇四〇 | 一、〇三一 | 一、〇三三 | 一、〇四三 | 一、〇五七 |
| 現住人口 | | 人 | 六、六〇一 | 五、〇三一 | 五、八九二 | 三、五六七 | 六、六二一 |
| 負擔 | 直接國税額 | 圓 | 一〇、五〇一 | 二六、五六三 | 二四、二二九 | 二一、二四九 | 三七、一八一 |
| | 地方税額 | 同 | 一二、五三八 | 一三、一五八 | 一六、〇二七 | 一九、六八四 | 二一、九一九 |
| | 市町村税額 | 同 | 一三、二一〇 | 一六、一五二 | 二二、〇九五 | 二六、五八九 | 三二、九〇七 |
| 財政 | 歳入 | 同 | 一五、四四八 | 一七、五三五 | 二三、二六五 | 二八、八七一 | 三三、〇八三 |
| | 歳出經常部 役所役場費 | 同 | 二、五五四 | 二、九九八 | 四、一五九 | 四、八七八 | 五、七三〇 |
| | 土木費 | 同 | 一二〇 | 一四八 | 二一〇 | 二二九 | 二八九 |
| | 教育費 | 同 | 七、九三〇 | 八、七九三 | 一二、三四四 | 一七、七八四 | 一九、二七四 |
| | 衛生費 | 同 | 四四二 | 五一四 | 四四九 | 五二七 | 六七一 |
| | 勸業費 | 同 | 一四五 | 四〇 | 一四〇 | 二七二 | 一八五 |
| | 其他 | 同 | 三、〇八〇 | 三、〇四二 | 三、八三二 | 三、六三一 | 五、三〇〇 |
| | 計 | 同 | 一四、二七一 | 一五、五三五 | 二一、一三四 | 二七、三二一 | 三一、四四九 |
| | 同臨時部計 | 同 | 一、一七七 | 二、〇〇〇 | 二、一三一 | 一、五五〇 | 一、六三四 |
| | 通計 | 同 | 一五、四四八 | 一七、五三五 | 二三、二六五 | 二八、八七一 | 三三、〇八三 |
| 基本財産 | 動産 | 同 | 三六、九七六 | 三三、七〇二 | 四四、三八〇 | 四八、一二九 | 五三、八六七 |
| | 不動産 | 同 | 二一、八〇〇 | 二二、〇〇〇 | 二一、七四六 | 五一、六九八 | 二二、七〇一 |

| 種別 | | 單位 | 島野村 同 六年度 | 同 七年度 | 同 八年度 | 同 九年度 | 同 十年度 |
|---|---|---|---|---|---|---|---|
| 面積 | | 方里 | 四、〇〇 | 四、〇〇 | 四、〇〇 | 四、〇〇 | 四、〇〇 |
| 民有地 | 田 | 反 | 七九 | 七九 | 七九 | 一三一 | 一七四 |
| | 畑 | 同 | 二四五二 | 二五四一 | 二八六二 | 二八七八 | 二九五五 |
| | 宅地 | 同 | 一三三 | 一三三 | 一三二 | 一三二 | 一三二 |
| | 山林 | 同 | 三八六二 | 三八六二 | 四〇三七 | 四〇三七 | 五九一六 |
| | 原野 | 同 | 二一四六 | 二一四六 | 二一四六 | 二〇七一 | 一三九八 |
| | 牧場 | 同 | 一〇六〇 | 一〇六〇 | 一〇六〇 | 一〇六〇 | 一〇〇七 |
| | 其他 | 同 | 三〇五 | 三〇五 | 三一六 | 三二七 | 三三〇 |
| 現住戸數 | | 戸 | 四四二 | 四二四 | 四〇七 | 四一四 | 四一一 |
| 現住人口 | | 人 | 二、九八三 | 二、四六二 | 二、二二九 | 二、一八一 | 二、二〇二 |
| 負擔 | 直接國税額 | 圓 | 五、〇三〇 | 二、〇三七 | 三、五六一 | 二、三一六 | 二、六五九 |
| | 地方税額 | 同 | 五、一八七 | 五、〇〇三 | 六、二六六 | 七、六九九 | 八、二三四 |
| | 市町村税額 | 同 | 五、五三七 | 六、七五八 | 九、九〇一 | 一四、一一二 | 一四、五八五 |
| 財政 | 歳入 | 同 | 六、六五一 | 八、四五四 | 一一、三五六 | 一七、七六八 | 一七、一三〇 |
| | 歳出經常部 役所役場費 | 同 | 一、九六七 | 二、三四二 | 二、九九〇 | 四、二八四 | 四、六六九 |
| | 土木費 | 同 | 六〇 | 六〇 | 五五 | 五五 | 八八 |
| | 教育費 | 同 | 三、二〇九 | 四、一四二 | 五、九二七 | 八、六三一 | 九、二五八 |
| | 衛生費 | 同 | 八〇 | 一三七 | 三二四 | 二七〇 | 五〇三 |
| | 勸業費 | 同 | 五 | 五 | 一五 | 一五 | 一五 |
| | 其他 | 同 | 一、二六〇 | 一、五八三 | 二、〇四五 | 二、三四五 | 二、四七一 |
| | 計 | 同 | 六、五八一 | 八、二六九 | 一一、三五六 | 一五、六〇〇 | 一七、〇〇四 |
| | 同臨時部計 | 同 | 七〇 | 一八五 | ― | 二、一六八 | 一二六 |
| | 通計 | 同 | 六、六五一 | 八、四五四 | 一一、三五六 | 一七、七六八 | 一七、一三〇 |
| 基本財産 | 動産 | 同 | 一五、七八二 | 一七、四二二 | 一九、一八四 | 四三、七五一 | 二一、四七三 |
| | 不動産 | 同 | 三、七七五 | 八、九三〇 | 八、九三〇 | 八、四五五 | 八、四五五 |

| 項目 | 單位 | 1 | 2 | 3 | 4 | 5 | 6 | 7 | 8 | 9 | 10 |
|---|---|---|---|---|---|---|---|---|---|---|---|
| 財産 學校基本財産 動産 | 同 | 二、四二九 | 二、四九一 | 二、七四八 | 二、八二三 | 二、九一七 | 一一、〇八〇 | 一一、二〇五 | 一三、七八八 | 一四、一九八 | 一五、一七〇 |
| 財産 學校基本財産 不動産 | 同 | ― | ― | ― | ― | ― | ― | ― | 七、〇〇〇 | 五、〇〇〇 | 五、〇〇〇 |
| 財産 特別基本財産 動産 | 同 | 三四、五四七 | 三七、五〇七 | 四一、六三二 | 四五、三〇七 | 五〇、九五〇 | ― | ― | ― | ― | ― |
| 財産 特別基本財産 不動産 | 同 | 一一、八〇〇 | 一二、〇九〇 | 一一、三八六 | 三三、六六八 | 四、五三九 | ― | ― | ― | ― | ― |
| 財産 收益ナキ財産 動産 | 同 | ― | ― | ― | ― | ― | ― | ― | ― | ― | ― |
| 財産 收益ナキ財産 不動産 | 同 | 一〇、〇〇〇 | 一〇、〇〇〇 | 一〇、三六〇 | 一八、〇三〇 | 一八、一六二 | 三、四七三 | 五、三四七 | 五、三四七 | 七、六五一 | 七、六五一 |
| 財産 一部有財産 動産 | 同 | ― | ― | ― | ― | ― | ― | ― | ― | ― | ― |
| 財産 一部有財産 不動産 | 同 | ― | ― | ― | ― | ― | ― | ― | ― | ― | ― |
| 財産 積立金穀 | 同 | ― | ― | ― | ― | ― | 二、二八一 | 二、五二二 | 四、五三二 | 九二二 | 二、九〇五 |
| 財産 罹災救助金 | 同 | ― | ― | ― | ― | ― | ― | ― | ― | ― | ― |
| 財産ヨリ生スル收入 | 同 | 二、四五六 | 二、四一五 | 二、八四六 | 三、二九八 | 三、六四三 | 一、六七八 | 二、〇八四 | 二、三五五 | 二、六四六 | 二、五九三 |
| 市町村債額 | 同 | ― | ― | ― | ― | ― | ― | ― | ― | ― | ― |
| 第三種所得税額 | 同 | 一七、〇九七 | 二一、四一〇 | 二七、九二四 | 一八、二六二 | 三四、〇六一 | 三、八四九 | 八〇九 | 一、九六八 | 六七四 | 九八一 |
| 同納税者實人員 | 人 | 九四 | 七二 | 八二 | 六三 | 六六 | 二五 | 一三 | 一八 | 一三 | 一九 |
| 課率 附加税 地價割 | 厘 | ― | ― | ― | ― | ― | ― | ― | ― | ― | ― |
| 課率 附加税 國税營業税割 | 同 | 一五〇 | 一五〇 | 一五〇 | 二四〇 | 四七〇 | 、一五〇 | 、一五〇 | 、一五〇 | 、二四〇 | 、四七〇 |
| 課率 附加税 所得税割 | 同 | 一五〇 | 一五〇 | 一五〇 | 二四〇 | 一四〇 | 、一五〇 | 、一五〇 | 、一五〇 | 、二四〇 | 、一四〇 |
| 課率 附加税 戸別割 | 同 | 四、〇〇〇 | 四、〇〇〇 | 七、〇〇〇 | 八、〇〇〇 | 八、七五〇 | 一、〇〇〇 | 一、七〇〇 | 三、〇〇〇 | 四、一五〇 | 七、五〇〇 |
| 課率 附加税 地方税營業税割 | 同 | 五〇〇 | 五〇〇 | 五〇〇 | 七〇〇 | 八〇〇 | 、五〇〇 | 、五〇〇 | 五〇〇 | 一、〇〇〇 | 一、〇〇〇 |
| 課率 附加税 雜種税割 | 同 | 五〇〇 | 五〇〇 | 五〇〇 | 七〇〇 | 八〇〇 | 一、一五〇 | 一、五〇〇 | 一、六〇〇 | 二、二〇〇 | 二、二〇〇 |
| 課率 特別税 反別割 田 | 同 | 二五〇 | 二五〇 | 二五〇 | 二五〇 | 四〇〇 | 一九二 | 一九二 | 一九二 | 三五二 | 四四〇 |
| 課率 特別税 反別割 畑 | 同 | 一五〇 | 一五〇 | 一五〇 | 一五〇 | 二四〇 | 一二八 | 一五七 | 一五七 | 二八八 | 三三五 |
| 課率 特別税 反別割 宅地 | 同 | 四〇〇 | 四〇〇 | 四〇〇 | 四〇〇 | 六四〇 | 二八〇 | 二八〇 | 二八〇 | 四八五 | 九〇〇 |
| 課率 特別税 反別割 山林 | 同 | ― | ― | ― | ― | ― | ― | ― | ― | ― | ― |
| 課率 特別税 反別割 原野 | 同 | ― | ― | ― | ― | ― | ― | ― | ― | ― | ― |
| 課率 特別税 反別割 牧場 | 同 | ― | ― | ― | ― | ― | ― | ― | ― | ― | ― |
| 課率 特別税 反別割 海産干場 | 同 | 四〇〇 | 四〇〇 | 四〇〇 | 四〇〇 | 六四〇 | 三三二 | 三三二 | 三三二 | 五八〇 | 九五〇 |
| 課率 特別税 反別割 雜種地 | 同 | ― | ― | ― | ― | ― | ― | ― | ― | ― | ― |
| 課率 特別税 建物割 | 同 | ― | ― | ― | ― | ― | ― | ― | ― | ― | ― |
| 課率 特別税 牛馬割 | 同 | ― | ― | ― | ― | ― | ― | ― | ― | ― | ― |
| 課率 特別税 戸別割 | 同 | ― | ― | ― | ― | ― | ― | ― | ― | ― | ― |

| 種別 | 單位 | 發足村 大正六年度 | 同 七年度 | 同 八年度 | 同 九年度 | 同 十年度 | 前田村 同 六年度 | 同 七年度 | 同 八年度 | 同 九年度 | 同 十年度 |
|---|---|---|---|---|---|---|---|---|---|---|---|
| 面積 | 方里 | 三、七〇 | 三、七〇 | 三、七〇 | 三、七〇 | 三、七〇 | 六、〇〇 | 六、〇〇 | 六、〇〇 | 六、〇〇 | 六、〇〇 |
| 民有地反別 田 | 反 | 五一一 | 五二二八 | 五三〇八 | 六三五二 | 七五九四 | 六二八 | 七九六二 | 八〇五八 | 九二〇九 | 一、〇八八六 |
| 畑 | 同 | 二、五一八二 | 二、五二〇六 | 二、三八三一 | 二、三八二〇 | 一、八三四五 | 三、九二九〇 | 三、八三四五 | 三、八三四六 | 三、七五九四 | 三、六〇三九 |
| 宅地 | 同 | 三七 | 五一 | 六四 | 六六 | 一四〇 | 一六〇 | 一六三 | 一六三 | 一六八 | 二〇六 |
| 山林 | 同 | 三三五 | 三三五 | 三四六 | 三四六 | 三五七 | 二二二八 | 一七三一 | 二四三四 | 二二〇〇 | 二五〇八 |
| 原野 | 同 | 二六九九 | 二六七八 | 二六五一 | 二六八八 | 七三二五 | | | | | |
| 牧場 | 同 | 二四七六 | 二四七六 | 五八二 | 五八二 | 二一七六 | 六八三 | 八〇四 | 一五〇 | 一五〇 | — |
| 其他 | 同 | — | — | — | — | — | 一三 | 五九 | — | — | — |
| 現住戸數 | 戸 | 五九八 | 六〇五 | 六〇九 | 五九八 | 五七七 | 八九八 | 七九〇 | 七八六 | 八二八 | 八〇九 |
| 現住人口 | 人 | 三、六五五 | 三、七四〇 | 三、六五四 | 三、五一七 | 三、四五二 | 五、七二九 | 五、一九六 | 五、一七三 | 五、〇七九 | 五、〇〇八 |
| 負擔 直接國稅額 | 圓 | 八七〇 | 一、〇七四 | 一、四三〇 | 一、七一二 | 一、八七二 | 二、九一八 | 三、三〇〇 | 四、四一八 | 三、九五四 | 四、六四七 |
| 地方稅額 | 同 | 三、一二七 | 三、四六一 | 四、五五一 | 六、一三四 | 六、三三九 | 五、〇二六 | 五、一三五 | 六、五五六 | 九、七一六 | 一〇、一三七 |
| 市町村稅額 | 同 | 八、三二三 | 八、九三七 | 一三、七〇四 | 二四、一一六 | 一七、七〇〇 | 一一、三七〇 | 一三、九二六 | 二一、三〇六 | 三一、二八一 | 二九、五三五 |
| 財政 歳入 | 同 | 九、九六六 | 一〇、八四八 | 一八、三二五 | 三〇、三二五 | 二一、四三八 | 一二、六二四 | 一六、一二三 | 二三、七九七 | 三三、五三一 | 四一、五九三 |
| 歳出 經常部 役所役場費 | 同 | 二、一五五 | 二、七五〇 | 四、一二七 | 六、三三三 | 六、一五八 | 二、二二七 | 三、五二六 | 五、九九五 | 七、八七五 | 六、七七一 |
| 土木費 | 同 | 六三〇 | 六六六 | 九六八 | 一、二一三 | 九〇二 | 二六三 | 一五三 | 八九四 | 三、〇七四 | 一、六六二 |
| 教育費 | 同 | 四、一四三 | 五、六一五 | 八、一四六 | 一三、一〇二 | 一一、三〇七 | 六、三五一 | 八、八五三 | 一四、二〇〇 | 一七、一〇二 | 一七、二四七 |
| 衛生費 | 同 | 一二三 | 五八 | 七一 | 八四 | 二一 | 二六 | 八一 | 八一 | 一三八 | 一五八 |
| 勸業費 | 同 | 八 | 九八 | 一〇 | 八 | 五 | 五 | 五 | 五 | 一〇 | 一〇 |
| 其他 | 同 | 一、〇六七 | 一、三八八 | 一、五一七 | 二、四二〇 | 二、三三二 | 一、六九二 | 一、八五二 | 一、八六一 | 三、二〇一 | 三、七一六 |
| 經常部計 | 同 | 八、一二六 | 一〇、五七五 | 一四、八三九 | 二三、一六〇 | 二〇、九一五 | 一〇、五六四 | 一四、四七〇 | 二三、〇三四 | 三一、四〇〇 | 二九、五六四 |
| 臨時部計 | 同 | 一、八四〇 | 二七三 | 三、四八六 | 七、一六四 | 五二三 | 二、〇六〇 | 一、六五三 | 七六一 | 二、一三〇 | 一二、〇二八 |
| 計 | 同 | 九、九六六 | 一〇、八四八 | 一八、三二五 | 三〇、三二五 | 二一、四三八 | 一二、六二四 | 一六、一二三 | 二三、七九七 | 三三、五三一 | 四一、五九三 |
| 基本財產 動產 | 同 | 一三、三八九 | 一四、六六一 | 一五、七二五 | 一六、八〇〇 | 五、五九九 | 一五、七〇七 | 二一、七一四 | 二一、九〇四 | 二三、八八二 | 一九、二二五 |
| 不動產 | 同 | 二一、七七九 | 二一、七九九 | 二一、八一九 | 三三、三一四 | 三三、三一四 | 四九、五二〇 | 四九、五二九 | 四九、五三〇 | 四九、五四一 | 五〇、二一七 |

| 財産・學校基本財産・動産 | 財産・學校基本財産・不動産 | 財産・特別基本財産・動産 | 財産・特別基本財産・不動産 | 財産・收益ナキ財産・動産 | 財産・收益ナキ財産・不動産 | 財産・一部有財産・動産 | 財産・一部有財産・不動産 | 財産・積立金穀 | 財産・罹災救助金 | 財産ヨリ生スル收入 | 市町村債額 | 第三種所得税額 | 同納税者實人員 | 課率・附加税・地價割 | 課率・附加税・國税營業税割 | 課率・附加税・所得税割 | 課率・附加税・戸別割 | 課率・附加税・地方税營業税割 | 課率・附加税・雜種税割 | 課率・特別税・反別割・田 | 課率・特別税・反別割・畑 | 課率・特別税・反別割・宅地 | 課率・特別税・反別割・山林 | 課率・特別税・反別割・原野 | 課率・特別税・反別割・牧場 | 課率・特別税・反別割・海産干場 | 課率・特別税・反別割・雜種地 | 課率・特別税・建物割 | 課率・特別税・牛馬割 | 課率・特別税・戸別割 |
|---|---|---|---|---|---|---|---|---|---|---|---|---|---|---|---|---|---|---|---|---|---|---|---|---|---|---|---|---|---|---|
| 同 | 同 | 同 | 同 | 同 | 同 | 同 | 同 | 同 | 同 | 同 | 同 | 同 | 人 | 厘 | 同 | 同 | 同 | 同 | 同 | 同 | 同 | 同 | 同 | 同 | 同 | 同 | 同 | 同 | 同 | 同 |
| 三六 | — | — | — | — | 一五、〇〇〇 | — | — | — | — | 一、一三七 | 二四三 | 七一〇 | 六三 | — | 一五〇 | 一五〇 | 二、五〇〇 | 一、〇〇〇 | 一、〇〇〇 | 二七六 | 一二六 | 三二四 | 〇一六 | — | 〇一六 | — | — | — | — | — |
| 三七 | — | — | — | — | 一五、二四六 | — | — | — | — | 一、〇九二 | 二四三 | 七三七 | 六〇 | — | — | 一五〇 | 一、五〇〇 | 一、〇〇〇 | 一、〇〇〇 | 三三三 | 一七一 | 三三三 | 〇一六 | — | 〇一六 | — | — | — | — | — |
| 三九 | — | — | — | — | 一五、二四六 | — | — | — | — | 九八四 | 二四三 | 一、一四三 | 七二 | — | — | 二四〇 | 三、二三五 | 一、〇〇〇 | 一、〇〇〇 | 三四六 | 二四九 | 二四三 | 〇一八 | 〇一八 | 〇一七 | — | — | — | — | — |
| 一四一 | — | — | — | — | 一八、八四六 | — | — | — | — | 一、〇六三 | 二四三 | 四二五 | 五一 | — | 四七〇 | 一四〇 | 六、四八〇 | 一、〇〇〇 | 一、〇〇〇 | 六三〇 | 三四九 | 三七〇 | 〇二六 | 〇二六 | 〇二四 | — | — | — | — | — |
| 三四一 | — | — | — | — | 一八、八四六 | — | — | — | — | 一、一六二 | 二四三 | 五九二 | 六三 | — | 四七〇 | 一四〇 | 三、〇八〇 | 一、〇〇〇 | 一、〇〇〇 | 六〇四 | 三五二 | 三三一 | 〇二三 | 〇二三 | 〇二二 | — | — | — | — | — |
| 二〇〇 | — | 一、三九二 | — | — | 一二、九八一 | — | — | — | — | 一、七〇一 | 一四、八〇八 | 二、五七五 | 一一三 | — | 一五〇 | 一五〇 | 一、五六五 | 五〇〇 | 五〇〇 | 三三六 | 一三四 | 二四八 | 〇二〇 | 〇二〇 | 〇二〇 | 三六〇 | — | — | 五〇〇 | — |
| 一一六 | — | 一、四五二 | — | — | 一二、九八五 | — | — | — | — | 二、一六七 | 一〇、八二五 | 二、七一五 | 九三 | — | 一五〇 | 一五〇 | 二、七八〇 | 一、〇〇〇 | 一、〇〇〇 | 三三六 | 一三四 | 二四八 | 〇二〇 | 〇二〇 | 〇二〇 | 三六〇 | — | — | 五〇〇 | — |
| 二二五 | — | 二、六二一 | — | — | 一二、九八五 | — | — | — | — | 三、三二五 | 七、二一七 | 三、五三四 | 一一〇 | — | 二四〇 | 二四〇 | 四、四八七 | 一、〇〇〇 | 一、二九九 | 三九九 | 一六九 | 二八九 | 〇二一 | 〇二一 | — | 一四九 | — | — | 五〇〇 | — |
| 四七 | — | 三、〇一八 | — | — | 一三、〇九四 | — | — | — | — | 二、九三七 | 三、六〇八 | 二、〇三九 | 七六 | — | 一四〇 | 一四〇 | 五、三〇〇 | 一、五〇〇 | 一、五〇〇 | 六三八 | 二六七 | 四四三 | 〇二八 | 〇二八 | 〇二五 | — | — | — | 五〇〇 | — |
| 一、二九五 | — | 三、四七三 | — | — | 一三、〇六四 | — | — | — | — | 三、三九八 | — | 三、三九八 | 七四 | — | 四七〇 | 一四〇 | 四、六〇〇 | 一、〇〇〇 | 一、〇〇〇 | 六〇七 | 二五八 | 三二四 | 〇二六 | 〇二六 | — | — | — | — | 五〇〇 | — |

| 種別 | 單位 | 小澤村 大正六年度 | 小澤村 同七年度 | 小澤村 同八年度 | 小澤村 同九年度 | 小澤村 同十年度 | 東倶知安村 同六年度 | 東倶知安村 同七年度 | 東倶知安村 同八年度 | 東倶知安村 同九年度 | 東倶知安村 同十年度 |
|---|---|---|---|---|---|---|---|---|---|---|---|
| 面積 | 方里 | 九、〇〇 | 九、〇〇 | 九、〇〇 | 九、〇〇 | 九、〇〇 | 一六、〇〇 | 一六、〇〇 | 一六、〇〇 | 一六、〇〇 | 一六、〇〇 |
| 民有地 田 | 反別 反 | 二五〇 | 二五〇 | 五六〇 | 一二〇〇 | 一三五三 | — | — | — | 二 | 二 |
| 民有地 畑 | 同 | 三、一七九七 | 三、〇六二四 | 二、四二二三 | 二、四一三九 | 一、四〇二九 | 七、七〇三〇 | 八、〇六四三 | 八、二五〇四 | 八、五一九二 | 九、六八八五 |
| 民有地 宅地 | 同 | 二四 | 二六 | 二六 | 一二四 | 一二四 | 五一 | 三〇 | 五一 | 六二 | 一六二 |
| 民有地 山林 | 同 | 五二〇〇 | 四一一〇 | 八二九〇 | 四九三〇 | 六四六六 | — | — | 一二〇〇 | 一三〇〇 | 一七三六 |
| 民有地 原野 | 同 | 一、五三二〇 | 一、七四六一 | 一、八四一一 | 一、七三六一 | 二、一七八〇 | 五〇五〇 | 四三九四 | 一五〇〇 | 一四四〇 | 七〇九七 |
| 民有地 牧場 | 同 | 八二五〇 | 八二五〇 | 六三五六 | 六三五六 | 八三五六 | | | | | |
| 民有地 其他 | 同 | — | — | 三〇一〇 | 六〇〇九 | 八〇一 | — | — | — | — | — |
| 現住戸數 | 戸 | 一、〇六四 | 九八六 | 九四七 | 八九六 | 八七四 | 一、六五三 | 一、七六二 | 一、八四三 | 二、二〇八 | 一、六五一 |
| 現住人口 | 人 | 五、二七四 | 五、〇〇八 | 五、〇一五 | 四、三二七 | 四、二二七 | 八、六七三 | 九、一五二 | 九、三九二 | 一〇、五八二 | 八、六八八 |
| 負擔 直接國税額 | 圓 | 五三〇 | 一、〇〇二 | 一、一五〇 | 一、七六六 | 一、七六六 | 三、六二七 | 五、三九六 | 六、一八二 | 三、八一三 | 四、七七三 |
| 負擔 地方税額 | 同 | 二、五一〇 | 三、八一四 | 四、〇五〇 | 五、〇八三 | 六、七〇〇 | 八、七二〇 | 九、六七三 | 一三、六二五 | 一九、九三七 | 一七、〇六九 |
| 負擔 市町村税額 | 同 | 八、一七五 | 九、五〇七 | 一五、六二〇 | 一七、二六二 | 一七、八四九 | 二〇、六四五 | 二四、八〇三 | 二八、八九三 | 四五、九一九 | 三八、〇五九 |
| 財政 歳入 | 同 | 一四、一〇四 | 一五、三五九 | 一九、八七五 | 二五、二〇〇 | 二六、一六五 | 二五、六四六 | 三四、三〇〇 | 三五、八〇八 | 五六、四一六 | 五二、〇三五 |
| 歳出 經常部 役所役場費 | 同 | 二、五六八 | 三、〇一五 | 三、五八七 | 四六九四 | 五、四七〇 | 三、一三八 | 四、六〇四 | 四、六二七 | 六、八九五 | 八、三一八 |
| 歳出 經常部 土木費 | 同 | 四七九 | 六八三 | 七六三 | 八〇七 | 七七〇 | 一、七七〇 | 二、五八九 | 四、〇五八 | 二、五五〇 | 一、九〇〇 |
| 歳出 經常部 教育費 | 同 | 六、三二七 | 八、五八四 | 一一、七四九 | 一四、三八四 | 一三、七四二 | 八、四七九 | 一三、一八九 | 二〇、六〇七 | 三一、三五〇 | 三一、四二一 |
| 歳出 經常部 衛生費 | 同 | 五九 | 六一 | 六一 | 八一 | 一二一 | 八八 | 一六八 | 一一八 | 一四一 | 三二五 |
| 歳出 經常部 勧業費 | 同 | 二 | 二 | 一二 | 一二 | 一三二 | 一八〇 | 一八〇 | 三〇 | — | — |
| 歳出 經常部 其他 | 同 | 二、四四三 | 二、七一四 | 三、〇六〇 | 二、七一三 | 三、三三〇 | 三、八三五 | 三、八六七 | 五、五四八 | 四、五六〇 | 四、三五三 |
| 歳出 經常部計 | 同 | 一一、八七七 | 一五、〇五九 | 一九、二三二 | 二二、五九一 | 二三、五六五 | 一七、四九〇 | 二四、五九七 | 三四、九八八 | 四五、四九六 | 四六、三一七 |
| 歳出 臨時部計 | 同 | 二、二二七 | 三〇〇 | 六四三 | 二、六〇九 | 二、六〇〇 | 八、一五六 | 九、七〇三 | 八二〇 | 一〇、九二〇 | 五、七一八 |
| 歳出 同通計 | 同 | 一四、一〇四 | 一五、三五九 | 一九、八七五 | 二五、二〇〇 | 二六、一六五 | 二五、六四六 | 三四、三〇〇 | 三五、八〇八 | 五六、四一六 | 五二、〇三五 |
| 基本財産 動産 | 同 | 五、三五七 | 三、七七〇 | 五、七〇六 | 九、一五八 | 一〇、五四九 | 六、五五五 | 一一、九〇六 | 一六、〇三六 | 一七、六九二 | 二一、七八四 |
| 基本財産 不動産 | 同 | — | — | — | — | — | — | — | — | 七〇〇 | 七〇〇 |

| | 財産 學校基本財産 動産 | 財産 學校基本財産 不動産 | 財産 特別基本財産 動産 | 財産 特別基本財産 不動産 | 財産 收益ナキ財産 動産 | 財産 收益ナキ財産 不動産 | 財産 一部有財産 動産 | 財産 一部有財産 不動産 | 財産 積立金穀 | 財産 罹災救助金 | 財産ヨリ生スル收入 | 市町村債額 | 第三種所得税額 | 同納税者人員 | 課率 附加税 地價割 | 課率 附加税 國税營業税割 | 課率 附加税 所得税割 | 課率 附加税 戸別割 | 課率 附加税 地方税營業税割 | 課率 附加税 雜種税割 | 課率 特別税 反別割 田 | 課率 特別税 反別割 畑 | 課率 特別税 反別割 宅地 | 課率 特別税 反別割 山林 | 課率 特別税 反別割 原野 | 課率 特別税 反別割 牧場 | 課率 特別税 反別割 海産干場 | 課率 特別税 反別割 雜種地 | 課率 特別税 建物割 | 課率 特別税 牛馬割 | 課率 特別税 戸別割 |
|---|---|---|---|---|---|---|---|---|---|---|---|---|---|---|---|---|---|---|---|---|---|---|---|---|---|---|---|---|---|---|
| | 同 | 同 | 同 | 同 | 同 | 同 | 同 | 同 | 同 | 同 | 同 | 同 | 同 | 人 | 厘 | 同 | 同 | 同 | 同 | 同 | 同 | 同 | 同 | 同 | 同 | 同 | 同 | 同 | 同 | 同 | 同 |
| 1 | 五六九 | — | 五〇二 | — | — | — | — | — | — | 一、一二三 | 五九三 | — | 三〇〇 | 四八 | — | 一五〇 | 一五〇 | 一、五六〇 | 一、〇〇〇 | 一、〇〇〇 | 三九〇 | 一一四 | 三五四 | — | 〇一〇 | 〇一〇 | — | — | — | 五〇〇 | — |
| 2 | 二九五 | — | 五三一 | — | — | — | — | — | — | 九八八 | 七一〇 | — | 七二〇 | 三七 | — | 一五〇 | 一五〇 | 一、五六〇 | 八〇〇 | 八〇〇 | 三九〇 | 一〇四 | 三七一 | — | 〇一〇 | 〇一〇 | — | — | — | 五〇〇 | — |
| 3 | 八六 | — | 七〇〇 | — | — | — | — | — | — | 一、二六五 | 八〇〇 | — | 六五〇 | 四六 | — | 一五〇 | 二一〇 | 二、〇二四 | 一、〇〇〇 | 一、〇〇〇 | 三六五 | 一三一 | 三九七 | 〇一〇 | 〇一〇 | 〇一〇 | — | — | — | 五〇〇 | — |
| 4 | 一一六 | — | 七二六 | — | — | — | — | — | — | 一、一六五 | 九〇五 | — | 八四〇 | 二七 | — | 二四〇 | 二四〇 | 四、五三〇 | 一、二〇〇 | 一、二〇〇 | 一三一 | 三九七 | 三九七 | 〇一〇 | — | 〇一〇 | — | — | — | 五〇〇 | — |
| 5 | 一四一 | — | 七六六 | — | — | — | — | — | — | 一、五三三 | 一、〇六六 | — | 一、二〇〇 | 四七 | — | 四七〇 | 一四〇 | 五、一七〇 | 一、二〇〇 | 一、二〇〇 | 二一五 | 一二四 | 三八四 | 〇一〇 | — | 〇一〇 | — | — | — | 五〇〇 | — |
| 6 | 五一 | — | — | — | 八、二九五 | 九二二 | — | — | — | — | 一、〇一五 | 二、一〇〇 | 二、九七三 | 二六八 | — | 一五〇 | 一五〇 | 四、七〇〇 | 一、〇〇〇 | 一、〇〇〇 | — | — | — | — | 〇二〇 | 〇二〇 | — | — | — | 五〇〇 | — |
| 7 | 六五 | — | — | — | 一三、六四五 | 五八九二 | — | — | — | — | 四、四四〇 | 一、四〇〇 | 四、一九一 | 二六三 | — | 一五〇 | 一五〇 | 四、六〇〇 | 一、〇〇〇 | 一、〇〇〇 | — | — | — | — | 〇二〇 | 〇二〇 | — | — | — | 五〇〇 | — |
| 8 | 一七〇 | — | — | — | 一三、六四五 | 五、八九二 | — | — | — | — | 三、七四二 | 七〇〇 | 四、六三四 | 二六五 | — | 一五〇 | 一五〇 | 四、五〇〇 | 一、〇〇〇 | 一、〇〇〇 | — | — | — | 〇一〇 | 〇二〇 | 〇二〇 | — | — | — | 五〇〇 | — |
| 9 | 一七九 | — | — | — | 四五、三九七 | 六、七一九 | — | — | — | — | 三、一一四 | — | 八七一 | 六三 | — | 一五〇 | 一五〇 | 六、〇〇〇 | 一、〇〇〇 | 一、〇〇〇 | 四〇〇 | — | — | 〇一〇 | 〇二〇 | 〇二〇 | — | — | — | 五〇〇 | — |
| 10 | 一九五 | — | — | — | 五〇、一四七 | 六、八九九 | — | — | — | 二二八 | 二、八三五 | — | 九七八 | 七三 | — | 一五〇 | 一五〇 | 四、三五〇 | 一、〇〇〇 | 一、〇〇〇 | 四〇〇 | — | — | 〇一〇 | 〇二〇 | 〇二〇 | — | — | — | 五〇〇 | — |

| 種別 | | 単位 | 喜茂別村 大正六年度 | 同 七年度 | 同 八年度 | 同 九年度 | 同 十年度 | 真狩村 同 六年度 | 同 七年度 | 同 八年度 | 同 九年度 | 同 十年度 |
|---|---|---|---|---|---|---|---|---|---|---|---|---|
| 面積 | | 方里 | 一三、二〇 | 一三、二〇 | 一三、二〇 | 一四、九〇 | 一四、九〇 | 一八、〇〇 | 一八、〇〇 | 一八、〇〇 | 一八、〇〇 | 一八、〇〇 |
| 民有地 | 田 | 反別 反 | 三 | 三 | 三 | 二六 | 三六 | — | — | — | — | 一五 |
| | 畑 | 同 | 四、五二四七 | 七、二三八八 | 七、二〇六七 | 七、一六一三 | 五、四五八七 | 一三、二六七〇 | 一三、〇七八九 | 一一、六三五六 | 一三、二二一六 | 一三、〇七二〇 |
| | 宅地 | 同 | 一七 | 一七 | 四九 | 七七 | 二〇二 | 三四五 | 二八四 | 一五七 | 三三一 | 三六五 |
| | 山林 | 同 | 七〇七 | 七〇七 | 七〇七 | 七二二 | 六一二 | 三六四六 | 三六四六 | 四三二二 | 五一二二 | 六七二二 |
| | 原野 | 同 | 四一二 | 八六二 | 八六二 | 四一一七 | 二、九〇一五 | 一、二三二三 | 一、三九〇一 | 二、八六六八 | 一、八七二二 | 一、九六八二 |
| | 牧場 | 同 | — | — | — | — | — | 八二二 | 八二二 | — | — | — |
| | 其他 | 同 | — | — | — | — | — | — | — | — | 九 | 一〇五 |
| 現住戸数 | | 戸 | 一、一四五 | 一、〇五七 | 一、〇五六 | 一、一一二 | 九七九 | 一、九二二 | 二、〇九二 | 一、七三〇 | 一、六五一 | 一、五四六 |
| 現住人口 | | 人 | 六、八九二 | 六、二六六 | 六、二五二 | 六、九八〇 | 六、八一七 | 一二、〇〇三 | 一二、八四四 | 一二、九八五 | 一一、六二一 | 一一、五五四 |
| 負担 | 直接国税額 | 円 | 一、七九二 | 二、八六五 | 三、四九六 | 二、六一二 | 二、〇七三 | 三、六七七 | 一〇、九一三 | 二一、〇〇〇 | 一四、〇九五 | 九、二三二 |
| | 地方税額 | 同 | 五、六六〇 | 五、三一八 | 七、七八五 | 八、九九九 | 一一、四三一 | 一四、〇〇〇 | 一三、三六五 | 一四、九二五 | 一六、三一〇 | 二一、九一一 |
| | 市町村税額 | 同 | 一七、六一一 | 二〇、七二二 | 二五、〇九二 | 三八、四九五 | 三三、六〇三 | 二七、五七〇 | 三三、一四五 | 四四、八〇五 | 五〇、四〇七 | 四九、九〇二 |
| 財政 | 歳入 | 同 | 一八、六二二 | 二六、二六一 | 三二、八五六 | 六一、三五五 | 四二、七二一 | 三三、〇二二 | 四三、六八四 | 五〇、六八六 | 六三、一七〇 | 五七、三一三 |
| | 歳出経常部 役所役場費 | 同 | 三、八八七 | 三、九五二 | 四、五六〇 | 六、九八九 | 六、六五一 | 五、六三一 | 八、二〇三 | 八、六三三 | 一〇、七五六 | 一〇、一六三 |
| | 土木費 | 同 | 一、三四二 | 二、九二〇 | 二、七九九 | 二、〇〇〇 | 一、二四二 | 四、二九五 | 五、〇〇七 | 五、四二一 | 六、八二五 | 五、一二五 |
| | 教育費 | 同 | 六、八八一 | 一〇、〇七二 | 一四、八九四 | 二一、一一六 | 一九、三三三 | 一四、四五四 | 二一、三三五 | 二八、六八〇 | 三五、二一八 | 三三、六二四 |
| | 衛生費 | 同 | 一一一 | 九五 | 七六 | 三四 | 一三〇 | 一七八 | 二五二 | 三二二 | 三三五 | 三四四 |
| | 勧業費 | 同 | 二七九 | 四四七 | 一二 | 一〇〇 | 五〇 | 一、二四九 | 一、五七七 | 一、五七七 | — | 五六 |
| | 其他 | 同 | 一、五〇七 | 三、一一二 | 四、〇四八 | 四、五三八 | 四、八六九 | 三、〇五四 | 三、六一一 | 四、一〇一 | 五、五六六 | 四、九三六 |
| | 計 | 同 | 一四、〇〇七 | 二〇、六〇七 | 二六、三八九 | 三四、七七七 | 三二、二七五 | 二八、八六一 | 四〇、〇三五 | 四八、七三四 | 五八、七〇〇 | 四九、三一二 |
| | 同臨時部計 | 同 | 四、六一四 | 五、六五四 | 六、四六七 | 二六、五七八 | 一〇、四四六 | 四、一六〇 | 三、六四九 | 一、九五二 | 四、四七〇 | 三、〇六五 |
| | 通計 | 同 | 一八、六二二 | 二六、二六一 | 三二、八五六 | 六一、三五五 | 四二、七二一 | 三三、〇二一 | 四三、六八四 | 五〇、六八六 | 六三、一七〇 | 五七、三一三 |
| 基本財産 | 動産 | 同 | 七、八三三 | 一〇、五四九 | 七、四三七 | 二三、七四七 | 二三、七四七 | 一〇、一二二 | 一二、一〇四 | 一五、四六〇 | 一七、五〇五 | 二四、三七〇 |
| | 不動産 | 同 | 三五、五〇〇 | 三五、五〇〇 | 三五、五〇〇 | 三五、五〇〇 | 三五、五〇〇 | 六五、六〇〇 | 八七、五三一 | 八七、七四四 | 八三、六六八 | 九七、六四〇 |

| 財産 學校基本財産 動産 | 財産 學校基本財産 不動産 | 財産 特別基本財産 動産 | 財産 特別基本財産 不動産 | 財産 收益ナキ財産 動産 | 財産 收益ナキ財産 不動産 | 財産 一部有財産 動産 | 財産 一部有財産 不動産 | 財産 積立金穀 | 財産 罹災救助金 | 財産ヨリ生スル收入 | 市町村債額 | 第三種所得税額 | 同納税者實人員 | 課率 附加税 地價割 | 課率 附加税 國税營業税割 | 課率 附加税 所得税割 | 課率 附加税 戸別割 | 課率 附加税 地方税營業税割 | 課率 附加税 雜種税割 | 課率 特別税 反別割 田 | 課率 特別税 反別割 畑 | 課率 特別税 反別割 宅地 | 課率 特別税 反別割 山林 | 課率 特別税 反別割 原野 | 課率 特別税 反別割 牧場 | 課率 特別税 反別割 海産干場 | 課率 特別税 反別割 雜種地 | 課率 特別税 建物割 | 課率 特別税 牛馬割 | 課率 特別税 戸別割 |
|---|---|---|---|---|---|---|---|---|---|---|---|---|---|---|---|---|---|---|---|---|---|---|---|---|---|---|---|---|---|---|
| 同 | 同 | 同 | 同 | 同 | 同 | 同 | 同 | 同 | 同 | 同 | 同 | 同 | 人 | 厘 | 同 | 同 | 同 | 同 | 同 | 同 | 同 | 同 | 同 | 同 | 同 | 同 | 同 | 同 | 同 | 同 |
| \| | \| | \| | \| | \| | \| | \| | \| | 一三二 | 一、〇〇五 | 一三二 | \| | 一、三一六 | 一〇五 | 、二一〇 | 、一五〇 | 、一五〇 | 五、〇〇〇 | 、五〇〇 | 、五〇〇 | \| | 、一九五 | 、三六六 | \| | 、〇一五 | \| | \| | \| | \| | 一、〇〇〇 | \| |
| \| | \| | \| | \| | \| | \| | \| | \| | 三一五 | 三〇七 | 七一五 | \| | 一、八一二 | 一〇〇 | 、一五〇 | 、一五〇 | 、一五〇 | 四、八〇〇 | 、五〇〇 | 、五〇〇 | \| | 、一二九 | 、二三三 | \| | 、〇一五 | \| | \| | \| | \| | 一、〇〇〇 | \| |
| \| | \| | \| | \| | \| | \| | \| | \| | 二六九 | 一、四四八 | 七三九 | 三、〇〇〇 | 二、三七〇 | 一二二 | \| | 、一五〇 | 、一五〇 | 五、五〇〇 | 一、〇〇〇 | 一、〇〇〇 | \| | 、一九八 | 、三五五 | \| | 、〇一五 | \| | \| | \| | — | 一、〇〇〇 | \| |
| \| | \| | \| | \| | \| | \| | \| | \| | \| | 七一六 | 四八四 | 一一、七〇〇 | 五八八 | 四五 | \| | 、四七〇 | 、二四〇 | 八、〇〇〇 | 一、五〇〇 | 一、五〇〇 | \| | 、二〇〇 | 、三五五 | \| | 、〇一五 | \| | \| | \| | \| | 一、〇〇〇 | \| |
| \| | \| | \| | \| | \| | \| | \| | \| | 五五六 | 一、七二六 | 一、〇三八 | 九、八四三 | 五三八 | 四五 | \| | 、四七〇 | 、一四〇 | 七、五〇〇 | 一、二〇〇 | 一、二〇〇 | \| | 、二二四 | 、四一〇 | \| | 、〇一八 | \| | \| | \| | \| | 一、〇〇〇 | \| |
| 二五一 | \| | 九、八七一 | 三四、五二八 | \| | 三一、〇七二 | \| | \| | \| | \| | 一、八四五 | \| | 一、八〇〇 | 三四九 | 、二〇八 | 、一五〇 | 、一五〇 | 三、八〇〇 | 、五〇〇 | 、五〇〇 | \| | 、〇七四 | 、二六五 | \| | \| | 、〇二五 | \| | \| | \| | 一、〇〇〇 | \| |
| 二八九 | \| | 一一、八一五 | 五八、四八九 | \| | 二九、〇四二 | \| | \| | \| | \| | 二、九九四 | \| | 九、三〇〇 | 三九三 | 、一九五 | 、一五〇 | 、一五〇 | 四、二七〇 | 、八〇〇 | 、八〇〇 | \| | 、〇九四 | 、二四八 | \| | \| | 、〇二五 | \| | \| | \| | 一、〇〇〇 | \| |
| 四六八 | \| | 一四、九九二 | 五九、三三九 | \| | 二八、四〇五 | \| | \| | \| | \| | 三、七一二 | \| | 一三、六六〇 | 三八一 | \| | 、二四〇 | 、二四〇 | 四、八三〇 | 一、〇〇〇 | 一、〇〇〇 | \| | 、一〇八 | 、八二七 | \| | \| | \| | \| | \| | \| | 一、〇〇〇 | \| |
| 五三五 | \| | 一六、九七〇 | 五五、三〇〇 | \| | 二八、三六八 | \| | \| | \| | \| | 四、〇八四 | \| | 一一、一一二 | 一二六 | \| | 、二四〇 | 、二四〇 | 六、四五〇 | 一、四〇〇 | 一、四〇〇 | \| | 、一〇五 | 、四一四 | \| | \| | \| | \| | \| | \| | 一、〇〇〇 | \| |
| 六一九 | \| | 二三、七五一 | 五三、〇二三 | \| | 四四、六一七 | \| | \| | \| | \| | 四、三〇九 | \| | 四、六九八 | 一二四 | \| | 、四七〇 | 、一四〇 | 五、三〇〇 | 一、〇〇〇 | 一、〇〇〇 | \| | 、一三八 | 、二七二 | \| | 、〇〇六 | \| | \| | \| | \| | 一、〇〇〇 | \| |

| 種別 | 単位 | 狩太村 大正六年度 | 同 七年度 | 同 八年度 | 同 九年度 | 同 十年度 |
|---|---|---|---|---|---|---|
| 面積 | 方里 | 一一、〇〇 | 一一、〇〇 | 一一、〇〇 | 一一、〇〇 | 一一、〇〇 |
| 民有地 田 | 反別 反 | 一七 | 一七 | 一七 | 一四一 | 四一四 |
| 民有地 畑 | 同 | 六、九二七五 | 六、九三九三 | 六、八二二三 | 六、七四九七 | 七、一一一九 |
| 民有地 宅地 | 同 | 一六 | 一六 | 八九 | 六〇七 | 六三九 |
| 民有地 山林 | 同 | 四五二〇 | 三二九七 | 一、六九三四 | 一、一七七九 | 一、一九九九 |
| 民有地 原野 | 同 | 四、〇二三〇 | 三、二二九〇 | 二、一三三四 | 二、五八八七 | 二、五四六七 |
| 民有地 牧場 | 同 | 三二一八 | 二〇〇三 | — | — | — |
| 民有地 其他 | 同 | 二、二七二六 | 三、二九八六 | 三、三四〇五 | 三、四〇九一 | 三、〇三六四 |
| 現住戸数 | 戸 | 一、四七一 | 一、四六三 | 一、四三三 | 一、四六八 | 一、四二四 |
| 現住人口 | 人 | 七、四八〇 | 八、八六〇 | 八、六六七 | 八、八二二 | 八、四一四 |
| 負擔 直接國稅額 | 圓 | 四、〇三二 | 六、六二二 | 八、六三一 | 五、七五四 | 四、九六八 |
| 負擔 地方稅額 | 同 | 七、七七三 | 八、三七一 | 一一、四〇五 | 一七、六一九 | 一五、八九七 |
| 負擔 市町村稅額 | 同 | 二〇、二六一 | 三〇、五四九 | 四二、七五六 | 四四、七三八 | 三九、四五六 |
| 財政 歳入 | 同 | 二九、五七八 | 三三、一四六 | 四五、三七八 | 四九、四四七 | 四六、三六一 |
| 財政 歳出経常部 役所役場費 | 同 | 二、七九五 | 五、〇八六 | 六、五八四 | 七、九三二 | 八、三五三 |
| 財政 歳出経常部 土木費 | 同 | 二、六九七 | 六、〇四七 | 八、七五〇 | 八、五三八 | 四、五五二 |
| 財政 歳出経常部 教育費 | 同 | 九、九六六 | 一五、二七六 | 二〇、三四七 | 二四、一二九 | 二四、五〇〇 |
| 財政 歳出経常部 衛生費 | 同 | 二九 | 一八六 | 一五六 | 一、一二四 | 五〇七 |
| 財政 歳出経常部 勸業費 | 同 | 五 | 五 | 五 | 一 | 一 |
| 財政 歳出経常部 其他 | 同 | 三、四三八 | 四、九六九 | 五、九六九 | 四、〇九八 | 五、〇九九 |
| 財政 歳出経常部 計 | 同 | 一八、九三〇 | 三一、五六九 | 四一、八一一 | 四五、八二二 | 四三、〇一二 |
| 財政 同臨時部計 | 同 | 一二、二三一 | 五、六九八 | 六、五一二 | 八、三二九 | 二、三一六 |
| 財政 通計 | 同 | 三一、一六一 | 三七、二六七 | 四八、三二三 | 五四、一五一 | 四五、三二八 |
| 基本財産 動産 | 同 | 一五、八六五 | 一六、〇六九 | 一七、九二七 | 二一、二〇六 | 二〇、八五二 |
| 基本財産 不動産 | 同 | 五八、〇三二 | 六六、三〇二 | 七二、一〇二 | 六六、八四〇 | 五四、八二二 |

| 種別 | 単位 | 南尻別村 同 六年度 | 同 七年度 | 同 八年度 | 同 九年度 | 同 十年度 |
|---|---|---|---|---|---|---|
| 面積 | 方里 | 二八、〇〇 | 二八、〇〇 | 二八、〇〇 | 二八、〇〇 | 二八、〇〇 |
| 民有地 田 | 反別 反 | 五五三 | 七〇六 | 一三九六 | 四二八九 | 四三八七 |
| 民有地 畑 | 同 | 五、五一二九 | 六、〇三五八 | 七、一二一七 | 八、六六九〇 | 九、三三九五 |
| 民有地 宅地 | 同 | 三一二 | 三四五 | 三六九 | 四四四 | 五二四 |
| 民有地 山林 | 同 | 七四三〇 | 八一二〇 | 一、四九三一 | 二、四九四八 | 二、五二九五 |
| 民有地 原野 | 同 | 一、一一八四 | 一二、〇〇一四 | 九、〇八一六 | 五、五四四二 | 五、九一九八 |
| 民有地 牧場 | 同 | 八一九 | 一四六七 | 一、五三九〇 | 四、六五九八 | 四、六五九八 |
| 民有地 其他 | 同 | 五 | 五 | 五 | 四 | 四 |
| 現住戸数 | 戸 | 一、七五八 | 一、八五一 | 一、八三二 | 一、九二五 | 一、七五三 |
| 現住人口 | 人 | 七、九一一 | 九、六六七 | 九、八四〇 | 一〇、七八九 | 一〇、五一八 |
| 負擔 直接國稅額 | 圓 | 三、五四五 | 三、九三五 | 九、二八五 | 五、五一一 | 六、八二五 |
| 負擔 地方稅額 | 同 | 九、三二二 | 九、〇七一 | 一〇、八一〇 | 一六、六五七 | 一九、一二九 |
| 負擔 市町村稅額 | 同 | 二一、四二〇 | 三二、一六六 | 三九、七六八 | 五四、三三七 | 五六、五七八 |
| 財政 歳入 | 同 | 二四、八一一 | 三七、七九七 | 四五、五二九 | 八七、四五八 | 八一、五五五 |
| 財政 歳出経常部 役所役場費 | 同 | 三、六四七 | 五、〇五一 | 六、四四二 | 八、九九四 | 九、四八八 |
| 財政 歳出経常部 土木費 | 同 | 四七三 | 五〇〇 | 一、〇七二 | 一、八〇〇 | 二、五七八 |
| 財政 歳出経常部 教育費 | 同 | 一三、〇八五 | 一九、四九四 | 三〇、三〇六 | 四〇、四一四 | 四一、二三五 |
| 財政 歳出経常部 衛生費 | 同 | 一二八 | 二〇〇 | 六五〇 | 七〇〇 | 八六五 |
| 財政 歳出経常部 勸業費 | 同 | 一四 | 一三一 | 一二四 | 一四三 | 一二三 |
| 財政 歳出経常部 其他 | 同 | 二、九五一 | 三、四六〇 | 四、〇四八 | 三、二八五 | 三、八五八 |
| 財政 歳出経常部 計 | 同 | 二〇、二九八 | 二八、八三六 | 四二、六四二 | 五五、三三六 | 五八、一四七 |
| 財政 同臨時部計 | 同 | 四、五一三 | 八、九六一 | 二、八八七 | 三二、一二四 | 二三、四〇八 |
| 財政 通計 | 同 | 二四、八一一 | 三七、七九七 | 四五、五二九 | 八七、四六〇 | 八一、五五五 |
| 基本財産 動産 | 同 | 一四、一二五 | 一六、二〇八 | 一八、〇四六 | 一四、四六七 | 一二、七四三 |
| 基本財産 不動産 | 同 | 三九、八一〇 | 四一、二三九 | 四一、二三八 | 四二、五四四 | 四八、二五三 |

| 區分 | 項目 | 單位 | 1 | 2 | 3 | 4 | 5 | 6 | 7 | 8 | 9 | 10 |
|---|---|---|---|---|---|---|---|---|---|---|---|---|
| 財産 學校基本財産 | 動産 | 同 | 八一三 | 九〇〇 | 九〇〇 | 一、一〇六 | 五〇四 | — | — | — | — | — |
| 財産 學校基本財産 | 不動産 | 同 | — | — | — | — | — | — | — | — | — | — |
| 財産 特別基本財産 | 動産 | 同 | — | — | — | — | — | — | — | — | — | — |
| 財産 特別基本財産 | 不動産 | 同 | — | — | — | — | — | — | — | — | — | — |
| 財産 收益ナキ財産 | 動産 | 同 | — | — | — | — | — | — | — | — | — | — |
| 財産 收益ナキ財産 | 不動産 | 同 | 一六、七八九 | 一七、一八九 | 二七、九〇五 | 二九、七三五 | 二九、七六六 | 二八、一三五 | 三一、七五三 | 四五、三五八 | 六三、一〇三 | 六三、〇五五 |
| 財産 一部有財産 | 動産 | 同 | — | — | — | — | — | — | — | — | — | — |
| 財産 一部有財産 | 不動産 | 同 | — | — | — | — | — | — | — | — | — | — |
| 財産 | 積立金穀 | 同 | — | — | — | — | — | — | — | — | — | — |
| 財産 | 罹災救助金 | 同 | — | — | — | — | — | — | — | — | — | — |
| | 財産ヨリ生スル收入 | 同 | 二、二九九 | 二、三六四 | 二、九七〇 | 二、九三二 | 三、四〇七 | 二、一八〇 | 二、四〇一 | 二、〇四二 | 二、九一八 | 三、一四四 |
| | 市町村債額 | 同 | — | — | — | — | — | 六二五 | — | — | — | 一〇、五七七 |
| | 第三種所得税額 | 同 | 二、八〇〇 | 二、五〇〇 | 五、五〇〇 | 四、二〇〇 | 三、〇〇〇 | 一、六八七 | 三、一六八 | 四、四〇四 | 一、五五七 | 一、九二二 |
| | 同納税者實人員 | 人 | 二一三 | 二二二 | 二五三 | 九六 | 一〇九 | 一〇六 | 一四九 | 一八三 | 一〇六 | 一二一 |
| 課率 附加税 | 地價割 | 厘 | 、〇二〇 | — | — | — | — | 、二一〇 | — | — | — | — |
| 課率 附加税 | 國税營業税割 | 同 | 一五〇 | 一五〇 | 二四〇 | 二四〇 | 四七〇 | 一五〇 | 一五〇 | 二四〇 | 二四〇 | 一四〇 |
| 課率 附加税 | 所得税割 | 同 | 一五〇 | 一五〇 | 二四〇 | 二四〇 | 一四〇 | 一五〇 | 一五〇 | 二四〇 | 二四〇 | 一四〇 |
| 課率 附加税 | 戸別割 | 同 | 四、七〇〇 | 五、七〇〇 | 五、八〇〇 | 五、五〇〇 | 五、三〇〇 | 三、〇〇〇 | 四、四五〇 | 四、六五〇 | 五、三二〇 | 五、五四〇 |
| 課率 附加税 | 地方税營業税割 | 同 | 七〇〇 | 一、〇〇〇 | 一、〇〇〇 | 一、〇〇〇 | 一、〇〇〇 | 五〇〇 | 五〇〇 | 一、〇〇〇 | 一、〇〇〇 | 一、〇〇〇 |
| 課率 附加税 | 雑種税割 | 同 | 七〇〇 | 一、〇〇〇 | 一、〇〇〇 | 一、〇〇〇 | 一、〇〇〇 | 五〇〇 | 五〇〇 | 一、〇〇〇 | 一、〇〇〇 | 一、〇〇〇 |
| 課率 特別税 反別割 | 田 | 同 | — | — | — | — | — | 一九八 | 三一〇 | 三一三 | 五四三 | 五〇三 |
| 課率 特別税 反別割 | 畑 | 同 | 〇八四 | 一三六 | 二三一 | 二一八 | 一九八 | 一一五 | 二〇九 | 二二一 | 三六七 | 三四〇 |
| 課率 特別税 反別割 | 宅地 | 同 | 四〇〇 | 四〇〇 | 八〇〇 | 四〇〇 | 四〇〇 | 二四〇 | 三二五 | 三三・八 | 三七三 | 三五九 |
| 課率 特別税 反別割 | 山林 | 同 | — | — | 二〇 | 二〇 | 二〇 | 〇一八 | 〇一九 | 〇一九 | 〇三〇 | 〇二八 |
| 課率 特別税 反別割 | 原野 | 同 | — | — | 二〇 | 二〇 | 二〇 | 〇一五 | 〇一六 | 〇一六 | 〇二六 | 〇二四 |
| 課率 特別税 反別割 | 牧場 | 同 | 〇一〇 | 二〇 | — | — | — | 〇一八 | 〇一九 | 〇一九 | 〇三〇 | 〇二八 |
| 課率 特別税 反別割 | 海産干場 | 同 | — | — | — | — | — | — | — | — | — | — |
| 課率 特別税 反別割 | 雑種地 | 同 | — | — | — | — | — | — | — | — | — | — |
| 課率 特別税 | 建物割 | 同 | — | — | — | — | — | — | — | — | — | — |
| 課率 特別税 | 牛馬割 | 同 | — | — | — | — | — | — | — | — | — | — |
| 課率 特別税 | 戸別割 | 同 | — | — | — | — | — | — | — | — | — | — |

| 種別 町村名 | 年度 | 面積 | 民有地 田 | 民有地 畑 | 民有地 宅地 | 民有地 山林 | 民有地 原野 | 民有地 牧場 | 民有地 其他 | 現住戸数 | 現住人口 | 負擔 直接國稅額 | 負擔 地方稅額 | 負擔 市町村稅額 | 財政 歳入 | 財政 歳出 經常部 役所役場費 | 財政 歳出 經常部 土木費 | 財政 歳出 經常部 教育費 | 財政 歳出 經常部 衛生費 | 財政 歳出 經常部 勸業費 | 財政 歳出 經常部 其他 | 財政 歳出 經常部 計 | 財政 歳出 臨時部 計 | 財政 歳出 通計 | 基本財産 動産 | 基本財産 不動産 |
|---|---|---|---|---|---|---|---|---|---|---|---|---|---|---|---|---|---|---|---|---|---|---|---|---|---|---|
| 單位 | | 方里 | 反 | 同 | 同 | 同 | 同 | 同 | 同 | 戸 | 人 | 圓 | 同 | 同 | 同 | 同 | 同 | 同 | 同 | 同 | 同 | 同 | 同 | 同 | 同 | 同 |
| 歌棄村 | 大正六年度 | 一、四〇 | — | 二一四五 | 一八五 | 七九四八 | | 二五五 | 二〇〇 | 六〇〇 | 五、〇一〇 | 四、三五五 | 五、八八三 | 七、〇六九 | 八、三八〇 | 一、四四一 | 一五 | 五、二九二 | 七四 | 一五 | 一、五四三 | 八、三八〇 | — | 八、三八〇 | 一六、一八一 | 三、〇二一 |
| 同 | 同七年度 | 一、四〇 | — | 二〇三八 | 一八五 | 七九五二 | | 二五五 | 二〇一 | 五三四 | 三、〇〇五 | 三、五八二 | 五、九一八 | 七、一四八 | 一〇、三三一 | 一、八四二 | 五 | 五、五四八 | 四九 | 二〇 | 一、三四四 | 八、八〇八 | 一、五二三 | 一〇、三三一 | 一七、二三六 | 三、三二二 |
| 同 | 同八年度 | 一、四〇 | — | 二〇六二 | 一八六 | 七九六二 | | 二五七 | 二〇三 | 五〇四 | 二、二四七 | 一三、八九七 | 七、二六三 | 九、二四七 | 一一、五七七 | 二、三四四 | 三五 | 七、三〇〇 | 四九 | 一五 | 一、五二九 | 一一、二七二 | 三〇五 | 一一、五七七 | 一九、〇六四 | 三、三二二 |
| 同 | 同九年度 | 一、四〇 | — | 二〇六二 | 一八七 | 七九七三 | | 二五八 | 二〇四 | 五〇〇 | 二、四〇七 | 三、五一〇 | 八、三八一 | 一一、二二九 | 一二、九〇三 | 二、六八九 | 四五 | 八、二六六 | 五八 | 一〇 | 一、三四六 | 一二、四一四 | 四八九 | 一二、九〇三 | 二一、七五二 | 三、三二五 |
| 同 | 同十年度 | 一、四〇 | — | 二〇九八 | 一八九 | 八四七〇 | | 二五八 | 二〇八 | 五〇〇 | 二、四五〇 | 一二、二七七 | 九、四三八 | 一二、九六五 | 一四、四四五 | 二、六三五 | 一七〇 | 九、四〇九 | 二三〇 | 一〇 | 一、一八三 | 一三、六三七 | 八〇八 | 一四、四四五 | 二四、四四五 | 四、四二八 |
| 熱郛村 | 同六年度 | 七、〇〇 | 二〇 | 二、六〇〇〇 | 一〇〇 | 五〇〇〇 | 一〇〇〇 | 二、〇〇〇〇 | 一、五六三〇 | 五八八 | 三、二五四 | 八三五 | 二、三〇四 | 四、九四二 | 六、九八七 | 一、三一九 | 二〇〇 | 三、三〇五 | 二二 | — | 六六二 | 五、五〇八 | 一、四七九 | 六、九八七 | — | 一二、五五一 |
| 同 | 同七年度 | 七、〇〇 | 二〇 | 二、六九五九 | 一〇二 | 四九八五 | 二七七〇 | 二、〇〇〇〇 | 一、五六三〇 | 五六〇 | 二、八〇一 | 一、一三八 | 二、八九九 | 七、四七七 | 八、六五七 | 一、七二四 | 二〇〇 | 四、七九八 | 四六 | — | 一、五八五 | 八、三五三 | 三〇四 | 八、六五七 | — | 三七、五三九 |
| 同 | 同八年度 | 七、〇〇 | 二〇 | 二、七五五四 | 八二 | 五四八四 | 一、三八五〇 | 二、二〇〇〇 | 一、五六三〇 | 五三七 | 二、六九〇 | 一、七一九 | 三、三二七 | 八、九六一 | 一一、一五二 | 二、〇四五 | 七〇七 | 五、三五五 | 四〇 | — | 一、〇七八 | 九、二二五 | 一、九二七 | 一一、一五二 | — | 三八、三五二 |
| 同 | 同九年度 | 七、〇〇 | 一三八 | 二、八〇五〇 | 七四 | 五三七〇 | 一、四五〇〇 | 二、〇〇〇〇 | 一、五六三〇 | 五一六 | 二、五八〇 | 一、二六一 | 四、八三六 | 一二、九八六 | 一五、六〇八 | 三、一三一 | 一、七九四 | 七、九一四 | 一一六 | — | 八六一 | 一三、八一六 | 一、七九二 | 一五、六〇八 | — | 三二、三二七 |
| 同 | 同十年度 | 七、〇〇 | 一三八 | 二、八〇五〇 | 七四 | 五三七〇 | 一、四五〇〇 | 二、〇〇〇〇 | 一、五六三〇 | 五二五 | 二、六四〇 | 一、五八六 | 四、四〇九 | 一三、八一五 | 一八、七六一 | 三、六八五 | 一、八一五 | 九、二五四 | 六一 | — | 一、六一九 | 一六、四三四 | 二、三二七 | 一八、七六一 | — | 三二、七九七 |

| 財産 | | | | | | | | | | 財産ヨリ生スル收入 | 市町村債額 | 第三種所得税價 | 同納税者賃人員 | 課率 | | | | | | | | | | | | | | | | |
|---|---|---|---|---|---|---|---|---|---|---|---|---|---|---|---|---|---|---|---|---|---|---|---|---|---|---|---|---|---|---|
| 學校基本財産 | | 特別基本財産 | | 收益ナキ財産 | | 一部有財産 | | 積立金穀 | 罹災救助金 | | | | | 附加税 | | | | | | 特別税 | | | | | | | | | | |
| | | | | | | | | | | | | | | | | | | | | 反別割 | | | | | | | | 建物割 | 牛馬割 | 戸別割 |
| 動産 | 不動産 | 動産 | 不動産 | 動産 | 不動産 | 動産 | 不動産 | | | | | | | 地價割 | 國税營業割 | 所得税割 | 戸別割 | 地方税營業割 | 雜種税割 | 田 | 畑 | 宅地 | 山林 | 原野 | 牧場 | 海産干場 | 雜種地 | | | |
| 同 | 同 | 同 | 同 | 同 | 同 | 同 | 同 | 同 | 同 | 同 | 同 | 同 | 人 | 厘 | 同 | 同 | 同 | 同 | 同 | 同 | 同 | 同 | 同 | 同 | 同 | 同 | 同 | 同 | 同 | 同 |
| 七、三六二 | 三、〇二二 | 三、五一七 | — | 一四、三九〇 | 一、一三一 | — | — | — | — | — | — | 二、六二七 | 五八 | 宅地 〇九〇 其他 二一〇 | 一五〇 | 一五〇 | 二、九三〇 | 三〇〇 | 五〇〇 | — | — | — | — | — | — | — | — | — | — | — |
| 八、四五四 | 三、四八三 | 三、七一五 | — | 一一、四〇四 | 一、六七九 | — | — | — | — | — | — | 一、八五一 | 四二 | 〇九〇 二一〇 | 一五〇 | 一五〇 | 二、四二五 | 五〇〇 | 五〇〇 | — | — | — | — | — | — | — | — | — | — | — |
| 九、六六二 | 三、五三〇 | 三、九九〇 | — | 一一、四〇四 | 一、六三二 | — | — | — | — | — | — | 九、〇九二 | 六三 | 〇九〇 二一〇 | 一五〇 | 一五〇 | 二、六〇〇 | 五〇〇 | 五〇〇 | — | — | — | — | — | — | — | — | — | — | — |
| 一〇、〇七四 | 三、五三〇 | 一、九九七 | — | 一一、四〇四 | 一、六九七 | — | — | — | — | — | — | 一、六一一 | 三九 | 二八〇 六六〇 | 四七〇 | 一四〇 | 三、〇五〇 | 五〇〇 | 五〇〇 | — | — | — | — | — | — | — | — | — | — | — |
| 一一、〇〇八 | 三、五三〇 | 二、〇六三 | — | 一一、四〇四 | 三、二六六 | — | — | — | — | — | — | 一〇、五三六 | 九六 | 二八〇 六六〇 | 四七〇 | 一四〇 | 二七、六五 | 八〇〇 | 八〇〇 | — | — | — | — | — | — | — | — | — | — | — |
| — | — | — | — | — | 五、五一〇 | — | — | 二、七一二 | — | 八五七 | — | 二四七 | 七九 | — | 一五〇 | 一五〇 | 一、六九〇 | 五〇〇 | 五〇〇 | 一〇〇 | 〇七六 | 一二〇 | 〇〇五 | 〇〇五 | 〇〇五 | — | — | — | — | — |
| — | — | — | — | — | 八、〇一六 | — | — | 三、二六二 | — | 一、〇五二 | — | 五五九 | 八二 | — | 一五〇 | 一五〇 | 二、七三〇 | 一、〇〇〇 | 一、〇〇〇 | 二〇〇 | 一二〇 | 二〇〇 | 〇一一 | 〇三〇 | 〇三〇 | — | — | — | — | — |
| — | — | — | — | — | 九、三二〇 | — | — | 三、八八七 | — | 一、六六三 | — | 九三七 | 一一八 | — | 一五〇 | 一五〇 | 二、七〇〇 | 一、〇〇〇 | 一、〇〇〇 | 二一〇 | 一三五 | 二〇〇 | 〇一五 | 〇三〇 | 〇三〇 | — | — | — | — | — |
| — | — | — | — | — | 七、七七五 | — | — | 四、六四一 | — | 一、六〇六 | — | 一七四 | 七五 | — | 二四〇 | 二四〇 | 三、五〇〇 | 二、〇〇〇 | 二、〇〇〇 | 二〇五 | 一四八 | 二六二 | 〇四八 | 〇二九 | 〇三六 | — | — | — | — | — |
| — | — | — | — | — | 八、二四五 | — | — | 六、一三八 | — | 一、五二一 | — | 四三二 | 一六七 | — | 四七〇 | 一四〇 | 四、〇〇〇 | 一、五〇〇 | 一、五〇〇 | 二〇五 | 一四八 | 二六二 | 〇四八 | 〇二九 | 〇三六 | — | — | — | — | — |

| 町村名 | 種別 | 面積 | 民有地 田 | 民有地 畑 | 民有地 宅地 | 民有地 山林 | 民有地 原野 | 民有地 牧場 | 民有地 其他 | 現住戸數 | 現住人口 | 負擔 直接國税額 | 負擔 地方税額 | 負擔 市町村税額 | 財政 歳入 | 歳出經常部 役所役場費 | 歳出經常部 土木費 | 歳出經常部 教育費 | 歳出經常部 衛生費 | 歳出經常部 勸業費 | 歳出經常部 其他 | 歳出經常部 計 | 同臨時部計 | 通計 | 基本財産 動産 | 基本財産 不動産 |
|---|---|---|---|---|---|---|---|---|---|---|---|---|---|---|---|---|---|---|---|---|---|---|---|---|---|---|
| 單位 | | 方里 | 反別 反 | 同 | 同 | 同 | 同 | 同 | 同 | 戸 | 人 | 圓 | 同 | 同 | 同 | 同 | 同 | 同 | 同 | 同 | 同 | 同 | 同 | 同 | 同 | 同 |
| 黒松内村 | 大正六年度 | 一三、〇〇 | — | 一、九〇四八 | 一六二 | 二、〇三四九 | | 二、一一九六 | — | 八四二 | 四、八七四 | 一、四九七 | 三、四六八 | 八、六〇〇 | 一〇、二三五 | 一、九七一 | 五一六 | 五、四四五 | 一六五 | 三三八 | 一、〇五一 | 九、四八六 | 七四九 | 一〇、二三五 | — | — |
| 同 | 同 七年度 | 一三、〇〇 | — | 一、八七〇二 | 一七〇 | 三、〇三四八 | | 一、七五三八 | — | 九五五 | 四、五六四 | 二、三〇七 | 三、八六二 | 一二、〇七二 | 一四、五九四 | 二、七九三 | 二六〇 | 七、八一四 | 一七五 | 二四六 | 一、三七八 | 一二、六六六 | 一、九二八 | 一四、五九四 | — | — |
| 同 | 同 八年度 | 一三、〇〇 | — | 一、八三九四 | 一七一 | 二、八九四四 | | 一、七九四四 | — | 九六四 | 四、七三四 | 三、六九一 | 五、一七五 | 一五、〇八四 | 一七、六七二 | 三、七五七 | 一四〇 | 一一、一二五 | 二六二 | 二四九 | 一、四一七 | 一六、九五〇 | 七二二 | 一七、六七二 | — | — |
| 同 | 同 九年度 | 一三、〇〇 | — | 一、八四六二 | 一五〇 | 三、八八七二 | | 四〇六一 | — | 九三五 | 四、七九二 | 二、六四一 | 七、二五四 | 二一、七四二 | 二四、二三八 | 五、三〇四 | 三六〇 | 一三、八四二 | 二七一 | — | 二、五七九 | 二二、三五六 | 一、八八二 | 二四、二三八 | — | — |
| 同 | 同 十年度 | 一三、〇〇 | 七〇 | 一、六五七九 | 一五〇 | 四、四〇四六 | | 一六六二 | — | 九七九 | 四、九六〇 | 三、二四八 | 六、八〇六 | 二一、五五五 | 三〇、五四八 | 五、三二〇 | 三五〇 | 一四、三八六 | 二九二 | — | 一、九四二 | 二二、二九〇 | 八、二五八 | 三〇、五四八 | — | — |
| 東島牧村 | 同 六年度 | 七、六〇 | 一三 | 五二〇九 | 一八二 | 三八六〇 | 三七二 | 三六四七 | 一八七七 | 五五二 | 三、六四七 | 七九三 | 四、八六八 | 六、八二四 | 七、九二一 | 一、二五五 | 三〇 | 四、三八四 | 二九 | 五 | 一、一六〇 | 六、八六三 | 一、〇五八 | 七、九二一 | 四、〇〇〇 | 二六〇 |
| 同 | 同 七年度 | 七、六〇 | 一三 | 五一八六 | 一八一 | 三七六三 | 三六四 | 三六四七 | 一八六九 | 五〇九 | 二、九七二 | 八七六 | 三、七〇六 | 六、五三五 | 九、〇六九 | 一、八四七 | 一一〇 | 五、五一七 | 二四 | 四 | 一、二二〇 | 八、七二二 | 三四七 | 九、〇六九 | 四、〇〇〇 | 二六〇 |
| 同 | 同 八年度 | 七、六〇 | 一三 | 五一八八 | 一八〇 | 三八七四 | 三八八 | 三六四七 | 一八二五 | 四七八 | 二、九七六 | 一、〇一五 | 四、二九九 | 八、六九五 | 一〇、九一八 | 二、三七〇 | 一〇 | 六、七四九 | 三八 | 七 | 一、五七三 | 一〇、七四七 | 一七〇 | 一〇、九一八 | 四、〇〇〇 | 二六〇 |
| 同 | 同 九年度 | 七、六〇 | 一三 | 五三八二 | 一八〇 | 四二一三 | 三六三 | 三六四七 | 一九三七 | 四六三 | 二、五四六 | 一、一三三 | 三、三九〇 | 一一、二六六 | 一五、二九四 | 三、七二五 | 二〇 | 八、四一九 | 一一九 | 一六〇 | 一、九一七 | 一四、三六〇 | 九三四 | 一五、二九四 | 四、五〇〇 | 二六〇 |
| 同 | 同 十年度 | 七、六〇 | 一三 | 五三一〇 | 一七九 | 六二八二 | 二四九 | 一三二九 | 四七三〇 | 四五一 | 二、五二六 | 八一二 | 三、九〇九 | 一二、八五〇 | 一六、〇二五 | 三、六一〇 | 九〇 | 九、一七二 | 六九 | 九三 | 一、九五三 | 一四、九八七 | 一、〇三八 | 一六、〇二五 | 四、五〇〇 | 二六〇 |

| 財産 學校基本財産 動産 | 財産 學校基本財産 不動産 | 財産 特別基本財産 動産 | 財産 特別基本財産 不動産 | 財産 收益ナキ財産 動産 | 財産 收益ナキ財産 不動産 | 財産 一部有財産 動産 | 財産 一部有財産 不動産 | 積立金穀 | 罹災救助金 | 財産ヨリ生スル收入 | 市町村債額 | 第三種所得税額 | 同納税者實人員 |
|---|---|---|---|---|---|---|---|---|---|---|---|---|---|
| 同 | 同 | 同 | 同 | 同 | 同 | 同 | 同 | 同 | 同 | 同 | 同 | 同 | 人 |
| — | — | 六、一三五 | — | 八、五六六 | — | — | — | 三、八八八 | — | 五八○ | — | 七四一 | 六二 |
| — | — | 九、三六三 | — | 一二、二八九 | — | — | — | 六、五三三 | — | 六七三 | — | 一、三四八 | 九六 |
| — | — | 九、三六三 | — | 一二、二八九 | — | — | — | 七、九五○ | — | 七四一 | — | 二、一九三 | 一一五 |
| — | — | 九、三六三 | — | 一二、八四五 | — | — | — | 八、八七四 | — | 八九一 | — | 六三九 | 八七 |
| — | — | 一一、二四四 | — | 一九、三四三 | — | — | — | 五、二六四 | — | 九二五 | — | 九一三 | 九○ |
| 一八、六五○ | 四、六二九 | — | — | — | 一二、三○二 | — | — | 一二、三三四 | — | 二、五三八 | — | 一二六 | 一三 |
| 二二、七五○ | 四、六二九 | — | — | — | 一二、三○二 | — | — | 三、一四二 | — | 三、四七四 | — | 二二五 | 一五 |
| 二二、七五○ | 四、六二九 | — | — | — | 一二、三○二 | — | — | 五、○一四 | — | 二、三○七 | — | 三一二 | 二二 |
| 二六、七五○ | 四、六二九 | — | — | — | 一二、三○二 | — | — | 五、六四四 | — | 二、二三四 | — | 四二九 | 一三 |
| 二六、七五○ | 四、六二九 | — | — | — | 一二、三○二 | — | — | 八、四五二 | — | 二、六二六 | — | 七七 | 一六 |

| 課率 附加税 地價割 | 課率 附加税 國税營業税割 | 課率 附加税 所得税割 | 課率 附加税 戸別割 | 課率 附加税 地方税營業税割 | 課率 附加税 雜種税割 | 課率 特別税 反別割 田 | 課率 特別税 反別割 畑 | 課率 特別税 反別割 宅地 | 課率 特別税 反別割 山林 | 課率 特別税 反別割 原野 | 課率 特別税 反別割 牧場 | 課率 特別税 反別割 海産干場 | 課率 特別税 反別割 雜種地 | 課率 特別税 建物割 | 課率 特別税 牛馬割 | 課率 特別税 戸別割 |
|---|---|---|---|---|---|---|---|---|---|---|---|---|---|---|---|---|
| 厘 | 同 | 同 | 同 | 同 | 同 | 同 | 同 | 同 | 同 | 同 | 同 | 同 | 同 | 同 | 同 | 同 |
| — | 一五○ | 一五○ | 二、五○○ | 五○○ | 五○○ | — | 一六九 | 三九六 | ○二○ | ○二○ | ○二○ | — | — | — | — | — |
| — | 一五○ | 一五○ | 三、五五○ | 一、○○○ | 一、○○○ | — | 一七六 | 三九九 | ○二○ | ○二○ | ○二○ | — | — | — | — | — |
| — | 一五○ | 一五○ | 四、○○○ | 一、○○○ | 一、○○○ | — | 一七五 | 三九七 | ○二○ | ○二○ | ○二○ | — | — | — | — | — |
| — | 二四○ | ○七○ | 六、六○○ | 一、○○○ | 一、○○○ | — | 一七五 | 三九六 | ○二○ | ○二○ | ○二○ | — | — | — | — | — |
| — | 四七○ | 一四○ | 六、二○○ | 一、○○○ | 一、○○○ | — | 一九四 | 一、○一二 | ○二○ | ○二○ | ○二○ | — | — | — | — | — |
| 宅地 ○九○ 其他 二一○ | 、一五○ | 、一五○ | 三、八六○ | 五○○ | 五○○ | — | — | — | — | — | — | — | — | — | — | — |
| ○九○ 二一○ | 、一五○ | 、一五○ | 三、九○○ | 、五○○ | 五○○ | — | — | — | — | — | — | — | — | — | — | — |
| ○九○ 二一○ | 、一五○ | 、一五○ | 六、二五○ | 五○○ | 五○○ | — | — | — | — | — | — | — | — | — | — | — |
| 一四四 三三六 | 、二四○ | 、二四○ | 七、四四○ | 五○○ | 五○○ | — | — | — | — | — | — | — | — | — | — | — |
| 二八○ 六六○ | 、四七○ | 、一四○ | 九、○五○ | 一、○○○ | 一、○○○ | — | — | — | — | — | — | — | — | — | — | — |

| 種別 | 單位 | 西島牧村 大正六年度 | 同 七年度 | 同 八年度 | 同 九年度 | 同 十年度 | 政泊村 同 六年度 | 同 七年度 | 同 八年度 | 同 九年度 | 同 十年度 |
|---|---|---|---|---|---|---|---|---|---|---|---|
| 面積 | 方里 | 二〇、〇〇 | 二〇、〇〇 | 二〇、〇〇 | 二〇、〇〇 | 二〇、〇〇 | 、二九 | 、二九 | 、二九 | 、二九 | 、二九 |
| 民有地 田 | 反 | 二〇 | 二三 | 二三 | 一四 | 一五 | ― | ― | ― | ― | ― |
| 民有地 畑 | 同 | 九、二八七 | 九、一五二 | 九、三二四 | 八、七一一 | 八、二四一 | 九二八 | 九二五 | 八三二 | 八二〇 | 七五三 |
| 民有地 宅地 | 同 | 一二九 | 一三九 | 一三八 | 一三八 | 一四九 | 三四 | 三五 | 三六 | 三六 | 三八 |
| 民有地 山林 | 同 | 一一一 | 三七八 | 三九一 | 三九七 | 一、九四一 | 一五 | 一五 | 二二 | 二五 | 三七 |
| 民有地 原野 | 同 | 五〇 | 一一七 | 三八六 | 四一〇 | 九二六 | ― | ― | 九五 | 九五 | 一七八 |
| 民有地 牧場 | 同 | 一〇一〇 | 一一三二 | 一五三〇 | 一二一四 | 一七七七 | ― | ― | ― | ― | ― |
| 民有地 其他 | 同 | 一九九 | 一五二 | 一四四 | 一二四 | 二五四 | 一五〇 | 一五二 | 一五一 | 一五一 | 一四八 |
| 現住戸數 | 戸 | 五九五 | 五七九 | 四八三 | 四五〇 | 四四〇 | 一〇三 | 一〇二 | 一〇二 | 一〇一 | 一〇二 |
| 現住人口 | 人 | 三、九三三 | 三、二三八 | 二、六八六 | 二、五〇五 | 二、四五〇 | 七五一 | 五六五 | 五七七 | 五二〇 | 五三二 |
| 負擔 直接國稅額 | 圓 | 五九四 | 七一五 | 八五九 | 七九〇 | 九〇六 | 三一一 | 二六一 | 四二五 | 三〇一 | 三七五 |
| 負擔 地方稅額 | 同 | 二、九〇二 | 二、七六三 | 二、六六五 | 三、〇六六 | 三、〇七八 | 二、九一〇 | 一、七九七 | 三、〇八一 | 三、三九一 | 三、七六〇 |
| 負擔 市町村稅額 | 同 | 七、三二四 | 七、六〇四 | 八、八五二 | 一〇、三七八 | 九、七二四 | 一、一七四 | 六一二 | 一、五六六 | 一、七五九 | 二、〇三七 |
| 財政 歲入 | 同 | 七、五七三 | 九、三四〇 | 一三、三六七 | 一二、〇八一 | 一二、〇四五 | 二、〇三一 | 三、〇一五 | 三、四四一 | 四、三七八 | 四、二五九 |
| 歲出經常部 役所役場費 | 同 | 一、二六九 | 一、九〇六 | 二、一七四 | 二、五八九 | 二、四八五 | ― | ― | ― | ― | ― |
| 歲出經常部 土木費 | 同 | 五〇 | 一〇 | 三〇 | 二三 | 三〇 | 三二 | 三〇 | 二〇 | 三〇 | 三〇 |
| 歲出經常部 教育費 | 同 | 四、二七三 | 五、四四〇 | 六、七七八 | 六、五〇三 | 六、九三〇 | 一、〇〇三 | 一、六五二 | 二、二〇三 | 二、八七六 | 二、六六一 |
| 歲出經常部 衛生費 | 同 | 七一三 | 七四六 | 八〇八 | 九五七 | 一、〇一七 | 五四七 | 五八九 | 八四四 | 一、〇五一 | 一、〇一六 |
| 歲出經常部 勸業費 | 同 | 三〇 | 三〇 | ― | ― | ― | ― | ― | ― | ― | ― |
| 歲出經常部 其他 | 同 | 三九五 | 四八三 | 八七五 | 九五四 | 一、〇四二 | 三八四 | 五二一 | 三四七 | 三四六 | 三九七 |
| 歲出經常部 計 | 同 | 六、七三〇 | 八、六一五 | 一〇、六六五 | 一一、〇二六 | 一一、五〇四 | 一、九六六 | 二、七九二 | 三、四一四 | 四、三〇四 | 四、一〇四 |
| 同臨時部 計 | 同 | 八四五 | 七二五 | 二、七〇二 | 一、〇九三 | 五四一 | 六五 | 二二三 | 二七 | 七五 | 一五五 |
| 通計 | 同 | 七、五七五 | 九、三四〇 | 一三、三六七 | 一二、一一九 | 一二、〇四五 | 二、〇三一 | 三、〇一五 | 三、四四一 | 四、三七八 | 四、二五九 |
| 基本財產 動產 | 同 | 九、七九四 | 一一、八〇〇 | 四、五四〇 | 九、八九八 | 九、八九八 | 一四、七六〇 | 三三、九四五 | 三四、〇〇四 | 三八、六六〇 | 三八、九一七 |
| 基本財產 不動產 | 同 | 七、四二七 | 五、八五八 | 七、四六四 | 一一、一四五 | 一一、一四五 | 五、八一〇 | 八、一四五 | 八、一四五 | 七、一四五 | 七、一四五 |

| 財産 學校基本財産 動産 | 財産 學校基本財産 不動産 | 財産 特別基本財産 動産 | 財産 特別基本財産 不動産 | 財産 收益ナキ財産 動産 | 財産 收益ナキ財産 不動産 | 財産 一部有財産 動産 | 財産 一部有財産 不動産 | 積立金穀 | 罹災救助金 | 財産ヨリ生スル收入 | 市町村債額 | 第三種所得税額 | 同納税者員 | 課率 附加税 地價割 | 課率 附加税 國税營業税割 | 課率 附加税 所得税割 | 課率 附加税 戸別割 | 課率 附加税 地方税營業割 | 課率 附加税 雑種税割 | 課率 特別税 反別割 田 | 課率 特別税 反別割 畑 | 課率 特別税 反別割 宅地 | 課率 特別税 反別割 山林 | 課率 特別税 反別割 原野 | 課率 特別税 反別割 牧場 | 課率 特別税 反別割 海産干場 | 課率 特別税 反別割 雑種地 | 課率 特別税 建物割 | 課率 特別税 牛馬割 | 課率 特別税 戸別割 |
|---|---|---|---|---|---|---|---|---|---|---|---|---|---|---|---|---|---|---|---|---|---|---|---|---|---|---|---|---|---|---|
| 同 | 同 | 同 | 同 | 同 | 同 | 同 | 同 | 同 | 同 | 同 | 同 | 同 | 人 | 厘 | 同 | 同 | 同 | 同 | 同 | 同 | 同 | 同 | 同 | 同 | 同 | 同 | 同 | 同 | 同 | 同 |
| — | — | 一、六六六 | — | — | 九、四二七 | — | — | 四、三九三 | — | 九六四 | 一、七六三 | 八三 | 九 | 〇九〇 | 一五〇 | — | 四、七五五 | 五〇〇 | 九五〇 | — | — | — | — | — | — | — | — | — | — | — |
| — | — | — | — | ! | 九、四二五 | — | — | 五、五六〇 | — | 一、二二〇 | 一、一五三 | 一〇六 | 九 | — | 一五〇 | — | 五、七四〇 | 一、〇〇〇 | 一、一〇〇 | 一八五 | 一〇一 | 二七五 | 〇一〇 | 〇一〇 | 〇一〇 | 一一〇 | — | — | — | — |
| — | — | 六、〇三〇 | — | — | 九、四二七 | — | — | 一七九 | — | 八六七 | 五九七 | 一六六 | 一二 | — | 一五〇 | — | 六、二二五 | 一、〇〇〇 | 一、〇〇〇 | 一八五 | 一〇一 | 二七五 | 〇一〇 | 〇一〇 | 〇一〇 | 一一〇 | — | — | — | — |
| — | — | 一、六六六 | — | — | 一〇、三五〇 | — | — | 二、七八二 | — | 一、〇三一 | 二、五九七 | 四八 | 一一 | — | 二四〇 | — | 七、四〇〇 | 一、〇〇〇 | 一、〇〇〇 | 一八五 | 一〇一 | 二七五 | 〇一〇 | 〇一〇 | 〇一〇 | 一一〇 | — | — | — | — |
| — | — | 一、六六六 | — | — | 一〇、三五〇 | — | — | 四、三五〇 | — | 九三九 | 二、五九七 | 一一二 | 九 | — | 四七〇 | — | 六、七〇〇 | 一、〇〇〇 | 一、〇〇〇 | 一八五 | 一〇一 | 二七五 | 〇一〇 | 〇一〇 | 〇一〇 | 一一〇 | — | — | — | — |
| 一五、一四四 | 六、〇二〇 | 一、五五八 | — | — | 二、一二七 | — | — | — | — | 一、四五三 | — | 八二 | 八 | — | 一五〇 | 一五〇 | — | 三五〇 | 三五〇 | — | 〇六〇 | 一〇〇 | — | — | — | 二二〇 | — | — | — | 一、四一〇 |
| — | — | 一、六八〇 | — | — | 二、一二七 | — | — | — | — | 一、六二一 | — | 六四 | 六 | — | 一五〇 | 一五〇 | — | 三〇〇 | 三〇〇 | — | 〇五〇 | 一〇〇 | — | — | — | 二〇〇 | — | — | — | 六九六 |
| — | — | 一、七七六 | — | — | 一、三一三 | — | — | — | — | 二、四八四 | — | 二二三 | 九 | — | 一五〇 | 一五〇 | — | 三五〇 | 三五〇 | — | 〇五〇 | 一〇〇 | — | — | — | 二〇〇 | — | — | — | 一、一七四 |
| — | — | 一、九二一 | — | — | 一、二六三 | — | — | — | — | 二、六四八 | — | 七五 | 七 | 宅地 一八五 其他 四三五 | 三一〇 | 一四〇 | 一、〇〇〇 | 五〇〇 | 五〇〇 | — | — | — | — | — | — | — | — | — | — | — |
| — | — | 二、〇一三 | — | — | 二 | — | — | — | — | — | — | — | 三 | 二八〇 六六〇 | 四七〇 | 一四〇 | 一、〇〇〇 | 五〇〇 | 五〇〇 | — | — | — | — | — | — | — | — | — | — | — |

| 種別 | 單位 | 檜岸外一村 大正六年度 | 同 七年度 | 同 八年度 | 同 九年度 | 同 十年度 | 岩見澤町 同 六年度 | 同 七年度 | 同 八年度 | 同 九年度 | 同 十年度 |
|---|---|---|---|---|---|---|---|---|---|---|---|
| 面積 | 方里 | 四、〇〇 | 四、〇〇 | 四、〇〇 | 四、〇〇 | 四、〇〇 | 一二、〇〇 | 一二、〇〇 | 一、二〇〇 | 一二、〇〇 | 一二、〇〇 |
| 民有地 田 | 反別 | — | — | — | — | — | 一、四六三四 | 一、三八六三 | 一、九三三六 | 二、二五四六 | 三、二五四六 |
| 民有地 畑 | 同 | 九七二七 | 一、〇四七九 | 一〇、六六六 | 一、一〇六五 | 一、〇五四七 | 八、〇三〇二 | 七、五八六二 | 七、五一六五 | 七、六二六九 | 七、六二六九 |
| 民有地 宅地 | 同 | 一五〇 | 一五三 | 一五七 | 一四六 | 一六〇 | 二四二九 | 二四四三 | 二五〇〇 | 二四八二 | 二四八二 |
| 民有地 山林 | 同 | 三六二二 | 三七三一 | 三八一八 | 四〇五八 | 七〇九五 | — | — | — | — | — |
| 民有地 原野 | 同 | 一六五〇 | 一七〇〇 | 一七七五 | 一九二九 | 一三三〇 | — | — | — | — | — |
| 民有地 牧場 | 同 | 五五一 | 一〇五三 | 八〇三一 | 八〇三一 | 八一六九 | 五三六 | 五三六 | 五三六 | 四九九 | 四九九 |
| 民有地 其他 | 同 | 二二 | 二二 | 二二 | 二二 | 二二 | — | — | — | — | — |
| 現住戸數 | 戸 | 三八三 | 三三五 | 三三一 | 三四九 | 三五〇 | 三、七五二 | 四、四〇二 | 四、七三一 | 四、九三四 | 四、九四二 |
| 現住人口 | 人 | 二、一〇三 | 二、〇〇五 | 一、九七四 | 一、九八四 | 二、〇一六 | 二一、五四五 | 二八、三八一 | 二五、七七九 | 二七、〇八六 | 二七、二八〇 |
| 負擔 直接國税額 | 圓 | 七八七 | 八八六 | 一、二二七 | 八五六 | 一、〇一一 | 九、〇七一 | 一三、三〇二 | 一三、五六六 | 一六、二八〇 | 一八、五七〇 |
| 負擔 地方税額 | 同 | 一、七〇四 | 一、八八〇 | 二、三二〇 | 三、〇七四 | 二、九二九 | 二一、五〇三 | 二三、六四六 | 三三、四八〇 | 四五、五三〇 | 四四、八〇一 |
| 負擔 市町村税額 | 同 | 三、二四〇 | 三、六一五 | 四、九四一 | 七、〇五一 | 七、五四八 | 四三、八七一 | 五七、三四二 | 八四、〇〇一 | 一三四、五〇九 | 一二二、八四七 |
| 財政 歳入 | 同 | 四、〇三五 | 五、二〇三 | 六、六八九 | 八、九七四 | 九、三七三 | 五四、七一四 | 七〇、五八六 | 一二一、一一九 | 一六八、八九七 | 一六五、三〇一 |
| 歳出經常部 役所役場費 | 同 | — | — | — | — | — | 一〇、二七一 | 一三、一五七 | 一八、二六五 | 二三、〇〇九 | 二五、一一四 |
| 歳出經常部 土木費 | 同 | 四六 | 四六 | 一二五 | 二一五 | 二七五 | 四、四〇五 | 四、七六九 | 八、五二七 | 一四、八一八 | 一〇、一三四 |
| 歳出經常部 教育費 | 同 | 二、六六〇 | 三、七九五 | 五、四五三 | 六、八九三 | 六、九七〇 | 二七、〇二六 | 四〇、七九六 | 六四、七六一 | 八二、〇八五 | 八四、二八四 |
| 歳出經常部 衛生費 | 同 | 三二 | 三八 | 四六 | 一〇九 | 九五 | 二、七七八 | 二、二三一 | 五、三四三 | 六、九二一 | 三、三九六 |
| 歳出經常部 勸業費 | 同 | 八〇 | 一一四 | 八九 | — | — | 三七 | 五一 | 三九 | 八九 | 六七 |
| 歳出經常部 其他 | 同 | 一、一六七 | 一、〇八七 | 九七六 | 一、三三七 | 一、六六三 | 五、五五八 | 五、三三四 | 五、二七九 | 一七、六八六 | 九、四〇〇 |
| 歳出經常部 計 | 同 | 三、九八五 | 五、一八〇 | 六、六八九 | 八、五五四 | 九、〇〇三 | 五〇、〇七五 | 六六、三三八 | 一〇二、二一四 | 一四四、六〇八 | 一三二、三九五 |
| 同臨時部 | 同 | 五〇 | 二三 | — | 四二〇 | 三七〇 | 四、二六一 | 三、五二六 | 一八、五八八 | 二二、六〇〇 | 二六、八三六 |
| 通計 | 同 | 四、〇三五 | 五、二〇三 | 六、六八九 | 八、九七四 | 九、三七三 | 五四、三三六 | 六九、八六四 | 一二〇、八〇二 | 一六七、二〇八 | 一五九、二三一 |
| 基本財産 動産 | 同 | 二二、七〇〇 | 二四、四〇〇 | 二五、一〇〇 | 二六、六〇〇 | 二六、六〇〇 | — | — | — | — | — |
| 基本財産 不動産 | 同 | 一四、〇五〇 | 一五、八四五 | 二六、六三六 | 一七、六二六 | 二六、四五四 | — | — | — | — | — |

| 項目 | 單位 | 1 | 2 | 3 | 4 | 5 | 6 | 7 | 8 | 9 | 10 |
|---|---|---|---|---|---|---|---|---|---|---|---|
| 財産 學校基本財産 動産 | 同 | — | — | — | — | — | — | — | — | — | — |
| 財産 學校基本財産 不動産 | 同 | — | — | — | — | — | — | — | — | — | — |
| 財産 特別基本財産 動産 | 同 | 一、八〇〇 | — | — | — | — | — | — | — | — | — |
| 財産 特別基本財産 不動産 | 同 | — | — | — | — | — | — | — | — | — | — |
| 財産 收益ナキ財産 動産 | 同 | — | — | — | — | — | — | — | — | — | — |
| 財産 收益ナキ財産 不動産 | 同 | 五、九五四 | 七、一八〇 | 七、七六三 | 一四、〇二五 | 一四、三三二 | — | — | — | — | — |
| 財産 一部有財産 財産 | 同 | — | — | — | — | — | — | — | — | — | — |
| 財産 一部有財産 不動産 | 同 | — | — | — | — | — | — | — | — | — | — |
| 財産 積立金穀 | 同 | 二、八〇九 | 五、一一九 | 五、七九四 | 五、六六三 | 七、一六一 | — | — | — | — | — |
| 財産 罹災救助金 | 同 | — | — | — | — | — | — | — | — | — | — |
| 財産ヨリ生スル收入 | 同 | 一、四四二 | 一、五八〇 | 一、六九八 | 二、〇〇五 | 一、九七一 | 二、二六四 | 二、八三二 | 三、九一三 | 四、七七四 | 四、四四〇 |
| 市町村債額 | 同 | — | — | — | — | — | 一二一、二二〇 | 一一三、三三九 | 一〇五、〇七一 | 九六、三八三 | 八七、二五〇 |
| 第三種所得税額 | 同 | 二二七 | 三二〇 | 六二四 | 一四四 | 一八八 | 一一、四二五 | 一五、二四三 | 二〇、九九四 | 一二、九八〇 | 一五、〇七六 |
| 同納税者實人員 | 人 | — | — | 六三 | 五五 | 四八 | 五六九 | 五一三 | 六六〇 | 五三八 | 五二八 |
| 課率 附加税 地價割 | 同 | — | — | — | — | — | — | — | — | — | — |
| 課率 附加税 國税營業税割 | 同 | 一〇〇 | 一〇〇 | 一五〇 | 四七〇 | 四七〇 | 一五〇 | 一五〇 | 一五〇 | 七〇五 | 四七〇 |
| 課率 附加税 所得税割 | 同 | — | — | 一五〇 | 一四〇 | 一四〇 | 一五〇 | 一五〇 | 一五〇 | 二一〇 | 一四〇 |
| 課率 附加税 戸別割 | 同 | — | — | — | 八、〇〇〇 | 七、三〇〇 | 三、六八〇 | 三、八四〇 | 五、九五〇 | 六、四二一 | 八、〇〇〇 |
| 課率 附加税 地方税營業割 | 同 | 三〇〇 | 五〇〇 | 五〇〇 | 八〇〇 | 一、〇〇〇 | 五〇〇 | 七〇〇 | 七〇〇 | 一、〇〇〇 | 一、〇〇〇 |
| 課率 附加税 雜種税割 | 同 | 四〇〇 | 四〇〇 | 五〇〇 | 八〇〇 | 一、〇〇〇 | 五〇〇 | 五〇〇 | 七〇〇 | 七〇〇 | 七〇〇 |
| 課率 特別税 反別割 田 | 同 | 三一〇 | 三一〇 | 三一〇 | 五二四 | 五二四 | 二五二 | 二六六 | 二五九 | 四四二 | 四四二 |
| 課率 特別税 反別割 畑 | 同 | 八六 | 八六 | 八六 | 一七八 | 四九〇 | 一一六 | 一三一 | 一三六 | 一三六 | 一三六 |
| 課率 特別税 反別割 宅地 | 同 | — | — | — | — | — | 三九九 | 三九八 | 三九九 | 七一九 | 七一九 |
| 課率 特別税 反別割 山林 | 同 | 〇二〇 | 〇二〇 | 〇二〇 | 〇二〇 | 〇二〇 | — | — | — | — | — |
| 課率 特別税 反別割 原野 | 同 | 〇二〇 | 〇二〇 | 〇二〇 | 〇二〇 | — | — | — | — | — | — |
| 課率 特別税 反別割 牧場 | 同 | 〇二〇 | 〇二〇 | 〇二〇 | 〇二〇 | 〇二〇 | 〇一〇 | 〇一〇 | 〇一〇 | 〇一〇 | 〇一〇 |
| 課率 特別税 反別割 海産干場 | 同 | — | — | — | — | — | — | — | — | — | — |
| 課率 特別税 反別割 雜種地 | 同 | 三五六 | 三五六 | 三五六 | 四八三 | 四八三 | — | — | — | — | — |
| 課率 特別税 建物割 | 同 | — | — | — | — | — | — | — | — | — | — |
| 課率 特別税 牛馬割 | 同 | — | — | — | — | — | — | — | — | — | — |
| 課率 特別税 戸別割 | 同 | 一、五四〇 | 一、六九四 | 二、一二〇 | — | — | 三、一五〇 | 二、七七〇 | 二、九三〇 | 一、八四〇 | 九四〇 |

| 町村名 | 年度 | 面積 | 民有地 田 | 民有地 畑 | 民有地 宅地 | 民有地 山林 | 民有地 原野 | 民有地 牧場 | 民有地 其他 | 現住戸數 | 現住人口 | 負擔 直接國税額 | 負擔 地方税額 | 負擔 市町村税額 | 財政 歳入 | 歳出 役所役場費 | 歳出 土木費 | 歳出 教育費 | 歳出 衛生費 | 歳出 勸業費 | 歳出 其他 | 經常部計 | 同臨時部計 | 通計 | 基本財産 動産 | 基本財産 不動産 |
|---|---|---|---|---|---|---|---|---|---|---|---|---|---|---|---|---|---|---|---|---|---|---|---|---|---|---|
| 單位 | | 方里 | 反別 反 | 同 | 同 | 同 | 同 | 同 | 同 | 戸 | 人 | 圓 | 同 | 同 | 同 | 同 | 同 | 同 | 同 | 同 | 同 | 同 | 同 | 同 | 同 | 同 |
| 栗澤村 | 大正六年度 | 一四、八〇 | 一、二〇〇八 | 七、一九五七 | 四一六 | 三、一一二七 | 四、二四九二 | — | 五八六 | 二、九七〇 | 一四、〇〇一 | 五、八一四 | 一六、四八三 | 三一、二二七 | 三四、六四七 | 六、〇六七 | 一、七三〇 | 一六、五〇九 | 一六六 | 五三五 | 三、一〇八 | 二八、一一五 | 四、三二七 | 三二、四四二 | 三八、二五一 | 七九、六六〇 |
| 栗澤村 | 同 七年度 | 一四、八〇 | 一、三六九五 | 七、三三八五 | 五六六 | 三、〇六一六 | 三、九七四二 | — | 五六四 | 三、五二九 | 一六、五五五 | 七、八四六 | 一九、〇四七 | 四〇、五九七 | 五五、二二八 | 九、一二六 | 一、二五八 | 二三、三六九 | 九一〇 | 四九五 | 二、九九〇 | 三八、一四八 | 一六、五三八 | 五四、六八二 | 四七、九九三 | 九六、六七二 |
| 栗澤村 | 同 八年度 | 一四、八〇 | 一、四四七二 | 七、五一〇〇 | 七一二 | 二、八六三二 | 三、九一七四 | — | 四九八 | 三、二八五 | 一七、一七四 | 一二、三〇七 | 二六、〇七〇 | 六六、八七五 | 七八、六八七 | 一二、八七五 | 二、三六二 | 三五、三一二 | 一、四七七 | 五五二 | 四、二〇七 | 五六、七八五 | 二一、六六二 | 七八、四四七 | 五一、〇三四 | 二四九、〇四五 |
| 栗澤村 | 同 九年度 | 一四、八〇 | 一、四七二七 | 七、五六九〇 | 七九五 | 二、七九一六 | 三、八九八六 | — | 四七四 | 三、七六四 | 一九、二八五 | 八、六九一 | 三五、〇七二 | 九〇、九四一 | 一〇九、〇四七 | 一八、四一一 | 二、一九一 | 四九、九〇七 | 二、九九二 | 五三二 | 六、〇七五 | 八〇、一〇八 | 二〇、八〇一 | 一〇〇、九〇九 | 六三、一四六 | 二五一、七二三 |
| 栗澤村 | 同 十年度 | 一四、八〇 | 一、五〇二七 | 七、六二四〇 | 八一六 | 二、七〇八九 | 三、八九四二 | — | 四七四 | 三、六六七 | 一九、〇五七 | 一三、六一八 | 三二、六〇六 | 七八、一八五 | 一〇二、〇五六 | 一七、四七九 | 三、〇九七 | 五〇、〇二五 | 一、二〇八 | 五一七 | 六、七二八 | 七九、〇五四 | 一八、五七九 | 九七、六三三 | 五七、五六三 | 二六〇、五四六 |
| 沼貝村 | 同 六年度 | 二五、〇〇 | 一、六〇六一 | 五、〇二五二 | 八八四 | 六、九一八八 | 三、五九二〇 | 四〇三〇 | 六三 | 三、八二七 | 二五、二〇〇 | 六、七六七 | 二〇、〇一四 | 四二、三九五 | 七五、六七六 | 一〇、五三五 | 三八〇 | 二六、四七七 | 一、一八一 | 一九五 | 六、一九三 | 四四、九六三 | 三〇、七一三 | 七五、六七六 | 一一、三七七 | — |
| 沼貝村 | 同 七年度 | 二五、〇〇 | 一、六五六六 | 六、六八一八 | 五[illegible]一 | 三、八五三七 | 四、四五五三 | 三六三〇 | 二五六 | 四、二一三 | 二六、〇八三 | 一三、一五四 | 二三、〇四四 | 六四、九四四 | 八九、五二八 | 二三、一六三 | 一八三 | 四二、二〇四 | 一、〇九八 | 三七 | 三、四八五 | 六〇、一一三 | 二二、四四三 | 八二、四四三 | 一二、一七八 | — |
| 沼貝村 | 同 八年度 | 二五、〇〇 | 一、七五五一 | 六、三五六〇 | 五二四 | 三、七九一六 | 四、三一七二 | 三五〇一 | 二四五四 | 五、一一四 | 二九、七二七 | 二三、一四一 | 四八、一一八 | 九五、三九六 | 一三三、九五六 | 一九、四一二 | 三二〇 | 六八、八三七 | 二、〇七七 | 四四九 | 六、四〇九 | 九七、五六〇 | 三〇、二二八 | 一二七、七三五 | 一三 八四五 | — |
| 沼貝村 | 同 九年度 | 二五、〇〇 | 一、八一三〇 | 六、三八四〇 | 四八六 | 二、二〇六三 | 六、八三五八 | 三六四三 | 二〇七 | 五、八八三 | 三二、一一〇 | 一六、四八三 | 五五、九七〇 | 一二六、二六四 | 一五七、八八八 | 二五、二一三 | 五七五 | 九一、六三〇 | 二、七四七 | 八〇 | 八、九九八 | 一二九、二四五 | 一五、〇六八 | 一四四、三一四 | 一五、〇一一 | — |
| 沼貝村 | 同 十年度 | 二五、〇〇 | 二、三三〇二 | 五、六五五二 | 五六〇 | 一、九二四九 | 六、六八二二 | 三六四三 | 二〇七 | 五、六三六 | 三〇、一六九 | 一九、四六六 | 五九、二五六 | 一一七、八四四 | 一七四、八三一 | 二五、五七五 | 五〇〇 | 八〇、一二七 | 九三八 | 一〇〇 | 九、八五 | 一一六、四二七 | 三三、四一九 | 一四九、八四七 | 一七、〇〇〇 | — |

| | | | | | | | | | | | |
|---|---|---|---|---|---|---|---|---|---|---|---|
| 財産 學校基本財産 動産 | 同 | ― | ― | ― | ― | ― | 三、七六五 | 四、〇七〇 | 四、三一〇 | 五、六三一 | 六、〇三五 |
| 財産 學校基本財産 不動産 | 同 | ― | ― | ― | ― | ― | ― | ― | ― | ― | ― |
| 財産 特別基本財産 動産 | 同 | ― | ― | ― | ― | ― | ― | ― | ― | ― | ― |
| 財産 特別基本財産 不動産 | 同 | ― | ― | ― | ― | ― | ― | ― | ― | ― | ― |
| 財産 收益ナキ財産 動産 | 同 | ― | ― | ― | ― | ― | 一六四 | 一六八 | 一六八 | 一七四 | 一六八 |
| 財産 收益ナキ財産 不動産 | 同 | 二七、五三〇 | 三〇、二一八 | 一二九、四七〇 | 一四三、五〇四 | 一四九、六三四 | ― | ― | ― | ― | ― |
| 財産 一部有財産 動産 | 同 | ― | ― | ― | ― | ― | ― | ― | ― | ― | ― |
| 財産 一部有財産 不動産 | 同 | ― | ― | ― | ― | ― | ― | ― | ― | ― | ― |
| 財産 積立金穀 | 同 | 六六、二六〇 | 六、九〇八 | 三、六五〇 | 一二、一一八 | 一四、六七七 | ― | ― | ― | ― | ― |
| 財産 罹災救助金 | 同 | ― | ― | ― | ― | ― | ― | ― | 二、六一九 | 二、六六一 | 二、八四二 |
| 財産ヨリ生スル收入 | 同 | 二四八 | 二、三七七 | 二、九五〇 | 五、八〇七 | 七、五六八 | 一、〇〇六 | 一、一一七 | 一、二四〇 | 一、二七二 | 二、一五八 |
| 市町村債額 | 同 | 七、四〇五 | 一五、九六二 | 四、五二〇 | 三、〇四三 | 一、五二九 | ― | ― | ― | ― | ― |
| 第三種所得税額 | 同 | 三、六六四 | 五、〇九九 | 七、一三五 | 二、七六八 | 五、五四三 | 四、五七〇 | 七、七八一 | 一二、〇四一 | 九、四九二 | 一一、二三一 |
| 同納税者人員 | 人 | 二四三 | 二三四 | 三四八 | 二五八 | 三〇一 | 三〇六 | 三六二 | 三九七 | 四〇七 | 四二八 |
| 課率 附加税 地價割 | 厘 | 、二一〇 | 、二一〇 | 、二一〇 | ― | ― | ― | ― | ― | ― | ― |
| 課率 附加税 國税營業税割 | 同 | 、一五〇 | 、一五〇 | 、一五〇 | 、二四〇 | 、四七〇 | 、一五〇 | 、一五〇 | 、一五〇 | 、三二〇 | 、四〇〇 |
| 課率 附加税 所得税割 | 同 | 、一五〇 | 、一五〇 | 、一五〇 | 、二四〇 | 、一四〇 | 、一五〇 | 、一五〇 | 、一五〇 | 、一四〇 | 、一四〇 |
| 課率 附加税 戸別割 | 同 | 二、五六〇 | 三、七〇〇 | 四、〇七〇 | 五、〇〇〇 | 三、四四〇 | 四、〇〇〇 | 四、五〇〇 | 六、一一〇 | 五、七三〇 | 三、六三〇 |
| 課率 附加税 地方税營業税割 | 同 | 、五〇〇 | 、五〇〇 | 、五〇〇 | 一、〇〇〇 | 一、〇〇〇 | 、五〇〇 | 、五〇〇 | 、五〇〇 | 一、〇〇〇 | 一、〇〇〇 |
| 課率 附加税 雜種税割 | 同 | 、五〇〇 | 、五〇〇 | 、五〇〇 | 一、〇〇〇 | 一、〇〇〇 | 、五〇〇 | 、五〇〇 | 、五〇〇 | 一、〇〇〇 | 一、〇〇〇 |
| 課率 特別税 反別割 田 | 同 | 、二九八 | 、三一三 | 、三八四 | ― | ― | 二九〇 | 二九〇 | 三六二 | 三〇九 | 三〇九 |
| 課率 特別税 反別割 畑 | 同 | 、一七四 | 、一八七 | 、二九六 | ― | ― | 一三六 | 一三六 | 一六二 | 一六二 | 一六二 |
| 課率 特別税 反別割 宅地 | 同 | 、三三七 | 、三八〇 | 、三九八 | ― | ― | 三九一 | 三九一 | 三九九 | 三九九 | 三九九 |
| 課率 特別税 反別割 山林 | 同 | 、〇一四 | 、〇一九 | 、〇三〇 | ― | ― | 〇〇二 | 〇〇二 | 〇一〇 | 〇一〇 | 〇一〇 |
| 課率 特別税 反別割 原野 | 同 | 、〇一〇 | 、〇一五 | 、〇二〇 | ― | ― | ― | ― | 〇一〇 | 〇一〇 | 〇一〇 |
| 課率 特別税 反別割 牧場 | 同 | ― | ― | ― | ― | ― | 〇〇二 | 〇〇二 | 〇〇五 | 〇〇五 | 〇〇五 |
| 課率 特別税 反別割 海産干場 | 同 | ― | ― | ― | ― | ― | ― | ― | ― | ― | ― |
| 課率 特別税 反別割 雜種地 | 同 | ― | ― | ― | ― | ― | ― | ― | ― | ― | ― |
| 課率 特別税 建物割 | 同 | ― | ― | ― | ― | ― | ― | ― | ― | ― | ― |
| 課率 特別税 牛馬割 | 同 | ― | ― | ― | ― | ― | ― | ― | ― | ― | ― |
| 課率 特別税 戸別割 | 同 | ― | ― | ― | ― | ― | ― | ― | ― | ― | ― |

| 種別 | 單位 | 砂川村 大正六年度 | 同 七年度 | 同 八年度 | 同 九年度 | 同 十年度 | 瀧川町 同 六年度 | 同 七年度 | 同 八年度 | 同 九年度 | 同 十年度 |
|---|---|---|---|---|---|---|---|---|---|---|---|
| 面積 | 方里 | 一〇、八〇 | 一〇、八〇 | 一〇、八〇 | 一〇、八〇 | 一〇、八〇 | 三、三〇 | 三、三〇 | 三、三〇 | 三、三〇 | 三、三〇 |
| 民有地 田 | 反 | 三一六六 | 三一六六 | 二八六〇 | 二七六七 | 二七六七 | 一五〇〇 | 一五一五 | 一五一六 | 一六九七 | 二一一〇 |
| 民有地 畑 | 同 | 七、一〇五五 | 七、一〇五五 | 六、九九八四 | 六、五五四〇 | 六、四〇四〇 | 二、三九一三 | 二、四〇九四 | 二、四〇七六 | 二、四〇六八 | 二、七三三〇 |
| 民有地 宅地 | 同 | 一一五〇 | 一一五〇 | 一一五〇 | 一九二四 | 二九二四 | 四六〇 | 四六一 | 四六七 | 四六七 | 四六七 |
| 民有地 山林 | 同 | | | | | | 三一一三 | 三一一三 | 二八九六 | 二六九四 | 二二九四 |
| 民有地 原野 | 同 | 一、二九九四 | 一、二九九四 | 二、九二九七 | 三、〇一五一 | 三、〇一五一 | 六二一九 | 六〇二三 | 六二五六 | 六二八八 | 三〇一三 |
| 民有地 牧場 | 同 | | | | | | — | — | — | — | — |
| 民有地 其他 | 同 | — | — | — | — | — | 一三四 | 一三三 | 一二八 | 一二四 | 一二四 |
| 現住戸數 | 戸 | 二、二四二 | 二、四七三 | 二、七九〇 | 三、二〇九 | 三、一五六 | 一、七一四 | 一、七三四 | 一、八三二 | 一、九七六 | 二、〇三四 |
| 現住人口 | 人 | 一二、四四〇 | 一四、七七九 | 一五、二五九 | 一六、八一〇 | 一五、七八一 | 八、四八四 | 九、六九八 | 九、八六一 | 一〇、〇九七 | 一〇、三七五 |
| 負擔 直接國税額 | 圓 | 九、〇四八 | 一五、七三九 | 二〇、一五七 | 一五、三五四 | 一四、八一三 | 一一、一七四 | 一四、六二三 | 一八、九九〇 | 一九、四九九 | 一九、四〇五 |
| 負擔 地方税額 | 同 | 一三、九三一 | 一六、一一五 | 二二、九五七 | 三〇、一三〇 | 二四、一九〇 | 八、六三三 | 一〇、〇二八 | 一二、八四六 | 一七、九五一 | 一八、四五二 |
| 負擔 市町村税額 | 同 | 二六、三三六 | 三七、四八四 | 五八、〇三七 | 七四、八〇四 | 六七、七九〇 | 二〇、五九七 | 三〇、〇八四 | 四五、九二七 | 六九、九八五 | 六五、六八七 |
| 財政 歳入 | 同 | 三二、六二四 | 四六、八六七 | 六七、一一三 | 九六、六一七 | 九一、一七一 | 三〇、〇七四 | 四五、二五四 | 八三、七三六 | 一八八、九八八 | 一四三、七四六 |
| 歳出 經常部 役所役場費 | 同 | 五、七一〇 | 八、〇二六 | 一一、九九六 | 一五、四五三 | 一六、七一七 | 六、〇七〇 | 七、八四四 | 一一、二六二 | 一六、七四七 | 一八、〇六三 |
| 歳出 經常部 土木費 | 同 | 七五 | 五〇 | 二五〇 | 三〇〇 | 一五〇 | 四一〇 | 六五〇 | 四五〇 | 一、五九〇 | 二、八〇五 |
| 歳出 經常部 教育費 | 同 | 一七、二六四 | 二四、七七八 | 四一、〇七三 | 四六、八四三 | 五〇、六八五 | 一一、八五六 | 一九、三四二 | 二六、三八二 | 四〇、七七三 | 三八、〇四四 |
| 歳出 經常部 衛生費 | 同 | 一、九二七 | 二、〇六六 | 二、五三六 | 八、八〇八 | 五、三六一 | 二、八九三 | 三、四一二 | 四、一六〇 | 三、九三九 | 三、八五九 |
| 歳出 經常部 勸業費 | 同 | 二〇三 | 六〇 | 六〇 | 一〇〇 | 一〇〇 | 八〇 | 八〇 | 八〇 | 三〇 | 八〇 |
| 歳出 經常部 其他 | 同 | 二、七三七 | 五、七五六 | 六、八〇三 | 八、三二七 | 一一、七五 | 二、五九九 | 三、七四三 | 五、七六九 | 五、二一五 | 六、九四七 |
| 歳出 經常部 計 | 同 | 二七、九一六 | 四〇、七三六 | 六二、七一八 | 七九、八三一 | 八四、一八八 | 二三、九〇八 | 三五、〇七一 | 四八、一一三 | 六八、二九四 | 六九、七九八 |
| 歳出 臨時部 計 | 同 | 四、七〇八 | 六、一三一 | 四、三九五 | 一六、七八六 | 六、九八三 | 六、一六六 | 一〇、一八三 | 三五、六二三 | 一二〇、六九四 | 七三、九四八 |
| 歳出 通計 | 同 | 二三、六二四 | 四六、八六七 | 六七、一一三 | 九六、六一七 | 九一、一七一 | 三〇、〇七四 | 四五、二五五 | 八三、七三六 | 一八八、九八八 | 一四三、七四六 |
| 基本財産 動産 | 同 | 七七、八二二 | 八四、六二四 | 八九、〇六八 | 九〇、五三八 | 九七、二八六 | — | — | — | — | — |
| 基本財産 不動産 | 同 | — | — | — | — | — | — | — | — | — | — |

| 財産 | | | | | | | | | | | | | |
|---|---|---|---|---|---|---|---|---|---|---|---|---|---|
| 學校基本財産 動産 | 學校基本財産 不動産 | 特別基本財産 動産 | 特別基本財産 不動産 | 收益ナキ財産 動産 | 收益ナキ財産 不動産 | 一部有財産 動産 | 一部有財産 不動産 | 積立金穀 | 罹災救助金 | 財産ヨリ生スル收入 | 市町村債額 | 第三種所得税額 | 同納税者資格人員 |
| 同 | 同 | 同 | 同 | 同 | 同 | 同 | 同 | 同 | 同 | 同 | 同 | 同 | 人 |
| — | — | 五二〇 | — | 二一、三八七 | — | — | — | 二、一二三 | — | 三、九二四 | — | 四、九七一 | 三〇七 |
| — | — | 六六二 | — | 二〇、一八二 | — | — | — | 四、三三二 | — | 四、〇三四 | — | 八、五〇〇 | 三一七 |
| — | — | 七〇四 | — | 二〇、一八二 | — | — | — | 六、一七五 | — | 四、九五七 | — | 一一、五二二 | 四二九 |
| — | — | 二、三四一 | — | 二三、一八二 | — | — | — | 七、六〇〇 | — | 五、一九六 | — | 五、八八九 | 三二四 |
| — | — | 二、五八六 | — | 二三、八三八 | — | — | — | 七、五〇四 | — | 五、六六四 | — | 五、五五六 | 三一二 |
| — | — | — | — | — | — | 一七、四九一 | 三、七六八 | 三、三九五 | — | 六九六 | — | 六、一八三 | 二二一 |
| — | — | — | — | — | — | 二二、四七三 | 三、九六三 | 七五五 | — | 七六四 | — | 八、四九七 | 一七二 |
| — | — | — | — | — | — | 二二、四七三 | 三、九八五 | 一、六三六 | — | 七八七 | 四、二一一 | 一一、八〇五 | 二七四 |
| — | — | — | — | — | — | 二三、七七〇 | 二、八四一 | 三、五一一 | — | 一、九四五 | 三三、五九三 | 八、七八五 | 二二〇 |
| — | — | — | — | — | — | 七〇、〇〇〇 | 二、八四一 | 七一四 | 七五一 | 二、〇九九 | 三一、五三二 | 六、七三二 | 二七六 |

| 課率 附加税 | | | | | | 特別税 反別割 | | | | | | | | | | |
|---|---|---|---|---|---|---|---|---|---|---|---|---|---|---|---|---|
| 地價割 | 國稅營業稅割 | 所得稅割 | 戸別割 | 地方稅營業稅割 | 雜種稅割 | 田 | 畑 | 宅地 | 山林 | 原野 | 牧場 | 海産干場 | 雜種地 | 建物割 | 牛馬割 | 戸別割 |
| 厘 | 同 | 同 | 同 | 同 | 同 | 同 | 同 | 同 | 同 | 同 | 同 | 同 | 同 | 同 | 同 | 同 |
| — | 一五〇 | 一五〇 | 四、〇五〇 | 五〇〇 | — | — | — | — | — | — | — | — | — | — | — | — |
| — | 一五〇 | 一五〇 | 五、四六〇 | 五〇〇 | — | — | — | — | — | — | — | — | — | — | — | — |
| — | 一五〇 | 一五〇 | 七、一五〇 | 五〇〇 | — | — | — | — | — | — | — | — | — | — | — | — |
| — | 四七〇 | 一四〇 | 六、二五〇 | 一〇、〇〇〇 | — | — | — | — | — | — | — | — | — | — | — | — |
| — | 四七〇 | 一四〇 | 四、九五〇 | 一、〇〇〇 | — | — | — | — | — | — | — | — | — | — | — | — |
| — | 一五〇 | 一五〇 | 四、八六五 | 五〇〇 | 五〇〇 | 二七五 | 〇九〇 | 三九九 | 〇〇七 | — | — | — | — | — | — | — |
| — | 一五〇 | 一五〇 | 四、九〇〇 | 六五〇 | 六五〇 | 二六四 | 一一九 | 三九三 | 〇一〇 | 〇一〇 | — | — | — | — | — | — |
| — | 二〇〇 | 二〇〇 | 八、三五〇 | 九〇〇 | 九〇〇 | 三九八 | 一六二 | 三九九 | 〇二〇 | 〇二〇 | — | — | — | — | — | — |
| — | 二四〇 | 二四〇 | 九、二二〇 | 一、〇〇〇 | 一、〇〇〇 | 六三九 | 二六六 | 六三九 | 〇三〇 | 〇三〇 | — | — | 二〇〇 | — | — | — |
| — | 三五〇 | 一四〇 | 八、〇〇〇 | 一、〇〇〇 | 一、〇〇〇 | 六三六 | 二五七 | 七三八 | 〇三〇 | 〇三〇 | — | — | 二〇〇 | — | — | — |

| 種別 | 單位 | 歌志内村 大正六年度 | 同 七年度 | 同 八年度 | 同 九年度 | 同 十年度 | 江部乙村 同 六年度 | 同 七年度 | 同 八年度 | 同 九年度 | 同 十年度 |
|---|---|---|---|---|---|---|---|---|---|---|---|
| 面積 | 方里 | 一五、〇〇 | 一五、〇〇 | 一五、〇〇 | 一五、〇〇 | 一五、〇〇 | 三、四四 | 三、四四 | 三、四四 | 三、四四 | 三、四四 |
| 民有地 田 | 反 | 一四七〇 | 一四八二 | 一五一五 | 一六一五 | 一六一五 | 一三七九 | 一三七九 | 一三七九 | 一三七九 | 一五一六 |
| 同 畑 | 同 | 一、七〇八七 | 一、七一三九 | 一、七一四三 | 一、七一四五 | 一、六〇四三 | 一、八〇六九 | 一、八〇六九 | 一、八〇六九 | 一、八〇六九 | 一、八四六九 |
| 同 宅地 | 同 | 三〇八 | 三一〇 | 三二三 | 三二三 | 三二三 | 二三七 | 二三七 | 二三七 | 二三七 | 二五七 |
| 同 山林 | 同 | — | — | 五八六 | 六〇四 | 六〇六 | — | — | — | — | — |
| 同 原野 | 同 | — | — | 三、九五五一 | 三、九五六二 | 三、九五六二 | — | — | — | — | — |
| 同 牧場 | 同 | — | — | — | — | — | — | — | — | — | — |
| 同 其他 | 同 | 四、四八三九 | 四、四八六二 | 五三四 | 五四五 | 五四四 | — | — | — | — | — |
| 現住戸數 | 戸 | 三、三五〇 | 三、五一〇 | 四、三九〇 | 五、三二〇 | 四、五〇九 | 八〇七 | 八〇四 | 七六七 | 七七八 | 七八七 |
| 現住人口 | 人 | 一七、四二〇 | 一八、二五二 | 二一、八二四 | 二五、六二七 | 二二、五四五 | 四、六〇〇 | 四、五九三 | 四、三五二 | 四、三九八 | 四、五七四 |
| 負擔 直接國税額 | 圓 | 三、三四五 | 三、八六四 | 九、三二一 | 一二、〇一五 | 八、二七六 | 一、四六九 | 二、一八七 | 三、二八一 | 一、八四二 | 一、一五九 |
| 同 地方税額 | 同 | 四、六七一 | 二五、一三七 | 三二、七二〇 | 一四、八九八 | 七、九五八 | 四、二六四 | 四、三九七 | 五、七二九 | 八、三七三 | 八、二七七 |
| 同 市町村税額 | 同 | 二九、三五二 | 四九、二九八 | 一〇二、七一七 | 一一三、八六二 | 一〇五、九四七 | 三、六四五 | 五、九〇一 | 一〇、一七七 | 二〇、八七二 | 二〇、五六七 |
| 財政 歳入 | 同 | 三三、五四四 | 九三、五二九 | 一一八、六〇〇 | 二六九、六四〇 | 一六八、七九〇 | 二一、一九五 | 三〇、六六二 | 五五、〇五五 | 四七、九二四 | 六一、一〇五 |
| 歳出經常部 役所役場費 | 同 | 四、六四七 | 一〇、三八一 | 一八、一六九 | 二四、七九八 | 二三、六四九 | 四、七八三 | 六、七四〇 | 一〇、〇〇二 | 一一、〇〇九 | 一一、一八八 |
| 同 土木費 | 同 | 八七二 | 一、一〇〇 | 三、五七〇 | 二、五七〇 | 四、六七〇 | 一、三二〇 | 一、三二五 | 二、七九一 | 二、二八〇 | 二、二〇四 |
| 同 教育費 | 同 | 一八、八〇八 | 三一、三七六 | 五三、一二三 | 七七、一四〇 | 七七、〇五二 | 六、二五三 | 八、九三七 | 一三、八七四 | 一九、二五一 | 一七、八四六 |
| 同 衛生費 | 同 | 九四九 | 三、六三五 | 五、二二〇 | 四、〇一九 | 五、三四五 | 二二六 | 六一一 | 八一二 | 六三一 | 一八五 |
| 同 勸業費 | 同 | 一二〇 | 二六〇 | 一八〇 | 一八〇 | 一八〇 | 七〇 | 一一〇 | 一六〇 | 二〇〇 | 一三六 |
| 同 其他 | 同 | 五、八二六 | 三、六〇七 | 六、九二四 | 九、二五九 | 九、一八二 | 五、〇四五 | 五、四八二 | 八、〇〇〇 | 一四、二九二 | 二四、六八八 |
| 同 計 | 同 | 三一、二二二 | 五〇、三五九 | 八七、一八六 | 一一七、九六六 | 一二〇、〇七八 | 一七、六九七 | 二三、二〇五 | 三五、六五六 | 四七、六六三 | 五六、二四七 |
| 臨時部 計 | 同 | 二、三二二 | 四三、一七〇 | 三一、四一四 | 一五一、六七四 | 四八、七一二 | 三、四九八 | 七、四五七 | 一九、三九九 | 二六一 | 四、八五八 |
| 通計 | 同 | 三三、五四四 | 九三、五二九 | 一一八、六〇〇 | 二六九、六四〇 | 一六八、七九〇 | 二一、一九五 | 三〇、六六二 | 五五、〇五五 | 四七、九二四 | 六一、一〇五 |
| 基本財産 動産 | 同 | 六、五一三 | 一、七三一 | 一、七九一 | 一、二九一 | 二、五五八 | — | — | — | — | — |
| 同 不動産 | 同 | 八、〇〇五 | 一三、二四九 | 一三、二四九 | 一三、二四九 | 一三、二四九 | 二四二、六八一 | 四三四、五四六 | 四三三、八九六 | 四三三、八九五 | 四三三、八九六 |

| | | | | | | | | | | | |
|---|---|---|---|---|---|---|---|---|---|---|---|
| 財産 學校基本財産 動産 | 同 | 四、一五四 | 四、三七九 | 四六三 | 四六三 | 四八四 | — | — | — | — | — |
| 財産 學校基本財産 不動産 | 同 | — | — | — | — | — | — | — | — | — | — |
| 財産 特別基本財産 動産 | 同 | — | — | — | — | — | — | — | — | — | — |
| 財産 特別基本財産 不動産 | 同 | — | — | — | — | — | — | — | — | — | — |
| 財産 收益ナキ財産 動産 | 同 | — | — | — | — | — | — | — | — | — | — |
| 財産 收益ナキ財産 不動産 | 同 | 二五、五七八 | 七三、八七九 | 九九、一六七 | 一四〇、六六六 | 一三四、六六六 | 二一、〇七九 | 三一、九六四 | 三四、一六四 | 四二、四五八 | 五二、五五一 |
| 財産 一部有財産 動産 | 同 | — | — | — | — | — | — | — | — | — | — |
| 財産 一部有財産 不動産 | 同 | — | — | — | — | — | — | — | — | — | — |
| 財産 積立金穀 | 同 | — | — | — | — | — | 二一、九五七 | 二二、九六一 | 二三、七三三 | 八、〇六五 | 八、〇六四 |
| 財産 罹災救助金 | 同 | — | — | — | — | — | — | — | — | — | — |
| 財産ヨリ生スル收入 | 同 | 一、六二二 | 一、八一一 | 二、〇一七 | 一、七九三 | 二、八〇七 | 一四、六九〇 | 一五、七四一 | 二四、二六二 | 二二、二八九 | 一六、七二三 |
| 市町村債額 | 同 | — | — | — | 四二、六〇〇 | 七、〇〇〇 | — | — | — | — | — |
| 第三種所得税額 | 同 | 二、〇三五 | 三、三九五 | 五、四九四 | 三、一五〇 | 三、九八五 | 一、〇五六 | 一、五八一 | 二、六九三 | 八六三 | 七七〇 |
| 同納税者實人員 | 人 | 一五一 | 一八九 | 二四一 | 一七九 | 二四三 | 七一 | 七六 | 一一五 | 四八 | 五六 |
| 課率 附加税 地價割 | 厘 | — | — | — | — | — | — | — | — | — | — |
| 課率 附加税 國税營業税割 | 同 | 一五〇 | 一五〇 | 二四〇 | 二四〇 | 四七〇 | 一五〇 | 一五〇 | 一五〇 | 一五〇 | 四七〇 |
| 課率 附加税 所得税割 | 同 | 一五〇 | 一五〇 | 二四〇 | 二四〇 | 一四〇 | 一五〇 | 一五〇 | 一五〇 | 一五〇 | 一四〇 |
| 課率 附加税 戸別割 | 同 | 四、二〇〇 | 四、二〇〇 | 七、〇〇〇 | 七、〇〇〇 | 五、五〇〇 | 一、〇〇〇 | 二、一〇〇 | 三、四二〇 | 六、七七〇 | 四、一七〇 |
| 課率 附加税 地方税營業税割 | 同 | 五〇〇 | 五〇〇 | 一、〇〇〇 | 一、〇〇〇 | 一、〇〇〇 | 五〇〇 | 五〇〇 | 五〇〇 | 八五〇 | 一、〇〇〇 |
| 課率 附加税 雜種税割 | 同 | 五〇〇 | 五〇〇 | 一、〇〇〇 | 一、〇〇〇 | 一、〇〇〇 | 五〇〇 | 五〇〇 | 五〇〇 | 八五〇 | 一、〇〇〇 |
| 課率 特別税 反別割 田 | 同 | 三三七 | 三三八 | 五〇二 | 五〇七 | 五〇七 | 八五 | 八五 | 二五四 | 二七七 | 四〇四 |
| 課率 特別税 反別割 畑 | 同 | 二〇二 | 二〇三 | 二九三 | 三〇一 | 二九八 | 四二 | 四二 | 一三二 | 二一三 | 二八六 |
| 課率 特別税 反別割 宅地 | 同 | 四〇〇 | 四〇〇 | 六七一 | 六〇八 | 六〇八 | 二三七 | 二三七 | 三九一 | 三七三 | 五六九 |
| 課率 特別税 反別割 山林 | 同 | — | — | 〇五〇 | 〇五〇 | 〇五〇 | — | — | — | — | — |
| 課率 特別税 反別割 原野 | 同 | — | — | 〇三〇 | 〇三〇 | 〇三〇 | — | — | — | — | — |
| 課率 特別税 反別割 牧場 | 同 | — | — | — | — | — | — | — | — | — | — |
| 課率 特別税 反別割 海産 干場 | 同 | — | — | — | — | — | — | — | — | — | — |
| 課率 特別税 反別割 雜種地 | 同 | 〇五〇 | 〇五〇 | 〇八〇 | 〇八〇 | 〇八〇 | — | — | — | — | — |
| 課率 特別税 建物割 | 同 | — | — | — | — | — | — | — | — | — | — |
| 課率 特別税 牛馬割 | 同 | — | — | — | — | — | — | — | — | — | — |
| 課率 特別税 戸別割 | 同 | — | — | — | — | — | — | — | — | — | — |

| 種別 | 単位 | 夕張町 大正六年度 | 同 七年度 | 同 八年度 | 同 九年度 | 同 十年度 | 長沼村 同 六年度 | 同 七年度 | 同 八年度 | 同 九年度 | 同 十年度 |
|---|---|---|---|---|---|---|---|---|---|---|---|
| 面積 | 方里 | 五〇、〇〇 | 五〇、〇〇 | 五〇、〇〇 | 五〇、〇〇 | 五〇、〇〇 | 一一、四〇 | 一一、四〇 | 一一、四〇 | 一二、〇〇 | 一二、〇〇 |
| 民有地 田 | 反 | — | — | — | — | — | 一、六〇〇〇 | 一、七九二六 | 一、九六九〇 | 三、一九一〇 | 三、一九一〇 |
| 民有地 畑 | 同 | 五八一 | 五八一 | 五八一 | 五八一 | 五八一 | 八、九二八六 | 八、六一四四 | 八、五五七〇 | 四、九六一〇 | 四、九六二〇 |
| 民有地 宅地 | 同 | — | — | — | — | — | 四五 | 五五七 | 八八〇 | 五四〇 | 五四〇 |
| 民有地 山林 | 同 | 二、六二二〇 | 二、六二二〇 | 二、六二二〇 | 二、六二二〇 | 二、六二二〇 | — | — | — | 一〇〇〇 | 一四〇〇 |
| 民有地 原野 | 同 | — | — | — | — | — | — | — | — | 三、〇〇〇〇 | 三、〇〇〇〇 |
| 民有地 牧場 | 同 | — | — | — | — | — | 九三〇 | 二〇〇〇 | 一〇〇〇 | 一〇〇 | 一〇〇 |
| 民有地 其他 | 同 | 二六 | 二六 | 二六 | 二六 | 二六 | — | — | — | — | — |
| 現住戸数 | 戸 | 八、五二一 | 九、〇三五 | 一一、一一一 | 一〇、八〇二 | 一〇、二〇〇 | 一、七六四 | 一、七四五 | 二、〇〇九 | 二、〇一七 | 一、七〇八 |
| 現住人口 | 人 | 三四、二三一 | 三六、[illegible]五七 | 四五、三五五 | 五一、二一四 | 四八、七八二 | 一〇、四八六 | 一〇、六二六 | 一一、四六二 | 一一、八二一 | 一二、〇七四 |
| 負擔 直接国税額 | 圓 | 一四、四〇三 | 一八、[illegible]九五 | 二八、九一五 | 二〇、七八七 | 三八、一七八 | 四、〇二七 | 六、六九六 | 九、八七二 | 八、二九五 | 八、二八九 |
| 負擔 地方税額 | 同 | 三二、七七五 | 四五、九一二 | 七五、六六六 | 七五、九三九 | 一〇六、六二二 | 一一、三六三 | 一一、四〇四 | 一一、三四六 | 二一、七四五 | 二二、七四四 |
| 負擔 市町村税額 | 同 | 五八、五六一 | 八〇、九一五 | 一五六、三〇〇 | 二三〇、一四四 | 四二三、一二二 | 二八、三四四 | 三六、〇四八 | 四八、五九三 | 七三、九一九 | 七二、八一七 |
| 財政 歳入 | 同 | 七五、四六八 | 一〇九、一九八 | 三三六、三七五 | 四八七、三二四 | 三八六、三〇一 | 三五、七八六 | 三七、六七一 | 五四、六二四 | 七九、四五七 | 一六九、三二七 |
| 歳出経常部 役所役場費 | 同 | 一〇、〇七六 | 一五、九八八 | 三三、三三一 | 五〇、二九二 | 四八、五九二 | 六、七二八 | 八、一三一 | 一一、一一〇 | 一七、九二六 | 一九、五三六 |
| 歳出経常部 土木費 | 同 | 一、〇三八 | 一、四八〇 | 三、〇八五 | 四、六一五 | 八、六〇〇 | 五、五四五 | 五、四八〇 | 八、〇五〇 | 一五、九一〇 | 一六、〇三三 |
| 歳出経常部 教育費 | 同 | 三六、六六三 | 五一、三〇〇 | 八六、四八八 | 一二八、七二〇 | 一四七、八五三 | 一二、九一一 | 一五、六三六 | 二二、三四六 | 三五、五四四 | 三九、六四一 |
| 歳出経常部 衛生費 | 同 | 一、〇五七 | 一、三九一 | 一、七五〇 | 三、四〇九 | 三、三一二 | 一四〇 | 二四九 | 二六〇 | 二六九 | 二二一 |
| 歳出経常部 勧業費 | 同 | 八〇 | 三三二 | 九二 | 一二九 | 一二五 | 一五〇 | 一五〇 | 一六〇 | 一五〇 | 一七〇 |
| 歳出経常部 其他 | 同 | 一七、六六六 | 一九、六三七 | 二〇、九八二 | 三〇、五五五 | 三八、一七七 | 三、〇八二 | 四、三〇五 | 四、七九八 | 七、三二八 | 八、四九〇 |
| 歳出経常部 計 | 同 | 六六、五八〇 | 八九、八二八 | 一四五、七二八 | 二一七、七二〇 | 二四六、六五九 | 二八、五五六 | 三三、九五一 | 四六、七二四 | 七七、一二七 | 八四、〇九一 |
| 同臨時部 計 | 同 | 八、八八八 | 一九、三七〇 | 一九〇、六四七 | 二六九、六〇四 | 一三九、六四二 | 七、二三〇 | 三、七二〇 | 七、九〇〇 | 二、三三〇 | 八五、二三六 |
| 通計 | 同 | 七五、四六八 | 一〇九、一九八 | 三三六、三七五 | 四八七、三二四 | 三八六、三〇一 | 三五、七八六 | 三七、六七一 | 五四、六二四 | 七九、四五七 | 一六七、三二七 |
| 基本財産 動産 | 同 | 一六、九三九 | 一九、四〇六 | 一九、七四一 | 二一、四三八 | 二二、一三[illegible] | 三三、一八三 | 三六、〇七五 | 四五、七三一 | 四九、七二三 | 三一、二四〇 |
| 基本財産 不動産 | 同 | 七一、三八一 | 九八、一一一 | 一九九、二〇四 | 三九六、一七五 | 四二四、八八二 | 六、〇二九 | 五四、六五三 | 五四、六五三 | 五四、二九六 | 五四、二二七 |

| 項目 | 單位 | | | | | | | | | | |
|---|---|---|---|---|---|---|---|---|---|---|---|
| 財産 學校基本財産 動産 | 同 | 五〇〇 | 五九〇 | 一、五六七 | 一、六二三 | 二、四二三 | — | — | — | — | — |
| 財産 學校基本財産 不動産 | 同 | — | — | — | — | — | — | — | — | — | — |
| 財産 特別基本財産 動産 | 同 | 五〇〇 | 一、〇一六 | 六、八五七 | 七、八六二 | 八、三九二 | — | — | — | — | — |
| 財産 特別基本財産 不動産 | 同 | — | — | — | — | — | — | — | — | — | — |
| 財産 收益ナキ財産 動産 | 同 | — | — | — | — | — | — | — | — | — | — |
| 財産 收益ナキ財産 不動産 | 同 | 六八、六一五 | 九五、三四五 | 一九一、四五一 | 三八〇、三七四 | 三九五、三〇〇 | 一五、九九五 | 一五九九五 | 一六、一九五 | 一五、八一九 | 五六、八一九 |
| 財産 一部有財産 動産 | 同 | — | — | — | — | — | — | — | — | — | — |
| 財産 一部有財産 不動産 | 同 | — | — | — | — | — | — | — | — | — | — |
| 財産 積立金穀 | 同 | — | — | — | — | — | — | — | — | — | — |
| 財産 罹災救助金 | 同 | — | — | — | — | — | — | — | — | — | — |
| 財産ヨリ生スル收入 | 同 | 一、三四九 | 一、〇〇六 | 一、一九八 | 一、二〇二 | 三、一三五 | 五、九九九 | 六、八二三 | 七、七一五 | 九、〇九二 | 九、一五五 |
| 市町村債額 | 同 | — | — | 一五〇、〇〇〇 | 一八〇、〇〇〇 | 一七〇、〇〇〇 | 五、六〇〇 | 四、九〇〇 | 四、二〇〇 | 三、五〇〇 | 三二、八〇〇 |
| 第三種所得税額 | 同 | 七、八七六 | 一〇、二二四 | 二〇、三四〇 | 一四、五二八 | 二五、三九六 | 三、二三一 | 三、七二五 | 七、一五七 | 三、五七八 | 三、八二九 |
| 同納税者實人員 | 人 | 三一九 | 三六六 | 六九七 | 四九六 | 七八五 | 二七九 | 二八七 | 三八四 | 二四九 | 二五五 |
| 課率 附加税 地價割 | 厘 | — | — | — | — | — | — | — | — | — | — |
| 課率 附加税 國税營業税割 | 同 | 一五〇 | 一五〇 | 一五〇 | 二四〇 | 四七〇 | 一五〇 | 一五〇 | 一五〇 | 二四〇 | 一四〇 |
| 課率 附加税 所得税割 | 同 | 一五〇 | 一五〇 | 一五〇 | 二四〇 | 二〇〇 | 一五〇 | 一五〇 | 一五〇 | 二四〇 | 四七〇 |
| 課率 附加税 戸別割 | 同 | 三、〇〇〇 | 三、八〇〇 | 五、四六〇 | 五、八〇〇 | 六、〇〇〇 | 三、二〇〇 | 三、七二〇 | 四、五五〇 | 五、七三〇 | 六、三〇〇 |
| 課率 附加税 地方税營業税割 | 同 | 五〇〇 | 七〇〇 | 七〇〇 | 一、〇〇〇 | 一、〇〇〇 | 五〇〇 | 五〇〇 | 六〇〇 | 一、〇〇〇 | 一、〇〇〇 |
| 課率 附加税 雜種税割 | 同 | 五〇〇 | 五〇〇 | 五〇〇 | 一、〇〇〇 | 一、〇〇〇 | 五〇〇 | 五〇〇 | 六〇〇 | 一、〇〇〇 | 一、〇〇〇 |
| 課率 特別税 反別割 田 | 同 | — | — | — | 三五七 | 六六六 | 一七〇 | 一八三 | 二一〇 | 五一〇 | 六五〇 |
| 課率 特別税 反別割 畑 | 同 | — | — | — | 一二七 | 一三五 | 一四八 | 一五九 | 一八五 | 二五〇 | 二五〇 |
| 課率 特別税 反別割 宅地 | 同 | — | — | — | 〇〇二 | 〇〇三 | 二〇八 | 二二七 | 二九八 | 六二〇 | 六二〇 |
| 課率 特別税 反別割 山林 | 同 | — | — | — | — | 〇三〇 | — | — | — | 〇四〇 | 〇五〇 |
| 課率 特別税 反別割 原野 | 同 | — | — | — | — | — | — | — | — | 〇五〇 | 〇四〇 |
| 課率 特別税 反別割 牧場 | 同 | — | — | — | — | — | 〇二八 | — | — | 〇六〇 | 〇六〇 |
| 課率 特別税 反別割 海産干場 | 同 | — | — | — | — | — | — | — | — | — | — |
| 課率 特別税 反別割 雜種地 | 同 | — | — | — | — | — | — | — | — | — | — |
| 課率 特別税 建物割 | 同 | — | — | — | — | — | — | — | — | — | — |
| 課率 特別税 牛馬割 | 同 | — | — | — | — | — | — | — | — | — | — |
| 課率 特別税 戸別割 | 同 | — | — | — | — | — | — | — | — | — | — |

| 種別 | 単位 | 由仁村 大正六年度 | 由仁村 同七年度 | 由仁村 同八年度 | 由仁村 同九年度 | 由仁村 同十年度 | 角田村 同六年度 | 角田村 同七年度 | 角田村 同八年度 | 角田村 同九年度 | 角田村 同十年度 |
|---|---|---|---|---|---|---|---|---|---|---|---|
| 面積 | 方里 | 八、〇〇 | 八、〇〇 | 八、〇〇 | 八、〇〇 | 八、〇〇 | 一一、四〇 | 一一、四〇 | 一一、四〇 | 一一、四〇 | 一一、四〇 |
| 民有地 田 | 反 | 五一八七 | 四七五〇 | 五八八〇 | 五五〇〇 | 五五〇〇 | 一、一〇二二 | 一、一〇二二 | 一、一〇二二 | 一、一〇二二 | 一、一〇二二 |
| 民有地 畑 | 同 | 四、九九一〇 | 四、五七八〇 | 四、五八三〇 | 四、五八三〇 | 四、五八三〇 | 二、七七六二 | 二、八四一二 | 三〇、九四〇 | 三、一九三三 | 三、三八四六 |
| 民有地 宅地 | 同 | 一三二 | 六四〇 | 四三九 | 四三九 | 四三九 | 八二二 | 八二三 | 八九八 | 九〇一 | 九二三 |
| 民有地 山林 | 同 | 三、五二五四 | 三、五五三三 | 三、五八七三 | 三、八〇四六 | 三、八一一三 | 三、〇九三一 | 二、八七七一 | 二、八八四四 | 二、九七二二 | 三、一六五一 |
| 民有地 原野 | 同 | 一二一八 | 四二七二 | 四八四〇 | 七五七六 | 一、〇〇三七 | 一、二八〇一 | 一、二八〇〇 | 一、一一五〇 | 九八七〇 | 八六一三 |
| 民有地 牧場 | 同 | 一、四三二八 | 一、四六九五 | 一、三六三〇 | 八七二八 | 六二〇〇 | 六〇〇〇 | 六〇〇〇 | 五三六〇 | 五〇九三 | 四三一〇 |
| 民有地 其他 | 同 | — | — | — | — | — | 三四 | 三四 | 三四 | 三四 | 三四 |
| 現住戸数 | 戸 | 一、二五五 | 一、三一〇 | 一、三〇九 | 一、三四一 | 一、四七三 | 二、二五一 | 二、三一八 | 二、三四六 | 二、六三八 | 二、六三三 |
| 現住人口 | 人 | 六、五二六 | 七、二一〇 | 七、二六〇 | 七、七九四 | 八、一四五 | 一五、七四六 | 一五、九六五 | 一六、〇〇五 | 一五、四〇六 | 一四、九〇〇 |
| 負擔 直接國税額 | 圓 | 四、五二七 | 五、九八四 | 八、二五三 | 七、〇六八 | 七、六五四 | 七、九二一 | 一二、七一八 | 一五、六三五 | 九、五〇四 | 一三、七七七 |
| 負擔 地方税額 | 同 | 六、三五五 | 八、二九六 | 一一、〇一七 | 一二、七五三 | 一五、八二七 | 一一、二八八 | 一二、六六四 | 一六、五六四 | 二三、三三三 | 二一、六八六 |
| 負擔 市町村税額 | 同 | 一六、五二三 | 二四、五八七 | 四〇、八三二 | 四八、七七二 | 四七、〇七三 | 二六、七七〇 | 三三、八四八 | 四四、一五七 | 六四、五〇六 | 一二三、二六二 |
| 財政 歳入 | 同 | 二〇、九九八 | 三二、二九二 | 六〇、八三九 | 七三、八七九 | 六一、五六四 | 三七、九四三 | 四八、〇二五 | 五九、五八七 | 八二、〇五一 | 一二七、六八八 |
| 財政 歳出 經常部 役所役場費 | 同 | 二、八五五 | 四、八三八 | 一一、六七六 | 一五、一三八 | 一五、六四二 | 六、一五〇 | 八、一七六 | 一三、二五四 | 一七、七〇五 | 二〇、四八八 |
| 財政 歳出 經常部 土木費 | 同 | 一、四三〇 | 一、七五九 | 二、五四一 | 三、〇一一 | 二、七三三 | 一、九五八 | 九五一 | 二、三六〇 | 二、〇九九 | 三、六〇〇 |
| 財政 歳出 經常部 教育費 | 同 | 九、五二二 | 一五、五二三 | 二四、〇九五 | 三〇、七九〇 | 三四、一二七 | 一六、一三七 | 二二、二八七 | 三一、六六八 | 三八、八六四 | 四二、一八九 |
| 財政 歳出 經常部 衛生費 | 同 | 二四一 | 三四一 | 一、〇〇三 | 五一九 | 四七三 | 一、一〇七 | 一、二二二 | 二、三三一 | 五、四一九 | 二、一一六 |
| 財政 歳出 經常部 勸業費 | 同 | 七〇〇 | 六〇〇 | 六〇〇 | 六〇〇 | 五三六 | 一〇六 | 五二 | 六〇 | 一四二 | 一五二 |
| 財政 歳出 經常部 其他 | 同 | 二、四〇五 | 三、〇四一 | 四、六七一 | 四、五九四 | 四、三二七 | 三、四四六 | 三、四四六 | 三、六五九 | 五、三一六 | 五、八一四 |
| 財政 歳出 經常部 計 | 同 | 一七、一五三 | 二六、一〇二 | 四四、五八六 | 五四、六五二 | 五七、八三八 | 二八、九〇四 | 三六、一三三 | 五三、三三二 | 六九、五四五 | 七四、三五九 |
| 財政 歳出 同臨時部 計 | 同 | 三、八四五 | 六、一九〇 | 一六、二五三 | 一九、二二七 | 三、七二六 | 九、〇三八 | 一一、八九二 | 六、二五五 | 一二、五〇六 | 五三、三二九 |
| 財政 歳出 通計 | 同 | 二〇、九九八 | 三二、二九二 | 六〇、八三九 | 七三、八七九 | 六一、五六四 | 三七、九四三 | 四八、〇二五 | 五九、五八七 | 八二、〇五一 | 一二七、六八八 |
| 基本財産 動産 | 同 | — | — | — | — | — | 一〇、八四九 | 六〇、二〇六 | 一〇四、六三八 | 一五五、一三三 | 一七二、五六〇 |
| 基本財産 不動産 | 同 | 四七、六六二 | 九八、八九四 | 一〇五、〇七六 | 一〇九、九四〇 | 一二〇、七八九 | 四〇〇、一七二 | 四〇七、一〇六 | 七〇〇、四一六 | 七三一、六七二 | 七四三、四一四 |

| 項目 | | | | | | | | | | |
|---|---|---|---|---|---|---|---|---|---|---|
| 財産 學校基本財産 動産 | 同 — | — | — | — | — | 一一、四〇九 | 一二、九五七 | 一、四一五二 | 三五八 | 三八二 |
| 財産 學校基本財産 不動産 | 同 — | — | — | — | — | — | — | — | — | — |
| 財産 特別基本財産 動産 | 同 — | — | — | — | — | — | — | — | — | — |
| 財産 特別基本財産 不動産 | 同 — | — | — | — | — | 八一 | 八四 | 八四 | 二、一〇五 | 二、三一八 |
| 財産 收益ナキ財産 動産 | 同 — | — | — | — | — | — | — | — | — | — |
| 財産 收益ナキ財産 不動産 | 同 | — | — | — | — | 二九、八二八 | 四〇、八九四 | 四九、五八四 | 五二、〇二八 | 七三、三九一 |
| 財産 一部有財産 財産 | 同 — | — | — | — | — | — | — | — | — | — |
| 財産 一部有財産 不動産 | 同 — | — | — | — | — | — | — | — | — | — |
| 財産 積立金穀 | 同 — | — | — | — | — | — | — | — | — | — |
| 財産 罹災救助金 | 同 — | — | — | — | — | — | — | — | — | — |
| 財産ヨリ生スル收入 | 同 一、七三四 | 四、一一五 | 四、三〇三 | 四、〇八三 | 五、四九九 | 一四、五六七 | 三二、二九〇 | [illegible]〇、〇九一 | 四八、六二四 | 五〇、七四六 |
| 市町村債額 | 同 二、五六三 | 二、〇六[illegible] | 一、五三九 | 一一、〇二七 | 一〇、〇四四 | 四、二八六 | 三、二一四 | 二、一四三 | 一、〇七二 | — |
| 第三種所得税額 | 同 二、一三八 | 三、三六六 | 四、[illegible]二一 | 二、四〇五 | 二、七〇六 | 四、八五七 | 七、一五五 | 九、三三九 | 五、一五三 | 六、〇六四 |
| 同納税者實人員 | 人 一六二 | 一六五 | 一七八 | 一五六 | 一四五 | 三二一 | 二九四 | 三一八 | 一九五 | 二四〇 |
| 課率 附加税 地價割 | 同 — | — | — | — | — | — | — | — | — | — |
| 課率 附加税 營業税割 | 同 一五〇 | 一五〇 | 二四〇 | 二四〇 | 四七〇 | 一五〇 | 一五〇 | 一五〇 | 二四〇 | 四七〇 |
| 課率 附加税 所得税割 | 同 一五〇 | 一五〇 | 二四〇 | 一四〇 | 一四〇 | 一五〇 | 一五〇 | 一五〇 | 二四〇 | 一四〇 |
| 課率 附加税 戸別割 | 同 三、九八〇 | 四、一〇〇 | 七、五七〇 | 八、四[illegible]〇 | 六、五八〇 | 三、九六〇 | 四、一〇五 | 四、七〇〇 | 五、五〇〇 | 五、六三〇 |
| 課率 附加税 地方税營業税割 | 同 一、〇〇〇 | 一、〇〇〇 | 一、〇〇〇 | 一、〇〇〇 | 一、〇〇〇 | 五〇〇 | 六〇〇 | 六五〇 | 一、〇〇〇 | 一、〇〇〇 |
| 課率 附加税 雜種税割 | 同 一、〇〇〇 | 一、〇〇〇 | 一、〇〇〇 | 一、〇〇〇 | 一、〇〇〇 | 五〇〇 | 六〇〇 | 六五〇 | 一、〇〇〇 | 一、〇〇〇 |
| 課率 特別税 反別割 田 | 同 一五六 | 二四五 | 三四七 | 四〇一 | 三八一 | 一九六 | 二二三 | 三二五 | 五一九 | 五二五 |
| 課率 特別税 反別割 畑 | 同 〇七四 | 一二六 | 一八九 | 三三五 | 二一六 | 〇九二 | 一二六 | 一四二 | 一六三 | 一六九 |
| 課率 特別税 反別割 宅地 | 同 二八四 | 三九〇 | 三八六 | 三八六 | 三三九 | 三九九 | 三九八 | 三八五 | 六三九 | 八一三 |
| 課率 特別税 反別割 山林 | 同 〇一四 | 〇四〇 | 〇七〇 | 〇七〇 | 〇七〇 | 〇一〇 | 〇二〇 | 〇二五 | 〇五〇 | 〇五〇 |
| 課率 特別税 反別割 原野 | 同 〇一四 | 〇四〇 | 〇七〇 | 〇七〇 | 〇七〇 | 〇一〇 | 〇一〇 | 〇一〇 | 〇二〇 | 〇二〇 |
| 課率 特別税 反別割 牧場 | 同 〇一四 | 〇四〇 | 〇七〇 | 〇七〇 | 〇七〇 | 〇一〇 | 〇[illegible]〇 | 〇二[illegible] | 〇四〇 | 〇四〇 |
| 課率 特別税 反別割 干潟鹽産場 | 同 — | — | — | — | — | — | — | — | — | — |
| 課率 特別税 反別割 雜種地 | 同 — | — | — | — | — | — | — | — | — | — |
| 課率 特別税 建物割 | 同 — | — | — | — | — | — | — | — | — | — |
| 課率 特別税 牛馬割 | 同 — | — | — | — | — | — | — | — | — | — |
| 課率 特別税 戸別割 | 同 三、九八〇 | 四、一〇〇 | 六、九五〇 | 八、四〇〇 | 六、五八〇 | — | — | — | — | — |

| 種別 | | 位單 | 新十津川村 大正六年度 | 新十津川村 同七年度 | 新十津川村 同八年度 | 新十津川村 同九年度 | 新十津川村 同十年度 | 深川町 同六年度 | 深川町 同七年度 | 深川町 同八年度 | 深川町 同九年度 | 深川町 同十年度 |
|---|---|---|---|---|---|---|---|---|---|---|---|---|
| 面積 | | 方里 | 三、〇〇〇 | 三、〇〇〇 | 三、〇〇〇 | 三、〇〇〇 | 三、〇〇〇 | 五、〇〇 | 五、〇〇 | 五、〇〇 | 五、〇〇 | 五、〇〇 |
| 民有地 | 田 反別 | 反 | 二、五二五五 | 二、五四二二 | 二、八五四一 | 二、八八〇一 | 二、九〇七四 | 一、二八〇〇 | 一、九〇〇〇 | 二、三〇一三 | 二、八二二二 | 三、三三六四 |
| | 畑 | 同 | 五、一六二五 | 五、二六三一 | 五、六七九三 | 五、八八七四 | 六、〇四五〇 | 三、二九八一 | 二、八〇一〇 | 二、四六四九 | 一、九四四九 | 一、四〇五八 |
| | 宅地 | 同 | 一五 | 一五 | 八三八 | 八三八 | 八三 | 六〇五 | 三九五 | 四〇二 | 四〇二 | 六四二 |
| | 山林 | 同 | 三一、九一二 | 三〇、八六二一 | 三一、八八六六 | 三一、五五六五 | 三二、三八二七 | 五〇 | 五〇 | 五〇 | 五〇 | 五〇 |
| | 原野 | 同 | | | | | | 一、九八四八 | 一、七八二九 | 一、七一七〇 | 一、七一七〇 | 一、七一七〇 |
| | 牧場 | 同 | — | — | 一四〇八 | 一四〇八 | 一四〇八 | — | — | — | — | — |
| | 其他 | 同 | — | — | — | — | — | — | — | — | — | — |
| 現住戸數 | | 戸 | 二、四〇四 | 二、三八八 | 二、三九七 | 二、四〇七 | 二、三二八 | 一、八二五 | 二、〇一七 | 二、〇一七 | 二、一二五 | 二、二二五 |
| 現住人口 | | 人 | 一五、五一四 | 一五、三八四 | 一三、八六八 | 一四、四五八 | 一三、四七六 | 一〇、〇三八 | 一〇、九九二 | 一一、三六七 | 一一、八九七 | 一二、三八七 |
| 負擔 | 直接國税額 | 圓 | 七、三〇七 | 八、九九一 | 一二、四九〇 | 一〇、七八五 | 一二、五九七 | 九、九〇〇 | 一一、三八〇 | 一六、四〇〇 | 一九、七〇〇 | 二〇、〇〇〇 |
| | 地方税額 | 同 | 一四、三五五 | 一四、四一三 | 二〇、二二三 | 二八、〇七四 | 二八、一〇九 | 三、一五〇 | 二、八〇〇 | 四、九〇〇 | 一〇、八八〇 | 一一、三〇〇 |
| | 市町村税額 | 同 | 三四、二〇一 | 四四、三五一 | 六八、四八四 | 八二、八六五 | 七八、五七〇 | 二七、六五一 | 三三、四八〇 | 五五、九九〇 | 七九、〇二八 | 七九、五一三 |
| 財政 | 歳入 | 同 | 四四、三三九 | 七二、一八六 | 八一、二七〇 | 九九、四四三 | 一〇二、七三八 | 三六、五二八 | 五一、九九八 | 七〇、三四五 | 一二二、六九四 | 一二一、一二九 |
| | 歳出 經常部 役所役場費 | 同 | 七、八五二 | 一〇、四六三 | 一五、一三九 | 二〇、五四四 | 二〇、三〇三 | 五、八六五 | 七、七五五 | 一二、〇八二 | 一九、〇八九 | 二三、二三六 |
| | 土木費 | 同 | 四四 | 一、〇〇二 | 二、四三三 | 九六 | 二、八四五 | — | 一、八〇〇 | 二、二七五 | 二、七二二 | 二、六〇〇 |
| | 教育費 | 同 | 一九、一四七 | 二六、四六〇 | 四二、四五八 | 五〇、四七三 | 五三、六九一 | 一三、八五六 | 二一、六二〇 | 三三、一九四 | 四三、四二九 | 五二、〇〇二 |
| | 衛生費 | 同 | 一、四二四 | 二、六〇八 | 二、六九四 | 三、九〇一 | 二、二六七 | 五〇八 | 一、二五六 | 九一七 | 一、九五〇 | 八八九 |
| | 勸業費 | 同 | 一二一 | 二二一 | 二五二 | 四六九 | 五六六 | 九二八 | 八七〇 | 八七〇 | 一、〇二〇 | 一、三四〇 |
| | 其他 | 同 | 二、八一二 | 四、二九六 | 六、三〇五 | 五、七四八 | 七、六三一 | 八、六五一 | 三、〇五八 | 六、二八五 | 六、〇二九 | 九、〇一六 |
| | 計 | 同 | 三一、三七〇 | 四五、〇五〇 | 六九、二八〇 | 八一、二二三 | 八七、三〇三 | 二九、八〇八 | 三六、三五九 | 五五、六二三 | 七四、二三九 | 八八、〇八三 |
| | 臨時部 | 同 | 九、〇五九 | 二五、四〇五 | 一一、〇七一 | 一三、八一四 | 一二、三八四 | 六、七二〇 | 一五、六二九 | 一四、七二二 | 四八、四五五 | 三三、〇四六 |
| | 通計 | 同 | 四〇、四二九 | 七〇、四五五 | 八〇、三五一 | 九五、〇四五 | 九九、六八七 | 三六、五二八 | 五一、九八八 | 七〇、三四五 | 一二二、六九四 | 一二一、一二九 |
| 基本財産 | 動産 | 同 | 五、〇七〇 | 六〇、九七〇 | 六二、〇六九 | 七五、四一七 | 八四、〇七一 | 六、五〇五 | 七、二三九 | 一〇、六四六 | 一二、〇四四 | 一二、九四一 |
| | 不動産 | 同 | 一三八、五八五 | 一九八、〇二二 | 一九八、四九七 | 二九三、九五三 | 二二二、五二六 | 五、二五三 | 六、七四八 | 八、〇八五 | 一九、四九五 | 三二、一九二 |

## 財産

| 學校基本財産 動産 | 學校基本財産 不動産 | 特別基本財産 動産 | 特別基本財産 不動産 | 收益ナキ財産 動産 | 收益ナキ財産 不動産 | 一部有財産 動産 | 一部有財産 不動産 | 積立金穀 | 罹災救助金 |
|---|---|---|---|---|---|---|---|---|---|
| 圓 | 同 | 同 | 同 | 同 | 同 | 同 | 同 | 同 | 同 |
| – | – | – | – | – | 六○、九四○ | – | – | – | – |
| – | – | – | – | – | 四八、三九一 | – | – | – | – |
| – | – | – | – | – | 四九、○四一 | – | – | – | – |
| – | – | – | – | – | 六六、九二九 | – | – | – | – |
| – | – | – | – | – | 七○、二一八 | – | – | – | – |
| 八○○ | – | – | – | – | 三○、五二六 | – | – | 一八○ | – |
| 九五○ | – | – | – | – | 二三五、五○六 | – | – | 二一三 | – |
| 一、○一二 | – | – | – | – | 四四、四八八 | – | – | 一、二四五 | – |
| 一、○六七 | – | – | – | – | 五八、八九○ | – | – | 一、三○七 | – |
| 一、一五一 | – | – | – | – | 一五二、四二三 | – | – | 一、三九四 | – |

| 財産ヨリ生ズル收入 | 市町村債額 | 第三種所得税額 | 同納税者人員 |
|---|---|---|---|
| 同 | 同 | 同 | 人 |
| 一二、六九九 | – | 四、二八四 | 三一四 |
| 一三、三七八 | – | 五、七二九 | 二六二 |
| 一○、七六三 | – | 八、五八二 | 三一四 |
| 一五、七二四 | – | 五、八七七 | 三四七 |
| 一七、○六○ | – | 六、五八一 | 三三八 |
| 七五一 | – | 五、四○○ | 二二三 |
| 八○四 | – | 六、三八○ | 二五七 |
| 九三七 | – | 一○、一○○ | 三一五 |
| 三九六 | 二○、○○○ | 九、三○○ | 三三九 |
| 一、一六○ | 二○、○○○ | 九、五○○ | 三八六 |

## 課率

| 附加税 地價割 | 附加税 國税營業税割 | 附加税 所得税割 | 附加税 戸別割 | 附加税 地方税營業税割 | 附加税 雜種税割 | 特別税 反別割 田 | 特別税 反別割 畑 | 特別税 反別割 宅地 | 特別税 反別割 山林 | 特別税 反別割 原野 | 特別税 反別割 牧場 | 特別税 反別割 海産干場 | 特別税 反別割 雜種地 | 特別税 建物割 | 特別税 牛馬割 | 特別税 戸別割 |
|---|---|---|---|---|---|---|---|---|---|---|---|---|---|---|---|---|
| 厘 | 同 | 同 | 同 | 同 | 同 | 同 | 同 | 同 | 同 | 同 | 同 | 同 | 同 | 同 | 同 | 同 |
| – | 一五○ | 一五○ | – | 五○○ | 五○○ | 三二○ | 一三七 | 四○○ | ○一○ | ○一○ | ○一○ | – | – | – | – | 五、五○○ |
| – | 一五○ | 一五○ | 三、六六○ | 五○○ | 五○○ | 三二○ | 一三○ | 四○○ | ○一○ | ○一○ | ○一○ | – | – | – | – | – |
| – | 一五○ | 一五○ | 六、○四○ | 五○○ | 五○○ | 四九○ | 二三三 | 三八三 | ○一五 | ○一五 | ○一五 | – | – | – | – | – |
| – | 二四○ | 二四○ | 六、六○○ | 一、○○○ | 一、○○○ | 六四八 | 一九二 | 九二一 | ○二○ | ○二○ | ○二○ | – | – | – | – | – |
| – | 四七○ | 一四○ | 五、九二○ | 一、○○○ | 一、○○○ | 六二二 | 一八四 | 八八五 | ○一九 | ○一九 | ○一九 | – | – | – | – | – |
| – | 一五○ | 一五○ | 三、六一六 | 五○○ | 五○○ | 三九七 | 一九一 | 二○、三一 | – | – | – | – | – | – | – | – |
| – | 一五○ | 一五○ | 四、三六○ | 五○○ | 五○○ | 三九八 | 一九二 | 二○、三六 | – | – | – | – | – | – | – | – |
| – | 一九○ | 一九○ | 六、八八○ | 七○○ | 七○○ | 四七四 | 二二八 | 二、四二二 | – | – | – | – | – | – | – | – |
| – | 四七○ | 一四○ | 七、三○○ | 一、○○○ | 一、○○○ | 六四○ | 三五○ | 六四○ | – | – | – | – | – | – | – | – |
| – | 四七○ | 一四○ | 六、三八○ | 一、○○○ | 一、○○○ | 六二○ | 三一五 | 四二三 | – | – | – | – | – | – | – | – |

| 種別 | 單位 | 一己村 大正六年度 | 同 七年度 | 同 八年度 | 同 九年度 | 同 十年度 | 北村 同 六年度 | 同 七年度 | 同 八年度 | 同 九年度 | 同 十年度 |
|---|---|---|---|---|---|---|---|---|---|---|---|
| 面積 | 方里 | 八、〇〇 | 八、〇〇 | 八、〇〇 | 八、〇〇 | 八、〇〇 | 五、二〇 | 五、二〇 | 五、二〇 | 五、二〇 | 五、二〇 |
| 民有地反別 田 | 反 | 九七五五 | 一、〇一六四 | 一、二二〇七 | 一、〇五〇〇 | 一、〇二二二 | 二二五七 | 二四〇七 | 二九四二 | 二七八八 | 三五八七 |
| 同 畑 | 同 | 二、六七一四 | 二、五九三八 | 二、九四七八 | 一、四六四九 | 一、四六四九 | 二、九六〇七 | 三、三六四七 | 三、四〇二三 | 三、一七〇六 | 三、六八五三 |
| 同 宅地 | 同 | 四三二 | 三八二 | 四五〇 | 五一〇 | 三一八 | — | — | 九七 | 二〇八 | 一九三 |
| 同 山林 | 同 | 二、〇三〇四 | 一、七八五五 | 一、四八六九 | 一、一五〇〇 | 三六五四 | 八五〇 | 七五〇 | 六五〇 | 六〇〇 | 六〇〇 |
| 同 原野 | 同 | 二、八九七八 | 三、一五六五 | 三、二五三七 | 一、五六一八 | 二、四六一五 | 二、五四五〇 | 二、二二七〇 | 三、一九三八 | 三、四三〇四 | 三、七三七三 |
| 同 牧場 | 同 | — | — | — | — | — | 四〇〇 | 四九〇 | 五三八 | 五八二 | 四六六 |
| 同 其他 | 同 | — | — | — | — | — | 四五〇 | 四五〇 | 五一二 | 五一二 | 五一二 |
| 現住戸數 | 戸 | 一、二一四 | 一、二九三 | 一、二七三 | 八五一 | 七七二 | 五七四 | 五八六 | 六三六 | 六一九 | 六三一 |
| 現住人口 | 人 | 七、七六五 | 七、〇五六 | 七、二六六 | 四、一八七 | 四、三七〇 | 三、四四一 | 三、四五四 | 三、七八四 | 三、四七九 | 三、七五六 |
| 負擔 直接國稅額 | 圓 | 一、五八七 | 二、〇三六 | 三、〇〇三 | 一、六一八 | 一、四二六 | 七九六 | 一、二一五 | 二、四三〇 | 一、八七三 | 二、一二四 |
| 同 地方稅額 | 同 | 六、三五一 | 八、〇八五 | 一一、六三五 | 一三、〇八一 | 一一、四三六 | 二、七三二 | 三、五九四 | 五、四三三 | 七、五五九 | 六、七三七 |
| 同 市町村稅額 | 同 | 一八、〇七五 | 一八、五八八 | 三〇、八四三 | 三六、九五八 | 三〇、七三〇 | 六、二二七 | 一一、三八一 | 一七、六七三 | 二二、四〇一 | 一七、一一九 |
| 財政 歳入 | 同 | 二七、五八七 | 三五、七六二 | 五六、二二〇 | 六七、五一〇 | 六〇、九六一 | 八、二七〇 | 一七、八〇六 | 二六、八五九 | 二七、七三七 | 二三、一〇九 |
| 歳出經常部 役所役場費 | 同 | 三、〇九七 | 四、六二二 | 五、六七七 | 七、五二六 | 一〇、八二七 | — | — | 三、七六三 | 五、三〇七 | 四、五七七 |
| 同 土木費 | 同 | 三、一一〇 | 二、七〇〇 | 七、〇〇八 | 一、三〇〇 | 八五〇 | 二九六 | 四〇〇 | 七六五 | 九〇〇 | 四五〇 |
| 同 教育費 | 同 | 一〇、〇〇八 | 一四、八二六 | 二四、一九五 | 二二、〇二八 | 二三、五八三 | 四、二六八 | 七、四三五 | 一一、八一二 | 一四、六一五 | 一三、一〇五 |
| 同 衛生費 | 同 | 二五九 | 一八二 | 五三七 | 八〇八 | 一五八 | 五二 | 七七 | 一九五 | 一七〇 | 一七〇 |
| 同 勸業費 | 同 | 一三 | 二〇 | 二〇 | — | — | 七五 | 一〇〇 | — | — | 一八 |
| 同 其他 | 同 | 一、一一六 | 一、二九一 | 二、七一五 | 二、六四七 | 六、三三七 | 一、一五三 | 三、四五四 | 三、〇九一 | 二、三五三 | 二、四八九 |
| 同 計 | 同 | 一七、六〇三 | 二三、六四一 | 四〇、一五二 | 三四、三〇九 | 四一、七五七 | 五、八四四 | 一一、四六八 | 一九、六二六 | 二三、三四五 | 二〇、八〇九 |
| 同臨時部計 | 同 | 九、九八四 | 一二、一二一 | 一六、〇六八 | 三三、二〇一 | 一九、二〇四 | 二、四二六 | 六、三四〇 | 七、二三三 | 四、三九二 | 二、三〇〇 |
| 通計 | 同 | 二七、五八七 | 三五、七六二 | 五六、二二〇 | 六七、五一〇 | 六〇、九六一 | 八、二七〇 | 一七、八〇六 | 二六、八五九 | 二七、七三七 | 二三、一〇九 |
| 基本財產 動產 | 同 | 六〇二 | 五、八四四 | 五、三二一 | 五、三二八 | 五、三三四 | 七、六六七 | 七、六六七 | 七、一七五 | 六、八七五 | 六、八七五 |
| 同 不動產 | 同 | 一一四、五〇〇 | 二〇、八三三 | 二七、四一四 | 二八、四〇九 | 二八、一七六 | 七、三〇五 | 一七、五〇二 | 二六、三五一 | 二五、〇〇六 | 二五、〇〇六 |

| 財産 學校基本財産 動産 | 財産 學校基本財産 不動産 | 財産 特別基本財産 動産 | 財産 特別基本財産 不動産 | 財産 收益ナキ財産 動産 | 財産 收益ナキ財産 不動産 | 財産 一部有財産 動産 | 財産 一部有財産 不動産 | 積立金穀 | 罹災救助金 | 財産ヨリ生スル收入 | 市町村債額 | 第三種所得税額 | 同納税者實人員 | 課率 附加税 地價割 | 課率 附加税 國税營業税割 | 課率 附加税 所得税割 | 課率 附加税 戸別割 | 課率 附加税 地方税營業税割 | 課率 附加税 雜種税割 | 課率 特別税 反別割 田 | 課率 特別税 反別割 畑 | 課率 特別税 反別割 宅地 | 課率 特別税 反別割 山林 | 課率 特別税 反別割 原野 | 課率 特別税 反別割 牧場 | 課率 特別税 反別割 海産干場 | 課率 特別税 反別割 雜種地 | 課率 特別税 建物割 | 課率 特別税 牛馬割 | 課率 特別税 戸別割 |
|---|---|---|---|---|---|---|---|---|---|---|---|---|---|---|---|---|---|---|---|---|---|---|---|---|---|---|---|---|---|---|
| 同 | 同 | 同 | 同 | 同 | 同 | 同 | 同 | 同 | 同 | 同 | 同 | 同 | 人 | 厘 | 同 | 同 | 同 | 同 | 同 | 同 | 同 | 同 | 同 | 同 | 同 | 同 | 同 | 同 | 同 | 同 |
| — | — | — | — | — | 三七、〇五六 | — | 四二二、二八九 | — | — | 八四三 | 一、七八三 | 一、一一六 | 一〇一 | — | 一五〇 | 一五〇 | 四、三〇〇 | 五〇〇 | 五〇〇 | 二七六 | 一三八 | 四〇〇 | 〇〇九 | 〇〇五 | — | — | — | — | — | — |
| — | — | — | — | — | 三八、〇四九 | 六八、七一三 | 四一〇、七一七 | — | — | 七五六 | 一、四二六 | 一、三八四 | 七九 | — | 一五〇 | 一五〇 | 四、三〇〇 | 五〇〇 | 五〇〇 | 二七六 | 一三八 | 四〇〇 | 〇〇九 | 〇〇五 | — | — | — | — | — | — |
| — | — | — | — | — | 三八、〇四九 | 六〇、五八九 | 四〇四、七九二 | — | — | 一四、五三二 | 一、〇七〇 | 二、一五一 | 一〇四 | — | 一五〇 | 一五〇 | 五、二七〇 | 七〇〇 | 七〇〇 | 三九五 | 二六五 | 三六〇 | 〇一六 | 〇〇八 | — | — | — | — | — | — |
| — | — | — | — | — | 一九、四八五 | — | — | — | — | 一、九五二 | 七一三 | 一、一四六 | 四三 | — | 二四〇 | 二四〇 | 七、九五〇 | 一、〇〇〇 | 一、〇〇〇 | 五八四 | 三九一 | 五六五 | 〇二四 | 〇一二 | — | — | — | — | — | — |
| — | — | — | — | — | 一九、八〇八 | — | — | — | — | 一、九八一 | 三五七 | 一、一二八 | 五四 | — | 四七〇 | 一四〇 | 六、四〇〇 | 一、〇〇〇 | 一、〇〇〇 | 六一九 | 四一九 | 五六九 | 〇二〇 | 〇二〇 | — | — | — | — | — | — |
| 一九六 | — | — | — | — | 七、三〇五 | — | — | 八〇三 | — | 四三四 | — | 七三〇 | 四三 | — | 一五〇 | 一五〇 | — | 五〇〇 | 五〇〇 | 一四六 | 〇九四 | — | — | | 〇一〇 | — | — | — | — | 二、六〇〇 |
| 一九六 | — | — | — | — | 一七、五〇二 | — | — | 一、六六〇 | — | 五三五 | — | 一、一三〇 | 四七 | — | 一五〇 | 一五〇 | — | 五〇〇 | 五〇〇 | 一九六 | 一四八 | — | 〇一〇 | | 〇六〇 | — | — | — | — | 三、五〇〇 |
| 一九六 | — | — | — | — | 二三、五五[illegible] | — | — | 二、六二六 | — | 四六六 | — | 二、二三五 | 七七 | — | 一五〇 | 一五〇 | — | 五〇〇 | 五〇〇 | 三九九 | 二六七 | 五九四 | 一〇一 | | 〇六〇 | — | — | — | — | 五、一〇〇 |
| 一九〇 | — | — | — | — | 二二、二〇六 | — | — | 二、七三五 | — | 五五八 | — | 一、〇九三 | 九五 | — | 二四〇 | 二四〇 | — | 一、〇〇〇 | 一、〇〇〇 | 四三七 | 二七一 | 六一九 | 一〇一 | | 〇七〇 | — | — | — | — | 五、六〇〇 |
| 一九〇 | — | — | — | — | 二二、二〇六 | — | — | 二、七五七 | — | 五七九 | — | 一、〇九七 | 八五 | — | 四七〇 | 一四〇 | — | 一、〇〇〇 | 一、〇〇〇 | 三六三 | 二二五 | 四五七 | 一〇一 | | 〇六〇 | — | — | — | — | 三、〇〇〇 |

| 種別 | 單位 | 幌向村 大正六年度 | 同 七年度 | 同 八年度 | 同 九年度 | 同 十年度 | 三笠山村 同 六年度 | 同 七年度 | 同 八年度 | 同 九年度 | 同 十年度 |
|---|---|---|---|---|---|---|---|---|---|---|---|
| 面積 | 方里 | 五、七〇 | 五、七〇 | 五、七〇 | 五、七〇 | 五、七〇 | 一八、六〇 | 一八、六〇 | 一八、六〇 | 一八、六〇 | 一八、六〇 |
| 民有地 田 反別 | 反 | — | — | — | — | — | 二二五 | 二二五 | 三九七 | 五二四 | 九五四 |
| 民有地 畑 | 同 | 四、五二二〇 | 六、四一三八 | 四、六七四七 | 四、六七四七 | 四、六七四七 | 二、〇五〇八 | 二、〇五〇八 | 二、〇四六九 | 二、〇二一九 | 二、〇六二三 |
| 民有地 宅地 | 同 | 七六 | 九五 | 一二九 | 一二九 | 一二九 | 二七〇 | 二七〇 | 二九八 | 四八六 | 四八四 |
| 民有地 山林 | 同 | — | — | — | — | — | 二、四二四〇 | 二、四二四〇 | 二、四二三〇 | 二、四二三〇 | 二、九五一〇 |
| 民有地 原野 | 同 | — | — | — | — | — | — | — | 一〇六六 | 一〇六六 | 七二九 |
| 民有地 牧場 | 同 | — | — | — | — | — | 三六三五 | 三六三五 | 三六三〇 | 三五七〇 | 三八二 |
| 民有地 其他 | 同 | — | — | — | — | — | 四〇〇 | 四〇〇 | 三九一 | 三九一 | 二〇〇 |
| 現住戸數 | 戸 | 四八二 | 四六一 | 五一五 | 五二〇 | 五五八 | 三、一二〇 | 三、五一五 | 三、八三三 | 三、九七四 | 三、六七一 |
| 現住人口 | 人 | 三、一八八 | 三、〇四七 | 三、〇一七 | 二、八六二 | 三、一二五 | 一四、二〇四 | 一五、一八五 | 二一、五二二 | 一九、四八六 | 一七、五六四 |
| 負擔 直接國稅額 | 圓 | 一、三八〇 | 一、九八九 | 二、六八一 | 二、三七六 | 三、四四一 | 三四 | 三四 | 四〇 | 三九 | 三九 |
| 負擔 地方稅額 | 同 | 三、八五五 | 四、五四六 | 五、六三一 | 五、九五九 | 六、四四八 | 三〇 | 三五 | 五二 | 七七 | 八〇 |
| 負擔 市町村稅額 | 同 | 八、四八九 | 一二、六四四 | 一五、一四四 | 二四、二〇七 | 二二、一四六 | 三〇 | 四〇 | 四〇 | 四一 | 四〇 |
| 財政 歳入 | 同 | 一二、四一一 | 一七、六四二 | 二三、五六八 | 三二、一六二 | 三二、二五五 | 三一、五四五 | 九〇、九一六 | 一〇六、九〇四 | 九八、一七五 | 九三、八一二 |
| 財政 歳出 經常部 役所役場費 | 同 | 二、三七二 | 三、二二〇 | 四、九九六 | 七、四三四 | 七、六七四 | 三、七九九 | 六、六三九 | 九、八三九 | 一四、三〇三 | 一二、六八七 |
| 財政 歳出 經常部 土木費 | 同 | 一、一六五 | 一、二七六 | 一、七四三 | 三、五六〇 | 四、九四九 | 一、八六五 | 一、八五〇 | 五、六八〇 | 七、三五〇 | 九、一二〇 |
| 財政 歳出 經常部 教育費 | 同 | 四、六九七 | 六、五九八 | 九、〇〇九 | 一二、二五一 | 一三、二八四 | 一六、四五三 | 二五、一五七 | 三五、七七四 | 四七、四九二 | 四九、九九八 |
| 財政 歳出 經常部 衛生費 | 同 | 六〇 | 四三 | 一七〇 | 一九五 | 一九三 | 七八四 | 二、七五二 | 六、三三〇 | 三、三〇三 | 二、七九八 |
| 財政 歳出 經常部 勸業費 | 同 | 一五 | 一五 | 三〇 | 一二三 | 一二三 | 一五〇 | 一〇〇 | 三〇〇 | 三〇〇 | 三〇〇 |
| 財政 歳出 經常部 其他 | 同 | 一、二二六 | 一、二一三 | 一、七四二 | 四、八九四 | 四、一四九 | 四、三三四 | 四、六二六 | 六、一二七 | 八、三九六 | 九、一五四 |
| 財政 歳出 經常部 計 | 同 | 九、五三五 | 一二、三六五 | 一七、六九〇 | 二八、四五七 | 三〇、三七二 | 二七、三九五 | 四一、一二四 | 六四、〇五〇 | 八一、一四四 | 八四、〇五七 |
| 財政 歳出 臨時部 計 | 同 | 二、八七六 | 五、二七七 | 五、八七八 | 三、七〇五 | 一、八八三 | 四、一五〇 | 四九、七九二 | 四二、八五二 | 一七、〇三〇 | 九、七五五 |
| 財政 歳出 通計 | 同 | 一二、四一一 | 一七、六四二 | 二三、五六八 | 三二、一六二 | 三二、二五五 | 三一、五四五 | 九〇、九一六 | 一〇六、九〇二 | 九八、一七四 | 九三、八一三 |
| 基本財産 動産 | 同 | 一一、〇五〇 | 一一、〇五〇 | 一一、〇五〇 | 一一、四〇〇 | 一一、四〇〇 | 一五、三三四 | 九、二二四 | 四七八 | 五、二四四 | 一七、七八三 |
| 基本財産 不動産 | 同 | 一三、四四五 | 一七、九四四 | 二九、〇五〇 | 一七、四八六 | 一七、四八六 | 四、九〇一 | 一九、一三〇 | 二七、三七八 | 三〇、〇四四 | 三二、九一六 |

| 財産 學校基本財産 動産 | 財産 學校基本財産 不動産 | 財産 特別基本財産 動産 | 財産 特別基本財産 不動産 | 財産 收益ナキ財産 動産 | 財産 收益ナキ財産 不動産 | 財産 一部有財産 動産 | 財産 一部有財産 不動産 | 財産 積立金穀 | 財産 罹災救助金 | 財産ヨリ生スル收入 | 市町村債額 | 第三種所得税額 | 同納税者實人員 |
|---|---|---|---|---|---|---|---|---|---|---|---|---|---|
| 同 | 同 | 同 | 同 | 同 | 同 | 同 | 同 | 同 | 同 | 同 | 同 | 同 | 人 |
| 一五〇、〇三〇 | \| | \| | \| | \| | 七、九七八 | \| | \| | 八九二 | \| | 一、二六一 | 八〇一 | 一、三一七 | 一〇二 |
| 一五七、二三〇 | \| | \| | \| | \| | 二〇、三四〇 | \| | \| | 四八五 | \| | 一、七七八 | 五三四 | 一、七五五 | 一〇五 |
| 一六〇、七〇〇 | \| | \| | \| | \| | 三五、四八五 | \| | \| | 五三九 | \| | 一、七九九 | 二、七六七 | 一、八四九 | 一二二 |
| 一七二、六七〇 | \| | \| | \| | \| | 三九、〇五〇 | \| | \| | 一九八 | \| | 二、一五九 | 二、二三八 | 四七二 | 七六 |
| 一八〇、九五〇 | \| | \| | \| | \| | 二三、八五〇 | \| | \| | 四八二 | \| | 一、八八九 | 一、九六三 | 五五八 | 八七 |
| 六七七 | 三二九 | \| | \| | \| | 三八、七四八 | 一一、八四五 | 九三、九七八 | \| | \| | 六、九〇二 | \| | 二、五六〇 | 一六九 |
| 六八五 | 三二九 | \| | \| | \| | 二八、四一五 | 一五、三〇〇 | 九六、二八五 | \| | \| | 八、三〇一 | \| | 三、二六四 | 一四九 |
| 八一八 | 三二九 | \| | \| | \| | 六二、一六九 | 二〇、三三九 | 九六、二八五 | \| | \| | 一二、三五〇 | \| | 五、八七七 | 二三八 |
| 八六〇 | 三二九 | \| | \| | \| | 五九、六三六 | 二三、四八七 | 九六、二三四 | \| | \| | 一二、五七一 | \| | 二、七六五 | 一五三 |
| 九六一 | 三二九 | \| | \| | \| | 六七、六一三 | 三一、五一二 | 一〇九、四五八 | \| | \| | 一三、五七四 | \| | 四、二七一 | 二一三 |

| 課率 附加税 地價割 | 課率 附加税 國營業税割 | 課率 附加税 所得税割 | 課率 附加税 戸別割 | 課率 附加税 地方營業税割 | 課率 附加税 雜種税割 | 課率 特別税 反別割 田 | 課率 特別税 反別割 畑 | 課率 特別税 反別割 宅地 | 課率 特別税 反別割 山林 | 課率 特別税 反別割 原野 | 課率 特別税 反別割 牧場 | 課率 特別税 反別割 海産干場 | 課率 特別税 反別割 雜種地 | 課率 特別税 産物割 | 課率 特別税 牛馬割 | 課率 特別税 戸別割 |
|---|---|---|---|---|---|---|---|---|---|---|---|---|---|---|---|---|
| 厘 | 同 | 同 | 同 | 同 | 同 | 同 | 同 | 同 | 同 | 同 | 同 | 同 | 同 | 同 | 同 | 同 |
| \| | 一五〇 | 一五〇 | 三、〇〇〇 | 五〇〇 | 五〇〇 | \| | 一一七 | 三八〇 | \| | \| | \| | \| | \| | \| | \| | \| |
| \| | 一五〇 | 一五〇 | 三、三五〇 | 五〇〇 | 五〇〇 | \| | 一六六 | 四五〇 | \| | \| | \| | \| | \| | \| | \| | \| |
| \| | 一五〇 | 一五〇 | 四、七四〇 | 五〇〇 | 五〇〇 | \| | 一六六 | 四〇〇 | \| | \| | \| | \| | \| | \| | \| | \| |
| \| | 二四〇 | 二四〇 | 七、〇〇〇 | 一、〇〇〇 | 一、〇〇〇 | \| | 二九三 | 六四〇 | \| | \| | \| | \| | \| | \| | \| | \| |
| \| | 四七〇 | 一四〇 | 七、〇〇〇 | 一、〇〇〇 | 一、〇〇〇 | \| | 二九三 | 六四〇 | \| | \| | \| | \| | \| | \| | \| | \| |
| \| | 一五〇 | 一五〇 | 二、九〇〇 | 六〇〇 | 六〇〇 | 二五九 | 一三八 | 三〇〇 | 〇四〇 | \| | 〇五〇 | \| | \| | \| | \| | \| |
| \| | 一五〇 | 一五〇 | 三、六二〇 | 六〇〇 | 六〇〇 | 二五六 | 一四〇 | 三〇〇 | 〇四〇 | \| | 〇五〇 | \| | \| | \| | \| | \| |
| \| | 一五〇 | 一五〇 | 四、〇〇〇 | 一、〇〇〇 | 一、〇〇〇 | 三三七 | 一九六 | 四三二 | 〇一二 | 〇一〇 | \| | \| | \| | \| | \| | \| |
| \| | 二四〇 | 二四〇 | 四、五〇〇 | 一、〇〇〇 | 一、〇〇〇 | 三九〇 | 二七三 | 四二五 | 〇二〇 | 〇一五 | 〇二〇 | \| | \| | \| | \| | \| |
| \| | 四七〇 | 一四〇 | 三、九四〇 | 八〇〇 | 八〇〇 | 六五〇 | 三一九 | 四七四 | 〇二七 | 〇二〇 | \| | \| | \| | \| | \| | \| |

| 種別 | 單位 | 芦別村 大正六年度 | 同 七年度 | 同 八年度 | 同 九年度 | 同 十年度 | 音江村 同 六年度 | 同 七年度 | 同 八年度 | 同 九年度 | 同 十年度 |
|---|---|---|---|---|---|---|---|---|---|---|---|
| 面積 | 方里 | 五七、〇〇 | 五七、〇〇 | 五七、〇〇 | 五七、〇〇 | 五七、〇〇 | 八、二〇 | 八、二〇 | 八、二〇 | 八、二〇 | 八、二〇 |
| 民有地 田 | 反 | 二九四四 | 三二八七 | 三七〇九 | 三九〇八 | 三八八七 | 三〇六七 | 三一二七 | 三五一二 | 四〇五六 | 五一七八 |
| 畑 | 同 | 二、一八九八 | 二、二八七八 | 二、三二〇五 | 二、四一六二 | 二、四一三〇 | 五、六五〇六 | 五、三九七八 | 五、六四八〇 | 五、七六五三 | 五、六九五九 |
| 宅地 | 同 | 三七二 | 四八九 | 六七二 | 六八四 | 六八四 | 五三四 | 四三七 | 四三〇 | 四五〇 | 四六〇 |
| 山林 | 同 | 七〇八二 | 六九二七 | 六八〇〇 | 六二八一 | 五九〇一 | 五〇〇 | 三二〇三 | 五一〇五 | 五三三三 | 五五三五 |
| 原野 | 同 | 一、五七九八 | 一、四二八〇 | 一、三〇七八 | 一、二四四八 | 一、二四四八 | 三、〇五七一 | 二、〇八二九 | 二、〇一六〇 | 一、九〇一八 | 二、三九二三 |
| 牧場 | 同 | ― | ― | ― | ― | ― | 二〇一三 | 一九七三 | 一七〇二 | 一一三九 | 一二六六 |
| 其他 | 同 | 九八二 | 八二二 | 五七八 | 四九五 | 四七〇 | ― | ― | ― | 一二〇 | 一四〇 |
| 現住戸數 | 戸 | 一、九八五 | 二、四五三 | 二、五六九 | 二、九三一 | 二、八二九 | 一、二九九 | 一、二六二 | 一、一七五 | 一、一六二 | 一、一六二 |
| 現住人口 | 人 | 九、九二九 | 一二、七二八 | 一三、六五三 | 一四、八七〇 | 一三、九〇三 | 七、七一二 | 七、七二五 | 七、五二〇 | 六、八一七 | 七、〇四〇 |
| 負擔 直接國稅額 | 圓 | 三、二五三 | 四、五七四 | 六、二二八 | 五、六四一 | 八、二七九 | 一、四五五 | 二、五八五 | 四、二五六 | 二、二三八 | 二、八三九 |
| 地方稅額 | 同 | 八、四八六 | 一〇、五四八 | 一四、三一三 | 二二、二〇八 | 一五、四七七 | 六、五〇二 | 六、四一七 | 八、八四一 | 一一、七九八 | 一一、五〇五 |
| 市町村稅額 | 同 | 一七、七五九 | 二五、四一六 | 三六、〇八一 | 五二、七三〇 | 五一、七〇二 | 一八、七四四 | 三〇、五〇〇 | 三三、三八一 | 四二、六六四 | 三五、〇二四 |
| 財政 歲入 | 同 | 二三、一九〇 | 三一、一七五 | 四〇、五三九 | 七二、四六四 | 六四、九二七 | 二一、九〇五 | 二七、一八二 | 三二、八八六 | 四三、一二四 | 六一、三二八 |
| 歲出經常部 役所役場費 | 同 | 四、〇〇〇 | 四、八二七 | 五、六七〇 | 八、五〇三 | 九、二二九 | 三、八〇二 | 四、三　六 | 七、六五三 | 一〇、〇三七 | 一二、一〇五 |
| 土木費 | 同 | 五〇〇 | 六五〇 | 七〇五 | 一、一七〇 | 一、三七〇 | 三四八 | 四六五 | 八五六 | 四七四 | 三六八 |
| 教育費 | 同 | 一一、二七四 | 一六、九七〇 | 二〇、二五〇 | 三六、四〇一 | 四〇、〇六六 | 九、〇七〇 | 一三、九九〇 | 一八、九〇八 | 二三、五八三 | 二五、〇二七 |
| 衛生費 | 同 | 二五二 | 二八〇 | 三二〇 | 一九七 | 二一七 | 二七四 | 一九〇 | 九三 | 一八三 | 一四四 |
| 勸業費 | 同 | 二五七 | 三五八 | 四〇八 | 四七一 | 四八五 | 一九三 | 三五三 | 六九三 | 一、一三六 | 一、一九二 |
| 其他 | 同 | 二、七七九 | 三、〇六五 | 一二、三八六 | 五、四五三 | 九、五七七 | 一、五九四 | 一、四八八 | 一、九七五 | 三、六〇九 | 四、四三二 |
| 計 | 同 | 一九、〇六二 | 二六、一五〇 | 三九、七三九 | 五二、一九五 | 六〇、九四四 | 一五、二八二 | 二〇、八〇二 | 三〇、一七八 | 三九、〇二三 | 四三、二六八 |
| 同臨時部 計 | 同 | 四、一二八 | 五、〇二五 | 八〇〇 | 二〇、二六九 | 三、九八三 | 六、六二三 | 六、三八〇 | 二、七〇八 | 四、一〇二 | 一八、〇六〇 |
| 通計 | 同 | 二三、一九〇 | 三一、一七五 | 四〇、五三九 | 七二、四六四 | 六四、九二七 | 二一、九〇五 | 二七、一八二 | 三二、八八六 | 四三、一二四 | 六一、三二八 |
| 基本財産 動産 | 同 | ― | ― | ― | ― | ― | 一〇、一五九 | 一二、四九九 | 一五、〇七四 | 一二、四〇〇 | 一二、四一四 |
| 不動産 | 同 | ― | ― | ― | ― | ― | 一四、八六九 | 一四、九二一 | 四〇、〇〇一 | 二六、九二三 | 二六、六九〇 |

| 財産 學校基本財産 動産 | 財産 學校基本財産 不動産 | 財産 特別基本財産 動産 | 財産 特別基本財産 不動産 | 財産 收益ナキ財産 動産 | 財産 收益ナキ財産 不動産 | 財産 一部有財産 動産 | 財産 一部有財産 不動産 | 積立金穀 | 罹災救助金 | 財産ヨリ生スル收入 | 市町村債額 | 第三種所得税額 | 同納税者資人員 | 課率 附加税 地價割 | 課率 附加税 國税營業税割 | 課率 附加税 所得税割 | 課率 附加税 戸別割 | 課率 附加税 地方税營業割 | 課率 附加税 雜種税割 | 課率 特別税 反別割 田 | 課率 特別税 反別割 畑 | 課率 特別税 反別割 宅地 | 課率 特別税 反別割 山林 | 課率 特別税 反別割 原野 | 課率 特別税 反別割 牧場 | 課率 特別税 反別割 海産干場 | 課率 特別税 反別割 雜種地 | 課率 特別税 建物割 | 課率 特別税 牛馬割 | 課率 特別税 戸別割 |
|---|---|---|---|---|---|---|---|---|---|---|---|---|---|---|---|---|---|---|---|---|---|---|---|---|---|---|---|---|---|---|
| 同 | 同 | 同 | 同 | 同 | 同 | 同 | 同 | 同 | 同 | 同 | 同 | 同 | 人 | 厘 | 同 | 同 | 同 | 同 | 同 | 同 | 同 | 同 | 同 | 同 | 同 | 同 | 同 | 同 | 同 | 同 |
| — | — | — | — | — | — | — | — | 一、五七〇 | — | 九一七 | — | 二、〇八一 | 一八八 | — | 一五〇 | 一五〇 | 三、五〇〇 | 五〇〇 | 五〇〇 | 一八一 | 一〇九 | 二七〇 | — | — | — | — | — | — | — | 一、〇四〇 |
| — | — | — | — | — | — | — | — | 一、七六〇 | — | 九四四 | — | 三、〇一五 | 一八六 | — | 一五〇 | 一五〇 | 三、八七〇 | 五〇〇 | 五〇〇 | 一八一 | 一〇九 | 二七〇 | — | — | — | — | — | — | — | 一、〇四〇 |
| — | — | — | — | — | — | — | — | 二、三五五 | — | 三、七二二 | — | 四、三四一 | 二二四 | — | 一五〇 | 一五〇 | 五、〇三〇 | 五〇〇 | 五〇〇 | 二四〇 | 一三五 | 四三一 | — | — | — | — | — | — | — | 一、〇四〇 |
| — | — | — | — | — | — | — | — | 三、三六三 | — | 三、五三九 | — | 四、六七八 | 二一八 | — | 三〇〇 | 一四〇 | 五、八三〇 | 一、〇〇〇 | 一、〇〇〇 | 五二九 | 二一〇 | 五二二 | 〇五〇 | 〇五〇 | — | — | — | — | — | 一、〇四〇 |
| — | — | — | — | — | — | — | — | 四、二八二 | — | 三、四六八 | — | 四、八六八 | 二一二 | — | 四七〇 | 一四〇 | 五、六七〇 | 一、〇〇〇 | 一、〇〇〇 | 五二九 | 二一〇 | 五二二 | 〇五〇 | 〇五〇 | — | — | — | — | — | 一、〇四〇 |
| — | — | — | — | — | 四、二四九 | — | — | — | — | 二、三〇〇 | 二、〇〇〇 | 一、一三六 | 八二 | — | 一五〇 | 一五〇 | 四、六〇〇 | 五〇〇 | 五〇〇 | 三五七 | 一一一 | 三九〇 | — | — | — | — | — | — | — | 一、〇〇〇 |
| — | — | — | — | — | 四、三一八 | — | — | — | — | 二、六三五 | 一、五〇〇 | 一、九八六 | 九六 | — | 一五〇 | 一五〇 | 六、二六〇 | 五〇〇 | 五〇〇 | 三九六 | 二二三 | 三九〇 | — | — | — | — | — | — | — | 一、〇〇〇 |
| — | — | — | — | — | 六、七六四 | — | — | — | — | 三、一五一 | 一、〇〇〇 | 三、一九〇 | 一〇七 | — | 一五〇 | 一五〇 | 六、八〇〇 | 五〇〇 | 五〇〇、 | 三九五 | 二二三 | 三九〇 | — | — | — | — | — | — | — | 二、〇〇〇 |
| — | — | — | — | — | 四、五〇一 | — | — | — | — | 三、三九八 | 五〇〇 | 六九七 | 七六 | — | 二四〇 | 一四〇 | 六、七〇〇 | 一、〇〇〇 | 一、〇〇〇 | 六三八 | 三三二 | 六〇〇 | 〇一〇 | 〇一〇 | 〇一〇 | — | — | — | — | 一、五〇〇 |
| — | — | — | — | — | 四、七五五 | — | — | — | — | 三、〇九八 | — | 七二五 | 八六 | — | 四七〇 | 一四〇 | 五、八〇〇 | 一、〇〇〇 | 一、〇〇〇 | 五七〇 | 二六四 | 六〇〇 | 〇一〇 | 〇一〇 | 〇一〇 | — | — | — | — | 一、五〇〇 |

| 種別 | 單位 | 月形村 大正六年度 | 月形村 同七年度 | 月形村 同八年度 | 月形村 同九年度 | 月形村 同十年度 | 浦臼村 同六年度 | 浦臼村 同七年度 | 浦臼村 同八年度 | 浦臼村 同九年度 | 浦臼村 同十年度 |
|---|---|---|---|---|---|---|---|---|---|---|---|
| 面積 | 方里 | 八、六〇 | 八、六〇 | 八、六〇 | 八、六〇 | 八、六〇 | 六、八〇 | 六、八〇 | 六、八〇 | 六、八〇 | 六、八〇 |
| 民有地 田 反別 | 反 | 三八四五 | 三七二一 | 三八一二 | 三七八九 | 四九七〇 | 五三〇三 | 五三〇三 | 八五〇〇 | 八七七〇 | 八七七〇 |
| 民有地 畑 | 同 | 一、四四三九 | 一、四六〇六 | 一、四四八九 | 一、七三〇五 | 一、四六四七 | 二、五七二九 | 二、七三二九 | 二、七七一六 | 二、九二二一 | 二、九二二一 |
| 民有地 宅地 | 同 | 二〇三 | 二六五 | 二八二 | 二五〇 | 二六三 | 一五 | 八 | 二〇 | 一四〇 | 一四〇 |
| 民有地 山林 | 同 | 七九三 | 八七六 | 七三五八 | 二、九八三九 | 三、五一八七 | 三、七八〇六 | 三、七八〇六 | 三、七八〇六 | 三、七八〇六 | 三、七八〇六 |
| 民有地 原野 | 同 | 六一〇三 | 一、一四九六 | 四二六九 | 一、三四〇六 | 一、六〇五二 | 一、二五四九 | 一、二七五〇 | 六八〇三 | 六七九四 | 六七九四 |
| 民有地 牧場 | 同 | 二三〇三 | 八九二 | 一四六八 | 一三六八 | 九九〇 | — | — | — | — | — |
| 民有地 其他 | 同 | 九七〇 | 一三四七 | 一七二九 | 二四一四 | 二九六一 | — | — | — | — | — |
| 現住戸數 | 戸 | 七〇〇 | 六五八 | 六六五 | 六七五 | 七二四 | 九四二 | 九六九 | 九八一 | 九五五 | 九七一 |
| 現住人口 | 人 | 三、七五〇 | 三、八三四 | 三、九〇二 | 三、六七八 | 四、二三〇 | 五、六二三 | 五、一七五 | 五、二二一 | 五、二九三 | 五、三六一 |
| 負擔 直接國税額 | 圓 | 三、八一七 | 四、四四九 | 五、三八一 | 四、四五一 | 五、四七〇 | 一、九〇五 | 三、〇九五 | 五、三二二 | 四、一二九 | 四、一〇八 |
| 負擔 地方税額 | 同 | 三、五六一 | 三、八九三 | 四、八五〇 | 八、六三二 | 七、八二二 | 五、二二五 | 六、〇五〇 | 七、四三七 | 一〇、三一六 | 一〇、五〇二 |
| 負擔 市町村税額 | 同 | 八、八五四 | 一一、二五八 | 一四、六七三 | 二三、四一五 | 二三、六二三 | 一三、九二九 | 一七、六四〇 | 二八、三七八 | 三〇、四七九 | 二八、八三六 |
| 財政 歳入 | 同 | 一三、二九五 | 二四、〇九七 | 六三、六八三 | 四一、七七一 | 二六、九二五 | 二二、七九〇 | 二六、四四八 | 三六、七七八 | 四四、二六一 | 三六、二〇七 |
| 財政 歳出 經常部 役所役場費 | 同 | 二、七二三 | 四、一二三 | 六、六五一 | 一一、四一一 | 八、二八七 | 二、八四四 | 三、八六一 | 五、二七八 | 六、八一一 | 七、〇九五 |
| 財政 歳出 經常部 土木費 | 同 | 一六五 | 二六〇 | 四五〇 | 一、五三〇 | 一、〇八〇 | 一、八二一 | 一、九二七 | 三、五三〇 | 八八〇 | 五〇〇 |
| 財政 歳出 經常部 教育費 | 同 | 五、四二五 | 六、九二四 | 一一、七二八 | 一七、三四五 | 一三、八〇四 | 七、八五〇 | 一〇、六七四 | 一八、一四三 | 一九、六〇七 | 二〇、〇一三 |
| 財政 歳出 經常部 衛生費 | 同 | 九六 | 九五 | 一二六 | 一七六 | 四一 | 四五八 | 六七三 | 五八二 | 八七三 | 五八二 |
| 財政 歳出 經常部 勸業費 | 同 | 二八七 | 三一〇 | 一〇 | 五一〇 | 四一〇 | 一七五 | 一七六 | 二五一 | 四〇六 | 四四八 |
| 財政 歳出 經常部 其他 | 同 | 二、九一八 | 六、三九四 | 四、四三五 | 七、五五九 | 三、二四九 | 一、九四五 | 二、二九二 | 二、九五〇 | 三、五二四 | 四、三九〇 |
| 財政 歳出 經常部 計 | 同 | 一一、六一四 | 一八、一〇六 | 二三、四〇〇 | 三八、五三一 | 二六、八七一 | 一五、〇九三 | 一九、六〇三 | 三〇、七三四 | 三二、一〇一 | 三三、〇二八 |
| 財政 歳出 臨時部 計 | 同 | 一、六八三 | 五、九九一 | 四〇、二八三 | 三、二四〇 | 五四 | 七、六九七 | 六、八四五 | 六、〇四四 | 一二、一六〇 | 三、一七九 |
| 財政 歳出 通計 | 同 | 一三、二九七 | 二四、〇九七 | 六三、六八三 | 四一、七七一 | 二六、九二五 | 二二、七九〇 | 二六、四四八 | 三六、七七八 | 四四、二六一 | 三六、二〇七 |
| 基本財産 動産 | 同 | 七、五七三 | 九、三〇四 | 九、九九三 | 九、七一二 | 一〇、二八一 | 一二、〇〇〇 | 一二、三〇〇 | 一二、五〇〇 | 二〇、一二〇 | 二四、四〇六 |
| 基本財産 不動産 | 同 | 一七、一三四 | 一八、七五八 | 二〇、三二八 | 三三、五六六 | 三三、五六六 | 三〇、〇〇〇 | 三一、〇〇〇 | 三三、一〇〇 | 三八、八二〇 | 四一、六一九 |

| 財産 學校基本財産 動産 | 財産 學校基本財産 不動産 | 財産 特別基本財産 動産 | 財産 特別基本財産 不動産 | 財産 收益ナキ財産 動産 | 財産 收益ナキ財産 不動産 | 財産 一部有財産 動産 | 財産 一部有財産 不動産 | 財産 積立金穀 | 財産 罹災救助金 | 財産ヨリ生スル收入 | 市町村債額 | 第三種所得税價 | 同納税者人員 | 課率 附加税 地價割 | 課率 附加税 國税營業税割 | 課率 附加税 所得税割 | 課率 附加税 戸別割 | 課率 附加税 地方税營業税割 | 課率 附加税 雜種税割 | 課率 特別税 反別割 田 | 課率 特別税 反別割 畑 | 課率 特別税 反別割 宅地 | 課率 特別税 反別割 山林 | 課率 特別税 反別割 原野 | 課率 特別税 反別割 牧場 | 課率 特別税 反別割 海産干場 | 課率 特別税 反別割 雜種地 | 課率 特別税 建物割 | 課率 特別税 牛馬割 | 課率 特別税 戸別割 |
|---|---|---|---|---|---|---|---|---|---|---|---|---|---|---|---|---|---|---|---|---|---|---|---|---|---|---|---|---|---|---|
| 同 | 同 | 同 | 同 | 同 | 同 | 同 | 同 | 同 | 同 | 同 | 同 | 同 | 人 | 厘 | 同 | 同 | 同 | 同 | 同 | 同 | 同 | 同 | 同 | 同 | 同 | 同 | 同 | 同 | 同 | 同 |
| 五九 | — | 三二 | — | — | 七、九〇一 | — | — | 七、三九八 | — | 七九五 | — | 二、一八〇 | 九七 | — | 一五〇 | 一五〇 | 三、七〇〇 | 五〇〇 | 五〇〇 | 三一〇 | 一三一 | 三八九 | 〇一〇 | 〇一〇 | 〇一〇 | — | — | — | — | — |
| 五九 | — | 三三 | — | — | 八、三五一 | — | — | 八、九三〇 | — | 九三一 | — | 二、七〇一 | 七一 | — | 一五〇 | 一五〇 | 四、五〇〇 | 五〇〇 | 五〇〇 | 三九一 | 一七一 | 三九三 | 〇一六 | 〇一二 | 〇一六 | — | — | — | — | — |
| 六四 | — | 三五 | — | — | 八、二六一 | — | — | 六、九二〇 | — | 一、〇〇八 | — | 三、五五二 | 一〇一 | — | 一五〇 | 一五〇 | 五、六〇〇 | 五〇〇 | 五〇〇 | 三五八 | 二四八 | 三六一 | 〇二三 | 〇一六 | 〇二三 | — | — | — | — | — |
| 六七 | — | 三七 | — | — | 一三、二三九 | — | — | 九、八一六 | — | 九二五 | — | 二、五六九 | 八四 | — | 二四〇 | 二四〇 | 五、三〇〇 | 一、〇〇〇 | 一、〇〇〇 | 三六四 | 二五五 | 三八二 | 〇二三 | 〇一六 | 〇二三 | — | — | — | — | — |
| 六七 | — | 三八 | — | — | 一三、二三九 | — | — | 五、四八九 | — | 一、五三八 | — | 三、一三〇 | 八四 | — | 四七〇 | 一四〇 | 五、三〇〇 | 一、〇〇〇 | 一、〇〇〇 | 三六四 | 二五五 | 三八二 | 〇二三 | 〇一六 | 〇二三 | — | — | — | — | — |
| — | — | 一〇二 | — | — | 一、五九六 | — | — | — | — | 二、九六八 | — | 一、九七六 | 八八 | — | 一五〇 | 一五〇 | 四、一四〇 | 五〇〇 | 五〇〇 | 三〇〇 | 二一〇 | 三七五 | 〇〇三 | 〇一〇 | — | — | — | — | — | — |
| — | — | 一〇六 | — | — | 一、八六七〇 | — | — | — | — | 三、三三二 | — | 二、二九四 | 九七 | — | 一五〇 | 一五〇 | 四、〇〇〇 | 五〇〇 | 五〇〇 | 三五〇 | 二七〇 | 四〇五 | 〇〇三 | 〇一〇 | — | — | — | — | — | — |
| — | — | 一四六 | — | — | 一九、八〇〇 | — | — | — | — | 四、三〇六 | — | 三、九一七 | 一四二 | — | 一五〇 | 一五〇 | 五、六〇〇 | 五〇〇 | 五〇〇 | 四〇〇 | 三四〇 | 四一五 | 〇一〇 | 〇一〇 | — | — | — | — | — | — |
| — | — | 二七七 | — | — | 二〇、〇〇〇 | — | — | — | — | 四、八六二 | — | 二、一八四 | 一五五 | — | 二四〇 | 二四〇 | 七、一四〇 | 一、〇〇〇 | 一、〇〇〇 | 六八〇 | 三〇〇 | 七五〇 | 〇二〇 | 〇二〇 | — | — | — | — | — | — |
| — | — | 二九一 | — | — | 二〇、三二七 | — | — | — | — | 四、〇〇八 | — | 一、八一六 | 八三 | — | 四七〇 | 一四〇 | 五、三〇〇 | 一、〇〇〇 | 一、〇〇〇 | 六〇〇 | 二五〇 | 七五〇 | 〇二〇 | 〇二〇 | — | — | — | — | — | — |

| 種別 | 單位 | 雨龍村 大正六年度 | 同 七年度 | 同 八年度 | 同 九年度 | 同 十年度 | 北龍村 同 六年度 | 同 七年度 | 同 八年度 | 同 九年度 | 同 十年度 |
|---|---|---|---|---|---|---|---|---|---|---|---|
| 面積 | 方里 | 一六、〇〇 | 一六、〇〇 | 一六、〇〇 | 一六、〇〇 | 一六、〇〇 | 七、七〇 | 七、七〇 | 七、七〇 | 七、七〇 | 七、七〇 |
| 民有地 田 | 反 | 四八 | 四八 | 四八 | 四八 | 一七五〇 | 七二二五 | 八四五〇 | 八四六〇 | 九二四〇 | 一、二七五七 |
| 同 畑 | 同 | 三、六五八八 | 三、六五八八 | 三、二二一五 | 三、六七〇八 | 三、七一五八 | 一、五七〇三 | 一、六三二三 | 一、六三四〇 | 二、〇〇七五 | 一、六一三四 |
| 同 宅地 | 同 | 二 | 四一 | 四一 | 五〇 | 五七 | 一四五 | 一四五 | 一四〇 | 二六〇 | 六四八 |
| 同 山林 | 同 | 一、七四六六 | 一、七四六六 | 五、一〇〇四 | 五、一七七二 | 五、三七二三 | 七二七七 | 六四〇〇 | 八九八五 | 八八七二 | 六五八七 |
| 同 原野 | 同 | 三六三〇 | 四九四四 | 五〇九三 | 四五八〇 | 三七八九 | 一、四五三八 | 一、四七八五 | 一、八七四五 | 一、八四六八 | 一、四九四八 |
| 同 牧場 | 同 | 一三六五 | 一三六五 | 九五一 | 一二四八 | 一一二 | 七八一七 | 六八二〇 | 六九六〇 | 七〇三〇 | 六九五六 |
| 同 其他 | 同 | 一八四 | 一八四 | 一八四 | 一八四 | 一八四 | — | — | — | — | — |
| 現住戸數 | 戸 | 八九七 | 九二五 | 九三四 | 九四五 | 九四五 | 八五九 | 八九五 | 九一一 | 一、〇五二 | 八九七 |
| 現住人口 | 人 | 五、五八〇 | 五、五八三 | 五、六四〇 | 五、八八六 | 五、九九八 | 五、九〇八 | 五、一一六 | 五、八〇〇 | 六、一一七 | 四、四九九 |
| 負擔 直接國稅額 | 圓 | 一、一五三 | 一、六七二 | 二、二九〇 | 一、〇六五 | 一、三七四 | 一、〇三八 | 一、三〇七 | 二、〇三八 | 一、〇三九 | 一、三六六 |
| 同 地方稅額 | 同 | 五、七二六 | 六、四七六 | 八、九四〇 | 一二、二九六 | 一二、三八八 | 四、三四二 | 六、二四〇 | 六、九八二 | 九、五〇八 | 一〇、六八一 |
| 同 市町村稅額 | 同 | 一三、三一八 | 一八、九九六 | 三三、四六一 | 四三、四七一 | 三一、三二三 | 一〇、七六八 | 一三、六八七 | 二五、一二五 | 三九、九四五 | 三五、二九五 |
| 財政 歳入 | 同 | 一七、〇四三 | 二三、〇六一 | 三八、八九二 | 六〇、七五四 | 四三、五一〇 | 一七、六九二 | 二五、七五八 | 三三、四八三 | 四六、四〇九 | 四二、一〇四 |
| 歳出經常部 役所役場費 | 同 | 一、九六二 | 三、〇〇七 | 四、二二四 | 五、五二八 | 五、三二一 | 二、九五六 | 四、九一九 | 五、八六二 | 八、四七二 | 九、一三一 |
| 同 土木費 | 同 | 四八一 | 四五〇 | 九四二 | 九五〇 | 一、五〇五 | 二〇〇 | 一、三〇〇 | 一、一四四 | 一、七四〇 | 一、八七〇 |
| 同 教育費 | 同 | 七、〇四七 | 一〇、七八九 | 一六、七五二 | 二〇、八一九 | 二〇、七八三 | 七、二一二 | 一一、一〇一 | 一三、一八四 | 二二、二二二 | 二三、八八七 |
| 同 衛生費 | 同 | 一一六 | 一二二 | 一三一 | 一、八〇二 | 五二五 | 一三三 | 一二八 | 二二四 | 三四四 | 三四四 |
| 同 勸業費 | 同 | — | — | — | — | — | 二〇 | 一〇 | — | — | — |
| 同 其他 | 同 | 二、六六四 | 二、五四六 | 七、六六三 | 五、四六二 | 一〇、六二八 | 一、一三五 | 一、五〇六 | 四、一八五 | 二、五三〇 | 三、一六三 |
| 同 計 | 同 | 一二、二七〇 | 一六、九一四 | 二九、七一二 | 三四、五六一 | 三八、七六二 | 一一、六五五 | 一八、九六四 | 二四、五九九 | 三五、三〇八 | 三八、三九五 |
| 同臨時部計 | 同 | 四、七七三 | 六、一四七 | 九、一八〇 | 二六、一九四 | 四、七四八 | 六、〇三七 | 六、八四八 | 八、八八四 | 一一、一〇一 | 三、七〇九 |
| 通計 | 同 | 一七、〇四三 | 二三、〇六一 | 三八、八九二 | 六〇、七五五 | 四三、五一〇 | 一七、六九二 | 二五、八一二 | 三三、四八三 | 四六、四〇九 | 四二、一〇四 |
| 基本財産 動産 | 同 | 二、九四八 | 三、二七二 | 三、八三九 | 四、三四二 | 四、七一五 | 六五五 | 七三七 | 八〇七 | 四一 | 五〇〇 |
| 同 不動産 | 同 | 一、四四三 | 二、六五一 | 三、〇三一 | 五、五三一 | 五、五三一 | 二、三一〇 | 一一〇 | 六〇〇 | 六、四八九 | 一一、六三四 |

| 財産 學校基本財産 動産 | 財産 學校基本財産 不動産 | 財産 特別基本財産 動産 | 財産 特別基本財産 不動産 | 財産 收益ナキ財産 動産 | 財産 收益ナキ財産 不動産 | 財産 一部有財産 動産 | 財産 一部有財産 不動産 | 積立金穀 | 罹災救助金 | 財産ヨリ生スル收入 | 市町村債額 | 第三種所得税額 | 同納税者實人員 | 課率 附加税 地價割 | 課率 附加税 國税營業税割 | 課率 附加税 所得税割 | 課率 附加税 戸別割 | 課率 附加税 地方税營業税割 | 課率 附加税 雜種税割 | 課率 特別税 反別割 田 | 課率 特別税 反別割 畑 | 課率 特別税 反別割 宅地 | 課率 特別税 反別割 山林 | 課率 特別税 反別割 原野 | 課率 特別税 反別割 牧場 | 課率 特別税 反別割 海產干場 | 課率 特別税 反別割 雜種地 | 課率 特別税 建物割 | 課率 特別税 牛馬割 | 課率 特別税 戸別割 |
|---|---|---|---|---|---|---|---|---|---|---|---|---|---|---|---|---|---|---|---|---|---|---|---|---|---|---|---|---|---|---|
| 同 | 同 | 同 | 同 | 同 | 同 | 同 | 同 | 同 | 同 | 同 | 同 | 同 | 人 | 厘 | 同 | 同 | 同 | 同 | 同 | 同 | 同 | 同 | 同 | 同 | 同 | 同 | 同 | 同 | 同 | 同 |
| — | — | — | — | — | — | — | 一五、五五八 | — | — | 二一八 | 四、一二五 | 八三八 | 五一 | — | 一五〇 | 一五〇 | 四、二一〇 | 五〇〇 | 五〇〇 | 一九六 | 一一三 | 二三八 | — | — | — | — | — | — | — | — |
| — | — | — | — | — | — | — | 一八、九四六 | — | — | 六一〇 | 三、七五〇 | 一、一〇五 | 七二 | — | 一五〇 | 一五〇 | 六、九八〇 | 五〇〇 | 五〇〇 | 二四六 | 一四三 | 二六七 | — | — | — | — | — | — | — | — |
| — | — | — | — | — | — | — | 二〇、〇七二 | — | — | 四五四 | 三、三七五 | 一、六七四 | 八九 | — | 一五〇 | 一五〇 | 八、四〇〇 | 五〇〇 | 五〇〇 | 五六一 | 四七二 | 五九八 | — | — | — | — | — | — | — | — |
| — | — | — | — | — | — | — | 四一、五六六 | — | — | 三六五 | 三、〇〇〇 | 三九一 | 四三 | — | 四七〇 | 一四〇 | 七、六四〇 | 一、〇〇〇 | 一、〇〇〇 | 七四〇 | 四三五 | 七四一 | — | — | — | — | — | — | — | — |
| — | — | — | — | — | — | — | 四一、五六六 | — | — | 五四六 | 二、六二五 | 五〇八 | 四三 | — | 四七〇 | 一四〇 | 五、五六〇 | 一、〇〇〇 | 一、〇〇〇 | 四九〇 | 二八四 | 五二六 | — | — | — | — | — | — | — | — |
| — | — | 一、一四六 | — | — | 一四、七〇二 | — | — | 八五 | — | 八三 | 一一、五七七 | 七九九 | 七一 | — | 一五〇 | 一五〇 | 三、三〇〇 | 五〇〇 | 五〇〇 | 三三六 | 一〇五 | 三四一 | 〇〇七 | 〇〇七 | 〇一五 | — | — | — | — | — |
| — | — | 一、二〇八 | — | — | 八、七五五 | — | — | 一七九 | — | 一七九 | 一一、二三八 | 一、〇七七 | 六八 | — | 一五〇 | 一五〇 | 四、〇〇〇 | 五〇〇 | 五〇〇 | 三九三 | 一三六 | 三九七 | 〇〇九 | 〇〇九 | 〇二〇 | — | — | — | — | — |
| — | — | 一、二〇六 | — | — | 一一、八六二 | — | — | 三三七 | — | 二三五 | 一〇、八七五 | 一、六九七 | 八六 | — | 一五〇 | 一五〇 | 五、五〇〇 | 七〇〇 | 七〇〇 | 三九六 | 三〇四 | 三九五 | 〇一八 | 〇一八 | 〇四〇 | — | — | — | — | — |
| — | — | 一、二八九 | — | — | 二三、五一七 | — | — | 三二五 | — | 一四〇 | 一〇、二四八 | 四一一 | 六二 | — | 二四〇 | 二四〇 | 七、五〇〇 | 一、〇〇〇 | 一、〇〇〇 | 六一三 | 四八三 | 六三三 | 〇四〇 | 〇四〇 | 〇六〇 | — | — | — | — | — |
| — | — | 一、二五三 | — | — | 二六、一七〇 | — | — | 三二七 | — | 一二三 | 九、三三九 | 六五六 | 八一 | — | 四七〇 | 一四〇 | 五、四〇〇 | 一、〇〇〇 | 一、〇〇〇 | 八一六 | 三九九 | 七六〇 | 〇四〇 | 〇四〇 | 〇六〇 | — | — | — | — | — |

| 種別 | 單位 | 多度志村 大正六年度 | 同 七年度 | 同 八年度 | 同 九年度 | 同 十年度 | 沼田村 同 六年度 | 同 七年度 | 同 八年度 | 同 九年度 | 同 十年度 |
|---|---|---|---|---|---|---|---|---|---|---|---|
| 面積 | 方里 | 三四、〇〇 | 一〇、〇〇 | 一〇、〇〇 | 一〇、〇〇 | 一〇、〇〇 | 五六、〇〇 | 二〇、六〇 | 二〇、六〇 | 二〇、六〇 | 二〇、六〇 |
| 民有地 田 | 反 | 五二三七 | 四八六四 | 五八二七 | 六一六八 | 六一六八 | 二九六〇 | 二五一八 | 五二六二 | 五二六二 | 一、一〇三一 |
| 畑 | 同 | 三、一九三八 | 二、三一三五 | 二、五二九一 | 二、七一〇五 | 二、七一〇五 | 三、一五七七 | 三、一七二七 | 二、五五七八 | 二、六六七八 | 一、八九九七 |
| 宅地 | 同 | 二五 | 二四七 | 一七五 | 一六八 | 一六八 | 二二〇 | 二二〇 | 二六一 | 二六一 | 三八一 |
| 山林 | 同 | 四七五七 | 一、七二八九 | 一、七二五二 | 三、三二三二 | 三、三二三二 | 四、八五三二 | 四、八五三二 | 四、九二三三 | 五、七九三〇 | 六、三七六四 |
| 原野 | 同 | 七、〇〇〇〇 | 一、三六五二 | 一、〇一〇九 | 一、九五二二 | 一、九五二二 | 七、一七七四 | 七、二〇六六 | 七、五九七七 | 六、六一八〇 | 六、二二三八 |
| 牧場 | 同 | 三、三三三七 | ― | ― | ― | ― | 一二四八 | 一二四八 | ― | ― | ― |
| 其他 | 同 | ― | ― | ― | ― | ― | ― | ― | ― | ― | ― |
| 現住戸數 | 戸 | 九〇六 | 九二一 | 八六一 | 一、〇八四 | 一、一〇三 | 一、二〇五 | 一、〇九三 | 一、一二九 | 一、二二五 | 一、一七一 |
| 現住人口 | 人 | 五、五三三 | 五、五六〇 | 四、九八三 | 六、三四二 | 六、四八二 | 七、三六三 | 五、九八五 | 六、二三七 | 六、六一九 | 七、〇一四 |
| 負擔 直接國稅額 | 圓 | 一、一五四 | 一、二九〇 | 二、一七四 | 一、三六六 | 一、四九九 | 一、六七七 | 二、六四一 | 三、五九四 | 二、四二八 | 三、一一二 |
| 地方稅額 | 同 | 五、八七〇 | 四、七七〇 | 六、七〇九 | 一〇、一七五 | 九、八八七 | 六、四四五 | 六、〇三八 | 八、四八〇 | 一三、八四一 | 一四、二〇七 |
| 市町村稅額 | 同 | 一六、四八九 | 一四、三一〇 | 二六、八〇八 | 四一、四五八 | 三五、三八二 | 一六、三〇二 | 一六、四四八 | 三一、三五四 | 四〇、二八三 | 四〇、四四六 |
| 財政 歲入 | 同 | 二〇、七四〇 | 一九、一八六 | 三〇、八六九 | 五六、四四一 | 五四、三一五 | 一八、七八九 | 二一、〇〇一 | 四〇、四二四 | 七七、一八六 | 四六、九八七 |
| 歲出經常部 役所役場費 | 同 | 三、八七七 | 四、一五八 | 七、三六六 | 九、七七五 | 九、五九〇 | 二、四六〇 | 三、五六三 | 七、〇四八 | 七、六九九 | 九、三一二 |
| 土木費 | 同 | 一、一二八 | 四〇六 | 一、五一五 | 一、三三四 | 一、三五七 | 三七〇 | 六四一 | 一、二七三 | 一、二七三 | 九四五 |
| 教育費 | 同 | 一〇、七二五 | 一〇、〇五七 | 一六、〇〇五 | 二〇、二三五 | 一九、八九五 | 一〇、二七一 | 一一、二三五 | 二〇、七一三 | 二五、九七五 | 二八、一五四 |
| 衞生費 | 同 | 一八三 | 三五四 | 二二四 | 二一三 | 二八二 | 二五三 | 二三一 | 二四四 | 九九二 | 六五二 |
| 勸業費 | 同 | 七二 | 三〇〇 | 四〇〇 | 六八〇 | 五〇〇 | 三〇 | ― | ― | 四〇 | 四〇 |
| 其他 | 同 | 七〇六 | 四九一 | 二、二〇一 | 五、三〇九 | 一、八七五 | 一、一二六 | 一、七三九 | 五、二二九 | 四、三三八 | 四、二二一 |
| 部計 | 同 | 一六、六九一 | 一五、七六六 | 二七、七一一 | 三七、五四六 | 三三、四九九 | 一四、五一〇 | 一七、四〇九 | 三四、五〇七 | 四〇、三一七 | 四三、三二四 |
| 同臨時部計 | 同 | 三、四三六 | 三、四一四 | 三、一五七 | 三、四一一 | 一七、三八〇 | 四、二七九 | 三、五九二 | 五、九一七 | 三六、八六九 | 三、六六三 |
| 通計 | 同 | 二〇、一二七 | 一九、一八〇 | 三〇、八六八 | 四〇、九五七 | 五〇、八七九 | 一八、七八九 | 二一、〇〇一 | 四〇、四二四 | 七七、一八六 | 四六、九八七 |
| 基本財產 動產 | 同 | 一一一 | 九七四 | 九三二 | 六九六 | 六一〇 | 六、五八八 | 六、九九二 | 七、二六八 | ― | 一、八二五 |
| 不動產 | 同 | 二九、六六五 | 二一、〇二三 | 二二、三八三 | 二二、三八三 | 二六、〇一〇 | 一、二〇〇 | 一、二〇〇 | 一、二〇〇 | 九、七八八 | 九、七八八 |

| 財産 學校基本財産 動産 | 財産 學校基本財産 不動産 | 財産 特別基本財産 動産 | 財産 特別基本財産 不動産 | 財産 收益ナキ財産 動産 | 財産 收益ナキ財産 不動産 | 財産 一部有財産 動産 | 財産 一部有財産 不動産 | 積立金穀 | 罹災救助金 | 財産ヨリ生スル收入 | 市町村債額 | 第三種所得税額 | 同納税者實人員 |
|---|---|---|---|---|---|---|---|---|---|---|---|---|---|
| 同 | 同 | 同 | 同 | 同 | 同 | 同 | 同 | 同 | 同 | 同 | 同 | 同 | 人 |
| — | — | — | — | — | 一九、六六五 | — | — | — | — | 四九一 | 六二八 | 九八五 | 九一 |
| — | — | — | — | — | 一六、〇二三 | — | — | — | — | 五〇六 | 四七一 | 九四七 | 五四 |
| — | — | — | — | — | 一七、三八三 | — | — | — | — | 四三一 | 三一四 | 一、六五三 | 八三 |
| — | — | — | — | — | 一七、三八三 | — | — | — | — | 六三三 | 一五七 | 八一三 | 五〇 |
| — | — | — | — | — | 一三、七五八 | — | — | — | — | 六三〇 | 一四、〇〇〇 | 八九五 | 六六 |
| — | — | 八二四 | — | 四、五〇〇 | 一〇、八二〇 | — | — | — | — | 三六〇 | 二、七一二 | 九一三 | 七八 |
| 一、〇七三 | — | 九一一 | — | 四、五〇〇 | 一二、三八九 | — | — | — | — | 一二七 | 二、三七三 | 一、五一四 | 八〇 |
| 一、四三〇 | — | 九一〇 | — | 四、五〇〇 | 一五、九〇〇 | — | — | — | — | 一二七 | 二、〇三四 | 二、一四九 | 九三 |
| — | — | 一、三四二 | — | 六、二〇〇 | 二八、〇七六 | — | — | — | — | 一〇五 | 九、六九五 | 七三二 | 五九 |
| — | — | 一、三九八 | — | 六、二〇〇 | 二八、四七七 | — | — | — | — | 五一九 | 九、〇三五 | 九四五 | 七一 |

| 課率 附加税 地價割 | 附加税 國税營業税割 | 附加税 所得税割 | 附加税 戸別割 | 附加税 地方税營業税割 | 附加税 雜種税割 | 特別税 反別割 田 | 特別税 反別割 畑 | 特別税 反別割 宅地 | 特別税 反別割 山林 | 特別税 反別割 原野 | 特別税 反別割 牧場 | 特別税 反別割 海産 | 特別税 反別割 干場 | 特別税 反別割 雜種地 | 特別税 建物割 | 特別税 牛馬割 | 特別税 戸別割 |
|---|---|---|---|---|---|---|---|---|---|---|---|---|---|---|---|---|---|
| 厘 | 同 | 同 | 同 | 同 | 同 | 同 | 同 | 同 | 同 | 同 | 同 | 同 | | 同 | 同 | 同 | 同 |
| — | 一五〇 | 一五〇 | 三、九〇〇 | 五〇〇 | 五〇〇 | 三三九 | 一四一 | 四二八 | 〇一〇 | 〇〇五 | 〇一〇 | — | | — | — | — | — |
| — | 一五〇 | 一五〇 | 四、〇〇〇 | 五〇〇 | 五〇〇 | 三四七 | 一八八 | 四〇〇 | 〇二〇 | 〇一〇 | — | — | | — | — | — | — |
| — | 一五〇 | 一五〇 | 五、三〇〇 | 五〇〇 | 五〇〇 | 三九九 | 二七五 | 三九七 | 〇二〇 | 〇一〇 | — | — | | — | — | — | — |
| — | 二四〇 | 一四〇 | 六、[illegible]〇〇 | 一、〇〇〇 | 一、〇〇〇 | 六三九 | 四一九 | 五四四 | 〇六〇 | 〇二〇 | — | — | | — | — | — | — |
| — | 四七〇 | 一四〇 | 七、〇〇〇 | 一、〇〇〇 | 一、〇〇〇 | 六三八 | 四〇九 | 五四四 | 〇六〇 | 〇二〇 | — | — | | — | — | — | — |
| — | 一五〇 | 一五〇 | 三、五〇〇 | 五〇〇 | 五〇〇 | 三三七 | 一六三 | 三四二 | 〇一五 | — | 〇一五 | — | | — | — | — | — |
| — | 一五〇 | 一五〇 | 四、二〇〇 | 五〇〇 | 五〇〇 | 三三五 | 一六三 | 三四二 | 〇一五 | — | 〇一五 | — | | — | — | — | — |
| — | 一五〇 | 一五〇 | 六、九〇〇 | 七〇〇 | 七〇〇 | 三九〇 | 二九二 | 三九四 | 〇〇四 | 〇二〇 | — | — | | — | — | — | — |
| — | 二四〇 | 一四〇 | 七、〇〇〇 | 一、〇〇〇 | 一、〇〇〇 | 三九〇 | 二九二 | 三九四 | 〇四〇 | 〇二〇 | — | — | | — | — | — | — |
| — | 四七〇 | 一四〇 | 六、八〇〇 | 一、〇〇〇 | 一、〇〇〇 | 三九九 | 三一〇 | 三九五 | 〇四〇 | 〇二〇 | — | — | | — | — | — | — |

| 種別 | | 面積 | 民有地 | | | | | | | 現住戸數 | 現住人口 | 負擔 | | | 財政 | | | | | | | | | | 基本財產 | |
|---|---|---|---|---|---|---|---|---|---|---|---|---|---|---|---|---|---|---|---|---|---|---|---|---|---|---|
| | | | 田 | 畑 | 宅地 | 山林 | 原野 | 牧場 | 其他 | | | 直接國稅額 | 地方稅額 | 市町村稅額 | 歲入 | 歲出 經常部 役所役場費 | 土木費 | 敎育費 | 衞生費 | 勸業費 | 其他 | 計 | 臨時部 計 | 同計 通計 | 動產 | 不動產 |
| 町村名 | 單位 | 方里 | 反別 | 同 | 同 | 同 | 同 | 同 | 同 | 戶 | 人 | 圓 | 同 | 同 | 同 | 同 | 同 | 同 | 同 | 同 | 同 | 同 | 同 | 同 | 同 | 同 |
| 納內村 | 大正六年度 | — | — | — | — | — | — | — | — | — | — | — | — | — | — | — | — | — | — | — | — | — | — | — | — | — |
| | 同七年度 | — | — | — | — | — | — | — | — | — | — | — | — | — | — | — | — | — | — | — | — | — | — | — | — | — |
| | 同八年度 | — | — | — | — | — | — | — | — | — | — | — | — | — | — | — | — | — | — | — | — | — | — | — | — | — |
| | 同九年度 | 二、七〇 | 三七一一 | 一、二七九二 | 一八四 | 九四一六 | 一、三〇一一 | 四八四 | — | 五七一 | 三、一一三 | 一、四六一 | 四、四五二 | 一九、一八九 | 三四、六七〇 | 八、〇四二 | 二、四〇五 | 一一、九六一 | 四五七 | 四五 | 二、六四四 | 二五、五五四 | 九、一一六 | 三四、六七〇 | 六八、三九五 | 三六、七二六 |
| | 同十年度 | 二、七〇 | 三七一一 | 一、三二九一 | 一八四 | 九五〇五 | 一、三〇一一 | 四八四 | — | 五八二 | 三、一六八 | 一、四九六 | 六、六一五 | 二四、〇二五 | 三〇、一七九 | 六、六九九 | 一、〇〇〇 | 一五、三〇八 | 四一四 | 四六 | 二、七一五 | 二六、一八二 | 三、九九七 | 三〇、一七九 | 六七、〇五〇 | 三八、四二〇 |
| 秩父別村 | 同六年度 | 二、五〇 | 一、四六三七 | 一、〇〇〇二 | 四一二 | 一、〇六三七 | | — | — | 九〇一 | 五、二七八 | 一、七〇八 | 五、二三四 | 一五、五九八 | 一九、八一二 | 三、二六二 | 五〇〇 | 八、一九四 | 一、〇二八 | 二五〇 | 三、四五九 | 一六、六九三 | 三、八一二 | 一九、八一二 | — | — |
| | 同七年度 | 二、五〇 | 一、五五七四 | 九五一五 | 四二九 | 九六一六 | | — | — | 九〇一 | 五、四九八 | 二三九九 | 五、八〇一 | 一七、五二八 | 二三、五一九 | 五、〇七六 | 四〇〇 | 一〇、七七三 | 七二八 | 一〇〇 | 五、〇九五 | 二〇、八三三 | 二、六八六 | 二三、五一九 | — | — |
| | 同八年度 | 二、五〇 | 一、五四三六 | 九五九九 | 四二九 | 九六六九 | | — | — | 九一一 | 五、六一四 | 三、四三一 | 八、二〇三 | 二六、三一〇 | 三四、七六七 | 六、四一六 | 六〇〇 | 一五、九三二 | 七一五 | 一〇〇 | 五、〇九五 | 二八、八五八 | 五、九〇九 | 三四、七六七 | — | — |
| | 同九年度 | 二、五〇 | 一、六九七六 | 一、一三〇七 | 四八七 | 六五二四 | | — | — | 九〇二 | 五、五四五 | 二、一九三 | 一二、二二一 | 三九、三五一 | 四九、八三八 | 七、七一九 | 二、一九九 | 二〇、八一七 | 一、七三一 | 二五〇 | 七、六九四 | 四〇、四一〇 | 九、四二八 | 四九、八三八 | — | — |
| | 同十年度 | 二、五〇 | 一、六九七六 | 一、一三〇七 | 四八七 | 六五二四 | | — | — | 九〇六 | 五、六二三 | 二、五八〇 | 一一、七二九 | 三六、三九四 | 四六、九六四 | 九、〇〇四 | 五〇〇 | 二二、一〇七 | 一、三三八 | 二五〇 | 七、三三八 | 四〇、五三七 | 六、四二七 | 四六、九六四 | — | — |

| 財産 學校基本財産 動産 | 財産 學校基本財産 不動産 | 財産 特別基本財産 動産 | 財産 特別基本財産 不動産 | 財産 收益ナキ財産 動産 | 財産 收益ナキ財産 不動産 | 財産 一部有財産 動産 | 財産 一部有財産 不動産 | 積立金數 | 罹災救助金 | 財産ヨリ生スル收入 | 市町村債額 | 第三種所得税額 | 同納税者實人員 | 課率 附加税 地價割 | 課率 附加税 營業税營業割 | 課率 附加税 所得税割 | 課率 附加税 戸別割 | 課率 附加税 地方税營業割 | 課率 附加税 雜種税割 | 課率 特別税 反別割 田 | 課率 特別税 反別割 畑 | 課率 特別税 反別割 宅地 | 課率 特別税 反別割 山林 | 課率 特別税 反別割 原野 | 課率 特別税 反別割 牧場 | 課率 特別税 反別割 海産干場 | 課率 特別税 反別割 雜種地 | 課率 特別税 建物割 | 課率 特別税 牛馬割 | 課率 特別税 戸別割 |
|---|---|---|---|---|---|---|---|---|---|---|---|---|---|---|---|---|---|---|---|---|---|---|---|---|---|---|---|---|---|---|
| 同 | 同 | 同 | 同 | 同 | 同 | 同 | 同 | 同 | 同 | 同 | 同 | 同 | 人 | 厘 | 同 | 同 | 同 | 同 | 同 | 同 | 同 | 同 | 同 | 同 | 同 | 同 | 同 | 同 | 同 | 同 |
| — | — | — | — | — | — | — | — | — | — | — | — | — | — | — | — | — | — | — | — | — | — | — | — | — | — | — | — | — | — | — |
| — | — | — | — | — | — | — | — | — | — | — | — | — | — | — | — | — | — | — | — | — | — | — | — | — | — | — | — | — | — | — |
| — | — |  | — | — | — | — | — | — | — | — | — | — | — | — | — | — | — | — | — | — | — | — | — | — | — | — | — | — | — | — |
| — | — | 一、一〇五 | — | — | — | — | 六九四 | — | — | 二、五六九 | 四三二 | 五三七 | 四四 | — | 二三〇 | 一四〇 | 八、八〇〇 | 一、〇〇〇 | 一、〇〇〇 | 六二八 | 五一一 | 六三九 | 〇五〇 | 〇三〇 | 〇六〇 | — | — | — | — | — |
| — | — | 一、二二二 | — | — | — | — | — | — | — | 三、三九〇 | 二八八 | 五九七 | 五〇 | — | 四七〇 | 一四〇 | 七、九〇〇 | 一、〇〇〇 | 一、〇〇〇 | 六二八 | 四六二 | 六四三 | 〇四〇 | 〇三〇 | 〇五〇 | — | — | — | — | — |
| — | — | — | — | — | — | — | — | — | — | 四、二九七 | 三、七五〇 | 一、三五九 | 一三一 | — | 一五〇 | 一五〇 | 四、〇〇〇 | 五〇〇 | 五〇〇 | 三五〇 | 二五〇 | 四〇〇 | 〇五〇 | 〇五〇 | — | — | — | — | — | — |
| — | — | — | — | — | — | — | — | — | — | 四、九三〇 | 二、三三三 | 一、八七六 | 一〇五 | — | 一五〇 | 一五〇 | 四、〇〇〇 | 五〇〇 | 五〇〇 | 三五〇 | 二五〇 | 四〇〇 | 〇五〇 | 〇五〇 | — | — | — | — | — | — |
| — | — | — | — | — | — | — | — | — | — | 五、三七四 | 二、九一七 | 二、七八七 | 一三七 | — | 一五〇 | 一五〇 | 五、五〇〇 | 七〇〇 | 七〇〇 | 四五〇 | 二五〇 | 五五〇 | 〇五〇 | 〇五〇 | — | — | — | — | — | — |
| — | — | — | — | — | — | — | — | — | — | 七、六三七 | 二、五〇〇 | 一、四七一 | 一一五 | — | 四七〇 | 一四〇 | 八、〇〇〇 | 一、〇〇〇 | 一、〇〇〇 | 六二〇 | 四〇〇 | 六四〇 | 〇五〇 | 〇五〇 | — | — | — | — | — | — |
| — | — | — | — | — | — | — | — | — | — | 一一、一五五 | 二、〇八三 | 一、九〇二 | 一二〇 | — | 四七〇 | 一四〇 | 六、〇〇〇 | 一、〇〇〇 | 一、〇〇〇 | 七〇六 | 三四八 | 九一〇 | 〇三〇 | 〇三〇 | — | — | — | — | — | — |

| 町村名 | 種別 | 面積 | 民有地 田 | 民有地 畑 | 民有地 宅地 | 民有地 山林 | 民有地 原野 | 民有地 牧場 | 民有地 其他 | 現住戸數 | 現住人口 | 負擔 直接國稅額 | 負擔 地方稅額 | 負擔 市町村稅額 | 財政 歲入 | 歲出經常部 役所役場費 | 歲出經常部 土木費 | 歲出經常部 教育費 | 歲出經常部 衛生費 | 歲出經常部 勸業費 | 歲出經常部 其他 | 歲出經常部 計 | 同臨時部 計 | 通計 | 基本財產 動產 | 基本財產 不動產 |
|---|---|---|---|---|---|---|---|---|---|---|---|---|---|---|---|---|---|---|---|---|---|---|---|---|---|---|
| 單位 | | 方里 | 反別 | 同 | 同 | 同 | 同 | 同 | 同 | 戶 | 人 | 圓 | 同 | 同 | 同 | 同 | 同 | 同 | 同 | 同 | 同 | 同 | 同 | 同 | 同 | 同 |
| 幌加內村 | 大正六年度 | — | — | — | — | — | — | — | — | — | — | — | — | — | — | — | — | — | — | — | — | — | — | — | — | — |
| | 同 七年度 | 九三、〇〇 | 三八〇 | 二、五六九五 | 六六 | — | 二、五〇八六 | 一、八七四一 | — | 八〇五 | 四、六七〇 | 五〇〇 | 一二、三七六 | 一三、七四五 | 一六、〇四九 | 三、三二九 | 六一一 | 九、〇七七 | 五一 | — | 八八八 | 一三、九五六 | 三五四 | 一四、三一〇 | — | — |
| | 同 八年度 | 九三、〇〇 | 五七〇 | 三、一二三三 | 七六 | — | 二、六一八一 | 一、八七四一 | — | 八一三 | 四、三〇三 | 八三五 | 三、八九三 | 一六、五〇二 | 二六、三四二 | 三、七七一 | 六一九 | 一二、八一六 | 八〇 | 三 | 一、六五八 | 一八、九四七 | 七、一九七 | 二六、一四四 | — | 四、〇三五 |
| | 同 九年度 | 九三、〇〇 | 六一四 | 三、三四五八 | 八四 | — | 二、四七六三 | 一、八七四一 | — | 七八八 | 四、二二〇 | 四四八 | 五、八九九 | 二八、五〇一 | 三〇、九二二 | 五、四二四 | 一、〇五八 | 一八、〇五七 | 九三 | — | 二、〇四七 | 二六、六七九 | 三、九八八 | 三〇、六六七 | — | 四、〇三五 |
| | 同 十年度 | 九三、〇〇 | 六五一 | 三、三六五四 | 九九 | — | 二、四二七三 | 一、八七四一 | — | 七九五 | 四、二五一 | 六二七 | 六、〇九五 | 二五、七九二 | 四一、一七六 | 六、九八四 | 一、七三五 | 一七、三五二 | 二一〇 | 七二 | 二、五六〇 | 二八、九一三 | 一〇、八〇六 | 三九、七一九 | — | 四、二七二 |
| 士別町 | 同 六年度 | 九、〇 | 一一九 | 五三八八 | 三五 | 二二一六 | 一一五 | 三九二 | 八六 | 一、九二四 | 一一、八九九 | 九、〇二三 | 一一、六〇八 | 三三、三〇〇 | 四三、八七六 | 八〇九一 | 七、六七四 | 一二、九〇九 | 一、二六九 | 八 | 二、一六六 | 三二、一一七 | 一三、二六〇 | 四五、三七七 | 一〇、〇〇〇 | 五三、九五三 |
| | 同 七年度 | 九、〇 | 一一九 | 五四九三 | 三六 | 二二四六 | 一一三 | 三九六 | 八七 | 一、九二八 | 一二、二五四 | 一六、八一二 | 一三、六四〇 | 四七、三四二 | 五六、六五四 | 一一、七二一 | 六、八三八 | 一八、六〇三 | 二、五九二 | 一〇 | 三、五七九 | 四三、三四三 | 七、四九七 | 五〇、八四〇 | 一〇、〇〇〇 | 五六、四五三 |
| | 同 八年度 | 九、〇 | 一三四 | 五四四七 | 三七 | 二三〇八 | 一一二 | 三九二 | 八六 | 二、三六八 | 一三、〇五七 | 二四、七二八 | 一八、四四二 | 六七、〇二一 | 一〇〇、七四九 | 一七、四六三 | 一四、七一五 | 二九、五二二 | 一、七六七 | 一二 | 三、七五六 | 六七、二三五 | 三〇、九三〇 | 九八、一六五 | 一〇、〇〇〇 | 六〇、八一二 |
| | 同 九年度 | 九、〇 | 二六九 | 六、二〇〇三 | 三九 | 二一七六 | 九七 | 四〇四 | 八一 | 二、五三五 | 一三、六二三 | 一八、二二〇 | 三、〇四六 | 七八、一九〇 | 一〇八、六九四 | 二〇、九三九 | 一〇、一五八 | 三五、〇七二 | 二、二〇四 | 二〇 | 五、八三一 | 七四、二二五 | 三六、五五六 | 一一〇、七八〇 | 一〇、〇〇〇 | 六六、五二〇 |
| | 同 十年度 | 九、〇 | 六九一 | 六、一〇三八 | 四一 | 二三九〇 | 一二〇 | 四四一 | 一〇五 | 二、五三八 | 一三、六二三 | 一五、八七五 | 二八、六六九 | 五七、二三一 | 八一、四三〇 | 二〇、五九九 | 六、七六一 | 三七、四三五 | 二、〇三五 | 四〇 | 五、九四四 | 七二、八一三 | 八、六一七 | 八一、四三〇 | 一〇、〇〇〇 | 三五九、〇一二 |

| 財産 學校基本財産 動産 | 學校基本財産 不動産 | 特別基本財産 動産 | 特別基本財産 不動産 | 收益ナキ財産 動産 | 收益ナキ財産 不動産 | 一部有財産 動産 | 一部有財産 不動産 | 積立金穀 | 罹災救助金 | 財産ヨリ生スル收入 | 市町村債額 | 第三種所得税額 | 同納税者實人員 | 課率 附加税 地價割 | 國税營業税割 | 所得税割 | 戸別割 | 地方税營業税割 | 雜種税割 | 特別税 反別割 田 | 畑 | 宅地 | 山林 | 原野 | 牧場 | 海産 | 干場・雜種地 | 建物割 | 牛馬割 | 戸別割 |
|---|---|---|---|---|---|---|---|---|---|---|---|---|---|---|---|---|---|---|---|---|---|---|---|---|---|---|---|---|---|---|
| 同 | 同 | 同 | 同 | 同 | 同 | 同 | 同 | 同 | 同 | 同 | 同 | 同 | 人 | 厘 | 同 | 同 | 同 | 同 | 同 | 同 | 同 | 同 | 同 | 同 | 同 | 同 | 同 | 同 | 同 | 同 |
| — | — | — | — | — | — | — | — | — | — | — | — | — | — | — | — | — | — | — | — | — | — | — | — | — | — | — | — | — | — | — |
| — | — | — | — | — | 九、九七九 | — | — | 三、九七九 | — | 二五七 | 三七一 | 四一七 | 二六 | — | 一五〇 | 一五〇 | 五、〇〇〇 | 五〇〇 | 五〇〇 | — | — | — | — | — | — | — | — | — | — | — |
| — | — | — | — | — | 一〇、九七九 | — | — | 一二六 | — | 一五二 | 二九七 | 六五四 | 四一 | — | 一五〇 | 一五〇 | 五、〇〇〇 | 五〇〇 | 五〇〇 | — | — | — | — | — | — | — | — | — | — | — |
| — | — | — | — | — | 一〇、九七九 | — | — | 一二六 | — | 二五六 | 二二三 | 九八 | 一八 | — | 二四〇 | 二四〇 | 六、八〇〇 | 一、〇〇〇 | 一、〇〇〇 | — | — | — | — | — | — | — | — | — | — | — |
| — | — | — | — | — | 一〇、九七九 | — | — | 九一六 | — | 二六八 | 一四八 | 一三七 | 一七 | — | 四七〇 | 一四〇 | 五、〇〇〇 | 一、〇〇〇 | 一、〇〇〇 | — | — | — | — | — | — | — | — | — | — | — |
| — | — | — | — | — | 三一、四七九 | — | — | 四一、〇七〇 | — | 五、四九〇 | — | 五、八五二 | 二〇六 | — | 一五〇 | 一五〇 | 五、〇〇〇 | 一、〇〇〇 | 一、〇〇〇 | 二五〇 | 二〇九 | — | 六 | 六 | 六 | — | — | — | — | — |
| — | — | — | — | — | 三〇、二九〇 | — | — | 二九、九六一 | — | 六、五三三 | — | 一〇、五三四 | 二二六 | — | 一五〇 | 一五〇 | 七、〇〇〇 | 一、〇〇〇 | 一、〇〇〇 | 二五〇 | 一九二 | — | 六 | 六 | 六 | — | — | — | — | — |
| — | — | — | — | — | 三〇、八七九 | — | — | 二〇、九八二 | — | 六、七六二 | — | 一〇、七二一 | 二八七 | — | 一五〇 | 一五〇 | 八、三〇〇 | 一、二〇〇 | 一、二〇〇 | 四〇〇 | 三五〇 | — | 一四 | 一四 | 一四 | — | — | — | — | — |
| — | — | — | — | — | 八〇、五九六 | — | — | 二八二 | — | 六、〇三〇 | — | 六、七五四 | 二一七 | — | 二四〇 | 二四〇 | 八、五〇〇 | 一、三〇〇 | 一、三〇〇 | 四三〇 | 三七〇 | — | 一八 | 一八 | 一八 | — | — | — | — | — |
| — | — | — | — | — | 一七五、九七四 | — | — | 六、四二五 | — | 一、九一七 | — | 六、四〇四 | 二一七 | — | 四七〇 | 一四〇 | 四、八〇〇 | 一、二〇〇 | 一、二〇〇 | 四三〇 | 二六〇 | — | 一四 | 一四 | 一四 | — | — | — | — | — |

| 種別 | | 單位 | 東旭川村 大正六年度 | 東旭川村 同七年度 | 東旭川村 同八年度 | 東旭川村 同九年度 | 東旭川村 同十年度 | 當麻村 同六年度 | 當麻村 同七年度 | 當麻村 同八年度 | 當麻村 同九年度 | 當麻村 同十年度 |
|---|---|---|---|---|---|---|---|---|---|---|---|---|
| 面積 | | 方里 | 一三、〇 | 一三、〇 | 一三、〇 | 一三、〇 | 一三、〇 | 一三、〇〇 | 一三、〇〇 | 一三、〇〇 | 一三、〇〇 | 一三、〇〇 |
| 民有地 | 田 | 反別 | 四、五四五五 | 四、五四七〇 | 四、五五三〇 | 四、六五三〇 | 四、九七五〇 | 二、二四〇〇 | 二、二六〇〇 | 二、二六一〇 | 二、二九七八 | 二、二八六五 |
| | 畑 | 同 | 一、六七三六 | 一、六七九六 | 一、七七六六 | 一、七七六六 | 一、八三九〇 | 八七四一 | 八八八八 | 八九三八 | 九一四六 | 九〇二六 |
| | 宅地 | 同 | 一三一〇 | 一三一〇 | 一三一〇 | 一三一〇 | 一三一〇 | 五三〇 | 五三〇 | 五三〇 | 五四〇 | 五六〇 |
| | 山林 | 同 | 一四四五 | 一四四五 | 一四四五 | 一四四五 | 一四四五 | 六〇一〇 | 六〇一〇 | 六七〇 | 六七〇 | 六七〇 |
| | 原野 | 同 | 五一五〇 | 五一五〇 | 五一五〇 | 五一五〇 | 五一五〇 | | | | | |
| | 牧場 | 同 | 七八五 | 七八五 | 二三〇 | ― | ― | | | | | |
| | 其他 | 同 | ― | ― | ― | ― | ― | | | | | |
| 現住戸數 | | 戸 | 二、五五八 | 二、五五八 | 二、九九四 | 二、九七二 | 二、五六一 | 一、一四五 | 一、一六六 | 一、二二九 | 一、三二二 | 一、三三五 |
| 現住人口 | | 人 | 一五、四五七 | 一五、六五四 | 一五、二七三 | 一五、一一三 | 一五、〇三〇 | 六、九四三 | 七、一三九 | 七、六四九 | 七、三六九 | 七、五一九 |
| 負擔 | 直接國税額 | 圓 | 五、八八五 | 一〇、五八七 | 二〇、六八二 | 一四、三五〇 | 一二、六五五 | 二、三八一 | 四、四七八 | 七、五四四 | 五、五八三 | 四、六三三 |
| | 地方税額 | 同 | 一五、六四一 | 二〇、五〇〇 | 二四、一八一 | 三三、六九四 | 三二、〇〇〇 | 五、七五五 | 六、二〇五 | 九、八二六 | 一三、九七八 | 一四、五五三 |
| | 市町村税額 | 同 | 四四、七三四 | 五七、〇八九 | 八四、五五二 | 一一五、八六〇 | 一一九、六二七 | 二二、三五五 | 二五、四二一 | 五六、三五九 | 六七、二三三 | 五一、八二六 |
| 財政 | 歳入 | 同 | 五〇、五六四 | 九四、六一九 | 一二〇、二九六 | 一八三、七八〇 | 一四三、四〇六 | 八五、五二三 | 四六、〇七三 | 七七、一八四 | 九四、三九三 | 一五五、〇三八 |
| | 歳出 經常部 役所役場費 | 同 | 九、九七二 | 一四、三四八 | 一九、五〇七 | 二五、一九七 | 二六、三〇八 | 三、八八九 | 六、八六九 | 一三、二七九 | 一五、三二五 | 一四、五九四 |
| | 土木費 | 同 | 九、八三一 | 八、九二三 | 四、八六一 | 九、一六七 | 一五、〇〇四 | 九八八 | 八七四 | 二、六一四 | 四、一一五 | 三、八五〇 |
| | 教育費 | 同 | 二三、八五四 | 二九、二〇九 | 四五、一九六 | 五一、九五九 | 五五、二七三 | 八、九八〇 | 一三、四九二 | 二一、一八〇 | 二四、四七五 | 二六、一四八 |
| | 衛生費 | 同 | 一四六 | 八四一 | 一、一五八 | 二、一六九 | 八三八 | 一七一 | 一、八〇三 | 八三六 | 六一六 | 一、一七二 |
| | 勸業費 | 同 | 三〇 | 七〇 | 五四 | 六七 | 三四四 | 二七一 | 二〇 | 二〇 | 三三 | 四六 |
| | 其他 | 同 | 一、一九二 | 一、七一二 | 六、〇五七 | 五、二三七 | 六、六八六 | 二、三七三 | 一、八八七 | 六、三八二 | 四、四〇七 | 五、五七〇 |
| | 計 | 同 | 四五、〇二五 | 五五、一〇三 | 七六、八三三 | 九三、七九六 | 一〇四、四五三 | 一六、六八二 | 二四、九四五 | 四四、三一三 | 四八、九七一 | 五一、三八〇 |
| | 臨時部 計 | 同 | 四、七六一 | 三九、三六四 | 三三、八一九 | 八六、七〇七 | 三八、九五三 | 六四、一一六 | 二〇、六二六 | 二八、四六六 | 四一、〇九四 | 一〇三、六五八 |
| | 同 計 | 同 | 四九、七八六 | 九四、四六七 | 一一〇、六五二 | 一八〇、五〇三 | 一四三、四〇六 | 八〇、七九八 | 四五、五七一 | 七二、七七九 | 九〇、〇六五 | 一五五、〇三八 |
| 基本財産 | 動産 | 同 | 三一、五〇〇 | 三二、七一四 | 三四、〇五〇 | 三五、一二〇 | 三七、九六五 | 二、三〇九 | 二、五五九 | 九 | 九 | 二、八〇二 |
| | 不動産 | 同 | 七九、一三五 | 七六、九八二 | 七八、二四〇 | 七一、五六〇 | 七〇、七八三 | 七四五、六〇〇 | 七四五、六〇〇 | 七四五、六〇〇 | 七四五、六〇〇 | 七四三、六〇〇 |

| 財産 學校基本財産 動産 | 財産 學校基本財産 不動産 | 財産 特別基本財産 動産 | 財産 特別基本財産 不動産 | 財産 收益ナキ財産 動産 | 財産 收益ナキ財産 不動産 | 財産 一部有財産 動産 | 財産 一部有財産 不動産 | 財産 積立金穀 | 財産 罹災救助金 | 財産ヨリ生スル收入 | 市町村債額 | 第三種所得税額 | 同納税者實人員 | 課率 附加税 地價割 | 課率 附加税 國税營業税割 | 課率 附加税 所得税割 | 課率 附加税 戸別割 | 課率 附加税 地方税營業税割 | 課率 附加税 雜種税割 | 課率 特別税 反別割 田 | 課率 特別税 反別割 畑 | 課率 特別税 反別割 宅地 | 課率 特別税 反別割 山林 | 課率 特別税 反別割 原野 | 課率 特別税 反別割 牧場 | 課率 特別税 反別割 海産 干場 | 課率 特別税 反別割 雜種地 | 課率 特別税 建物割 | 課率 特別税 牛馬割 | 課率 特別税 戸別割 |
|---|---|---|---|---|---|---|---|---|---|---|---|---|---|---|---|---|---|---|---|---|---|---|---|---|---|---|---|---|---|---|
| 同 | 同 | 同 | 同 | 同 | 同 | 同 | 同 | 同 | 同 | 同 | 同 | 同 | 人 | 厘 | 同 | 同 | 同 | 同 | 同 | 同 | 同 | 同 | 同 | 同 | 同 | 同 | 同 | 同 | 同 | 同 |
| — | — | — | — | — | 三〇、〇〇〇 | — | — | 三一、五〇〇 | — | 四、九三七 | 五、七〇〇 | 五、一〇一 | 二六一 | — | 一五〇 | 一五〇 | — | 八〇〇 | 八〇〇 | 三六〇 | 二〇〇 | 五〇〇 | 四五 | 四五 | 二〇 | — | — | — | — | 九、三四〇 |
| — | — | — | — | — | 三〇、〇六〇 | — | — | 三二、七一四 | — | 七、五七三 | 四、七五〇 | 九、六七九 | 二八八 | — | 一五〇 | 一五〇 | — | 八〇〇 | 八〇〇 | 四一二 | 二六八 | 五〇〇 | 四五 | 四五 | 二〇 | — | — | — | — | 一二、七六〇 |
| — | — | — | — | — | 三三、[illegible]九〇 | — | — | 三四、〇五〇 | — | 九、八五九 | 三、八〇〇 | 一七、六三四 | 四一二 | — | 一五〇 | 一五〇 | — | 一、〇〇〇 | 一、〇〇〇 | 七〇〇 | 三八八 | 六八〇 | 四五 | 四五 | 三〇 | — | — | — | — | 一七、四三〇 |
| — | — | — | — | — | 三一、四五〇 | — | — | 三五、一二〇 | — | 五、七三〇 | 二、八五〇 | 一二、六八四 | 四〇五 | — | 二三〇 | 一四〇 | — | 一、三〇〇 | 一、三〇〇 | 九九九 | 三九五 | 七一三 | 四三 | 四三 | 二三 | — | — | — | — | 二〇、三〇〇 |
| — | — | — | — | — | 三一、二二九 | — | — | 三七、九六五 | — | 一〇、八一四 | 一、九〇〇 | 一〇、八一四 | 三九四 | — | 四七〇 | 一四〇 | 七、六〇〇 | 一、三〇〇 | 一、三〇〇 | 九九九 | 三五五 | 七四〇 | 四三 | 四三 | 二三 | — | — | — | — | 一九、三八〇 |
| 一、五〇八 | 一二、〇〇〇 | 三六七 | — | 二一、九六〇 | — | — | — | — | — | 一〇、六二三 | 四一、四六六 | 二、二五五 | 一一九 | — | 一五〇 | 一五〇 | 四、〇〇〇 | 八〇〇 | 八〇〇 | 五五九 | 三三〇 | 六一二 | 〇二〇 | 〇二〇 | 〇二〇 | — | — | — | — | — |
| 一、九三七 | 一二、〇〇〇 | 四一三 | — | 二一、九六〇 | — | — | — | — | — | 一一、二九七 | 二八、七七四 | 三、九〇九 | 一四八 | — | 一五〇 | 一五〇 | 四、〇〇〇 | 八〇〇 | 八〇〇 | 五五九 | 三三〇 | 六一二 | 〇二〇 | 〇二〇 | 〇二〇 | — | — | — | — | — |
| 一、七九七 | 一二、〇〇〇 | 四三一 | — | 二一、九六〇 | — | — | — | — | — | 一一、〇四四 | 一五、三五六 | 六、一四八 | 三六二 | — | 二四〇 | 二四〇 | 七、〇〇〇 | 一、〇〇〇 | 一、〇〇〇 | 一、四一〇 | 六三四 | 一、三五六 | 〇三〇 | 〇三〇 | 〇三〇 | — | — | — | — | — |
| 一五四 | 一二、〇〇〇 | 四六一 | — | 二一、九六〇 | — | — | — | — | — | 一三、〇七八 | 一、一六六 | 四、八三八 | 一九七 | — | 二四〇 | 二四〇 | 七、三〇〇 | 一、二〇〇 | 一、二〇〇 | 一、七八七 | 六三四 | 一、七五七 | 〇三〇 | 〇三〇 | 〇三〇 | — | — | — | — | — |
| 二一六 | 一二、〇〇〇 | 四八三 | — | 二一、九六〇 | — | — | — | — | — | 一四、九〇三 | 五七、〇一二 | 三、九五三 | 一五二 | — | 四七〇 | 一四〇 | 五、五五〇 | 一、〇〇〇 | 一、〇〇〇 | 一、三一五 | 二〇二 | 一、三〇〇 | 〇一〇 | 〇一〇 | 〇一〇 | — | — | — | — | — |

| 種別（町村名） | 年度 | 面積 | 民有地 田 | 民有地 畑 | 民有地 宅地 | 民有地 山林 | 民有地 原野 | 民有地 牧場 | 民有地 其他 | 現住戸數 | 現住人口 | 負擔 直接國稅額 | 負擔 地方稅額 | 負擔 市町村稅額 | 財政 歲入 | 歲出經常部 役所役場費 | 歲出經常部 土木費 | 歲出經常部 教育費 | 歲出經常部 衛生費 | 歲出經常部 勸業費 | 歲出經常部 其他 | 歲出經常部 計 | 同臨時部計 | 通計 | 基本財産 動産 | 基本財産 不動産 |
|---|---|---|---|---|---|---|---|---|---|---|---|---|---|---|---|---|---|---|---|---|---|---|---|---|---|---|
| 單位 | | 方里 | 反 | 同 | 同 | 同 | 同 | 同 | 同 | 戸 | 人 | 圓 | 同 | 同 | 同 | 同 | 同 | 同 | 同 | 同 | 同 | 同 | 同 | 同 | 同 | 同 |
| 比布村 | 大正六年度 | 六、一〇 | 一、二〇一六 | 二、五一四四 | 四〇四 | — | 九六三八 | 八七〇〇 | — | 一、二五七 | 七、二一七 | 三、一七七 | 六、八四〇 | 一六、九六三 | 二七、二八〇 | 三、五〇六 | 一、三〇八 | 八、四八五 | 六六 | — | 九四四 | 一四、三〇九 | 一二、九四八 | 二七、二五七 | 五〇〇 | 三五、六八三 |
| 同 | 同 七年度 | 六、一〇 | 一、四五七六 | 二、二九五六 | 五二二 | — | 一、一三四九 | 九四七八 | — | 一、一〇九 | 五、六六四 | 五、八四六 | 七、七五五 | 二五、四〇九 | 三五、三九二 | 六、〇七四 | 一、五五八 | 一四、四四〇 | 九五 | — | 三、六三六 | 二五、八〇三 | 七、五〇九 | 三三、三一二 | 五〇〇 | 四一、三二〇 |
| 同 | 同 八年度 | 六、一〇 | 一、四六七六 | 二、二〇五六 | 五二二 | — | 一、一三四九 | 九四七八 | — | 一、一九七 | 六、一七九 | 八、五六一 | 九、一八一 | 三四、五五六 | 四一、四四一 | 七、〇八八 | 九八一 | 一九、一五六 | 二〇〇 | 三五 | 二、二四〇 | 二九、七〇〇 | 一〇、五四八 | 四〇、二四八 | 五〇〇 | 五三、九四〇 |
| 同 | 同 九年度 | 六、一〇 | 一、六〇〇〇 | 二、二〇〇〇 | 五二二 | — | 一、一三四九 | 九四七八 | — | 一、二八一 | 七、一一四 | 七、五二九 | 一三、〇三一 | 四八、七九八 | 五五、〇五二 | 八、二二八 | 五、七二五 | 二二、七七八 | 一九五 | 三八 | 四、〇二三 | 四〇、九八七 | 一一、四九七 | 五二、四八四 | 五〇〇 | 五九、五二〇 |
| 同 | 同 十年度 | 六、一〇 | 一、九九五六 | 一、七九六五 | 五二二 | — | 一、一三四九 | 九四七八 | — | 一、二〇九 | 六、五一三 | 七、七〇八 | 一三、三二四 | 四九、〇八〇 | 六二、〇一五 | 一四、七七八 | 一、八八七 | 二二、八九七 | 二六八 | 二六 | 三、九七三 | 四三、八二九 | 一〇、九三四 | 五四、七六三 | 九〇〇 | 六二、一五五 |
| 東川村 | 同 六年度 | 一六、六〇 | 二、四一四一 | 一、〇三八三 | 八二一 | 八一五四 | 二、三三四〇 | — | — | 一、六一九 | 九、一六五 | 一、八三五 | 七、七〇一 | 一九、五八六 | 二三、〇九七 | 三、一一七 | 三、〇四六 | 九、四九二 | 五八 | 二八 | 八三七 | 一六、五七八 | 六、〇五九 | 二二、六三七 | 一三、〇一〇 | 二〇、〇一六 |
| 同 | 同 七年度 | 一六、六〇 | 二、四五五六 | 一、一一〇八 | 八三二 | 八一五四 | 二、三三四〇 | — | — | 一、三二〇 | 七、二五六 | 三、三七六 | 九、八八三 | 二八、五四三 | 三三、一八〇 | 四、四八六 | 二、五〇七 | 一六、二二七 | 七三 | 二六 | 九五五 | 二四、二七四 | 六、八〇八 | 三一、〇八二 | 一四、八九二 | 二二、二三八 |
| 同 | 同 八年度 | 一六、六〇 | 二、四五九六 | 一、一二六八 | 八九五 | 八一五四 | 二、三三四〇 | — | — | 一、三一二 | 七、一六九 | 六、三〇七 | 一一、五三〇 | 五一、七五〇 | 六九、五七〇 | 一一、九七八 | 四、八八五 | 二四、四四八 | 九一 | 一三〇 | 一〇、二四九 | 五一、七八一 | 一三、六五〇 | 六五、四三一 | 四六、二八〇 | 五九、三三七 |
| 同 | 同 九年度 | 一六、六〇 | 二、八四七五 | 一、二八四八 | 五六三 | 八一五〇 | 二、四七四四 | — | — | 一、三一九 | 七、二〇二 | 五、五六七 | 一七、〇一四 | 五九、八二〇 | 八六、七一八 | 一三、三八二 | 六、四五五 | 二五、六七一 | 一〇一 | 一二六 | 二、七三二 | 四八、四六七 | 三三、五〇〇 | 八一、九六七 | 四三、五一七 | 五九、三三七 |
| 同 | 同 十年度 | 一六、六〇 | 二、八八二五 | 一、三一〇八 | 五七一 | 八一五〇 | 二、四七四四 | — | — | 一、三一四 | 七、二一七 | 五、二七七 | 一七、〇九五 | 四九、〇七四 | 六七、三七九 | 一三、六三八 | 一、五一四 | 二九、四六六 | 一九七 | 三三九 | 三、〇四八 | 四八、二〇二 | 一四、〇三九 | 六二、二四一 | 七一、三七七 | 五九、三三七 |

| 項目 | 單位 | | | | | | | | | | |
|---|---|---|---|---|---|---|---|---|---|---|---|
| 財産 學校基本財産 動産 | 同 | — | — | — | — | — | — | — | — | — | — |
| 財産 學校基本財産 不動産 | 同 | — | — | — | — | — | — | — | — | — | — |
| 財産 特別基本財産 動産 | 同 | — | — | — | — | — | — | — | — | — | — |
| 財産 特別基本財産 不動産 | 同 | — | — | — | — | — | — | — | — | — | — |
| 財産 收益ナキ財産 動産 | 同 | — | — | — | — | — | — | — | — | — | — |
| 財産 收益ナキ財産 不動産 | 同 | 二一、九九一 | 二四、九五〇 | 二八、二五〇 | 三四、八五〇 | 三九、七五五 | — | — | — | — | — |
| 財産 一部有財産 財産 | 同 | — | — | — | — | — | — | — | — | — | — |
| 財産 一部有財産 不動産 | 同 | — | — | — | — | — | — | — | — | — | — |
| 財産 積立金穀 | 同 | 五〇六 | 五〇六 | 五〇六 | 七、〇八九 | 五、一六五 | 一三、〇一〇 | 一四、八九二 | 四六、二八〇 | 四三、五一七 | 七一、三七七 |
| 財産 罹災救助金 | 同 | — | — | — | — | — | — | — | — | — | — |
| 財産ヨリ生スル收入 | 同 | 一、七六四 | 三、六七三 | 二、八九五 | 五、五九二 | 六、八七三 | 一、五四三 | 三、二二八 | 二一、七[illegible]〇 | 一二、五〇二 | 一八、六四一 |
| 市町村債額 | 同 | 一七、九〇〇 | 一五、六九六 | 一三、七五八 | 一一、七八三 | 九、七七一 | 五二八 | 五二八 | 五二八 | 五二八 | 五三二 |
| 第三種所得税額 | 同 | 二、五五一 | 四、五八五 | 六、二三九 | 四、八八五 | 五、四四五 | 一、六〇五 | 三、 三七 | 五、六一五 | 四 二九九 | 三、九五五 |
| 同納税者實人員 | 人 | 一五七 | 一六九 | 二一〇 | 二一七 | 一七六 | 一三六 | 一六二 | 二四〇 | 二七〇 | 二五五 |
| 課率 附加税 地價割 | 同 | — | — | — | — | — | — | — | — | — | — |
| 課率 附加税 國税營業税割 | 同 | 一五〇 | 一五〇 | 一五〇 | 二四〇 | 四七〇 | 一五〇 | 一五〇 | 一五〇 | 二四〇 | 四七〇 |
| 課率 附加税 所得税割 | 同 | 一五〇 | 一五〇 | 一五〇 | 一四〇 | 一四〇 | 一五〇 | 一五〇 | 一五〇 | 二四〇 | 一四〇 |
| 課率 附加税 戸別割 | 同 | 四、〇〇〇 | 四、二五〇 | 六、〇〇〇 | 八、〇〇〇 | 五、〇〇〇 | 四、一〇〇 | 四、二〇〇 | 七、三〇〇 | 七、七〇〇 | 四、〇〇〇 |
| 課率 附加税 地方營業税割 | 同 | 一、〇〇〇 | 一、〇〇〇 | 一、〇〇〇 | 一、二〇〇 | 一、〇〇〇 | 七〇〇 | 八〇〇 | 一、〇〇〇 | 一、二〇〇 | 一、〇〇〇 |
| 課率 附加税 雜種税割 | 同 | 一、〇〇〇 | 一、〇〇〇 | 一、〇〇〇 | 一、二〇〇 | 一、〇〇〇 | 七〇〇 | 八〇〇 | 一、〇〇〇 | 一、二〇〇 | 一、〇〇〇 |
| 課率 特別税 反別割 田 | 同 | 二三四 | 三〇〇 | 三九八 | 七六三 | 八二三 | 二二五 | 三八五 | 七二五 | 七二五 | 七二五 |
| 課率 特別税 反別割 畑 | 同 | 一二六 | 一五五 | 二八五 | 四四六 | 三二四 | 一二四 | 一八〇 | 二七五 | 二七五 | 二七五 |
| 課率 特別税 反別割 宅地 | 同 | 一七八 | 一四〇 | 三九九 | 九四九 | 九四九 | 二二三 | 三六六 | 六五六 | 六五六 | 六五六 |
| 課率 特別税 反別割 山林 | 同 | — | — | — | — | — | 〇三〇 | 〇三〇 | 〇四〇 | 〇四〇 | 〇四〇 |
| 課率 特別税 反別割 原野 | 同 | 〇一五 | 〇一五 | 〇二〇 | 〇五〇 | 〇三〇 | 〇三〇 | 〇三〇 | 〇四〇 | 〇四〇 | 〇四〇 |
| 課率 特別税 反別割 牧場 | 同 | 〇一五 | 〇一五 | 〇二〇 | 〇五〇 | 〇三〇 | — | — | — | — | — |
| 課率 特別税 反別割 海産干場 | 同 | — | — | — | — | — | — | — | — | — | — |
| 課率 特別税 反別割 雜種地 | 同 | — | — | — | — | — | — | — | — | — | — |
| 課率 特別税 建物割 | 同 | — | — | — | — | — | — | — | — | — | — |
| 課率 特別税 牛馬割 | 同 | — | — | — | — | — | — | — | — | — | — |
| 課率 特別税 戸別割 | 同 | — | — | — | — | — | — | — | — | — | — |

| 種別 | 単位 | 永山村 大正六年度 | 永山村 同七年度 | 永山村 同八年度 | 永山村 同九年度 | 永山村 同十年度 | 上富良野村 同六年度 | 上富良野村 同七年度 | 上富良野村 同八年度 | 上富良野村 同九年度 | 上富良野村 同十年度 |
|---|---|---|---|---|---|---|---|---|---|---|---|
| 民有地 田 | 反別 | 二、〇七八七 | 二、〇七八七 | 二、一五六八 | 二、一五六八 | 二、三一五〇 | 二六七一 | 二七二三 | 一、〇三三二 | 一、一一二三 | 一、三九九八 |
| 民有地 畑 | 同 | 六六三六 | 六六三六 | 四五五三 | 四五五三 | 二六七五 | 六、八二五九 | 六、九五二三 | 六、四二五八 | 五、六三六〇 | 五、八五二四 |
| 民有地 宅地 | 同 | 六二〇 | 六一六 | 六四〇 | 六四二 | 六七一 | 一二〇 | 一二四 | 一三七 | 一七一 | 二〇六 |
| 民有地 山林 | 同 | — | — | — | — | — | — | — | 三 | 四二 | 一二四 |
| 民有地 原野 | 同 | — | — | — | — | — | 四、〇八三一 | 四、七二八九 | 四、九二六〇 | 五、二〇二九 | 五、五三一八 |
| 民有地 牧場 | 同 | — | — | — | — | — | 三、五五五二 | 三、八〇六七 | 四、二二九六 | 四、九二二八 | 四、九二二八 |
| 民有地 其他 | 同 | 二一九四 | 二一七二 | 二二〇五 | 二五〇七 | 二一三五 | 五三 | 一〇四 | 一五六 | 三一三 | 三一三 |
| 面積 | 方里 | 二、〇〇 | 二、〇〇 | 二、〇〇 | 二、〇〇 | 二、〇〇 | 一五、〇〇 | 一五、〇〇 | 一五、〇〇 | 一五、〇〇 | 一五、〇〇 |
| 現住戸數 | 戸 | 一、三五三 | 一、三四一 | 一、三三七 | 一、四三四 | 一、五二一 | 一、七〇二 | 一、九〇二 | 二、〇〇三 | 二、〇〇六 | 一、九八五 |
| 現住人口 | 人 | 七、八四七 | 七、四七三 | 七、四八六 | 九、〇一八 | 九、八一〇 | 九、七八六 | 一〇、三一八 | 一〇、四一八 | 一〇、四六五 | 一一、二五九 |
| 負擔 直接國税額 | 圓 | 七、八四七 | 七、四七三 | 七、四八六 | 九、〇一八 | 九、八一〇 | 三、〇四九 | 五、〇七六 | 七、三五七 | 四、六二六 | 四、〇九八 |
| 負擔 地方税額 | 同 | 九 | 九 | 一四 | 二〇 | 一六 | 八、九八四 | 一〇、二六〇 | 一二、七〇六 | 二〇、八五四 | 二〇、七六六 |
| 負擔 市町村税額 | 同 | 二四、六四三 | 三〇、八五四 | 四七、八〇九 | 六〇、四八八 | 七二、四六〇 | 一五、〇六八 | 二〇、一四五 | 四三、九二四 | 五八、五〇九 | 四七、四五五 |
| 財政 歳入 | 同 | 五四、四七九 | 三六、四二〇 | 五九、四九一 | 六八、四六三 | 一一二、三四〇 | 一八、一二九 | 三〇、一〇三 | 六八、五一六 | 六九、四九六 | 五七、五二五 |
| 歳出經常部 役所役場費 | 同 | 三、七八八 | 四、八九三 | 五、四七六 | 八、二九七 | 一四、九〇二 | 三、三二〇 | 五、〇一七 | 一一、六四二 | 一四、八八〇 | 一四、七三三 |
| 歳出經常部 土木費 | 同 | 九七三 | 二、三七七 | 一、八〇九 | 二、八〇四 | 三、五〇九 | 九六四 | 六七〇 | 三、一六四 | 九、五八九 | 九、六六五 |
| 歳出經常部 教育費 | 同 | 一〇、〇五二 | 一四、四五五 | 二〇、二四三 | 二三、三九二 | 二五、〇四五 | 九、九二一 | 一五、四四二 | 二三、二九九 | 二七、九九六 | 三〇、七五六 |
| 歳出經常部 衛生費 | 同 | 九七 | 一、〇三六 | 三三五 | 二〇八 | 三〇五 | 七三 | 一〇一 | 二五七 | 三〇〇 | 七六二 |
| 歳出經常部 勸業費 | 同 | 一一〇 | 四四 | 七八 | 六〇 | 八一 | — | — | — | — | — |
| 歳出經常部 其他 | 同 | 四、一八〇 | 五、二〇八 | 一、五〇三 | 一九、八五七 | 一八、三七〇 | 八四三 | 二、一五六 | 三、三一四 | 二、八二〇 | 五、〇五二 |
| 歳出經常部 計 | 同 | 一九、二〇〇 | 二八、〇一三 | 四二、四四四 | 五四、六一八 | 六二、二一二 | 一五、一二一 | 二三、三八六 | 四一、六七六 | 五五、五八五 | 六〇、九六八 |
| 同臨時部 計 | 同 | 三五、二七九 | 八、四〇七 | 一七、〇四七 | 一三、八四五 | 五〇、一二八 | 一、八七三 | 六、一七四 | 六四、〇七九 | 六一、七三一 | 三、八二四 |
| 通計 | 同 | 五四、四七九 | 三六、四二〇 | 五九、四九一 | 六八、四六三 | 一一二、三四〇 | 一六、九九四 | 二九、五六〇 | 一〇五、七五五 | 一一七、三一六 | 六四、七九二 |
| 基本財產 動產 | 同 | 五、六八四 | 六、一二八 | 六、二三八 | 六、三一七 | 七、三五〇 | 一一、七七八 | 八、二一六 | 一一、一五八 | 一五、五〇三 | 一六、七九八 |
| 基本財產 不動產 | 同 | 三〇、九五三 | 三四、七九八 | 四五、八〇三 | 四五、八〇三 | 三一、八五三 | 九六、九六〇 | 一五七、二三六 | 二五五、三六六 | 二七五、九五八 | 二〇一、一〇〇 |

| | | | | | | | | | | | |
|---|---|---|---|---|---|---|---|---|---|---|---|
| 財産 學校基本財産 動産 | 同 | 二、〇四一 | 二、二八五 | 二、五九〇 | 三、一八二 | 三、四四六 | 二三七 | 二四九 | 三一〇 | 三二四 | 五九七 |
| 財産 學校基本財産 不動産 | 同 | ― | ― | ― | ― | ― | ― | ― | ― | ― | ― |
| 財産 特別基本財産 動産 | 同 | 一五一 | 一六三 | 一六三 | 一七九 | 一八八 | ― | ― | ― | ― | ― |
| 財産 特別基本財産 不動産 | 同 | ― | ― | ― | ― | ― | ― | ― | ― | ― | ― |
| 財産 收益ナキ財産 動産 | 同 | ― | ― | ― | ― | ― | ― | ― | ― | ― | ― |
| 財産 收益ナキ財産 不動産 | 同 | 二七、四三五 | 三八、九三三 | 三八、九三三 | 四〇、三八五 | 四二、五〇〇 | 一二、八〇七 | 三四、三一〇 | 四六、三九六 | 六五、〇九二 | 六五、五七〇 |
| 財産 一部有財産 動産 | 同 | ― | ― | ― | ― | ― | 一一、五四一 | 七、九六七 | 一〇、八四八 | 一五、一七九 | 一六、二〇一 |
| 財産 一部有財産 不動産 | 同 | ― | ― | ― | ― | ― | 八四、一五三 | 一二二、九二六 | 二〇八、九七〇 | 二二〇、八六六 | 一三五、五三〇 |
| 財産 積立金穀 | 同 | ― | ― | ― | ― | ― | 三、二一三 | ― | ― | ― | ― |
| 財産 罹災救助金 | 同 | ― | ― | ― | ― | ― | ― | ― | ― | ― | ― |
| 財産ヨリ生スル收入 | 同 | 二、四八四 | 二、七一五 | 二、〇八四 | 二、二〇九 | 一、三九九 | 三、九六五 | 四、二六七 | 二、八五四 | 四、二二四 | 四、二六七 |
| 市町村債額 | 同 | 三一、六四〇 | 二七、一九八 | 二二、五三二 | 一七、六三一 | 一九、四八一 | 一、〇〇〇 | 五〇〇 | 一五、〇〇〇 | 一八、六四七 | 一六、九二六 |
| 第三種所得税額 | 同 | 三、五八七 | 五、八二七 | 九、七四三 | 五、八四六 | 六、五六八 | 二、八〇七 | 三、五八九 | 四、六三二 | 一、九三七 | 一、八一六 |
| 同納税者實人員 | 人 | 二二九 | 一七四 | 二八四 | 二六七 | 二二四 | 一六八 | 一七〇 | 一八七 | 一〇一 | 八一 |
| 課率 附加税 地價割 | 厘 | ― | ― | ― | ― | ― | ― | ― | ― | ― | ― |
| 課率 附加税 國税營業税割 | 同 | 一五〇 | 一五〇 | 二四〇 | 二四〇 | 四七〇 | 一五〇 | 一五〇 | 二四〇 | 二四〇 | 四七〇 |
| 課率 附加税 所得税割 | 同 | 一五〇 | 一五〇 | 二四〇 | 一四〇 | 一四〇 | 一五〇 | 一五〇 | 二四〇 | 二四〇 | 一四〇 |
| 課率 附加税 戶別割 | 同 | 四、〇〇〇 | 五、一〇〇 | 七、〇〇〇 | 七、〇〇〇 | 六、〇〇〇 | ― | ― | 六、三六〇 | 五、七五〇 | 五、二八〇 |
| 課率 附加税 地方税營業税割 | 同 | 五〇〇 | 七〇〇 | 一、〇〇〇 | 一、〇〇〇 | 一、〇〇〇 | 一、〇〇〇 | 一、〇〇〇 | 一、〇〇〇 | 一、六〇〇 | 一、〇〇〇 |
| 課率 附加税 雜種税割 | 同 | 五〇〇 | 七〇〇 | 一、〇〇〇 | 一、〇〇〇 | 一、〇〇〇 | 一、〇〇〇 | 一、〇〇〇 | 一、〇〇〇 | 一、六〇〇 | 四〇〇 |
| 課率 特別税 反別割 田 | 同 | 五四〇 | 六〇〇 | 八〇〇 | 一、〇四〇 | 一、二五六 | 〇八三 | 〇八三 | 〇五四 | 〇七二 | 二八八 |
| 課率 特別税 反別割 畑 | 同 | 二七〇 | 三六〇 | 四一〇 | 六一一 | 四一八 | 〇四七 | 〇四七 | 〇四二 | 〇四八 | 一〇三 |
| 課率 特別税 反別割 宅地 | 同 | 五四〇 | 五三〇 | 五四〇 | 一、一一〇 | 九二五 | 三六〇 | 三六〇 | 三七〇 | 五六〇 | 一、三八六 |
| 課率 特別税 反別割 山林 | 同 | | | | | | ― | ― | 〇三〇 | 〇三〇 | 〇五〇 |
| 課率 特別税 反別割 原野 | 同 | 〇二五 | 〇二五 | 〇二五 | 〇二五 | 〇二五 | ― | ― | 〇三〇 | 〇三〇 | 〇五〇 |
| 課率 特別税 反別割 牧場 | 同 | | | | | | ― | ― | 〇三〇 | 〇三〇 | 〇三五 |
| 課率 特別税 反別割 海産干場 | 同 | ― | ― | ― | ― | ― | ― | ― | ― | ― | ― |
| 課率 特別税 反別割 雜種地 | 同 | ― | ― | ― | ― | ― | ― | ― | ― | ― | ― |
| 課率 特別税 建物割 | 同 | ― | ― | ― | ― | ― | ― | ― | ― | ― | ― |
| 課率 特別税 牛馬割 | 同 | ― | ― | ― | ― | ― | ― | ― | ― | ― | ― |
| 課率 特別税 戶別割 | 同 | ― | ― | ― | ― | ― | 七五〇 | 七五〇 | ― | ― | ― |

| 町村名 | 種別 | 面積 | 民有地 田 | 民有地 畑 | 民有地 宅地 | 民有地 山林 | 民有地 原野 | 民有地 牧場 | 民有地 其他 | 現住戸數 | 現住人口 | 負擔 直接國税額 | 負擔 地方税額 | 負擔 市町村税額 | 財政 歳入 | 歳出經常部 役所役場費 | 歳出經常部 土木費 | 歳出經常部 教育費 | 歳出經常部 衛生費 | 歳出經常部 勸業費 | 歳出經常部 其他 | 歳出經常部 計 | 同臨時部 計 | 通計 | 基本財産 動産 | 基本財産 不動産 |
|---|---|---|---|---|---|---|---|---|---|---|---|---|---|---|---|---|---|---|---|---|---|---|---|---|---|---|
| | 單位 | 方里 | 反別 | 同 | 同 | 同 | 同 | 同 | 同 | 戸 | 人 | 圓 | 同 | 同 | 同 | 同 | 同 | 同 | 同 | 同 | 同 | 同 | 同 | 同 | 同 | 同 |
| 鷹栖村 | 大正六年度 | 二六、〇〇 | 五、二七七七 | 四、三五九六 | 一九六 | 一、八八三三 | 四、三九九二 | 七〇〇 | — | 三、二二〇 | 二三、三二五 | 六、八八三 | 一八、一八三 | 四二、七七五 | 六八、二二〇 | 一一、六〇二 | 一〇、六三七 | 二三、七一一 | 三三三 | 二四 | 四、五二九 | 五〇、八三六 | 一五、六一九 | 六六、四五五 | 二三一 | 一一六、九五六 |
| | 同 七年度 | 二六、〇〇 | 五、〇五六八 | 四、三五四四 | 一三六七 | 一、八二七八 | 四、四五六七 | 七〇〇 | — | 三、一八三 | 二〇、〇一八 | 一一、二六七 | 二〇、一六四 | 五九、七三八 | 八九、三三八 | 一七、八五九 | 一三、七〇三 | 三三、八七五 | 七〇一 | 二五 | 五、六四八 | 七一、八一一 | 一四、七六九 | 八六、五八〇 | 三六二 | 三五四、一九〇 |
| | 同 八年度 | 二六、〇〇 | 五、六三五九 | 四、九四一八 | 一七〇八 | 一、八二七八 | 四、四五六七 | 七〇〇 | — | 三、一九二 | 二〇、二七一 | 一五、二九二 | 二八、三〇一 | 八二、九二九 | 一二九、九九七 | 二五、〇五六 | 一五、五一四 | 五四、六五五 | 九〇八 | 六三 | 八、〇一二 | 一〇四、二〇八 | 一〇、二六四 | 一一四、四七二 | 三〇〇 | 四二四、〇四七 |
| | 同 九年度 | 二六、〇〇 | 六、〇四四九 | 四、七五七四 | 一七九三 | 一、二七一三 | 七、一六〇八 | 七〇〇 | — | 三、二〇五 | 二〇、一六一 | 一五、六一三 | 四一、八四〇 | 一一五、一三九 | 二二三、二八九 | 二七、三七〇 | 二五、九九八 | 六二、一八二 | 四八三 | 五五 | 九、三八四 | 一二五、四七二 | 五九、〇一〇 | 一八四、四八二 | 二九八 | 三八〇、七五二 |
| | 同 十年度 | 二六、〇〇 | 六、一三三八 | 四、〇九一三 | 一七九三 | 一、二七一三 | 七、一六〇八 | 七〇〇 | — | 三、一五六 | 二〇、五三一 | 一八、〇九八 | 四一、四二八 | 九三、三六六 | 二三九、五九二 | 三〇、一九〇 | 三三、四一四 | 六五、五四三 | 一、五九五 | 八〇 | 一三、八八〇 | 一四三、七〇二 | 九四、八九〇 | 二三九、五九二 | 三一六 | 四二三、九二二 |
| 名寄町 | 同 六年度 | 五二、七〇 | 五四五 | 四、五八三〇 | 一六九〇 | 一、八〇五八 | 一、二二〇一 | — | — | 二、二五六 | 一三、五六五 | 一〇、一七〇 | 一二、二八一 | 三一、四〇〇 | 三九、九三四 | 七、〇四二 | 九四九 | 一七、一四三 | 九二三 | 九 | 二、六九一 | 二八、七五七 | 七、三〇四 | 三六、〇六一 | 一一、六六一 | 六一、八二一 |
| | 同 七年度 | 五二、七〇 | 八六五 | 四、九一六九 | 一四三一 | 一、九一〇八 | 一、二二五〇 | — | — | 二、二六八 | 一二、九三一 | 一八、八七三 | 一四、四八一 | 四六、八四六 | 六八、一六六 | 一〇、二六七 | 三、一〇八 | 二五、六〇一 | 二、一七六 | 一八 | 七、九六六 | 四九、一三六 | 一五、六八〇 | 六四、八一六 | 一五、六一一 | 一三四、二八八 |
| | 同 八年度 | 五二、七〇 | 一〇八二 | 五、一五七八 | 一六二三 | 一、八八七六 | 一、八〇一一 | — | — | 二、五二四 | 一四、〇一二 | 二八、六一九 | 二二、〇二六 | 八二、二〇九 | 九二、九六九 | 一八、五〇一 | 一、八七三 | 四四、七四二 | 一、三九七 | 三八 | 四、五七五 | 七一、一二六 | 一五、三四九 | 八四、四七五 | 二一、二六〇 | 一三五、七八三 |
| | 同 九年度 | 五二、七〇 | 一三二八 | 五、六三六一 | 一九九〇 | 一、九〇六一 | 一、三九一二 | — | — | 二、八〇五 | 一四、六九八 | 二二、四一三 | 三五、七三一 | 九六、四四〇 | 一二六、〇三一 | 二一、二九七 | 二、八〇九 | 五二、四八二 | 一、九六七 | 一三 | 一三、三二七 | 九一、八九七 | 一九、七五四 | 一一一、六五一 | 一三、二六七 | 二三九、〇一六 |
| | 同 十年度 | 五二、七〇 | — | 五、五九七六 | 一三九八 | 三、三二二一 | 二、四一八〇 | — | — | 二、九〇六 | 一五、一一一 | 二三、四五〇 | 三四、四四三 | 七一、七四 | 一二二、五九五 | 二五、一八二 | 二、〇九三 | 五〇、三八〇 | 一、四〇六 | 六 | 一一、一〇四 | 九〇、一七一 | 二二、四二四 | 一一二、五九五 | 六二、〇二三 | 二五四、八一八 |

| 財産 學校基本財産 動産 | 學校基本財産 不動産 | 特別基本財産 動産 | 特別基本財産 不動産 | 收益ナキ財産 動産 | 收益ナキ財産 不動産 | 一部有財産 動産 | 一部有財産 不動産 | 積立金穀 | 罹災救助金 | 財産ヨリ生スル收入 | 市町村債額 | 第三種所得税額 | 同納税者實人員 | 課率 附加税 地價割 | 國稅營業稅割 | 所得稅割 | 戸別割 | 地方稅營業稅割 | 雜種稅割 | 特別税 反別割 田 | 畑 | 宅地 | 山林 | 原野 | 牧場 | 海產干場 | 雜種地 | 建物割 | 牛馬割 | 戸別割 |
|---|---|---|---|---|---|---|---|---|---|---|---|---|---|---|---|---|---|---|---|---|---|---|---|---|---|---|---|---|---|---|
| 同 | 同 | 同 | 同 | 同 | 同 | 同 | 同 | 同 | 同 | 同 | 同 | 同 | 人 | 厘 | 同 | 同 | 同 | 同 | 同 | 同 | 同 | 同 | 同 | 同 | 同 | 同 | 同 | 同 | 同 | 同 |
| — | — | — | — | — | 一六、〇三〇 | — | — | 二四、八三五 | — | 一二、三四五 | — | 五、八〇〇 | 三四六 | — | 一五〇 | 一五〇 | — | 七〇〇 | 七〇〇 | 二五八 | 一四六 | 二三〇 | 〇一〇 | 〇一〇 | 〇二〇 | — | — | — | — | 六、五〇七 |
| — | — | — | — | — | 一九、一一〇 | — | — | 三四、七〇〇 | — | 一六、九〇三 | — | 九、六一九 | 三七二 | — | 一五〇 | 一五〇 | — | 一、〇〇〇 | 一、〇〇〇 | 三四六 | 一九七 | 三〇三 | 〇一〇 | 〇一〇 | 〇二〇 | — | — | — | — | 七、二三九 |
| — | — | — | — | — | 二四、二七二 | — | — | 四五、〇八〇 | — | 二五、〇六八 | — | 一二、九五五 | 四〇四 | — | 二一〇 | 二一〇 | — | 一、二〇〇 | 一、二〇〇 | 五四〇 | 三〇〇 | 四八四 | 〇三〇 | 〇三〇 | 〇四〇 | — | — | — | — | 九、六五五 |
| — | — | — | — | — | 一九、一一三 | — | — | 四八、三七七 | — | 三八、一一二 | — | 一一、四〇四 | 四五〇 | — | 二四〇 | 二四〇 | — | 一、五〇〇 | 一、五〇〇 | 六三六 | 三八二 | 六二八 | 一一〇 | 〇四〇 | 一五〇 | — | — | — | — | 一三、七五九 |
| — | — | — | — | — | 三三、二六六 | — | — | 四八、二四〇 | — | 三六、五五四 | — | 一二、一四七 | 四二五 | — | 四七〇 | 一四〇 | — | 一、一〇〇 | 一、一〇〇 | 五七七 | 三二一 | 五三一 | 一三一 | 〇三〇 | 〇九〇 | — | — | — | — | 九、七六六 |
| — | — | — | — | — | 一〇、九七八 | — | — | — | — | 二、六八六 | — | 六、七七五 | 二七二 | 宅地 〇九〇 其他 二一〇 | 一五〇 | 一五〇 | 五、〇〇〇 | 八〇〇 | 八〇〇 | 〇七四 | 一三一 | 三七四 | | 〇八七 | | — | — | — | — | — |
| — | — | — | — | — | 八一、五四五 | — | — | — | — | 二、五四六 | — | 八、八〇八 | 三一五 | 宅地 〇九〇 其他 二一〇 | 一五〇 | 一五〇 | 六、八七〇 | 一、〇〇〇 | 一、〇〇〇 | 一〇七 | 二一三 | 三九三 | | 〇一〇 | | — | — | — | — | — |
| — | — | — | — | — | 八一、六四四 | — | — | — | — | 四、三五〇 | — | 一一、一五〇 | 三九七 | — | 一五〇 | 一五〇 | 七、五二〇 | 一、〇〇〇 | 一、〇〇〇 | 三六五 | 三〇五 | 三、〇二五 | | 〇四〇 | | — | — | — | — | — |
| — | — | — | — | — | 七一、二四七 | — | — | — | — | 七、五六〇 | — | 一〇、七五四 | 三四七 | — | 二四〇 | 二四〇 | 七、五五〇 | 一、二〇〇 | 一、二〇〇 | 三六七 | 二九三 | 二、九九九 | | 〇四〇 | | — | — | — | — | — |
| — | — | — | — | — | 七三、七八三 | — | — | — | — | 九、七三〇 | — | 一三、一六四 | 三七二 | — | 四七〇 | 一四〇 | 三、五四五 | 一、二〇〇 | 一、二〇〇 | 一七五 | 一四一 | 二、九〇九 | | 〇四〇 | | — | — | — | — | — |

| 種別 | 單位 | 富良野町 大正六年度 | 同 七年度 | 同 八年度 | 同 九年度 | 同 十年度 |
|---|---|---|---|---|---|---|
| 面積 | 方里 | 一八、〇〇 | 一八、〇〇 | 一八、〇〇 | 一八、〇〇 | 一八、〇〇 |
| 民有地 田 | 反 | 二四九四 | 二七六四 | 三二八五 | 四〇八七 | 九四七二 |
| 畑 | 同 | 三、二〇二六 | 三、三一七六 | 三、六〇〇〇 | 三、七一三二 | 三、四〇二四 |
| 宅地 | 同 | 二八七 | 三三九 | 三九七 | 四六二 | 五三五 |
| 山林 | 同 | 一二〇〇 | 一二〇〇 | 一一〇〇 | 一一〇〇 | 七〇六八 |
| 原野 | 同 | 一、一四八四 | 一、一四八四 | 九七二四 | 九四七四 | 二、八七一五 |
| 牧場 | 同 | 六七〇〇 | 六七〇〇 | 六七〇〇 | 六七〇〇 | 六七〇〇 |
| 其他 | 同 | 二〇〇〇 | 二〇〇〇 | 三〇〇〇 | 二五〇〇 | 二〇〇〇 |
| 現住戸數 | 戸 | 一、八一一 | 二、〇九〇 | 二、一三七 | 二、二〇七 | 二、一〇二 |
| 現住人口 | 人 | 八、九七一 | 九、八六五 | 一〇、八九九 | 一〇、九四八 | 一一、〇二九 |
| 負擔 直接國税額 | 圓 | 五、三〇五 | 九、七四三 | 一一、一三八 | 八、七六一 | 八、七三九 |
| 地方税額 | 同 | 五、五五二 | 八、四一七 | 一一、八一八 | 一八、六八八 | 二二、七三九 |
| 市町村税額 | 同 | 二四、七六五 | 三九、四一二 | 五五、六八四 | 八六、二四六 | 一四六、二三四 |
| 財政 歳入 | 同 | 二四、七六五 | 三九、四一二 | 五五、六八四 | 八六、二四六 | 一四六、二三四 |
| 歳出 經常部 役所役場費 | 同 | 三、七九七 | 六、三八三 | 一〇、〇四〇 | 一六、三四〇 | 二〇、四二〇 |
| 土木費 | 同 | 九七九 | 二、六一六 | 四、九六五 | 三、四一二 | 六、四五〇 |
| 教育費 | 同 | 一二、二二三 | 一八、〇四〇 | 二五、四七四 | 二九、八一〇 | 三三、七〇三 |
| 衛生費 | 同 | 二七三 | 四五三 | 九七二 | 一、一二一 | 一、五六九 |
| 勸業費 | 同 | 一二 | 一七 | 三〇 | — | 一一五 |
| 其他 | 同 | 一、五四七 | 三、二一五 | 三、九五七 | 五、九五五 | 九、五三四 |
| 計 | 同 | 一八、八二七 | 三〇、七二三 | 四五、七三八 | 五六、六三八 | 七一、七九一 |
| 同臨時部 計 | 同 | 二、九一三 | 六、八〇五 | 八、三一二 | 二八、一四五 | 七四、四四四 |
| 通計 | 同 | 二一、七四〇 | 三七、五二九 | 五四、〇五〇 | 八四、七八三 | 一四六、二三五 |
| 基本財産 動産 | 同 | — | — | — | — | — |
| 不動産 | 同 | — | — | — | — | — |

| 種別 | 單位 | 中富良野村 同 六年度 | 同 七年度 | 同 八年度 | 同 九年度 | 同 十年度 |
|---|---|---|---|---|---|---|
| 面積 | 方里 | 七、〇〇 | 七、〇〇 | 七、〇〇 | 七、五〇 | 七、五〇 |
| 民有地 田 | 反 | 八、一一三 | 一、〇〇六八 | 一、二〇二二 | 二、四〇三〇 | 二、四〇三〇 |
| 畑 | 同 | 四、〇六五八 | 四、七〇二七 | 四、六一一九 | 四、四八六〇 | 四、〇〇九〇 |
| 宅地 | 同 | 四六四 | 三二五 | 三四七 | 五一三 | 五五六 |
| 山林 | 同 | 八五一六 | 七一八一 | 一、〇七八五 | 一、一四一二 | 三、二七六〇 |
| 原野 | 同 | 一、〇八〇三 | 一、〇一五七 | 一、六五七〇 | 二、〇二三七 | 一、二八八九 |
| 牧場 | 同 | 六四八 | 九五〇 | 七六七 | — | — |
| 其他 | 同 | — | — | — | — | 七〇三 |
| 現住戸數 | 戸 | 一、〇四四 | 一、一五五 | 一、二二一 | 一、五二七 | 一、四五八 |
| 現住人口 | 人 | 五、八五七 | 六、五四五 | 七、八七〇 | 八、七〇四 | 八、二九二 |
| 負擔 直接國税額 | 圓 | 一、七六八 | 三、五八〇 | 五、四五九 | 四、六七八 | 五、二五九 |
| 地方税額 | 同 | 五、七六三 | 六、九六七 | 一〇、〇一七 | 一六、四一九 | 一六、九〇八 |
| 市町村税額 | 同 | 一三、八七〇 | 一九、六五八 | 三四、三三五 | 四五、〇五二 | 四二、〇七三 |
| 財政 歳入 | 同 | 一四、八一二 | 二三、九一五 | 三八、八九二 | 六六、七七三 | 五七、二一三 |
| 歳出 經常部 役所役場費 | 同 | 三、五〇九 | 五、五七〇 | 八、〇三九 | 一一、五九八 | 一一、五八六 |
| 土木費 | 同 | 五三一 | 一、九六九 | 六、一四〇 | 五、一三六 | 四、九三五 |
| 教育費 | 同 | 六、九六九 | 九、五八四 | 一六、七二八 | 一九、三九一 | 二三、〇三九 |
| 衛生費 | 同 | 一三五 | 一〇六 | 六二 | 一七七 | 六五四 |
| 勸業費 | 同 | 一五 | 一〇 | 一一 | 二五 | 三〇 |
| 其他 | 同 | 八三八 | 八八八 | 一、三〇四 | 二、一五五 | 五、〇九七 |
| 計 | 同 | 一一、九九七 | 一八、一二七 | 三二、二八四 | 三八、四八二 | 四四、三四一 |
| 同臨時部 計 | 同 | 一、〇〇二 | 四、六五五 | 五、九九一 | 一七、五〇一 | 一二、八七二 |
| 通計 | 同 | 一二、九九九 | 二二、七八二 | 三八、二七五 | 五五、九八三 | 五七、二一三 |
| 基本財産 動産 | 同 | 四、一一四 | 一、五四〇 | 七、九〇九 | 四、九六九 | 一二、四二九 |
| 不動産 | 同 | 一四、三〇九 | 一七、〇五二 | 二一、六五二 | 二一、六五二 | 一〇七、八六八 |

| 項目 | | 1 | 2 | 3 | 4 | 5 | 6 | 7 | 8 | 9 | 10 |
|---|---|---|---|---|---|---|---|---|---|---|---|
| 財產 學校基本財產 動產 | 同 | ― | ― | ― | ― | ― | ― | ― | ― | ― | ― |
| 財產 學校基本財產 不動產 | 同 | ― | ― | ― | ― | ― | ― | ― | ― | ― | ― |
| 財產 特別基本財產 動產 | 同 | ― | ― | ― | ― | ― | ― | ― | ― | ― | ― |
| 財產 特別基本財產 不動產 | 同 | ― | ― | ― | ― | ― | ― | ― | ― | ― | ― |
| 財產 收益ナキ財產 動產 | 同 | ― | ― | ― | ― | ― | ― | ― | ― | ― | ― |
| 財產 收益ナキ財產 不動產 | 同 | ― | ― | ― | ― | ― | 五、四九四 | 一八、九三五 | 一九、三五五 | 一九、三五五 | 三四、五三〇 |
| 財產 一部有財產 財產 | 同 | ― | ― | ― | ― | ― | ― | ― | ― | ― | ― |
| 財產 一部有財產 不動產 | 同 | ― | ― | ― | ― | ― | ― | ― | ― | ― | ― |
| 財產 積立金穀 | 同 | ― | ― | ― | ― | ― | ― | ― | ― | ― | ― |
| 財產 罹災救助金 | 同 | ― | ― | ― | ― | ― | ― | ― | ― | ― | ― |
| 財產ヨリ生スル收入 | 同 | 四〇八 | 七二三 | 九七一 | 九九三 | 一、六七六 | 一、五三七 | 二、〇八九 | 三、八八〇 | 四、一一九 | 六、三五〇 |
| 市町村債額 | 同 | ― | ― | ― | 二五、七〇〇 | 二四、一二〇 | ― | ― | ― | ― | 九、五五三 |
| 第三種所得稅額 | 同 | 三、五六三 | 六、四一三 | 八、九九二 | 六、六九二 | 三、四〇〇 | 一、五八二 | 二、七三七 | 四、二四二 | 二、〇六五 | 二、五六七 |
| 同納稅者實人員 | 人 | 一五五 | 一八二 | 二三五 | 一五六 | 一九三 | 一一四 | 一二一 | 一五三 | 一一四 | 一一六 |
| 課率 附加稅 地價割 | 同 | ― | ― | ― | ― | ― | ― | ― | ― | ― | ― |
| 課率 附加稅 國稅營業稅割 | 同 | 一五〇 | 一五〇 | 二四〇 | 二四〇 | 四七〇 | 一五〇 | 一五〇 | 二四〇 | 四七〇 | 四七〇 |
| 課率 附加稅 所得稅割 | 同 | 一五〇 | 一五〇 | 二四〇 | 二四〇 | 一四〇 | 一五〇 | 一五〇 | 二四〇 | 一四〇 | 一四〇 |
| 課率 附加稅 戶別割 | 同 | 四、〇〇〇 | 四、八〇〇 | 六、三〇〇 | 六、九二五 | 七〇、六〇〇 | 二、五〇〇 | 三、〇〇〇 | 三、七三〇 | 六、六〇〇 | 四、四八〇 |
| 課率 附加稅 地方稅營業稅割 | 同 | 一、〇〇〇 | 一、〇〇〇 | 一、〇〇〇 | 一、二〇〇 | 一、二〇〇 | 一、〇〇〇 | 一、〇〇〇 | 一、〇〇〇 | 一、〇〇〇 | 一、〇〇〇 |
| 課率 附加稅 雜種稅割 | 同 | 一、〇〇 | 一、〇〇〇 | 一、〇〇〇 | 一、二〇〇 | 一、二〇〇 | 一、〇〇〇 | 一、〇〇〇 | 一、〇〇〇 | 一、〇〇〇 | 一、〇〇〇 |
| 課率 特別稅 反別割 田 | 同 | 二一〇 | 二七〇 | 三九一 | 四八二 | 六一三 | 二二〇 | 三六七 | 四五一 | 四四一 | 四二三 |
| 課率 特別稅 反別割 畑 | 同 | 一六〇 | 二三三 | 二七八 | 三六六 | 三二四 | 一四〇 | 一六四 | 二二六 | 二五五 | 二一三 |
| 課率 特別稅 反別割 宅地 | 同 | 二、二二〇 | 三、三〇〇 | 三、七五〇 | 三、七五〇 | 三、三〇〇 | 二六〇 | 二八一 | 八二七 | 八二七 | 七九二 |
| 課率 特別稅 反別割 山林 | 同 | 〇二六 | 〇二六 | 〇二六 | 〇三四 | 〇三四 | 〇一五 | 〇一五 | 〇二〇 | 〇二〇 | 〇二〇 |
| 課率 特別稅 反別割 原野 | 同 | 〇二六 | 〇二六 | 〇二六 | 〇三四 | 〇三四 | 〇一五 | 〇一五 | 〇二〇 | 〇二〇 | 〇二〇 |
| 課率 特別稅 反別割 牧場 | 同 | 〇二六 | 〇二六 | 〇二六 | 〇三四 | 〇三四 | 〇二〇 | 〇二〇 | 〇二五 | 〇二五 | 〇二五 |
| 課率 特別稅 反別割 海產干場 | 同 | ― | ― | ― | ― | ― | ― | ― | ― | ― | ― |
| 課率 特別稅 反別割 雜種地 | 同 | ― | ― | ― | ― | ― | ― | ― | ― | ― | ― |
| 課率 特別稅 建物割 | 同 | ― | ― | ― | ― | ― | ― | ― | ― | ― | ― |
| 課率 特別稅 牛馬割 | 同 | ― | ― | ― | ― | ― | ― | ― | ― | ― | ― |
| 課率 特別稅 戶別割 | 同 | 二、〇〇〇 | 一、〇〇〇 | 三、〇〇〇 | 三、〇〇〇 | 三、〇〇〇 | ― | ― | 一、〇〇〇 | 一、〇〇〇 | 一、〇〇〇 |

| 種別 | 單位 | 大正六年度 | 同 七年度 | 同 八年度 | 同 九年度 | 同 十年度 |
|---|---|---|---|---|---|---|
| 町村名 | | 多寄村 | | | | |
| 面積 | 方里 | 一九、〇〇 | 一九、〇〇 | 一九、〇〇 | 一九、〇〇 | 一九、〇〇 |
| 民有地 田 反別 | 反 | 七九六 | 一〇二三 | 一〇二三 | 二七八三 | 七八八三 |
| 民有地 畑 | 同 | 七、四七九〇 | 七、五二三〇 | 七、五六〇〇 | 七、四三五四 | 七、〇九〇四 |
| 民有地 宅地 | 同 | 七〇 | 四八一 | 五〇六 | 七四六 | 七四五 |
| 民有地 山林 | 同 | 三、一五二三 | 三、一七二六 | 三、二五〇〇 | 三、五五〇〇 | 三、八〇〇〇 |
| 民有地 原野 | 同 | 一、一四三三 | 一、〇五〇〇 | 一、一四八七 | 一、〇二八三 | 一、〇二五九 |
| 民有地 牧場 | 同 | 九五四〇 | 一、五九一四 | 一、五七四九 | 一、五〇二七 | 一、八三三一 |
| 民有地 其他 | 同 | 一四一二 | 二五三八 | 三三二〇 | 三三八七 | 三五〇〇 |
| 現住戸數 | 戸 | 一、六六三 | 一、四五三 | 一、四三五 | 一、五八五 | 一、六三八 |
| 現住人口 | 人 | 九、八一八 | 九、一一五 | 九、一三七 | 九、三一四 | 九、六二〇 |
| 負擔 直接國稅額 | 圓 | 四、九二七 | 七、七一三 | 八、五九七 | 六、五七二 | 四、八四三 |
| 負擔 地方稅額 | 同 | 八、四一〇 | 九、五二六 | 一三、三三一 | 一八、一三二〇 | 二一、〇五二 |
| 負擔 市町村稅額 | 同 | 二〇、二六一 | 三〇、三一七 | 四〇、三〇二 | 五二、七三二 | 三五、九六九 |
| 財政 歳入 | 同 | 二三、二九九 | 三五、六六四 | 五二、三〇八 | 六二、〇一七 | 五三、四八五 |
| 歳出經常部 役所役場費 | 同 | 三、九一二 | 五、三〇九 | 七、六七六 | 八、二二一 | 八、七七二 |
| 歳出經常部 土木費 | 同 | 三、一二九 | 二、四一二 | 一〇、六一五 | 一二、〇四九 | 二、五一八 |
| 歳出經常部 教育費 | 同 | 一〇、一二三 | 一四、八〇一 | 二一、八一八 | 二六、三〇四 | 三〇、四三七 |
| 歳出經常部 衛生費 | 同 | 一五一 | 五七 | 三七〇 | 二一六 | 三七五 |
| 歳出經常部 勸業費 | 同 | 一〇 | 一二 | 八九 | 一〇三 | 四二八 |
| 歳出經常部 其他 | 同 | 一、三六七 | 一、七七二 | 二、七六四 | 四、一一二 | 五、二五七 |
| 歳出經常部 計 | 同 | 一八、六九二 | 二四、三六三 | 四三、三三四 | 五一、〇〇五 | 四七、七八七 |
| 臨時部計 | 同 | 二、一〇四 | 三、二六一 | 八、一一七 | 九、九七〇 | 五、六九八 |
| 通計 | 同 | 二〇、七九六 | 二七、六二四 | 五一、四五一 | 六〇、九七五 | 五三、四八五 |
| 基本財產 動產 | 同 | 二八、七三三 | 二九、四七五 | 三〇、〇七五 | 三〇、九二七 | 三一、四六〇 |
| 基本財產 不動產 | 同 | 三二、一二五 | 三二、一二五 | 三二、一二五 | 三二、一二五 | 三二、一二六 |

| 種別 | 單位 | 同 六年度 | 同 七年度 | 同 八年度 | 同 九年度 | 同 十年度 |
|---|---|---|---|---|---|---|
| 町村名 | | 南富良野村 | | | | |
| 面積 | 方里 | 四三、〇〇 | 四三、〇〇 | 四三、〇〇 | 四三、〇〇 | 四三、〇〇 |
| 民有地 田 反別 | 反 | — | — | 四一 | 九一 | 三二五 |
| 民有地 畑 | 同 | 二、〇五四一 | 二、二七六五 | 二、六五五一 | 二、七〇二八 | 二、三五四八 |
| 民有地 宅地 | 同 | — | 一四七 | 一五〇 | 一七三 | 一六九 |
| 民有地 山林 | 同 | — | 二九六 | 二六二〇 | 二六二〇 | 五、五〇二三 |
| 民有地 原野 | 同 | — | 四六七三 | 二三八八 | 四九七五 | 九三六〇 |
| 民有地 牧場 | 同 | 三、四八三三 | 三、四七五二 | 五六五四 | 四、八二四四 | 二、九五八七 |
| 民有地 其他 | 同 | — | 四四 | — | — | 五二 |
| 現住戸數 | 戸 | 一、〇三九 | 一、〇八三 | 一、〇八一 | 一、二八五 | 一、二九七 |
| 現住人口 | 人 | 五、五三五 | 五、五〇三 | 六、二七一 | 六、四二九 | 六、七七六 |
| 負擔 直接國稅額 | 圓 | 一、九八七 | 三、五七〇 | 四、二九〇 | 三、〇六九 | 三、〇八九 |
| 負擔 地方稅額 | 同 | 五、三三二 | 六、〇二五 | 九、二一九 | 一二、〇六五 | 一四、七七七 |
| 負擔 市町村稅額 | 同 | 五、三一二 | 六、〇二五 | 九、二一九 | 一二、〇六五 | 一四、七七七 |
| 財政 歳入 | 同 | 一〇、七四〇 | 一三、五八四 | 二二、七九九 | 二九、二六九 | 二八、二九七 |
| 歳出經常部 役所役場費 | 同 | 一、六六五 | 二、四五六 | 四、九一八 | 五、二七九 | 五、五七九 |
| 歳出經常部 土木費 | 同 | 三三七 | — | 七二二 | 一、七七五 | 九六五 |
| 歳出經常部 教育費 | 同 | 六、三三五 | 九、三二九 | 一五、八七七 | 二〇、四三九 | 二一、四二七 |
| 歳出經常部 衛生費 | 同 | 六四 | 一四八 | 一〇九 | 一四八 | 六二五 |
| 歳出經常部 勸業費 | 同 | 六 | 六三 | 三六 | 二二九 | 三一五 |
| 歳出經常部 其他 | 同 | 一、〇五八 | 九五〇 | 七六〇 | 六八一 | 一、二六五 |
| 歳出經常部 計 | 同 | 九、四五五 | 一二、九四六 | 二二、四二二 | 二八、五五一 | 三〇、一七六 |
| 臨時部計 | 同 | 五一二 | 五、八三九 | 二、〇九七 | 六、七二三 | 三、五三〇 |
| 通計 | 同 | 九、九六七 | 一八、七八五 | 二四、五一九 | 三五、二七四 | 三三、七〇六 |
| 基本財產 動產 | 同 | 一、六〇〇 | 一、六〇〇 | 一、六〇〇 | 二、八〇〇 | 二、八〇〇 |
| 基本財產 不動產 | 同 | 二〇、三一六 | 二〇、三一六 | 二三、〇七二 | 二六、〇七二 | 二八、五九〇 |

| 財産 學校基本財産 動産 | 財産 學校基本財産 不動産 | 財産 特別基本財産 動産 | 財産 特別基本財産 不動産 | 財産 收益ナキ財産 動産 | 財産 收益ナキ財産 不動産 | 財産 一部有財産 動産 | 財産 一部有財産 不動産 | 積立金穀 | 罹災救助金 | 財産ヨリ生スル收入 | 市町村債額 | 第三種所得税額 | 同納税者實人員 |
|---|---|---|---|---|---|---|---|---|---|---|---|---|---|
| 同 | 同 | 同 | 同 | 同 | 同 | 同 | 同 | 同 | 同 | 同 | 同 | 同 | 人 |
| — | — | — | — | — | 一四一 | — | — | 六、六八七 | — | — | — | 四、二〇三 | — |
| — | — | — | — | — | 一四一 | — | — | 六、一八七 | — | — | — | 六、一八九 | — |
| — | — | — | — | — | 一四一 | — | — | 一一、四〇〇 | — | — | — | 七、九七八 | — |
| — | — | — | — | — | 一四一 | — | — | 一三、七五六 | — | — | — | 三、一八六 | — |
| — | — | — | — | — | 一四一 | — | — | 四、八六七 | — | — | — | 一、三五七 | — |
| — | — | — | — | — | 一一、六二三 | — | — | 七九二 | — | 三四四 | — | 一、〇六二 | 六九 |
| — | — | — | — | — | 一一、六二三 | — | — | 九八四 | — | 四〇二 | — | 二、一一一 | 八六 |
| — | 一、五四四 | — | — | — | 一二、五八〇 | — | — | 二一〇 | — | 五三六 | — | 二、五九九 | 一〇八 |
| 一、二〇〇 | 一、五四四 | — | — | — | 一五、五八〇 | — | — | 三二四 | — | 七九七 | — | 七七三 | 六三 |
| 一二、〇〇 | 一五、四四 | — | — | — | 一七、三三〇 | — | — | 二、五五六 | — | 七九〇 | — | 一、〇六八 | 八[illegible] |

| 課率 附加税 地價割 | 課率 附加税 國税營業税割 | 課率 附加税 所得税割 | 課率 附加税 戸別割 | 課率 附加税 地方税營業税割 | 課率 附加税 雜種税割 | 課率 特別税 反別割 田 | 課率 特別税 反別割 畑 | 課率 特別税 反別割 宅地 | 課率 特別税 反別割 山林 | 課率 特別税 反別割 原野 | 課率 特別税 反別割 牧場 | 課率 特別税 反別割 海産干場 | 課率 特別税 反別割 雜種地 | 課率 特別税 建物割 | 課率 特別税 牛馬割 | 課率 特別税 戸別割 |
|---|---|---|---|---|---|---|---|---|---|---|---|---|---|---|---|---|
| 厘 | 同 | 同 | 同 | 同 | 同 | 同 | 同 | 同 | 同 | 同 | 同 | 同 | 同 | 同 | 同 | 同 |
| — | 一五〇 | 一五〇 | 三、五〇〇 | 五〇〇 | 五〇〇 | 二〇〇 | 一五九 | 三一六 | — | — | 一五 | — | — | — | — | — |
| — | 一五〇 | 一五〇 | 五、〇〇〇 | 九〇〇 | 九〇〇 | 二〇〇 | 一五九 | 三一六 | — | — | 一五〇 | — | — | — | — | — |
| — | 二四〇 | 二四〇 | 六、二五〇 | 一、二〇〇 | 一、二〇〇 | 二〇〇 | 一五九 | 三一六 | — | — | 一五〇 | — | — | — | — | — |
| — | 二四〇 | 一四〇 | 七、六八〇 | 一、二〇〇 | 一、二〇〇 | 二六九 | 二六二 | 一、三六七 | 〇〇五 | 〇〇五 | 〇〇五 | — | — | — | — | — |
| — | 四七〇 | 一四〇 | 四、〇〇〇 | 一、〇〇〇 | 一、〇〇〇 | 一七八 | 一五八 | 九九四 | 〇〇一 | 〇〇一 | 〇〇一 | — | — | — | — | — |
| — | 一五〇 | 一五〇 | — | 五〇〇 | 五〇〇 | — | 一五〇 | 四〇〇 | 〇一五 | 〇一五 | — | — | — | — | — | 三、四七七 |
| — | 一五〇 | 一五〇 | — | 五〇〇 | 五〇〇 | — | 二二三 | 四七七 | 〇二〇 | 〇二〇 | — | — | — | — | — | 五、四〇〇 |
| — | 一五〇 | 一五〇 | 三、四八〇 | 一、〇〇〇 | 一、〇〇〇 | — | 二九九 | 五六四 | 〇三〇 | 〇三〇 | — | — | — | — | — | — |
| — | 四七〇 | 一四〇 | 四、五〇〇 | 一、二〇〇 | 一、二〇〇 | — | 二八二 | 五六四 | 〇三〇 | 〇三〇 | — | — | — | — | — | — |
| — | 四七〇 | 一四〇 | 三、七〇〇 | 一、〇〇〇 | 一、〇〇〇 | — | 一八八 | 四七八 | 〇三〇 | 〇三〇 | — | — | — | — | — | — |

| 町村名 | 種別 | 面積（方里） | 民有地 田（反） | 畑（同） | 宅地（同） | 山林（同） | 原野（同） | 牧場（同） | 其他（同） | 現住戸數（戸） | 現住人口（人） | 負擔 直接國税額（圓） | 地方税額（同） | 市町村税額（同） | 財政 歳入（同） | 歳出 經常部 役所役場費（同） | 土木費（同） | 教育費（同） | 衛生費（同） | 勸業費（同） | 其他（同） | 計（同） | 臨時部計（同） | 通計（同） | 基本財産 動産（同） | 不動産（同） |
|---|---|---|---|---|---|---|---|---|---|---|---|---|---|---|---|---|---|---|---|---|---|---|---|---|---|---|
| 占冠村 | 大正六年度 | 三四、〇〇 | — | 一、二五一六 | — | — | — | — | — | 三五六 | 一、八六七 | 三六五 | 二、八九八 | 三、六〇〇 | 七、六八七 | 七一九 | 一一六 | 二、四七四 | 三六 | — | 三五七 | 三、七〇二 | 五八八 | 四、二九〇 | — | 一一、五三〇 |
| 占冠村 | 同 七年度 | 三四、〇〇 | — | 一、四一九六 | 六 | 三六八二 | 一、二〇三六 | — | 一六 | 四四二 | 一、七〇〇 | 六二〇 | 二、七二五 | 五、七三三 | 一一、二二五 | 一、〇五二 | 一八 | 四、二一五 | 六一 | 一八 | 六八 | 五、四三二 | 五、二二四 | 一〇、六五六 | — | 一一、五三〇 |
| 占冠村 | 同 八年度 | 三四、〇〇 | 七 | 一、六三四九 | 六 | 九六二九 | 五一二 | — | — | 四六二 | 二、一七〇 | 八〇九 | 四、一三九 | 九、〇八〇 | 一一、二六二 | 二、一〇八 | 三〇〇 | 五、八六五 | 八一 | — | 四二 | 八、三九六 | 一、〇六六 | 九、四六二 | — | 二七、五〇八 |
| 占冠村 | 同 九年度 | 三四、〇〇 | 一二 | 一、七一八三 | 三二 | 二六二七 | 二、五二〇四 | — | 四四八 | 五〇一 | 二、三二四 | 六五九 | 五、四五五 | 一二、四九五 | 一四、六四〇 | 二、二〇〇 | 六七七 | 七、五一三 | 一三六 | 九七 | 二九一 | 一〇、九一四 | 三、六九七 | 一四、六一一 | 二一三 | 二八、六九五 |
| 占冠村 | 同 十年度 | 三四、〇〇 | 六八 | 一、四八六五 | 三二 | 九六六四 | 一、七五五五 | — | 四七 | 四七八 | 二、四八一 | 九一三 | 三、五六二 | 一二、四一一 | 一三、七九一 | 二、五八七 | 七四七 | 八、七七五 | 三〇六 | 一九七 | 一一六 | 一二、七二八 | 一、〇六三 | 一三、七九一 | 二〇〇 | 二八、六九五 |
| 神居村 | 同 六年度 | 一〇、〇〇 | 七〇九一 | 一、一二六六 | 一〇二 | 二四九 | — | 三二三六 | — | 六三七 | 三、九二一 | 一、四三四 | 三、六二〇 | 八、五二三 | 一四、七一〇 | 一、九〇五 | 二七二 | 六、五三一 | 一三〇 | 九 | 二、三一一 | 一一、一五八 | 九二七 | 一二、〇八五 | — | 八五、九五七 |
| 神居村 | 同 七年度 | 一〇、〇〇 | 七三〇六 | 一、二二八九 | 一〇四 | 二四九 | — | 三二三六 | — | 六四二 | 四、〇二四 | 二、〇二七 | 三、一七〇 | 一〇、三七〇 | 二一、一六五 | 二、四八〇 | 四六〇 | 八、八五八 | 一一二 | 一三 | 三、〇九〇 | 一五、〇一三 | 七、四四一 | 二二、四五四 | — | 八九、〇九二 |
| 神居村 | 同 八年度 | 一〇、〇〇 | 七四八〇 | 一、二三〇〇 | 一〇五 | 二四九 | — | 三二三六 | — | 六三八 | 三、九六二 | 三、一五九 | 五、四五六 | 一七、六一九 | 二三、一五七 | 三、二四六 | 二六三 | 一五、六〇〇 | 一二七 | 二二 | 四、〇三三 | 二三、二九一 | 二、一一一 | 二五、四〇二 | — | 一二五、四一八 |
| 神居村 | 同 九年度 | 一〇、〇〇 | 七四〇一 | 一四、一五〇 | 一〇八 | 二四九 | — | 三二三四 | — | 六四六 | 三、八〇二 | 二、三三二 | 七、六九七 | 二一、九〇〇 | 三二、八八二 | 四、三〇〇 | 一、一三〇 | 一七、八〇八 | 二一三 | 二五 | 六、五八二 | 三〇、〇五八 | 三、三六五 | 三三、四二三 | — | 一四七、九五四 |
| 神居村 | 同 十年度 | 一〇、〇〇 | 九〇〇〇 | 九一五 | 一〇八 | 三五〇 | — | 三二三四 | — | 六五五 | 四、〇五〇 | 二、三四二 | 八、三五二 | 二一、五六三 | 三六、二四〇 | 四、三八七 | 一、七〇〇 | 一八、三七二 | 五一五 | 四四 | 七、八〇七 | 三二、八二五 | 七、八〇二 | 四〇、六二七 | — | 一五六、四一二 |

| 財産 學校基本財産 動産 | 學校基本財産 不動産 | 特別基本財産 動産 | 特別基本財産 不動産 | 收益ナキ財産 動産 | 收益ナキ財産 不動産 | 一部有財産 動産 | 一部有財産 不動産 | 積立金穀 | 罹災救助金 | 財産ヨリ生スル收入 | 市町村債額 | 第三種所得税額 | 同納税者實人員 | 課率 附加税 地價割 | 國税營業税割 | 所得税割 | 戸別割 | 地方税營業税割 | 雜種税割 | 特別税 反別割 田 | 畑 | 宅地 | 山林 | 原野 | 牧場 | 海産干場 | 雜種地 | 建物割 | 牛馬割 | 戸別割 |
|---|---|---|---|---|---|---|---|---|---|---|---|---|---|---|---|---|---|---|---|---|---|---|---|---|---|---|---|---|---|---|
| 同 | 同 | 同 | 同 | 同 | 同 | 同 | 同 | 同 | 同 | 同 | 同 | 同 | 人 | 厘 | 同 | 同 | 同 | 同 | 同 | 同 | 同 | 同 | 同 | 同 | 同 | 同 | 同 | 同 | 同 | 同 |
| — | — | — | — | — | 三、四三〇 | — | — | 五二七 | — | 三四九 | 三、〇〇〇 | 二一二 | 一三 | — | 一五〇 | 一五〇 | — | 五〇〇 | 五〇〇 | — | 〇九〇 | 一五〇 | 〇〇八 | 〇〇八 | — | — | — | — | — | 四、八〇〇 |
| — | — | — | — | — | 三、四三〇 | — | — | 五四九 | — | 三五〇 | 二、四六四 | 四〇二 | 二四 | — | 一五〇 | 一五〇 | — | 五〇〇 | 五〇〇 | — | 二四三 | 三〇〇 | 〇一五 | 〇一五 | — | — | — | — | — | 六、二五〇 |
| — | 六〇 | — | — | — | 七、七八三 | — | — | 一一五 | — | 三七一 | 一、八九八 | 五一四 | 三二 | — | 一五〇 | 一五〇 | — | 一、〇〇〇 | 一、〇〇〇 | — | 三一〇 | 三八五 | 〇二五 | 〇二五 | — | — | — | — | — | 八、九二〇 |
| 二一三 | 六〇 | — | — | — | 九、六八五 | — | — | 一二一 | — | 三七八 | 一、三〇〇 | 七一 | 一二 | — | 四七〇 | 一四〇 | — | 一、二〇〇 | 一、二〇〇 | — | 二八二 | 三〇三 | 〇二五 | 〇二五 | — | — | — | — | — | 一二、二九四 |
| 二〇〇 | 六〇 | — | — | — | 九、六八五 | — | — | 三一六 | — | 四〇〇 | 六六九 | 一〇三 | 一五 | — | 四七〇 | 一四〇 | — | 一、二〇〇 | 一、二〇〇 | — | 一六三 | 二七四 | 〇三〇 | 〇三〇 | — | — | — | — | — | 七、八七五 |
| — | — | — | — | — | 九、二四三 | — | — | — | — | 九、二四二 | 五、〇〇〇 | 一、一三九 | 七九 | — | 一五〇 | 一五〇 | 三、二六〇 | 五〇〇 | 五〇〇 | 三〇九 | 二〇九 | 三六〇 | 〇二〇 | 〇二〇 | — | — | — | — | — | — |
| — | — | — | — | — | 一五、五〇七 | — | — | — | — | 一五、五〇七 | 五、七二七 | 一、六九三 | 八三 | — | 一五〇 | 一五〇 | 四、〇六〇 | 七〇〇 | 七〇〇 | 三二六 | 二三〇 | 三八〇 | 〇二〇 | 〇二〇 | — | — | — | — | — | — |
| — | — | — | — | — | 一五、二八三 | — | — | — | — | 一五、二八三 | 六、〇九二 | 二、七三二 | 八八 | — | 一五〇 | 一五〇 | 六、五〇〇 | 一、〇〇〇 | 一、〇〇〇 | 四六二 | 三二八 | 四五五 | 〇五〇 | 〇五〇 | — | — | — | — | — | — |
| — | — | — | — | — | 一七、七一〇 | — | — | — | — | 一七、七一〇 | 一一、六一三 | 一、七九六 | 九一 | — | 二四〇 | 二四〇 | 六、五〇〇 | 一、〇〇〇 | 一、〇〇〇 | 六三九 | 三八〇 | 八五五 | 〇二〇 | 〇二〇 | — | — | — | — | — | — |
| — | — | — | — | — | 二六、八一四 | — | — | — | — | 二六、八一四 | 一一、七二二 | 一、七八八 | 八四 | — | 四七〇 | 一四〇 | 五、七二〇 | 一、〇〇〇 | 一、〇〇〇 | 六三九 | 三八〇 | 八五五 | 〇二〇 | 〇二〇 | — | — | — | — | — | — |

| 種別 | 單位 | 神樂村 大正六年度 | 同 七年度 | 同 八年度 | 同 九年度 | 同 十年度 | 常盤村 同 六年度 | 同 七年度 | 同 八年度 | 同 九年度 | 同 十年度 |
|---|---|---|---|---|---|---|---|---|---|---|---|
| 面積 | 方里 | 一九、〇〇 | 一九、〇〇 | 一九、〇〇 | 一九、〇〇 | 一九、〇〇 | 一九、〇〇 | 一九、〇〇 | 一九、〇〇 | 一九、〇〇 | 一九、〇〇 |
| 民有地 田 | 反 | 二、三四一六 | 二、三五八九 | 二、三八六九 | 二、三九一九 | 二、七五〇〇 | — | — | — | — | — |
| 民有地 畑 | 同 | 一、五八一四 | 一、五八一四 | 一、五六六四 | 一、五七一四 | 一、三五〇〇 | 六八六〇 | 八〇三八 | 九四六七 | 一、〇六五八 | 一、一四四八 |
| 民有地 宅地 | 同 | — | — | — | — | — | 四〇 | 四八 | 五四 | 一〇八 | 一〇八 |
| 民有地 山林 | 同 | — | — | — | — | — | 一五、五〇〇〇 | 一五、四五〇〇 | 一五、四〇〇〇 | 一五、三一七八 | 一五、三〇四三 |
| 民有地 原野 | 同 | — | — | — | — | — | 九六八八 | 九〇〇二 | 九二五四 | 六九四〇 | 六八八〇 |
| 民有地 牧場 | 同 | — | — | — | — | — | — | — | — | — | — |
| 民有地 其他 | 同 | — | — | — | — | — | — | — | — | — | — |
| 現住戸數 | 戸 | 一、三七四 | 一、四〇五 | 一、四五八 | 一、五八三 | 一、五九八 | 五五〇 | 五三六 | 六七八 | 六四九 | 六六九 |
| 現住人口 | 人 | 八、〇三九 | 八、三六六 | 九、一九二 | 九、二二三 | 九、五五八 | 二、九九八 | 三、〇六〇 | 三、四五一 | 三、一四八 | 三、二三三 |
| 負擔 直接國稅額 | 圓 | 四、六七九 | 八、五六九 | 一二、四七九 | 九、四六九 | 八、六〇二 | 五九二 | 一、二〇三 | 一、九一一 | 一、九六五 | 一、四八二 |
| 負擔 地方稅額 | 同 | 四、八六六 | 五、六一〇 | 七、二六五 | 九、四一七 | 九、八八三 | 一、八六一 | 三、四一二 | 三、一四二 | 三、四三三 | 三、一〇三 |
| 負擔 市町村稅額 | 同 | 一九、九一七 | 二六、二三九 | 四三、七四八 | 五二、八一〇 | 四八、九四五 | 五、四六五 | 六、九五八 | 一三、〇三三 | 一三、九〇四 | 一二、二五九 |
| 財政 歳入 | 同 | 二四、〇四七 | 三一、三〇〇 | 五二、六五二 | 六二、二五九 | 六九、八五四 | 九、三一四 | 一一、〇一九 | 一五、六六二 | 一六、四八二 | 一七、九〇七 |
| 歳出經常部 役所役場費 | 同 | 三、二四二 | 四、二二二 | 五、五二六 | 七、三一八 | 七、五七〇 | 一、〇六六 | 一、三五〇 | 三、六四七 | 三、九一九 | 五、八一四 |
| 歳出經常部 土木費 | 同 | 一、二五四 | 二、三九〇 | 三、六二三 | 六、一〇二 | 四、八〇〇 | 二五 | — | 九〇 | 二〇 | 七五 |
| 歳出經常部 教育費 | 同 | 一二、二四八 | 一六、五一四 | 二六、四一一 | 三二、九五四 | 三四、六九四 | 四、〇二九 | 六、三一七 | 一〇、三四六 | 一〇、八〇六 | 九、七九六 |
| 歳出經常部 衛生費 | 同 | 二一二 | 一八四 | 五七七 | 四六七 | 七九四 | 三八 | 一〇 | 五四 | 五〇 | 一九二 |
| 歳出經常部 勸業費 | 同 | 二四 | 四一 | 五一 | 五七 | 一〇九 | — | — | — | — | 三五 |
| 歳出經常部 其他 | 同 | 三、一一五 | 四、九八九 | 六、三八五 | 一〇、一八九 | 一〇、七三五 | 八〇四 | 六五三 | 一、四〇三 | 九〇一 | 一、八二九 |
| 歳出經常部 計 | 同 | 二〇、〇九五 | 二八、三四〇 | 四二、五七三 | 五七、〇八七 | 五七、九〇二 | 五、九六二 | 八、三三〇 | 一五、五四〇 | 一五、六九六 | 一七、七四一 |
| 同臨時部 計 | 同 | 六、五一六 | 二、二三五 | 一一、八九八 | 九、一五八 | 一九、五二二 | 三、一八〇 | 二、六三〇 | 一〇 | 二六七 | 一六六 |
| 通計 | 同 | 二六、六一六 | 三〇、五七五 | 五四、四七一 | 六六、二四五 | 七七、四二四 | 九、一四二 | 一〇、九六〇 | 一五、六五〇 | 一五、九六三 | 一七、九〇七 |
| 基本財産 動產 | 同 | — | — | — | — | — | 九四六 | 一、一〇五 | 一、二九〇 | 一、四六三 | 一、七〇一 |
| 基本財産 不動產 | 同 | 四二、〇七九 | 五三、八六六 | 五五、八七五 | 五六、六三六 | 四九、二九七 | 七、一八五 | 八、六六五 | 一一、三四五 | 一一、六三〇 | 一四、三五七 |

| 區分 | 項目 | 單位 | 1 | 2 | 3 | 4 | 5 | 6 | 7 | 8 | 9 | 10 |
|---|---|---|---|---|---|---|---|---|---|---|---|---|
| 財產 | 學校基本財產 動產 | 同 | — | — | — | — | — | — | — | — | — | — |
| 財產 | 學校基本財產 不動產 | 同 | — | — | — | — | — | — | — | — | — | — |
| 財產 | 特別基本財產 動產 | 同 | — | — |  | — | — | — | — | — | — | — |
| 財產 | 特別基本財產 不動產 | 同 | — | — | — | — | — | — | — | — | — | — |
| 財產 | 收益ナキ財產 動產 | 同 | — | — | — | — | — | — | — | — | — | — |
| 財產 | 收益ナキ財產 不動產 | 同 | 一二、三一〇 | 一〇、九三五 | 一五、七一三 | 二五、九三一 | 三九、三一四 | 六、四七五 | 七、四七五 | 一〇、三五〇 | 一〇、三五〇 | 一二、〇五五 |
| 財產 | 一部有財產 動產 | 同 | — | — | — | — | — | — | — | — | — | — |
| 財產 | 一部有財產 不動產 | 同 | — | — | — | — | — | — | — | — | — | — |
| 財產 | 積立金穀 | 同 | — | — | — | — | — | 九四六 | 一、一〇五 | 一、二九〇 | 一、四六三 | 一、七〇一 |
| 財產 | 罹災救助金 | 同 | — | — | — | — | — | 二五〇 | 二六四 | 二七八 | 二九二 | 三〇七 |
|  | 財產ヨリ生スル收入 | 同 | 二、三五二 | 二、六〇四 | 二、六七五 | 四、〇一三 | 三、六九二 | 八四 | 一五九 | 一八五 | 一七三 | 二三八 |
|  | 市町村債額 | 同 | — | — | — | — | — | — | — | — | — | — |
|  | 第三種所得稅額 | 同 | 四、二七六 | 七、一八二 | 一〇、四〇七 | 八、四〇七 | 七、一一二 | 二六九 | 六〇〇 | 一、〇五〇 | 四三六 | 三八三 |
|  | 同納稅者實人員 | 人 | 二四五 | 二六六 | 二八一 | 三二九 | 八四 | 二五 | 三〇 | 五四 | 五六 | 四七 |
| 課率 附加稅 | 地價割 | 厘 | — | — | — | — | — | 二一〇 | 二一〇 | 二三〇 | 二一〇 | 二一〇 |
| 課率 附加稅 | 國稅營業稅割 | 同 | 一五〇 | 一五〇 | 一五〇 | 二四〇 | 四七〇 | 一五〇 | 一五〇 | 一五〇 | 一五〇 | 四七〇 |
| 課率 附加稅 | 所得稅割 | 同 | 一五〇 | 一五〇 | 一五〇 | 二四〇 | 一四〇 | 一五〇 | 一五〇 | 一五〇 | 一五〇 | 一四〇 |
| 課率 附加稅 | 戶別割 | 同 | 三、五四〇 | 四、四九五 | 七、〇〇〇 | 六、五〇〇 | 四、九〇〇 | — | — | — | 八、〇〇〇 | 六、〇〇〇 |
| 課率 附加稅 | 地方稅營業稅割 | 同 | 五〇〇 | 一、〇〇〇 | 一、〇〇〇 | 一、〇〇〇 | 一、〇〇〇 | 五〇〇 | 一五〇 | 一、〇〇〇 | 一、〇〇〇 | 一、〇〇〇 |
| 課率 附加稅 | 雜種稅割 | 同 | 五〇〇 | 一、〇〇〇 | 一、〇〇〇 | 一、〇〇〇 | 一、〇〇〇 | 五〇〇 | 一五〇 | 一、〇〇〇 | 一、〇〇〇 | 一、〇〇〇 |
| 課率 特別稅 反別割 | 田 | 同 | 二七三 | 三〇二 | 四七一 | 六三六 | 六三六 | — | — | — | — | — |
| 課率 特別稅 反別割 | 畑 | 同 | 一七一 | 一八七 | 二七七 | 三九八 | 三九八 | 〇四六 | 〇四一 | 二一〇 | 二五〇 | 三五八 |
| 課率 特別稅 反別割 | 宅地 | 同 | 五一〇 | 五〇八 | 一、〇四七 | 一、四七二 | 一、四七二 | 四〇〇 | 四〇〇 | 六三八 | 八九二 | 六三八 |
| 課率 特別稅 反別割 | 山林 | 同 | — | — | 〇五〇 | — | — | — | — | — | — | — |
| 課率 特別稅 反別割 | 原野 | 同 | — | — | 〇五〇 | — | — | — | — | — | — | — |
| 課率 特別稅 反別割 | 牧場 | 同 | — | — | — | — | — | — | — | — | — | — |
| 課率 特別稅 反別割 | 海產干場 | 同 | — | — | — | — | — | — | — | — | — | — |
| 課率 特別稅 反別割 | 雜種地 | 同 | — | — | — | — | — | — | — | — | — | — |
| 課率 特別稅 | 建物割 | 同 | — | — | — | — | — | — | — | — | — | — |
| 課率 特別稅 | 牛馬割 | 同 | — | — | — | — | — | — | — | — | — | — |
| 課率 特別稅 | 戶別割 | 同 | — | — | — | — | — | 一〇、四九六 | 一〇、四七二 | 一六、〇七四 | — | — |

| 種別 | 単位 | 美瑛村 大正六年度 | 同 七年度 | 同 八年度 | 同 九年度 | 同 十年度 | 智恵文村 同 六年度 | 同 七年度 | 同 八年度 | 同 九年度 | 同 十年度 |
|---|---|---|---|---|---|---|---|---|---|---|---|
| 面積 | 方里 | 四四、〇〇 | 四四、〇〇 | 四四、〇〇 | 四四、〇〇 | 四四、〇〇 | — | — | — | 八、一〇 | 八、一〇 |
| 民有地 田 | 反別 | 六一一五 | 七、五三七 | 九六八八 | 一、一二三五 | 一、一二三五八 | — | — | — | 三二 | 一五二 |
| 民有地 畑 | 同 | 五、四五五〇 | 七、五〇三五 | 八、一七九三 | 八、六四七七 | 八、三九三七 | — | — | — | 三、七一二 | 三、七三五九 |
| 民有地 宅地 | 同 | 三九三 | 四三五 | 四六五 | 四八九 | 五〇八 | — | — | — | 一九二 | 二八四 |
| 民有地 山林 | 同 | 一、七五三二 | 一、三三三二 | 一、三一〇〇 | 三、二二七八 | 三、二八〇〇 | — | — | — | 七、三〇〇〇 | 七、三〇〇〇 |
| 民有地 原野 | 同 | 一、七八八二 | 一、二二三五 | 七〇三一 | 五、五九七八 | 五、八三六七 | — | — | — | 一、九〇〇〇 | 一、九〇〇〇 |
| 民有地 牧場 | 同 | — | — | — | — | — | — | — | — | — | — |
| 民有地 其他 | 同 | 一一二 | 一一二 | 一一二 | 一三八 | 一三八 | — | — | — | — | — |
| 現住戸数 | 戸 | 二、〇四七 | 二、一八二 | 二、二四九 | 一、三四七 | 二、二八三 | — | — | — | 六五九 | 六六五 |
| 現住人口 | 人 | 一二、四八五 | 一四、〇一一 | 一一、二五一 | 一二、三七六 | 一三、〇三六 | — | — | — | 三、七五〇 | 三、六五五 |
| 負擔 直接國稅額 | 圓 | 二、七〇六 | 三、八一四 | 五、五二〇 | 四、五〇七 | 四、〇九四 | — | — | — | 一、三三五 | 一、六四六 |
| 負擔 地方稅額 | 同 | 九、四〇六 | 一一、三六二 | 一六、六三七 | 二四、六二四 | 二四、二二五 | — | — | — | 四、六九六 | 六、九八九 |
| 負擔 市町村稅額 | 同 | 一八、七九九 | 二七、二三四 | 五五、九四九 | 五九、八九三 | 五六、六三七 | — | — | — | 一七、八五三 | 二一、三〇三 |
| 財政 歳入 | 同 | 二三、七四八 | 四二、〇三六 | 七六、〇四三 | 九四、五七八 | 九五、四二一 | — | — | — | 三六、六四二 | 三八、八四〇 |
| 歳出 經常部 役所役場費 | 同 | 三、四一三 | 五、七一八 | 八、六七一 | 一一、〇〇七 | 一一、五五五 | — | — | — | 六、八四七 | 六、七二八 |
| 歳出 經常部 土木費 | 同 | 一、四四五 | 一三〇 | 六六八 | 七三一 | 一、五〇〇 | — | — | — | 一九二 | 一〇〇 |
| 歳出 經常部 教育費 | 同 | 一一、二六九 | 一六、九九七 | 二九、三八九 | 三八、九〇三 | 四二、五九二 | — | — | — | 一〇、三八二 | 一三、一八七 |
| 歳出 經常部 衛生費 | 同 | 一五八 | 一、九二四 | 二四六 | 一、五五〇 | 七三六 | — | — | — | 七七 | 二四三 |
| 歳出 經常部 勧業費 | 同 | — | — | — | — | — | — | — | — | 二〇 | 二二 |
| 歳出 經常部 其他 | 同 | 九五九 | 一、二九四 | 二、二七三 | 二、七六九 | 四、九七九 | — | — | — | 一、〇一二 | 二、五二〇 |
| 歳出 經常部 計 | 同 | 一七、二四四 | 二六、〇六三 | 四一、二四七 | 五四、九六〇 | 六一、三六二 | — | — | — | 一八、五三四 | 二七、八〇〇 |
| 歳出 同臨時部 計 | 同 | 三、八八五 | 一四、五二五 | 三三、六一九 | 一〇、九九一 | 三四、〇五九 | — | — | — | 六、九七八 | 一六、〇三九 |
| 歳出 通計 | 同 | 二一、一二九 | 四〇、五八八 | 七四、八六八 | 六五、九五一 | 九五、四二一 | — | — | — | 二五、五一二 | 三八、八四〇 |
| 基本財産 動産 | 同 | 五、六八六 | 九、一六一 | 一三、九五五 | 一五、四九七 | 二四、六七七 | — | — | — | 一、七〇〇 | 一、七〇〇 |
| 基本財産 不動産 | 同 | 五〇、〇六八 | 五二、〇六八 | 五三、七五九 | 五三、五一九 | 七八、二二五 | — | — | — | 一五、〇〇〇 | 一五、九八九 |

| 財産 學校基本財産 動産 | 財産 學校基本財産 不動産 | 財産 特別基本財産 動産 | 財産 特別基本財産 不動産 | 財産 收益ナキ財産 動産 | 財産 收益ナキ財産 不動産 | 財産 一部有財産 動産 | 財産 一部有財産 不動産 | 積立金穀 | 罹災救助金 | 財産ヨリ生スル收入 | 市町村債額 | 第三種所得税額 | 同納税者實人員 | 課率 附加税 地價割 | 課率 附加税 國税營業税割 | 課率 附加税 所得税割 | 課率 附加税 戸別割 | 課率 附加税 地方税營業割 | 課率 附加税 雜種税割 | 課率 特別税 反別割 田 | 課率 特別税 反別割 畑 | 課率 特別税 反別割 宅地 | 課率 特別税 反別割 山林 | 課率 特別税 反別割 原野 | 課率 特別税 反別割 牧場 | 課率 特別税 反別割 海産 | 課率 特別税 反別割 干場 | 課率 特別税 反別割 雜種地 | 課率 特別税 建物割 | 課率 特別税 牛馬割 | 課率 特別税 戸別割 |
|---|---|---|---|---|---|---|---|---|---|---|---|---|---|---|---|---|---|---|---|---|---|---|---|---|---|---|---|---|---|---|---|
| 同 | 同 | 同 | 同 | 同 | 同 | 同 | 同 | 同 | 同 | 同 | 同 | 同 | 人 | 厘 | 同 | 同 | 同 | 同 | 同 | 同 | 同 | 同 | 同 | 同 | 同 | 同 | | 同 | 同 | 同 | 同 |
| — | — | — | — | — | 八、九四〇 | — | — | — | — | 一、五五〇 | 一、六〇〇 | 一、一九四 | 六九 | — | 一五〇 | 一五〇 | 三、二〇〇 | 一、〇〇〇 | 一、〇〇〇 | 二七六 | 〇九六 | 二二四 | 〇一三 | 〇一三 | — | — | | — | — | — | — |
| — | — | — | — | — | 八、九七二 | — | — | — | — | 一、九六六 | 一、二〇〇 | 二、四三二 | 八一 | — | 一五〇 | 一五〇 | 四、七五〇 | 一、〇〇〇 | 一、〇〇〇 | 三一〇 | 一二一 | 二二四 | 〇一三 | 〇一三 | — | — | | — | — | — | — |
| — | — | — | — | — | 六二、八五六 | — | — | — | — | 四、三七六 | 八〇〇 | 三、八七二 | 一二〇 | — | 一五〇 | 一五〇 | 五、二一〇 | 一、〇〇〇 | 一、〇〇〇 | 三九九 | 二二〇 | 三九八 | 〇二〇 | 〇二〇 | — | — | | — | — | — | 六、〇〇〇 |
| — | — | — | — | — | 五三、九七六 | — | — | — | — | 三、七九八 | 四〇〇 | 一、八八五 | 八八 | — | 二四〇 | 二四〇 | 五、七二四 | 一、〇〇〇 | 一、〇〇〇 | 六〇九 | 二三〇 | 五七一 | 〇二〇 | 〇二〇 | — | — | | — | — | — | 六、〇〇〇 |
| — | — | — | — | — | 五〇、七〇一 | — | — | — | — | 七、九九一 | 二五、〇〇〇 | 一、六八〇 | 九九 | — | 四七〇 | 一四〇 | 五、一四〇 | 一、〇〇〇 | 一、〇〇〇 | 四九二 | 一九一 | 六〇四 | 〇二〇 | 〇二〇 | — | — | | — | — | — | — |
| — | — | — | — | — | — | — | — | — | — | — | — | — | — | — | — | — | — | — | — | — | — | — | — | — | — | — | | — | — | — | — |
| — | — | — | — | — | — | — | — | — | — | — | — | — | — | — | — | — | — | — | — | — | — | — | — | — | — | — | | — | — | — | — |
| — | — | — | — | — | — | — | — | — | — | — | — | — | — | — | — | — | — | — | — | — | — | — | — | — | — | — | | — | — | — | — |
| — | — | — | — | — | 一七、七一〇 | — | — | 三四二 | — | 一、四四三 | 二〇、〇〇〇 | 五、五五六 | 一八八 | — | 四七〇 | 一四〇 | 七、九〇〇 | 一、二〇〇 | 一、二〇〇 | — | 三三四 | 一、二四五 | 〇三〇 | 〇三〇 | 〇三〇 | — | | — | — | — | — |
| — | — | — | — | — | 一七、七一〇 | — | — | 一、六三三 | — | 一、四四三 | 一九、二五五 | 三〇七 | 一四八 | — | 四七〇 | 四七〇 | 四、六七五 | 一、二〇〇 | 一、二〇〇 | — | 三二九 | 九九六 | 〇二〇 | 〇二〇 | 〇二〇 | — | | — | — | — | — |

| 町村名 | 種別 | 面積 | 民有地 田 | 民有地 畑 | 民有地 宅地 | 民有地 山林 | 民有地 原野 | 民有地 牧場 | 民有地 其他 | 現住戸數 | 現住人口 | 負擔 直接國稅額 | 負擔 地方稅額 | 負擔 市町村稅額 | 財政 歲入 | 財政 歲出 經常部 役所役場費 | 財政 歲出 經常部 土木費 | 財政 歲出 經常部 教育費 | 財政 歲出 經常部 衛生費 | 財政 歲出 經常部 勸業費 | 財政 歲出 經常部 其他 | 財政 歲出 經常部 計 | 財政 歲出 臨時部計 | 財政 歲出 通計 | 基本財産 動産 | 基本財産 不動産 |
|---|---|---|---|---|---|---|---|---|---|---|---|---|---|---|---|---|---|---|---|---|---|---|---|---|---|---|
| 單位 | | 方里 | 反別 | 同 | 同 | 同 | 同 | 同 | 同 | 戸 | 人 | 圓 | 同 | 同 | 同 | 同 | 同 | 同 | 同 | 同 | 同 | 同 | 同 | 同 | 同 | 同 |
| 美深村 | 大正六年度 | 五一、〇〇 | 二 | 九、二二〇三 | 六三七 | — | — | 九四一 | — | 二、三九三 | 一一、二七七 | 八、七九五 | 一三、四〇六 | 三三、〇九四 | 三六、四三三 | 四、五七一 | 一、九三五 | 一八、九四〇 | 六六 | — | 一、一九二 | 二六、七〇四 | 九、七二五 | 三六、四二九 | 九、四四九 | 二一、〇二七 |
| | 同 七年度 | 五一、〇〇 | 二 | 九、九一七一 | 六一六 | — | — | 三五四二 | — | 二、三七四 | 一一、二〇一 | 一二、五四二 | 一五、一四八 | 三六、六一〇 | 四五、一一二 | 六、六一七 | 九九五 | 二六、三五一 | 一四三 | 二四 | 二、五六二 | 三六、六九二 | 八、四二三 | 四五、一一一 | 一一、七一九 | 五一、五一八 |
| | 同 八年度 | 五一、〇〇 | — | 一一、五〇〇九 | 六五三 | 四五、七八〇四 | 六〇九二 | 二五五一 | 一三一 | 二、六〇〇 | 八、四二一 | 一八、三四九 | 二一、二五四 | 六二、三九〇 | 七七、〇八三 | 九、三八七 | 六、四七二 | 四二、五五二 | 四四七 | 四七 | 四、一九三 | 六三、〇九八 | 一一、五九七 | 七四、六九五 | 一三、八四七 | 一一、二四九 |
| | 同 九年度 | 四二、〇〇 | 四五 | 八、〇四三三 | 一一二 | 四二二三一〇 | 二四三 | — | — | 一、七五五 | 八、九八四 | 一三、七四二 | 二五、八七七 | 五七、五六七 | 九四、三九五 | 一二、一七六 | 五、三九一 | 三七、七七四 | 九九七 | 三二 | 六、〇五五 | 六二、四二五 | 三一、二七五 | 九三、七〇〇 | 一〇、二四四 | 九四、五六一 |
| | 同 十年度 | 四二、〇〇 | 二〇五 | 八、一四八二 | 一一二 | 四二二三三九 | 六九六 | — | — | 一、七八四 | 八、九八四 | 一一、〇七五 | 二二、七八七 | 四九、九七二 | 六六、八四四 | 一〇、三〇九 | 三、七〇〇 | 三六、二九八 | 一、八七三 | 六四 | 六五四一 | 五八、七八五 | 八、〇五九 | 六六、八四四 | 一一、四四四 | 一〇六、二〇四 |
| 和寒村 | 同 六年度 | 一三、〇〇 | 一一一九 | 五、七四三〇 | 三八九 | 三四六二 | 六四一九 | — | — | 一、六二一 | 八、五四五 | 一、三四五 | 五、六五五 | 一八、四二四 | 二〇、九六四 | 三、八一八 | 一、七一四 | 一一、〇八〇 | 八〇 | 一一 | 九四八 | 一七、六五一 | 二、八四八 | 二〇、四九九 | 六、一一三 | 三〇、〇〇〇 |
| | 同 七年度 | 一三、〇〇 | 一四四一 | 五、八八一〇 | 六七二 | 三一六六 | 五四三二 | — | — | 一、五三九 | 八、〇六二 | 一、三〇〇 | 五、六九〇 | 二二、六三〇 | 三一、八九二 | 五、七六八 | 四、二二八 | 一五、七六八 | 一三七 | 二二 | 一、四九四 | 二七、四一八 | 三、五六五 | 三〇、九八三 | 八、〇五四 | 四〇、〇〇〇 |
| | 同 八年度 | 一三、〇〇 | 一四五三 | 五、九〇六二 | 八七二 | 四九四二 | 一、一五三三 | — | — | 一、七八二 | 七、九二四 | 三、五〇〇 | 六、七七七 | 四六、一〇五 | 四三、三五〇 | 七、七一二 | 四、五四六 | 二二、八〇二 | 二一四 | 二二 | 二、二七三 | 三七、五六九 | 四、四九五 | 四二、〇六四 | 一一、五〇三 | 四〇、〇〇〇 |
| | 同 九年度 | 一三、〇〇 | 三〇〇〇 | 五、七七九二 | 八五九 | 六八五五 | 一、五四一五 | — | — | 一、七九一 | 九、三一七 | 四、〇〇〇 | 七、六八〇 | 四四、三二九 | 四五、二三〇 | 九、八四六 | 五、五五七 | 二七、三三二 | 二四一 | 一三 | 二、六一六 | 四五、六〇五 | 三、八五八 | 四九、四六三 | 一二、四〇一 | 三五、〇〇〇 |
| | 同 十年度 | 一三、〇〇 | 四〇〇 | 五、六五一三 | 八六〇 | 六六八二 | 一、五五九〇 | — | — | 一、七八二 | 九、五〇一 | 五、五〇〇 | 一二、七八五 | 四四、六四九 | 八六、一六九 | 九、四七二 | 五〇〇 | 三一、四五八 | 二七〇 | 三八 | 三、五六八 | 四五、三〇六 | 四〇、八六三 | 八六、一六九 | — | 三〇、〇〇〇 |

| 項目 | 單位 | 1 | 2 | 3 | 4 | 5 | 6 | 7 | 8 | 9 | 10 |
|---|---|---|---|---|---|---|---|---|---|---|---|
| 財産 學校基本財産 動産 | 同 | — | — | — | — | — | — | — | — | — | — |
| 財産 學校基本財産 不動産 | 同 | — | — | — | — | — | — | — | — | — | — |
| 財産 特別基本財産 動産 | 同 | — | — | — | — | — | — | — | — | — | — |
| 財産 特別基本財産 不動産 | 同 | — | — | — | — | — | — | — | — | — | — |
| 財産 收益ナキ財産 動産 | 同 | — | — | — | — | — | — | — | — | — | — |
| 財産 收益ナキ財産 不動産 | 同 | 三四、四五二 | 一四七、四四九 | 七四、一四六 | 六三、〇二三 | 五六、一八八 | 五、五五〇 | 七、五〇〇 | 一二、五〇〇 | 一四、五〇〇 | 一六、五〇〇 |
| 財産 一部有財産 動産 | 同 | — | — | — | — | — | — | — | — | — | — |
| 財産 一部有財産 不動産 | 同 | — | — | — | — | — | — | — | — | — | — |
| 財産 積立金穀 | 同 | 九、四四九 | 一一、七一九 | 一三、八四七 | 一〇、二四四 | 一一、四四四 | 六、一一三 | 八、〇五四 | 一一、五〇三 | 一二、四〇一 | 二、四〇一 |
| 財産 罹災救助金 | 同 | — | — | — | — | — | — | — | — | — | — |
| 財産ヨリ生スル收入 | 同 | — | — | — | — | — | 二、五七四 | 二、六四四 | 三、三六二 | 二、九八三 | 二、七二三 |
| 市町村債額 | 同 | — | — | — | — | — | — | — | — | — | — |
| 第三種所得税額 | 同 | 三、七一三 | 六、八〇一 | 一一、二六五 | 四、四六九 | 二、七九〇 | 二、九九一五 | 三、四〇八 | 三、五七七 | 二、二〇〇 | 一、五二六 |
| 同納税者實人員 | 人 | 一七三 | 一七三 | 三〇〇 | 二二六 | 一四四 | 九〇 | 一〇一 | 一一二 | 九七 | 七七 |
| 課率 附加税 地價割 | 厘 | 二〇九 | 二一〇 | — | — | — | 〇九〇 | — | — | — | — |
| 課率 附加税 國税營業税割 | 同 | 一五〇 | 一五〇 | 二四〇 | 四七〇 | 四七〇 | 一五〇 | 一五〇 | 一五〇 | 二四〇 | 四七〇 |
| 課率 附加税 所得税割 | 同 | 一五〇 | 一五〇 | 一四〇 | 一四〇 | 一四〇 | 一五〇 | 一五〇 | 一五〇 | 二四〇 | 一四〇 |
| 課率 附加税 戸別割 | 同 | — | 四、七八〇 | 五、一〇〇 | 五、〇六〇 | 三、一〇〇 | — | — | — | — | — |
| 課率 附加税 地方税營業税割 | 同 | 七〇〇 | 七〇〇 | 一、二〇〇 | 一、二〇〇 | 九〇〇 | 一五〇 | 一、〇〇〇 | 一、〇〇〇 | 一、〇〇〇 | 一、〇〇〇 |
| 課率 附加税 雜種税割 | 同 | 七〇〇 | 七〇〇 | 一、二〇〇 | 一、二〇〇 | 九〇〇 | 一、〇〇〇 | 一、〇〇〇 | 一、〇〇〇 | 一、〇〇〇 | 一、〇〇〇 |
| 課率 特別税 反別割 田 | 同 | — | — | — | — | — | 一八〇 | 二六三 | 二六三 | 四五七 | 四七二 |
| 課率 特別税 反別割 畑 | 同 | 一五一 | 一四八 | 二〇六 | 一二六 | 一一九 | 一四八 | 一八八 | 二一六 | 二八一 | 二九一 |
| 課率 特別税 反別割 宅地 | 同 | 三三一 | 三三二 | 一、〇七一 | 一、三三八 | 九七六 | 三六九 | 五七〇 | 三九三 | 九〇三 | 九一三 |
| 課率 特別税 反別割 山林 | 同 | 〇一〇 | 〇一〇 | 〇一五 | 〇三〇 | 〇二五 | 〇一〇 | 〇二〇 | 〇二〇 | 〇二五 | 〇二五 |
| 課率 特別税 反別割 原野 | 同 | 〇一〇 | 〇一〇 | 〇一五 | 〇三〇 | 〇二五 | 〇一〇 | 〇二〇 | 〇二〇 | 〇二五 | 〇二五 |
| 課率 特別税 反別割 牧場 | 同 | 〇一〇 | 〇一〇 | 〇一五 | 〇三〇 | 〇二五 | — | — | — | — | — |
| 課率 特別税 反別割 海産干場 | 同 | — | — | — | — | — | — | — | — | — | — |
| 課率 特別税 反別割 雜種地 | 同 | — | — | — | — | — | — | — | — | — | — |
| 課率 特別税 建物割 | 同 | — | — | — | — | — | — | — | — | — | — |
| 課率 特別税 牛馬割 | 同 | — | — | — | — | — | — | — | — | — | — |
| 課率 特別税 戸別割 | 同 | 三、七〇〇 | — | — | — | — | 九〇〇 | 九〇〇 | 九〇〇 | 九〇〇 | 九〇〇 |

| 種別 | 面積 | 民有地 田 | 畑 | 宅地 | 山林 | 原野 | 牧場 | 其他 | 現住戸數 | 現住人口 | 負擔 直接國稅額 | 地方稅額 | 市町村稅額 | 財政 歳入 | 歳出經常部 役所役場費 | 土木費 | 教育費 | 衛生費 | 勸業費 | 其他 | 計 | 同臨時部計 | 通計 | 基本財産 動産 | 不動産 |
|---|---|---|---|---|---|---|---|---|---|---|---|---|---|---|---|---|---|---|---|---|---|---|---|---|---|
| 單位 町村名 | 方里 | 反別 | 同 | 同 | 同 | 同 | 同 | 同 | 戸 | 人 | 圓 | 同 | 同 | 同 | 同 | 同 | 同 | 同 | 同 | 同 | 同 | 同 | 同 | 同 | 同 |
| 劍淵村 大正六年度 | 二一、〇〇 | 九七四 | 六、五二四〇 | 五九 | 三、四五二〇 | 一八、六四〇〇 | ― | ― | 一、六六三 | 九、〇八六 | 一、九〇八 | 一三、二七〇 | 二八、三三九 | 二八、八二五 | 四、七五〇 | 五、五二一 | 一二、二四八 | 一五一 | 一八 | 一、三一〇 | 二三、九九八 | 四、三三五 | 二八、三三三 | ― | 九、二三一 |
| 同 七年度 | 二一、〇〇 | 一二〇〇 | 六、二九二七 | 六四〇 | 三、二〇一〇 | 一七、五三〇〇 | ― | ― | 一、六九四 | 九、九三九 | 四、二三八 | 一四、二三〇 | 三八、六九七 | 三七、三七六 | 六、〇三一 | 五、三九〇 | 一六、六八九 | 二〇八 | 二五 | 八〇七 | 二九、一五〇 | 七、四九四 | 三六、六四四 | ― | 一二、八五五 |
| 同 八年度 | 二一、〇〇 | 一六五〇 | 七、七四一四 | 六四五 | 三、一九〇〇 | 一七、四五三〇 | ― | ― | 一、七〇九 | 一〇、二一四 | 八、九八一 | 一四、六三〇 | 六九、九〇四 | 五八、七八四 | 八、二九四 | 四、九二一 | 二四、一五一 | 四四三 | 二六 | 三、三一二 | 四一、一四七 | 二三、九三三 | 六五、〇八〇 | ― | 一四、八七九 |
| 同 九年度 | 二一、〇〇 | 三一九〇 | 八、八七五〇 | 四五〇 | 三、一三九四 | 一六、六六三〇 | ― | ― | 一、七九二 | 一〇、六九三 | 六、三八八 | 一五、九二九 | 七一、二六一 | 六八、七〇〇 | 一一、五九〇 | 八、六六七 | 二八、六七二 | 四三〇 | 八六 | 五、七五三 | 五五、一九九 | 二三、九三三 | 七九、一三二 | ― | 四、三六二 |
| 同 十年度 | 二一、〇〇 | 五八〇二 | 八、七二四〇 | 五九二 | 二、一六三九 | 一六、一三二一 | ― | ― | 一、八〇九 | 一〇、七〇九 | 四、五五六 | 一五、五七二 | 四四、五六四 | 五九、五二六 | 一二、一四六 | 五、六二八 | 三一、六〇七 | 七五八 | 八八 | 四、三九五 | 五四、六二二 | 四、九〇四 | 五九、五二六 | ― | 四六、四七四 |
| 愛別村 同 六年度 | 八六、〇〇 | 三四五四 | 四、三三五八 | 五五六 | 七、六八一二 | 二、四二二六 | 一、七〇四 | 二〇五 | 一、四九九 | 八、五〇二 | 二、二二五 | 八、二六四 | 二〇、三四九 | 二七、九二九 | 四、〇三八 | 四八五 | 一二、六四五 | 四九 | 六九 | 二、〇九八 | 一九、三八四 | 八、四九八 | 二七、八八二 | ― | ― |
| 同 七年度 | 八六、〇〇 | 三五二八 | 四、〇三七五 | 五八二 | 一五、四七八六 | 二、四三二九 | 一、七一〇〇 | 二〇五 | 一、五三五 | 八、八一六 | 三、三五三 | 八、八七六 | 二七、一三七 | 三一、一九九 | 五、一六二 | 四五四 | 一八、五六〇 | 三六六 | 六〇 | 二、二九九 | 二六、九〇一 | 四、〇八〇 | 三〇、九八一 | ― | ― |
| 同 八年度 | 八六、〇〇 | 三六九九 | 四、三二三三 | 六二二 | 一五、五〇六九 | 二、六八九四 | 一、七二五二 | 三五〇 | 一、五三二 | 八、八〇三 | 五、四六六 | 一一、七九七 | 四四、八九七 | 五一、四一二 | 七、五九八 | 二、五五七 | 二八、九〇五 | 七七七 | 二〇 | 二、六四八 | 四二、五〇五 | 七、一八七 | 四九、六九二 | ― | ― |
| 同 九年度 | 八六、〇〇 | 三九二〇 | 四、五二八三 | 七〇五 | 一五、五二三四 | 二、六八九四 | 一、七二五二 | 三五〇 | 一、五八七 | 九、〇〇五 | 三、九八三 | 一四、七七九 | 六三、八四四 | 六八、三八九 | 一一、四七九 | 一、三九七 | 三九、八三五 | 三〇六 | 一四一 | 三、四八四 | 五六、六四二 | 六、五五九 | 六三、二〇一 | ― | ― |
| 同 十年度 | 八六、〇〇 | 六三一〇 | 四、七四九三 | 七二五 | 一五、五三六四 | 二、八五九四 | 一、七八五二 | 四三一 | 一、五九一 | 九、一八九 | 三、七四二 | 一五、七三二 | 五〇、六二七 | 六三、〇四七 | 一〇、七九三 | 三一〇 | 三四、八三三 | 四七九 | 一五五 | 三、九二八 | 五〇、四九八 | 一二、五四九 | 六三、〇四七 | ― | ― |

| | 單位 | 1 | 2 | 3 | 4 | 5 | 6 | 7 | 8 | 9 | 10 |
|---|---|---|---|---|---|---|---|---|---|---|---|
| 財産 學校基本財産 動産 | 同 | — | — | — | — | — | — | — | — | — | — |
| 財産 學校基本財産 不動産 | 同 | 一三、九四七 | 六、五六五 | 一一、五五三 | 二七、〇五三 | 二七、〇五三 | — | — | — | — | — |
| 財産 特別基本財産 動産 | 同 | — | — | — | — | — | 六、九二〇 | 八、四八八 | 五、八〇七 | 七、三二〇 | 一〇、二四三 |
| 財産 特別基本財産 不動産 | 同 | — | — | — | — | — | 七〇、九八〇 | 九六、六七八 | 九九、五八〇 | 九五、五八五 | 七一、八一五 |
| 財産 收益ナキ財産 動産 | 同 | — | — | — | — | — | — | — | — | — | — |
| 財産 收益ナキ財産 不動産 | 同 | 六、五六五 | 六、五六五 | 六、五六五 | 二三、二六五 | 二三、二六五 | 一九、八三二 | 二五、四三九 | 三九、九九五 | 四八、八二〇 | 四八、一八〇 |
| 財産 一部有財産 動産 | 同 | — | — | — | — | — | — | — | — | — | — |
| 財産 一部有財産 不動産 | 同 | — | — | — | — | — | — | — | — | — | — |
| 財産 積立金穀 | 同 | 一、〇二五 | 三四四 | 三〇 | 四三四 | 三七五 | — | — | — | — | — |
| 財産 罹災救助金 | 同 | — | — | — | — | — | — | — | — | — | — |
| 財産ヨリ生スル收入 | 同 | 一、四七五 | 九九六 | 一、五三九 | 八一〇 | 一、四七六 | 一、一五四 | 一、一九〇 | 一、一九〇 | 一、三三〇 | 一、四五九 |
| 市町村債額 | 同 | — | — | — | 三、〇〇〇 | 三、〇〇〇 | — | — | — | — | — |
| 第三種所得税額 | 同 | 一、〇九七 | 一、五七七 | 六、八八八 | 二、〇六三 | 一、一二六 | 一、六四一 | 二、四九四 | 三、五三一 | 一、五九六 | 一、一八〇 |
| 同納税者實人員 | 人 | 五一 | 八一 | 一〇七 | 一三四 | 九三 | 一二二 | 一二四 | 一五二 | 一三三 | 九六 |
| 課率 附加税 地價割 | 厘 | — | — | — | — | — | 二一〇 | 二一〇 | 二一〇 | — | — |
| 課率 附加税 國税營業税割 | 同 | — | — | — | — | — | 一五〇 | 一五〇 | 一五〇 | 二四〇 | 四七〇 |
| 課率 附加税 所得税割 | 同 | — | — | — | — | — | 一五〇 | 一五〇 | 一五〇 | 二四〇 | 一四〇 |
| 課率 附加税 戸別割 | 同 | — | — | — | — | — | — | 三、〇〇〇 | 四、四〇〇 | 六、九〇〇 | 五、〇〇〇 |
| 課率 附加税 地方税營業税割 | 同 | — | — | — | — | — | 八〇〇 | 九〇〇 | 一、〇〇〇 | 一、二〇〇 | 一、二〇〇 |
| 課率 附加税 雜種税割 | 同 | — | — | — | — | — | 八〇〇 | 九〇〇 | 一、〇〇〇 | 一、二〇〇 | 一、二〇〇 |
| 課率 特別税 反別割 田 | 同 | — | — | — | — | — | 二六二 | 三二〇 | 三七〇 | 五八四 | 五八四 |
| 課率 特別税 反別割 畑 | 同 | — | — | — | — | — | 一九二 | 一九五 | 三一二 | 四四一 | 四四一 |
| 課率 特別税 反別割 宅地 | 同 | — | — | — | — | — | 四〇〇 | 四八六 | 五四六 | 六四三 | 六四三 |
| 課率 特別税 反別割 山林 | 同 | — | — | — | — | — | 〇〇六 | 〇〇六 | 〇〇八 | 〇三〇 | 〇三〇 |
| 課率 特別税 反別割 原野 | 同 | — | — | — | — | — | 〇〇六 | 〇〇六 | 〇〇八 | 〇三〇 | 〇三〇 |
| 課率 特別税 反別割 牧場 | 同 | — | — | — | — | — | 〇〇六 | 〇〇六 | 〇〇八 | 〇三〇 | 〇三〇 |
| 課率 特別税 反別割 海産干場 | 同 | — | — | — | — | — | — | — | — | — | — |
| 課率 特別税 反別割 雜種地 | 同 | — | — | — | — | — | — | — | — | — | — |
| 課率 特別税 建物割 | 同 | — | — | — | — | — | — | — | — | — | — |
| 課率 特別税 牛馬割 | 同 | — | — | — | — | — | — | — | — | — | — |
| 課率 特別税 戸別割 | 同 | — | — | — | — | — | 九〇〇 | — | — | — | — |

| 種別 | | 面積 | 民有地 | | | | | | | 現住戸數 | 現住人口 | 負擔 | | | 財政 | | | | | | | | | | 基本財産 | |
|---|---|---|---|---|---|---|---|---|---|---|---|---|---|---|---|---|---|---|---|---|---|---|---|---|---|---|
| | | | 田 | 畑 | 宅地 | 山林 | 原野 | 牧場 | 其他 | | | 直接國稅額 | 地方稅額 | 市町村稅額 | 歳入 | 歳出經常部 役所役場費 | 土木費 | 教育費 | 衛生費 | 勸業費 | 其他 | 計 | 同臨時部計 | 通計 | 動産 | 不動産 |
| 町村名 | 單位 | 方里 | 反 | 同 | 同 | 同 | 同 | 同 | 同 | 戸 | 人 | 圓 | 同 | 同 | 同 | 同 | 同 | 同 | 同 | 同 | 同 | 同 | 同 | 同 | 同 | 同 |
| 中川村 | 大正六年度 | 三九、〇〇 | — | 二、三三九九 | — | — | 一、四七三二 | — | — | 五九二 | 三、四九二 | 三〇八 | 一、九二八 | 六、五九四 | 七、一五〇 | 一、二五三 | 一七 | 四、四九六 | 四七八 | 一 | 二三一 | 六、四七六 | 五〇〇 | 六、九七六 | — | 一五〇 |
| | 同 七年度 | 三九、〇〇 | — | 二、五四〇三 | — | — | 一、四七三二 | — | — | 六二三 | 三、五七八 | 八五四 | 一、八二四 | 八、三四九 | 一〇、八〇八 | 一、七五二 | 五三 | 五、九九五 | 九九九 | — | 三四一 | 九、一〇〇 | 一、一六〇 | 一〇、二六〇 | — | 一、〇五〇 |
| | 同 八年度 | 三九、〇〇 | — | 二、六〇四五 | — | — | 一、五九七八 | — | — | 六二七 | 三、七一五 | 一、四二〇 | 二、三五三 | 一一、五六四 | 一四、八九七 | 三、三八三 | 六四 | 八、五四六 | 五五 | — | 二、〇一三 | 一四、〇六一 | 八三六 | 一四、八九七 | — | 八八四 |
| | 同 九年度 | 三九、〇〇 | — | 二、六〇四五 | — | — | 一、四七七七 | — | — | 六六八 | 三、七〇三 | 五五三 | 二、九〇一 | 一七、九一三 | 二一、三六一 | 四、八六三 | 一八六 | 九、八二二 | 一、〇三六 | — | 二、三二二 | 一八、二二九 | 二、七九八 | 二一、〇二七 | — | 七六〇 |
| | 同 十年度 | 三九、〇〇 | — | 二、五五四〇 | — | — | 一、六〇五四 | — | — | 七七〇 | 三、八三二 | 三九三 | 二、九〇五 | 一六、五一〇 | 二〇、四八一 | 四、八二九 | 五一九 | 一一、六五〇 | 二六七 | 三〇 | 二、九〇八 | 二〇、二〇三 | 二七八 | 二〇、四八一 | — | 七六〇 |
| 山部村 | 同 六年度 | 七、〇〇 | — | 二、七三六二 | 二 | — | 二八二 | 一一九 | — | 八九四 | 四、九八一 | 一、六六八 | 三、三八六 | 八、八二〇 | 一〇、二三三 | 一、四二三 | 九三 | 五、五六三 | 三五 | 二二二 | 七五二 | 八、〇八八 | 四五九 | 八、五四七 | — | 一〇、四六四 |
| | 同 七年度 | 七、〇〇 | — | 二、七三六一 | 二 | — | 二八二 | 一一九 | — | 九一四 | 五、一五三 | 一、七四四 | 三、七二五 | 一一、五八四 | 二一、一四九 | 一、八八〇 | 六五 | 八、八〇三 | 九二 | 一四五 | 一、〇一〇 | 一一、九九五 | 七、九九一 | 一九、九八六 | — | 一一、六八五 |
| | 同 八年度 | 七、〇〇 | 一七一 | 二、六一〇四 | 三九 | — | 二四六 | 一一九 | — | 八九九 | 五、一二三 | 二、〇五七 | 四、九五一 | 二一、四一一 | 二八、〇四六 | 四、八三五 | 一五八 | 一四、二五〇 | 三八一 | 六五 | 一、六三九 | 二一、三二八 | 五、三九三 | 二六、七二一 | — | 一一、六八五 |
| | 同 九年度 | 七、〇〇 | 二七六 | 二、六三六九 | 四八 | — | 二三〇 | 一三九 | — | 一、〇二〇 | 五、四〇一 | 一、二八七 | 五、四二一 | 三〇、三七七 | 三五、五七七 | 七、四三六 | 四七三 | 一五、一九三 | 三三九 | 一九 | 二、七八八 | 二六、二四八 | 六、〇八八 | 三二、三三六 | — | 一二、四〇一 |
| | 同 十年度 | 七、〇〇 | 七三五 | 二、八三九九 | 四八 | — | 二三〇 | 一三九 | — | 一、〇八六 | 五、八六三 | 一、二二一 | 五、二五五 | 二九、六六四 | 三八、七一〇 | 八、一七九 | 一、六一四 | 一八、〇八六 | 一、一二六 | 四三〇 | 五、六五一 | 三五、〇八六 | 三、六二四 | 三八、七一〇 | — | 一三、六九〇 |

| 財産 學校基本財産 動産 | 學校基本財産 不動産 | 特別基本財産 動産 | 特別基本財産 不動産 | 收益ナキ財産 動産 | 收益ナキ財産 不動産 | 一部有財産 動産 | 一部有財産 不動産 | 積立金穀 | 罹災救助金 |
|---|---|---|---|---|---|---|---|---|---|
| 同 | 同 | 同 | 同 | 同 | 同 | 同 | 同 | 同 | 同 |
| — | 四九三 | — | — | — | 三、八九二 | — | — | 七〇七 | — |
| — | 六三〇 | — | — | — | 四、八八七 | — | — | 七七二 | — |
| — | 三、九〇九 | — | — | — | — | — | — | 九二一 | — |
| — | 五、四四五 | — | — | — | 七五〇 | — | — | 三一六 | — |
| — | — | — | — | — | 七、五七五 | — | — | 一、一四五 | — |
| — | 五三六 | — | — | — | 二二、三九五 | — | — | — | — |
| — | 七八〇 | — | — | — | 二三、一九八 | — | — | — | — |
| — | 四七 | — | — | — | 二六、七三八 | — | — | — | — |
| — | 一、六一一 | — | — | — | 二七、一八二 | — | — | — | — |
| — | 二、四七八 | — | — | — | 二八、七一〇 | — | — | — | — |

| 財産ヨリ生スル收入 | 市町村債額 | 第三種所得税額 | 同納税者實人員 |
|---|---|---|---|
| 同 | 同 | 同 | 人 |
| 八九 | — | 一九八 | 一七 |
| 七五 | — | 六一一 | 三四 |
| 一一九 | — | 一、一三二 | 三二 |
| 一二三 | 八〇〇 | 二一三 | 二二 |
| 一七五 | 八〇〇 | 一〇一 | 一三 |
| 一三八 | — | 九二二 | 一五七 |
| 一五六 | 二、七四三 | 一、二四五 | 二六五 |
| 二一八 | 二、二一〇 | 一、四四三 | 二七一 |
| 二二二 | 一、六三五 | 三五六 | 一九〇 |
| 六五 | 一、〇一五 | 五一〇 | 二二〇 |

| 課率 附加税 地價割 | 附加税 國税營業税割 | 附加税 所得税割 | 附加税 戸別割 | 附加税 地方税營業割 | 附加税 雜種税割 | 特別税 反別割 田 | 反別割 畑 | 反別割 宅地 | 反別割 山林 | 反別割 原野 | 反別割 牧場 | 反別割 海產干場 | 反別割 雜種地 | 特別税 建物割 | 特別税 牛馬割 | 特別税 戸別割 |
|---|---|---|---|---|---|---|---|---|---|---|---|---|---|---|---|---|
| 厘 | 同 | 同 | 同 | 同 | 同 | 同 | 同 | 同 | 同 | 同 | 同 | 同 | 同 | 同 | 同 | 同 |
| — | 一五〇 | 一五〇 | — | 五〇〇 | 五〇〇 | — | 〇四六 | — | — | — | — | — | — | — | — | — |
| — | 一五〇 | 一五〇 | — | 五〇〇 | 五〇〇 | — | 〇四六 | — | — | — | — | — | — | — | — | — |
| — | 一五〇 | 一五〇 | 五、八〇〇 | 九〇〇 | 六〇〇 | — | 〇七〇 | 四〇〇 | — | — | — | — | — | — | — | — |
| — | 四七〇 | 二四〇 | 七、〇八〇 | 一、〇〇〇 | 一、〇〇〇 | — | 一四八 | 三二五 | — | — | — | — | — | — | — | — |
| — | 四七〇 | 一四〇 | 六、七五〇 | 一、〇〇〇 | 一、〇〇〇 | — | 一五八 | 三三五 | — | — | — | — | — | — | — | — |
| — | 一五〇 | 一五〇 | 三、〇〇〇 | 一、〇〇〇 | 一、〇〇〇 | — | 一九五 | 四〇〇 | — | — | — | — | — | — | — | — |
| — | 一五〇 | 一五〇 | 三、〇〇〇 | 一、〇〇〇 | 一、〇〇〇 | — | 一九五 | 四〇〇 | — | — | — | — | — | — | — | — |
| — | 一五〇 | 一五〇 | 四、八〇〇 | 一、〇〇〇 | 一、〇〇〇 | — | 三六三 | 一、〇七八 | — | — | — | — | — | — | — | 一、五〇〇 |
| — | 二四〇 | 二四〇 | 五、七〇〇 | 一、三〇〇 | 一、三〇〇 | 六三五 | 四七三 | 一、三九七 | — | — | — | — | — | — | — | 一、〇〇〇 |
| — | 四七〇 | 一四〇 | 四、八〇〇 | 一、三〇〇 | 一、三〇〇 | 四八三 | 四八八 | 一、二五六 | — | — | — | — | — | — | — | 一、〇〇〇 |

| 種別 | 單位 | 上士別村 大正六年度 | 同 七年度 | 同 八年度 | 同 九年度 | 同 十年度 | 増毛町 同 六年度 | 同 七年度 | 同 八年度 | 同 九年度 | 同 十年度 |
|---|---|---|---|---|---|---|---|---|---|---|---|
| 面積 | 方里 | 三六、〇 | 三六、〇 | 三六、〇 | 三六、〇 | 三六、〇 | 二三、六七 | 二三、六七 | 二三、六七 | 二三、六七 | 二三、六七 |
| 民有地 田 | 反 | 一七六 | 一八三 | 一九八 | 六二八 | 九八五 | 一二八一 | 一二八一 | 一二八一 | 一三九七 | 二二四六 |
| 民有地 畑 | 同 | 五、七八二二 | 五、九九五〇 | 六、一二三八 | 六、二三二九 | 六、一七五〇 | 一、七〇〇一 | 一、七〇〇一 | 一、七三七八 | 二、五一二四 | 二、四五五六 |
| 民有地 宅地 | 同 | 四〇七 | 四〇七 | 四一七 | 四四四 | 四一三 | 五七一 | 五七九 | 五七九 | 五八五 | 五八三 |
| 民有地 山林 | 同 | 三一二八 | 三一七六 | 三一八二 | 三三二七 | 三三四二 | 一六四〇 | 一五八〇 | 一四七二 | 一九一五 | 一九二三 |
| 民有地 原野 | 同 | 四二三六 | 四二八四 | 三一一一 | 二九四〇 | 三〇〇五 | 七九九〇 | 八四八〇 | 八五五五 | 八六七九 | 九三二六 |
| 民有地 牧場 | 同 | 四八三 | 四八三 | 四八三 | 五一七 | 五四一 | 四〇二二 | 四九五五 | 六七二七 | 四五二二 | 四五二〇 |
| 民有地 其他 | 同 | ｜ | ｜ | ｜ | ｜ | ｜ | 九五〇 | 八九〇 | 八二〇 | 九三〇 | 九四七 |
| 現住戸數 | 戸 | 一、二〇〇 | 一、三五六 | 一、二〇五 | 一、一八七 | 一、一六三 | 二、〇六八 | 二、〇二三 | 二、〇六八 | 二、〇七九 | 二、一〇三 |
| 現住人口 | 人 | 八、〇九五 | 八、二一六 | 七、九七九 | 七、三八三 | 七、五六六 | 一二、六一〇 | 一二、三二〇 | 一二、五九四 | 一一、〇八七 | 一一、三一五 |
| 負擔 直接國稅額 | 圓 | 三、七九六 | 七、二〇一 | 七、七六二 | 三、四四四 | 二、六〇〇 | 一六、一六五 | 二一、七〇二 | 六八、五四五 | 一七、九六五 | 一八、五五三 |
| 負擔 地方稅額 | 同 | 七、七三二 | 八四九〇 | 一一、一四二 | 一六、四一三 | 一四、二〇九 | 一六、三〇七 | 一七、二四九 | 二一、四六七 | 二八、四三九 | 三〇、三三八 |
| 負擔 市町村稅額 | 同 | 一七、九〇九 | 二六、三〇九 | 四六、四九三 | 四五、九一八 | 四〇、三〇〇 | 五〇、四一七 | 七七、八七〇 | 一四〇、五五〇 | 一〇九、七〇一 | 一二六、三〇五 |
| 財政 歳入 | 同 | 二三、四三六 | 三六、五八八 | 六一、一六七 | 六七、四三〇 | 六三、九六九 | 三〇、三一八 | 四五、六一二 | 四八、五五一 | 九一、四五五 | 九一、七五九 |
| 歳出 經常部 役所役場費 | 同 | 三、九二九 | 五、四八一 | 八四〇九 | 一〇、六一四 | 一七、〇六四 | 八、三六九 | 一〇、四七六 | 一三、六五五 | 一九、八七四 | 二四、四一四 |
| 歳出 經常部 土木費 | 同 | 四、〇一七 | 九、〇九六 | 二、二五七 | 四、八六三 | 四、八八〇 | 八七四 | 一、八三九 | 一、四五六 | 六、二五八 | 二、九〇〇 |
| 歳出 經常部 敎育費 | 同 | 一一、一八三 | 一六、七八六 | 二四、九五〇 | 二六、〇六八 | 二七、〇三三 | 一五、七三〇 | 二三、九〇七 | 二三、四五〇 | 四二、五九八 | 四三、三六八 |
| 歳出 經常部 衛生費 | 同 | 二七六 | 二一八 | 三二九 | 四八七 | 一、八九一 | 六八九 | 六六九 | 三七三 | 九四八 | 一、六四四 |
| 歳出 經常部 勸業費 | 同 | 一二 | 二七 | 四二 | 四八 | 九八 | ｜ | ｜ | ｜ | ｜ | 六〇 |
| 歳出 經常部 其他 | 同 | 六二八 | 八六六 | 一、四二三 | 一、七九六 | 三、二〇二 | 三、七六八 | 六、〇九〇 | 八、五九二 | 一〇、五五二 | 九、九七八 |
| 歳出 經常部 計 | 同 | 二〇、〇四五 | 三七、四七四 | 三七、四一〇 | 四三、八七六 | 四七、八六八 | 二九、四三〇 | 四二、九八一 | 四七、五二六 | 八〇、二三〇 | 八二、三六四 |
| 同臨時部計 | 同 | 三、〇七八 | 九、七二五 | 二一、二八八 | 七、〇五〇 | 一六、一〇一 | 八八八 | 二、六三一 | 一、〇二五 | 一一、二二五 | 九、三九五 |
| 通計 | 同 | 二三、一二三 | 四二、一九六 | 五八、六九八 | 五〇、九二六 | 六三、九六九 | 三〇、三一八 | 四五、六一二 | 四八、五五一 | 九一、四五五 | 九一、七五九 |
| 基本財產 動產 | 同 | 一四、二二二 | 一五、九〇七 | 一八、一二七 | 一九、四六〇 | 四、四七八 | 三四、三八〇 | 三四、三八〇 | 二四、六八〇 | 二九、六八〇 | 三四、一八〇 |
| 基本財產 不動產 | 同 | 一一、二八五 | 一一、一五一 | 一二、四九七 | 七、六二〇 | 八、八三二 | 一七、九八七 | 一七、九八七 | 一七、九八七 | 一八、一九二 | 一八、四四六 |

| | | | | | | | | | | | | |
|---|---|---|---|---|---|---|---|---|---|---|---|---|
| 財産 | 學校基本財産 | 不動産 | 同 | — | — | — | — | — | — | — | — | — | — |
| | | 動産 | 同 | — | — | — | — | — | — | — | — | — | — |
| | 特別基本財産 | 不動産 | 同 | — | — | — | — | — | — | — | — | — | — |
| | | 動産 | 同 | — | — | — | — | — | — | — | — | — | — |
| | 收益ナキ財産 | 不動産 | 同 | 一六、一八九 | 二〇、四二一 | 一九、〇六七 | 一六、四四〇 | 一六、四四九 | 一、〇七一 | 一、一四五 | 一、一七二 | 一、六一三 | 一、三八八 |
| | | 動産 | 同 | — | — | — | — | — | 一二六 | 一六七 | 一四九 | 二六一 | 二九五 |
| | 一部有財産 | 不動産 | 同 | — | — | — | — | — | — | — | — | — | — |
| | | 動産 | 同 | — | — | — | — | — | — | — | — | — | — |
| | 積立金穀 | | 同 | — | — | — | — | — | 二、一九二 | 六、三一一 | 一三、八五〇 | 五、一九四 | 一八、〇六六 |
| | 罹災救助金 | | 同 | — | — | — | — | — | — | — | — | — | — |
| 財産ヨリ生スル收入 | | | 同 | 六七八 | 八一一 | 五一九 | 五二四 | 八七五 | 七、七二五 | 一〇、四二七 | 一三、五三九 | 一五、〇三四 | 一七、一三九 |
| 市町村債額 | | | 同 | — | — | 六、〇〇〇 | 一七、五〇〇 | 一七、五〇〇 | — | — | — | — | — |
| 第三種所得税額 | | | 同 | 三、三三一 | 四、三四八 | 四、八一六 | 一、七六〇 | 一〇、六六〇 | 一〇、二六三 | 一六、〇〇二 | 三八、八一四 | 八、六二七 | 七、二六二 |
| 同納税者實人員 | | | 人 | 九五 | 八八 | 一一〇 | 九三 | 六八 | 一五七 | 一五二 | 三〇七 | 、八一 | 七九 |
| 課率 | 附加税 | 地價割 | 厘 | 一五〇 | 二一〇 | — | — | — | — | — | — | — | — |
| | | 國税營業税割 | 同 | 一五〇 | 一五〇 | 一五〇 | 四七〇 | 四七〇 | 一五〇 | 一五〇 | 一五〇 | 三九〇 | 四七〇 |
| | | 所得税割 | 同 | 一五〇 | 一五〇 | 一五〇 | 一四〇 | 一四〇 | 一五〇 | 一五〇 | 一五〇 | 二四〇 | 一四〇 |
| | | 戸別割 | 同 | — | — | — | — | — | 四、五〇〇 | 五、〇〇〇 | 五、七〇〇 | 七、八〇〇 | 七、五五〇 |
| | | 地方税營業税割 | 同 | 一、〇〇〇 | 一、〇〇〇 | 一、〇〇〇 | 一、〇〇〇 | 一、〇〇〇 | 一、〇〇〇 | 一、〇〇〇 | 一、〇〇〇 | 一、三〇〇 | 一、三〇〇 |
| | | 雜種税割 | 同 | 一、〇〇〇 | 一、〇〇〇 | 一、〇〇〇 | 一、〇〇〇 | 一、〇〇〇 | 七〇〇 | 七〇〇 | 一、〇〇〇 | 三、七三〇 | 三、八三〇 |
| | 特別税 反別割 | 田 | 同 | — | — | 三二六 | 四四三 | 四八六 | 二二〇 | 二二〇 | 三六〇 | 四三二 | 五七一 |
| | | 畑 | 同 | 一二四 | 一四七 | 三八四 | 四〇一 | 三四〇 | 一二〇 | 一二〇 | 一八四 | 二四三 | 三九九 |
| | | 宅地 | 同 | 三一二 | 三一四 | 三八四 | 四〇五 | 三八六 | 八三四 | 八三四 | 八一五 | 七五六 | 九七四 |
| | | 山林 | 同 | 〇二〇 | 〇二〇 | 〇三〇 | 〇三〇 | 〇三〇 | — | — | 二一三 | 一八 | 一八 |
| | | 原野 | 同 | 〇二〇 | 〇二〇 | 〇三〇 | 〇三〇 | 〇三〇 | 三六〇 | 三六〇 | — | — | — |
| | | 牧場 | 同 | 〇二〇 | 〇二〇 | 〇三〇 | 〇三〇 | 〇三〇 | — | — | 一二 | 一八 | 一八 |
| | | 海産干場 | 同 | — | — | — | — | — | — | — | — | — | — |
| | | 雜種地 | 同 | — | — | — | — | — | — | — | — | — | — |
| | 特別税 | 建物割 | 同 | — | — | — | — | — | — | — | — | — | — |
| | | 牛馬割 | 同 | — | — | — | — | — | — | — | — | — | — |
| | | 戸別割 | 同 | 八〇〇 | 八〇〇 | 一、〇〇〇 | 一、〇〇〇 | 一、〇〇〇 | — | — | — | — | — |

| 種別 | 單位 | 留萌町 大正六年度 | 同 七年度 | 同 八年度 | 同 九年度 | 同 十年度 | 苫前村 同 六年度 | 同 七年度 | 同 八年度 | 同 九年度 | 同 十年度 |
|---|---|---|---|---|---|---|---|---|---|---|---|
| 面積 | 方里 | 五三、〇〇 | 五三、〇〇 | 一七、〇〇 | 一七、〇〇 | 一七、〇〇 | 二九、〇〇 | 二九、〇〇 | 二九、〇〇 | 二九、〇〇 | 二九、〇〇 |
| 民有地 田 | 反 | 二六七 | 二六八 | 二六九 | 二九二 | 二九二 | 一六五〇 | 一七五〇 | 二〇〇[illegible] | 二〇四五 | 二〇六四 |
| 民有地 畑 | 同 | 六、八六〇〇 | 六、三九一一 | 七、三〇三七 | 三、一三六二 | 三、一三六二 | 四、一一九〇 | 四、一三九〇 | 四、二五一〇 | 四、一六九四 | 四、二四四七 |
| 民有地 宅地 | 同 | 九〇〇 | 九九〇 | 九七五 | 七六九 | 四八七 | 二〇六 | 二〇六 | 二〇〇 | 一八九 | 二二六 |
| 民有地 山林 | 同 | 三、三二八〇（山林原野牧場） | 四、六〇九三（山林原野牧場） | 四五二七 | 三、七三九四（山林原野牧場） | 三、四六二〇（山林原野牧場） | 二、三〇一六 | 一、七九二六 | 一、七一二一 | 一、八二五八 | 一、五二五八 |
| 民有地 原野 | 同 | | | 二、二八五一 | | | 一、二三二九 | 九四三一 | 一、〇四四二 | 一、二三五〇 | 一、二三五〇 |
| 民有地 牧場 | 同 | | | 九、二五二六 | | | 二三、〇〇〇〇 | 二三、〇〇〇〇 | 二三、〇〇〇〇 | 三五、〇〇〇〇 | 二七、〇〇〇〇 |
| 民有地 其他 | 同 | 五〇四 | 五七二 | 五一六 | 四二五 | 四二五 | — | — | — | — | — |
| 現住戸數 | 戸 | 三、五六五 | 三、三一四 | 二、四九五 | 二、四七三 | 二、六六二 | 一、二五三 | 一、一四九 | 一、一一六 | 一、〇八八 | 一、三七七 |
| 現住人口 | 人 | 二〇、三一二 | 二〇、三八八 | 一五、七六五 | 一四、六一二 | 一五、五七二 | 六、八〇三 | 七、一〇三 | 六、四五六 | 六、二一六 | 七、三二五 |
| 負擔 直接國稅額 | 圓 | 一三、四七五 | 二二、八八八 | 二四、一五六 | 一四、八三一 | 二一、〇一五 | 三、二四二 | 五、一七九 | 五、八九八 | 三、七三八 | 五、四二四 |
| 負擔 地方稅額 | 同 | 一九、三七九 | 二〇、五六一 | 二四、〇〇〇 | 二六、三〇八 | 二八、四七八 | 九、八三七 | 八、六〇三 | 一一、五三七 | 一四、〇三八 | 一四、二二四 |
| 負擔 市町村稅額 | 同 | 三七、五一四 | 五〇、五四四 | 七一、〇六八 | 一〇三、三一六 | 一〇二、六八〇 | 一八、〇一九 | 二二、〇二二 | 三〇、一六九 | 三九、八九一 | 三八、一四五 |
| 財政 歳入 | 同 | 四八、六五四 | 六九、八二六 | 一二一、五九八 | 一三四、六七六 | 一五五、六二〇 | 二二、一九四 | 二八、二八五 | 六二、〇三四 | 六三、七一七 | 六七、三五五 |
| 歳出經常部 役所役場費 | 同 | 一二、五七六 | 一六、四九九 | 二七、二〇四 | 二九、一八九 | 六七、四一六 | 五、三〇八 | 六、五一六 | 一〇、八九二 | 一四、四〇〇 | 一六、九一九 |
| 歳出經常部 土木費 | 同 | 三、三〇七 | 一、四〇四 | 一、〇四三 | 四、七九六 | 四、八〇〇 | 二二〇 | 七六五 | 二、二七三 | 二、四九五 | 一、九一八 |
| 歳出經常部 教育費 | 同 | 二三、五一九 | 三二、三五二 | 四〇、〇四三 | 四六、六二三 | 四七、三七〇 | 九、七七〇 | 一四、〇三八 | 一八、四八九 | 二四、五三三 | 二六、六二二 |
| 歳出經常部 衛生費 | 同 | — | — | — | — | 四二 | 一九七 | 八〇 | 三一七 | 二八七 | 二八七 |
| 歳出經常部 勸業費 | 同 | 九三三 | 二、九九九 | 一、五九七 | 七、五三〇 | 一、二九三 | 八 | 八 | 八 | 八 | 二〇八 |
| 歳出經常部 其他 | 同 | 五、二三二 | 五、一五一 | 一二、七五五 | 一一、六〇九 | 一三、五〇七 | 三、七八〇 | 三、八三二 | 四、七五六 | 五、六〇九 | 六、六一四 |
| 歳出經常部 計 | 同 | 四五、五六七 | 五八、四〇五 | 八二、六四二 | 九九、七四七 | 一三四、四二八 | 一九、二八三 | 二五、二三九 | 三六、七三五 | 四七、三三二 | 五二、五六八 |
| 同臨時部 計 | 同 | 三、〇八七 | 一一、四二一 | 三八、九五六 | 三四、九二九 | 二一、一九二 | 二、九一一 | 三、〇四六 | 二五、二九九 | 一六、三八五 | 一四、七八七 |
| 通計 | 同 | 四八、六五四 | 六九、八二六 | 一二一、五九八 | 一三四、六七六 | 一五五、六二〇 | 二二、一九四 | 二八、二八五 | 六二、〇三四 | 六三、七一七 | 六七、三五五 |
| 基本財産 動産 | 同 | 一四、七九〇 | 二四、七三〇 | 一八、〇三三 | 一八、二〇〇 | 四、〇〇〇 | 三八、四〇一 | 四二、五四四 | 二七、一五〇 | 二〇、五六三 | 二〇、五六九 |
| 基本財産 不動産 | 同 | 三三一、〇〇〇 | 三三一、〇〇〇 | 一四二、六〇〇 | 一四二、六〇〇 | 一五〇、〇〇〇 | 一一〇、四五二 | 二〇二、二三三 | 二三二、二三三 | 二三二、二三三 | 二三二、二一五 |

| 区分 | 項目 | 単位 | | | | | | | | | | |
|---|---|---|---|---|---|---|---|---|---|---|---|---|
| 財産 | 學校基本財産 動産 | 同 | — | — | — | — | — | 一二三 | 一二八 | 一三四 | 一四〇 | 一四七 |
| 財産 | 學校基本財産 不動産 | 同 | — | — | — | — | — | — | — | — | — | — |
| 財産 | 特別基本財産 動産 | 同 | — | — | — | — | — | — | — | — | — | — |
| 財産 | 特別基本財産 不動産 | 同 | — | — | — | — | — | — | — | — | — | — |
| 財産 | 收益ナキ財産 動産 | 同 | — | — | — | — | — | — | — | — | — | — |
| 財産 | 收益ナキ財産 不動産 | 同 | 一九九、七八〇 | 一九九、七八〇 | 一七〇、二七〇 | 一八四、一七〇 | 二〇四、五七〇 | 二三、六一九 | 一二、六四一 | 一二、六四一 | 三五、三二七 | 四七、五八二 |
| 財産 | 一部有財産 動産 | 同 | — | — | — | — | — | — | — | — | — | — |
| 財産 | 一部有財産 不動産 | 同 | — | — | — | — | — | — | — | — | — | — |
| 財産 | 積立金穀 | 同 | 二一、〇七六 | 二、五〇〇 | 二、二一九 | 二一七 | 二五四 | — | — | — | — | — |
| 財産 | 罹災救助金 | 同 | — | — | — | — | — | — | — | — | — | — |
| | 財産ヨリ生スル收入 | 同 | 四、〇七五 | 四、六四四 | 三、八六四 | 三、六九二 | 四、七三〇 | 四、四[illegible]三 | 四、九六六 | 四、八三九 | 五、二三〇 | 四、三四九 |
| | 市町村債額 | 同 | — | — | — | — | 三五〇、〇〇〇 | 五〇〇 | — | — | — | 一二、〇〇〇 |
| | 第三種所得税額 | 同 | 六、三四六 | 九、九二六 | 一五、一六六 | 四、九一五 | 八、〇八〇 | 一、八九九 | 三、四三七 | 三、六九五 | 七、八七三 | 二、八二五 |
| | 同納税者實人員 | 人 | 三三二 | 三五二 | 四一七 | 二五九 | 二八八 | 一四〇 | 一五〇 | 一四〇 | 三八八 | 一五〇 |
| 課率 附加税 | 地價割 | 厘 | — | — | — | — | — | — | — | — | — | — |
| 課率 附加税 | 國税營業税割 | 同 | 一五〇 | 一五〇 | 一五〇 | 四七〇 | 四七〇 | 一五〇 | 一五〇 | 二四〇 | 四七〇 | 四七〇 |
| 課率 附加税 | 所得税割 | 同 | 一五〇 | 一五〇 | 一五〇 | 一四〇 | 一四〇 | 一五〇 | 一五〇 | 二四〇 | 一四〇 | 一四〇 |
| 課率 附加税 | 戸別割 | 同 | 三、八九〇 | 三、六〇〇 | 四、七〇〇 | 七、二〇〇 | 七、三〇〇 | 五、一五〇 | 五、一五〇 | 五、六五〇 | 六、四〇〇 | 六、三〇〇 |
| 課率 附加税 | 地方税營業税割 | 同 | 八〇〇 | 八〇〇 | 一、〇〇〇 | 一、五〇〇 | 一、三五〇 | 五〇〇 | 九〇〇 | 一、〇〇〇 | 一、〇五〇 | 一、二〇〇 |
| 課率 附加税 | 雜種税割 | 同 | 五五〇 | 五五〇 | 一、〇〇〇 | 二、七五〇 | 四、一五〇 | 五〇〇 | 九[illegible]〇 | 一、〇〇〇 | 一、〇五〇 | 一、二〇〇 |
| 課率 特別税 反別割 | 田 | 同 | 二三五 | 二七五 | 三三〇 | 七〇〇 | 七〇〇 | 二六四 | 二八〇 | 三九〇 | 六〇四 | 六二二 |
| 課率 特別税 反別割 | 畑 | 同 | 一四五 | 一七〇 | 二〇〇 | 四〇五 | 四二五 | 一四七 | 一六四 | 二六二 | 三五三 | 三五三 |
| 課率 特別税 反別割 | 宅地 | 同 | 三、二五〇 | 三、二五〇 | 三、二五〇 | 一一、〇〇〇 | 一八、五〇〇 | 四〇〇 | 四〇〇 | 四〇〇 | 六二七 | 六二三 |
| 課率 特別税 反別割 | 山林 | 同 | 〇〇一 | 〇〇一 | 〇一〇 | 一四〇 | 一三〇 | 〇〇五 | 〇一〇 | 〇二〇 | 〇三〇 | 〇三〇 |
| 課率 特別税 反別割 | 原野 | 同 | 〇〇一 | 〇〇一 | 〇一〇 | 一四〇 | 一三〇 | — | — | — | 〇一〇 | 〇一〇 |
| 課率 特別税 反別割 | 牧場 | 同 | 〇〇一 | 〇〇一 | 〇一〇 | 一四〇 | 一三〇 | 〇〇五 | 〇一〇 | 〇二〇 | 〇三〇 | 〇三〇 |
| 課率 特別税 反別割 | 海産干場 | 同 | 二、一〇〇 | 一、一〇〇 | 一、一〇〇 | 四、五〇〇 | 一、〇〇〇 | — | — | — | — | — |
| 課率 特別税 反別割 | 雜種地 | 同 | — | — | — | — | — | — | — | — | — | — |
| 課率 特別税 | 建物割 | 同 | — | — | — | — | — | — | — | — | — | — |
| 課率 特別税 | 牛馬割 | 同 | — | — | — | — | — | — | — | — | — | — |
| 課率 特別税 | 戸別割 | 同 | — | — | — | — | — | — | — | — | — | — |

| 種別 | 單位 | 羽幌町 大正六年度 | 同 七年度 | 同 八年度 | 同 九年度 | 同 十年度 | 小平蘂村 同 六年度 | 同 七年度 | 同 八年度 | 同 九年度 | 同 十年度 |
|---|---|---|---|---|---|---|---|---|---|---|---|
| 面積 | 方里 | 三〇、〇〇 | 三〇、〇〇 | 三〇、〇〇 | 三〇、〇〇 | 三〇、〇〇 | — | — | 三六、〇〇 | 三六、〇〇 | 三六、〇〇 |
| 民有地 田 | 反別 | 一五三八 | 二一三八 | 二四七二 | 三五五六 | 三八五六 | — | — | 八〇 | 一〇五 | 二六三 |
| 民有地 畑 | 同 | 三、〇一三〇 | 三、〇四四六 | 二、九一六五 | 二、五三三六 | 二、七〇二〇 | — | — | 二、六七八七 | 三、八六五〇 | 四、〇〇〇 |
| 民有地 宅地 | 同 | 五七〇 | 五七〇 | 五七一 | 五五八 | 七五八 | — | — | 九八 | 一二七 | 一二〇 |
| 民有地 山林 | 同 | 三八三二 | 三八三二 | 三八三二 | 四二五八 | 四二五八 | — | — | 五七六八 | 六一〇〇 | 四六五〇 |
| 民有地 原野 | 同 | 三〇五二 | 三〇五二 | 三〇九二 | 三〇九一 | 三〇九一 | — | — | 一〇〇 | 三一〇 | 三六八〇 |
| 民有地 牧場 | 同 | 三、三八〇七 | 三、三四九一 | 三、四七七二 | 三、七五三四 | 三、七五三四 | — | — | 五、一〇二八 | 五、五六三〇 | 五、九六三二 |
| 民有地 其他 | 同 | 三六五 | 三五五 | 三五五 | 三五五 | 三五五 | — | — | 九五 | 七五 | 四〇 |
| 現住戸數 | 戸 | 一、四〇九 | 一、四八一 | 一、四五二 | 一、三五五 | 一、二九九 | — | — | 八〇九 | 八五六 | 八一六 |
| 現住人口 | 人 | 八、八〇七 | 九、四六七 | 九、三五六 | 八、六九九 | 八、二三二 | — | — | 五、四四六 | 四、八一三 | 四、五八五 |
| 負擔 直接國税額 | 圓 | 四、二九二 | 六、四八七 | 七、三二六 | 四、九七〇 | 六、二〇五 | — | — | 一、三一五 | 八六九 | 九九二 |
| 負擔 地方税額 | 同 | 八、三三九 | 八、八〇八 | 一〇、一七四 | 一三、九八九 | 一七、五一六 | — | — | 三、〇七一 | 八、五一〇 | 九、二三六 |
| 負擔 市町村税額 | 同 | 三四、八二五 | 四九、八一五 | 四四、六九六 | 六六、八三四 | 七〇、一〇八 | — | — | 一三、一七八 | 二七、七〇八 | 二四、七三四 |
| 財政 歳入 | 同 | 三一、五二六 | 三七、三七八 | 四八、三一四 | 八二、七一四 | 七九、七三八 | — | — | 二〇、九五五 | 三五、四六八 | 三五、八九〇 |
| 歳出經常部 役所役場費 | 同 | 六、六九九 | 八、七二一 | 一二、五三〇 | 一八、四一一 | 一八、八八一 | — | — | 四、一八五 | 八、二一五 | 六、六九二 |
| 歳出經常部 土木費 | 同 | 一、六一九 | 一、三七二 | 一、九三八 | 四、一三三 | 三、一四六 | — | — | 一二〇 | 五七九 | 一、〇八一 |
| 歳出經常部 教育費 | 同 | 一一、八五四 | 一六、一七一 | 二二、七二〇 | 二七、八八八 | 二八、七一〇 | — | — | 九、〇七三 | 一六、〇三一 | 一五、九四九 |
| 歳出經常部 衛生費 | 同 | 一、〇三七 | 一、〇三七 | 七九八 | 一、〇八一 | 一、三九四 | — | — | 六一 | 一四二 | 一七一 |
| 歳出經常部 勸業費 | 同 | 三五 | 八〇 | 七〇 | 一〇〇 | 一〇〇 | — | — | — | — | — |
| 歳出經常部 其他 | 同 | 四、七五六 | 五、一八二 | 四、七七三 | 七、三九七 | 七、七八四 | — | — | 三、二九二 | 七、九〇七 | 五、六三三 |
| 歳出經常部 計 | 同 | 二六、〇〇〇 | 三二、五六五 | 四二、八二九 | 五九、〇一〇 | 六〇、〇一五 | — | — | 一六、七三一 | 三二、八七四 | 二九、五二六 |
| 同臨時部 計 | 同 | 五、五二六 | 四、八一三 | 五、四八五 | 二三、七〇四 | 一九、七二三 | — | — | 四、二二四 | 二、五・四 | 六、三六四 |
| 通計 | 同 | 三一、五二六 | 三七、三七八 | 四八、三一四 | 八二、七一四 | 七九、七三八 | — | — | 二〇、九五五 | 三五、四六八 | 三五、八九〇 |
| 基本財産 動産 | 同 | 三五、七一〇 | 五一、六八四 | 五五、五〇四 | 四六、五一四 | 三八、一〇〇 | — | — | 二、五八八 | 四、四六二 | 五、九二七 |
| 基本財産 不動産 | 同 | 六一、六二二 | 六一、二二二 | 八三、四一五 | 九六、五四七 | 一〇九、二八五 | — | — | 二四、七三一 | 二四、七三一 | 二四、七三一 |

| | | | | | | | | | | | |
|---|---|---|---|---|---|---|---|---|---|---|---|
| 財産 學校基本財産 動産 | 同 | ― | ― | ― | ― | ― | ― | ― | ― | ― | ― |
| 財産 學校基本財産 不動産 | 同 | ― | ― | ― | ― | ― | ― | ― | ― | ― | ― |
| 財産 特別基本財産 動産 | 同 | 一三、七〇一 | 一、九三九 | ― | ― | ― | ― | ― | | ― | ― |
| 財産 特別基本財産 不動産 | 同 | ― | ― | ― | ― | ― | ― | ― | ― | ― | ― |
| 財産 收益ナキ財産 動産 | 同 | ― | ― | ― | ― | ― | ― | ― | ― | ― | ― |
| 財産 收益ナキ財産 不動産 | 同 | 三一、七一七 | 三、二〇三 | 五三、七三七 | 六〇、七七四 | 七三、五一一 | ― | ― | 一四、三〇五 | 一四、四一七 | 一四、四一七 |
| 財産 一部有財産 動産 | 同 | ― | ― | ― | ― | ― | ― | ― | ― | ― | ― |
| 財産 一部有財産 不動産 | 同 | ― | ― | ― | ― | ― | ― | ― | ― | ― | ― |
| 財産 積立金穀 | 同 | ― | ― | ― | ― | ― | ― | ― | ― | ― | ― |
| 財産 罹災救助金 | 同 | 九〇五 | 九八九 | 一、〇八六 | 一、一八八 | 一、三一三 | ― | ― | ― | ― | ― |
| 財産ヨリ生スル收入 | 同 | 四、七九〇 | 四、三二六 | 六、〇二三 | 六、四三三 | 七、二八五 | ― | ― | ― | 一、四一七 | 四、九 |
| 市町村債額 | 同 | ― | ― | ― | ― | ― | ― | ― | ― | ― | ― |
| 第三種所得税額 | 同 | 二、八二四 | 四、六三八 | 四、八三八 | 一、五六五 | 二、五二六 | ― | ― | 一四八 | 一六六 | 二二二 |
| 同納税者人員 | 人 | 一五五 | 一八七 | 一八七 | 一二七 | 一八五 | ― | ― | 二五 | 三〇 | 五一 |
| 課率 附加税 地價割 | 厘 | ― | ― | ― | ― | ― | ― | ― | ― | ― | ― |
| 課率 附加税 國税營業税割 | 同 | 一五〇 | 一五〇 | 二四〇 | 四七〇 | 四七〇 | ― | ― | 二四〇 | 二四〇 | 二四〇 |
| 課率 附加税 所得税割 | 同 | 一五〇 | 一五〇 | 二四〇 | 一四〇 | 一四〇 | ― | ― | 二四〇 | 二四〇 | 二四〇 |
| 課率 附加税 戸別割 | 同 | 五、六四二 | 六、五〇五 | 七、三二五 | 七、四三四 | 八、一九一 | ― | ― | 五、五〇〇 | 五、五〇〇 | 五、五〇〇 |
| 課率 附加税 地方税營業税割 | 同 | 五〇〇 | 八〇〇 | 八〇〇 | 一、〇〇〇 | 一、〇〇〇 | ― | ― | 一、〇〇〇 | 一、〇〇〇 | 一、〇〇〇 |
| 課率 附加税 雑種税割 | 同 | 二五九 | 七二六 | 七四二 | 九二五 | 一、一五四 | ― | ― | 一、〇〇〇 | 一、〇〇〇 | 一、〇〇〇 |
| 課率 特別税 反別割 田 | 同 | 三七〇 | 三七〇 | 五四八 | 六八二 | 七三二 | ― | ― | 四〇〇 | 四〇〇 | 四〇〇 |
| 課率 特別税 反別割 畑 | 同 | 一一六 | 一一六 | 一九一 | 二九八 | 二六一 | ― | ― | 二六〇 | 二六〇 | 二六〇 |
| 課率 特別税 反別割 宅地 | 同 | 三九九 | 三九九 | 六二九 | 五九七 | 六三六 | ― | ― | 四五〇 | 四五〇 | 四五〇 |
| 課率 特別税 反別割 山林 | 同 | 〇〇五 | 〇〇五 | 〇一五 | 〇三〇 | 〇五〇 | ― | ― | 一〇〇 | 一〇〇 | 一〇〇 |
| 課率 特別税 反別割 原野 | 同 | ― | ― | 〇一五 | 〇三〇 | 〇三〇 | ― | ― | 〇三〇 | 〇三〇 | 〇三〇 |
| 課率 特別税 反別割 牧場 | 同 | 〇一〇 | 〇一〇 | 〇一五 | 〇三〇 | 〇三五 | ― | ― | 〇七〇 | 〇七〇 | 〇七〇 |
| 課率 特別税 反別割 海産干場 | 同 | ― | ― | ― | ― | ― | ― | ― | ― | ― | ― |
| 課率 特別税 反別割 雑種地 | 同 | ― | ― | ― | ― | ― | ― | ― | ― | ― | ― |
| 課率 特別税 建物割 | 同 | ― | ― | ― | ― | ― | ― | ― | ― | ― | ― |
| 課率 特別税 牛馬割 | 同 | ― | ― | ― | ― | ― | ― | ― | ― | ― | ― |
| 課率 特別税 戸別割 | 同 | ― | ― | ― | ― | ― | ― | ― | ― | ― | ― |

| 種別 | 單位 | 鬼鹿村 大正六年度 | 同 七年度 | 同 八年度 | 同 九年度 | 同 十年度 | 初山別村 同 六年度 | 同 七年度 | 同 八年度 | 同 九年度 | 同 十年度 |
|---|---|---|---|---|---|---|---|---|---|---|---|
| 面積 | 方里 | 一一、〇〇 | 一一、〇〇 | 一一、〇〇 | 一一、〇〇 | 一一、〇〇 | 一七、八五 | 一七、八五 | 一七、八五 | 一七、八五 | 一七、八五 |
| 民有地 田 | 反別 反 | 一五 | 一五 | 一五 | 二四 | 二六 | 五七二 | 六〇五 | 七三二 | 六〇五 | 六四二 |
| 民有地 畑 | 同 | 一、〇三二五 | 一、〇五二七 | 一、〇八三四 | 一、〇八三四 | 一、〇八九六 | 一、六三二三 | 一、八二六八 | 一、九二八七 | 二、三六九一 | 二、三四五九 |
| 民有地 宅地 | 同 | 一三五 | 一三一 | 一三一 | 一三一 | 一四一 | 一五八 | 一六三 | 一六一 | 三三八 | 三三六 |
| 民有地 山林 | 同 | — | — | 五一九七 | 二、五三九一 | 二、七九五一 | 八六八三 | 八六八三 | 八六八三 | 八六八三 | 八六八八 |
| 民有地 原野 | 同 | — | — | 五〇 | 五〇 | 七六 | 四六八〇 | 五八二三 | 三八四四 | 二五四五 | 六二八八 |
| 民有地 牧場 | 同 | 三、四九四五 | 三、四七五五 | 一、一一〇三 | 一、一一〇三 | 一、一一〇三 | 二、〇六〇八 | 二、一三三三 | 二、五五六二 | 四、六三二二 | 五、四七六〇 |
| 民有地 其他 | 同 | 四二四 | 四二四 | 四二三 | 四二三 | 四三一 | 三九二 | 三二一 | 三七六 | 三八四 | 三七五 |
| 現住戸數 | 戸 | 六〇〇 | 六一五 | 五八三 | 五九九 | 五九九 | 七九九 | 七六六 | 七七七 | 七八四 | 七〇三 |
| 現住人口 | 人 | 三、五八九 | 三、四四五 | 三、六三〇 | 三、四七八 | 三、五四〇 | 四、一四〇 | 四、〇八八 | 四、一六一 | 四、三一八 | 四、二一六 |
| 負擔 直接國税額 | 圓 | 八一一 | 八七九 | 九四三 | 一、〇九二 | 一、二五二 | 一、一六七 | 一、五九六 | 二、四八五 | 一、八五三 | 二、一三五 |
| 負擔 地方税額 | 同 | 一三三 | 一五六 | 二八九 | 四七六 | 六一四 | 四、五七〇 | 四、八八六 | 六、九六一 | 八、四四四 | 八、二九七 |
| 負擔 市町村税額 | 同 | — | — | — | — | — | 一〇、七五六 | 一三、六一八 | 二〇、六四四 | 二七、八九一 | 二六、六二五 |
| 財政 歳入 | 同 | 一〇、二三八 | 一二、六四四 | 二〇、八一五 | 二六、二八一 | 二二、一八三 | 一三、五四七 | 一八、九六一 | 二八、三八五 | 三七、六九三 | 四四、〇四四 |
| 歳出經常部 役所役場費 | 同 | 一、六一二 | 一、七五六 | 四、七〇八 | 五、二二九 | 三、九三五 | 二、八五三 | 三、五三二 | 六、二八八 | 六、六八二 | 五、八八五 |
| 歳出經常部 土木費 | 同 | 一五〇 | 一三〇 | 一五〇 | 三〇 | 九〇 | 一〇〇 | 二〇〇 | 三〇〇 | 五四四 | 二五〇 |
| 歳出經常部 教育費 | 同 | 五、七二一 | 七、四九二 | 一二、三四二 | 一三、九五〇 | 一三、〇九五 | 七、〇一三 | 八、九三〇 | 一三、八五二 | 一七、八一二 | 一七、九八七 |
| 歳出經常部 衛生費 | 同 | 七三 | 五七 | 八四 | 一七二 | 二二七 | 二〇二 | 一三二 | 一三二 | 七六七 | 二〇七 |
| 歳出經常部 勸業費 | 同 | — | — | — | 三〇 | 一〇 | 四〇 | 八六 | 四五 | 五五 | 三五 |
| 歳出經常部 其他 | 同 | 二、一七七 | 二、七[illegible]九 | 二、四七二 | 三、七一五 | 三、四六九 | 二、四一四 | 三、八九六 | 七、〇五八 | 七、一四九 | 八、六五五 |
| 歳出經常部 計 | 同 | 九、七三三 | 一二、二三四 | 一九、七五六 | 二三、一二六 | 二〇、八二六 | 一二、六二二 | 一六、七七六 | 二七、六七五 | 三三、〇〇九 | 三三、〇一九 |
| 同臨時部 計 | 同 | 五〇五 | 四一〇 | 一、〇五九 | 三、一五五 | 一、三五七 | 九二五 | 二、一八五 | 七一〇 | 四、六八四 | 一一、〇二五 |
| 通計 | 同 | 一〇、二三八 | 一二、六四四 | 二〇、八一五 | 二六、二八一 | 二二、一八三 | 一三、五四七 | 一八、九六一 | 二八、三八五 | 三七、六九三 | 四四、〇四四 |
| 基本財産 動産 | 同 | 七、七九三 | 一一、六八九 | 一一、六八九 | 一〇、〇三〇 | 一〇、〇三〇 | 一五、六三〇 | 二二、三八一 | 二六、七五一 | 二〇、六二二 | 一七、二五七 |
| 基本財産 不動産 | 同 | 一〇〇〇四 | 一二、五〇〇 | 一二、五八一 | 一〇、〇〇〇 | 一〇、〇〇〇 | 一七、八二〇 | 一九、二三〇 | 二二、二五一 | 一八、六三〇 | 一七、四九八 |

| 財産 | | | | | | | | | | | | | | 課率 | | | | | | | | | | | | | | | | |
|---|---|---|---|---|---|---|---|---|---|---|---|---|---|---|---|---|---|---|---|---|---|---|---|---|---|---|---|---|---|---|
| 學校基本財産 | | 特別基本財産 | | 收益ナキ財産 | | 一部有財産 | | | | | | | | 附加税 | | | | | | 特別税 | | | | | | | | | | |
| 動産 | 不動産 | 動産 | 不動産 | 動産 | 不動産 | 動産 | 不動産 | 積立金穀 | 罹災救助金 | 財産ヨリ生スル收入 | 市町村債額 | 第三種所得稅額 | 同納稅者人員 | 地價割 | 國稅營業稅割 | 所得稅割 | 戸別割 | 地方稅營業稅割 | 雜種稅割 | 反別割 田 | 反別割 畑 | 反別割 宅地 | 反別割 山林 | 反別割 原野 | 反別割 牧場 | 反別割 海産干場 | 反別割 雜種地 | 建物割 | 牛馬割 | 戸別割 |
| 同 | 同 | 同 | 同 | 同 | 同 | 同 | 同 | 同 | 同 | 同 | 同 | 同 | 人 | 厘 | 同 | 同 | 同 | 同 | 同 | 同 | 同 | 同 | 同 | 同 | 同 | 同 | 同 | 同 | 同 | 同 |
| ― | ― | ― | ― | 七、七九三 | 九一八 | ― | ― | 五、三八二 | ― | 二、四〇七 | ― | 七二四 | 四五 | ― | 一五〇 | 一五〇 | 五、一九〇 | 五〇〇 | 五〇〇 | ― | 一四一 | 三九五 | ― | ― | 〇一〇 | 三九六 | ― | ― | ― | ― |
| ― | ― | ― | ― | 一一、六八九 | 九一八 | ― | ― | 一五、六九七 | ― | 二、三四九 | ― | 一、四八一 | 五一 | ― | 一五〇 | 一五〇 | 一〇、三〇〇 | 五〇〇 | 五〇〇 | ― | 一四〇 | 三九四 | ― | ― | 〇〇七 | 三九一 | ― | ― | ― | ― |
| ― | ― | ― | ― | 一一、六八九 | 九一八 | ― | ― | 三四、〇四六 | ― | 二、五三七 | ― | 二、五六四 | 八一 | ― | 二四〇 | 二四〇 | 一〇、八〇〇 | 一、〇〇〇 | 一、五〇〇 | ― | 二二〇 | 六三五 | 二八五 | 〇一六 | 〇六五 | 六三二 | ― | ― | ― | ― |
| ― | ― | ― | ― | 一〇、〇三〇 | 九一八 | ― | ― | 三六、六六一 | ― | 一、八三五 | ― | 二二一 | 三一 | ― | 四七〇 | 一四〇 | 一〇、〇〇〇 | 一、二〇〇 | 一、八五〇 | ― | 一五七 | 三五五 | 一一六 | 〇一〇 | 一二〇 | 三九五 | ― | ― | ― | ― |
| ― | ― | ― | ― | 一〇、〇三〇 | 九一八 | ― | ― | 四一、四八四 | 六二一 | 二、五一六 | ― | 二〇六 | 三六 | ― | 四七〇 | 一四〇 | 六、六〇〇 | 一、二〇〇 | 一、六〇〇 | ― | 一五四 | 三八〇 | 一〇八 | 〇一〇 | 一一八 | 三九二 | ― | ― | ― | ― |
| ― | ― | ― | ― | ― | ― | ― | ― | ― | ― | 一、二二四 | ― | 三八〇 | 三二 | ― | 一五〇 | 一五〇 | 六、〇〇〇 | 五〇〇 | 五〇〇 | ― | 一二〇 | 二八〇 | 〇一〇 | 〇一〇 | 〇一〇 | 二八〇 | ― | ― | ― | ― |
| ― | ― | ― | ― | ― | ― | ― | ― | ― | ― | 四四九 | ― | 二六九 | 二九 | ― | 一五〇 | 一五〇 | 六、二五〇 | 一、〇〇〇 | 一、〇〇〇 | ― | 一二〇 | 二八〇 | 〇一〇 | 〇一〇 | 〇一〇 | 二八〇 | ― | ― | ― | ― |
| ― | ― | ― | ― | ― | ― | ― | ― | ― | ― | 三九三 | ― | 一、六六三 | 五三 | ― | 一五〇 | 一五〇 | 六、三五〇 | 一、〇〇〇 | 一、〇〇〇 | 四三〇 | 一五七 | 四七二 | 〇一五 | 〇一五 | 〇一五 | 五三七 | ― | ― | ― | ― |
| ― | ― | ― | ― | ― | ― | ― | ― | ― | ― | 七六九 | ― | 三三五 | 三二 | ― | 四七〇 | 一四〇 | 六、七五〇 | 一、五〇〇 | 一、五〇〇 | 六六六 | 二四二 | 五四四 | 〇一五 | 〇一五 | 〇一五 | 七七〇 | ― | ― | ― | ― |
| ― | ― | ― | ― | ― | ― | ― | ― | ― | ― | 一、七一四 | ― | 六一九 | 四八 | ― | 二四〇 | 二四〇 | 七、四〇〇 | 一、〇〇〇 | 一、〇〇〇 | 五〇〇 | 二一八 | 五〇〇 | 〇二五 | 〇一五 | 〇二〇 | 六七〇 | ― | ― | ― | ― |

| 種別 | 町村名 | 面積（方里） | 民有地 田（反） | 民有地 畑（同） | 民有地 宅地（同） | 民有地 山林（同） | 民有地 原野（同） | 民有地 牧場（同） | 民有地 其他（同） | 現住戸數（戸） | 現住人口（人） | 負擔 直接國税額（圓） | 負擔 地方税額（同） | 負擔 市町村税額（同） | 財政 歳入（同） | 財政 歳出經常部 役所役場費（同） | 財政 歳出經常部 土木費（同） | 財政 歳出經常部 教育費（同） | 財政 歳出經常部 衛生費（同） | 財政 歳出經常部 勸業費（同） | 財政 歳出經常部 其他（同） | 財政 部計（同） | 財政 同臨時部計（同） | 財政 通計（同） | 基本財産 動産（同） | 基本財産 不動産（同） |
|---|---|---|---|---|---|---|---|---|---|---|---|---|---|---|---|---|---|---|---|---|---|---|---|---|---|---|
| 大正六年度 | 天寶村 | 、五三 | — | 二二四六 | 四二 | 一〇九三 | — | — | 三八四 | 三四四 | 一、七六七 | 一、五三七 | 三、八六六 | 七、八九四 | 八、七一六 | 二、〇〇二 | 三三 | 三、九一六 | 一九九 | 二一 | 一、九一二 | 八、〇八三 | 六三三 | 八、七一六 | 八一、〇〇〇 | 四一、四六一 |
| 同 七年度 | 天寶村 | 、五三 | — | 一九二三 | 四七 | 八〇五 | — | — | 四一三 | 三四四 | 一、七六四 | 一、九六二 | 四、〇七九 | 九、三[illegible]六 | 一〇、五一八 | 二、六八二 | 一三三 | 四、六一五 | 六九 | 四八 | 二、五八一 | 一〇、一二八 | 三九〇 | 一〇、五一八 | 八三、〇一七 | 三九、四四四 |
| 同 八年度 | 天寶村 | 、五三 | — | 一八三二 | 四三 | 八三〇 | — | — | 四一三 | 三四八 | 一、八一九 | 二、一三四 | 四、八〇五 | 一〇、四八〇 | 一二、八〇一 | 三、〇五五 | 一七九 | 六、四七四 | 八七 | 一七 | 二、二六七 | 一二、〇七九 | 四五 | 一二、一二四 | 一〇四、八四七 | 四六、九五九 |
| 同 九年度 | 天寶村 | 、五三 | — | 一八三二 | 四四 | 八三〇 | — | — | 四二一 | 三四八 | 一、八四二 | 一、六三二 | 六、二八六 | 一三、一七六 | 一九、二八二 | 三、五〇二 | 三四〇 | 八、五七〇 | 二五三 | 五五 | 四、四五四 | 一七、一七四 | 二、一〇八 | 一九、二八二 | 一〇六、五〇〇 | 七〇、四四七 |
| 同 十年度 | 天寶村 | 、五三 | — | 一八三二 | 四三 | 八三〇 | — | — | 四二一 | 三二七 | 一、七五二 | 一、三六九 | 八、三二三 | 一三、〇三六 | 一八、一九九 | 三、九二六 | 一四〇 | 八、五七六 | 三〇〇 | 二一五 | 四、四三二 | 一七、五八九 | 六一〇 | 一八、一九九 | 一〇六、一一九 | 六八、五一六 |
| 同 六年度 | 燒尻村 | 、三四 | — | 一一二二 | 七〇 | 二九九 | 一六六〇 | — | 五八〇 | 三四一 | 一、六七九 | 一、三七七 | 四、五六三 | 八、六二九 | 八、一三二 | 一、四四〇 | 二六〇 | 三、三三九 | 九七 | 三六 | 二、四三九 | 七、六一一 | 五二一 | 八、一三二 | 三七、〇三〇 | 一六、四四八 |
| 同 七年度 | 燒尻村 | 、三四 | — | 一一三一 | 七〇 | 七三三 | 一二二六 | — | 五七〇 | 三六七 | 一、八六二 | 一、七〇四 | 四、九三六 | 八、四三六 | 一〇、〇二六 | 二、二六四 | 一二五 | 四、三二八 | 九〇 | 三五 | 二、六八六 | 九、五二八 | 四九八 | 一〇、〇二六 | 四一、七四四 | 一七、八〇六 |
| 同 八年度 | 燒尻村 | 、三四 | — | 一三三二 | 七五 | 七七八 | 九七五 | — | 五七〇 | 三六一 | 一、八五五 | 三、二〇九 | 六、九六四 | 一五、一六三 | 一五、三四八 | 二、四四〇 | 五〇 | 六、一九六 | 八七 | 三五 | 二、四九七 | 一一、三〇五 | 四、〇四三 | 一五、三四八 | 四六、七五四 | 二二、二二三 |
| 同 九年度 | 燒尻村 | 、三四 | — | 一四三二 | 七七 | 七九九 | 八六〇 | — | 五六二 | 三七四 | 一、九二八 | 一、九八四 | 八、六五一 | 二一、六八九 | 二二、一六一 | 四、一五〇 | 四六六 | 七、九九五 | 二〇六 | 三五 | 四、二五四 | 一七、一〇六 | 五、〇五五 | 二二、一六一 | 五八、六九五 | 二二、二二三 |
| 同 十年度 | 燒尻村 | 、三四 | — | 一四三二 | 七七 | 七九九 | 八六〇 | — | 五六二 | 三七六 | 一、九八七 | 一、九三七 | 九、五三二 | 九、二五五 | 一五、五九六 | 三、三四五 | 五〇 | 八、二一〇 | 二〇六 | 三五 | 三、一六六 | 一五、〇一二 | 五八四 | 一五、五九六 | 六五、二三一 | 二二、二二三 |

| 財産 學校基本財産 動産 | 財産 學校基本財産 不動産 | 財産 特別基本財産 動産 | 財産 特別基本財産 不動産 | 財産 收益ナキ財産 動産 | 財産 收益ナキ財産 不動産 | 財産 一部有財産 動産 | 財産 一部有財産 不動産 | 財産 積立金穀 | 財産 罹災救助金 | 財産ヨリ生スル收入 | 市町村債額 | 第三種所得税額 | 同納税者實人員 | 課率 附加税 地價割 | 課率 附加税 國税營業税割 | 課率 附加税 所得税割 | 課率 附加税 戸別割 | 課率 附加税 地方税營業税割 | 課率 附加税 雜種税割 | 課率 特別税 反別割 田 | 課率 特別税 反別割 畑 | 課率 特別税 反別割 宅地 | 課率 特別税 反別割 山林 | 課率 特別税 反別割 原野 | 課率 特別税 反別割 牧場 | 課率 特別税 反別割 海産干場 | 課率 特別税 反別割 雜種地 | 課率 特別税 建物割 | 課率 特別税 牛馬割 | 課率 特別税 戸別割 |
|---|---|---|---|---|---|---|---|---|---|---|---|---|---|---|---|---|---|---|---|---|---|---|---|---|---|---|---|---|---|---|
| 同 | 同 | 同 | 同 | 同 | 同 | 同 | 同 | 同 | 同 | 同 | 同 | 同 | 人 | 厘 | 同 | 同 | 同 | 同 | 同 | 同 | 同 | 同 | 同 | 同 | 同 | 同 | 同 | 同 | 同 | 同 |
| — | — | — | — | — | 一一、〇〇九 | — | — | — | — | 六、九二八 | — | 八五三 | 三三 | — | 一五〇 | 一五〇 | 三、〇〇〇 | 五〇〇 | 五〇〇 | — | — | — | — | — | — | — | — | — | — | — |
| — | — | — | — | — | 一一、〇〇九 | — | — | — | — | 七、五三六 | — | 一、一八九 | 四一 | 二一〇 | 一五〇 | 一五〇 | 三、二五〇 | 一、〇〇〇 | 一、〇〇〇 | — | — | — | — | — | — | — | — | — | — | — |
| — | — | — | — | — | 一一、〇〇九 | — | — | — | — | 九、九五一 | — | 一、二八九 | 四〇 | 二一〇 | 二四〇 | 二四〇 | 三、五五〇 | 一、〇〇〇 | 一、〇〇〇 | — | — | — | — | — | — | — | — | — | — | — |
| — | — | — | — | — | 一六、二五〇 | — | — | — | — | 一二、二五四 | — | 六三七 | 二七 | 六六〇 | 四七〇 | 一四〇 | 三、三五〇 | 一、〇〇〇 | 一、〇〇〇 | — | — | — | — | — | — | — | — | — | — | — |
| — | — | — | — | — | 一六、二五〇 | — | — | — | — | 八、五九六 | — | 五、二四八 | 三二 | 二八〇 | 四七〇 | 一四〇 | 二、四〇〇 | 一、〇〇〇 | 一、〇〇〇 | — | — | — | — | — | — | — | — | — | — | — |
| 六七五 | 二、三七一 | 八八九 | — | — | 七、四六一 | — | — | — | — | 三、〇〇一 | — | 四九三 | 二六 | — | 一五〇 | 一五〇 | 二、八五〇 | 一、〇〇〇 | 一、〇〇〇 | — | 〇八〇 | 四〇〇 | — | — | — | — | 四〇〇 | — | — | — |
| 六七五 | 二、五九三 | 九七九 | — | — | 七、八三五 | — | — | — | — | 三、二九四 | — | 七八二 | 三〇 | — | 一五〇 | 一五〇 | 三、〇〇〇 | 五〇〇 | 五〇〇 | — | 〇八〇 | 四〇〇 | — | — | — | — | 四〇〇 | — | — | — |
| 七四七 | 二、八三〇 | 九七九 | — | — | 八、七八六 | — | — | — | — | 三、六七一 | — | 一、五二三 | 四〇 | — | 二四〇 | 二四〇 | 四、五〇〇 | 一、〇〇〇 | 一、四〇〇 | — | 〇八〇 | 四〇〇 | — | — | — | — | 四〇〇 | — | — | — |
| 七六三 | 三、〇三八 | 九九四 | — | — | 八、七八六 | — | — | — | — | 四、一八九 | — | 三五〇 | 二三 | — | 二四〇 | 二四〇 | 四、二五〇 | 一、五〇〇 | 一、五〇〇 | — | 一三〇 | 六四〇 | — | — | — | — | 六四〇 | — | — | — |
| 七六二 | 三、二五四 | 一、〇七四 | — | — | 一三、七八六 | — | — | — | — | 四、五二一 | — | 三二七 | 二九 | — | 四七〇 | 一四〇 | 一、二五〇 | 一、二〇〇 | 一、〇〇〇 | — | 一五〇 | 八〇〇 | — | — | — | — | 八〇〇 | — | — | — |

| 町村名 | 種別 | 面積（方里） | 民有地 田（反） | 民有地 畑（同） | 民有地 宅地（同） | 民有地 山林（同） | 民有地 原野（同） | 民有地 牧場（同） | 民有地 其他（同） | 現住戸数（戸） | 現住人口（人） | 負擔 直接國税額（圓） | 負擔 地方税額（同） | 負擔 市町村税額（同） | 財政 歳入（同） | 歳出 経常部 役所役場費（同） | 歳出 経常部 土木費（同） | 歳出 経常部 教育費（同） | 歳出 経常部 衛生費（同） | 歳出 経常部 勧業費（同） | 歳出 経常部 其他（同） | 歳出 経常部 計（同） | 歳出 臨時部 計（同） | 歳出 同通計（同） | 基本財産 動産（同） | 基本財産 不動産（同） |
|---|---|---|---|---|---|---|---|---|---|---|---|---|---|---|---|---|---|---|---|---|---|---|---|---|---|---|
| 遠別村 | 大正六年度 | 三八、〇〇 | 一一二 | 二、五六六七 | 一五六 | 一、四二二九 | 三、六九五八 | 七七二五 | 七 | 七〇五 | 四、一二五 | 一、三五〇 | 三、一三一 | 一一、〇二七 | 一一、一六六 | 二五〇 | 四六〇 | 五、七七九 | 六九 | — | 二、九二三 | 九、四八一 | 一、六八五 | 一一、一六六 | 八、九一六 | 二一、一八七 |
| | 同 七年度 | 三八、〇〇 | 一二四 | 二、五一二四 | 一六二 | 一、四五八二 | 四、七一二八 | 七七二五 | 七 | 七一二 | 四、一九五 | 二、〇八〇 | 三、二七四 | 一一、六八六 | 一六、二〇二 | 二七五 | 一、三九三 | 八、六三〇 | 一三〇 | — | 四、八三三 | 一五、二六一 | 九四一 | 一六、二〇二 | 一一、二四五 | 二一、一九二 |
| | 同 八年度 | 三八、〇〇 | 一九〇 | 二、五七五六 | 一六四 | 一、五二二九 | 五、三〇八八 | 七九二一 | 七 | 七〇四 | 三、六四六 | 二、二六〇 | 四、四二七 | 一八、二六七 | 二四、四九九 | 四、三三四 | 八九四 | 一一、九九〇 | 一八八 | 一五 | 二、八五五 | 二〇、二七六 | 四、二二三 | 二四、四九九 | 一五、八四一 | 二三、一二八 |
| | 同 九年度 | 三八、〇〇 | 二二八 | 二、六九三四 | 一六八 | 一、五二二九 | 六、一四八二 | 八六五六 | 七 | 七一三 | 三、九八二 | 一、七〇六 | 六、三六七 | 二六、〇三三 | 二八、七九〇 | 六、六七二 | 一、三一〇 | 一六、四八六 | 一九五 | 二五 | 二、九六六 | 二七、六五四 | 一、一三六 | 二八、七九〇 | 一九、一五四 | 二三、一二八 |
| | 同 十年度 | 三八、〇〇 | 三二五 | 二、七五二〇 | 一七〇 | 一、五二二九 | 七、一六二九 | 八六五六 | 七 | 七二四 | 四、二〇三 | 二、一四二 | 六、五七九 | 二三、二五〇 | 二九、五〇六 | 六、四四〇 | 一、一四九 | 一六、九一一 | 三一五 | 二五 | 三、五六二 | 二八、四〇二 | 一、一〇四 | 二九、五〇六 | 二一、七四五 | 二三、一二八 |
| 天塩村 | 同 六年度 | 三二、〇〇 | — | 一、九八四〇 | 四一六 | 二二〇〇 | 一、二五〇〇 | 二、八五〇〇 | — | 一、三三九 | 七、一二五 | 二、六六三 | 五、八二六 | 一八、一九七 | 二二、〇三五 | 三、七六〇 | 一四二 | 九、九五一 | 二六六 | — | 三、八一四 | 一七、九三二 | 四、一〇二 | 二二、〇三五 | 六、七〇六 | 四一、一四六 |
| | 同 七年度 | 三二、〇〇 | 八九 | 二、二一一〇 | 五九五 | 三八四〇 | 二、〇三〇〇 | 三、一五〇〇 | — | 一、三一五 | 六、九二八 | 三、七三四 | 六、八二一 | 二二、四〇八 | 二六、二四九 | 五、〇一一 | 五九六 | 一四、七〇八 | 三六九 | — | 三、〇〇三 | 二三、六八七 | 二、五六二 | 二六、二四九 | 八、四一四 | 四八、七九三 |
| | 同 八年度 | 三二、〇〇 | 五七 | 一、七六六三 | 五二二 | 六二〇〇 | 三、五二五〇 | 二、五三〇〇 | — | 一、三三六 | 七、一三三 | 五、一二二 | 七、九二八 | 三二、三五三 | 四二、八八八 | 七、六一九 | 五九四 | 二〇、三二七 | 五六一 | — | 四、三二六 | 三三、四二七 | 九、四六一 | 四二、八八八 | 九、〇三六 | 五〇、七二一 |
| | 同 九年度 | 三二、〇〇 | 一九 | 一、五四七六 | 四五一 | 八〇四四 | 三、九〇三二 | 二、二六八五 | — | 一四六三 | 七、六七四 | 五、九一九 | 一三、八九二 | 四一、九二一 | 四八、八八三 | 九、八七九 | 九八三 | 二三、九三六 | 八〇九 | 二四 | 六、三八七 | 四二、〇一八 | 六、八六五 | 四八、八八三 | 一二、八四七 | 五四、八三一 |
| | 同 十年度 | 三二、〇〇 | 二一〇 | 一、九八八三 | 六二四 | 八二〇〇 | 三、五四〇〇 | 二、二五〇〇 | — | 一、四七七 | 七、七八二 | 五、五四九 | 一四、七〇七 | 四三、七〇四 | 五三、四九八 | 一〇、五七六 | 一、三一〇 | 二六、七七一 | 七八七 | — | 五、五六二 | 四五、〇〇六 | 八、四九二 | 五三、四九八 | 四、五四二 | 六〇、一二八 |

| 財産 學校基本財産 動産 | 財産 學校基本財産 不動産 | 財産 特別基本財産 動産 | 財産 特別基本財産 不動産 | 財産 收益ナキ財産 動産 | 財産 收益ナキ財産 不動産 | 財産 一部有財産 動産 | 財産 一部有財産 不動産 | 財産 積立金穀 | 財産 罹災救助金 | 財産ヨリ生スル收入 | 市町村債額 | 第三種所得税額 | 同納税者人員 | 課率 附加税 地價割 | 課率 附加税 國税營業割 | 課率 附加税 所得税割 | 課率 附加税 戸別割 | 課率 附加税 地方税營業割 | 課率 附加税 雜種税割 | 課率 特別税 反別割 田 | 課率 特別税 反別割 畑 | 課率 特別税 反別割 宅地 | 課率 特別税 反別割 山林 | 課率 特別税 反別割 原野 | 課率 特別税 反別割 牧場 | 課率 特別税 反別割 海産干場 | 課率 特別税 反別割 雜種地 | 課率 特別税 建物割 | 課率 特別税 牛馬割 | 課率 特別税 戸別割 |
|---|---|---|---|---|---|---|---|---|---|---|---|---|---|---|---|---|---|---|---|---|---|---|---|---|---|---|---|---|---|---|
| 同 | 同 | 同 | 同 | 同 | 同 | 同 | 同 | 同 | 同 | 同 | 同 | 同 | 人 | 同 | 同 | 同 | 同 | 同 | 同 | 同 | 同 | 同 | 同 | 同 | 同 | 同 | 同 | 同 | 同 | 同 |
| 八二 | — | — | — | — | 五、〇八四 | — | — | — | 九六 | 八八二 | — | 九七八 | 七九 | — | 一五〇 | 一五〇 | 五、二五〇 | 五〇〇 | 五〇〇 | — | 一二〇 | 二五〇 | — | — | 〇一〇 | — | 一五〇 | — | — | — |
| 九二 | — | — | — | — | 五、〇八九 | — | — | — | 一〇一 | 九六九 | — | 一、四六〇 | 八二 | — | 一五〇 | 一五〇 | 五、〇〇〇 | 五〇〇 | 五〇〇 | — | 一二〇 | 二五〇 | — | — | 〇一〇 | — | 一五〇 | — | — | — |
| 一〇四 | — | — | — | — | 五、〇八九 | — | — | — | 一〇五 | 一、三三九 | — | 一、二四六 | 六三 | — | 一五〇 | 一五〇 | 五、七八〇 | 一、〇〇〇 | 一、〇〇〇 | — | 一四五 | 三五〇 | 〇二〇 | 〇二〇 | 〇三〇 | — | 三五〇 | — | — | — |
| 一二三 | — | — | — | — | 五〇、八九 | — | — | — | 一一〇 | 一、八六五 | — | 三九七 | 二五 | — | 四七〇 | 一四〇 | 六、四〇〇 | 一、二〇〇 | 一、二〇〇 | — | 二四〇 | 三七〇 | 〇三〇 | 〇三〇 | 〇五〇 | — | 四〇〇 | — | — | — |
| 一五四 | — | — | — | — | 五、一二六 | — | — | — | 四一二 | 二、五一五 | — | 五五一 | 三六 | — | 四七〇 | 一四〇 | 五、〇〇〇 | 一、二〇〇 | 一、二〇〇 | — | 二二二 | 三五〇 | 〇五五 | 〇五五 | 〇五五 | — | 四〇〇 | — | — | — |
| — | — | — | — | 四五、二七九 | 二九、八二九 | — | — | — | — | 一、五七二 | 一、二〇〇 | 一、六三四 | 九八 | 〇九〇 | 一五〇 | 一五〇 | 九、五〇〇 | 一、〇〇〇 | 一、〇〇〇 | 一〇〇 | 一〇〇 | 八〇〇 | 〇〇五 | 〇〇五 | 〇〇五 | — | — | — | — | — |
| — | — | — | — | 四二、九〇九 | 二九、六二八 | — | — | — | — | 一、八三六 | 九六〇 | 二、三五七 | 一〇二 | 〇九〇 | 一五〇 | 一五〇 | 六、六三〇 | 一、〇〇〇 | 一、〇〇〇 | 一五〇 | 一六〇 | 八〇〇 | 〇二〇 | 〇二〇 | 〇二〇 | — | — | — | — | — |
| — | — | — | — | 三一、八八〇 | 二五、二七四 | — | — | — | — | 二、七一九 | 七二〇 | 二、九二五 | 一〇二 | 〇九〇 | 一五〇 | 一五〇 | 六、四五〇 | 一、〇〇〇 | 一、〇〇〇 | 一五〇 | 一五〇 | 一、〇〇〇 | 〇四〇 | 〇四〇 | 〇四〇 | — | — | — | — | — |
| — | — | — | — | 一七、四五〇 | 一三、八七五 | — | — | 七、〇〇〇 | — | 二、八〇二 | 一、七七六 | 二、六四九 | 八四 | — | 二一〇 | 二四〇 | 八、〇〇〇 | 一、〇〇〇 | 一、〇〇〇 | 一五〇 | 一八〇 | 一、二〇〇 | 〇四四 | 〇三二 | 〇四〇 | — | — | — | — | — |
| — | — | — | — | 一二、五四〇 | 一一、八八四 | — | — | 七、〇〇〇 | — | 三、一九四 | — | 一、九四二 | 一三七 | — | 四七〇 | 一四〇 | 六、五〇〇 | 一、〇〇〇 | 一、〇〇〇 | 一五〇 | 二一〇 | 一、二五〇 | 〇三八 | 〇三八 | 〇三八 | — | — | — | — | — |

| 町村名 | 種別 | 面積 | 民有地 田 | 畑 | 宅地 | 山林 | 原野 | 牧場 | 其他 | 現住戸數 | 現住人口 | 負擔 直接國税額 | 地方税額 | 市町村税額 | 財政 歳入 | 歳出經常部 役所役場費 | 土木費 | 教育費 | 衛生費 | 勸業費 | 其他 | 計 | 同臨時部計 | 通計 | 基本財産 動産 | 不動産 |
|---|---|---|---|---|---|---|---|---|---|---|---|---|---|---|---|---|---|---|---|---|---|---|---|---|---|---|
| 單位 | | 方里 | 反別 | 同 | 同 | 同 | 同 | 同 | 同 | 戸 | 人 | 圓 | 同 | 同 | 同 | 同 | 同 | 同 | 同 | 同 | 同 | 同 | 同 | 同 | 同 | 同 |
| 幌延村 | 大正六年度 | 六九、〇〇 | 五〇 | 四、〇九二〇 | 四 | 一、九九八七 | 九九八七 | 四、五六二〇 | 一〇 | 九三六 | 四、八八五 | 三七七 | 三、四一五 | 九、四七七 | 一一、〇〇二 | 一、四三四 | 一三〇 | 六、一一八 | 一一九 | ｜ | 二、三五一 | 一〇、一五二 | 八五〇 | 一一、〇〇二 | 六、〇八一 | 三、一四三 |
| | 同 七年度 | 六九、〇〇 | 四二 | 五、二二〇〇 | 四 | 二、〇八二〇 | 一、〇九八五 | 四、八五六二 | 一〇 | 九四五 | 四、九〇〇 | 六七五 | 三、六一九 | 一一、四八一 | 一八、一五八 | 二、二〇六 | 二一五 | 八、四五四 | 一六四 | ｜ | 二、六三〇 | 一三、六六九 | 四、四八九 | 一八、一五八 | 六、六九八 | 三、三三五 |
| | 同 八年度 | 六九、〇〇 | 三八 | 五、三三二八 | 四 | 二、二一二七 | 二、三〇九八 | 五、九五八一 | 一二 | 九三六 | 五、二四七 | 七六三 | 五、〇九八 | 二四、〇九九 | 二五、六八八 | 五、四〇八 | 四四五 | 一三、九二四 | 一七三 | 一 | 二、九八六 | 二二、九三六 | 二、七五二 | 二五、六八八 | 六、八八一 | 三、五五五 |
| | 同 九年度 | 六九、〇〇 | 三二 | 七、六〇四一 | 四 | 一、八二八五 | 九四八二 | 八、四五九〇 | 一二 | 九五〇 | 五、三二〇 | 四六六 | 八、八四〇 | 二九、〇三七 | 三四、八九七 | 七、二七八 | 三八〇 | 一八、八四一 | 二三四 | ｜ | 四、五九九 | 三一、三三二 | 三、五七五 | 三四、八九七 | 八、三三七 | 三、八三三 |
| | 同 十年度 | 六九、〇〇 | 五五 | 八、〇四七七 | 四 | 三、六〇六六 | 一、一五六三 | 八、三七八五 | 一二 | 九五五 | 五、〇七七 | 七五一 | 九、三二四 | 三〇、一四三 | 三六、〇〇〇 | 七、二六八 | 三八〇 | 一九、六三八 | 三一九 | ｜ | 五、四〇〇 | 三三、〇〇五 | 二、九九五 | 三六、〇〇〇 | 八、七四五 | 四、二二六 |
| 稚内町 | 同 六年度 | 三〇、〇〇 | ｜ | ｜ | 一二九八 | ｜ | ｜ | ｜ | 二、一六〇三 | 二、二五四 | 一一、三八一 | 四、三六一 | 一一、九八七 | 二八、六八九 | 三四、一七〇 | 八、二六二 | 七七二 | 一五、〇九九 | 二六三 | 七〇 | 五、〇一二 | 二九、四七八 | 四、六九二 | 三四、一七〇 | ｜ | 七五、三六一 |
| | 同 七年度 | 三〇、〇〇 | ｜ | 一、五一五三 | 三五八 | ｜ | ｜ | 一、四二六六 | 七一八 | 二、六八八 | 一〇、〇三六 | 九、一五四 | 一二、二六三 | 三八、八五九 | 四六、七〇二 | 一一、一七八 | 二、五二三 | 二一、一二三 | 五二三 | 七五 | 七、一五二 | 四一、五七二 | 五、一三〇 | 四六、七〇二 | ｜ | 八二、〇一一 |
| | 同 八年度 | 三〇、〇〇 | ｜ | 一、五三五七 | 三七一 | ｜ | 一〇六 | 一、五九一三 | 七四三 | 二、三〇七 | 一一、[illegible]四九 | 一一、三一一 | 一六、七七九 | 五八、七二〇 | 六七、一八六 | 一四、五一七 | 三、〇五〇 | 三一、四三七 | 二、八六八 | 六二 | 六、六〇八 | 五八、五四二 | 八、六四四 | 六七、一八六 | ｜ | 一〇四、五一三 |
| | 同 九年度 | 三〇、〇〇 | ｜ | 一、四五三一 | 一一六 | 五 | 五一五 | 二、九〇六三 | 四四二 | 二、三八七 | 一二、三七五 | 九、四九二 | 二三、五七四 | 七七、〇八五 | 九〇、六一〇 | 二〇、七四三 | 六、〇八〇 | 四一、三五〇 | 三、五三〇 | 一六〇 | 九、五二〇 | 八一、三八三 | 九、二二七 | 九〇、六一〇 | ｜ | 一三五、八五四 |
| | 同 十年度 | 三〇、〇〇 | ｜ | 二、四一〇七 | 八三九 | 九〇〇〇 | 二、三〇〇〇 | 六、〇〇〇〇 | [illegible]六〇 | 二、五三三 | 一二、八二四 | 一〇、〇一四 | 二六、〇九〇 | 八六、六四二 | 一〇一、〇二二 | 二五、四八二 | 五、二八四 | 四三、八八四 | 三、三三八 | 一六〇 | 一四、三三三 | 九二、四八一 | 八、五四一 | 一〇一、〇二二 | ｜ | 一四八、一七三 |

| 項目 | 單位 | | | | | | | | | | |
|---|---|---|---|---|---|---|---|---|---|---|---|
| 財産 學校基本財産 動産 | 同 | — | — | — | — | — | — | — | — | — | — |
| 財産 學校基本財産 不動産 | 同 | — | — | — | — | — | — | — | — | — | — |
| 財産 特別基本財産 動産 | 同 | — | — | — | — | — | 六〇〇 | 六〇〇 | 六〇〇 | 六〇〇 | 六〇〇 |
| 財産 特別基本財産 不動産 | 同 | — | — | — | — | — | — | — | — | — | — |
| 財産 收益ナキ財産 動産 | 同 | — | — | — | — | — | 一三、二四一 | 一五、三四六 | 一六、二六八 | 二二、四四五 | 二四、三二五 |
| 財産 收益ナキ財産 不動産 | 同 | 一、三〇三 | 六、一一九 | 七、八一八 | 一七、六三八 | 一七、七五八 | 七八、一四〇 | 七九、四六三 | 八八、二四五 | 八五、〇三四 | 八七、〇〇六 |
| 財産 一部有財産 動産 | 同 | — | — | — | — | — | — | — | — | — | — |
| 財産 一部有財産 不動産 | 同 | — | — | — | — | — | — | — | — | — | — |
| 財産 積立金穀 | 同 | — | — | — | — | — | 六、六四七 | 六、六四七 | 一、六二七 | 二、八五一 | 三、六四九 |
| 財産 罹災救助金 | 同 | — | — | — | — | — | — | — | — | — | — |
| 財産ヨリ生スル收入 | 同 | 三一七 | 四五三 | 五六七 | 九四六 | 七二六 | 一、三六八 | 一、〇七二 | 一、六〇〇 | 一、九八四 | 四、七八一 |
| 市町村債額 | 同 | 五〇〇 | 五〇〇 | 二五〇 | — | — | 一五、三三四 | 一二、二二三 | 八、六一二 | 五、〇〇〇 | 六二、五〇〇 |
| 第三種所得税額 | 同 | 二七九 | 五〇二 | 五四四 | 一五三 | 二八八 | 六七八 | 一、〇八二 | 一、八八二 | 三、一〇三 | 三、〇八四 |
| 同納税者實人員 | 人 | 九二 | 一〇九 | 一二二 | 八二 | 一二〇 | 一七八 | 一八六 | 二二八 | 一八五 | 二二五 |
| 課率 附加税 地價割 | 厘 | 二一〇 | 二一〇 | — | — | — | — | — | — | — | — |
| 課率 附加税 國税營業税割 | 同 | 一五〇 | 一五〇 | 二四〇 | 一五〇 | 四七〇 | 一五〇 | 一五〇 | 二四〇 | 二四〇 | 四七〇 |
| 課率 附加税 所得税割 | 同 | 一五〇 | 一五〇 | 二四〇 | 一四〇 | 一四〇 | 一五〇 | 二四〇 | 二四〇 | 一四〇 | 一四〇 |
| 課率 附加税 戸別割 | 同 | 三、九〇〇 | 三、八〇〇 | 六、一〇〇 | 七、二〇〇 | 五、〇〇〇 | 二、八八〇 | 四、〇四〇 | 四、九〇〇 | 五、六八〇 | 五、六〇〇 |
| 課率 附加税 地方税營業税割 | 同 | 五〇〇 | 一、〇〇〇 | 一、〇〇〇 | 一、〇〇〇 | 一、〇〇〇 | 一、五〇〇 | 一、七〇〇 | 二、〇〇〇 | 一、五〇〇 | 一、五〇〇 |
| 課率 附加税 雜種税割 | 同 | 五〇〇 | 一、〇〇〇 | 一、〇〇〇 | 一、〇〇〇 | 一、〇〇〇 | 一、五〇〇 | 一、五〇〇 | 一、五〇〇 | 一、五〇〇 | 一、五〇〇 |
| 課率 特別税 反別割 田 | 同 | — | — | — | — | — | — | — | — | — | — |
| 課率 特別税 反別割 畑 | 同 | 一三〇 | 一三二 | 二八四 | 二八四 | 二八八 | 一〇八 | 一〇八 | 一三五 | 一三五 | 一三五 |
| 課率 特別税 反別割 宅地 | 同 | 四〇〇 | 四〇〇 | 四〇〇 | 四〇〇 | 四〇〇 | 二九六 | 三八九 | 三八九 | 三八九 | 三八九 |
| 課率 特別税 反別割 山林 | 同 | 〇〇六 | 〇〇九 | 〇三〇 | 〇四八 | 〇五三 | — | 〇〇七 | 〇〇七 | 〇〇七 | 〇〇七 |
| 課率 特別税 反別割 原野 | 同 | 〇〇六 | 〇〇九 | 〇三〇 | 〇四八 | 〇三〇 | — | 〇〇四 | 〇〇四 | 〇〇四 | 〇〇四 |
| 課率 特別税 反別割 牧場 | 同 | 〇〇六 | 〇〇九 | 〇三〇 | 〇四八 | 〇五三 | — | 〇〇七 | 〇〇七 | 〇〇七 | 〇〇七 |
| 課率 特別税 反別割 海産干場 | 同 | 三二〇 | 三二〇 | 三〇〇 | 三〇〇 | 三〇〇 | 一四八 | 二五〇 | 二五〇 | 二五〇 | 二五〇 |
| 課率 特別税 反別割 雜種地 | 同 | — | — | — | — | — | — | — | — | — | — |
| 課率 特別税 建物割 | 同 | — | — | — | — | — | 〇二四 | 〇二四 | 〇二四 | 〇二四 | 〇二四 |
| 課率 特別税 牛馬割 | 同 | — | — | — | — | — | — | — | — | — | — |
| 課率 特別税 戸別割 | 同 | 二、〇〇〇 | 二、五〇〇 | — | — | — | — | — | — | — | — |

| 種別 | 單位 | 頓別村 大正六年度 | 同 七年度 | 同 八年度 | 同 九年度 | 同 十年度 | 中頓別村 同 六年度 | 同 七年度 | 同 八年度 | 同 九年度 | 同 十年度 |
|---|---|---|---|---|---|---|---|---|---|---|---|
| 面積 | 方里 | 五七・〇〇 | 五七・〇〇 | 五七、〇〇 | 五七、〇〇 | 二五、〇〇 | — | — | — | — | 二五、〇〇 |
| 民有地 田 | 反 | — | — | — | — | — | — | — | — | — | — |
| 民有地 畑 | 同 | 一、五三四六 | 一、六二八八 | 一、七七四六 | 二、〇三六七 | 二、九五一六 | — | — | — | — | 一、八八三一 |
| 民有地 宅地 | 同 | 五〇 | 六八 | 一九七 | 二〇九 | 一一九 | — | — | — | — | 一七七 |
| 民有地 山林 | 同 | 三、九八一五 | 四、二三八〇 | 四、七五八三 | 四、八八二八 | 二、五〇〇二 | — | — | — | — | 二、六一〇五 |
| 民有地 原野 | 同 | 四、七一九九 | 五、〇六一五 | 五、三五一一 | 六、五七七一 | 三、六一〇一 | — | — | — | — | 一、六四五七 |
| 民有地 牧場 | 同 | 二、〇〇五一 | 二、三七三九 | 二、五三七二 | 三、八八二七 | 二、〇四四五 | — | — | — | — | 三、四五一一 |
| 民有地 其他 | 同 | 一〇五 | 一二〇 | 一三六 | 一六五 | 一六七 | — | — | — | — | — |
| 現住戸數 | 戸 | 一、八三六 | 二、六八四 | 二、七三五 | 三、五三九 | 一、二五六 | — | — | — | — | 一、六一一 |
| 現住人口 | 人 | 九、八四七 | 一四、三八五 | 一四、五一九 | 一六、一二五 | 五、五四五 | — | — | — | — | 一〇、〇八七 |
| 負擔 直接國稅額 | 圓 | 六、〇四一 | 一一、七六九 | 九、二六七 | 六、五九六 | 四、三三七 | — | — | — | — | 四、二七〇 |
| 負擔 地方稅額 | 同 | 七、九九八 | 一一、八四〇 | 一八、九〇八 | 二八、三〇六 | 一五、七一八 | — | — | — | — | 九、〇八三 |
| 負擔 市町村稅額 | 同 | 一八、〇〇五 | 二七、二七七 | 五四、二九四 | 六六、八八六 | 三六、八九六 | — | — | — | — | 四七、六八三 |
| 財政 歳入 | 同 | 一六、四七七 | 五五、〇六三 | 九五、六七一 | 一一二、六一一 | 七九、五六二 | — | — | — | — | 五六、三一九 |
| 歳出經常部 役所役場費 | 同 | 五、六〇一 | 九、四二〇 | 一六、四八〇 | 二六、四七四 | 一五、七〇一 | — | — | — | — | 一三、三五六 |
| 歳出經常部 土木費 | 同 | 一〇〇 | 五〇〇 | 五七〇 | 七〇〇 | 六〇〇 | — | — | — | — | 八〇〇 |
| 歳出經常部 敎育費 | 同 | 五、三六〇 | 二一、六一四 | 三〇、三六〇 | 四一、四〇一 | 二四、六二六 | — | — | — | — | 二六、二〇一 |
| 歳出經常部 衛生費 | 同 | 三五六 | 五四二 | 一、二三一 | 九九五 | 八五九 | — | — | — | — | 八三〇 |
| 歳出經常部 勸業費 | 同 | 五 | 六二 | 二五 | 一〇 | 七〇 | — | — | — | — | 一、六四二 |
| 歳出經常部 其他 | 同 | 二、四〇〇 | 六、六七九 | 六、五六八 | 一一、〇七八 | 七、四五九 | — | — | — | — | 三、七〇七 |
| 歳出經常部 計 | 同 | 一三、八二二 | 三八、八一七 | 五五、二三四 | 八〇、六五八 | 四九、三一五 | — | — | — | — | 四六、五三六 |
| 同臨時部 計 | 同 | 二、六五五 | 一六、二四六 | 四〇、四三七 | 三一、九五三 | 三〇、二四七 | — | — | — | — | 九、七八三 |
| 通計 | 同 | 一六、四七七 | 五五、〇六三 | 九五、六七一 | 一一二、六一一 | 七九、五六二 | — | — | — | — | 五六、三一九 |
| 基本財產 動產 | 同 | 四、一一五 | 四、一一五 | 四、七五〇 | 五、七五七 | 五、七五七 | — | — | — | — | — |
| 基本財產 不動產 | 同 | 八六、九七三 | 一五九、一四五 | 一七〇、五九五 | 八一、二〇七 | 一〇九、〇九〇 | — | — | — | — | — |

| 項目 | | 單位 | 1 | 2 | 3 | 4 | 5 | 6 | 7 | 8 | 9 | 10 |
|---|---|---|---|---|---|---|---|---|---|---|---|---|
| 財産 學校基本財産 | 動産 | 同 | 九五 | 一一一 | 八五二 | 一、一五六 | 一、一五六 | — | — | — | — | — |
| | 不動産 | 同 | — | — | — | — | — | — | — | — | — | — |
| 特別基本財産 | 動産 | 同 | — | — | — | — | — | — | — | — | — | — |
| | 不動産 | 同 | — | — | — | — | — | — | — | — | — | — |
| 收益ナキ財産 | 動産 | 同 | 九、六〇八 | 一二、三六八 | 二〇、四七四 | 二三、四七四 | 一一、五二二 | — | — | — | — | — |
| | 不動産 | 同 | 三、三八一 | 四、八一六 | 五九、六二五 | 七七、二四三 | 三一、一八六 | — | — | — | — | — |
| 一部有財産 | 財産 | 同 | — | — | — | — | — | — | — | — | — | — |
| | 不動産 | 同 | — | — | — | — | — | — | — | — | — | — |
| 積立金穀 | | 同 | — | — | — | — | — | — | — | — | — | — |
| 罹災救助金 | | 同 | — | — | — | — | — | — | — | — | — | — |
| 財産ヨリ生スル收入 | | 同 | 一一、四三〇 | 一、七九〇 | 四、〇九八 | 一、一七三 | 九、〇〇四 | — | — | — | — | — |
| 市町村債額 | | 同 | — | 九、〇〇〇 | 九、〇〇〇 | 七、三七一 | 五、六六一 | — | — | — | — | — |
| 第三種所得税額 | | 同 | 三、八九八 | 六、五五四 | 五、四九六 | 一、九九六 | 一、七三二 | — | — | — | — | 一、一三〇 |
| 同納税者實人員 | | 人 | 一一一 | 一一三 | 二〇四 | 一六五 | 一一一 | — | — | — | — | 一一九 |
| 課率 附加税 | 地價割 | 同 | — | — | — | — | — | — | — | — | — | — |
| | 國税營業税割 | 同 | 一五〇 | 一五〇 | 二四〇 | 二四〇 | 四七〇 | — | — | — | — | 四七〇 |
| | 所得税割 | 同 | 一五〇 | 一五〇 | 二四〇 | 二四〇 | 一四〇 | — | — | — | — | 一四〇 |
| | 戸別割 | 同 | 四、五〇〇 | 五、〇〇〇 | 六、四〇〇 | 六、八五〇 | 八、一〇〇 | — | — | — | — | 七、二〇〇 |
| | 地方税營業税割 | 同 | 一、〇〇〇 | 一、二〇〇 | 二、〇〇〇 | 一、五〇〇 | 一、五〇〇 | — | — | — | — | 一、五〇〇 |
| | 雜種税割 | 同 | 一、〇〇〇 | 一、二〇〇 | 二、〇〇〇 | 一、五〇〇 | 二、〇〇〇 | — | — | — | — | 一、五〇〇 |
| 特別税 反別割 | 田 | 同 | — | — | — | — | — | — | — | — | — | — |
| | 畑 | 同 | 一〇〇 | 一一〇 | 一五〇 | 二五〇 | 二五〇 | — | — | — | — | 二〇〇 |
| | 宅地 | 同 | 四〇〇 | 三六〇 | 三五〇 | 六一〇 | 六一〇 | — | — | — | — | 九四〇 |
| | 山林 | 同 | 〇三〇 | 〇四〇 | 〇一〇 | 〇二五 | 〇二五 | — | — | — | — | 〇二〇 |
| | 原野 | 同 | 〇三〇 | 〇三〇 | 〇一〇 | 〇二五 | 〇二五 | — | — | — | — | 〇二五 |
| | 牧場 | 同 | 〇三〇 | 〇四〇 | 〇一〇 | 〇二五 | 〇二五 | — | — | — | — | 〇二五 |
| | 海産干場 | 同 | 四〇〇 | 四〇〇 | 三八〇 | 三八〇 | 四九〇 | — | — | — | — | — |
| | 雜種地 | 同 | — | — | — | — | — | — | — | — | — | — |
| 特別税 | 建物割 | 同 | — | — | — | — | — | — | — | — | — | — |
| | 牛馬割 | 同 | — | — | — | 一、〇〇〇 | 一、〇〇〇 | — | — | — | — | 一、〇〇〇 |
| | 戸別割 | 同 | — | — | — | — | — | — | — | — | — | — |

| 種別 | | 単位 | 枝幸村 大正六年度 | 枝幸村 同七年度 | 枝幸村 同八年度 | 枝幸村 同九年度 | 枝幸村 同十年度 | 香深村 同六年度 | 香深村 同七年度 | 香深村 同八年度 | 香深村 同九年度 | 香深村 同十年度 |
|---|---|---|---|---|---|---|---|---|---|---|---|---|
| 面積 | | 方里 | 八二、〇〇 | 八二、〇〇 | 八二、〇〇 | 八二、〇〇 | 八二、〇〇 | 二、二九 | 二、二九 | 二、二九 | 二、二九 | 二、二九 |
| 民有地 | 田 | 反別 反 | — | — | — | — | — | — | — | — | — | — |
| | 畑 | 同 同 | 三、〇二二一 | 三、〇六〇一 | 三、五三二四 | 三、八五〇九 | 四、一八六六 | 一〇五五 | 一〇九六 | 一〇八八 | 一〇八八 | 一〇四一 |
| | 宅地 | 同 同 | 三六六 | 三七〇 | 三四七 | 三四五 | 三二〇 | 一三九 | 一三九 | 一五八 | 一六一 | 一六六 |
| | 山林 | 同 同 | 六、〇九一四 | 六、〇九一四 | 六、〇九一四 | 六、〇九一四 | 六、〇九一四 | 八三 | 八三 | 一一〇 | 一一〇 | 一一〇 |
| | 原野 | 同 同 | 二〇二 | 二〇八九 | 二一四七 | 二六三八 | 一、〇七五三 | 八八 | 八八 | 八八 | 八八 | 八八 |
| | 牧場 | 同 同 | 二、六二二五 | 四、七七五四 | 一二、二三一〇 | 一九、八九四八 | 二三、五九六一 | 四五 | 四五 | 四五 | 四五 | 四五 |
| | 其他 | 同 同 | 七八七 | 一二五〇 | 一二四五 | 一一三三 | 九一一 | 四四五 | 四二一 | 四七〇 | 四八七 | 六一八 |
| 現住戸数 | | 戸 | 一、六二四 | 一、三四五 | 一、四五七 | 一、四八七 | 一、七二八 | 九四三 | 九〇四 | 九二八 | 九三六 | 九五七 |
| 現住人口 | | 人 | 七、五六六 | 七、六七六 | 五、九七九 | 八、〇六七 | 八、六四八 | 四、九八五 | 五、〇一四 | 五、〇一〇 | 五、〇八七 | 五、二六三 |
| 負擔 | 直接國稅額 | 圓 | 五、八三二 | 七、八七三 | 一六、六三九 | 四、八一二 | 六、六四二 | 一四、九八九 | 一一、九四六 | 一〇、六二〇 | 六、三〇二 | 七、九三一 |
| | 地方稅額 | 同 | 九、五一一 | 一〇、五三七 | 一四、七六四 | 二五、八〇三 | 二三、六九一 | 一一、四六五 | 一二、八五九 | 一六、四四四 | 一九、三八八 | 二一、五三六 |
| | 市町村稅額 | 同 | 一七、四四六 | 二三、五二八 | 三八、六八〇 | 五四、三三五 | 四九、〇五七 | 二三、三七一 | 二四、八一〇 | 三七、一四三 | 四三、九〇四 | 四七、三二一 |
| 財政 | 歲入 | 同 | 一九、三九六 | 二九、六八九 | 四〇、一八三 | 五一、四五七 | 五八、五四八 | 三〇、五〇五 | 三三、九七三 | 三九、三三七 | 五五、三二一 | 六八、七〇三 |
| | 歲出經常部 役所役場費 | 同 | 四、八九〇 | 五、一三〇 | 七、七九七 | 九、五一八 | 一一、一六一 | 四、一一三 | 五、八〇三 | 六、七九六 | 一一、〇六九 | 九、九七五 |
| | 土木費 | 同 | 一七〇 | 三七九 | 四六〇 | 九九六 | 三七〇 | 九〇 | 一九〇 | 一一〇 | 六八〇 | 八五〇 |
| | 教育費 | 同 | 一一、六七八 | 一五、二二九 | 二五、五〇六 | 三二、九六九 | 三三、〇四四 | 一二、二二一 | 一五、七七四 | 二〇、八九八 | 二六、七二九 | 二五、五九六 |
| | 衛生費 | 同 | 六八 | 二二五 | 二二八 | 二九三 | 二〇一 | 一一三 | 九三 | 九八 | 六六二 | 二五九 |
| | 勸業費 | 同 | 二四 | 八一 | 一五一 | 五六 | 六〇 | 二二〇 | 三五〇 | 二七一 | 二〇 | 八〇 |
| | 其他 | 同 | 二、一七四 | 二、七一〇 | 二、三九六 | 三、四三四 | 四、九五一 | 六、〇一五 | 七、〇九〇 | 八、五九四 | 一〇、二一五 | 一二、七七一 |
| | 計 | 同 | 一九、〇〇四 | 二三、七五四 | 三六、五三八 | 四七、二六六 | 四九、七八七 | 二二、七七二 | 二九、三〇〇 | 三六、七六七 | 四九、三七五 | 四九、五三一 |
| | 同臨時部計 | 同 | 三九二 | 五、九三五 | 三、六四五 | 四、一九一 | 八、七六一 | 七、七三三 | 四、六七三 | 二、五七〇 | 五、九四六 | 一九、一七二 |
| | 通計 | 同 | 一九、三九六 | 二九、六八九 | 四〇、一八三 | 五一、四五七 | 五八、五四八 | 三〇、五〇五 | 三三、九七三 | 三九、三三七 | 五五、三二一 | 六八、七〇三 |
| 基本財產 | 動產 | 同 | — | — | — | — | — | 二、八〇〇 | 三、〇七〇 | 三、三三七 | 一〇、一七三 | 一一、九八九 |
| | 不動產 | 同 | 九、三二七 | 九、三二七 | 一五、七七二 | 一五、三七四 | 一八、四八五 | 二七、〇〇〇 | 二六、五九五 | 五四、九〇五 | 一一六、三八七 | 一六一、九六六 |

| 財産 學校基本財産 動産 | 財産 學校基本財産 不動産 | 財産 特別基本財産 動産 | 財産 特別基本財産 不動産 | 財産 收益ナキ財産 動産 | 財産 收益ナキ財産 不動産 | 財産 一部有財産 動産 | 財産 一部有財産 不動産 | 財産 積立金穀 | 財産 罹災救助金 | 財産ヨリ生スル收入 | 市町村債額 | 第三種所得税額 | 同納税者實人員 | 課率 附加税 地價割 | 課率 附加税 國税營業税割 | 課率 附加税 所得税割 | 課率 附加税 戸別割 | 課率 附加税 地方税營業税割 | 課率 附加税 雜種税割 | 課率 特別税 反別割 田 | 課率 特別税 反別割 畑 | 課率 特別税 反別割 宅地 | 課率 特別税 反別割 山林 | 課率 特別税 反別割 原野 | 課率 特別税 反別割 牧場 | 課率 特別税 反別割 海産干場 | 課率 特別税 反別割 雜種地 | 課率 特別税 建物割 | 課率 特別税 牛馬割 | 課率 特別税 戸別割 |
|---|---|---|---|---|---|---|---|---|---|---|---|---|---|---|---|---|---|---|---|---|---|---|---|---|---|---|---|---|---|---|
| 同 | 同 | 同 | 同 | 同 | 同 | 同 | 同 | 同 | 同 | 同 | 同 | 同 | 人 | 厘 | 同 | 同 | 同 | 同 | 同 | 同 | 同 | 同 | 同 | 同 | 同 | 同 | 同 | 同 | 同 | 同 |
| — | — | — | — | — | — | — | — | 二〇、四九七 | — | 二、〇五四 | — | 二、九六〇 | 一一三 | — | 一五〇 | 一五〇 | 二、五〇〇 | 一、〇〇〇 | 一、〇〇〇 | — | 〇八〇 | 三五二 | — | — | 〇〇二 | 一二八 | — | — | — | — |
| — | — | — | — | — | — | — | — | 二〇、八七五 | — | 二、一〇一 | — | 五、三六一 | 二二七 | — | 一五〇 | 一五〇 | 四、〇〇〇 | 一、〇〇〇 | 一、〇〇〇 | — | 一一〇 | 三九〇 | 〇一〇 | — | 〇〇八 | 一〇〇 | — | — | — | — |
| — | — | — | — | — | — | — | — | 二四、二〇一 | — | 二、一八〇 | — | 一三、二九一 | 一六六 | — | 二四〇 | 二四〇 | 四、五〇〇 | 一、一六〇 | 一、一六〇 | — | 一七三 | 四四〇 | 〇一三 | — | 〇一二 | 一一二 | — | — | — | — |
| — | — | — | — | — | — | — | — | 二五、五四〇 | — | 二、七九六 | — | 一、二六五 | 九三 | — | 四七〇 | 一四〇 | 五、五〇〇 | 一、三〇〇 | 一、五〇〇 | — | 一七三 | 四四〇 | 〇一三 | — | 〇一二 | 一一二 | — | — | — | — |
| — | — | — | — | — | — | — | — | 二九、一〇三 | — | 二、七五一 | — | 二、四五〇 | 九〇 | — | 四七〇 | 一四〇 | 四、八〇〇 | 一、三〇〇 | 一、三〇〇 | — | 一七三 | 四四〇 | 〇一三 | — | 〇一二 | 一一二 | — | — | — | — |
| 五、四〇〇 | 二三、〇〇〇 | — | — | 九、二〇〇 | 三五、〇〇〇 | — | — | 五四、四七七 | — | 四、七三〇 | — | 一二、九二六 | 一四九 | — | 一五〇 | 一五〇 | 三、五〇〇 | 五〇〇 | 一、八〇〇 | — | 一五〇 | 四〇〇 | — | — | — | 四〇〇 | — | — | — | — |
| 六、二六三 | 二三、四八六 | — | — | 九、三三三 | 三四、七三一 | — | — | 六一、七四三 | — | 五、〇六〇 | — | 九、六二四 | 一五一 | — | 一五〇 | 一五〇 | 三、七五〇 | 五〇〇 | 二、一五〇 | — | 一五〇 | 四〇〇 | — | — | — | 四〇〇 | — | — | — | — |
| 六、三八三 | 五二、五九二 | — | — | 九、七五三 | 七二、〇二〇 | — | — | 六八、三五〇 | — | 六、七四六 | — | 一八、二〇五 | 一六二 | — | 一五〇 | 一五〇 | 四、五〇〇 | 一、〇〇〇 | 二、一〇〇 | — | 一五〇 | 四〇〇 | — | — | — | 四〇〇 | — | — | — | — |
| — | — | — | — | 一〇、一七三 | 七二、八二〇 | — | — | 七七、三三〇 | — | 七、一四七 | — | 四、六四八 | 八七 | — | 四七〇 | 一四〇 | 四、三一〇 | 一、五〇〇 | 二、一〇〇 | — | 一五〇 | 四〇〇 | — | — | — | 四〇〇 | — | — | — | — |
| — | — | — | — | 一一、九八九 | 七三、四〇六 | — | — | 七三、四九九 | — | 五、二一九 | — | 五、一五三 | 九五 | — | 四七〇 | 一四〇 | 四、八七〇 | 一、五〇〇 | 二、一〇〇 | — | 二八四 | 九九九 | — | — | 〇五〇 | 八九二 | — | — | — | — |

| 種別 | 面積 | 民有地 田 | 民有地 畑 | 民有地 宅地 | 民有地 山林 | 民有地 原野 | 民有地 牧場 | 民有地 其他 | 現住戸數 | 現住人口 | 負擔 直接國税額 | 負擔 地方税額 | 負擔 市町村税額 | 財政 歳入 | 歳出經常部 役所役場費 | 歳出經常部 土木費 | 歳出經常部 教育費 | 歳出經常部 衛生費 | 歳出經常部 勸業費 | 歳出經常部 其他 | 經常部計 | 臨時部計 | 通計 | 基本財産 動産 | 基本財産 不動産 |
|---|---|---|---|---|---|---|---|---|---|---|---|---|---|---|---|---|---|---|---|---|---|---|---|---|---|
| 單位／町村名 | 方里 | 反別 | 同 | 同 | 同 | 同 | 同 | 同 | 戸 | 人 | 圓 | 同 | 同 | 同 | 同 | 同 | 同 | 同 | 同 | 同 | 同 | 同 | 同 | 同 | 同 |
| 船泊村 大正六年度 | 三、五〇 | — | 一五〇四 | 一一五 | — | — | — | 七九二 | 五七六 | 三、一四一 | 三、三七四 | 七、九九七 | 一三、八四三 | 一六、九七六 | 二、八六五 | 七一二 | 七、九九一 | 九三 | 六五 | 三、六五〇 | 一五、三七六 | 一、六〇〇 | 一六、九七六 | 一、一三一 | 二三、三七〇 |
| 同 七年度 | 三、五〇 | — | 一六七七 | 一五二 | — | — | — | 六〇三 | 五八〇 | 三、〇三七 | 三、五〇七 | 八、一〇四 | 一八、二六七 | 二一、一四一 | 三、八六〇 | 四六四 | 一〇、九八五 | 二七九 | 九五 | 三、七九八 | 一九、四八一 | 一、六六〇 | 二一、一四一 | 一、一八九 | 二四、四五三 |
| 同 八年度 | 三、五〇 | — | 一五三七 | 一三七 | — | — | — | 七六八 | 五八五 | 三、二五二 | 五、九三四 | 九、八九四 | 二二、二八八 | 二四、七四七 | 四、四六一 | 四五九 | 一三、七七四 | 一三六 | 七五 | 五、一二八 | 二四、〇三三 | 七一四 | 二四、七四七 | 一、二五七 | 二六、二六〇 |
| 同 九年度 | 三、五〇 | — | 一六五五 | 一四五 | — | — | — | 七六七 | 五六二 | 三、二五〇 | 三、四五七 | 一一、一七〇 | 二九、〇二四 | 三六、八九六 | 五、九〇六 | 四二〇 | 一九、八九三 | 七九 | 一四五 | 九、四三六 | 三五、八七九 | 一、〇一七 | 三六、八九六 | 一、三三二 | 二六、八八〇 |
| 同 十年度 | 三、五〇 | — | 一五二五 | 一四六 | — | — | — | 七六八 | 六〇四 | 三、六二四 | 二、三四四 | 一二、五五七 | 三二、五〇二 | 四四、五四三 | 六、三八八 | 二九〇 | 二〇、四四九 | 二〇二 | 一〇 | 一〇、八八五 | 三八、二二四 | 六、三一九 | 四四、五四三 | 一、四一九 | 二九、三〇〇 |
| 鴛泊村 同 六年度 | 三、一〇 | — | 三三八九 | 三〇一 | 一〇五二 | — | 一〇七八 | 八一八 | 八三〇 | 四、四七一 | 六、九四四 | 八、二九八 | 二〇、一二七 | 二五、二七二 | 三、五九七 | 二、八三四 | 八、九三二 | 一六三 | 三二二 | 五、七六五 | 二一、六一三 | 三、六五九 | 二五、二七二 | 二八、六三七 | 二二、六一〇 |
| 同 七年度 | 三、一〇 | — | 三三六四 | 三〇二 | 一〇五二 | — | 一〇七八 | 八二九 | 八三九 | 四、三九九 | 八、四一一 | 八、六八八 | 二三、一六八 | 三四、七四二 | 五、〇二三 | 一七〇 | 一一、七一二 | 三〇二 | 七一二 | 六、三六八 | 二四、二八六 | 一〇、四五六 | 三四、七四二 | 二九、六八九 | 二二、二〇二 |
| 同 八年度 | 三、一〇 | — | 三二八五 | 三一九 | 一〇五二 | — | 三三一 | 八五七 | 八〇三 | 四、三一五 | 一七、〇四二 | 一〇、四五六 | 三〇、八八九 | 四〇、二六七 | 六、九三七 | 五〇 | 一六、四一三 | 八五 | 一、一七八 | 七、〇九七 | 三一、七六〇 | 八、五〇七 | 四〇、二六七 | 三一、〇二五 | 一六、八九〇 |
| 同 九年度 | 三、一〇 | — | 三四七八 | 三四三 | 一〇五二 | — | 三三一 | 八二四 | 七九〇 | 四、四〇一 | 五、八六八 | 一二、五八〇 | 四四、六一三 | 六一、七三一 | 九、〇九〇 | 二〇〇 | 二一、八九七 | 六三六 | 六三五 | 一一、一六七 | 四三、六二五 | 一八、一〇六 | 六一、七三一 | 三一、四九七 | 一九、一八九 |
| 同 十年度 | 三、一〇 | — | 五一一四 | 三五四 | 一〇一六 | — | 三三一 | 八四一 | 七八四 | 四、一七二 | 四、八〇二 | 一一、二二〇 | 二四、六一〇 | 四三、四二五 | 七、三一七 | 一〇〇 | 一八、九二五 | 二七六 | 二八三 | 八、〇三一 | 三四、九三二 | 八、四九三 | 四三、四二五 | 二八、四〇七 | 一八、五五七 |

| 財産 學校基本財産 動産 | 財産 學校基本財産 不動産 | 財産 特別基本財産 動産 | 財産 特別基本財産 不動産 | 財産 收益ナキ財産 動産 | 財産 收益ナキ財産 不動産 | 財産 一部有財産 動産 | 財産 一部有財産 不動産 | 積立金穀 | 罹災救助金 | 財産ヨリ生スル收入 | 市町村債額 | 第三種所得税額 | 同納税者員 |
|---|---|---|---|---|---|---|---|---|---|---|---|---|---|
| 同 | 同 | 同 | 同 | 同 | 同 | 同 | 同 | 同 | 同 | 同 | 同 | 同 | 人 |
| ー | ー | ー | ー | ー | ー | ー | ー | 八、五二〇 | ー | 二、五二七 | ー | 二、三五五 | 七〇 |
| ー | ー | ー | ー | ー | ー | ー | ー | 三、五〇〇 | ー | 三、〇七四 | ー | 二、一七〇 | 七四 |
| ー | ー | ー | ー | ー | ー | ー | ー | 六、七一四 | ー | 五、〇四九 | ー | 三、五〇七 | 八四 |
| ー | ー | ー | ー | ー | ー | ー | ー | 九、三〇五 | ー | 五、七六九 | ー | 六一四 | 三四 |
| ー | ー | ー | ー | ー | ー | ー | ー | 五、九九三 | ー | 六、八八八 | ー | 九九〇 | 三五 |
| 七九二 | ー | ー | ー | ー | 一二、八〇一 | ー | ー | ー | ー | 二、〇七四 | ー | 五、三一七 | 一二七 |
| 一、四五五 | ー | ー | ー | ー | 一一、九六六 | ー | ー | ー | ー | 二、三七八 | ー | 四、九二二 | 一〇九 |
| 一、八六六 | ー | ー | ー | ー | 二四、五二一 | ー | ー | ー | ー | 三、八八〇 | ー | 九、二六五 | 一一五 |
| 二、三三三 | ー | ー | ー | ー | 二四、五八九 | ー | ー | ー | ー | 四、五一七 | ー | 三、二四四 | 六四 |
| 二、七四八 | ー | ー | ー | ー | 二五、二六九 | ー | ー | ー | ー | 三、三二三 | ー | 二、一九一 | 六六 |

| 課率 附加税 地價割 | 附加税 國税營業税割 | 附加税 所得税割 | 附加税 戸別割 | 附加税 地方税營業税割 | 附加税 雜種税割 | 特別税 反別割 田 | 反別割 畑 | 反別割 宅地 | 反別割 山林 | 反別割 原野 | 反別割 牧場 | 反別割 海産干場 | 反別割 雜種地 | 特別税 建物割 | 特別税 牛馬割 | 特別税 戸別割 |
|---|---|---|---|---|---|---|---|---|---|---|---|---|---|---|---|---|
| 厘 | 同 | 同 | 同 | 同 | 同 | 同 | 同 | 同 | 同 | 同 | 同 | 同 | 同 | 同 | 同 | 同 |
| ー | 一五〇 | 一五〇 | 七〇〇 | 一、〇〇〇 | 二、二〇〇 | ー | 一〇〇 | 三〇〇 | ー | ー | ー | 四〇〇 | ー | ー | ー | ー |
| ー | 一五〇 | 一五〇 | 一、〇〇〇 | 一、二〇〇 | 三、〇五〇 | ー | 〇九〇 | 三五〇 | ー | ー | ー | 三五〇 | ー | ー | ー | ー |
| ー | 一五〇 | 一五〇 | 四、四〇〇 | 一、二〇〇 | 三、二五〇 | ー | 〇九〇 | 三五〇 | ー | ー | ー | 三五〇 | ー | ー | ー | ー |
| ー | 三〇〇 | 三〇〇 | 四、五〇〇 | 一、二〇〇 | 三、四〇〇 | ー | 一九〇 | 九七五 | ー | ー | ー | 九七五 | ー | ー | ー | ー |
| ー | 四七〇 | 一四〇 | 四、六五〇 | 一、五〇〇 | 二、五〇〇 | ー | 一九〇 | 九七五 | ー | ー | ー | 九七五 | ー | ー | ー | ー |
| ー | 一五〇 | 一五〇 | 一、八五〇 | 五〇〇 | 二、〇〇〇 | ー | 一二〇 | 四〇〇 | ー | ー | 〇二〇 | 四〇〇 | ー | ー | ー | ー |
| ー | 一五〇 | 一五〇 | 二、〇〇〇 | 一、〇〇〇 | 二、五〇〇 | ー | 一二〇 | 四〇〇 | ー | ー | 〇二〇 | 四〇〇 | ー | ー | ー | ー |
| ー | 二四〇 | 二四〇 | 二、〇七〇 | 一、〇〇〇 | 二、八〇〇 | ー | 一二〇 | 四〇〇 | ー | ー | 〇二〇 | 四〇〇 | ー | ー | ー | ー |
| ー | 二四〇 | 二四〇 | 六、五〇〇 | 一、〇〇〇 | 三、五〇〇 | ー | 一一〇 | 三七五 | ー | ー | 〇二〇 | 三七五 | ー | ー | ー | ー |
| ー | 四七〇 | 一四〇 | 二、七〇〇 | 一、〇〇〇 | 一、五三〇 | ー | 二七五 | 九一五 | ー | ー | 〇五〇 | 九四〇 | ー | ー | ー | ー |

| 種別 町村名 | 年度 | 面積（方里） | 民有地反別 田（反） | 畑（同） | 宅地（同） | 山林（同） | 原野（同） | 牧場（同） | 其他（同） | 現住戸数（戸） | 現住人口（人） | 負擔 直接國税額（圓） | 地方税額（同） | 市町村税額（同） | 財政 歳入（同） | 歳出 經常部 役所役場費（同） | 土木費（同） | 教育費（同） | 衛生費（同） | 勧業費（同） | 其他（同） | 計（同） | 臨時部計（同） | 通計（同） | 基本財産 動産（同） | 不動産（同） |
|---|---|---|---|---|---|---|---|---|---|---|---|---|---|---|---|---|---|---|---|---|---|---|---|---|---|---|
| 沓形村 | 大正六年度 | 二、六〇 | — | 一九八五 | 二七二 | 一六八二 | 五 | — | 七七四 | 九五四 | 四、七九〇 | 四、八二八 | 九、〇六四 | 二〇、二九六 | 二一、一九七 | 四、四六九 | 二、一二五 | 一〇、二二一 | 一三五 | 四六 | 四、一一〇 | 二一、〇〇二 | 一九五 | 二一、一九七 | 九、二六六 | 一四五、八五八 |
| 同 | 同七年度 | 二、六〇 | — | 三〇四一 | 二六〇 | 一六八二 | 五 | — | 七八七 | 九一七 | 四、七六七 | 四、六七五 | 九、四八八 | 二五、三二六 | 二七、二〇三 | 六、八一〇 | 二、四九九 | 一二、九〇二 | 五〇 | 三五 | 三、六九三 | 二五、九八九 | 一、二一四 | 二七、二〇三 | 一二、八八七 | 一三二、五九八 |
| 同 | 同八年度 | 二、六〇 | — | 三〇七三 | 二二九 | 一六八二 | 五 | — | 七九七 | 九六二 | 四、九〇二 | 四、九〇六 | 一〇、五四二 | 二九、〇一九 | 三二、七一七 | 六、七〇九 | 一、五二五 | 一七、一二九 | 二〇五 | — | 五、三六五 | 三〇、九三三 | 一、七八四 | 三二、七一七 | 一六、七八〇 | 一〇三、九一九 |
| 同 | 同九年度 | 二、六〇 | — | 二一八二 | 二二〇 | 一六八二 | 一〇八四 | 五三五 | 五五九 | 九三二 | 四、九九〇 | 三、九九四 | 一三、八〇二 | 四五、四九九 | 四八、九六九 | 一〇、〇一五 | 三、五九九 | 二四、七七〇 | 一一五 | — | 七、四三〇 | 四五、九二九 | 三、〇四〇 | 四八、九六九 | 一八、五二五 | 七五、九六九 |
| 同 | 同十年度 | 二、六〇 | — | 二二七六 | 二〇七 | 一六八二 | 一九 | 五七三 | 七七〇 | 八一六 | 四、三五八 | 三、六七四 | 一三、五〇三 | 三九、九五一 | 四七、三三五 | 一〇、八一八 | 五九二 | 二二、二三〇 | 一六一 | 一二二 | 六、三五二 | 四〇、二七五 | 七、〇六〇 | 四七、三三五 | 一七、一四八 | 七六、三四四 |
| 仙法志村 | 同六年度 | 二、五〇 | — | 一三七二 | 一一四 | — | 一九 | 四六三 | 三六五 | 六六〇 | 三、四六九 | 五、七八五 | 五、九七二 | 一七、一五四 | 一八、三七七 | 四、一四七 | 六〇〇 | 七、八〇二 | 一九六 | 四九七 | 四、二一二 | 一七、四五四 | 九二三 | 一八、三七七 | 一〇、七五四 | 九、二七一 |
| 同 | 同七年度 | 二、五〇 | — | 一二六五 | 一一一 | — | 一九 | 四六三 | 三七二 | 六一六 | 三、二九七 | 二、五五四 | 六、三五六 | 一八、七一六 | 二二、一二三 | 四、六五八 | 二、一五〇 | 一〇、四六七 | 一四六 | 七七 | 四、四八九 | 二一、九八七 | 一三六 | 二二、一二三 | 一一、五八七 | 九、九三六 |
| 同 | 同八年度 | 二、五〇 | — | 一一七七 | 一〇八 | — | 一九 | 四六三 | 四二九 | 五三六 | 二、七九五 | 一、八六五 | 六、四六五 | 一七、二九七 | 二一、四八六 | 四、四四四 | 二〇〇 | 一一、四八八 | 二六一 | — | 四、〇六九 | 二〇、四六二 | 一、〇二四 | 二一、四八六 | 一三、一一三 | 一〇、四五三 |
| 同 | 同九年度 | 二、五〇 | — | 一〇六六 | 一〇三 | — | 一九 | 四六三 | 四三九 | 五四二 | 二、九三三 | 一、六一三 | 八、六六一 | 三一、三七一 | 三五、七七七 | 七、九五二 | 二五〇 | 一七、九一九 | 八九五 | 八〇 | 八、〇八七 | 三五、一八三 | 五九四 | 三五、七七七 | 一五、一一四 | 一二、〇四三 |
| 同 | 同十年度 | 二、五〇 | — | 一一五八 | 一〇九 | — | 一九 | 四六三 | 四六三 | 五二八 | 二、八九八 | 一、六二二 | 八、一四四 | 三〇、八〇一 | 三四、九二三 | 八、五九二 | 四五〇 | 一七、〇七〇 | 三六〇 | 五〇 | 八、三七七 | 三四、八九九 | 二四 | 三四、九二三 | 一六、〇六八 | 一一、八七七 |

| | | | | | | | | | | | |
|---|---|---|---|---|---|---|---|---|---|---|---|
| 財産 學校基本財産 動産 | 同 | — | — | — | — | — | 一〇,四四五 | 一一,四六七 | 一二,九三三 | 一五,六七九 | 一八,五三五 |
| 財産 學校基本財産 不動産 | 同 | — | — | — | — | — | 四九,一四五 | 五一,一二七 | 五二,一五〇 | 五六,六〇四 | 六四,七一三 |
| 財産 特別基本財産 動産 | 同 | — | — | — | — | — | 五九八 | 六一二 | 六三八 | 六六六 | 六八六 |
| 財産 特別基本財産 不動産 | 同 | — | — | — | — | — | — | — | — | — | — |
| 財産 收益ナキ財産 動産 | 同 | — | — | — | — | — | — | — | — | — | — |
| 財産 收益ナキ財産 不動産 | 同 | 六二,四七〇 | 五六,七九一 | 七四,四〇五 | 五七,〇〇四 | 六〇,六九九 | 一〇,〇九七 | 一〇,〇九七 | 一〇,〇九七 | 一〇,二二五 | 一〇,五四四 |
| 財産 一部有財産 財産 | 同 | — | — | — | — | — | — | — | — | — | — |
| 財産 一部有財産 不動産 | 同 | — | — | — | — | — | — | — | — | — | — |
| 財産 積立金穀 | 同 | — | — | — | — | — | — | — | — | — | — |
| 財産 罹災救助金 | 同 | — | — | — | — | — | — | — | — | — | — |
| 財産ヨリ生スル收入 | 同 | 二,二一〇 | 二,八六四 | 一,〇九一 | 三,五一三 | 二,四九七 | 三,〇三八 | 三,四〇五 | 三,六二〇 | 三,八六三 | 四,〇二六 |
| 市町村債額 | 同 | — | — | — | — | — | — | — | — | — | — |
| 第三種所得税額 | 同 | 三,〇七七 | 二,八二九 | 二,八三一 | 一,四四〇 | 九〇七 | 四,九三八 | 三,六八六 | 九二八 | 七〇五 | 四三五 |
| 同納税者實人員 | 人 | 一一三 | 八九 | 九九 | 六一 | 六七 | 九一 | 五四 | 四〇 | 二五 | 三〇 |
| 課率 附加税 地價割 | 同 | — | — | — | — | — | — | — | — | — | — |
| 課率 附加税 國税營業税割 | 同 | 一五〇 | 一五〇 | 二四〇 | 二四〇 | 四七〇 | 一五〇 | 一五〇 | 一五〇 | 二四〇 | 四七〇 |
| 課率 附加税 所得税割 | 同 | 一五〇 | 一五〇 | 二四〇 | 二四〇 | 一四〇 | 一五〇 | 一五〇 | 一五〇 | 一四〇 | 一四〇 |
| 課率 附加税 戸別割 | 同 | 三,五一〇 | 三,〇七〇 | 四,八〇〇 | 六,八五〇 | 五,五〇〇 | 四,二〇〇 | 四,〇〇〇 | 三,六〇〇 | 五,二〇〇 | 五,〇〇〇 |
| 課率 附加税 地方税營業税割 | 同 | 一,〇〇〇 | 一,〇〇〇 | 一,五〇〇 | 一,五〇〇 | 一,五〇〇 | 一,〇〇〇 | 一,〇〇〇 | 一,〇〇〇 | 一,〇〇〇 | 一,〇〇〇 |
| 課率 附加税 雜種税割 | 同 | 一,九五〇 | 二,八〇〇 | 二,二四〇 | 三,一五〇 | 二,五〇〇 | 二,〇六〇 | 二,三三〇 | 二,〇〇〇 | 二,八〇〇 | 二,八〇〇 |
| 課率 特別税 反別割 田 | 同 | — | — | — | — | — | — | — | — | — | — |
| 課率 特別税 反別割 畑 | 同 | 一〇〇 | 一一五 | 一一五 | 一一五 | 二七五 | 二七五 | 三〇〇 | 三〇〇 | 一九八 | 一九八 |
| 課率 特別税 反別割 宅地 | 同 | 四〇〇 | 三八五 | 三八五 | 三八五 | 九五〇 | 四〇〇 | 三〇〇 | 三〇〇 | 二四六 | 二四六 |
| 課率 特別税 反別割 山林 | 同 | — | — | — | — | — | — | — | — | — | — |
| 課率 特別税 反別割 原野 | 同 | — | — | — | — | 二〇〇 | 〇三〇 | 〇三〇 | 〇三〇 | 〇三〇 | 〇三〇 |
| 課率 特別税 反別割 牧場 | 同 | — | — | — | — | 二〇〇 | 〇三〇 | 〇三〇 | 〇三〇 | 〇三〇 | 〇三〇 |
| 課率 特別税 反別割 海産干場 | 同 | 四〇〇 | 三八五 | 三八五 | 三八五 | 九五〇 | 四〇〇 | 三〇〇 | 三〇〇 | 二三二 | 四八八 |
| 課率 特別税 反別割 雜種地 | 同 | — | — | — | — | — | — | — | — | — | — |
| 課率 特別税 建物割 | 同 | — | — | — | — | — | — | — | — | — | — |
| 課率 特別税 牛馬割 | 同 | — | — | — | — | — | — | — | — | — | — |
| 課率 特別税 戸別割 | 同 | — | — | — | — | — | — | — | 〇一五 | 〇一五 | 〇一五 |

| 種別 | 單位 | 鬼脇村 大正六年度 | 鬼脇村 同七年度 | 鬼脇村 同八年度 | 鬼脇村 同九年度 | 鬼脇村 同十年度 | 宗谷村 同六年度 | 宗谷村 同七年度 | 宗谷村 同八年度 | 宗谷村 同九年度 | 宗谷村 同十年度 |
|---|---|---|---|---|---|---|---|---|---|---|---|
| 面積 | 方里 | 三、五〇 | 三、五〇 | 三、五〇 | 三、五〇 | 三、五〇 | 五七、〇〇 | 五七、〇〇 | 五七、〇〇 | 五七、〇〇 | 五七、〇〇 |
| 民有地 田 反別 | 反 | ー | ー | ー | ー | ー | ー | ー | ー | ー | ー |
| 民有地 畑 | 同 | 二二七四 | 二六七六 | 二七二三 | 二七五八 | 二八五五 | 一、〇四一〇 | 一、一八一一 | 一、九五一〇 | 二、〇〇九〇 | 一、四九四二 |
| 民有地 宅地 | 同 | 三二〇 | 三二九 | 三三〇 | 三五七 | 四二五 | 七〇四 | 七〇四 | 七五〇 | 七〇〇 | 二一八 |
| 民有地 山林 | 同 | ー | 三 | 五 | 一〇 | 一〇 | 九、五〇〇〇 | 三、一二〇〇 | 三、一一〇〇 | 三、〇二〇〇 | 四、四二七三 |
| 民有地 原野 | 同 | 一七〇 | 一七三 | 一八〇 | 一八〇 | 一八八 | 五、三五〇〇 | 一二、四八〇〇 | 一二、八二四〇 | 一三、八二四〇 | 一三、九七二五 |
| 民有地 牧場 | 同 | ー | ー | ー | 一五 | 一五 | 三〇、九一八〇 | 三〇、八八三〇 | 二四、〇〇〇〇 | 二四、五〇〇〇 | 二五、八六九七 |
| 民有地 其他 | 同 | 五九四 | 八八〇 | 八八五 | 九〇〇 | 九二〇 | 六五五 | 六七一 | 六八〇 | 九八〇 | 一七五〇 |
| 現住戸數 | 戸 | 八六九 | 九三五 | 九三五 | 九四七 | 九四三 | 一、一二六 | 一、〇二七 | 一、〇三九 | 一、五六一 | 一、四九二 |
| 現住人口 | 人 | 五、〇八九 | 五、二六一 | 五、〇二七 | 五、〇九六 | 五、〇七三 | 五、六一二 | 四、四〇二 | 四、七〇二 | 七、九一四 | 六、八二八 |
| 負擔 直接國稅額 | 圓 | 一五、六八七 | 五、二七五 | 六、四五七 | 五、六八〇 | 五、四六八 | 三、七九九 | 七、九二〇 | 一一、〇一七 | 二、五五八 | 四、一六〇 |
| 負擔 地方稅額 | 同 | 九、七〇〇 | 一一、三四三 | 一三、二五〇 | 一六、八二六 | 一四、五五五 | 一〇、九七四 | 一〇、〇九三 | 一二、六五六 | 二一、一〇八 | 三〇、〇三八 |
| 負擔 市町村稅額 | 同 | 二六、二三八 | 二四、一六六 | 二六、七五九 | 四二、四二三 | 三五、一九一 | 二一、六二八 | 二〇、〇七五 | 三二、七三二 | 四二、一六六 | 五二、九二九 |
| 財政 歲入 | 同 | 二六、二九六 | 三一、七三八 | 三二、五六三 | 五三、七六二 | 四六、六一〇 | 二五、一七七 | 二六、三七一 | 三五、二七四 | 四七、七一三 | 六六、七〇三 |
| 歲出 經常部 役所役場費 | 同 | 三、六三九 | 五、八七九 | 六、三八八 | 九、一六八 | 九、九二六 | 五、三九八 | 六、〇八四 | 六、七一六 | 九、一一九 | 一一、七三八 |
| 歲出 經常部 土木費 | 同 | 四二五 | 一、三二三 | 六四一 | 四六二 | 五三四 | 三七四 | 二三六 | 六三〇 | 四〇九 | 一、三七五 |
| 歲出 經常部 教育費 | 同 | 一一、一五三 | 一三、八三六 | 一六、八一一 | 二四、三九八 | 二二、七五三 | 一〇、〇一五 | 一三、一一九 | 一七、五二二 | 二五、九三五 | 三〇、〇九四 |
| 歲出 經常部 衛生費 | 同 | 三、七三九 | 三、〇一三 | 二、五七二 | 三二四 | 二九七 | 二四一 | 三〇八 | 一二九 | 一二三 | 一四三 |
| 歲出 經常部 勸業費 | 同 | 二〇〇 | 三〇 | 三二〇 | 二二〇 | 一五〇 | 三五 | 三五 | 四〇 | 一二九 | 三五五 |
| 歲出 經常部 其他 | 同 | 三、一六五 | 四、一二一 | 四、三二八 | 一〇、八三三 | 一〇、一二六 | 六、三二〇 | 六、一〇四 | 九、三〇六 | 九、四〇八 | 二〇、九四七 |
| 歲出 經常部 計 | 同 | 二二、三二一 | 二八、二〇二 | 三一、〇六〇 | 四五、四〇五 | 四三、七八六 | 二二、三八三 | 二五、八八六 | 三四、三四三 | 四五、一二三 | 六四、六五二 |
| 歲出 臨時部計 | 同 | 三、九七五 | 三、五三六 | 一、五〇三 | 八、三五七 | 二、八二四 | 二、七九四 | 四八五 | 九三一 | 二、五九〇 | 二、〇五一 |
| 歲出 通計 | 同 | 二六、二九六 | 三一、七三八 | 三二、五六三 | 五三、七六二 | 四六、六一〇 | 二五、一七七 | 二六、三七一 | 三五、二七四 | 四七、七一三 | 六六、七〇三 |
| 基本財産 動産 | 同 | 四三、二五三 | 四三、六〇三 | 四八、一一七 | 四九、七九二 | 五八、一一〇 | 七、五六八 | 八、〇七八 | 九、一二三 | 一〇、五六七 | 一一、六〇九 |
| 基本財産 不動産 | 同 | 二七、六五五 | 二八、〇〇五 | 二九、五五五 | 三一、八〇一 | 三三、七四六 | 三、一二九 | 三、七六〇 | 四、〇六〇 | 三、六四八 | 三、五八〇 |

| 財産 學校基本財産 動産 | 學校基本財産 不動産 | 特別基本財産 動産 | 特別基本財産 不動産 | 收益ナキ財産 動産 | 收益ナキ財産 不動産 | 一部有財産 動産 | 一部有財産 不動産 | 積立金穀 | 罹災救助金 | 財産ヨリ生スル收入 | 市町村債額 | 第三種所得稅額 | 同納稅者實人員 | 課率 附加稅 地價割 | 國稅營業稅割 | 所得稅割 | 戸別割 | 地方稅營業稅割 | 雜種稅割 | 特別稅 反別割 田 | 畑 | 宅地 | 山林 | 原野 | 牧場 | 海産干場 | 雜種地 | 建物割 | 牛馬割 | 戸別割 |
|---|---|---|---|---|---|---|---|---|---|---|---|---|---|---|---|---|---|---|---|---|---|---|---|---|---|---|---|---|---|---|
| 同 | 同 | 同 | 同 | 同 | 同 | 同 | 同 | 同 | 同 | 同 | 同 | 同 | 人 | 釐 | 同 | 同 | 同 | 同 | 同 | 同 | 同 | 同 | 同 | 同 | 同 | 同 | 同 | 同 | 同 | 同 |
| — | — | — | — | 一二、五一二 | 四五、一〇〇 | — | — | — | — | 三、九九一 | — | 一三、二一〇 | 一四九 | — | 一五〇 | 一五〇 | 四、〇〇〇 | 一、〇〇〇 | 二、六〇〇 | — | 一二〇 | 四〇〇 | — | — | — | 四〇〇 | — | — | — | — |
| — | — | — | — | 一二、七一四 | 四七、〇九六 | — | — | — | — | 四、六一七 | — | 二、四三六 | 八三 | — | 一五〇 | 一五〇 | 三、五〇〇 | 一、〇〇〇 | 一、九五〇 | — | 一一〇 | 三七五 | — | — | — | 三七五 | — | — | — | — |
| — | — | — | — | 一三、七二〇 | 四八、一六二 | — | — | — | — | 四、五七八 | — | 三、四二二 | 八五 | — | 一五〇 | 一五〇 | 三、五〇〇 | 一、〇〇〇 | 一、九五〇 | — | 一一〇 | 三七五 | — | — | — | 三七五 | — | — | — | — |
| 一一五 | — | — | — | 一、四二〇〇 | 四八、八八〇 | — | — | — | — | 五、六五五 | — | 二、一七九 | 七二 | — | 四七〇 | 一四〇 | 五、四〇〇 | 一、〇〇〇 | 二、四〇〇 | — | 一一〇 | 三七五 | — | — | — | 三七五 | — | — | — | — |
| 三八〇 | — | — | — | 一五、二七五 | 四九、〇三四 | — | — | — | — | 五、九五五 | — | 一、六三一 | 六七 | — | 四七〇 | 一四〇 | 四、五〇〇 | 一、〇〇〇 | 二、〇〇〇 | — | 二七五 | 九五〇 | 〇五〇 | — | 〇五〇 | 九五〇 | — | — | — | — |
| 二、七〇〇 | 九、五八六 | 七四〇 | — | 一〇、八九一 | — | — | — | 九六〇 | — | 六一六 | — | 一、八六七 | 二四一 | 一五〇 | 一五〇 | 一五〇 | 二、五〇〇 | 一、〇〇〇 | 二、〇〇〇 | — | 〇三〇 | 一三〇 | 〇〇二 | 〇〇二 | 〇〇二 | 〇九〇 | — | — | — | — |
| 三、一三〇 | 一一、五〇四 | 七四〇 | — | 一三、四三〇 | — | — | — | 六七九 | — | 八一 | — | 四、二四三 | 一〇三 | 一五〇 | 一五〇 | 一五〇 | 一、九〇〇 | 一、〇〇〇 | 二、〇〇〇 | — | 〇三〇 | 一三〇 | 〇〇二 | 〇〇二 | 〇〇三 | 〇九〇 | — | — | — | — |
| 三、五三一 | 一四、三〇〇 | 八一〇 | — | 一六、五二五 | — | — | — | 一、四六二 | — | 一、三六六 | — | 九、八〇一 | 一九九 | — | 二四〇 | 二四〇 | 二、七〇〇 | 二、〇〇〇 | 二、五〇〇 | — | 一七八 | 九五三 | 〇〇九 | 〇〇三 | 〇〇九 | 三七三 | — | — | — | — |
| 三、七八一 | 二一、三〇〇 | 八一一 | — | 二三、一一四 | — | — | — | 九八七 | 九五九 | 六六九 | — | 七七四 | 七七 | — | 二四〇 | 一四〇 | 三、五五〇 | 二、〇〇〇 | 三、〇〇〇 | — | 一九五 | 六二〇 | 〇二〇 | 〇一二 | 〇一八 | 四九五 | — | — | — | — |
| 四、二八三 | 二六、〇二〇 | 九五〇 | — | 二七、七六六 | — | — | — | 二、一八六 | 九九六 | 九四七 | — | 一、六七五 | 一一五 | — | 四七〇 | 一四〇 | 三、一五〇 | 一、五〇〇 | 二、五〇〇 | — | 一七五 | 五六〇 | 〇一八 | 〇一〇 | 〇一六 | 四四九 | — | — | — | — |

| 種別 | 単位 | 網走町 大正六年度 | 網走町 同七年度 | 網走町 同八年度 | 網走町 同九年度 | 網走町 同十年度 | 紋別町 同六年度 | 紋別町 同七年度 | 紋別町 同八年度 | 紋別町 同九年度 | 紋別町 同十年度 |
|---|---|---|---|---|---|---|---|---|---|---|---|
| 面積 | 方里 | 六〇、〇〇 | 六〇、〇〇 | 六〇、〇〇 | 六〇、〇〇 | 六〇、〇〇 | 二六、〇〇 | 二六、〇〇 | 二六、〇〇 | 二六、〇〇 | 二六、〇〇 |
| 民有地 田 | 反別 反 | — | — | — | — | — | 一 | 一 | 二 | 九 | 六〇 |
| 民有地 畑 | 同 | 五、七九三四 | 五、八二一三 | 九、三五六九 | 一五、九八二八 | 一二、六九二三 | 六三二四 | 七四八七 | 九六〇二 | 一、二四三五 | 一、四七九〇 |
| 民有地 宅地 | 同 | 五〇〇 | 五五〇 | 五六〇 | 五七〇 | 五八三 | 一九三 | 二三四 | 二四九 | 二六九 | 二八九 |
| 民有地 山林 | 同 | 一六二 | 一六二 | 一六三 | 八六四三 | 一、六八三一 | 八二七六 | 九六三三 | 三、一八八五 | 三、七五八七 | 四、〇二〇〇 |
| 民有地 原野 | 同 | 一三〇〇 | 一三四〇 | 一三四〇 | 一三四二 | 四八六〇 | 一、二〇一九 | 一、二二三一 | 一、三九二五 | 一、五九〇八 | 一、七二〇〇 |
| 民有地 牧場 | 同 | 一一、九五五八 | 一三、九二七二 | 一四、〇八六二 | 一六、八八一九 | 一四、四五二九 | 一、八三九六 | 二、〇〇〇五 | 二、二八五三 | 二、三九八二 | 二、六三九六 |
| 民有地 其他 | 同 | 七〇〇 | 八一〇 | 八一五 | 八一五 | 八一五 | 九九 | 一二七 | 一五二 | 一五二 | 一五二 |
| 現住戸数 | 戸 | 三、四九六 | 四、一六五 | 四、六三〇 | 五、二二五 | 四、六三五 | 九九五 | 一、〇四九 | 一、一四七 | 一、四二五 | 一、三五〇 |
| 現住人口 | 人 | 一九、八九七 | 二三、三九一 | 二六、一〇五 | 二七、五五二 | 二四、六〇六 | 四、九一三 | 四、八九二 | 五、三一〇 | 五、六〇五 | 六、四四三 |
| 負担 直接国税額 | 円 | 一三、〇三七 | 一八、八七五 | 三三、二九九 | 二五、七七二 | 二八、三二四 | 五、五八四 | 七、二八〇 | 一〇、二九一 | 七、四二七 | 一〇、〇二八 |
| 負担 地方税額 | 同 | 一六、三九四 | 二一、六六一 | 三二、三〇八 | 四九、三五九 | 四八、四一三 | 六、二五五 | 六、五八三 | 七、三七三 | 一三、〇二二 | 一五、六九六 |
| 負担 市町村税額 | 同 | 四三、〇九五 | 六三、九三 | 一〇二、一三七 | 一五三、八三七 | 一四二、三一三 | 九、七一〇 | 一五、九四三 | 二三、一五二 | 三七、四八五 | 四五、五五一 |
| 財政 歳入 | 同 | 一〇〇、五八四 | 一〇六、六六六 | 一七四、八三九 | 二四九、三二一 | 二三〇、五二五 | 一三、六四六 | 二一、一二四 | 三〇、四七〇 | 四七、二四〇 | 六一、四四八 |
| 歳出 役所役場費 | 同 | 一二、四五一 | 一八、〇〇一 | 二八、五二一 | 三八、〇八六 | 四一、七五六 | 三、三一四 | 五、〇三六 | 六、五五八 | 九、七八七 | 一五、一七二 |
| 歳出 土木費 | 同 | 一、一一一 | 一、四六四 | 四、一二〇 | 六、五二九 | 一〇、四九九 | 六〇 | 三二五 | 八八〇 | 二、七七五 | 四、六三五 |
| 歳出 教育費 | 同 | 三二、一六一 | 三二、〇八六 | 三九、〇〇〇 | 六六、〇〇〇 | 六三、三四五 | 五、六一八 | 七、三五六 | 一〇、六一三 | 一四、九六一 | 二一、二四一 |
| 歳出 衛生費 | 同 | 三、三八九 | 六、三二三 | 八、一八五 | 九、八六二 | 九、七六〇 | 二七九 | 一、八六二 | 四二一 | 二七三 | 九二二 |
| 歳出 勧業費 | 同 | 一、三八九 | 五七九 | 三七一 | 三九一 | 三九四 | 一八 | 一八 | 一八 | 六五 | 一五 |
| 歳出 其他 | 同 | 五、七一七 | 八、六一六 | 一〇、八八六 | 一五、六七三 | 二三、三七〇 | 二、六三八 | 二、八八七 | 三、二六六 | 一〇、七三四 | 一一、三二七 |
| 歳出 経常部計 | 同 | 四六、四五三 | 六七、〇六九 | 九一、〇八三 | 一三六、六五七 | 一四八、一二四 | 一一、九二七 | 一七、四八四 | 二一、七五六 | 三八、五九五 | 五三、三一二 |
| 歳出 同臨時部計 | 同 | 五四、一三一 | 三九、五九七 | 八三、七五六 | 一一二、六六四 | 八二、四〇一 | 一、七一九 | 三、六四〇 | 八、七一四 | 八、六四五 | 八、一三六 |
| 歳出 通計 | 同 | 一〇〇、五八四 | 一〇六、六六六 | 一七四、八三九 | 二四九、三二一 | 二三〇、五二五 | 一三、六四六 | 二一、一二四 | 三〇、四七〇 | 四七、二四〇 | 六一、四四八 |
| 基本財産 動産 | 同 | 九、七八八 | 六、三一〇 | 一、〇六五 | 一、五〇九 | 一、五四〇 | 五、一三四 | 六、一一二 | 一三、四三三 | 一二、八〇六 | 一二、七〇四 |
| 基本財産 不動産 | 同 | 七五、七八二 | 一九五、〇四九 | 一九六、四五一 | 一九六、〇五二 | 一九九、〇七六 | 四、六七七 | 四、六七七 | 一七〇、七四三 | 一〇五、五六八 | 二七九、七二六 |

| 財産 學校基本財産 動産 | 學校基本財産 不動産 | 特別基本財産 動産 | 特別基本財産 不動産 | 收益ナキ財産 動産 | 收益ナキ財産 不動産 | 一部有財産 動産 | 一部有財産 不動産 | 積立金穀 | 罹災救助金 | 財産ヨリ生スル收入 | 市町村債額 | 第三種所得税額 | 同納税者人員 | 課率 附加税 地價割 | 國税營業税割 | 所得税割 | 戸別割 | 地方税營業税割 | 雜種税割 | 特別税 反別割 田 | 畑 | 宅地 | 山林 | 原野 | 牧場 | 干場 海産 | 雜種地 | 建物割 | 牛馬割 | 戸別割 |
|---|---|---|---|---|---|---|---|---|---|---|---|---|---|---|---|---|---|---|---|---|---|---|---|---|---|---|---|---|---|---|
| 同 | 同 | 同 | 同 | 同 | 同 | 同 | 同 | 同 | 同 | 同 | 同 | 同 | 人 | 厘 | 同 | 同 | 同 | 同 | 同 | 同 | 同 | 同 | 同 | 同 | 同 | 同 | 同 | 同 | 同 | 同 |
| 一、五九四 | — | — | — | — | 四七、九〇四 | — | — | — | — | 二、六〇三 | — | 七、七五六 | 三五四 | — | 一五〇 | 一五〇 | 六、二〇〇 | 五〇〇 | 五〇〇 | — | 〇六〇 | 三九八 | — | — | 〇一〇 | 〇六〇 | — | — | — | — |
| 二、一二七 | — | — | — | — | 七六、六〇九 | — | — | — | — | 四、三三六 | 一〇、〇〇〇 | 一〇、六三六 | 三四〇 | — | 一五〇 | 一五〇 | 六、二〇〇 | 八〇〇 | 八〇〇 | — | 一二五 | 四三八 | — | — | 〇一〇 | 一二〇 | — | — | — | — |
| 三、二二八 | — | — | — | — | 一三三、九三〇 | — | — | — | — | 五、三九五 | 二〇、五四三 | 二〇、二四八 | 五〇八 | — | 一五〇 | 一五〇 | 七、一〇〇 | 一、〇〇〇 | 一、〇〇〇 | — | 一五二 | 一、〇二〇 | 〇一〇 | 〇一〇 | 〇一五 | 一〇〇 | — | — | — | — |
| 二、一〇八 | — | — | — | — | 一三五、一二八 | — | — | — | — | 三、六〇九 | 八九、一一五 | 一一、八八五 | 三六四 | — | 四七〇 | 一四〇 | 七、六五〇 | 一、〇〇〇 | 一、〇〇〇 | — | 一八〇 | 一、〇二〇 | 〇一〇 | 〇一〇 | 〇一五 | 一〇〇 | — | — | — | — |
| 二、一〇八 | — | — | — | — | 一八七、九三〇 | — | — | — | — | 三、八六五 | 八七、六〇七 | 一三、五五五 | 三八六 | — | 四七〇 | 一四〇 | 六、七〇〇 | 一、〇〇〇 | 一、〇〇〇 | — | 一八〇 | 一、〇二〇 | 〇一〇 | 〇一〇 | 〇一五 | 一〇〇 | — | — | — | — |
| 一、六六六 | 二四〇 | 五八五 | — | — | 一二、五五六 | — | — | 三、九三九 | — | 一、六一三 | — | 三、〇八六 | 八四 | — | 一五〇 | 一五〇 | 四、四五〇 | 五〇〇 | 五〇〇 | — | 〇四六 | 三三〇 | — | — | 〇〇五 | 一八二 | — | — | — | — |
| 一、五四三 | 二四〇 | 六一七 | — | — | 一三、〇三〇 | — | — | 三、六一六 | — | 一、九七九 | — | 四、二四一 | 七六 | — | 一五〇 | 一五〇 | 五、九六〇 | 一、〇〇〇 | 一、〇〇〇 | — | 〇六二 | 四〇〇 | 〇〇三 | 〇〇三 | 〇〇五 | 三一四 | — | — | — | — |
| 三、〇八八 | 二七、三七〇 | 七二八 | — | — | 三八、〇六〇 | — | — | 一〇、〇六九 | — | 二、一二二 | — | 五、六九一 | 一一三 | — | 一五〇 | 一五〇 | 六、三六〇 | 一、〇〇〇 | 一、〇〇〇 | — | 〇七六 | 三七三 | 〇〇四 | 〇〇四 | 〇〇七 | 三九〇 | — | — | — | — |
| 三、五二四 | 六、五四三 | 七二八 | — | — | 一〇〇、七五七 | — | — | 九、四七八 | — | 二、八二四 | — | 二、六八四 | 六五 | — | 四七〇 | 一四〇 | 七、六五〇 | 一、〇〇〇 | 一、〇〇〇 | — | 一三五 | 六四〇 | 〇〇六 | 〇〇六 | 〇一一 | 六三七 | — | — | — | — |
| 一、〇四七 | 五、八〇二 | 七九一 | — | — | 四九、八二五 | — | — | 七、三六二 | — | 二、八〇一 | — | 四、九〇九 | 八二 | — | 四七〇 | 一四〇 | 六、一〇〇 | 一、五〇〇 | 一、五〇〇 | — | 一九〇 | 九八〇 | 〇一五 | 〇一五 | 〇二〇 | 九〇二 | — | — | — | — |

| 種別 | 単位 | 野付牛町 大正六年度 | 同 七年度 | 同 八年度 | 同 九年度 | 同 十年度 | 興部村 同 六年度 | 同 七年度 | 同 八年度 | 同 九年度 | 同 十年度 |
|---|---|---|---|---|---|---|---|---|---|---|---|
| 面積 | 方里 | 三七、〇〇 | 三七、〇〇 | 三七、〇〇 | 三七、〇〇 | 一七、〇〇 | 四五、二〇 | 四五、二〇 | 四五、二〇 | 四五、二〇 | 四五、二〇 |
| 民有地 田 | 反別 | 二二 | 三一 | 五五 | 一五〇 | 三九二 | ― | ― | ― | ― | ― |
| 民有地 畑 | 同 | 八、六三九二 | 一〇、四五八 | 一〇、五六三四 | 一一、二六一四 | 六、一一五八 | 二、九八二三 | 三、三五二三 | 三、八三六九 | 三、九八八七 | 四、一五二五 |
| 民有地 宅地 | 同 | 一六一二 | 一六六二 | 一七一五 | 一七八三 | 一〇〇九 | 二 | 二 | 一二 | 一二 | 一二 |
| 民有地 山林 | 同 | 二五、六八三〇 | 二四、八四八九 | 二五、四七一〇 | 二五、四七一〇 | 一一、九五二五 | 一、一三一四 | 一、一三一四 | 一、二六九四 | 一、三六八四 | 一、三六八四 |
| 民有地 原野 | 同 | | | | | | 六、七三二一 | 六、九八四六 | 七、八三一六 | 七、八三一六 | 八、三〇六八 |
| 民有地 牧場 | 同 | 五、〇八一〇 | 五、〇八一〇 | 五、〇八一〇 | 五、〇八一〇 | 二、一五〇〇 | 一、八七二四 | 一、八七二四 | 二、〇五七五 | 二、〇五七五 | 二、一九二〇 |
| 民有地 其他 | 同 | 二八三四 | 三一四九 | 三四八八 | 三七七八 | 四五八 | 六二九四 | 六八八七 | 七三一九 | 七七九四 | 八三一六 |
| 現住戸数 | 戸 | 四、〇一〇 | 四、七二四 | 五、六一六 | 五、九七一 | 四、〇七一 | 一、一三九 | 一、二三四 | 一、三三一 | 一、七二八 | 二、〇三八 |
| 現住人口 | 人 | 一九、六一七 | 二四、一七九 | 二六、八一四 | 三〇、七二三 | 二一、一〇五 | 五、一三一 | 五、七二三 | 六、三四五 | 九、一六四 | 一〇、四八二 |
| 負擔 直接國税額 | 圓 | 一三、一七〇 | 二二、〇八七 | 三五、四八四 | 二六、一九二 | 二九、四九五 | 三、五七九 | 四、七三八 | 七、九〇一 | 五、八七九 | 七、二〇〇 |
| 負擔 地方税額 | 同 | 八、九七八 | 二四、三六一 | 三八、一三二 | 六一、八九四 | 四八、〇三九 | 五、二八三 | 五、八六九 | 九、〇〇七 | 一五、一六〇 | 一五、七九五 |
| 負擔 市町村税額 | 同 | 四四、三一四 | 六三、二四七 | 一一〇、三二八 | 一七七、一一四 | 一五三、五六六 | 一八、七七四 | 二〇、六六一 | 三三、二二二 | 四九、九〇二 | 八八、八四九 |
| 財政 歳入 | 同 | 八九、三八三 | 一〇六、五〇八 | 一一四、六二九 | 二八七、〇三三 | 二三九、六〇七 | 二〇、七〇一 | 二一、六〇七 | 四九、三一八 | 六五、三〇一 | 六〇、八八二 |
| 歳出経常部 役所役場費 | 同 | 一四、七八七 | 一九、五〇五 | 二八、〇三四 | 五二、〇九九 | 四一、二四七 | 四、一八五 | 四、三六〇 | 七、四〇五 | 八、九〇〇 | 一三、一四九 |
| 歳出経常部 土木費 | 同 | 一〇〇 | 二〇〇 | 二〇〇 | 七〇〇 | 一、四〇〇 | 五〇 | 五〇 | 一五〇 | 二五〇 | 八八五 |
| 歳出経常部 教育費 | 同 | 二五、六二五 | 三六、四〇五 | 五三、二〇〇 | 七三、〇三二 | 六五、一八九 | 七、一七七 | 一一、一八四 | 一三、五六七 | 一八、一五七 | 二六、六八八 |
| 歳出経常部 衛生費 | 同 | 二、四二二 | 三、六二六 | 九、四二二 | 一三、八五八 | 一三、〇二九 | 一四一 | 一七九 | 八九一 | 九二三 | 九二三 |
| 歳出経常部 勧業費 | 同 | 一五 | 五五 | 五五 | 六四 | 一、五六四 | 八 | 一七七 | 一九五 | 二四一 | 二三五 |
| 歳出経常部 其他 | 同 | 五、九七五 | 七、六四九 | 九、六七〇 | 二一、三二六 | 二二、二三三 | 三、九八一 | 四、〇四四 | 四、八七三 | 五、七八二 | 六、三五八 |
| 歳出経常部 計 | 同 | 四八、九二四 | 六七、四四〇 | 一〇〇、五八一 | 一六一、〇七九 | 一四四、六六二 | 一五、五四二 | 一九、九九四 | 二七、〇八一 | 三四、二五三 | 四八、二三八 |
| 同臨時部計 | 同 | 四〇、四五九 | 三九、〇六八 | 一四、〇四八 | 一二五、九五四 | 九四、九四五 | 五、一五九 | 一、六一三 | 二二、二三七 | 三一、〇四八 | 一二、六四四 |
| 通計 | 同 | 八九、三八三 | 一〇六、五〇八 | 一一四、六二九 | 二八七、〇三三 | 二三九、六〇七 | 二〇、七〇一 | 二一、六〇七 | 四九、三一八 | 六五、三〇一 | 六〇、八八二 |
| 基本財産 動産 | 同 | 七八六 | 一、〇三二 | 一、四四六 | 二、三八九 | 五、三九九 | ― | ― | ― | ― | ― |
| 基本財産 不動産 | 同 | 五五、三二五 | 五九、〇八八 | 六五、七〇四 | 六七、九六五 | 六六、七二八 | 二九、七三八 | 三〇、七五八 | 三二、七五〇 | 三四、五七六 | 三七、五八六 |

| 財産 學校基本財産 動産 | 財産 學校基本財産 不動産 | 財産 特別基本財産 動産 | 財産 特別基本財産 不動産 | 財産 收益ナキ財産 動産 | 財産 收益ナキ財産 不動産 | 財産 一部有財産 動産 | 財産 一部有財産 不動産 | 財産 積立金穀 | 財産 罹災救助金 | 財産ヨリ生スル收入 | 市町村債額 | 第三種所得税額 | 同納税者實人員 | 課率 附加税 地價割 | 課率 附加税 國税營業税割 | 課率 附加税 所得税割 | 課率 附加税 戸別割 | 課率 附加税 地方税營業税割 | 課率 附加税 雜種税割 | 課率 特別税 反別割 田 | 課率 特別税 反別割 畑 | 課率 特別税 反別割 宅地 | 課率 特別税 反別割 山林 | 課率 特別税 反別割 原野 | 課率 特別税 反別割 牧場 | 課率 特別税 反別割 海産干場 | 課率 特別税 反別割 雜種地 | 課率 特別税 建物割 | 課率 特別税 牛馬割 | 課率 特別税 戸別割 |
|---|---|---|---|---|---|---|---|---|---|---|---|---|---|---|---|---|---|---|---|---|---|---|---|---|---|---|---|---|---|---|
| 同 | 同 | 同 | 同 | 同 | 同 | 同 | 同 | 同 | 同 | 同 | 同 | 同 | 人 | 厘 | 同 | 同 | 同 | 同 | 同 | 同 | 同 | 同 | 同 | 同 | 同 | 同 | 同 | 同 | 同 | 同 |
| — | 七九、七八八 | — | — | — | 八六、九二九 | — | — | 一、九一四 | — | 二、〇一一 | — | 七、三二二 | 三一一 | — | 一五〇 | 一五〇 | 五、四〇〇 | 五〇〇 | 五〇〇 | — | 〇七二 | 六八六 | 〇〇五 | 〇〇五 | 〇〇五 | — | — | — | — | — |
| — | 九〇、一三八 | — | — | — | 一〇一、五一七 | — | 一六二、七一三 | 九、三五三 | — | 二、四九九 | — | 一四、二四六 | 四六四 | — | 一五〇 | 一五〇 | 六、〇〇〇 | 五〇〇 | 五〇〇 | — | 一一二 | 九五〇 | 〇〇六 | 〇〇六 | 〇〇六 | — | — | — | — | — |
| — | 一二五、六〇〇 | — | — | — | 八八、三三〇 | — | — | 五、七七一 | — | 三、二三四 | — | 二〇、五一九 | 五九二 | — | 二四〇 | 二四〇 | 七、五五〇 | 一、〇〇〇 | 一、〇〇〇 | — | 一一二 | 九四八 | 〇〇六 | 〇〇六 | 〇〇六 | — | — | — | — | — |
| — | 一七〇、二二〇 | — | — | — | 九〇、八六〇 | — | — | 二二、七七三 | — | 四、七四五 | — | 一〇、七九〇 | 四二七 | — | 四七〇 | 一四〇 | 七、九〇〇 | 一、〇〇〇 | 一、〇〇〇 | — | 二三七 | 三九九 | 〇一五 | 〇一五 | 〇一五 | — | — | — | — | — |
| — | 八、三〇七 | — | — | — | 一二〇、四四四 | — | — | 九、一〇五 | — | 三、一〇八 | 五〇、〇〇〇 | 一三、三六三 | 三八九 | — | 四七〇 | 一四〇 | 七、〇〇〇 | 一、〇〇〇 | 一、〇〇〇 | — | 三二二 | 九三八 | 〇二三 | 〇二三 | 〇二三 | — | — | — | — | — |
| — | — | — | — | — | 三八、七二〇 | — | — | 六、三二〇 | — | 一、九〇九 | — | 二、〇三三 | 一八三 | 一五〇 | 二四〇 | 二四〇 | — | 八〇〇 | 八〇〇 | — | 一〇〇 | 一〇〇 | 〇八〇 | 〇八〇 | 〇八〇 | 四〇〇 | — | — | — | 七二〇 |
| — | — | — | — | — | 三八、七二〇 | — | — | 六、八三四 | — | 一、九〇九 | — | 二、五八〇 | 二三一 | 一五〇 | 二四〇 | 二四〇 | — | 八〇〇 | 八〇〇 | — | 一〇〇 | 一〇〇 | 〇八〇 | 〇八〇 | 〇八〇 | 四〇〇 | — | — | — | 七二〇 |
| — | — |  | — | — | 四〇、〇六二 | — | — | 七、二七二 | — | 一、九〇九 | — | 三、九九三 | 二六二 | 一五〇 | 二四〇 | 二四〇 | — | 八〇〇 | 八〇〇 | — | 一〇〇 | 一〇〇 | 〇八〇 | 〇八〇 | 〇八〇 | 四〇〇 | — | — | — | 七二〇 |
| — | — | — | — | — | 四〇、〇六二 | — | — | 七、五八八 | — | 一、九〇九 | — | 一、二〇三 | 一六二 | — | 二四〇 | 二四〇 | 七、五〇〇 | 一、〇〇〇 | 一、〇〇〇 | — | 二〇〇 | 一、〇二〇 | 〇二〇 | 〇二〇 | 〇二〇 | 五〇〇 | — | — | — | — |
| — | — | — | — | — | 四八、二四三 | — | — | 七、五八八 | — | 一、九〇九 | — | 二、五一五 | 二〇九 | — | 四七〇 | 一四〇 | 七、五〇〇 | 一、〇〇〇 | 一、〇〇〇 | — | 二〇〇 | 一、〇二〇 | 〇二〇 | 〇二〇 | 〇二〇 | 五〇〇 | — | — | — | — |

| 種別 | 單位 | 佐呂間村 大正六年度 | 同 七年度 | 同 八年度 | 同 九年度 | 同 十年度 | 瀧上村 同 六年度 | 同 七年度 | 同 八年度 | 同 九年度 | 同 十年度 |
|---|---|---|---|---|---|---|---|---|---|---|---|
| 面積 | 方里 | 二〇、五〇 | 二〇、五〇 | 二〇、五〇 | 二〇、五〇 | 二〇、五〇 | — | 四六、〇〇 | 四六、〇〇 | 四六、〇〇 | 四六、〇〇 |
| 民有地 田 | 反 | — | — | — | — | — | — | 七 | 四三 | 六六 | 一四四 |
| 同 畑 | 同 | 五、八三九七 | 六、〇四六二 | 六、一八三五 | 六、二七五三 | 六、二七五三 | — | 三、九七六六 | 四、四〇三九 | 四、四一三四 | 四、四三五八 |
| 同 宅地 | 同 | 三八 | 四五 | 六二 | 七五 | 七七 | — | 五二 | 六八 | 七五 | 八一 |
| 同 山林 | 同 | 六四一五 | 六四一五 | 六四一五 | 六四一五 | 六四一五 | — | — | — | — | — |
| 同 原野 | 同 | 二、八三八九 | 二、八三八九 | 三、〇〇二三 | 三、〇〇五八 | 三、〇三一〇 | — | 二、〇〇五七 | 二、八七〇六 | 二、八九八五 | 二、八九九七 |
| 同 牧場 | 同 | 一、〇二八五 | 一、二九八五 | 一、四四一八 | 一、四五七八 | 一、四五七八 | — | 二一〇〇 | 二一八七 | 二一八七 | 二三五九 |
| 同 其他 | 同 | 四八七 | 五〇八 | 五二三 | 五四九 | 五四九 | — | — | — | — | — |
| 現住戸數 | 戸 | 一、五一七 | 一、四〇九 | 一、四一八 | 一、三四〇 | 一、二四二 | — | 一、一八九 | 一、二〇三 | 一、二一三 | 一、二七一 |
| 現住人口 | 人 | 六、三一七 | 七、〇一三 | 七、二七五 | 七、五〇三 | 七、三七〇 | — | 五、二六三 | 五、六七七 | 六、一一六 | 六、三九三 |
| 負擔 直接國稅額 | 圓 | 一、八二三 | 二、九六一 | 三、五七八 | 一、二二九 | 一、四九二 | — | 一、〇八四 | 一、七二五 | 一、二四八 | 一、五〇〇 |
| 同 地方稅額 | 同 | 五、一一三 | 六、一五三 | 七、八〇九 | 一二、二五八 | 一一、八六八 | — | 五、二六六 | 六、五二五 | 八、一四〇 | 一二、七八七 |
| 同 市町村稅額 | 同 | 一六、四六三 | 二五、〇八六 | 二九、五七三 | 四三、五二七 | 二九、〇一八 | — | 一九、九三二 | 二〇、四二六 | 三八、七六八 | 三〇、九一八 |
| 財政 歲入 | 同 | 二一、六四八 | 三五、〇七七 | 四二、五一五 | 五六、七二八 | 五三、九一五 | — | 二五、九三二 | 三三、五九一 | 三九、九七八 | 四五、五〇三 |
| 歲出經常部 役所役場費 | 同 | 四、二三五 | 四、八九三 | 八、〇一六 | 一一、二九五 | 一〇、三五四 | — | 五、三五五 | 六、七五一 | 七、六一五 | 九、三五五 |
| 同 土木費 | 同 | 四七〇 | 八八五 | 二、二八〇 | 一、三五〇 | 七七〇 | — | 一、四五〇 | 二、四八〇 | 二、三〇〇 | 二、二六八 |
| 同 教育費 | 同 | 九、二六九 | 一二、七二二 | 一五、〇九一 | 二一、六二五 | 二二、七五七 | — | 八、二〇八 | 一一、九二七 | 一五、七〇八 | 一八、九一六 |
| 同 衛生費 | 同 | 三九六 | 九〇七 | 一、四七三 | 二、一二五 | 一、五一〇 | — | 二、八三六 | 二、二九一 | 二、一一五 | 一、一八九 |
| 同 勸業費 | 同 | 五五八 | 七六八 | 九二七 | 一、二四五 | 九一二 | — | 二五 | 三五 | 三五 | 三五 |
| 同 其他 | 同 | 二、三七五 | 一、九九九 | 二、六〇五 | 三、一二〇 | 三、三八三 | — | 二、六七九 | 三、三八九 | 五、一三四 | 五、七五五 |
| 同 計 | 同 | 一七、三〇三 | 二二、一七四 | 三〇、三九二 | 四〇、七六〇 | 三九、六八六 | — | 二〇、五五三 | 二六、八七三 | 三二、九〇七 | 三七、五一八 |
| 同臨時部 計 | 同 | 四、三四五 | 一二、九〇三 | 一二、一二三 | 一五、九六八 | 一四、二二九 | — | 五、二九〇 | 六、七一八 | 七、〇七一 | 七、九八五 |
| 通計 | 同 | 二一、六四八 | 三五、〇七七 | 四二、五一五 | 五六、七二八 | 五三、九一五 | — | 二五、八四三 | 三三、五九一 | 三九、九七八 | 四五、五〇三 |
| 基本財產 動產 | 同 | 一六〇 | 一六〇 | 一六〇 | 一六〇 | 一六〇 | — | 二、八四四 | 三、〇九三 | 三、五四六 | 三、九九九 |
| 同 不動產 | 同 | 九、〇〇〇 | 九、〇〇〇 | 九、〇〇〇 | 九、〇〇〇 | 九、〇〇〇 | — | 三、七八四 | 三、七八四 | 四、五四一 | 四、五四一 |

| | | | | | | | | | | | |
|---|---|---|---|---|---|---|---|---|---|---|---|
| 財産 學校基本財産 動産 | 同 | — | — | — | — | — | — | 三、九二一 | 四、〇七六 | 四、四四〇 | 四、七九八 |
| 財産 學校基本財産 不動産 | 同 | — | — | — | — | — | — | — | — | — | — |
| 財産 特別基本財産 動産 | 同 | — | — | — | — | — | — | 一九三 | 二〇〇 | 八二四 | 八五〇 |
| 財産 特別基本財産 不動産 | 同 | — | — | — | — | — | — | — | — | — | — |
| 財産 收益ナキ財産 動産 | 同 | — | — | — | — | — | — | — | — | — | — |
| 財産 收益ナキ財産 不動産 | 同 | 七、〇〇〇 | 七、二〇〇 | 七、二〇〇 | 八、〇〇〇 | 八、〇〇〇 | — | 九、二八八 | 一六、九〇〇 | 二二、一一〇 | 三一、四七五 |
| 財産 一部有財産 動産 | 同 | — | — | — | — | — | — | — | — | — | — |
| 財産 一部有財産 不動産 | 同 | — | — | — | — | — | — | — | — | — | — |
| 財産 積立金穀 | 同 | 一、八五二 | 二、〇一七 | 五九〇 | 三四二 | 九四二 | — | — | — | — | — |
| 財産 罹災救助金 | 同 | 四六 | 五六 | 六八 | 六八 | 六八 | — | — | — | — | — |
| 財産ヨリ生スル收入 | 同 | 三五 | 一一 | 九九 | 六 | 五五 | — | 三五九 | 一四四 | 五九九 | 六二五 |
| 市町村債額 | 同 | 九〇〇 | 七〇〇 | 五〇〇 | 四三〇 | 三、七三七 | — | — | — | — | — |
| 第三種所得税額 | 同 | 一、四〇二 | 二、四六〇 | 三、四七 | 三四五 | 四四六 | — | 七二三 | 一、三一〇 | 六五五 | 九九八 |
| 同納税者實人員 | 人 | 一三〇 | 一三五 | 一五四 | 五五 | 六六 | — | 二六 | 五八 | 六六 | 五六 |
| 課率 附加税 地價割 | 厘 | 二一〇 | 二一〇 | 二一〇 | 三三六 | 六六〇 | — | — | — | — | — |
| 課率 附加税 國税營業税割 | 同 | 一五〇 | 一五〇 | 二四〇 | 二四〇 | 四七〇 | — | 一五〇 | 一五〇 | 二四〇 | 四七〇 |
| 課率 附加税 所得税割 | 同 | 一五〇 | 一五〇 | 二四〇 | 二四〇 | 一四〇 | — | 一五〇 | 一五〇 | 二四〇 | 一四〇 |
| 課率 附加税 戸別割 | 同 | 五、五〇〇 | 七、五〇〇 | 八、〇〇〇 | 一〇、〇〇〇 | 五、四〇〇 | — | 八、〇〇〇 | 八、二〇〇 | 九、〇〇〇 | 六、七〇〇 |
| 課率 附加税 地方税營業税割 | 同 | 五〇〇 | 五〇〇 | 一、〇〇〇 | 一、五〇〇 | 一、五〇〇 | — | 一、〇〇〇 | 一、〇〇〇 | 二、〇〇〇 | 一、五〇〇 |
| 課率 附加税 雜種税割 | 同 | 五〇〇 | 五〇〇 | 一、〇〇〇 | 一、五〇〇 | 一、五〇〇 | — | 一、〇〇〇 | 一、〇〇〇 | 二、〇〇〇 | 一、五〇〇 |
| 課率 特別税 反別割 田 | 同 | — | — | — | — | — | — | — | — | — | — |
| 課率 特別税 反別割 畑 | 同 | 〇九四 | 一一四 | 二〇〇 | 二〇〇 | 二三〇 | — | 〇六九 | 〇八〇 | 〇九六 | 〇九六 |
| 課率 特別税 反別割 宅地 | 同 | 四〇〇 | 四〇〇 | 四六七 | 四六七 | 四九七 | — | 八〇〇 | 一、四二五 | 一、三九三 | 一、三八八 |
| 課率 特別税 反別割 山林 | 同 | 〇〇五 | 〇〇五 | 〇〇五 | 〇〇五 | 〇一〇 | — | — | — | — | — |
| 課率 特別税 反別割 原野 | 同 | 〇〇五 | 〇〇五 | 〇〇五 | 〇〇五 | 〇一〇 | — | 〇〇八 | 〇〇八 | 〇一〇 | 〇一〇 |
| 課率 特別税 反別割 牧場 | 同 | 〇〇五 | 〇〇五 | 〇〇五 | 〇〇五 | 〇一〇 | — | 〇〇八 | 〇〇八 | 〇一〇 | 〇一〇 |
| 課率 特別税 反別割 海産干場 | 同 | — | — | — | — | — | — | — | — | — | — |
| 課率 特別税 反別割 雜種地 | 同 | — | — | — | — | — | — | — | — | — | — |
| 課率 特別税 建物割 | 同 | — | — | — | — | — | — | 〇八〇 | 〇〇八 | 〇一〇 | 〇一〇 |
| 課率 特別税 牛馬割 | 同 | — | — | — | 二、〇〇〇 | — | — | — | — | — | — |
| 課率 特別税 戸別割 | 同 | 五、〇〇〇 | — | 二、〇〇〇 | 三、〇〇〇 | 三、〇〇〇 | — | — | — | — | — |

一七七

| 町村名 | 種別 | 面積 | 民有地 田 | 民有地 畑 | 民有地 宅地 | 民有地 山林 | 民有地 原野 | 民有地 牧場 | 民有地 其他 | 現住戸數 | 現住人口 | 負擔 直接國稅額 | 負擔 地方稅額 | 負擔 市町村稅額 | 財政 歳入 | 財政 歳出 經常部 役所役場費 | 財政 歳出 經常部 土木費 | 財政 歳出 經常部 教育費 | 財政 歳出 經常部 衛生費 | 財政 歳出 經常部 勸業費 | 財政 歳出 經常部 其他 | 財政 歳出 經常部 計 | 財政 歳出 臨時部 計 | 財政 歳出 通計 | 基本財産 動産 | 基本財産 不動産 |
|---|---|---|---|---|---|---|---|---|---|---|---|---|---|---|---|---|---|---|---|---|---|---|---|---|---|---|
| 單位 | | 方里 | 反 | 同 | 同 | 同 | 同 | 同 | 同 | 戸 | 人 | 圓 | 同 | 同 | 同 | 同 | 同 | 同 | 同 | 同 | 同 | 同 | 同 | 同 | 同 | 同 |
| 上湧別 | 大正六年度 | 九六、〇〇 | ― | ― | ― | ― | ― | ― | ― | 三、五五六 | 一七、〇一七 | 五、六六七 | 一四、一三七 | 四一、一八二 | 六八、六二六 | 九、一五一 | 二、九九五 | 二三、九五五 | 一、三〇五 | 一、一六四 | 四、一二九 | 四二、六九九 | 二五、九二七 | 六八、六二六 | ― | ― |
| 上湧別 | 同 七年度 | 九六、〇〇 | ― | ― | ― | ― | ― | ― | ― | 四、一七四 | 二一、〇七六 | 一〇、五五六 | 一七、五二三 | 六一、三三五 | 八九、九七三 | 一三、三三五 | 三、四一〇 | 三七、二一三 | 二、三二九 | 一、四一七 | 七、五一五 | 六五、二一九 | 二四、七五四 | 八九、九七三 | ― | ― |
| 上湧別 | 同 八年度 | 一一、〇〇 | 二 | 二、二五六一 | 七八二 | 一、一二五六 | 五二〇二 | 九四四二 | 一六六 | 一、七三八 | 七、一五八 | 四、〇九四 | 七、五一七 | 二八、二二四 | 四五、五八九 | 六、一〇八 | 二、九四八 | 二四、七八二 | 二一六 | 一、〇〇七 | 五、五一〇 | 三〇、五七一 | 一五、〇一八 | 四五、五八九 | 七、二〇四 | ― |
| 上湧別 | 同 九年度 | 一一、〇〇 | 二 | 二、二六七五 | 八〇〇 | 一、一二七八 | 五二四一 | 九四四二 | 一六六 | 一、二三五 | 七、一三九 | 二、四三〇 | 一一、一五一 | 三六、三九七 | 五三、八二六 | 七、八四二 | 二、三三〇 | 二一、九〇九 | 八〇八 | 一、五四六 | 五、〇二五 | 三九、四六〇 | 一四、三六六 | 五三、八二六 | 七、二〇四 | ― |
| 上湧別 | 同 十年度 | 一一、〇〇 | 三〇 | 二、五〇一四 | 八〇二 | 一、一六六四 | 五八八一 | 八九八三 | 一六六 | 一、一五三 | 六、七四〇 | 二、六五六 | 一〇、八三六 | 三一、七六九 | 四八、八八七 | 七、四一八 | 二、九三六 | 二四、三八四 | 九二六 | 一、六五八 | 四、四三〇 | 四一、七四二 | 七、一四五 | 四八、八八七 | 七、二〇四 | ― |
| 相內村 | 同 六年度 | ― | ― | ― | ― | ― | ― | ― | ― | ― | ― | ― | ― | ― | ― | ― | ― | ― | ― | ― | ― | ― | ― | ― | ― | ― |
| 相內村 | 同 七年度 | ― | ― | ― | ― | ― | ― | ― | ― | ― | ― | ― | ― | ― | ― | ― | ― | ― | ― | ― | ― | ― | ― | ― | ― | ― |
| 相內村 | 同 八年度 | ― | ― | ― | ― | ― | ― | ― | ― | ― | ― | ― | ― | ― | ― | ― | ― | ― | ― | ― | ― | ― | ― | ― | ― | ― |
| 相內村 | 同 九年度 | ― | ― | ― | ― | ― | ― | ― | ― | ― | ― | ― | ― | ― | ― | ― | ― | ― | ― | ― | ― | ― | ― | ― | ― | ― |
| 相內村 | 同 十年度 | 八、〇〇 | ― | 二、二二三二 | 四三三 | 三九二 | 三、八一〇五 | 一五七三 | ― | 六〇七 | 四、一一八 | 八〇六 | 六、二八七 | 二四、四一三 | 五九、九八〇 | 八、五五三 | 一二〇 | 一三、〇八五 | 五六八 | 四九九 | 四、一六五 | 二六、九九〇 | 三二、九九〇 | 五九、九八〇 | 五七、七九六 | ― |

| 區分 | | 單位 | | | | | | | | | |
|---|---|---|---|---|---|---|---|---|---|---|---|
| 財産 學校基本財産 | 動産 | 同 | — | — | — | — | — | — | — | — | — |
| 財産 學校基本財産 | 不動産 | 同 | — | — | 七、〇六三 | 七、〇六三 | 七、〇六三 | — | — | — | — |
| 財産 特別基本財産 | 動産 | 同 | — | — | — | — | — | — | — | — | — |
| 財産 特別基本財産 | 不動産 | 同 | — | — | — | — | — | — | — | — | — |
| 財産 收益ナキ財産 | 動産 | 同 | — | — | 四四、一三〇 | 三七、七七五 | 三七、七七五 | — | — | — | 一九、二八〇 |
| 財産 收益ナキ財産 | 不動産 | 同 | — | — | 一〇八 | 一三四 | 一三九 | — | — | — | 二、〇〇〇 |
| 財産 一部有財産 | 動産 | 同 | — | — | — | — | — | — | — | — | 三〇三、六二二 |
| 財産 一部有財産 | 不動産 | 同 | — | — | 一九、三二〇 | 一九、三二〇 | 一九、三二〇 | — | — | — | 一〇〇 |
| 財産 積立金穀 | | 同 | — | — | 二四、〇八〇 | 一五、六九八 | 一七、二〇七 | — | — | — | — |
| 財産 罹災救助金 | | 同 | — | — | — | — | — | — | — | — | — |
| 財産ヨリ生スル收入 | | 同 | — | — | 七、五六五 | 七、三五二 | 六、五一八 | — | — | — | 二、四〇六 |
| 市町村債額 | | 同 | — | — | — | — | — | — | — | — | — |
| 第三種所得税額 | | 同 | 三、五七三 | 六、五一九 | 三、三八〇 | 一、三二一 | 九二五 | — | — | — | 三五〇 |
| 同納税者實人員 | | 人 | 二五六 | 二七一 | 一五四 | 六六 | 六九 | — | — | — | 三八 |
| 課率 附加税 | 地價割 | 厘 | 〇九〇 | 〇九〇 | 一四四 | 一四四 | 二八〇 | — | — | — | — |
| 課率 附加税 | 國税營業税割 | 同 | 一五〇 | 一五〇 | 二四〇 | 二四〇 | 四七〇 | — | — | — | 四七〇 |
| 課率 附加税 | 所得税割 | 同 | 一五〇 | 一五〇 | 二四〇 | 二四〇 | 一四〇 | — | — | — | 一四〇 |
| 課率 附加税 | 戸別割 | 同 | 五、九七〇 | 七、二三〇 | 八、五〇〇 | 八、五〇〇 | 六、七〇〇 | — | — | — | 六、七〇〇 |
| 課率 附加税 | 地方税營業税割 | 同 | 五〇〇 | 七〇〇 | 一、〇〇〇 | 一、二〇〇 | 一、二〇〇 | — | — | — | 一、〇〇〇 |
| 課率 附加税 | 雜種税割 | 同 | 五〇〇 | 七〇〇 | 一、〇〇〇 | 一、二〇〇 | 一、二〇〇 | — | — | — | 一、〇〇〇 |
| 課率 特別税 反別割 | 田 | 同 | — | — | — | — | — | — | — | — | — |
| 課率 特別税 反別割 | 畑 | 同 | 〇六〇 | 〇八〇 | 一八〇 | 二五〇 | 二五〇 | — | — | — | 三五〇 |
| 課率 特別税 反別割 | 宅地 | 同 | 二八〇 | 三〇〇 | 一、〇三三 | 一、二三三 | 一、二三三 | — | — | — | 一、一六七 |
| 課率 特別税 反別割 | 山林 | 同 | — | — | 〇〇六 | 〇一〇 | 〇一〇 | — | — | — | 〇三〇 |
| 課率 特別税 反別割 | 原野 | 同 | — | — | 〇〇六 | 〇一〇 | 〇一〇 | — | — | — | 〇三〇 |
| 課率 特別税 反別割 | 牧場 | 同 | 〇〇三 | 〇〇四 | 〇〇七 | 〇一二 | 〇一二 | — | — | — | 〇三〇 |
| 課率 特別税 反別割 | 海産干場 | 同 | — | — | — | — | — | — | — | — | — |
| 課率 特別税 反別割 | 雜種地 | 同 | — | — | — | — | — | — | — | — | — |
| 課率 特別税 | 建物割 | 同 | — | — | — | — | — | — | — | — | — |
| 課率 特別税 | 牛馬割 | 同 | — | — | — | — | — | — | — | — | — |
| 課率 特別税 | 戸別割 | 同 | — | — | — | — | — | — | — | — | — |

| 種別 | 單位 | 津別村 大正六年度 | 同 七年度 | 同 八年度 | 同 九年度 | 同 十年度 | 常呂村 同 六年度 | 同 七年度 | 同 八年度 | 同 九年度 | 同 十年度 |
|---|---|---|---|---|---|---|---|---|---|---|---|
| 面積 | 方里 | — | — | 四八、〇〇 | 四八、〇〇 | 四七、八〇 | 二三、六〇 | 二三、六〇 | 二三、六〇 | 二三、六〇 | 二三、六〇 |
| 民有地 田 反別 | 反 | — | — | — | — | 六三 | — | — | 一〇 | 一〇〇 | 一〇〇 |
| 民有地 畑 | 同 | — | — | 五、〇三八四 | 五、一九五四 | 四、四二〇〇 | 二、八四八四 | 二、八四八四 | 三、一九二四 | 三、一九二四 | 三、一九三五 |
| 民有地 宅地 | 同 | — | — | — | — | 四二六 | 一五二 | 一五二 | 一五七 | 一五七 | 一五九 |
| 民有地 山林 | 同 | — | — | 三一、九三五四 | 三一、七七八四 | 三一、二二四八 | 一四四二 | 一四四二 | 一四七二 | 一四七二 | 一四九三 |
| 民有地 原野 | 同 | — | — | 二、九二四六 | 二、九二四六 | 四、一六八〇 | 一、六三五六 | 一、六三五六 | 二、一九九〇 | 二、一九九〇 | 二、一九九〇 |
| 民有地 牧場 | 同 | — | — | 七〇九六 | 七〇九六 | 七〇九六 | 一、三〇二一 | 一、三〇二一 | 一三三三 | 一三三三 | 一三四五 |
| 民有地 其他 | 同 | — | — | — | — | 三六七 | 六〇 | 六〇 | 七七 | 七七 | 七七 |
| 現住戸數 | 戸 | — | — | 一、三二〇 | 一、一八二 | 一、一二二 | 七一三 | 七七二 | 七五七 | 七五三 | 七五六 |
| 現住人口 | 人 | — | — | 五、八二一 | 五、九一五 | 五、一〇二 | 三、二〇五 | 三、七八二 | 三、六九八 | 三、九五六 | 三、七〇〇 |
| 負擔 直接國稅額 | 圓 | — | — | 四、三九一 | 三、一〇八 | 四、〇〇六 | 二、七九四 | 三、七五四 | 三、八九〇 | 三、八二〇 | 七、二〇〇 |
| 負擔 地方稅額 | 同 | — | — | 九、一八五 | 一四、九七〇 | 五、六七五 | 一、九五〇 | 一、五〇〇 | 二、二〇〇 | 二、二五〇 | 三、〇〇〇 |
| 負擔 市町村稅額 | 同 | — | — | 三四、四五二 | 四〇、六二五 | 三七、四〇八 | 一一、四四七 | 一五、〇六八 | 一九、〇九三 | 一七、一六〇 | 二七、七五七 |
| 財政 歲入 | 同 | — | — | 四一、六四五 | 七一、七三一 | 六七、四五七 | 一六、八〇六 | 一九、二四九 | 二八、四一八 | 五二、五八四 | 四一、三〇三 |
| 財政 歲出經常部 役所役場費 | 同 | — | — | 九、四三五 | 一一、五九五 | 一二、一一三 | 三、二一三 | 四、一三六 | 六、〇六九 | 九、〇九二 | 九、九九二 |
| 財政 歲出經常部 土木費 | 同 | — | — | 六〇 | 七〇〇 | 四一三 | 二〇 | 五〇 | 五〇 | 五〇 | 五〇 |
| 財政 歲出經常部 教育費 | 同 | — | — | 一三、一九三 | 一九、〇八五 | 二一、九二九 | 五、二二六 | 七、六四四 | 九、八一九 | 一三、三八〇 | 一七、六三三 |
| 財政 歲出經常部 衛生費 | 同 | — | — | 二八五 | 二八五 | 六八三 | 一四一 | 一三九 | 二〇三 | 二一六 | 三一二 |
| 財政 歲出經常部 勸業費 | 同 | — | — | 一二〇 | 一二〇 | 二五〇 | 三六一 | 三七〇 | 四三〇 | 六三七 | 九〇八 |
| 財政 歲出經常部 其他 | 同 | — | — | 四、九九九 | 七、三七二 | 七、一五一 | 三、三三四 | 二、五〇一 | 三、〇四四 | 四、八九七 | 四、五八八 |
| 財政 歲出經常部 計 | 同 | — | — | 二八、〇九二 | 三九、一五七 | 四二、五三九 | 一二、三〇二 | 一四、八四〇 | 一九、六一五 | 二八、二七二 | 三三、四八三 |
| 財政 同臨時部計 | 同 | — | — | 一三、五五三 | 三二、五七四 | 二四、九一八 | 四、五〇四 | 四、四〇九 | 八、八〇三 | 二四、三一二 | 七、八二〇 |
| 財政 通計 | 同 | — | — | 四一、六四五 | 七一、七三一 | 六七、四五七 | 一六、八〇六 | 一九、二四〇 | 二八、四一八 | 五二、五八四 | 四一、三〇三 |
| 基本財產 動產 | 同 | — | — | 二一〇 | 八八八 | 一、四九六 | 四五〇 | 二、九五〇 | 四、一四〇 | 四、一四〇 | 四、一四〇 |
| 基本財產 不動產 | 同 | — | — | 三、二一二 | 一二、二一二 | 一二、二一二 | 三五、三四〇 | 三七、一七三 | 三八、三六三 | 四〇、一五三 | 四〇、一五三 |

| 財産 學校基本財産 動産 | 財産 學校基本財産 不動産 | 特別基本財産 動産 | 特別基本財産 不動産 | 收益ナキ財産 動産 | 收益ナキ財産 不動産 | 一部有財産 財産 | 一部有財産 不動産 | 積立金穀 | 罹災救助金 | 財産ヨリ生スル收入 | 市町村債額 | 第三種所得稅額 | 同納稅者實人員 | 課率 附加稅 地價割 | 附加稅 國稅營業稅割 | 附加稅 所得稅割 | 附加稅 戸別割 | 附加稅 地方稅營業稅割 | 附加稅 雜種稅割 | 特別稅 反別割 田 | 反別割 畑 | 反別割 宅地 | 反別割 山林 | 反別割 原野 | 反別割 牧場 | 反別割 海產干場 | 反別割 雜種地 | 特別稅 建物割 | 特別稅 牛馬割 | 特別稅 戸別割 |
|---|---|---|---|---|---|---|---|---|---|---|---|---|---|---|---|---|---|---|---|---|---|---|---|---|---|---|---|---|---|---|
| 同 | 同 | 同 | 同 | 同 | 同 | 同 | 同 | 同 | 同 | 同 | 同 | 同 | 人 | 同 | 同 | 同 | 同 | 同 | 同 | 同 | 同 | 同 | 同 | 同 | 同 | 同 | 同 | 同 | 同 | 同 |
| — | — | — | — | — | — | — | — | — | — | — | — | — | — | — | — | — | — | — | — | — | — | — | — | — | — | — | — | — | — | — |
| — | — | — | — | — | — | — | — | — | — | — | — | — | — | — | — | — | — | — | — | — | — | — | — | — | — | — | — | — | — | — |
| — | — | — | — | — | 一三、四五〇 | — | — | — | — | 七一一 | — | 二、五〇五 | 七九 | 八四〇 | 一五〇 | 一五〇 | 八、〇〇〇 | 一、五〇〇 | 一、五〇〇 | — | 三一八 | 三五三 | 〇一〇 | 〇一〇 | 〇一〇 | — | — | — | — | — |
| — | — | — | — | — | 一六、八〇〇 | — | — | — | — | 七〇一 | — | 二、二〇二 | 六三 | 一、三三八 | 二四〇 | 二四〇 | 八、五〇〇 | 二、〇〇〇 | 二、〇〇〇 | — | 二六〇 | 五三三 | 〇一〇 | 〇一〇 | 〇一〇 | — | — | — | — | — |
| — | — | — | — | — | 三八、四九五 | — | — | — | — | 二七四 | — | 七〇六 | 六五 | 二、六四〇 | 四七〇 | 一四〇 | 七、〇〇〇 | 一、五〇〇 | 一、五〇〇 | — | 三〇四 | 五三三 | 〇一〇 | 〇一〇 | 〇一〇 | — | — | — | — | — |
| — | — | — | — | — | 二三、〇一八 | — | — | — | — | 五三七 | 一、〇〇〇 | 二、〇六六 | 一〇八 | — | 一五〇 | 一五〇 | 六、三〇〇 | 五〇〇 | 五〇〇 | — | 一〇〇 | 三〇〇 | — | — | 〇〇五 | 三〇〇 | — | — | — | — |
| — | — | — | — | — | 二四、八五一 | — | — | — | — | 九六二 | 一、二五〇 | 五、七九六 | 一〇一 | — | 一五〇 | 一五〇 | 七、九五〇 | 五〇〇 | 五〇〇 | — | 一〇〇 | 三〇〇 | — | — | 〇五〇 | 三〇〇 | — | — | — | — |
| — | — | — | — | — | 二六、〇四一 | — | — | — | — | 一、二二四 | 九一五 | 二、六八九 | 一〇六 | — | 一五〇 | 一五〇 | 八、三〇〇 | 一、〇〇〇 | 一、〇〇〇 | — | 二五〇 | 三〇〇 | — | — | 〇一〇 | 三〇〇 | — | — | — | — |
| — | — | — | — | — | 二七、六三一 | — | — | — | — | 一、三〇八 | 五、五八一 | 九九八 | 五八 | — | 二四〇 | 二四〇 | 一一、〇〇 | 一、二〇〇 | 一、二〇〇 | — | 二五〇 | 三〇〇 | — | — | 〇一〇 | 三〇〇 | — | — | — | — |
| — | — | — | — | — | 二七、六三一 | — | — | — | — | 一、二五九 | 五、二四七 | 八四四 | 六三 | — | 四七〇 | 一四〇 | 八、七〇〇 | 一、五〇〇 | 一、五〇〇 | — | 二五〇 | 一、一四七 | 〇二〇 | 〇二〇 | 〇二〇 | 六〇〇 | — | — | — | — |

| 種別 | 単位 | 遠軽村 大正六年度 | 同 七年度 | 同 八年度 | 同 九年度 | 同 十年度 | 遠野村 同 六年度 | 同 七年度 | 同 八年度 | 同 九年度 | 同 十年度 |
|---|---|---|---|---|---|---|---|---|---|---|---|
| 面積 | 方里 | — | — | 八七、〇〇 | 八七、〇〇 | 八七、〇〇 | — | — | — | — | 一二、〇〇 |
| 民有地 田 反別 | 反 | — | — | — | — | — | — | — | — | — | — |
| 民有地 畑 | 同 | — | — | 五、六三〇〇 | 五、七三〇〇 | 五、七三三〇 | — | — | — | — | 三二二九 |
| 民有地 宅地 | 同 | — | — | 六〇〇 | 六〇〇 | 八八〇 | — | — | — | — | 三一二 |
| 民有地 山林 | 同 | — | — | 一九〇〇 | 一九〇〇 | 二一九〇 | — | — | — | — | 九五二三 |
| 民有地 原野 | 同 | — | — | 八、〇〇〇〇 | 八、〇〇〇〇 | 九、一五二〇 | — | — | — | — | 六、八九五七 |
| 民有地 牧場 | 同 | — | — | 四四一〇 | 四四一〇 | 四四一〇 | — | — | — | — | — |
| 民有地 其他 | 同 | — | — | — | — | — | — | — | — | — | — |
| 現住戸数 | 戸 | — | — | 三、五六二 | 三、六八〇 | 三、六七五 | — | — | — | — | 七一一 |
| 現住人口 | 人 | — | — | 一六、二四二 | 一六、七七五 | 一六、七五八 | — | — | — | — | 三、九八九 |
| 負擔 直接國稅額 | 圓 | — | — | 九、七九八 | 七、三四三 | 九、九七八 | — | — | — | — | 五八三 |
| 負擔 地方稅額 | 同 | — | — | 一八、一五三 | 二八、二七三 | 二四、七〇七 | — | — | — | — | 六、九〇一 |
| 負擔 市町村稅額 | 同 | — | — | 七〇、四一五 | 一〇五、五三五 | 七九、四三一 | — | — | — | — | 三二、四六九 |
| 財政 歳入 | 同 | — | — | 一一二、六九七 | 一五六、六一五 | 一〇三、六六七 | — | — | — | — | 三〇、六一四 |
| 財政 歳出經常部 役所役場費 | 同 | — | — | 一三、五一六 | 二二、〇七六 | 一九、六五八 | — | — | — | — | 九、三七〇 |
| 財政 歳出經常部 土木費 | 同 | — | — | 三、七三五 | 四、九三五 | 四、五一五 | — | — | — | — | 一二〇 |
| 財政 歳出經常部 教育費 | 同 | — | — | 三一、三九五 | 五三、三五〇 | 五六、四六六 | — | — | — | — | 一六、〇二五 |
| 財政 歳出經常部 衛生費 | 同 | — | — | 一、五五五 | 二、三二〇 | 二、四〇二 | — | — | — | — | 三七二 |
| 財政 歳出經常部 勸業費 | 同 | — | — | 九一三 | 一、〇九六 | 六八四 | — | — | — | — | 七一 |
| 財政 歳出經常部 其他 | 同 | — | — | 四、三五七 | 六、七〇六 | 八、六九六 | — | — | — | — | 三、〇三六 |
| 財政 歳出經常部 計 | 同 | — | — | 五五、四七一 | 九〇、四八三 | 九二、四二一 | — | — | — | — | 二八、九九四 |
| 財政 同臨時部 計 | 同 | — | — | 五七、二二六 | 六六、一三二 | 一一、二四六 | — | — | — | — | 一、六二〇 |
| 財政 通計 | 同 | — | — | 一一二、六九七 | 一五六、六一五 | 一〇三、六六七 | — | — | — | — | 三〇、六一四 |
| 基本財産 動産 | 同 | — | — | 一二、八一九 | 六、二一七 | 六、一六一 | — | — | — | — | — |
| 基本財産 不動産 | 同 | — | — | 五六、八三〇 | 六一、三三四 | 六二、三三〇 | — | — | — | — | — |

| 財産 學校基本財産 動産 | 財産 學校基本財産 不動産 | 財産 特別基本財産 動産 | 財産 特別基本財産 不動産 | 財産 收益ナキ財産 動産 | 財産 收益ナキ財産 不動産 | 財産 一部有財産 動産 | 財産 一部有財産 不動産 | 財産 積立金穀 | 財産 罹災救助金 | 財産ヨリ生スル收入 | 市町村債額 | 第三種所得税額 | 同納税者實人員 | 課率 附加税 地價割 | 課率 附加税 國税營業税割 | 課率 附加税 所得税割 | 課率 附加税 戸別割 | 課率 附加税 地方税營業税割 | 課率 附加税 雜種税割 | 課率 特別税 反別割 田 | 課率 特別税 反別割 畑 | 課率 特別税 反別割 宅地 | 課率 特別税 反別割 山林 | 課率 特別税 反別割 原野 | 課率 特別税 反別割 牧場 | 課率 特別税 反別割 海産干場 | 課率 特別税 反別割 雜種地 | 課率 特別税 建物割 | 課率 特別税 牛馬割 | 課率 特別税 戸別割 |
|---|---|---|---|---|---|---|---|---|---|---|---|---|---|---|---|---|---|---|---|---|---|---|---|---|---|---|---|---|---|---|
| 同 | 同 | 同 | 同 | 同 | 同 | 同 | 同 | 同 | 同 | 同 | 同 | 同 | 人 | 厘 | 同 | 同 | 同 | 同 | 同 | 同 | 同 | 同 | 同 | 同 | 同 | 同 | 同 | 同 | 同 | 同 |
| — | — | — | — | — | — | — | — | — | — | — | — | — | — | — | — | — | — | — | — | — | — | — | — | — | — | — | — | — | — | — |
| — | — | — | — | — | — | — | — | — | — | — | — | — | — | — | — | — | — | — | — | — | — | — | — | — | — | — | — | — | — | — |
| 一七、七二八 | 二九、七九七 | — | — | — | 一〇〇、二四一 | — | — | 四、〇四一 | — | 三、五三五 | — | 五、四八六 | 二〇四 | 二四〇 | 二四〇 | 二四〇 | 七、八五〇 | 一、〇〇〇 | 一、〇〇〇 | — | 一四〇 | 五五〇 | 〇〇七 | 〇〇七 | 〇〇七 | — | — | — | — | — |
| 一二、五三〇 | 二九、三三〇 | — | — | — | 六三、七四八 | — | — | 三、六二七 | — | 三、八二〇 | — | 一、八八〇 | 一〇九 | 四七〇 | 四七〇 | 一四〇 | 九、一〇〇 | 一、三〇〇 | 一、三〇〇 | — | 一八〇 | 七一六 | 〇一〇 | 〇一〇 | 〇一〇 | — | — | — | — | — |
| 一三、五三〇 | 二九、三三〇 | — | — | — | 六三、七四八 | — | — | 三、六四一 | — | 四、一四七 | — | 三、二三三 | 一三〇 | 四七〇 | 四七〇 | 一四〇 | 七、五〇〇 | 一、〇〇〇 | 一、〇〇〇 | — | 一三六 | 八〇〇 | 〇〇八 | 〇〇八 | 〇〇八 | — | — | — | — | — |
| — | — | — | — | — | — | — | — | — | — | — | — | — | — | — | — | — | — | — | — | — | — | — | — | — | — | — | — | — | — | — |
| — | — | — | — | — | — | — | — | — | — | — | — | — | — | — | — | — | — | — | — | — | — | — | — | — | — | — | — | — | — | — |
| — | — | — | — | — | — | — | — | — | — | — | — | — | — | — | — | — | — | — | — | — | — | — | — | — | — | — | — | — | — | — |
| — | — | — | — | — | — | — | — | — | — | — | — | — | — | — | — | — | — | — | — | — | — | — | — | — | — | — | — | — | — | — |
| 六、二二〇 | 一、八三五 | — | — | — | 三四、八二一 | 一六九 | 六五、六五七 | 三、七二三 | — | 一、二二四 | — | 二六八 | 三七 | — | 四七〇 | 一四〇 | 八、五〇〇 | 一、五〇〇 | 一、五〇〇 | — | 四五〇 | 一、四〇〇 | 〇二四 | 〇二四 | — | — | — | — | — | — |

| 町村名 | 年度 | 面積（方里） | 民有地反別 田（反） | 畑（同） | 宅地（同） | 山林（同） | 原野（同） | 牧場（同） | 其他（同） | 現住戸数（戸） | 現住人口（人） | 直接國税額（圓） | 地方税額（同） | 市町村税額（同） | 歳入（同） | 歳出経常部 役所役場費（同） | 土木費（同） | 教育費（同） | 衛生費（同） | 勧業費（同） | 其他（同） | 計（同） | 同臨時部（同） | 通計（同） | 基本財産 動産（同） | 不動産（同） |
|---|---|---|---|---|---|---|---|---|---|---|---|---|---|---|---|---|---|---|---|---|---|---|---|---|---|---|
| 美幌村 | 大正六年度 | 七七、〇〇 | 三 | 六、八七九七 | 三五〇 | 一九、七七二〇 | 一二、六〇六〇 | 一二、五八六〇 | 一一四〇 | 二、三九八 | 一一、五七七 | 五、九八九 | 一一、三二〇 | 三一、三五七 | 三三、七四七 | 六、一一七 | 七〇〇 | 一五、七九九 | 二七五 | 三二 | 四、四二五 | 二七、三四八 | 六、三九九 | 三三、七四七 | 三〇六 | 一二、〇八〇 |
| | 同 七年度 | 七七、〇〇 | 三 | 七、七〇二九 | 九三五 | 一〇、九五〇二 | 二一、四二七八 | 一二、五八六〇 | 一一四〇 | 二、八六五 | 一三、九七八 | 七、八二六 | 一五、六二二 | 四四、三一七 | 五五、七八六 | 一〇、二六七 | 一、一七〇 | 二四、七八五 | 四六六 | 六五 | 三、九九八 | 四〇、七五一 | 一五、〇三五 | 五五、七八六 | 三八六 | 一二、〇八〇 |
| | 同 八年度 | 三〇、九五 | 二三 | 五、四三七七 | 一一三〇 | 二、〇五八〇 | 一〇、二八四〇 | 七、九三三五 | 四七五 | 二、〇〇三 | 一〇、四一六 | 五、八四五 | 一三、六四八 | 四八、二四一 | 五一、五三四 | 九、八三〇 | 九七〇 | 一八、九八二 | 三六四 | 一一 | 六、六八七 | 三六、九四四 | 一四、五九〇 | 五一、五三四 | 一、四六三 | 八一、四五〇 |
| | 同 九年度 | 三〇、九五 | 二五〇 | 五、七六五〇 | 一一三〇 | 二、一八八〇 | 一二、八四〇〇 | 七、九三三五 | 四七五 | 二、一三三 | 一一、三一四 | 五、七九三 | 二二、八〇六 | 六七、九九四 | 七四、五〇四 | 一二、六二五 | 一、二二〇 | 二七、三五二 | 三四八 | 一九五 | 六、六八八 | 四八、四二八 | 二六、〇七六 | 七四、五〇四 | 二、三三八 | 五〇、四〇〇 |
| | 同 十年度 | 三四、二〇 | 六〇〇 | 五、九〇一〇 | 一一三〇 | 二、二五八〇 | 一三、八四〇〇 | 七、九三三五 | 四七五 | 二、三〇二 | 一二、一三九 | 七、九三一 | 二一、〇七八 | 五九、四九六 | 七七、九〇七 | 一四、五八九 | 七〇〇 | 三四、三四一 | 四七二 | 一六五 | 六、一四〇 | 五六、四〇七 | 二一、三〇〇 | 七七、七〇七 | 三、八七一 | 五〇、四〇〇 |
| 雄武村 | 同 六年度 | 四一、九〇 | — | 一、八〇八〇 | 三五六 | 三五、二七四五 | 一〇、七六〇八 | 八、二六八九 | 二〇五 | 七〇四 | 三、二五一 | 四、七八七 | 三、九二六 | 五、五五四 | 一〇、七三六 | 三、二八八 | 七〇 | 五、三九四 | 九〇 | — | 一、八七四 | 一〇、七一六 | 二〇 | 一〇、七三六 | 七、一四〇 | 三〇、六九九 |
| | 同 七年度 | 四一、九〇 | — | 一、八二五〇 | 四二四 | 三五、二七四五 | 一一、三九〇一 | 六、〇五二〇 | 三二八 | 七四三 | 三、四三三 | 五、〇三九 | 四、一四一 | 八、六八四 | 一四、七二八 | 四、六七二 | 四〇 | 七、〇九九 | 一〇九 | 二三 | 一、六一五 | 一三、五五七 | 一、一七一 | 一四、七二八 | 七、二七五 | 三〇、六九九 |
| | 同 八年度 | 四一、九〇 | — | 一、八三八〇 | 四五〇 | 三四、一二三〇 | 一〇、七二八〇 | 五、七八二五 | 三三〇 | 七八一 | 三、七七七 | 一二、一五二 | 八、三九七 | 、一六、一二八 | 二一、七六〇 | 五、九二五 | 八〇 | 八、九一〇 | 一六五 | 四〇 | 二、六九二 | 一七、八一二 | 三、九四八 | 二一、七六〇 | 七、一五八 | 三〇、六九九 |
| | 同 九年度 | 四一、九〇 | — | 一、八五九〇 | 四七〇 | 三四、一二三〇 | 一四、〇六二〇 | 六、五一九〇 | 三三〇 | 九一二 | 四、八三四 | 五、五二五 | 一一、四九三 | 二四、九七四 | 三一、六七九 | 六、九四二 | 一〇〇 | 一一、二四三 | 一九一 | 四九 | 四、四〇一 | 二二、九二六 | 八、七五三 | 三一、六七九 | 七、〇六五 | 二九、二六四 |
| | 同 十年度 | 四一、九〇 | — | 一、八二九〇 | 四七〇 | 三四、一二三〇 | 一四、〇五二〇 | 六、八一六〇 | 三三〇 | 九三五 | 五、一二〇 | 五、八六七 | 一一、四八六 | 二六、七三二 | 三九、五六一 | 一〇、三〇八 | 二七〇 | 一四、五〇六 | 三六六 | 七九 | 六、五五五 | 三二、〇八四 | 七、四七七 | 三九、五六一 | 四、七三三 | 二九、二六四 |

| 財産 學校基本財産 動産 | 財産 學校基本財産 不動産 | 財産 特別基本財産 動産 | 財産 特別基本財産 不動産 | 財産 收益ナキ財産 動産 | 財産 收益ナキ財産 不動産 | 財産 一部有財産 動産 | 財産 一部有財産 不動産 | 積立金穀 | 罹災救助金 | 財産ヨリ生スル收入 | 市町村債額 | 第三種所得税額 | 同納税者實人員 | 課率 附加税 地價割 | 課率 附加税 國税營業税割 | 課率 附加税 所得税割 | 課率 附加税 戸別割 | 課率 附加税 地方税營業割 | 課率 附加税 雜種税割 | 課率 特別税 反別割 田 | 課率 特別税 反別割 畑 | 課率 特別税 反別割 宅地 | 課率 特別税 反別割 山林 | 課率 特別税 反別割 原野 | 課率 特別税 反別割 牧場 | 課率 特別税 反別割 海産干場 | 課率 特別税 反別割 雜種地 | 課率 特別税 建物割 | 課率 特別税 牛馬割 | 課率 特別税 戸別割 |
|---|---|---|---|---|---|---|---|---|---|---|---|---|---|---|---|---|---|---|---|---|---|---|---|---|---|---|---|---|---|---|
| 同 | 同 | 同 | 同 | 同 | 同 | 同 | 同 | 同 | 同 | 同 | 同 | 同 | 人 | 厘 | 同 | 同 | 同 | 同 | 同 | 同 | 同 | 同 | 同 | 同 | 同 | 同 | 同 | 同 | 同 | 同 |
| 一、一七二 | 二七、九〇〇 | 一二五 | — | — | 三七、六二一 | — | — | — | — | 七三七 | 一、三五〇 | 二、九九六 | 一七三 | 一五〇 | 一五〇 | 一五〇 | 五、六〇〇 | 五〇〇 | 五〇〇 | — | 〇九〇 | 二四〇 | 〇〇五 | 〇〇五 | 〇〇五 | — | — | — | — | — |
| 一、四三〇 | 二七、九〇〇 | 一六四 | — | — | 三七、六二一 | — | — | — | — | 一、二〇二 | 一、〇五〇 | 四、二四七 | 一七二 | 一五〇 | 一五〇 | 一五〇 | 五、九〇〇 | 一、〇〇〇 | 一、〇〇〇 | — | 一四〇 | 二四〇 | 〇〇五 | 〇〇五 | 〇〇五 | — | — | — | — | — |
| — | — | 二六六 | — | — | 一三〇、九〇九 | — | — | — | — | 六一八 | 七五〇 | 四、〇九六 | 一四九 | 二四〇 | 二四〇 | 二四〇 | 六、三〇〇 | 一、三〇〇 | 一、三〇〇 | — | 二〇五 | 五〇〇 | 〇一〇 | 〇一〇 | 〇一〇 | — | — | — | — | — |
| — | — | 一〇、四六 | — | — | 八五、八八四 | — | — | — | — | 一、二〇七 | 四五〇 | 一、七九三 | 九六 | 四七〇 | 四九〇 | 一四〇 | 八、七〇〇 | 一、五〇〇 | 一、五〇〇 | — | 三四三 | 九三三 | 〇一四 | 〇一四 | 〇一四 | — | — | — | — | — |
| — | — | 一、〇八三 | — | — | 九三、九八八 | — | — | — | — | 一、〇九九 | 一五〇 | 二、五六六 | 一三〇 | 四七〇 | 四七〇 | 一四〇 | 五、七〇〇 | 一、五〇〇 | 一、五〇〇 | — | 二七八 | 九三三 | 〇一四 | 〇一四 | 〇一四 | — | — | — | — | — |
| 二四 | — | — | — | 二、〇〇〇 | 一二、五八〇 | — | — | — | — | 七六八 | — | 七三四 | 四一 | 一五〇 | 一五〇 | 一五〇 | 二、二一〇 | 五〇〇 | 五〇〇 | — | 〇四〇 | 一八〇 | 〇〇二 | 〇〇二 | 〇〇二 | 一八〇 | — | — | — | — |
| 二五 | — | — | — | 二五、〇〇〇 | 一三、七〇〇 | — | — | — | — | 一、〇七七 | — | 八八二 | 三七 | 一五〇 | 一五〇 | 一五〇 | 三、八五〇 | 五〇〇 | 五〇〇 | — | 〇五〇 | 一八〇 | 〇〇二 | 〇〇二 | 〇〇二 | 一八〇 | — | — | — | — |
| 二六 | — | — | — | 三、〇一五 | 一六、六五〇 | — | — | — | — | 一、五二〇 | — | 五、〇五八 | 五一 | 一五〇 | 一五〇 | 一五〇 | 五、八〇〇 | 一、〇〇〇 | 一、〇〇〇 | — | 一二五 | 三五〇 | 〇〇五 | 〇〇五 | 〇〇五 | 三五〇 | — | — | — | — |
| 二八 | — | — | — | 三、八七四 | 九、六四〇 | — | — | — | — | 八二〇 | — | 八一三 | 三九 | 二四〇 | 二四〇 | 二四〇 | 七、四〇〇 | 一、五〇〇 | 一、五〇〇 | — | 一八〇 | 五〇〇 | 〇一五 | 〇一五 | 〇一五 | 七〇〇 | — | — | — | — |
| 三二 | — | — | — | 四、二七一 | 一一、四七九 | — | — | — | — | 一、二九六 | — | 一、〇四六 | 五〇 | 四七〇 | 四七〇 | 一四〇 | 六、八〇〇 | 一、五〇〇 | 一、五〇〇 | — | 一六〇 | 五〇〇 | 〇一五 | 〇一五 | 〇一五 | 七〇〇 | — | — | — | — |

| 種別 | | 単位 | 畳戸村 大正六年度 | 同 七年度 | 同 八年度 | 同 九年度 | 同 十年度 | 小清水村 同 六年度 | 同 七年度 | 同 八年度 | 同 九年度 | 同 十年度 |
|---|---|---|---|---|---|---|---|---|---|---|---|---|
| 面積 | | 方里 | 四五、八九 | 四五、八九 | 四五、八九 | 三二、九〇 | 三二、九〇 | — | — | 三五、〇〇 | 三五、〇〇 | 三五、〇〇 |
| 民有地 | 田 | 反別 | — | — | — | 五 | 一一五 | — | — | — | — | 五九〇 |
| | 畑 | 同 | 九、三六一〇 | 九、三九一一 | 九、四一三二 | 九、四三四二 | 九、四五二五 | — | — | 四、三五二〇 | 四、七〇三〇 | 五、〇五〇〇 |
| | 宅地 | 同 | 五 | 七 | 八 | 八 | 八一八 | — | — | 五五〇 | 六一〇 | 六四〇 |
| | 山林 | 同 | 二、八〇九四 | 二、八〇九四 | 二、八〇九四 | 二、八〇九四 | 二、八一一二 | — | — | 七八〇八 | 七六二六 | 八五五八 |
| | 原野 | 同 | 五〇 | 五九 | 六〇 | 六九 | 七九 | — | — | 四、〇九一二 | 四、三二一四 | 四、八四九二 |
| | 牧場 | 同 | 六五一二 | 六三二〇 | 六四五〇 | 六五一三 | 六七一三 | — | — | 三、六五〇〇 | 三、六六〇〇 | 二、九四八〇 |
| | 其他 | 同 | — | — | — | — | — | — | — | — | — | — |
| 現住戸数 | | 戸 | 二、三四二 | 二、八一二 | 二、八三五 | 二、〇九五 | 一、九八五 | — | — | 一、二七三 | 一、五一〇 | 一、六三二 |
| 現住人口 | | 人 | 一〇、一三八 | 一二、八一三 | 一二、三九四 | 九、九〇五 | 九、七〇三 | — | — | 五、七四〇 | 六、六六〇 | 七、七七五 |
| 負擔 | 直接國稅額 | 圓 | 六、三七四 | 七、六一四 | 一一、〇三六 | 五、二三五 | 五、〇六九 | — | — | 八一〇 | 七二五 | 九一一 |
| | 地方稅額 | 同 | 九、一三二 | 一〇、二三三 | 一八、一九六 | 一九、三四二 | 一八、五五四 | — | — | 四、七九五 | 一一、八四五 | 一九、四二二 |
| | 市町村稅額 | 同 | 二五、五四二 | 三一、九五五 | 五〇、九八二 | 四九、六三三 | 五二、二一三 | — | — | 二四、五六五 | 四一、六八三 | 四二、三八一 |
| 財政 | 歳入 | 同 | 四二、六〇四 | 四一、六三〇 | 五九、三二〇 | 六五、九七九 | 五九、二六五 | — | — | 三〇、二六三 | 四六、〇二一 | 四五、四七五 |
| | 歳出經常部 役所役場費 | 同 | 四、六八五 | 六、一四八 | 一一、六〇一 | 一一、五三七 | 一二六四〇 | — | — | 八、五六四 | 一一、九四五 | 一三、九五七 |
| | 土木費 | 同 | 九五 | 二一〇 | 七四四 | 七七四 | 七〇〇 | — | — | 四九〇 | 一、二〇〇 | 一、〇〇〇 |
| | 教育費 | 同 | 一四、七三〇 | 二一、〇一九 | 二七、三〇七 | 三九、二九四 | 三二、六六五 | — | — | 六、四三〇 | 一五、二二四 | 二〇、七一七 |
| | 衛生費 | 同 | 四五二 | 六一八 | 五五九 | 三三八 | 一、〇七七 | — | — | 一九二 | 四〇五 | 三三四 |
| | 勸業費 | 同 | 一一〇 | 五二 | 七六〇 | 七六〇 | 七六〇 | — | — | 五二 | 六五 | 六三〇 |
| | 其他 | 同 | 一三、五五八 | 三、一九九 | 四、一八〇 | 一〇、八二四 | 八、九三三 | — | — | 二、四二一 | 五、二八五 | 四、九〇一 |
| | 計 | 同 | 三三、六三〇 | 三一、二四六 | 四五、一五一 | 六三、五二七 | 五六、七七五 | — | — | 一八、一四九 | 三四、一二四 | 四一、五三九 |
| | 臨時部計 | 同 | 八、九七四 | 一〇、三八四 | 一四、一七〇 | 二、四五二 | 二、四九〇 | — | — | 一二、一一四 | 一一、八九七 | 三、九三六 |
| | 同通計 | 同 | 四二、六〇四 | 四一、六三〇 | 五九、三二一 | 六五、九七九 | 五九、二五五 | — | — | 三〇、二六三 | 四六、〇二一 | 四五、四七五 |
| 基本財産 | 動産 | 同 | 一、八三三 | 三六七 | 一一二 | 八三九 | 三六〇 | — | — | 八〇 | 一〇〇 | 一八〇 |
| | 不動産 | 同 | 九、八六二 | 一一、九八四 | 一一、二三九 | 一四、六四二 | 一五、五二六 | — | — | 三、〇〇〇 | 五、〇〇〇 | 五、〇〇〇 |

| 項目 | 単位 | 1 | 2 | 3 | 4 | 5 | 6 | 7 | 8 | 9 | 10 |
|---|---|---|---|---|---|---|---|---|---|---|---|
| 財産 學校基本財産 動産 | 同 | — | — | — | — | — | — | — | — | — | — |
| 財産 學校基本財産 不動産 | 同 | — | — | — | — | — | — | — | — | — | — |
| 財産 特別基本財産 動産 | 同 | — | — | — | — | — | — | — | — | — | — |
| 財産 特別基本財産 不動産 | 同 | — | — | — | — | — | — | — | — | — | — |
| 財産 收益ナキ財産 動産 | 同 | — | — | — | — | — | — | — | — | — | — |
| 財産 收益ナキ財産 不動産 | 同 | 五、九六七 | 六、二三〇 | 六、三五一 | 一〇、四八一 | 一〇、八八六 | — | — | 七、〇六三 | 一二、六八五 | 一二、九七三 |
| 財産 一部有財産 動産 | 同 | — | — | — | — | — | — | — | — | — | — |
| 財産 一部有財産 不動産 | 同 | — | — | — | — | — | — | — | — | — | — |
| 財産 積立金穀 | 同 | 四、五一八 | 五、〇二〇 | 五、一一八 | 二、二七三 | 二、四七三 | — | — | 二、〇四七 | 二、三〇一 | 四、四六二 |
| 財産 罹災救助金 | 同 | — | — | — | — | — | — | — | — | — | — |
| 財産ヨリ生スル收入 | 同 | 一八〇 | 一五〇 | 一九 | 四一〇 | 一五七 | — | — | 一一七 | 三六七 | 五三五 |
| 市町村債額 | 同 | — | — | — | — | — | — | — | — | — | — |
| 第三種所得税額 | 同 | 一、四〇〇 | 一、五〇〇 | 二、八〇〇 | 四、〇〇〇 | 一、二五〇 | — | — | 四九九 | 三四八 | 三六三 |
| 同納税者實人員 | 人 | 二一三 | 二三五 | 三五六 | 四一〇 | 九三 | — | — | 一四〇 | 一〇三 | 一三五 |
| 課率 附加税 地價割 | 厘 | 二一〇 | 二一〇 | 二一〇 | 三三六 | — | — | — | 一五〇 | 四七〇 | 四七〇 |
| 課率 附加税 國税營業税割 | 同 | 一五〇 | 一五〇 | 一五〇 | 二四〇 | 四七〇 | — | — | 一五〇 | 四七〇 | 四七〇 |
| 課率 附加税 所得税割 | 同 | 一五〇 | 一五〇 | 一五〇 | 一五〇 | 一四〇 | — | — | 一五〇 | 一四〇 | 一四〇 |
| 課率 附加税 戸別割 | 同 | 四、六〇〇 | 七、三〇〇 | 七、三〇〇 | 七、三〇〇 | 七、三〇〇 | — | — | 七、三〇〇 | 七、〇〇〇 | 四、四五〇 |
| 課率 附加税 地方税營業税割 | 同 | 五〇〇 | 五〇〇 | 一、〇〇〇 | 一、〇〇〇 | 一、〇〇〇 | — | — | 一、〇〇〇 | 一、三〇〇 | 一、三〇〇 |
| 課率 附加税 雜種税割 | 同 | 五〇〇 | 五〇〇 | 一、〇〇〇 | 一、〇〇〇 | 一、〇〇〇 | — | — | 一、〇〇〇 | 一、三〇〇 | 一、三〇〇 |
| 課率 特別税 反別割 田 | 同 | — | — | — | — | — | — | — | — | — | — |
| 課率 特別税 反別割 畑 | 同 | 一〇〇 | 一〇〇 | 一六〇 | 一七〇 | 一七〇 | — | — | 一六〇 | 一八〇 | 一八〇 |
| 課率 特別税 反別割 宅地 | 同 | 五〇〇 | 五〇〇 | 五〇〇 | 一、〇〇〇 | 一、〇〇〇 | — | — | 四〇〇 | 一、二〇〇 | 一、二〇〇 |
| 課率 特別税 反別割 山林 | 同 | 〇〇六 | 〇〇六 | 〇一〇 | 〇三〇 | 〇三〇 | — | — | 〇三〇 | 〇三〇 | 〇三〇 |
| 課率 特別税 反別割 原野 | 同 | 〇〇六 | 〇〇六 | 〇一〇 | 〇三〇 | 〇三〇 | — | — | 〇三〇 | 〇三〇 | 〇三〇 |
| 課率 特別税 反別割 牧場 | 同 | 〇〇八 | 〇〇八 | 〇一〇 | 〇三〇 | 〇三〇 | — | — | 〇三〇 | 〇三〇 | 〇三〇 |
| 課率 特別税 反別割 海産干場 | 同 | — | — | — | — | — | — | — | — | — | — |
| 課率 特別税 反別割 雜種地 | 同 | — | — | — | — | — | — | — | — | — | — |
| 課率 特別税 建物割 | 同 | — | — | — | — | — | — | — | — | — | — |
| 課率 特別税 牛馬割 | 同 | — | — | — | — | — | — | — | — | — | — |
| 課率 特別税 戸別割 | 同 | — | — | — | — | — | — | — | — | — | — |

| 町村名 | 年度 | 面積（方里） | 民有地 田（反） | 畑（反） | 宅地（反） | 山林（反） | 原野（反） | 牧場（反） | 其他（反） | 現住戸數（戸） | 現住人口（人） | 負擔 直接國税額（圓） | 地方税額（圓） | 市町村税額（圓） | 財政 歳入（圓） | 歳出經常部 役所役場費（圓） | 土木費（圓） | 教育費（圓） | 衛生費（圓） | 勸業費（圓） | 其他（圓） | 計（圓） | 臨時部計（圓） | 通計（圓） | 基本財産 動産（圓） | 不動産（圓） |
|---|---|---|---|---|---|---|---|---|---|---|---|---|---|---|---|---|---|---|---|---|---|---|---|---|---|---|
| 訓子府村 | 大正六年度 | — | — | — | — | — | — | — | — | — | — | — | — | — | — | — | — | — | — | — | — | — | — | — | — | — |
| | 同七年度 | — | — | — | — | — | — | — | — | — | — | — | — | — | — | — | — | — | — | — | — | — | — | — | — | — |
| | 同八年度 | — | — | — | — | — | — | — | — | — | — | — | — | — | — | — | — | — | — | — | — | — | — | — | — | — |
| | 同九年度 | 一二、〇〇 | 六五 | 三、五七八二 | 六三〇 | 九、一〇三〇 | 三、四六六三 | — | — | 一、四四九 | 七、二三三 | 四、四〇二 | 六、二三三 | 二六、一六四 | 三九、五〇二 | 八、七二八 | 二二〇 | 一二、〇二一 | 八五四 | 五五九 | 二、六七五 | 二五、〇五七 | 一三、九九五 | 三九、〇五二 | 七六九 | 四、九二二 |
| | 同十年度 | 一二、〇〇 | 二七〇 | 三、六一一〇 | 六五〇 | 九、〇五五〇 | 三、四五九〇 | — | — | 一、一七八 | 五、六一〇 | 四、二六〇 | 八、九〇〇 | 二八、五七九 | 三九、六六五 | 八、一八九 | 二、三〇〇 | 一六、一九四 | 一、二四五 | 五九四 | 三、五四六 | 三二、〇六八 | 七、五九七 | 三九、六六五 | 一、三〇三 | 四、八五二 |
| 女満別村 | 同六年度 | — | — | — | — | — | — | — | — | — | — | — | — | — | — | — | — | — | — | — | — | — | — | — | — | — |
| | 同七年度 | — | — | — | — | — | — | — | — | — | — | — | — | — | — | — | — | — | — | — | — | — | — | — | — | — |
| | 同八年度 | — | — | — | — | — | — | — | — | — | — | — | — | — | — | — | — | — | — | — | — | — | — | — | — | — |
| | 同九年度 | — | — | — | — | — | — | — | — | — | — | — | — | — | — | — | — | — | — | — | — | — | — | — | — | — |
| | 同十年度 | 九、三〇 | 三〇八 | 五、七七七七 | 一二 | 二三九四 | 二三九一 | 三、七六七八 | — | 八八五 | 四、五八四 | 一、一五二 | 九、一八〇 | 二八、四三八 | 三五、九一〇 | 八、五八七 | 一六〇 | 一五、七四五 | 二二五 | 三一 | 二、八五九 | 二七、六〇七 | 七、七〇三 | 三五、九一〇 | — | 一二、一二八 |

| 財産 學校基本財産 動産 | 財産 學校基本財産 不動産 | 財産 特別基本財産 動産 | 財産 特別基本財産 不動産 | 財産 收益ナキ財産 動産 | 財産 收益ナキ財産 不動産 | 財産 一部有財産 動産 | 財産 一部有財産 不動産 | 積立金穀 | 罹災救助金 | 財産ヨリ生スル收入 | 市町村債額 | 第三種所得税額 | 同納税者實人員 | 課率 附加税 地價割 | 課率 附加税 國税營業税割 | 課率 附加税 所得税割 | 課率 附加税 戸別割 | 課率 附加税 地方税營業税割 | 課率 附加税 雑種税割 | 課率 特別税 反別割 田 | 課率 特別税 反別割 畑 | 課率 特別税 反別割 宅地 | 課率 特別税 反別割 山林 | 課率 特別税 反別割 原野 | 課率 特別税 反別割 牧場 | 課率 特別税 反別割 海産干場 | 課率 特別税 反別割 雑種地 | 課率 特別税 建物割 | 課率 特別税 牛馬割 | 課率 特別税 戸別割 |
|---|---|---|---|---|---|---|---|---|---|---|---|---|---|---|---|---|---|---|---|---|---|---|---|---|---|---|---|---|---|---|
| 同 | 同 | 同 | 同 | 同 | 同 | 同 | 同 | 同 | 同 | 同 | 同 | 同 | 人 | 厘 | 同 | 同 | 同 | 同 | 同 | 同 | 同 | 同 | 同 | 同 | 同 | 同 | 同 | 同 | 同 | 同 |
| — | — | — | — | — | — | — | — | — | — | — | — | — | — | — | — | — | — | — | — | — | — | — | — | — | — | — | — | — | — | — |
| — | — | — | — | — | — | — | — | — | — | — | — | — | — | — | — | — | — | — | — | — | — | — | — | — | — | — | — | — | — | — |
| — | — | — | — | — | — | — | — | — | — | — | — | — | — | — | — | — | — | — | — | — | — | — | — | — | — | — | — | — | — | — |
| — | — | — | — | — | 二、一五一 | — | — | — | — | 一六八 | — | 一、二五一 | 四五 | — | 四七〇 | 一四〇 | 六、五〇〇 | 一、二〇〇 | 一、二〇〇 | — | 二〇〇 | 一、三六〇 | 〇三〇 | 〇三〇 | 〇三〇 | — | — | — | — | — |
| 五三 | 三〇二 | — | — | — | 四、一三四 | — | — | — | — | 二〇四 | — | 九六〇 | 三七 | — | 四七〇 | 一四〇 | 四、三〇〇 | 一、〇〇〇 | 一、〇〇〇 | — | 二〇〇 | 一、三六〇 | 〇三〇 | 〇三〇 | 〇三〇 | — | — | — | — | — |
| — | — | — | — | — | — | — | — | — | — | — | — | — | — | — | — | — | — | — |  | — | — | — | — | — | — | — | — | — | — | — |
| — | — | — | — | — | — | — | — | — | — | — | — | — | — | — | — | — | — | — | — | — | — | — | — | — | — | — | — | — | — | — |
| — | — | — | — | — | — | — | — | — | — | — | — | — | — | — | — | — | — | — | — | — | — | — | — | — | — | — | — | — | — | — |
| — | — | — | — | — | — | — | — | — | — | — | — | — | — | — | — | — | — | — | — | — | — | — | — | — | — | — | — | — | — | — |
| — | — | — | — | — | 一五、一三七 | — | — | 五〇 | — | — | — | 四四八 | 三九 | — | 四七〇 | 一四〇 | 七、〇〇〇 | 一、三〇〇 | 一、三〇〇 | — | 二〇二 | 四三一 | 〇二〇 | 〇二〇 | 〇二〇 | — | — | — | — | — |

| 種別 | 単位 | 留辺蘂町 大正六年度 | 同 七年度 | 同 八年度 | 同 九年度 | 同 十年度 | 斜里村 同 六年度 | 同 七年度 | 同 八年度 | 同 九年度 | 同 十年度 |
|---|---|---|---|---|---|---|---|---|---|---|---|
| 面積 | 方里 | 三八、〇〇 | 三八、〇〇 | 三八、〇〇 | 三八、〇〇 | 三八、〇〇 | 九八、〇〇 | 九八、〇〇 | 六三、〇〇 | 六三、〇〇 | 六三、〇〇 |
| 民有地 田 | 反 | — | — | 二二 | 六〇 | 七〇 | — | — | — | — | — |
| 民有地 畑 | 同 | 三、九三六三 | 四、三二三五 | 四、九五八五 | 五、二三六七 | 五、八六七五 | 一〇、七三一一 | 一四、〇三七四 | 一〇、〇八一五 | 一四、二六六九 | 一四、二三八四 |
| 民有地 宅地 | 同 | 六二二 | 六六〇 | 六九〇 | 七二〇 | 七二一 | 八五 | 一九五 | 一五六 | 一七七 | 二〇九 |
| 民有地 山林 | 同 | 二、九五六三 | 三、一一五五 | 三、一二二五 | 三、二五六五 | 三、二五六五 | — | 三三 | 三三 | 一一三 | 一一三 |
| 民有地 原野 | 同 | 二、三五八三 | 二、三四六五 | 二、三三三六 | 二、三三六五 | 二、一二五六 | 二二三五 | 二四六六 | — | — | — |
| 民有地 牧場 | 同 | — | — | — | — | — | 一一、四一一三 | 一二、五五二〇 | 一、九六七一 | 一、九六七一 | 一、九八八二 |
| 民有地 其他 | 同 | — | — | — | — | — | 一〇一 | 一〇一 | 三一五 | 六〇〇 | 九八九 |
| 現住戸数 | 戸 | 一、八六五 | 二、〇八七 | 二、一五二 | 二、四四九 | 二、二三八 | 二、八六五 | 三、三五〇 | 二、五四三 | 二、八七〇 | 二、九八四 |
| 現住人口 | 人 | 七、八五八 | 八、七五五 | 九、六〇〇 | 一一、五七三 | 一〇、五三六 | 一二、八八五 | 一五、六四一 | 一二、六九三 | 一四、四四一 | 一四、一七〇 |
| 負擔 直接國税額 | 同 | 四、二八五 | 五、五九〇 | 九、五〇九 | 七、七〇五 | 七、九八六 | 四、四一五 | 六、一七九 | 九、一六七 | 五、四五二 | 七、一八五 |
| 負擔 地方税額 | 同 | 八、九九一 | 一〇、五八九 | 一五、一五四 | 二二、三四五 | 二二、四七六 | 四、三五二 | 六、〇九〇 | 一三、三六二 | 二七、三四二 | 二九、四〇〇 |
| 負擔 市町村税額 | 同 | 二一、〇二七 | 二八、二一九 | 四六、八三一 | 五八、六六〇 | 四八、五九二 | 二六、五四四 | 三八、四五四 | 四七、八九〇 | 六六、八四九 | 七二、四五四 |
| 財政 歳入 | 同 | 二四、六六五 | 三三、二六四 | 五八、六二一 | 七五、二六二 | 七二、〇二〇 | 三三、八九〇 | 五五、〇四六 | 六二、四七六 | 一〇三、七一〇 | 一三二、三三八 |
| 歳出経常部 役所役場費 | 同 | 四、二一九 | 五、九三四 | 八、四六六 | 一〇、五八三 | 一二、五一七 | 五、二二八 | 六、六四九 | 九、四四六 | 一三、九六八 | 一六、五四八 |
| 歳出経常部 土木費 | 同 | 三五九 | 二、五八〇 | 五、一三四 | 二、四〇八 | 二、七九三 | 五五〇 | 三、二一〇 | 一、八六〇 | 三、四七〇 | 三、六七二 |
| 歳出経常部 教育費 | 同 | 九、一五三 | 一四、六一六 | 一六、四七四 | 二五、一九六 | 三三、三四六 | 一五、二三七 | 二三、四〇〇 | 三一、六五四 | 三四、五〇三 | 四一、三五六 |
| 歳出経常部 衛生費 | 同 | 六〇二 | 三、九三二 | 三、四〇四 | 四、三五九 | 二、九八六 | 二、九五四 | 三、八四二 | 一、八三三 | 二、〇三一 | 二、三四七 |
| 歳出経常部 勧業費 | 同 | — | — | 二一 | 七六 | 一二〇 | 四〇 | 四〇 | 四〇 | 五〇 | 七、三五〇 |
| 歳出経常部 其他 | 同 | 二、七七三 | 三、五九四 | 四、九六二 | 八、一八〇 | 七、九九五 | 四、五二一 | 五、三二一 | 六、〇六九 | 八、九四三 | 一一、三〇六 |
| 歳出経常部 計 | 同 | 一七、一〇六 | 三〇、六五六 | 三八、四六一 | 五〇、八〇二 | 五九、七五七 | 二八、五三〇 | 四二、四六二 | 五〇、九〇二 | 六二、九六五 | 八二、五七九 |
| 同臨時部 計 | 同 | 七、五五九 | 二、六〇八 | 二〇、一六〇 | 二四、四六〇 | 一二、二六三 | 五、三六〇 | 一二、五八四 | 一一、五七四 | 四〇、七四五 | 四九、七五九 |
| 通計 | 同 | 二四、六六五 | 三三、二六四 | 五八、六二一 | 七五、二六二 | 七二、〇二〇 | 三三、八九〇 | 五五、〇四六 | 六二、四七六 | 一〇三、七一〇 | 一三二、三三八 |
| 基本財産 動産 | 同 | — | — | — | — | — | 二、五〇五 | 二、六四四 | 三、四四三 | 三、九六八 | 五、三五七 |
| 基本財産 不動産 | 同 | 一七、七一二 | 一七、七一二 | 一七、七一二 | 一七、七一二 | 一七、七一二 | 三、六六七 | 一八、九五〇 | 二九、八七七 | 三〇、〇六一 | 三七、〇六五 |

| 項目 | 單位 | 1 | 2 | 3 | 4 | 5 | 6 | 7 | 8 | 9 | 10 |
|---|---|---|---|---|---|---|---|---|---|---|---|
| 財産 學校基本財産 動産 | 同 | — | — | — | — | — | 九〇四 | 一,二二九 | 二八一 | 一,八三一 | 九〇八 |
| 財産 學校基本財産 不動産 | 同 | — | — | — | — | — | 一七〇四七 | 一七,七九七 | 二四,五六二 | 三八,六八一 | 四〇,六二一 |
| 財産 特別基本財産 動産 | 同 | — | — | — | — | — | 一,九〇〇 | 一,九九七 | 一,七〇六 | 三一四 | 一,八六三 |
| 財産 特別基本財産 不動産 | 同 | — | — | — | — | — | — | — | — | — | — |
| 財産 收益ナキ財産 動産 | 同 | — | — | — | — | — | — | — | — | — | — |
| 財産 收益ナキ財産 不動産 | 同 | 一,七七六 | 一八,五六〇 | 二二,一〇九 | 四六,一九九 | 四九,三六一 | 二五,五五六 | 三六,八九一 | 四五,六一八 | 四五,四三〇 | 四七,五四〇 |
| 財産 一部有財産 動産 | 同 | — | — | — | — | — | — | — | — | — | — |
| 財産 一部有財産 不動産 | 同 | — | — | — | — | — | — | — | — | — | — |
| 財産 積立金穀 | 同 | 七九〇 | 八六八 | 九〇四 | 一,〇二三 | 一,一二二 | 一,〇七〇 | 一,二二三 | 四,〇八三 | 八三三 | 一,八二六 |
| 財産 罹災救助金 | 同 | — | — | — | — | — | — | — | — | — | — |
| 財産ヨリ生スル收入 | 同 | 四四 | 三八 | 三六 | 三〇七 | 二五六 | 七二〇 | 七七二 | 八六九 | 七八三 | 一,〇五四 |
| 市町村債額 | 同 | — | — | — | — | — | — | — | — | — | — |
| 第三種所得税額 | 同 | 二,三三三 | 三,二二八 | 七,六九九 | 三,三三五 | 三,六二〇 | 二,一九二 | 四,三三四 | 六,二七三 | 一,八二〇 | 二,五八五 |
| 同納税者賛入員 | 人 | 五一三 | 四五二 | 六一八 | 四三六 | 五〇三 | 九六 | 一〇五 | 一一六 | 七五 | 九九 |
| 課率 附加税 地價割 | 厘 | 二一〇 | 二一〇 | 三三五 | 三三五 | 六六〇 | — | — | — | — | — |
| 課率 附加税 國税營業税割 | 同 | 一五〇 | 一五〇 | 二四〇 | 二四〇 | 四七〇 | 一五〇 | 一五〇 | 一五〇 | 二四〇 | 四七〇 |
| 課率 附加税 所得税割 | 同 | 一五〇 | 一五〇 | 二四〇 | 二四〇 | 一四〇 | 一五〇 | 一五〇 | 一五〇 | 二四〇 | 一四〇 |
| 課率 附加税 戸別割 | 同 | 五,八〇〇 | 五,五〇〇 | 六,〇〇〇 | 八,〇〇〇 | 五,〇〇〇 | 五,六五〇 | 五,四五〇 | 五,六〇〇 | 六,五〇〇 | 四,六〇〇 |
| 課率 附加税 地方税營業税割 | 同 | 五〇〇 | 一,〇〇〇 | 一,〇〇〇 | 一,五〇〇 | 一,五〇〇 | 五〇〇 | 五〇〇 | 一,〇〇〇 | 一,〇〇〇 | 一,三〇〇 |
| 課率 附加税 雜種税割 | 同 | 五〇〇 | 一,〇〇〇 | 一,〇〇〇 | 一,五〇〇 | 一,五〇〇 | 五〇〇 | 五〇〇 | 一,〇〇〇 | 一,〇〇〇 | 一,三〇〇 |
| 課率 特別税 反別割 田 | 同 | — | — | — | — | — | — | — | — | — | — |
| 課率 特別税 反別割 畑 | 同 | 一〇〇 | 一〇〇 | 二五二 | 二五二 | 二五二 | 〇六五 | 一〇〇 | 一二三 | 一七〇 | 一六六 |
| 課率 特別税 反別割 宅地 | 同 | 四〇〇 | 四〇〇 | 四〇〇 | 一,四三三 | 一,四三三 | 三六〇 | 四〇〇 | 三九七 | 五八七 | 一,三六七 |
| 課率 特別税 反別割 山林 | 同 | 〇〇六 | 〇〇六 | 〇〇六 | 〇二〇 | 〇二〇 | 〇〇二 | 〇一〇 | 〇二〇 | 〇二〇 | 〇二〇 |
| 課率 特別税 反別割 原野 | 同 | 〇〇六 | 〇〇六 | 〇〇六 | 〇二〇 | 〇二〇 | 〇〇二 | 〇一〇 | 〇二〇 | 〇二〇 | 〇二〇 |
| 課率 特別税 反別割 牧場 | 同 | 〇〇六 | 〇〇六 | 〇〇六 | 〇二〇 | 〇二〇 | 〇〇二 | 〇一〇 | 〇二〇 | 〇二〇 | 〇二〇 |
| 課率 特別税 反別割 海産干場 | 同 | — | — | — | — | — | 〇二〇 | 〇二〇 | 〇二〇 | 〇二〇 | 〇四〇 |
| 課率 特別税 反別割 雜種地 | 同 | — | — | — | — | — | — | — | — | — | — |
| 課率 特別税 建物割 | 同 | — | — | — | — | — | — | — | — | — | — |
| 課率 特別税 牛馬割 | 同 | — | — | — | — | — | — | — | — | — | — |
| 課率 特別税 戸別割 | 同 | — | — | — | — | — | — | 三,五〇〇 | — | — | — |

| 町村名 | 種別 | 面積 | 民有地 | | | | | | | 現住戶數 | 現住人口 | 負擔 | | | 財政 | | | | | | | | | | 基本財產 | |
|---|---|---|---|---|---|---|---|---|---|---|---|---|---|---|---|---|---|---|---|---|---|---|---|---|---|---|
| | | 面積 | 田 | 畑 | 宅地 | 山林 | 原野 | 牧場 | 其他 | 現住戶數 | 現住人口 | 直接國稅額 | 地方稅額 | 市町村稅額 | 歲入 | 歲出經常部 役所役場費 | 土木費 | 教育費 | 衛生費 | 勸業費 | 其他 | 計 | 同臨時部計 | 通計 | 動產 | 不動產 |
| 單位 | | 方里 | 反 | 同 | 同 | 同 | 同 | 同 | 同 | 戶 | 人 | 圓 | 同 | 同 | 同 | 同 | 同 | 同 | 同 | 同 | 同 | 同 | 同 | 同 | 同 | 同 |
| 下湧別村 | 大正六年度 | 二四、〇〇 | 五 | 二、〇九一三 | 一七六 | 四、六〇一二 | 三、七九一一 | 二、七六三五 | 二 | 一、七一七 | 七、五一八 | 四、〇二三 | 四、九九二 | 一九、五三九 | 二八、三二七 | 四、九一〇 | 一八〇 | 九、二二一 | 一、一五七 | 三〇四 | 二、六七八 | 一八、四五〇 | 九、八七七 | 二八、三二七 | 五〇〇 | 三〇、二四〇 |
| | 同 七年度 | 二四、〇〇 | 二四 | 二、二一一三 | 一七八 | 四、五六一二 | 三、七五一一 | 二、七二三五 | 六 | 一、四四四 | 七、三〇三 | 四、一七五 | 五、一四一 | 二一、七〇三 | 三八、五三四 | 六、四三八 | 一八〇 | 一三、三四五 | 九三一 | 三〇四 | 七、六〇八 | 二八、八〇六 | 九、七二八 | 三八、五三四 | 四、九四五 | 三六、七一三 |
| | 同 八年度 | 二四、〇〇 | 五三 | 二、四八一三 | 一八〇 | 四、四七一二 | 三、六六一一 | 二、六三三五 | 六 | 一、四七六 | 七、三三六 | 四、五一〇 | 五、五一二 | 三一、八三九 | 六〇、一五六 | 八、三四五 | 一、五九〇 | 一五、二〇八 | 一、〇七二 | 一四八 | 五、八八二 | 三二、二四五 | 二七、九一一 | 六〇、一五六 | 二四、四〇〇 | 六八、三一二 |
| | 同 九年度 | 二四、〇〇 | 三六〇 | 二、七一一〇 | 二〇〇 | 四、三八一一 | 三、五七一三 | 二、五四三五 | 六 | 一、五四六 | 七、五五四 | 六、二〇七 | 一一、〇八四 | 四八、六一四 | 六六、四一二 | 一〇、八五二 | 六五〇 | 二一、三四七 | 二、〇七四 | 一〇〇 | 八、三六九 | 四三、三九二 | 二三、〇二〇 | 六六、四一二 | 三一、二五〇 | 一一九、二五〇 |
| | 同 十年度 | 二四、〇〇 | 五四〇 | 二、九八一四 | 二二〇 | 四、二九一〇 | 三、四八四〇 | 二、四五三〇 | 六 | 一、四九八 | 七、二〇一 | 五、四六七 | 一二、六六二 | 三七、一九四 | 五一、七五八 | 一三、四六七 | 三七〇 | 二二、七〇七 | 一、一〇一 | 七七 | 六、三七六 | 四四、二九八 | 七、四六〇 | 五一、七五八 | 三四、九九〇 | 一三八、六〇〇 |
| 渚滑村 | 同 六年度 | 七五、〇〇 | — | 七、一九五〇 | 一〇〇 | — | — | 一、〇〇〇〇 | 一六 | 一、八〇六 | 八、八五二 | 三、二〇二 | 八、二八七 | 三二、二二一 | 三五、六八七 | 五、五一六 | 九六〇 | 一〇、九八三 | 二、一七一 | 二八 | 四、九一九 | 二四、五七七 | 一一、一一〇 | 三五、六八七 | — | 一七、八〇〇 |
| | 同 七年度 | 三〇、〇〇 | — | 六、九〇〇〇 | 七七 | 一二〇〇 | — | 二、〇〇〇〇 | 一六 | 八五九 | 四、九二〇 | 二、九五九 | 五、一七〇 | 二五、二四四 | 二五、一七四 | 四、四四三 | 七二一 | 九、六七二 | 二、〇二五 | 四二六 | 二、九四六 | 二〇、二三三 | 四、九四一 | 二五、一七四 | — | 七、二八〇 |
| | 同 八年度 | 三〇、〇〇 | — | 四、二三〇〇 | 二五〇 | 一二〇〇 | — | 一、三八〇〇 | 一六 | 一、〇五四 | 五、五八五 | 三、六四三 | 七、六三一 | 二九、三八七 | 三一、六五二 | 七、五一四 | 一、六八五 | 一〇、五〇七 | 一、〇八六 | 四七 | 三、七二九 | 二四、五六八 | 七、〇八四 | 三一、六五二 | — | 七、二八〇 |
| | 同 九年度 | 三〇、〇〇 | — | 四、五〇〇〇 | 六〇〇 | 二、三〇〇〇 | 四〇〇〇 | 二、三〇〇〇 | 一六 | 一、二四七 | 五、五四二 | 三、〇六二 | 一〇、一八七 | 四三、六六四 | 五〇、三八二 | 一〇、一九五 | 二、二〇五 | 一八、三二五 | 四九四 | 四一二 | 六、〇六一 | 三七、六九二 | 一二、六九〇 | 五〇、三八二 | — | 七、二八〇 |
| | 同 十年度 | 三〇、〇〇 | — | 四、三八一〇 | 七一〇 | 二、三〇〇〇 | 四〇〇〇 | 五、五〇〇〇 | 五〇 | 一、三二五 | 五、八二七 | 三、八四〇 | 九、三三三 | 四九、三三二 | 四八、五八二 | 一一、五一〇 | 一、〇七二 | 二一、九五二 | 四二〇 | 三六三 | 六、四一三 | 四一、七三〇 | 六、八五二 | 四八、五八二 | — | 七、二八〇 |

| 財産 學校基本財産 動産 | 財産 學校基本財産 不動産 | 財産 特別基本財産 動産 | 財産 特別基本財産 不動産 | 財産 收益ナキ財産 動産 | 財産 收益ナキ財産 不動産 | 財産 一部有財産 動産 | 財産 一部有財産 不動産 | 財産 積立金穀 | 財産 罹災救助金 | 財産ヨリ生スル收入 | 市町村債額 | 第三種所得税額 | 同納税者實人員 |
|---|---|---|---|---|---|---|---|---|---|---|---|---|---|
| 同 | 同 | 同 | 同 | 同 | 同 | 同 | 同 | 同 | 同 | 同 | 同 | 同 | 人 |
| — | — | 三一〇 | — | — | — | — | — | — | — | 一、一三三 | — | 二、三一二 | 一一三 |
| — | — | 三二六 | — | — | — | — | — | — | — | 四、二二九 | — | 二、二六一 | 一一〇 |
| — | — | 三五八 | — | — | — | — | — | — | — | 四、五六一 | — | 三、四一〇 | 一二八 |
| — | — | 三七八 | — | — | — | — | — | — | — | 五、八七〇 | — | 二、〇〇八 | 七七 |
| — | — | 一、二八八 | — | — | — | — | — | — | — | 六、四四四 | — | 一、五〇八 | 八三 |
| — | 一〇、七二一 | — | — | — | 二三、六〇〇 | — | — | 八、五〇九 | — | 六四四 | 六七〇 | 二、五一四 | 一五九 |
| — | 一〇、七二一 | — | — | — | 二〇、〇〇〇 | — | — | 三、二三五 | — | 六一六 | — | 一、二一五 | 一〇七 |
| — | 一〇、七二一 | — | — | — | 二三、〇〇〇 | — | — | 五、二二一 | — | 六七四 | — | 七五一 | 一一八 |
| — | 一〇、七二一 | — | — | — | 二四、七二〇 | — | — | 五、九六六 | — | 六六一 | — | 一、四八五 | 一〇一 |
| — | 一〇、七二一 | — | — | — | 二五、〇七〇 | — | — | 七、二二〇 | — | 二七九 | — | 一、五一四 | 八五 |

| 課率 附加税 地價割 | 附加税 國税營業税割 | 附加税 所得税割 | 附加税 戸別割 | 附加税 地方税營業税割 | 附加税 雜種税割 | 特別税 反別割 田 | 反別割 畑 | 反別割 宅地 | 反別割 山林 | 反別割 原野 | 反別割 牧場 | 反別割 海産干場 | 反別割 雜種地 | 特別税 建物割 | 特別税 牛馬割 | 特別税 戸別割 |
|---|---|---|---|---|---|---|---|---|---|---|---|---|---|---|---|---|
| 厘 | 同 | 同 | 同 | 同 | 同 | 同 | 同 | 同 | 同 | 同 | 同 | 同 | 同 | 同 | 同 | 同 |
| 一五〇 | 一五〇 | 一五〇 | 七、五〇〇 | 一、〇〇〇 | 一、〇〇〇 | — | 一一四 | 六〇〇 | 〇〇三 | 〇〇三 | 〇〇五 | 一九〇 | — | — | 一、〇〇〇 | — |
| 一五〇 | 一五〇 | 一五〇 | 六、七〇〇 | 五〇〇 | 五〇〇 | — | 〇八〇 | 六〇〇 | 〇〇三 | 〇〇三 | 〇〇五 | 二〇〇 | — | — | 一、〇〇〇 | — |
| 二四〇 | 二四〇 | 二四〇 | 七、四六〇 | 一、〇〇〇 | 一、〇〇〇 | — | 〇八〇 | 六〇〇 | 〇〇三 | 〇〇三 | 〇〇五 | 二〇〇 | — | — | 一、〇〇〇 | — |
| 四七〇 | 四七〇 | 一四〇 | 八、五〇〇 | 一、五〇〇 | 一、五〇〇 | — | 一八四 | 一、〇六〇 | 〇一二 | 〇〇六 | 〇二五 | 五四〇 | — | — | 一、〇〇〇 | — |
| 四七〇 | 四七〇 | 一四〇 | 五、九〇〇 | 一、〇〇〇 | 一、〇〇〇 | 一、〇〇〇 | 一五〇 | 一、一六七 | 〇一二 | 〇〇五 | 〇二五 | 七〇〇 | — | — | 一、〇〇〇 | — |
| 一五〇 | 一五〇 | 一五〇 | 六、九〇〇 | 五〇〇 | 五〇〇 | — | 〇五七 | 三六七 | — | — | 〇〇六 | 四〇〇 | — | — | — | 四〇〇 |
| — | 一五〇 | 一五〇 | 八、〇〇〇 | 一、〇〇〇 | 一、〇〇〇 | — | 〇八六 | 二四〇 | 〇〇八 | — | 〇〇八 | 四〇〇 | — | — | — | 四〇〇 |
| — | 二四〇 | 二四〇 | 八、〇〇〇 | 一、三〇〇 | 一、三〇〇 | — | 一一四 | 三〇〇 | 〇〇八 | — | 〇〇八 | 四〇〇 | — | — | — | 八〇〇 |
| — | 二四〇 | 二四〇 | 九、〇〇〇 | 二、一三〇 | 二、一三〇 | — | 二四九 | 三九八 | 〇三〇 | 〇二五 | 〇二五 | 四〇〇 | — | — | — | 一、〇〇〇 |
| — | 四七〇 | 一四〇 | 七、〇〇〇 | 一、八〇〇 | 一、八〇〇 | — | 一七六 | 二八四 | 〇二二 | 〇一八 | 〇一八 | 二八〇 | — | — | — | 一、〇〇〇 |

| 種別 町村名 | 年度 | 面積 | 民有地反別 田 | 畑 | 宅地 | 山林 | 原野 | 牧場 | 其他 | 現住戸數 | 現住人口 | 負擔 直接國税額 | 地方税額 | 市町村税額 |
|---|---|---|---|---|---|---|---|---|---|---|---|---|---|---|
| 單位 | | 方里 | 反 | 同 | 同 | 同 | 同 | 同 | 同 | 戸 | 人 | 圓 | 同 | 同 |
| 苫小牧町 | 大正六年度 | 三七、六七 | 一五、一四二八 | 一、一三九、八七七 | 七二、二三二六 | 四、九二〇、八九二六 | | 六、一五八、九八二六 | 九三三、五二〇三 | 三、一〇五 | 一三、九四三 | — | — | — |
| 同 | 同 七年度 | 三七、六七 | — | — | — | — | — | — | — | 三、三九三 | 一二、八一〇 | — | — | — |
| 同 | 同 八年度 | 三七、六七 | 四、〇〇一五 | 八九一、八〇〇九 | 七一、三二一五 | 三、九六二、二七〇一 | | 四、〇五六、〇五一七 | 六、一七〇、四三一六 | 三、五三一 | 一三、六四七 | 三三、〇六四 | 一七、八七四 | 五九、六七三 |
| 同 | 同 九年度 | 三七、六七 | — | — | — | — | — | — | — | 三、七六一 | 一七、一〇六 | 三七六、三五〇 | 三二、三三〇 | 一〇〇、六七三 |
| 同 | 同 十年度 | 三七、六七 | 三六、一〇〇〇 | 六四四、三九三八 | 三六一、八四〇四 | 四、九三三、四〇〇〇 | 七、三六六、七一〇〇 | 七、五三〇、〇〇〇〇 | 九、六二九、一五〇〇 | 三、八九七 | 一七、二八五 | 七五三、二六二 | 四〇、九一六 | 一二四、四九一 |
| 伊達村 | 同 六年度 | 一二、一二 | 三三九五 | 六、四九七八 | 三七二 | 七〇七二 | 九二八〇 | 一、一二八〇 | 七七一三 | 一、九八五 | 一二、〇二六 | 一七、〇六九 | 一一、四〇二 | 三一、一四六 |
| 同 | 同 七年度 | 一二、一二 | 三一六四 | 六、四九七八 | 三六八 | 七三二六 | 一、一八七八 | 一、一二八〇 | 七七六四 | 二、一八八 | 一二、三八四 | 二三、三三三 | 一三、二七七 | 四一、二九七 |
| 同 | 同 八年度 | 一二、一二 | 三五〇一 | 五、四四六〇 | 三九一 | 八八九九 | 二、一二五四 | 一、〇二四二 | 一、〇六四〇 | 二、一七六 | 一二、三九一 | 二六、四一九 | 一六、五五四 | 五〇、一三四 |
| 同 | 同 九年度 | 一二、一二 | 三五五一 | 五、八二〇三 | 四二一 | 九一八八 | 二、一四六九 | 一、〇二四二 | 九九〇七 | 二、二〇三 | 一二、六一二 | 二一、六八八 | 二二、五八六 | 七四、五二四 |
| 同 | 同 十年度 | 一二、一二 | 三五七〇 | 五、八四五〇 | 四三七 | 九一八八 | 二、二〇四二 | 一、〇四〇三 | 一、三三七九 | 二、二三七 | 一二、九三二 | 二四、〇三七 | 二二、九〇五 | 七一、九四五 |

| 種別 町村名 | 年度 | 財政 歳入 | 歳出經常部 役所役場費 | 土木費 | 教育費 | 衛生費 | 勸業費 | 其他 | 計 | 同臨時部計 | 通計 | 基本財産 動産 | 不動産 |
|---|---|---|---|---|---|---|---|---|---|---|---|---|---|
| 單位 | | 同 | 同 | 同 | 同 | 同 | 同 | 同 | 同 | 同 | 同 | 同 | 同 |
| 苫小牧町 | 大正六年度 | — | — | — | — | — | — | — | — | — | — | 四〇〇 | 四九、一三八 |
| 同 | 同 七年度 | 一二五、三七八 | 一三、八〇九 | 一、九三三 | 二六、二〇二 | 四、〇九二 | 一〇三 | 三二、四〇二 | 七八、五四二 | 四六、八三六 | 一二五、三七八 | — | — |
| 同 | 同 八年度 | 一二三、〇七六 | 二九、三〇四 | 二、一三四 | 三五、四九三 | 四、七二三 | 三三八 | 三七、三四六 | 一〇九、三三八 | 一三、七三八 | 一二三、〇七六 | 一一、五〇七 | 二五二、〇八五 |
| 同 | 同 九年度 | 一九二、三九〇 | 三八、一一〇 | 三、六五〇 | 四六、七七四 | 八、四七五 | 三四〇 | 四六、七四五 | 一四四、〇九四 | 四八、二九六 | 一九二、三九〇 | — | — |
| 同 | 同 十年度 | 五八七、八二七 | 四三、六七〇 | 三、八六六 | 五四、〇〇六 | 七、一七一 | 三三九 | 五九、三七六 | 一六八、四二八 | 四一九、三九九 | 五八七、八二七 | 一二〇、九六〇 | 二四七、〇〇〇 |
| 伊達村 | 同 六年度 | 三八、〇八七 | 七、三五六 | 五五九 | 一九、九四〇 | 三五七 | 五九 | 四、六四〇 | 三二、九一一 | 五、一七六 | 三八、〇八七 | 二一、九二八 | 六一、一一九 |
| 同 | 同 七年度 | 四九、二六九 | 九、一八七 | 九八三 | 二八、〇四八 | 七一七 | 六七 | 四、八八七 | 四三、八八九 | 五、三八〇 | 四九、二六九 | 二七、七〇一 | 六一、一一九 |
| 同 | 同 八年度 | 七一、一三二 | 一四、九六四 | 一、四六〇 | 三七、四三六 | 八三一 | 七五 | 七、〇七一 | 六一、八三七 | 六、三一五 | 七一、一三二 | 二一、一五三 | 七七、一六〇 |
| 同 | 同 九年度 | 八一、三二九 | 一八、六九一 | 二、九四二 | 四三、九六一 | 三、三七六 | 八五 | 七、五三二 | 七六、五八七 | 四、七四二 | 八一、三二九 | 三三、〇九一 | 七七、一六〇 |
| 同 | 同 十年度 | 八〇、四二九 | 一七、八四三 | 一、三七二 | 四六、四四二 | 二、三五八 | 一四五 | 九、八三一 | 七七、九九一 | 二、四三八 | 八〇、四二九 | 四一、七九八 | 七七、一六〇 |

| 項目 | 單位 | | | | | | | | | | |
|---|---|---|---|---|---|---|---|---|---|---|---|
| 財產 學校基本財產 動產 | 同 | — | — | — | — | — | 一、八一三 | 二、〇六〇 | 三、一一〇 | 三、三四七 | 三、五二七 |
| 財產 學校基本財產 不動產 | 同 | — | — | — | — | — | 一、九〇八 | 一、九〇八 | 二、四八〇 | 二、四八〇 | 二、四八〇 |
| 財產 特別基本財產 動產 | 同 | — | — | — | — | — | 三、〇七五 | 三、二二三 | 三、三五三 | 三、四九七 | 三、七一〇 |
| 財產 特別基本財產 不動產 | 同 | — | — | — | — | — | — | — | — | — | — |
| 財產 收益ナキ財產 動產 | 同 | 一、五八五 | — | 四一、四九九 | — | 一八六、一五九 | — | — | — | — | — |
| 財產 收益ナキ財產 不動產 | 同 | 二九、四七四 | — | 三二、九二一 | — | 三二、九二一 | 一、七二四 | 三二、六二七 | 三、八八八 | 四二、六二一 | 三二、五六七 |
| 財產 一部有財產 動產 | 同 | — | — | — | — | — | — | — | — | — | — |
| 財產 一部有財產 不動產 | 同 | — | — | — | — | — | 九一四 | 九一四 | 一、一八八 | 一、一八八 | 一、一八八 |
| 財產 積立金穀 | 同 | — | — | — | — | — | — | — | 二三五 | 三六四 | 五四六 |
| 財產 罹災救助金 | 同 | — | — | — | — | — | — | — | — | — | — |
| 財產ヨリ生スル收入 | 同 | — | 二、三二六 | — | 三、四四四 | 四、七三二 | 五、三四七 | 六、〇〇七 | 六、七七三 | 七、〇二九 | 九、七〇八 |
| 市町村債額 | 同 | — | — | — | — | 三五〇、〇〇〇 | 一、九六〇 | 一、三二〇 | 六六〇 | — | — |
| 第三種所得税額 | 同 | — | — | — | 七、一九五 | 九、八五〇 | 六、四六六 | 九、三二九 | 一〇、七六八 | 七、八六四 | 九、一八九 |
| 同納税者人員 | 人 | — | — | — | 三二三 | 三八七 | 二六七 | 二八五 | 三〇一 | 二八三 | 三〇〇 |
| 課率 附加税 地價割 | 厘 | — | — | 一五〇 | 一五〇 | 四七〇 | 一五〇 | 一五〇 | 二〇〇 | — | — |
| 課率 附加税 國税營業税割 | 同 | — | — | 一八〇 | 二〇〇 | 三〇〇 | 一五〇 | 一五〇 | 一八〇 | 三〇〇 | 三〇〇 |
| 課率 附加税 所得税割 | 同 | — | — | 一八〇 | 一四〇 | 一一〇 | 一五〇 | 一五〇 | 一八〇 | 二〇〇 | 一四〇 |
| 課率 附加税 戸別割 | 同 | — | — | 二、五〇〇 | 二、〇〇〇 | 二、五〇〇 | 五、一〇〇 | 六、五〇〇 | 六、五〇〇 | 九、〇〇〇 | 七、八〇〇 |
| 課率 附加税 地方税營業税割 | 同 | — | — | 五〇〇 | 七〇〇 | 一、〇〇〇 | 五〇〇 | 七〇〇 | 九〇〇 | 一、〇〇〇 | 一、〇〇〇 |
| 課率 附加税 雜種税割 | 同 | — | — | 五〇〇 | 七〇〇 | 八〇〇 | 五〇〇 | 八〇〇 | 一、〇〇〇 | 一、〇〇〇 | 一、〇〇〇 |
| 課率 特別税 反別割 田 | 同 | — | — | — | — | — | 一六四 | 一九一 | 三九二 | 三一七 | 二一六 |
| 課率 特別税 反別割 畑 | 同 | — | — | — | — | — | 〇六九 | 〇九八 | 一八二 | 一七〇 | 一五一 |
| 課率 特別税 反別割 宅地 | 同 | — | — | — | — | — | 一七二 | 一八五 | 二七〇 | 二二五 | 一九三 |
| 課率 特別税 反別割 山林 | 同 | — | — | — | — | — | 〇一五 | 〇一五 | 〇二四 | 〇二一 | 〇一八 |
| 課率 特別税 反別割 原野 | 同 | — | — | — | — | — | 〇一五 | 〇一五 | 〇二四 | 〇二一 | 〇一八 |
| 課率 特別税 反別割 牧場 | 同 | — | — | — | — | — | 〇一五 | 〇一五 | 〇二四 | 〇二一 | 〇一八 |
| 課率 特別税 反別割 海産干場 | 同 | — | — | — | — | — | 〇一五 | 〇一五 | 〇二四 | 〇二一 | 〇一八 |
| 課率 特別税 反別割 雜種地 | 同 | — | — | — | — | — | — | — | — | — | — |
| 課率 特別税 建物割 | 同 | — | — | — | — | — | 二一〇 | 二一〇 | 二一〇 | 二一〇 | 二一〇 |
| 課率 特別税 牛馬割 | 同 | — | — | — | — | — | — | — | — | — | — |
| 課率 特別税 戸別割 | 同 | — | — | — | — | — | — | — | — | — | — |

| 町村名 | 年度 | 面積（方里） | 民有地 田（反） | 畑（同） | 宅地（同） | 山林（同） | 原野（同） | 牧場（同） | 其他（同） | 現住戸數（戸） | 現住人口（人） | 直接國稅額（圓） | 地方稅額（同） | 市町村稅額（同） |
|---|---|---|---|---|---|---|---|---|---|---|---|---|---|---|
| 厚眞村 | 大正六年度 | 四〇、〇〇 | 一、五二二七 | 一、二八二八 | 九六 | 一一、五三九五 | 七、一五〇八 | 八、一六一九 | 四五 | 一、一四一 | 七、五六五 | 二、九一六 | 五、三九八 | 一五、九二五 |
| 同 | 同七年度 | 四〇、〇〇 | 一、五二五八 | 一、二五一九 | 二三五 | 一一、五四八七 | 七、七二四一 | 七、五八八六 | 四五 | 一、三四六 | 七、三二二 | 三、七三三 | 六、一六九 | 二一、三〇三 |
| 同 | 同八年度 | 四〇、〇〇 | 一、五九二八 | 一、二七四九 | 二三四 | 一一、九一一八 | 八、〇三二四 | 七、二八二七 | 四五 | 一、三七六 | 七、五八九 | 五、〇八六 | 八、二九一 | 三五、八六九 |
| 同 | 同九年度 | 四〇、〇〇 | 一、六〇三五 | 一、二七四九 | 三七四 | 一二、六八八九 | 八、五八五四 | 六、七二九七 | 四五 | 一、三六五 | 七、二一五 | 五、三四一 | 一二、六四六 | 四〇、九一三 |
| 同 | 同十年度 | 四〇、〇〇 | 一、六七四五 | 一、二八七七 | 三七四 | 一三、四九五五 | 八、五八五四 | 六、六八二三 | 四五 | 一、四四三 | 七、三九八 | 五、八二二 | 一二、三二一 | 四八、七九七 |
| 蛇田村 | 同六年度 | 一〇、〇〇 | 五四七 | 六、一五七一 | 五二〇 | 二、四一四五（山林原野） | | 二二一 | 五〇 | 一、三六九 | 七、二一〇 | 三、七六五 | 六、八九四 | 一六、五六九 |
| 同 | 同七年度 | 一〇、〇〇 | 五八六 | 五、九九五五 | 五〇〇 | 二、三六一七（山林原野） | | 一八八 | 五〇 | 一、四二三 | 八、〇三八 | 六、七〇八 | 七、九三二 | 二三、〇六八 |
| 同 | 同八年度 | 一〇、〇〇 | 六〇六 | 五、九三七三 | 四八三 | 二、三〇〇七（山林原野） | | 一八八 | 五〇 | 一、三八四 | 七、七六四 | 一一、三六五 | 一〇、四八九 | 三〇、五三三 |
| 同 | 同九年度 | 六、〇〇 | 一六四 | 二、一三二五 | 二六一 | 一、五三二八（山林原野） | | — | 六六 | 八一三 | 四、一四七 | 五、八七八 | 一〇、〇三五 | 二五、四一六 |
| 同 | 同十年度 | 六、〇〇 | 一九一 | 二、一九〇〇 | 三〇一 | 一、四八〇八（山林原野） | | — | 六三 | 七四〇 | 四、一〇五 | 六、二四九 | 七、〇九〇 | 二二、四二〇 |

| 町村名 | 年度 | 財政 歲入（同） | 歲出經常部 役所役場費（同） | 土木費（同） | 教育費（同） | 衛生費（同） | 勸業費（同） | 其他（同） | 計（同） | 臨時部計（同） | 通計（同） | 基本財産 動産（同） | 不動産（同） |
|---|---|---|---|---|---|---|---|---|---|---|---|---|---|
| 厚眞村 | 大正六年度 | 一七、四八三 | 四、四九〇 | 一、一四一 | 七、九八五 | 二一七 | 一九 | 一、三四一 | 一五、一九三 | 二、二七三 | 一七、四六六 | 二〇一、六八八 | — |
| 同 | 同七年度 | 二三、七八二 | 五、八四二 | 一、二四四 | 一〇、八九七 | 三六九 | 五四 | 一、四一六 | 一九、八二二 | 二、一六二 | 二一、九八四 | 二〇〇、八八五 | — |
| 同 | 同八年度 | 四〇、六五九 | 一〇、〇八五 | 二、五〇二 | 一七、五一二 | 二八四 | 三〇 | 二、三三九 | 三二、七五二 | 二、九七三 | 三五、七二五 | 二五九、六五二 | — |
| 同 | 同九年度 | 五〇、〇〇四 | 一二、二四六 | 五、六三八 | 二三、〇〇七 | 三九八 | 八五 | 三、八二〇 | 四五、一九四 | 二、五五四 | 四七、七四八 | 一九九、七六八 | — |
| 同 | 同十年度 | 五五、三三九 | 一三、〇〇五 | 四、二二〇 | 二三、四九七 | 二四二 | 六八 | 四、五〇七 | 四五、五三九 | 二、四〇〇 | 四七、九三九 | 二〇二、四三八 | — |
| 蛇田村 | 同六年度 | 二一、一七二 | 三、〇四六 | 五二五 | 一〇、二六三 | 二一三 | 七八 | 三、七五四 | 一七、八七九 | 三、二九三 | 二一、一七二 | 一五、一八五 | 反 一、七五六 |
| 同 | 同七年度 | 三二、一六四 | 五、二四三 | 八九〇 | 一三、八九一 | 六二七 | 七〇 | 四、六九七 | 二五、四一八 | 五、七四六 | 三一、一六四 | 一九、二五六 | 一、七五六 |
| 同 | 同八年度 | 三四、七四三 | 六、三六九 | 一、〇五六 | 二一、〇六五 | 四二四 | 九二 | 五、一四八 | 三四、一五四 | 五八九 | 三四、七四三 | 一八、三八六 | 一、七五六 |
| 同 | 同九年度 | 二九、九九五 | 七、五七二 | 一、一四八 | 一四、〇四四 | 二二九 | 六八 | 四、八六一 | 二七、九二二 | 二、〇七三 | 二九、九九五 | 一〇、八三六 | 一、三七六 |
| 同 | 同十年度 | 三三、五〇六 | 六、一八九 | 四三七 | 一二、九八五 | 二二六 | 二一九 | 五、四八二 | 二五、五三八 | 七、九六八 | 三三、五〇六 | 一二、〇八〇 | 一、三七六 |

| 財產 學校基本財產 動產 | 財產 學校基本財產 不動產 | 財產 特別基本財產 動產 | 財產 特別基本財產 不動產 | 財產 收益ナキ財產 動產 | 財產 收益ナキ財產 不動產 | 財產 一部有財產 動產 | 財產 一部有財產 不動產 | 積立金穀 | 罹災救助金 | 財產ヨリ生スル收入 | 市町村債額 | 第三種所得税額 | 同納税者實人員 | 課率 附加税 地價割 | 課率 附加税 國税營業税割 | 課率 附加税 所得税割 | 課率 附加税 戶別割 | 課率 附加税 地方税營業税割 | 課率 附加税 雜種税割 | 課率 特別税 反別割 田 | 課率 特別税 反別割 畑 | 課率 特別税 反別割 宅地 | 課率 特別税 反別割 山林 | 課率 特別税 反別割 原野 | 課率 特別税 反別割 牧場 | 課率 特別税 反別割 海產干場 | 課率 特別税 反別割 雜種地 | 課率 特別税 建物割 | 課率 特別税 牛馬割 | 課率 特別税 戶別割 |
|---|---|---|---|---|---|---|---|---|---|---|---|---|---|---|---|---|---|---|---|---|---|---|---|---|---|---|---|---|---|---|
| 同 | 同 | 同 | 同 | 同 | 同 | 同 | 同 | 同 | 同 | 同 | 同 | 同 | 人 | 厘 | 同 | 同 | 同 | 同 | 同 | 同 | 同 | 同 | 同 | 同 | 同 | 同 | 同 | 同 | 同 | 同 |
| 三一、三〇七 | \| | \| | \| | \| | 一六五、七六八 | \| | \| | 二、六八三 | \| | 一、八六七 | 三、五四五 | 一、七〇三 | 七二 | \| | 一五〇 | 一五〇 | 四、〇〇〇 | 八〇〇 | 八〇〇 | 二四七 | 〇八三 | 五二五 | 〇一五 | 六 | 一五 | 一五 | \| | \| | \| | \| |
| 三二、二一一 | \| | \| | \| | \| | 一七九、五八八 | \| | \| | 四、五〇八 | \| | 二、〇八〇 | 二、六六〇 | 二、二三二 | 八六 | \| | 一五〇 | 一五〇 | 四、五五〇 | 八〇〇 | 八〇〇 | 三〇九 | 一〇三 | 六〇六 | 一七 | 七 | 一八 | 二〇二 | \| | \| | \| | \| |
| 三二、八〇八 | \| | \| | \| | \| | 二一七、二二七 | \| | \| | 五、〇三四 | \| | 二、五六四 | 一、七七五 | 三、一七七 | 一〇五 | \| | 二四〇 | 二四〇 | 八、〇〇〇 | 八〇〇 | 八〇〇 | 三八五 | 一一八 | 八三三 | 二六 | 九 | 二八 | 二五〇 | \| | \| | \| | \| |
| 三二、〇六五 | \| | \| | \| | \| | 一七九、六一八 | \| | \| | 三、〇一六 | \| | 一、九五五 | 八九〇 | 二、五五三 | 八〇 | \| | 四七〇 | 一四〇 | 八、〇〇〇 | 八〇〇 | 八〇〇 | 四四〇 | 一七四 | 一、九二七 | 三一 | 九 | 二二 | 二五〇 | \| | \| | \| | \| |
| 三二、四一九 | \| | \| | \| | \| | 一七九、六一八 | \| | \| | 六、〇四〇 | \| | 二、五一一 | \| | 二、五二二 | 九五 | \| | 四七〇 | 一四〇 | 六、五〇〇 | 一、〇〇〇 | 一、〇〇〇 | 四八五 | 二二九 | 一、九二七 | 三四 | 一三 | 三四 | 三五一 | \| | \| | \| | \| |
| \| | \| | \| | \| | 坪 建物 九二〇 | 反 土地 九一 | 同 \| | \| | \| | \| | 三、一五八 | \| | 二、一八三 | 九七 | \| | 一五〇 | 一五〇 | 四、一五〇 | 一、〇〇〇 | 一、〇〇〇 | 二八六 | 〇八二 | 一九五 | 〇一〇 | 〇一〇 | 〇二〇 | 三八五 | \| | \| | \| | \| |
| \| | \| | \| | \| | 九五五 | 九一 | \| | \| | \| | \| | 二、四七五 | \| | 三、九八三 | 一二一 | \| | 一五〇 | 一五〇 | 四、一五〇 | 七〇〇 | 一、〇〇〇 | 三七〇 | 一二二 | 二六六 | 〇一四 | 〇一四 | 〇二二 | 四七〇 | \| | \| | \| | \| |
| \| | \| | \| | \| | 九五五 | 九一 | \| | \| | \| | \| | 三、一八五 | \| | 六、一二一 | 一九三 | \| | 一五〇 | 一五〇 | 四、六八〇 | 八〇〇 | 一、〇〇〇 | 三七〇 | 一二五 | 二六六 | 〇一四 | 〇一四 | 〇二二 | 四七〇 | \| | \| | \| | \| |
| \| | \| | \| | \| | 五四九 | 三六 | \| | \| | \| | \| | 五、二二二 | \| | 三、〇一九 | 八七 | \| | 二四〇 | 二四〇 | 六、五〇〇 | 八〇〇 | 一、〇〇〇 | 六三〇 | 一九〇 | 四三四 | 〇二二 | 〇二二 | 〇三四 | 六八〇 | \| | \| | \| | \| |
| \| | \| | \| | \| | 七八三 | 三九 | \| | \| | \| | \| | 五、五九四 | \| | 三、六八二 | 九五 | \| | 四七〇 | 一四〇 | 六、八九〇 | 八〇〇 | 一、〇〇〇 | 四九四 | 二〇〇 | 五二二 | 〇二二 | 〇二二 | \| | 六四四 | \| | \| | \| | \| |

| 町村名 | 種別 | 面積 | 民有地 田 | 民有地 畑 | 民有地 宅地 | 民有地 山林 | 民有地 原野 | 民有地 牧場 | 民有地 其他 | 現住戸數 | 現住人口 | 負擔 直接國稅額 | 負擔 地方稅額 | 負擔 市町村稅額 | 財政 歳入 | 財政 歳出經常部 役所役場費 | 財政 歳出經常部 土木費 | 財政 歳出經常部 教育費 | 財政 歳出經常部 衛生費 | 財政 歳出經常部 勸業費 | 財政 歳出經常部 其他 | 財政 歳出經常部 計 | 財政 同臨時部計 | 財政 通計 | 基本財產 動產 | 基本財產 不動產 |
|---|---|---|---|---|---|---|---|---|---|---|---|---|---|---|---|---|---|---|---|---|---|---|---|---|---|---|
| 單位 | | 方里 | 反別 反 | 同 | 同 | 同 | 同 | 同 | 同 | 戸 | 人 | 圓 | 同 | 同 | 同 | 同 | 同 | 同 | 同 | 同 | 同 | 同 | 同 | 同 | 同 | 同 |
| 辨邊村 | 大正六年度 | 一七、〇〇 | 四 | 七、七二九〇 | 五九五 | — | 三、三二四三 | 二〇九九 | 一四 | 一、九七六 | 一一、七一七 | 二、三九三 | 八、八七一 | 二二、六七〇 | 二八、八四六 | 三、五六六 | 一、四三三 | 一二、八七五 | 一二三 | 八三七 | 四、四三九 | 二三、二七三 | 五、五七三 | 二八、八四六 | 一〇、七一三 | 六九、〇五六 |
| 辨邊村 | 同 七年度 | 一七、〇〇 | 四 | 九、八八五九 | 八一四 | — | 二、〇五四三 | 三一五九 | 一四 | 一、八六五 | 一一、四一二 | 四、二一二 | 九、五七七 | 二八、六八六 | 四一、一一六 | 六、〇五一 | 三、二三八 | 一八、一八九 | 一四七 | 七〇六 | 五、五二七 | 三三、八五八 | 七、二五八 | 四一、一一六 | 一〇、三七〇 | 四三、三五五 |
| 辨邊村 | 同 八年度 | 一五、〇〇 | 四 | 九、〇九七四 | 八〇五 | 二二〇 | 二、七八九八 | 四一六三 | 二二 | 一、九〇五 | 一〇、八四六 | 一〇、六七〇 | 一二、六一三 | 三三、四九七 | 四五、〇〇三 | 六、五〇三 | 二、五八九 | 二五、九三〇 | 二三四 | 一、〇五八 | 六、一七五 | 四二、四八九 | 二、五一四 | 四五、〇〇三 | 一二、一九四 | 四六、四七六 |
| 辨邊村 | 同 九年度 | 一五、〇〇 | 四 | 九、四〇一七 | 八〇八 | 二二〇 | 三、三八一二 | 四二〇五 | 二二 | 一、八四九 | 一〇、〇四〇 | 七、八一一 | 一七、一五〇 | 三八、四八四 | 四九、二五二 | 七、七一九 | 二、四〇七 | 二六、一二九 | 二五〇 | 一、三二八 | 八、九〇九 | 四六、七四二 | 二、五一〇 | 四九、二五二 | 一二、三一五 | 四七、三七四 |
| 辨邊村 | 同 十年度 | 一五、〇〇 | 一二 | 一〇、四一〇七 | 八〇七 | 二二〇 | 二、二八四九 | 四三一五 | 一九 | 一、八三一 | 九、七六六 | 七、四一七 | 一七、二一八 | 三九、八五八 | 五三、九八九 | 七、七三五 | 一、〇〇〇 | 二七、三七一 | 二六三 | 一、二五〇 | 一〇、九六〇 | 四八、五七九 | 五、四一〇 | 五三、九八九 | 一五、一四五 | 四七、七三四 |
| 洞爺村 | 同 六年度 | — | — | — | — | — | — | — | — | — | — | — | — | — | — | — | — | — | — | — | — | — | — | — | — | — |
| 洞爺村 | 同 七年度 | — | — | — | — | — | — | — | — | — | — | — | — | — | — | — | — | — | — | — | — | — | — | — | — | — |
| 洞爺村 | 同 八年度 | — | — | — | — | — | — | — | — | — | — | — | — | — | — | — | — | — | — | — | — | — | — | — | — | — |
| 洞爺村 | 同 九年度 | 五、五〇 | 四九三 | 三、九四七五 | 二八一 | 五六九七 | 七一三一 | — | 五一二 | 五四四 | 三、一九九 | 一、八九七 | 二、六八一 | 一八、七八二 | 二三、二八三 | 四、一二三 | 二一四 | 一一、二七〇 | 二二一 | 二七 | 三、四六八 | 一九、三二三 | 三、九六〇 | 二三、二八三 | 七、九九〇 | 六七、二七五 |
| 洞爺村 | 同 十年度 | 五、五〇 | 四九〇 | 四、一一〇八 | 二二一 | 一六五六 | 一、〇〇四二 | 二八五 | 五一二 | 五一四 | 三、〇三四 | 二、〇八七 | 二、五五七 | 一八、〇八六 | 二二、六二二 | 三、九八九 | 一二〇 | 一二、九五四 | 一二四 | 二一 | 三、八三八 | 二一、〇四六 | 一、五七六 | 二二、六二二 | 九、八八一 | 六七、二七五 |

| 項目 | 單位 | 1 | 2 | 3 | 4 | 5 | 6 | 7 | 8 | 9 | 10 |
|---|---|---|---|---|---|---|---|---|---|---|---|
| 財産 學校基本財産 動産 | 同 | — | — | — | — | — | — | — | — | — | — |
| 財産 學校基本財産 不動産 | 同 | — | — | — | — | — | — | — | — | — | — |
| 財産 特別基本財産 動産 | 同 | — | — | — | — | — | — | — | — | — | — |
| 財産 特別基本財産 不動産 | 同 | — | — | — | — | — | — | — | — | — | — |
| 財産 收益ナキ財産 動産 | 同 | — | — | — | — | — | — | — | — | — | — |
| 財産 收益ナキ財産 不動産 | 同 | — | — | — | — | — | — | — | — | 一五、〇七五 | 一五、〇七五 |
| 財産 一部有財産 動産 | 同 | — | — | — | — | — | — | — | — | — | — |
| 財産 一部有財産 不動産 | 同 | — | — | — | — | — | — | — | — | — | — |
| 財産 積立金穀 | 同 | — | — | — | — | — | — | — | — | — | — |
| 財産 罹災救助金 | 同 | — | — | — | — | — | — | — | — | — | — |
| 財産ヨリ生スル收入 | 同 | 九〇六 | 一、四一一 | 一、八〇九 | 一、六九二 | 二、〇六四 | — | — | — | 一、五九二 | 一、九七六 |
| 市町村債額 | 同 | — | — | — | — | — | — | — | — | — | — |
| 第三種所得税額 | 同 | 一、一五七 | 二、二一六 | 五、五七一 | 四、〇五五 | 三、五〇五 | — | — | — | 五〇〇 | 五〇八 |
| 同納税者實人員 | 人 | 六三 | 八〇 | 一一〇 | 一〇四 | 九五 | — | — | — | 六一 | 六一 |
| 課率 附加税 地價割 | 同 | 一五〇 | 一五〇 | — | — | — | — | — | — | — | — |
| 課率 附加税 國税營業税割 | 同 | 一五〇 | 一五〇 | 二四〇 | 二四〇 | 四七〇 | — | — | — | 二四〇 | 四七〇 |
| 課率 附加税 所得税割 | 同 | 一五〇 | 一五〇 | 二四〇 | 二四〇 | 一四〇 | — | — | — | 二四〇 | 一四〇 |
| 課率 附加税 戶別割 | 同 | 四、五〇〇 | 五、五〇〇 | 五、三〇〇 | 六、七六三 | 六、三〇〇 | — | — | — | 六、八四七 | 六、七〇〇 |
| 課率 附加税 地方税營業税割 | 同 | 五〇〇 | 五〇〇 | 七〇〇 | 九〇〇 | 九〇〇 | — | — | — | 八〇〇 | 一、〇〇〇 |
| 課率 附加税 雜種税割 | 同 | 五〇〇 | 七〇〇 | 七〇〇 | 九〇〇 | 九〇〇 | — | — | — | 一、〇〇〇 | 一、〇〇〇 |
| 課率 特別税 反別割 田 | 同 | 二七八 | 二七八 | 二七八 | 二七八 | 二七八 | — | — | — | 六四三 | 六四三 |
| 課率 特別税 反別割 畑 | 同 | 一一五 | 一一五 | 一一五 | 一一五 | 一一五 | — | — | — | 二四一 | 二四一 |
| 課率 特別税 反別割 宅地 | 同 | 五〇八 | 五〇八 | 五〇八 | 五〇八 | 五〇八 | — | — | — | 四六七 | 四六七 |
| 課率 特別税 反別割 山林 | 同 | 〇一〇 | 〇一〇 | 〇一〇 | 〇一〇 | 〇一〇 | — | — | — | 二四 | 二四 |
| 課率 特別税 反別割 原野 | 同 | 〇一〇 | 〇一〇 | 〇一〇 | 〇一〇 | 〇一〇 | — | — | — | 二四 | 二四 |
| 課率 特別税 反別割 牧場 | 同 | 〇〇五 | 〇〇五 | 〇〇五 | 〇一〇 | 〇一〇 | — | — | — | 三六 | 三六 |
| 課率 特別税 反別割 海產干場 | 同 | 四四九 | 四四九 | 四四九 | 四四九 | 四四九 | — | — | — | — | — |
| 課率 特別税 反別割 雜種地 | 同 | — | — | — | — | — | — | — | — | — | — |
| 課率 特別税 建物割 | 同 | — | — | — | — | — | — | — | — | — | — |
| 課率 特別税 牛馬割 | 同 | — | — | — | — | — | — | — | — | — | — |
| 課率 特別税 戶別割 | 同 | — | — | — | — | — | — | — | — | — | — |

| 種別 町村名 | 年度 | 面積 (方里) | 民有地 田 (反別 反) | 民有地 畑 (同) | 民有地 宅地 (同) | 民有地 山林 (同) | 民有地 原野 (同) | 民有地 牧場 (同) | 民有地 其他 (同) | 現住戸数 (戸) | 現住人口 (人) | 負擔 直接國税額 (圓) | 負擔 地方税額 (同) | 負擔 市町村税額 (同) | 財政 歳入 (同) | 歳出 經常部 役所役場費 (同) | 歳出 經常部 土木費 (同) | 歳出 經常部 教育費 (同) | 歳出 經常部 衛生費 (同) | 歳出 經常部 勸業費 (同) | 歳出 經常部 其他 (同) | 歳出 經常部 計 (同) | 歳出 臨時部 計 (同) | 歳出 通計 (同) | 基本財産 動産 (同) | 基本財産 不動産 (同) |
|---|---|---|---|---|---|---|---|---|---|---|---|---|---|---|---|---|---|---|---|---|---|---|---|---|---|---|
| 壯瞥村 | 大正六年度 | 一四、〇〇 | 一二三 | 四、七二八四 | 九二 | ― | ― | 六四三三 | ― | 一、二六五 | 五、五八六 | 一、九一六 | 五、七七六 | 一二、六三三 | 一四、〇一三 | 二、六四〇 | 三九〇 | 六、三三〇 | 一二九 | 一三五 | 三、三五八 | 一二、九八二 | 一、〇三一 | 一四、〇一三 | 五八五 | 八七、七八四 |
| 同 | 同七年度 | 一四、〇〇 | 一三〇 | 四、九一一〇 | 一〇〇 | ― | ― | 六四二〇 | ― | 一、〇五三 | 五、九五八 | 二、六五九 | 五、七〇八 | 一三、〇七六 | 一六、五八八 | 三、〇一七 | 四九五 | 七、五五〇 | 八四 | 一九〇 | 三、五四八 | 一四、八八四 | 一、七〇四 | 一六、五八八 | 五、五七〇 | 八七、七六七 |
| 同 | 同八年度 | 一四、〇〇 | 一四〇 | 四、二三八〇 | 一三〇 | ― | 一、〇三八三 | 四〇二〇 | ― | 一、〇一一 | 五、五四五 | 三、四八二 | 七、二八九 | 二一、三[illegible]一 | 二七、三七四 | 三、九六八 | 五九〇 | 一一、九〇八 | 四七 | 六七四 | 三、五〇三 | 二〇、六九〇 | 六、六八四 | 二七、三七四 | 五、五七〇 | 八七、七六九 |
| 同 | 同九年度 | 一四、〇〇 | 二六五 | 五、二四四八 | 二五〇 | ― | 二、七七九〇 | 六〇二〇 | ― | 一、〇〇七 | 五、三九九 | 二、五二六 | 一〇、一六四 | 二八、六六六 | 三三、七六四 | 五、五四四 | 八〇〇 | 一九、〇一三 | 九二 | 四八五 | 五、四〇四 | 三一、三三八 | 二、四二六 | 三三、七六四 | 一〇、五七〇 | 七三、八八〇 |
| 同 | 同十年度 | 一四、〇〇 | 二六五 | 五、六六四三 | 二五〇 | ― | 三、〇一八三 | 八六四〇 | ― | 九〇八 | 五、〇三九 | 三、一〇五 | 九、九二一 | 二八、二七七 | 三一、九四四 | 五、七七七 | 七四〇 | 一八、一四五 | 九一 | 四九五 | 五、四二三 | 三〇、六七二 | 一、二七二 | 三一、九四四 | 一〇、五六五 | 七三、三八〇 |
| 德舜瞥村 | 同六年度 | 六、四〇 | ― | 三、四二三〇 | 八 | | 一、九五五〇 | 二五二三 | ― | 六三六 | 二、五三八 | 五〇 | 三〇三 | 四、九一二 | 五、七〇七 | ― | 一七〇 | 二、六六一 | 四八 | 五四〇 | 五一五 | 三、八四四 | 一八六 | 五、七〇七 | 三、三三五 | 二、五〇〇 |
| 同 | 同七年度 | 六、四〇 | ― | 二、九四五〇 | 一二 | | 三、一五五〇 | 四三一〇 | ― | 六六〇 | 二、六四六 | 一〇一 | 三、〇四一 | 五、〇七二 | 八、七一三 | ― | 二五八 | 三、三四五 | 四九 | 五二五 | 七七〇 | 四、九四七 | 六一〇 | 八、七一三 | 三、五三五 | 二、五〇〇 |
| 同 | 同八年度 | 六、四〇 | ― | 五、四四五四 | 一二 | | 二、五四三六 | 四八七八 | ― | 五一〇 | 二、四六六 | 一、〇三〇 | 四、五二五 | 一五、七四四 | 一七、二七〇 | 三、八三六 | 七七四 | 一〇、五三八 | 七五 | 五七〇 | 三、八五四 | 一九、六四七 | 八〇七 | 一八、八九六 | 三、七三五 | 二、七五〇 |
| 同 | 同九年度 | 六、四〇 | ― | 四、九六七九 | 一四八 | | 二、〇七一七 | 四八七八 | ― | 四五六 | 二、三九二 | 四六二 | 六、一二六 | 一七、七五四 | 一八、八〇八 | 五、一八〇 | 三四三 | 一〇、四五四 | 六四 | 二八九 | 三、三三三 | 一九、六六三 | 一、〇八一 | 二〇、四五九 | 三、九三五 | 二、七五〇 |
| 同 | 同十年度 | 六、四〇 | ― | 四、九一七四 | 一五九 | | 一、八九九七 | 六〇〇〇 | ― | 四三九 | 二、〇九一 | 五五八 | 六、〇八七 | 一八、五五五 | 一八、九一六 | 四、二八七 | 八四 | 九、九五一 | 四四 | 三四七 | 五、三四九 | 二〇、〇六二 | 三〇三 | 二〇、四三一 | 三、八八八 | 二、七五〇 |

二〇〇

| 財産 學校基本財産 動産 | 財産 學校基本財産 不動産 | 財産 特別基本財産 動産 | 財産 特別基本財産 不動産 | 財産 收益ナキ財産 動産 | 財産 收益ナキ財産 不動産 | 財産 一部有財産 動産 | 財産 一部有財産 不動産 | 積立金穀 | 罹災救助金 | 財産ヨリ生スル收入 | 市町村債額 | 第三種所得税額 | 同納税者實人員 | 課率 附加税 地價割 | 課率 附加税 國税營業税割 | 課率 附加税 所得税割 | 課率 附加税 戸別割 | 課率 附加税 地方税營業税割 | 課率 附加税 雜種税割 | 課率 特別税 反別割 田 | 課率 特別税 反別割 畑 | 課率 特別税 反別割 宅地 | 課率 特別税 反別割 山林 | 課率 特別税 反別割 原野 | 課率 特別税 反別割 牧場 | 課率 特別税 反別割 海産干場 | 課率 特別税 反別割 雜種地 | 課率 特別税 建物割 | 課率 特別税 牛馬割 | 課率 特別税 戸別割 |
|---|---|---|---|---|---|---|---|---|---|---|---|---|---|---|---|---|---|---|---|---|---|---|---|---|---|---|---|---|---|---|
| 同 | 同 | 同 | 同 | 同 | 同 | 同 | 同 | 同 | 同 | 同 | 同 | 同 | 人 | 厘 | 同 | 同 | 同 | 同 | 同 | 同 | 同 | 同 | 同 | 同 | 同 | 同 | 同 | 同 | 同 | 同 |
| — | — | — | — | — | 九、六五六 | — | — | 一六、五二六 | — | 一、八七三 | 三、四一〇 | 一一、五三 | 八七 | — | 二七 | 三二二 | 五、八二二 | 一三四 | 三一〇 | — | — | — | — | — | — | — | — | — | — | — |
| — | — | — | — | — | 一〇、七六八 | — | — | 一四、八二六 | — | 二、〇六八 | 二、八八六 | 一、六八七 | 九二 | — | 二八 | 二八三 | 六、四二七 | 一四四 | 三二八 | — | — | — | — | — | — | — | — | — | — | — |
| — | — | — | — | — | 二〇、九二六 | — | — | 一三、八一五 | — | 三、六四四 | 四、九六二 | 二〇、三四 | 九八 | — | 三二 | 四〇七 | 九、五二二 | 一七九 | 四五八 | — | — | — | — | — | — | — | — | — | — | — |
| — | — | — | — | — | 一六、六五九 | — | — | 一四、七六〇 | — | 三、〇八八 | 三、七八八 | 六八六 | 六八 | — | 七二 | 一五四 | 一五、四三二 | 四四五 | 一、七七五 | — | — | — | — | — | — | — | — | — | — | — |
| — | — | — | — | — | 一七、三九九 | — | — | 一七、五六一 | — | 三、四七八 | 二、六一四 | 五一〇 | 六五 | — | 一〇二 | 一〇九 | 一四、二七八 | 二二三 | 二、四七一 | — | — | — | — | — | — | — | — | — | — | — |
| — | — | — | — | 二、一五〇 | — | — | 四〇〇 | 二、三五五 | — | 六四 | — | 五四〇 | 二六 | 二一〇 | 一五〇 | 一五〇 | 二、二五〇 | 五〇〇 | 五〇〇 | — | 〇九八 | 一七〇 | 〇一〇 | 〇一〇 | 〇〇六 | — | — | — | — | — |
| — | — | — | — | 二、一五〇 | — | — | 四〇〇 | 二、五五五 | — | 六四 | — | 八五〇 | 三六 | 二一〇 | 一五〇 | 一五〇 | 二、四〇〇 | 五〇〇 | 五〇〇 | — | 一一五 | 二〇〇 | 〇一〇 | 〇一〇 | 〇〇六 | — | — | — | — | — |
| — | — | — | — | 二、七〇〇 | — | — | 六〇〇 | 二、七三五 | — | 六四 | 三、〇〇〇 | 七四〇 | 二九 | 二一〇 | 一五〇 | 一五〇 | 六、二四四 | 五〇〇 | 八〇〇 | — | 一六七 | 二四二 | 〇一〇 | 〇一〇 | 〇〇六 | — | — | — | — | — |
| 二〇〇 | — | — | — | 二、七〇〇 | — | — | 六〇〇 | 二、九三五 | — | 六四 | 一、〇〇〇 | 九六 | 二〇 | 六三〇 | 四七〇 | 一四〇 | 四、〇〇〇 | 八〇〇 | 九〇〇 | — | 一六四 | 三二〇 | 〇一〇 | 〇一〇 | 〇〇六 | — | — | — | — | — |
| 二〇四 | — | — | — | 二、七〇〇 | — | — | 六〇〇 | 二、八八八 | — | 六四 | 一、〇〇〇 | 一三六 | 一七 | 一四九 | 四七〇 | 一四〇 | 四、五五〇 | 九〇〇 | 九〇〇 | — | 二一二 | 二九九 | 〇一〇 | 〇一〇 | 〇〇六 | — | — | — | — | — |

| 町村名 | 種別 | 面積 | 民有地 田 | 民有地 畑 | 民有地 宅地 | 民有地 山林 | 民有地 原野 | 民有地 牧場 | 民有地 其他 | 現住戸数 | 現住人口 | 負擔 直接國稅額 | 負擔 地方稅額 | 負擔 市町村稅額 | 財政 歳入 | 歳出 經常部 役所役場費 | 歳出 經常部 土木費 | 歳出 經常部 教育費 | 歳出 經常部 衛生費 | 歳出 經常部 勸業費 | 歳出 經常部 其他 | 歳出 經常部 計 | 歳出 臨時部計 | 歳出 通計 | 基本財産 動産 | 基本財産 不動産 |
|---|---|---|---|---|---|---|---|---|---|---|---|---|---|---|---|---|---|---|---|---|---|---|---|---|---|---|
| 單位 | | 方里 | 反 | 同 | 同 | 同 | 同 | 同 | 同 | 戸 | 人 | 圓 | 同 | 同 | 同 | 同 | 同 | 同 | 同 | 同 | 同 | 同 | 同 | 同 | 同 | 同 |
| 安平村 | 大正六年度 | 一六、五一 | 四八五八 | 一、一〇五七 | 二〇二 | 六、七六五五 | 二、六六三一 | 九、三八八二 | 一〇二 | 一、二〇五 | 六、七三七 | 三、八〇〇 | 五、八五二 | 一二、九八一 | 一七、〇九五 | 二、七九二 | 一九五 | 八、四八八 | 一四七 | 一〇 | 二、四九六 | 一四、一二八 | 二、九六七 | 一七、〇九五 | 三、八一五 | 三、六一八 |
| | 同 七年度 | 一六、五一 | 三七五二 | 九三四三 | 一六五 | 九、〇一八一 | 一、四二〇五 | 四、六六二九 | 二九〇 | 一、二八六 | 六、八一九 | 七、九六一 | 五、二〇〇 | 一八、六一九 | 二三、三六五 | 三、七二六 | 二四二 | 一二、四一五 | 一、七三六 | 五 | 二、七六一 | 二〇、八八五 | 二、四八〇 | 二三、三六五 | 三、九六四 | 三、六一八 |
| | 同 八年度 | 一六、五一 | 三五六三 | 九六九五 | 一八〇 | 七、四二〇八 | 一、九六八六 | 七、二七六五 | 二九〇 | 一、四五〇 | 六、七九三 | 一二、二六〇 | 七、〇八〇 | 二九、七二七 | 三五、五四六 | 四、九九六 | 四六〇 | 二〇、二〇四 | 一、三七九 | 五 | 三、三三七 | 三〇、三八一 | 五、一六五 | 三五、五四六 | 五、五四九 | 一、三七三 |
| | 同 九年度 | 一六、五一 | 七六五九 | 一、二二一三 | 三八二 | 八、一九二二 | 二、七七六〇 | 七、九一六四 | 三九八四 | 一、六八九 | 八、二二四 | 一一、二二〇 | 一二、一九一 | 三五、五三七 | 四〇、一四四 | 六、六一四 | 八六〇 | 二四、九六五 | 六〇二 | 五 | 四、二六八 | 三七、三一四 | 二、八三〇 | 四〇、一四四 | 六、四〇二 | 五、六三九 |
| | 同 十年度 | 一六、五一 | 六二三九 | 八五六〇 | 三四六 | 八、四七二二 | 三、六一〇三 | 六、一八五一 | 三九八五 | 一、六四九 | 八、四二二 | 一二、一〇二 | 一一、六七九 | 三八、七三五 | 五四、七一一 | 七、四八〇 | 二、六二〇 | 二七、二四六 | 五七九 | 五 | 一〇、四三四 | 四八、三六四 | 六、三四七 | 五四、七一一 | 七、〇七〇 | 五、六三九 |
| 鵡川村 | 同 六年度 | 一一、〇〇 | 三九五五 | 一、〇〇四五 | 二六〇 | 二、八一四二 | 二、八七四五 | 二、〇〇一六 | 四九 | 八五七 | 四、三七一 | 二、一九四 | 四、〇五八 | 八、九五六 | 二三、八〇一 | 二、五五〇 | 二八六 | 四、六三九 | 一一九 | — | 一、八三八 | 九、四三二 | 一四、三六九 | 二三、八〇一 | 二、五一六 | 二、七三三 |
| | 同 七年度 | 一一、〇〇 | 四八九一 | 一、一〇九二 | 二七五 | 三、一〇九一 | 三、〇五四二 | 二、〇二四七 | 五二 | 一、〇一三 | 四、七五六 | 二、九九八 | 五、一六二 | 一二、六五六 | 三二、五三六 | 三、四七六 | 四三七 | 六、九六〇 | 一九四 | — | 三、二八二 | 一四、三四九 | 一八、一八七 | 三二、五三六 | 一二、九二五 | 三、九四九 |
| | 同 八年度 | 一一、〇〇 | 五三一六 | 一、〇二三七 | 二八六 | 三、二一八九 | 三、九六八五 | 二、一九一八 | 五八 | 一、〇二五 | 五、一〇一 | 五、三九二 | 八、一四三 | 二三、四九三 | 二五、六一四 | 四、八三五 | 一、八九二 | 一一、八七八 | 六七九 | — | 三、一七七 | 二二、四六一 | 三、一五三 | 二五、六一四 | 一九、三〇四 | 一四、三一四 |
| | 同 九年度 | 一一、〇〇 | 六七二三 | 一、二〇五七 | 二九八 | 三、五二九七 | 四、二三五六 | 二、八八一九 | 五九 | 一、〇二七 | 五、九四四 | 四、三五八 | 一二、一九二 | 三六、九三五 | 五八、〇八〇 | 七、九四五 | 三、一一八 | 一五、九〇六 | 一、七五三 | — | 六、二二八 | 三四、九五一 | 二三、一三〇 | 五八、〇八〇 | 一三、六八二 | 一七、四九七 |
| | 同 十年度 | 一一、〇〇 | 四九四九 | 八三一三 | 三二二 | 三、八六三八 | 四八、八八二 | 二三、一一八 | 四七 | 一、〇三五 | 六、五八〇 | 五、八三八 | 一一、二四〇 | 三二、一八三 | 四三、一三〇 | 八、二六九 | 五六二 | 一六、七九三 | 一、六六四 | 五一七 | 五、〇二二 | 三二、八二七 | 一〇、三〇三 | 四三、一三〇 | 一四、六九六 | 二〇、六八一 |

| | | | | | | | | | | | | |
|---|---|---|---|---|---|---|---|---|---|---|---|---|
| 財産 | 學校基本財産 | 動産 | 同 | ― | ― | ― | ― | ― | ― | ― | ― | ― | ― |
| | | 不動産 | 同 | ― | ― | ― | ― | ― | ― | ― | ― | ― | ― |
| | 特別基本財産 | 動産 | 同 | ― | ― | ― | ― | ― | 一六三 | 一七一 | 五三九 | 五八六 | 六一一 |
| | | 不動産 | 同 | ― | ― | ― | ― | ― | ― | ― | ― | ― | ― |
| | 收益ナキ財産 | 動産 | 同 | ― | ― | ― | ― | ― | ― | ― | ― | ― | ― |
| | | 不動産 | 同 | 六、七一〇 | 七、五六〇 | 一〇、五〇三 | 一二、七九五 | 一二、八四一 | 一二、六七一 | 一四、七二五 | 一八、八三三 | 二二、〇五一 | 二五、二六九 |
| | 一部有財産 | 動産 | 同 | ― | ― | ― | ― | ― | ― | ― | ― | ― | ― |
| | | 不動産 | 同 | ― | ― | ― | ― | ― | ― | ― | ― | ― | ― |
| | 積立金穀 | | 同 | ― | ― | ― | ― | ― | ― | ― | ― | ― | ― |
| | 罹災救助金 | | 同 | ― | ― | ― | ― | ― | ― | ― | ― | ― | ― |
| 財産ヨリ生スル收入 | | | 同 | 二三六 | 一九四 | 二二六 | 二七六 | 一〇二 | 一八二 | 二九七 | 三四九 | 九三二 | 一、五八八 |
| 市町村債額 | | | 同 | ― | ― | ― | ― | ― | 一一、五八五 | 一五、二〇六 | 一三、九八七 | 一三、〇九八 | 一二、二三六 |
| 第三種所得税額 | | | 同 | 二、二〇四 | 四、〇六六 | 六、五六三 | 三、三八一 | 三、八七七 | 一、〇三四 | 一、六七五 | 二、五九四 | 一、六七九 | 二、二四五 |
| 同納税者實人員 | | | 人 | 一三〇 | 一三六 | 一八四 | 一四五 | 一六九 | 六三 | 八七 | 一一二 | 一〇四 | 一二六 |
| 課率 | 附加税 | 地價割 | 厘 | 一五〇 | 一五〇 | 一五〇 | ― | ― | 一五〇 | 一五〇 | 一五〇 | ― | ― |
| | | 國税營業税割 | 同 | 一五〇 | 一五〇 | 一五〇 | 一五〇 | 四七〇 | 一五〇 | 一五〇 | 二三〇 | 二四〇 | 四七〇 |
| | | 所得税割 | 同 | 一五〇 | 一五〇 | 一五〇 | 一五〇 | 一四〇 | 一五〇 | 一五〇 | 二三〇 | 二四〇 | 一四〇 |
| | | 戸別割 | 同 | ― | ― | ― | ― | ― | 六、八四五 | 四、七〇〇 | 七、一五〇 | 八、〇〇〇 | 五、二〇〇 |
| | | 地方税營業税割 | 同 | 五〇〇 | 五〇〇 | 七〇〇 | 七〇〇 | 一、〇〇〇 | 七五〇 | 五〇〇 | 七〇〇 | 一、〇〇〇 | 一、〇〇〇 |
| | | 雜種税割 | 同 | 五〇〇 | 一、〇〇〇 | 一、〇〇〇 | 一、〇〇〇 | 一、〇〇〇 | 五〇〇 | 八〇〇 | 一、〇〇〇 | 一、〇〇〇 | 一、〇〇〇 |
| | 特別税 反別割 | 田 | 同 | 〇九〇 | 一七五 | 一七五 | 三五〇 | 三五〇 | 一二〇 | 一二〇 | 一二〇 | 三七一 | 三七一 |
| | | 畑 | 同 | 〇六〇 | 一〇五 | 一〇五 | 一九二 | 一九二 | 〇五一 | 〇五一 | 〇五一 | 一六五 | 一六五 |
| | | 宅地 | 同 | 三三三 | 五三三 | 五三三 | 一、〇三三 | 一、〇三三 | 二〇四 | 二〇四 | 二〇四 | 五九五 | 五九五 |
| | | 山林 | 同 | 〇〇九 | 〇一七 | 〇一七 | 〇二〇 | 〇二〇 | 〇〇六 | 〇〇六 | 〇〇六 | 〇二〇 | 〇二〇 |
| | | 原野 | 同 | 〇〇六 | 〇一〇 | 〇一〇 | 〇一五 | 〇一五 | 〇〇三 | 〇〇三 | 〇〇三 | 〇一一 | 〇一一 |
| | | 牧場 | 同 | 〇一六 | 〇一七 | 〇一七 | 〇二〇 | 〇二〇 | 〇〇六 | 〇〇六 | 〇〇六 | 〇一六 | 〇一六 |
| | | 海産干場 | 同 | ― | ― | ― | ― | ― | 一四〇 | 一四〇 | 一四〇 | 四三五 | 四三五 |
| | | 雜種地 | 同 | ― | ― | ― | ― | ― | ― | ― | ― | ― | ― |
| | 特別税 | 建物割 | 同 | ― | ― | ― | ― | ― | ― | ― | ― | ― | ― |
| | | 牛馬割 | 同 | ― | ― | ― | ― | ― | ― | ― | ― | ― | ― |
| | | 戸別割 | 同 | ― | ― | ― | ― | ― | ― | ― | ― | ― | ― |

| 種別 | 單位 | 似湾村 大正六年度 | 同 七年度 | 同 八年度 | 同 九年度 | 同 十年度 | 幌別村 同 六年度 | 同 七年度 | 同 八年度 | 同 九年度 | 同 十年度 |
|---|---|---|---|---|---|---|---|---|---|---|---|
| 面積 | 方里 | 三二、〇〇 | 三二、〇〇 | 三二、〇〇 | 三二、〇〇 | 三二、〇〇 | 一三、二〇 | 一三、二〇 | 一三、二〇 | 一三、二〇 | 一三、二〇 |
| 民有地 田 | 反 | 四六八 | 四七二 | 四八五 | 四八五 | 五五〇 | — | — | — | — | — |
| 民有地 畑 | 同 | 一、九七四一 | 一、九九四一 | 二、七八四〇 | 二、七八四五 | 二、八二五〇 | 二、六七一〇 | 二、七八三〇 | 二、九五三〇 | 三、一八九一 | 四、〇七四〇 |
| 民有地 宅地 | 同 | 八 | 一三 | 二〇 | 二六 | 二六 | 二四二 | 三二〇 | 三二〇 | 一四〇九 | 一七七〇 |
| 民有地 山林 | 同 | 六、二二八〇 | 七、〇八六〇 | 七、〇八六〇 | 七、〇九五〇 | 七、〇六五〇 | 一二〇 | 五〇〇 | 五〇〇 | 六六六 | 八五六四 |
| 民有地 原野 | 同 | 二一三〇 | 三二一〇 | 五二〇〇 | 五五〇〇 | 六一〇〇 | 二、〇四〇〇 | 一、九〇〇〇 | 一、九〇〇〇 | 六、〇六七〇 | 八、〇六〇二 |
| 民有地 牧場 | 同 | 二七九三 | 一、二三二〇 | 一、五七八六 | 一、七三八一 | 一、七三九〇 | 一、〇二五〇 | 一二、七〇〇 | 一二、七〇〇 | 三、一七七〇 | 四、八一三〇 |
| 民有地 其他 | 同 | 八九六 | 一三二〇 | 一、五六三 | 一八五〇 | 一八五〇 | 六四 | 七〇 | 七〇 | 二七二 | 五一七 |
| 現住戸數 | 戸 | 四〇八 | 五〇七 | 五二六 | 五五七 | 五五八 | 一、〇九五 | 一、二〇〇 | 一、二八四 | 九七五 | 一、〇三八 |
| 現住人口 | 人 | 一、〇二〇 | 二、五八一 | 二、六〇二 | 三、〇四四 | 二、八七四 | 五、六三三 | 五、八四八 | 六、四〇九 | 六、二八七 | 六、六五〇 |
| 負擔 直接國稅額 | 圓 | 二、三七七 | 一、九三八 | 三、五三四 | 一、八六二 | 二、一二〇 | 三、五三一 | 四、七五一 | 九、三三八 | 八、一七五 | 八、七五〇 |
| 負擔 地方税額 | 同 | 二、九一〇 | 三、〇九一 | 三、九一三 | 四、九二九 | 八、〇一一 | 五、三〇〇 | 五、九一三 | 七、九二一 | 一一、二九三 | 一〇、五五〇 |
| 負擔 市町村税額 | 同 | 六、八一二 | 六、八七〇 | 一二、〇八九 | 一五、六七四 | 一七、四七五 | 一一、三一〇 | 一四、七六七 | 二四、五五〇 | 二八、五五三 | 三一、二二六 |
| 財政 歳入 | 同 | 八、二五三 | 九、六五九 | 一四、三四〇 | 一八、三八七 | 一九、三五五 | 一五、八四七 | 二四、七二九 | 三一、一六九 | 三三、五八五 | 三七、四七四 |
| 財政 歳出經常部 役所役場費 | 同 | 八二〇 | 二、四〇四 | 三、二三六 | 四、三二九 | 四、九九四 | 一、六三二 | 二、三七〇 | 五、九一〇 | 七、七六三 | 六、七七六 |
| 財政 歳出經常部 土木費 | 同 | 四七六 | 七二四 | 七二四 | 一、〇〇〇 | 一二〇 | 三二一 | 一六七 | 四一六 | 六四二 | 九三七 |
| 財政 歳出經常部 教育費 | 同 | 三、二九七 | 四、一四二 | 六、四四八 | 七、一四四 | 七、七三六 | 六、八八三 | 一一、二〇五 | 一六、三三一 | 一八、五六一 | 一八、二八八 |
| 財政 歳出經常部 衛生費 | 同 | 八二 | 八二 | 一四七 | 六九四 | 一、三〇九 | 六五 | 一三二 | 一三三 | 四一 | 一九 |
| 財政 歳出經常部 勸業費 | 同 | 六 | 六 | 三〇 | — | 五 | — | 二 | 一〇〇 | 四八 | 一六四 |
| 財政 歳出經常部 其他 | 同 | 二、二四九 | 二、一七六 | 三、六三〇 | 四、五七〇 | 四、〇一一 | 一、七六四 | 二、二八二 | 四、二七一 | 三、九三〇 | 六、一二七 |
| 財政 同計 | 同 | 六、九三〇 | 九、五三四 | 一四、二一五 | 一七、七三七 | 一八、一七五 | 一〇、六六[illegible] | 一六、一五九 | 二七、一六一 | 三〇、九八五 | 三二、三一一 |
| 財政 臨時部計 | 同 | 一、三二三 | 一二四 | 一二五 | 六五〇 | 一、一八〇 | 四、三三二 | 八、二五一 | 二、六六〇 | 五七一 | 六八九 |
| 財政 通計 | 同 | 八、二五三 | 九、六五九 | 一四、三四〇 | 一八、三八七 | 一九、三五五 | 一四、九九七 | 二四、四一〇 | 二九、八二一 | 三一、五五六 | 三三、〇〇〇 |
| 基本財産 動産 | 同 | 一 | 一 | 一、一〇〇 | 四、四〇〇 | 四、四〇〇 | 一、七八九 | 三、〇九四 | 二、一九四 | 一、九〇〇 | 三、六七二 |
| 基本財産 不動産 | 同 | 一二二、二二四 | 一三五、一五〇 | 一三五、八〇〇 | 一四六、三五〇 | 一四五、一五〇 | 二七、三四二 | 三〇、四九二 | 三七、六〇六 | 三八、九四〇 | 三八、九四〇 |

| 財産 學校基本財産 動産 | 學校基本財産 不動産 | 特別基本財産 動産 | 特別基本財産 不動産 | 收益ナキ財産 動産 | 收益ナキ財産 不動産 | 一部有財産 動産 | 一部有財産 不動産 | 積立金穀 | 罹災救助金 | 財産ヨリ生スル收入 | 市町村債額 | 第三種所得税額 | 同納税者實人員 |
|---|---|---|---|---|---|---|---|---|---|---|---|---|---|
| 同 | 同 | 同 | 同 | 同 | 同 | 同 | 同 | 同 | 同 | 同 | 同 | 同 | 人 |
| — | — | — | — | — | — | — | — | 二四〇 | — | 一七八 | — | 九二七 | 三六 |
| — | — | — | — | — | — | — | — | 八 | — | 二一八 | — | 一,三四一 | 四八 |
| — | — | — | — | 一,一〇〇 | — | — | — | 二六九 | — | 一八〇 | — | 二,一二四 | 六七 |
| — | — | — | — | 四,四〇〇 | — | — | — | 二五〇 | — | 一三八 | — | 七七六 | 三五 |
| — | — | — | — | 四,四〇〇 | — | — | — | 三,〇一一 | — | 二〇〇 | — | 八八四 | 三九 |
| — | — | — | — | — | — | — | — | — | — | 五二〇 | 八五〇 | 一,七二〇 | 八八 |
| — | — | — | — | — | — | — | — | — | — | 七〇八 | 七五〇 | 二,七三一 | 八五 |
| — | — | — | — | — | — | — | — | — | — | 六六四 | 六五〇 | 二,四八五 | 六三 |
| — | — | — | — | — | — | — | — | — | — | 一,〇九八 | 五五〇 | 二,九七三 | 九〇 |
| — | — | — | — | — | — | — | — | — | — | 一,二九〇 | 四五〇 | 三,六〇九 | 一〇一 |

| 課率 附加税 地價割 | 國税營業税割 | 所得税割 | 戸別割 | 地方税營業税割 | 雜種税割 | 特別税 反別割 田 | 畑 | 宅地 | 山林 | 原野 | 牧場 | 海産 | 干場 雜種地 | 建物割 | 牛馬割 | 戸別割 |
|---|---|---|---|---|---|---|---|---|---|---|---|---|---|---|---|---|
| 厘 | 同 | 同 | 同 | 同 | 同 | 同 | 同 | 同 | 同 | 同 | 同 | 同 | 同 | 同 | 同 | 同 |
| — | 二二二 | 一四五 | 五,三四二 | 七五〇 | 一,〇〇〇 | 一四六 | 〇八九 | 二二二 | 一二〇 | 一〇七 | 一一九 | — | — | — | — | — |
| — | 二二二 | 一四五 | 五,三四二 | 七五〇 | 一,〇〇〇 | 一四六 | 〇八九 | 二二二 | 一二〇 | 一〇七 | 一一九 | — | — | — | — | — |
| 二一〇 | 二二二 | 一四五 | 五,三四二 | 七五〇 | 一,〇〇〇 | 一四六 | 〇八九 | 二二二 | 一二〇 | 一〇七 | 一一九 | — | — | — | — | — |
| 二一〇 | 二二二 | 一四五 | 五,三四二 | 七五〇 | 一,〇〇〇 | 一四六 | 〇八九 | 二二二 | 一二〇 | 一〇七 | 一一九 | — | — | — | — | — |
| 二一〇 | 二二二 | 一四五 | 五,三四二 | 七五〇 | 一,〇〇〇 | 一四六 | 〇八九 | 二二二 | 一二〇 | 一〇七 | 一一九 | — | — | — | — | — |
| — | 一五〇 | 一五〇 | 二,七〇〇 | 五〇〇 | 五〇〇 | — | 〇六〇 | 〇〇八 | 〇〇八 | 〇〇八 | 〇〇八 | 二四〇 | — | — | — | — |
| — | 一五〇 | 一五〇 | 三,五〇〇 | 五〇〇 | 五〇〇 | — | 〇六〇 | 〇〇八 | 〇〇八 | 〇〇八 | 〇〇八 | 三五四 | — | — | — | — |
| — | 二四〇 | 二四〇 | 五,五〇〇 | 八〇〇 | 八〇〇 | — | 一六〇 | 三三五 | 〇二〇 | 〇二〇 | 〇二〇 | 三五四 | — | — | — | — |
| — | 二四〇 | 二四〇 | 六,七〇〇 | 一,〇〇〇 | 一,〇〇〇 | — | 三五〇 | 九八八 | 〇五〇 | 〇五〇 | 〇五〇 | 五二四 | — | — | — | — |
| — | 四七〇 | 一四〇 | 五,七〇〇 | 一,〇〇〇 | 一,〇〇〇 | — | 三三二 | 九一四 | 〇五〇 | 〇五〇 | 〇五〇 | 四四一 | — | — | — | — |

| 種別 | 單位 | 白老村 大正六年度 | 同 七年度 | 同 八年度 | 同 九年度 | 同 十年度 |
|---|---|---|---|---|---|---|
| 面積 | 方里 | 二八、〇〇 | 二八、〇〇 | 二八、〇〇 | 二八、〇〇 | 二八、〇〇 |
| 民有地 田 | 反 | 七八 | 七八 | 四六 | 七八 | 二一五 |
| 同 畑 | 同 | 一、三四七六 | 一、八二二六 | 二、一二四一 | 六六一〇 | 六三二〇 |
| 同 宅地 | 同 | 一一八 | 一一八 | 二一八 | 一八〇 | 三二九 |
| 同 山林 | 同 | 一三〇 | 一三〇 | 四〇二 | 三、五〇六六 | 二、四一三五 |
| 同 原野 | 同 | 一七〇 | 一七〇 | 六八〇 | 六、三一八一 | 二、八三八四 |
| 同 牧場 | 同 | 七、七六一〇 | 七、七六一〇 | 八、一七八〇 | 一、〇五六一 | 五、八六六〇 |
| 同 其他 | 同 | 一一五 | 一一五 | 二〇 | 一二八 | 一四〇 |
| 現住戸數 | 戸 | 七三〇 | 八二四 | 八五〇 | 九八九 | 一、〇六二 |
| 現住人口 | 人 | 四、五二六 | 四、七三五 | 四、八七五 | 四、九〇六 | 六、五八六 |
| 負擔 直接國税額 | 圓 | 一、五六七 | 二、九八一 | 四、一四三 | 二、三五〇 | 二、四七六 |
| 同 地方税額 | 同 | 二、八六九 | 三、四六一 | 四、一八一 | 六、九三八 | 七、〇七七 |
| 同 市町村税額 | 同 | 七、〇四七 | 九、四三〇 | 一七、八七四 | 二三、九八五 | 二一、八六二 |
| 財政 歳入 | 同 | 八、四〇三 | 九、七五八 | 二一、三六九 | 二八、六一四 | 二八、八五九 |
| 歳出 経常部 役所役場費 | 同 | — | — | 三、六七〇 | 六、〇三三 | 五、八五三 |
| 同 土木費 | 同 | 一七五 | 一〇〇 | 一〇〇 | 二五〇 | 一九〇 |
| 同 教育費 | 同 | 四、二四四 | 五、五〇〇 | 一〇、二三二 | 一四、〇七三 | 一六、三六七 |
| 同 衛生費 | 同 | 一〇三 | 一〇三 | 一二二 | 一一九 | 一二七 |
| 同 勧業費 | 同 | 三〇〇 | 三〇〇 | 一四〇 | 二一六 | 三二八 |
| 同 其他 | 同 | 三、〇八一 | 三、五三五 | 三、二六六 | 四、三三三 | 四、二二四 |
| 同 計 | 同 | 七、九〇三 | 九、五三八 | 一七、五三〇 | 二五、二二四 | 二七、〇八九 |
| 臨時部計 | 同 | 五〇〇 | 二二〇 | 三、八三九 | 三、三九〇 | 一、一七〇 |
| 通計 | 同 | 八、四〇三 | 九、七五八 | 二一、三六九 | 二八、六一四 | 二八、八五九 |
| 基本財産 動産 | 同 | 一、二五〇 | 一、三八二 | 二、六一五 | 二、一四五 | 二、九九二 |
| 同 不動産 | 同 | 四二、五八五 | 四二、五六五 | 四三、九八七 | 六九、五二〇 | 七三、四三二 |

| 種別 | 單位 | 浦河町 同 六年度 | 同 七年度 | 同 八年度 | 同 九年度 | 同 十年度 |
|---|---|---|---|---|---|---|
| 面積 | 方里 | 三一、〇〇 | 三一、〇〇 | 三一、〇〇 | 三一、〇〇 | 三一、〇〇 |
| 民有地 田 | 反 | 一二〇六 | 一二二三 | 一三四七 | 一九四七 | 二四四六 |
| 同 畑 | 同 | 二、三二八三 | 二、三二六一 | 二、四五二六 | 二、〇七三六 | 二、一九一〇 |
| 同 宅地 | 同 | 二〇八 | 二〇九 | 二一一 | 七〇八 | 二四六 |
| 同 山林 | 同 | 八一七 | 一八九九 | 四二四〇 | 七九六 | 三一二六 |
| 同 原野 | 同 | 二二二三 | 四〇〇八 | 五八〇二 | 八九八一 | 八二八三 |
| 同 牧場 | 同 | 三一、一一九六 | 一〇、一一八八 | 四、二四五一 | 四、六五二八 | 三、一六九八 |
| 同 其他 | 同 | 四二八 | 五九四 | 七九五 | 六四二 | 二七三 |
| 現住戸數 | 戸 | 一、三二六 | 一、三一四 | 一、三一四 | 一、三六三 | 一、三七二 |
| 現住人口 | 人 | 七、四四九 | 七、四二〇 | 七、〇六九 | 六、九四一 | 七、〇六八 |
| 負擔 直接國税額 | 圓 | 二四、九四〇 | 二九、四七〇 | 三五、二一三 | 三〇、四三六 | 四〇、四九〇 |
| 同 地方税額 | 同 | 六、三七二 | 八、四二五 | 九、三四九 | 一三、八五四 | 一五、二五二 |
| 同 市町村税額 | 同 | 一九、五五四 | 二三、二四五 | 三〇、九七三 | 四五、六五〇 | 五七、九二〇 |
| 財政 歳入 | 同 | 三三、一六八 | 三四、一二七 | 六四、二二七 | 六〇、六〇一 | 九六、四〇九 |
| 歳出 経常部 役所役場費 | 同 | 五、八九二 | 八、四五五 | 二、九六七 | 一五、八六六 | 一七、一一七 |
| 同 土木費 | 同 | 二四九 | 九四 | 二四六 | 九一九 | 二、七五〇 |
| 同 教育費 | 同 | 九、三六三 | 一三、三六九 | 一九、七二八 | 二六、二一四 | 二七、九七九 |
| 同 衛生費 | 同 | 一、二九一 | 七九七 | 一、四一八 | 二、一六七 | 一、五二九 |
| 同 勧業費 | 同 | 五三六 | 六五四 | 四七五 | 一、五五四 | 六一〇 |
| 同 其他 | 同 | 二、〇七七 | 四、六一〇 | 一〇、八四九 | 一、〇二九 | 九、八二六 |
| 同 計 | 同 | 一九、四〇八 | 二七、九七九 | 三五、六八三 | 五一、七四九 | 五九、二二一 |
| 臨時部計 | 同 | 九、七三四 | 六、一四八 | 二六、四七六 | 五、一八一 | 三七、一九八 |
| 通計 | 同 | 二九、一四二 | 三四、一二七 | 六二、一五九 | 五六、九三〇 | 九六、四〇九 |
| 基本財産 動産 | 同 | 二三、五二八 | 四六、〇二四 | 五三、三二二 | 四六、六三五 | 三六、九五八 |
| 同 不動産 | 同 | 五〇、二五二 | 五〇、二五二 | 五〇、二五二 | 一〇五、六六二 | 一〇五、七〇二 |

| 財産 學校基本財産（動産） | 財産 學校基本財産（不動産） | 財産 特別基本財産（動産） | 財産 特別基本財産（不動産） | 財産 收益ナキ財産（動産） | 財産 收益ナキ財産（不動産） | 財産 一部有財産（動産） | 財産 一部有財産（不動産） | 財産 積立金穀 | 財産 罹災救助金 | 財産ヨリ生スル收入 | 市町村債額 | 第三種所得稅額 | 同納稅者實人員 | 課率 附加稅 地價割 | 課率 附加稅 國稅營業稅割 | 課率 附加稅 所得稅割 | 課率 附加稅 戸別割 | 課率 附加稅 地方稅營業稅割 | 課率 附加稅 雜種稅割 | 課率 特別稅 反別割 田 | 課率 特別稅 反別割 畑 | 課率 特別稅 反別割 宅地 | 課率 特別稅 反別割 山林 | 課率 特別稅 反別割 原野 | 課率 特別稅 反別割 牧場 | 課率 特別稅 反別割 海産干場 | 課率 特別稅 反別割 雜種地 | 課率 特別稅 建物割 | 課率 特別稅 牛馬割 | 課率 特別稅 戸別割 |
|---|---|---|---|---|---|---|---|---|---|---|---|---|---|---|---|---|---|---|---|---|---|---|---|---|---|---|---|---|---|---|
| 同 | 同 | 同 | 同 | 同 | 同 | 同 | 同 | 同 | 同 | 同 | 同 | 同 | 人 | 厘 | 同 | 同 | 同 | 同 | 同 | 同 | 同 | 同 | 同 | 同 | 同 | 同 | 同 | 同 | 同 | 同 |
| 九五〇 | 一二、三八五 | — | — | — | — | — | — | — | — | 三七 | — | 八七一 | 五六 | — | 一五〇 | 一五〇 | 二、四〇〇 | 五〇〇 | 五〇〇 | 二三〇 | 〇八六 | 三一〇 | 〇〇八 | 〇〇八 | 〇一五 | 三〇〇 | — | — | — | — |
| 九九七 | 一三、四二七 | — | — | — | — | — | — | — | — | 二八 | — | 一、六五六 | 六一 | — | 一五〇 | 一五〇 | 二、七〇〇 | 五〇〇 | 五〇〇 | 二三〇 | 〇八六 | 三一〇 | 〇〇八 | 〇〇八 | 〇一五 | 三〇〇 | — | — | — | — |
| 五二 | 二、五〇〇〇 | — | — | — | — | — | — | — | — | 一八二 | — | 二、四二四 | 九〇 | — | 一五〇 | 一五〇 | 四、九四〇 | 五〇〇 | 五〇〇 | 二〇〇 | 一六〇 | 六九〇 | 〇一二 | 〇一二 | 〇三一 | 五一〇 | — | — | — | — |
| 五二 | 二、五〇〇〇 | — | — | — | — | — | — | — | — | 一九二 | — | 七四四 | 三九 | — | 二四〇 | 二四〇 | 六、二〇〇 | 一、〇〇〇 | 一、〇〇〇 | 二八五 | 二一〇 | 六五〇 | 〇四一 | 〇二四 | 〇三八 | 七七五 | — | — | — | — |
| 五七 | — | — | — | — | — | — | — | — | — | 二九二 | — | 七八九 | 五六 | — | 四七〇 | 一四〇 | 五、一八〇 | 一、〇〇〇 | 一、〇〇〇 | 二八五 | 二一〇 | 四四八 | 〇四一 | 〇二四 | 〇三八 | 六六三 | — | — | — | — |
| 三二 | 二、〇二九 | 九一一 | — | 七、〇二〇 | 四九、五九〇 | — | — | — | — | 三、一〇八 | — | 三、四五四 | 一五九 | — | 一五〇 | 一五〇 | 六、一五〇 | 一、〇〇〇 | 一、〇〇〇 | 二〇〇 | 〇八五 | 二五〇 | 〇一〇 | 〇一〇 | 〇一三 | 七〇〇 | — | — | 三〇〇 | — |
| 四二九 | 四七四 | 一、〇八一 | — | 一二、八二〇 | 五三、一七一 | — | — | — | — | 四、三六三 | — | 五、三七二 | 一三三 | — | 一五〇 | 一五〇 | 六三三〇 | 一、〇〇〇 | 一、〇〇〇 | 二〇〇 | 〇九八 | 九九〇 | 〇一〇 | 〇一〇 | 〇一〇 | 七〇〇 | — | — | 三〇〇 | — |
| — | 四七四 | 一、一九二 | — | 一二、七五〇 | 五三、二六〇 | — | — | 四、五〇七 | — | 四、八三四 | — | 六、九八三 | 一七八 | — | 一九〇 | 一九〇 | 七、三〇〇 | 一、〇〇〇 | 一、〇〇〇 | 四八七 | 一五〇 | 一、九二三 | 〇二〇 | 〇二〇 | 〇二〇 | 一、〇五〇 | — | — | 五〇〇 | — |
| 八七四 | 一、二四四 | 一、三九二 | — | 一四、五三二 | 九〇、三〇四 | — | — | 四、六六三 | — | 四、四八三 | — | 六、一三一 | 一七四 | — | 二四〇 | 二四〇 | 七、〇〇〇 | 一、〇〇 | 一、〇〇〇 | 六〇 | 三〇〇 | 二、六八〇 | 〇五〇 | 〇三〇 | 〇五〇 | 二、一六〇 | — | — | 五〇〇 | — |
| 一、二一一 | 一、二四四 | 一、六二八 | — | 一四、五三三 | 九〇、四二二 | — | — | 二一二 | — | 五、九〇七 | — | 一三、四三七 | 二〇〇 | — | 四七〇 | 一四〇 | 九〇〇 | 一、二五〇 | 一、二五〇 | 六七四 | 三一七 | 九八〇 | 〇四七 | 〇二七 | 〇四五 | 九九二 | — | — | 五〇〇〇 | — |

| 種別 | 單位 | 静内村 大正六年度 | 静内村 同七年度 | 静内村 同八年度 | 静内村 同九年度 | 静内村 同十年度 | 三石村 同六年度 | 三石村 同七年度 | 三石村 同八年度 | 三石村 同九年度 | 三石村 同十年度 |
|---|---|---|---|---|---|---|---|---|---|---|---|
| 面積 | 方里 | 五〇、〇〇 | 五〇、〇〇 | 五〇、〇〇 | 五〇、〇〇 | 五〇、〇〇 | 二二、〇〇 | 二二、〇〇 | 二二、〇〇 | 二二、〇〇 | 二二、〇〇 |
| 民有地 田 | 反別 反 | 一七〇一 | 二〇八七 | 三九三五 | 一八二一 | 三一八八 | 一四三六 | 一、九八六二 | 二一五〇 | 五二九五 | 七四一七 |
| 民有地 畑 | 同 | 四、〇八三一 | 四一二三 | 四、三八三〇 | 五、〇八七五 | 四、六四五五 | 三、九六二六 | 三、九九七〇 | 四、一一〇五 | 四、五一九五 | 三、六六六四 |
| 民有地 宅地 | 同 | 五六三四 | 二三八四 | 二三九 | 二四六 | 二五一 | 一六一 | 一六二 | 一六二 | 一五九 | 二一八 |
| 民有地 山林 | 同 | 四六五九 | 四六六〇 | 四六六一 | 三七四二 | 七四三一 | 一、一二四九 | 一、一二九六 | 一、一三四七 | 一、〇七〇〇 | 一、七二一五 |
| 民有地 原野 | 同 | 一、五四七八 | 一、五四七二 | 一、五四三〇 | 一、六八四八 | 三、〇九二九 | 六三七三 | 六三七三 | 六三七五 | 三、四〇六七 | 三、一四七九 |
| 民有地 牧場 | 同 | 五、〇四三六 | 五、一四二八 | 五、二二四一 | 六、二八〇四 | 五、〇五八六 | 一、二三四八 | 一一、一二八二 | 一一、一三五〇 | 一〇、五七五二 | 一〇、三三〇〇 |
| 民有地 其他 | 同 | 二一四 | 七九八 | 一、一二一〇 | 一、一二〇三 | 三一五 | 三〇九五 | 四〇七四 | 六八六九 | 二〇九 | 二六六 |
| 現住戸數 | 戸 | 一、一九三 | 一、一九九 | 一、二一七 | 一、三四八 | 一、三五五 | 一、〇一三 | 一、〇一三 | 一、〇三六 | 一、〇二二 | 一、一一四 |
| 現住人口 | 人 | 五、八七一 | 五、八八七 | 五、九二二 | 六、五八四 | 六、五九五 | 五、七〇四 | 五、七〇八 | 六、三四二 | 五、八七〇 | 五、八九三 |
| 負擔 直接國税額 | 圓 | 一七、八八三 | 二四、三二六 | 三〇、五九六 | 二五、七八四 | 一八、七三八 | 一六、一九八 | 一六、九九八 | 二一、七九三 | 一九、六二六 | 一八、三五一 |
| 負擔 地方税額 | 同 | 六、〇四四 | 七、一二九 | 八、六五四 | 一六、三三一 | 一一、七七四 | 五、八三一 | 五、八〇一 | 八、五二四 | 一二、一四九 | 一二、一七五 |
| 負擔 市町村税額 | 同 | 一三、八八五 | 一九、二九四 | 二六、七九一 | 三六、二三九 | 三三、九三八 | 一二、一六六 | 一八、四二九 | 二二、五一七 | 三四、一〇六 | 二八、七五三 |
| 財政 歳入 | 同 | 一六、九四九 | 二二、四五三 | 三三、五八一 | 四七、三九九 | 五〇、〇〇二 | 一四、五三六 | 一八、五九三 | 三四、〇二七 | 五二、三五六 | 五二、二四六 |
| 歳出經常部 役所役場費 | 同 | 二、六九五 | 三、七四二 | 五、三八一 | 九、七五二 | 一〇、一七六 | 二、六五二 | 三、五六九 | 五、六三四 | 七、六八九 | 六、五一七 |
| 歳出經常部 土木費 | 同 | ｜ | 一五六 | 一〇〇 | 七六 | 一、〇〇六 | 三四〇 | 二五一 | 九九九 | 二、五九三 | 二、一五〇 |
| 歳出經常部 教育費 | 同 | 八、九七九 | 一一、四五〇 | 一九、三一九 | 二二、四六二 | 二四、四二一 | 七、八四九 | 一〇、三五一 | 一五、五五八 | 二〇、三〇四 | 一九、六二二 |
| 歳出經常部 衛生費 | 同 | 一、七〇三 | 一、四二七 | 一、三二八 | 一、四八七 | 二、七一三 | 九七一 | 一、四〇五 | 二、三三〇 | 一、八六四 | 二、一一四 |
| 歳出經常部 勸業費 | 同 | 一五五 | 三、一三三 | 三、一五九 | 一、二五四 | 一、〇一三 | 四〇一 | 八一〇 | 六三〇 | 四四〇 | 一〇 |
| 歳出經常部 其他 | 同 | 二、四一八 | 一、七七五 | 二、五〇三 | 五、四六四 | 七、四三二 | 一、八三八 | 一、一六一 | 一、七六〇 | 三、九〇〇 | 八、〇六三 |
| 歳出經常部 計 | 同 | 一五、九五〇 | 二一、六八三 | 三一、七九〇 | 四〇、四九五 | 四六、七六一 | 一四、〇五〇 | 一七、五四七 | 二六、九一一 | 三六、七九〇 | 三八、四七六 |
| 同臨時部 計 | 同 | 九七四 | 七七〇 | 一、三七四 | 二三〇〇 | 三、二四一 | 一九 | 三〇〇 | 七、一一六 | 一五、五六七 | 一三、七七〇 |
| 通計 | 同 | 一六、九二四 | ｜ | 三三、一六四 | 四二、五九三 | 五〇、〇〇二 | 一四、〇六九 | 一七、八四七 | 三四、〇二七 | 五二、三五七 | 五二、二四六 |
| 基本財産 動産 | 同 | 五、二三六 | 三三、二七三 | 二九、六八二 | 二五、一六二 | 一一四、四二〇 | 一四、五三〇 | 一六、八九六 | 一六、八〇三 | 一五、四三五 | 二三、九六五 |
| 基本財産 不動産 | 同 | 三三、〇九〇 | 三六、〇〇六 | 五〇、一八九 | 四五、〇二九 | ｜ | 三一二、七五四 | 四五、二七四 | 二八、二二二 | 八三、三〇六 | 四三、八九八 |

| [illegible] | [illegible] | [illegible] | [illegible] | [illegible] | [illegible] | 田 | 畑 | 宅地 | 山林 | 原野 | 牧場 | [illegible] | [illegible]地 | 建物割 | 牛馬[illegible] | 戸別割 |
|---|---|---|---|---|---|---|---|---|---|---|---|---|---|---|---|---|
| 厘 | 同 | 同 | 同 | 同 | 同 | 同 | 同 | 同 | 同 | 同 | 同 | 同 | 同 | 同 | 同 | 同 |
| 宅地 〇九〇 其他 二一〇 | 一五〇 | 一五〇 | 二,二五〇 | 一,五〇〇 | 一,〇〇〇 | 一九三 | 〇八五 | 二四〇 | 〇〇二 | 〇〇二 | 〇〇五 | 一八〇 | \| | \| | 三〇〇 | \| |
| 〇九〇 二一〇 | 一五〇 | 一五〇 | 二,八〇〇 | 八五〇 | 八五〇 | 一四八 | 〇五六 | 一九〇 | 〇〇二 | 〇〇二 | 〇〇二 | 一八〇 | \| | \| | 三〇〇 | \| |
| 一〇二 二三八 | 四五〇 | 三〇〇 | 三,七三〇 | 一,〇〇〇 | 一,〇〇〇 | 二〇〇 | 〇八〇 | 二八〇 | 〇〇三 | 〇〇三 | 〇〇七 | 二五二 | \| | \| | 五〇〇 | \| |
| \| | 二八〇 | 二八〇 | 八,六〇〇 | 一,三〇〇 | 一,三〇〇 | 四一三 | 一七六 | 四五五 | 〇〇九 | 〇〇九 | 〇一〇 | 二九七 | \| | \| | 八〇〇 | \| |
| \| | 二七〇 | 一四〇 | 七,八〇〇 | 一,三〇〇 | 一,三〇〇 | 五一三 | 一八七 | 五二三 | 〇一二 | 〇一二 | 〇一五 | 三〇一 | \| | \| | 八〇〇 | \| |
| 〇九〇 二一〇 | 一五〇 | 一五〇 | 四,八〇〇 | 一,〇〇〇 | 七〇〇 | 一六〇 | 〇四九 | 二五七 | \| | \| | 〇〇五 | \| | \| | \| | 一,〇〇〇 | \| |
| 〇九〇 二一〇 | 一五〇 | 一五〇 | 五,一四〇 | 七〇〇 | 七〇〇 | 一六〇 | 〇八〇 | 二六五 | \| | \| | 〇〇五 | \| | \| | \| | 一,〇〇〇 | \| |
| 〇九〇 二一〇 | 一五〇 | 一五〇 | 七,〇四〇 | 一,〇〇〇 | 一,〇〇〇 | 一六〇 | 〇八〇 | 六〇〇 | \| | \| | 〇〇五 | \| | \| | \| | 三〇〇 | \| |
| 一五四 三六一 | 二五〇 | 二五〇 | 八,〇〇〇 | 一,二〇〇 | 一,五〇〇 | 四〇〇 | 一三三 | 五二〇 | 〇〇八 | 〇〇八 | 〇〇八 | 六四〇 | \| | \| | 一,三〇〇 | \| |
| 一五四 三六一 | 四〇〇 | 一四〇 | 五,六九〇 | 一,〇〇〇 | 一,二〇〇 | 三一〇 | 一〇五 | 四七三 | 〇〇七 | 〇〇七 | 〇〇七 | 五〇〇 | \| | \| | 一,三〇〇 | \| |

| [illegible]收入 | [illegible]額 | [illegible]額 | 納税[illegible]人員 |
|---|---|---|---|
| 同 | 同 | 同 | 人 |
| 二,九七一 | 四,九九二 | 三,九〇二 | 一二五 |
| 三,〇九三 | 四,四三八 | 五,五一一 | 一三九 |
| 二,五四八 | 三,八八四 | 七,九二[illegible] | 一五六 |
| 二,九一九 | 三,三三〇 | 五,二七五 | 一七五 |
| 三,六四八 | 二,七七六 | 一,八七七 | 一五四 |
| 二,一四九 | \| | 一,九二二 | 一六九 |
| 一,二九五 | \| | 二,六〇八 | 一三六 |
| 二,四五九 | \| | 四,一四六 | 一四九 |
| 二,三九一 | \| | 二,一八七 | 一三八 |
| 二,一二九 | \| | 二,五六〇 | 一五四 |

| [illegible]動產 | [illegible]不動產 | [illegible]動產 | [illegible]不動產 | [illegible]動產 | [illegible]不動產 | [illegible]動產 | [illegible]不動產 | [illegible] | [illegible]金 |
|---|---|---|---|---|---|---|---|---|---|
| 同 | 同 | 同 | 同 | 同 | 同 | 同 | 同 | 同 | 同 |
| 一,九二一 | 三,二一九 | 一,八六七 | \| | \| | \| | \| | \| | \| | \| |
| 二,一七〇 | 一〇,八六九 | 三,一〇二 | \| | 八,六三八 | 二三,八〇三 | \| | \| | \| | \| |
| 二,九四六 | 一三,八五一 | 三,四一四 | \| | 八,六三八 | 二三,八〇三 | \| | \| | \| | \| |
| 二,八四二 | 一三,八五一 | 三,五九二 | \| | 八,六三八 | 二八,九六三 | \| | \| | \| | \| |
| 二,四七五 | \| | 二,四七九 | \| | 一一,四四〇 | 四一,〇〇〇 | \| | \| | \| | \| |
| 二,五八二 | 一,五九一 | 二,二七三 | \| | 一五,五四〇 | 八,四三〇 | \| | \| | \| | \| |
| 二,八〇六 | 一,五八一 | 二,三五五 | \| | 一,七〇〇 | 一八八,四〇三 | \| | \| | \| | \| |
| 三,五六四 | 一,八五七 | 二,七一四 | \| | 一六,九五五 | 二八五,七八四 | \| | \| | \| | \| |
| 三,〇九九 | 三,六五七 | 二,三一四 | \| | 五六,六三六 | 五七七,二三九 | \| | \| | \| | \| |
| 三,七〇六 | 三,六五七 | 二,七四〇 | \| | 五六,六三六 | 六二〇,三〇四 | \| | \| | \| | \| |

| 町村名 | 年度 | 面積（方里） | 民有地 田（反別 反） | 畑（同） | 宅地（同） | 山林（同） | 原野（同） | 牧場（同） | 其他（同） | 現住戸數（戸） | 現住人口（人） | 負擔 直接國税額（圓） | 地方税額（同） | 市町村税額（同） |
|---|---|---|---|---|---|---|---|---|---|---|---|---|---|---|
| 樣村 | 大正六年度 | 二五、〇〇 | 一〇三 | 八八五三 | 一〇二 | 九、九六九一 | 四九二七 | 六、六六八六 | 一三三 | 八九八 | 四、五八七 | 六、一〇二 | 四、一〇四 | 九、五〇〇 |
| | 同 七年度 | 二五、〇〇 | 一五四 | 九一二三 | 一〇三 | 九、九六四一 | 一二〇五 | 六、六六八七 | 二一六四 | 八九八 | 四、六四二 | 五、九二〇 | 五、一二一 | 一二、三七四 |
| | 同 八年度 | 二五、〇〇 | 一八一 | 一、〇三三一 | 一〇三 | 九、九六三〇 | 五二二五 | 六、六六八七 | 三四〇九 | 八九八 | 四、七八〇 | 五、四三五 | 五、七五九 | 一五、四七一 |
| | 同 九年度 | 二五、〇〇 | 七〇二 | 一、五九五三 | 二六〇 | 一〇、一九二九 | 五三八〇 | 七、四五五〇 | 二九九二 | 九一五 | 四、五二二 | 三、九五六 | 七、四三二 | 二五、四八二 |
| | 同 十年度 | 二五、〇〇 | 八〇〇 | 一、〇八五三 | 九三 | 六、六六〇八 | 一、二八二八 | 六、五六三三 | 二四〇 | 八六九 | 四、二七九 | 五、七七七 | 七、〇八六 | 二三、〇二九 |
| 幌泉村 | 同 六年度 | 二四、〇〇 | — | 一八二四 | 一六四 | 一四、二四〇六 | 八二一五 | 三、二六五八 | 五四二九 | 七九四 | 四、五一九 | 四、五九八 | 三、七五三 | 一〇、七二七 |
| | 同 七年度 | 二四、〇〇 | — | 一八四二 | 一六四 | 一四、二四〇六 | 九一二九 | 三、二六五八 | 四四九一 | 七九四 | 四、五二八 | 四、〇七八 | 三、九五二 | 一四、七〇七 |
| | 同 八年度 | 二四、〇〇 | 七五 | 一九七二 | 一六三 | 一四、二四〇七 | 九九四二 | 三、二六五九 | 三三九七 | 八〇一 | 四、四五一 | 三、二三七 | 四、九一六 | 一七、二七一 |
| | 同 九年度 | 二四、〇〇 | 一〇 | 二一三二 | 一七九 | 一四、三二八四 | 二一、四六七 | 二、一二七七 | 一八五 | 八一一 | 四、四六三 | 二、五五一 | 六、六六六 | 二六、二三二 |
| | 同 十年度 | 二四、〇〇 | 八 | 二三六七 | 一九八 | 一六、二一〇四 | 二一、四三二 | 二、三三八五 | 二九六 | 八〇五 | 四、五七二 | 二、六八三 | 六、五六七 | 二五、四八四 |

| 町村名 | 年度 | 財政 歳入（同） | 歳出經常部 役所役場費（同） | 土木費（同） | 教育費（同） | 衛生費（同） | 勸業費（同） | 其他（同） | 計（同） | 臨時部計（同） | 通計（同） | 基本財產 動産（同） | 不動産（同） |
|---|---|---|---|---|---|---|---|---|---|---|---|---|---|
| 樣村 | 大正六年度 | 一一、七〇二 | 二、一二七 | 二八 | 五、四六九 | 六九九 | 一〇三 | 八九二 | 九、三一八 | 八九五 | 一〇、二一三 | 二〇、一九九 | 六、二一八 |
| | 同 七年度 | 一三、三四七 | 二、三六七 | 二 | 七、〇五四 | 七一二 | 二五四 | 一、四五一 | 一一、八四〇 | 一、一七五 | 一三、〇一五 | 二二、八八五 | 六、一一四 |
| | 同 八年度 | 二二、〇八四 | 三、七三七 | 六一 | 一〇、八一二 | 七八六 | 二〇五 | 九、三二〇 | 一六、五八一 | 三、六六〇 | 二二、二四一 | 二六、二〇八 | 一八、三五六 |
| | 同 九年度 | 三〇、三〇六 | 五、四八四 | 五二六 | 一三、九八七 | 八六九 | 六四〇 | 三、〇四五 | 二四、五五一 | 一一、三七九 | 二六、九三一 | 二八、三四七 | 一八、三五六 |
| | 同 十年度 | 三五、三四五 | 六、一八五 | 一五六 | 一六、七〇四 | 一、三二四 | 一〇 | 五、五九一 | 二九、九七〇 | 五、三七五 | 三五、三四五 | 二九、六九八 | 七三二〇 |
| 幌泉村 | 同 六年度 | 一一、九七七 | 二、二六三 | 三 | 五、五六七 | 一、四七二 | 四六 | 五一四 | 九、八六五 | 一、一九九 | 一一、〇六四 | 四、六一四 | 一四 |
| | 同 七年度 | 一四、六二一 | 二、八八八 | — | 七、一七三 | 一、五八四 | 一八一 | 一、〇五〇 | 一二、八七六 | 一、〇七〇 | 一三、九四六 | 九、二一九 | 一四 |
| | 同 八年度 | 三五、〇三五 | 四、一一八 | — | 一一、一二三 | 一、六三一 | 八六 | 一、四三二 | 一八、三九〇 | 一一、六六〇 | 二九、九六九 | 六、九〇六 | 一四 |
| | 同 九年度 | 三四、七五三 | 六、七九一 | 四七八 | 一五、〇九五 | 一、九〇五 | 一四 | 三、三二八 | 二六、六一一 | 七、五九九 | 三四、二一〇 | 六、七三六 | 一四 |
| | 同 十年度 | 三二、二八九 | 六、三四六 | 一二六 | 一七、〇七二 | 二、一〇三 | 一四 | 二、七一五 | 二八、三七六 | 三、九〇八 | 三二、二八九 | 七、〇九四 | 一、一七八 |

| 財産 學校基本財産 動産 | 學校基本財産 不動産 | 特別基本財産 動産 | 特別基本財産 不動産 | 收益ナキ財産 動産 | 收益ナキ財産 不動産 | 一部有財産 動産 | 一部有財産 不動産 | 積立金穀 | 罹災救助金 | 財産ヨリ生スル收入 | 市町村債額 | 第三種所得税額 | 同納税者實人員 | 課率 附加税 地價割 | 國税營業税割 | 所得税割 | 戸別割 | 地方税營業税割 | 雜種税割 | 特別税 反別割 田 | 畑 | 宅地 | 山林 | 原野 | 牧場 | 海產 | 干場 雜種地 | 建物割 | 牛馬割 | 戸別割 |
|---|---|---|---|---|---|---|---|---|---|---|---|---|---|---|---|---|---|---|---|---|---|---|---|---|---|---|---|---|---|---|
| 同 | 同 | 同 | 同 | 同 | 同 | 同 | 同 | 同 | 同 | 同 | 同 | 同 | 人 | 厘 | 同 | 同 | 同 | 同 | 同 | 同 | 同 | 同 | 同 | 同 | 同 | 同 | 同 | 同 | 同 | 同 |
| 三、一〇三 | 一、六七六 | 二、三四四 | — | — | 九、七五九 | — | — | — | — | 一、五一七 | — | 一、〇〇一 | 五六 | — | 一五〇 | 一五〇 | 四、五二〇 | 六〇〇 | 七〇〇 | — | 一一〇 | 四五〇 | — | — | 〇〇六 | 四一五 | — | — | 三〇〇 | — |
| 三、九二六 | 一、六七六 | 二、四六九 | — | 九、七五九 | 八四、二〇七 | — | — | — | — | 三、〇九六 | — | 一、七二〇 | 六三 | — | 一五〇 | 一五〇 | 四、五九〇 | 七〇〇 | 七〇〇 | — | 一一〇 | 四五〇 | — | — | 〇〇六 | 四一五 | — | — | 三〇〇 | — |
| 四、六八五 | 二、八〇〇 | 二、五七七 | — | 一〇、三五八 | 七九、一三七 | — | — | — | — | 三、七六三 | — | 一、九三九 | 六三 | — | 二四〇 | 二四〇 | 五、五一〇 | 一、〇〇〇 | 一、〇〇〇 | — | 一一二 | 四五〇 | — | — | 〇〇六 | 四一五 | — | — | 三〇〇 | — |
| — | 二、八〇〇 | 二、二九九 | — | 一一、五五八 | 七九、一三七 | — | — | 四〇 | — | 二、〇七二 | — | 八〇三 | 五七 | — | 二四〇 | 二四〇 | 七、八二〇 | 一、〇〇〇 | 五〇〇 | 三三〇 | 三一〇 | 四五〇 | 〇〇六 | 〇〇六 | 〇一〇 | 四二〇 | — | — | 三〇〇 | — |
| — | 一、六五〇 | 二、六〇七 | — | 一三、一六九 | 二二、八二七 | — | — | 四一 | — | 二、六四二 | — | 一、一七七 | 七〇 | — | 四七〇 | 一四〇 | 七、九〇〇 | 一、〇〇〇 | 一、五〇〇 | 三三〇 | 三二〇 | 四八〇 | 〇〇六 | 〇〇六 | 〇一〇 | 四二九 | — | — | 三〇〇 | — |
| — | 五、七八四 | 二、八五六 | — | 九、二四二 | 五〇、五五五 | — | — | 二、一八一 | — | 一、二八二 | — | 一、三五五 | 五九 | — | 一五〇 | 一五〇 | 五、三〇〇 | 一、〇〇〇 | 一、〇〇〇 | — | 〇三〇 | 四〇〇 | — | 〇一〇 | 〇〇二 | 四〇〇 | — | — | 二五〇 | — |
| — | 七、五六四 | 二、九七六 | — | 九、六〇三 | 五〇、五五五 | — | — | 三、〇三七 | — | 一、一一二 | — | 一、二七七 | 七〇 | — | 一五〇 | 一五〇 | 五、一五〇 | 八五〇 | 八五〇 | — | 〇三〇 | 四〇〇 | — | 〇一〇 | 〇〇二 | 四〇〇 | — | — | 三〇〇 | — |
| — | 七、五六四 | 三、一七〇 | — | 八、四七二 | 六八、五九四 | — | — | 四九七 | — | 一、二〇七 | — | 一、三八三 | 六六 | — | 三〇〇 | 三〇〇 | 六、一五〇 | 一、〇〇〇 | 一、〇〇〇 | — | 〇四〇 | 四〇〇 | — | 〇一〇 | 〇〇二 | 六〇〇 | — | — | 四〇〇 | — |
| — | 一三、八一八 | 三、四一四 | — | 一五、八三九 | 六一、五〇〇 | — | — | 一、二二六 | — | 九二九 | 五、〇〇〇 | 八〇二 | 六三 | — | 三〇〇 | 三〇〇 | 九、五〇〇 | 一、〇〇〇 | 一、五〇〇 | — | 一〇〇 | 六四〇 | — | 〇二五 | 〇〇五 | 六四〇 | — | — | 一、〇〇〇 | — |
| — | 一六、二三六 | 三、九一八 | — | 四〇、〇八七 | 一四〇、六二八 | — | — | 一、二八二 | — | 一、五七五 | 五、〇〇〇 | 八四三 | 六八 | — | 四七〇 | 一四〇 | 八、三〇〇 | 一、二〇〇 | 一、五〇〇 | — | 一〇〇 | 六四〇 | 〇二〇 | 〇二〇 | 〇一〇 | 六二〇 | — | — | 一、〇〇〇 | — |

| 種別 |  | 面積 | 民有地 田 | 畑 | 宅地 | 山林 | 原野 | 牧場 | 其他 | 現住戸數 | 現住人口 | 負擔 直接國税額 | 地方税額 | 市町村税額 | 財政 歳入 | 歳出 經常部 役所役場費 | 土木費 | 教育費 | 衛生費 | 勸業費 | 其他 | 經常部計 | 臨時部計 | 通計 | 基本財産 動産 | 不動産 |
|---|---|---|---|---|---|---|---|---|---|---|---|---|---|---|---|---|---|---|---|---|---|---|---|---|---|---|
| 町村名 | 單位 | 方里 | 反別 | 同 | 同 | 同 | 同 | 同 | 同 | 戸 | 人 | 圓 | 同 | 同 | 同 | 同 | 同 | 同 | 同 | 同 | 同 | 同 | 同 | 同 | 同 | 同 |
| 門別村 | 大正六年度 | 二四、〇〇 | 二四五三 | 三、五九九〇 | 一七四 | 五五四九 | 四八六六 | 一一、四二六五 | 七、五一一 | 一、四四一 | 七、六九一 | 一四、九五九 | 六、八七四 | 一四、二四九 | 一九、八二七 | 三、〇二一 | ― | 八、三九八 | 一、一五六 | 四二六 | 一、一五八 | 一四、一五八 | 四、四七二 | 一八、六三〇 | 三〇、七一四 | 三、〇四九 |
| 同 | 同七年度 | 二四、〇〇 | 三七二九 | 三、六八八四 | 一五九 | 四九七二 | 三六四七 | 一二、四九二九 | 七、八六四 | 一、四五四 | 七、四七八 | 二〇、〇九五 | 七、九〇九 | 二一、二六八 | 二六、五九一 | 四、七〇四 | 一五〇 | 一、二〇五 | 一、三〇九 | 五五四 | 一一、八九四 | 一九、八一六 | 五、一三八 | 二四、九五五 | 三五、四三九 | 六六、六四五 |
| 同 | 同八年度 | 二四、〇〇 | 四八七〇 | 三、七七八八 | 一五七 | 三六七一 | 二、三一七三 | 一五、二六〇〇 | 八、一〇八 | 一、四六一 | 七、一二六 | 三七、四一三 | 一〇、九三二 | 三〇、四六九 | 三九、四九七 | 六、九五九 | 三五〇 | 一九、三六四 | 二、一二三 | 四六〇 | 一、五七一 | 三〇、八二七 | 五、一二八 | 三五、九五五 | 四三、一七〇 | 六六、六四五 |
| 同 | 同九年度 | 二四、〇〇 | 六三八五 | 四、三八四九 | 三六二 | 三四一八 | 三、二七一八 | 一四、六一二六 | 一〇、九八五 | 一、六八二 | 八、四二三 | 二九、三七七 | 一六、三六三 | 四五、一八五 | 六一、九八三 | 九、四九九 | 九九〇 | 二五、三九九 | 二、一一二 | 八二九 | 三、二〇四 | 四二、〇三三 | 一七、六〇七 | 五九、六四〇 | 四八、七八五 | 六六、六四五 |
| 同 | 同十年度 | 二四、〇〇 | 七六五〇 | 三、九七三五 | 四六九 | 一、五〇六六 | 四、〇三四〇 | 一五、〇二二四 | 五、八一二 | 一、七二五 | 八、六三六 | 四二、九一九 | 二三、四二九 | 四三、二八六 | 七五、五三九 | 九、三三三 | 一、〇四四 | 二九、一四七 | 二、三二〇 | 一四七 | 六、六一六 | 四八、六〇七 | 二六、九三一 | 七五、五三九 | 四〇、一六七 | 六二、一四二 |
| 荻伏村 | 同六年度 | 一二、〇〇 | 四三〇 | 一、二七四四 | 六八 | 六〇三 | 一、二二一〇 | 二、六九三二 | 八二 | 四〇五 | 二、二七四 | 二、七九一 | 一、九五三 | 五、五一二 | 七、一九五 | 一、四六〇 | 四八 | 三、一七〇 | 一、〇〇五 | 二四二 | 三四八 | 六、二七三 | 九〇六 | 七、一七八 | 四、〇九二 | 二二、二六〇 |
| 同 | 同七年度 | 一二、〇〇 | 九〇三 | 一、五四二六 | 六八 | 六七四 | 二三三一 | 三、九八七五 | 八八 | 四二七 | 二、二八四 | 二、九四四 | 二、三四七 | 六、〇四七 | 八、九〇八 | 一、五五二 | 八〇 | 三、九二五 | 七六一 | 二三二 | 二四二 | 六、七九二 | 一、一一六 | 八、九〇八 | 三五、一五〇 | 二〇、一一九 |
| 同 | 同八年度 | 一二、〇〇 | 一一一三 | 一、八二七九 | 七四 | 九八二 | 三三八二 | 五、七二四五 | 九九 | 四八一 | 二、四六一 | 三、六四五 | 三、三〇三 | 七、〇七一 | 一一、七一七 | 二、〇六五 | 一四六 | 五、四二〇 | 六六一 | 一八〇 | 三、一〇二 | 一一、五七四 | 一四三 | 一一、七一七 | 三三、六九八 | 二〇、一一九 |
| 同 | 同九年度 | 一二、〇〇 | 一五四〇 | 一、一五三八 | 二三三 | 三一四五 | 三二一六 | 五、五九〇五 | 八二 | 四八五 | 二、四九五 | 二、九一四 | 四、七〇一 | 一一、五六二 | 一九、三五四 | 三、六九九 | 六九 | 六、九四八 | 一、〇六一 | 一七四 | 九五〇 | 一二、九〇一 | 六、三九五 | 一九、二九七 | 三二、〇〇二 | 二九、二〇五 |
| 同 | 同十年度 | 一二、〇〇 | 二〇四〇 | 一、〇四八四 | 八九 | 九〇二七 | 四三七〇 | 三、一九二二 | 八二 | 四八九 | 二、五一四 | 三、三五四 | 四、四四六 | 一三、〇五一 | 二四、六三三 | 四、九〇八 | 六〇 | 八、八六九 | 一、〇四〇 | 九二一 | 二、〇九八 | 一七、八九六 | 六、七三七 | 二四、六三三 | 一、六八八 | 六八、二八四 |

| 財産 學校基本財産 動産 | 財産 學校基本財産 不動産 | 財産 特別基本財産 動産 | 財産 特別基本財産 不動産 | 財産 收益ナキ財産 動産 | 財産 收益ナキ財産 不動産 | 財産 一部有財産 動産 | 財産 一部有財産 不動産 | 積立金穀 | 罹災救助金 | 財産ヨリ生スル歳入 | 市町村債額 | 第三種所得税額 | 同納税者實人員 |
|---|---|---|---|---|---|---|---|---|---|---|---|---|---|
| 同 | 同 | 同 | 同 | 同 | 同 | 同 | 同 | 同 | 同 | 同 | 同 | 同 | 人 |
| 五、三七三 | 二、五九五 | 四、九四五 | 三〇 | 一四、一七〇 | 八三、三八九 | — | — | — | — | 二、六〇二 | 二、八七八 | 二、九二六 | 一四六 |
| 五、五二七 | 八、二一四 | 八、九〇九 | 三〇 | 六四、三四三 | 一六七、四六〇 | — | — | — | — | 五、四八五 | 二、四六七 | 四、四五四 | 一三一 |
| 五、九七五 | 八、二一四 | 五、二六一 | 三〇 | 二一、二〇五 | 九二、五七九 | — | — | — | — | 四、五七三 | 二、〇五六 | 五、七六八 | 一四九 |
| 六、八七五 | 一〇、九三三 | 六、〇六三 | 六〇 | 二六、〇一七 | 九二、五七九 | — | — | — | — | 五、八〇六 | 一、六四五 | 五、二八二 | 一七六 |
| — | — | 一、九六一 | — | 三〇、九四〇 | 六一、七七八 | — | — | — | — | 六、一三九 | 八、二三四 | 五、一〇〇 | 二一二 |
| 二九二 | 四二七 | 一二〇 | — | 五、五二〇 | 一、四一三 | — | — | — | — | 二、一三二 | — | 六二八 | 五三 |
| 四〇七 | 二五〇 | 一五〇 | — | 五、九四一 | 一六、七三五 | — | — | — | — | 一、一三八 | — | 九四二 | 四九 |
| 四一五 | 二五〇 | 一三一 | — | 五、九四一 | 一六、二九九 | — | — | — | — | 二、四一九 | — | 一、二五九 | 五〇 |
| 五三〇 | 二五〇 | 一七八 | — | 八、〇七〇 | 一六、三三一 | — | — | — | — | 三、九三二 | — | 三九四 | 四一 |
| 一七八 | 二五〇 | 二六六 | — | 八、三二五 | 一六、三四一 | — | — | — | — | 四、一七七 | — | 四七八 | 四四 |

| 課率 附加税 地價割 宅地 | 課率 附加税 地價割 其他 | 附加税 國税營業税割 | 附加税 所得税割 | 附加税 戸別割 | 附加税 地方税營業割 | 附加税 雜種税割 | 特別税 反別割 田 | 特別税 反別割 畑 | 特別税 反別割 宅地 | 特別税 反別割 山林 | 特別税 反別割 原野 | 特別税 反別割 牧場 | 特別税 反別割 海産干場 | 特別税 反別割 雜種地 | 特別税 建物割 | 特別税 牛馬割 | 特別税 戸別割 |
|---|---|---|---|---|---|---|---|---|---|---|---|---|---|---|---|---|---|
| 厘 | | 同 | 同 | 同 | 同 | 同 | 同 | 同 | 同 | 同 | 同 | 同 | 同 | 同 | 同 | 同 | 同 |
| 〇九〇 | 二一〇 | 一五〇 | 一五〇 | 四、五五〇 | 一、〇〇〇 | 七〇〇 | 一〇〇 | 〇四〇 | 一八〇 | 〇〇五 | 〇〇五 | 〇〇五 | 一五〇 | — | — | — | — |
| 〇九〇 | 二一〇 | 一五〇 | 一五〇 | 五、〇〇〇 | 八〇〇 | 七〇〇 | 一五〇 | 〇六〇 | 一八〇 | 〇〇五 | 〇〇五 | 〇〇五 | 一五〇 | — | — | — | — |
| 二七〇 | 三九〇 | 二五〇 | 二五〇 | 六、九二〇 | 一、〇〇〇 | 一、〇〇〇 | 一八〇 | 〇七〇 | 一八〇 | 〇一五 | 〇一五 | 一五〇 | — | — | — | — | — |
| 一四四 | 三三六 | 二四〇 | 二四〇 | 七、三五〇 | 一、〇〇〇 | 一、〇〇〇 | 三〇〇 | 〇八六 | 四〇〇 | 一五〇 | 一五〇 | 〇一五 | — | — | — | — | — |
| 二八〇 | 六六〇 | 四七〇 | 一四〇 | 五、四〇〇 | 一、〇〇〇 | 一、〇〇〇 | 〇八〇 | 一三〇 | 六〇〇 | 〇一五 | 〇一五 | 〇一五 | 四五〇 | — | — | — | — |
| 〇九〇 | 二一〇 | 一五〇 | 一五〇 | 五八八 | 一、〇〇〇 | 一、〇〇〇 | 二〇〇 | 〇八五 | 二五〇 | — | — | 〇一三 | — | — | — | 五〇〇 | — |
| 〇九〇 | 二一〇 | 一五〇 | 一五〇 | 五、三〇〇 | 一、〇〇〇 | 一、〇〇〇 | 二〇〇 | 〇八五 | 二五〇 | — | — | 〇一三 | — | — | — | 四六五 | — |
| 〇九〇 | 二一〇 | 一五〇 | 一五〇 | 五、三〇〇 | 一、〇〇〇 | 一、〇〇〇 | 二〇〇 | 一〇〇 | 二五〇 | — | — | 〇一三 | — | — | — | 四六五 | — |
| — | | 二四〇 | 二四〇 | 五、七〇〇 | 一、二〇〇 | 一、二〇〇 | 五二〇 | 一九三 | 四四九 | 〇一〇 | 〇一五 | 〇二〇 | 六四〇 | — | — | 四六〇 | — |
| — | | 三六〇 | 一四〇 | 六、二〇〇 | 一、二〇〇 | 一、二〇〇 | 六五〇 | 二六九 | 六八五 | 〇一一 | 〇一七 | 〇二二 | 七〇〇 | — | — | 四六〇 | — |

| 種別 | 單位 | 右左府村 大正六年度 | 同 七年度 | 同 八年度 | 同 九年度 | 同 十年度 | 平取外八ヶ村 同 六年度 | 同 七年度 | 同 八年度 | 同 九年度 | 同 十年度 |
|---|---|---|---|---|---|---|---|---|---|---|---|
| 面積 | 方里 | — | — | 三四 | 三四 | 三四 | 八四 | 八四 | 五〇 | 五〇 | 五〇 |
| 民有地 田 反別 | 反 | — | — | 七 | 六二 | 二一六 | 一八八五 | 一九四一 | 二六七二 | 四〇八四 | 五三五一 |
| 民有地 畑 同 | 同 | — | — | 二、七五二〇 | 九三七八 | 九八五八 | 四、八二〇三 | 四、二一一八 | 三、五九〇四 | 三、三二九一 | 三、二七三一 |
| 民有地 宅地 同 | 同 | — | — | — | 二 | 二 | 一〇五 | 九七 | 六九 | 一〇七 | 一八九 |
| 民有地 山林 同 | 同 | — | — | — | 三九 | — | 一〇五三 | 二七五六 | 四一九五 | 五八二一 | 一、三五四一 |
| 民有地 原野 同 | 同 | — | — | 一二三五 | 二八七九 | 三九六八 | 二、七八六四 | 二、七八六四 | 三、七八六五 | 二、八〇五七 | 三、二三六一 |
| 民有地 牧場 同 | 同 | — | — | 六九七五 | 二四八 | 四一三 | 一六、七三六七 | 一六、七五〇九 | 一六、八一〇九 | 一四、五八五八 | 二七二四 |
| 民有地 其他 同 | 同 | — | — | 一、七三七 | 二三 | 三 | 六三〇七 | 七一四五 | 八〇四五 | 一一三〇 | 七三二九 |
| 現住戸數 | 戸 | — | — | 二三四 | 二四〇 | 二五三 | 九七五 | 九八四 | 七三一 | 七九七 | 七九八 |
| 現住人口 | 人 | — | — | 一、一九三 | 一、四四九 | 一、四九三 | 四、七七一 | 四、七八九 | 三、四九一 | 四、一五一 | 四、四六七 |
| 負擔 直接國税額 | 圓 | — | — | 一、四二八 | 三、八四九 | 四、二〇五 | 一〇、九〇二 | 一、四七六 | 一八、七〇〇 | 一三、三九三 | 一三、八八四 |
| 負擔 地方税額 | 同 | — | — | 一、九六二 | 三、〇一八 | 三、五一六 | 四、七四九 | 四、九四四 | 五、九二七 | 八、八一九 | 九、一四〇 |
| 負擔 市町村税額 | 同 | — | — | 四、七九四 | 五、五二八 | 六、一〇五 | 八、二三六 | 八、九八七 | 一四、一七三 | 二〇、四五五 | 二三、七一九 |
| 財政 歳入 | 同 | — | — | 五、九二三 | 七、六三七 | 七、六五九 | 一四、八〇三 | 一七、九八七 | 一九、二七六 | 二六、二九八 | 三一、一九五 |
| 財政 歳出經常部 役所役場費 | 同 | — | — | 六二七 | 八七一 | 七九〇 | 九五五 | 一、四二九 | 二、二〇八 | 三、五三六 | 四、七九九 |
| 財政 歳出經常部 土木費 | 同 | — | — | 七〇 | 四〇 | 一〇〇 | 一〇六 | 二一三 | 三四〇 | 五〇〇 | 七八〇 |
| 財政 歳出經常部 教育費 | 同 | — | — | 三、三四二 | 五、三六五 | 五、七〇四 | 五、九七一 | 七、四六六 | 九、五八七 | 一四、二三八 | 一五、二八〇 |
| 財政 歳出經常部 衛生費 | 同 | — | — | 九二九 | 三五六 | 五二 | 九一三 | 九六五 | 六五九 | 一、〇四八 | 九二九 |
| 財政 歳出經常部 勸業費 | 同 | — | — | — | — | — | 五四四 | 六一一 | 二一五 | 一〇〇 | 六二〇 |
| 財政 歳出經常部 其他 | 同 | — | — | 二二九 | 二九九 | 九四三 | 八四八 | 九八〇 | 一、三四四 | 二、一六四 | 三、六四九 |
| 財政 同 計 | 同 | — | — | 五、一九七 | 六、九三一 | 七、五八九 | 九、三三七 | 一一、六六四 | 一四、三五三 | 二一、五八六 | 二六、〇五七 |
| 財政 臨時部 計 | 同 | — | — | 七〇 | 二三七 | 七〇 | 三、三二四 | 六、〇〇〇 | 三、一〇〇 | 二、〇二二 | 五、一三八 |
| 財政 通計 | 同 | — | — | 五、二六八 | 七、一六九 | 七、六五九 | 一二、六六一 | 一七、六六四 | 一九、四五三 | 二三、六〇八 | 三一、一九四 |
| 基本財産 動産 | 同 | — | — | — | — | 七、九〇三 | 九、五五〇 | 二六、九九九 | 二七、六六二 | 一九、四五三 | 三四、八五四 |
| 基本財産 不動産 | 同 | — | — | — | — | — | 二、七七〇 | 二、七〇〇 | 四、一八二 | 一一、四〇〇 | 三四、五〇三 |

| 財産 學校基本財産 動産 | 財産 學校基本財産 不動産 | 財産 特別基本財産 動産 | 財産 特別基本財産 不動産 | 財産 收益ナキ財産 動産 | 財産 收益ナキ財産 不動産 | 財産 一部有財産 動産 | 財産 一部有財産 不動産 | 積立金穀 | 罹災救助金 | 財産ヨリ生スル收入 | 市町村債額 | 第三種所得税額 | 同納税者實人員 | 課率 附加税 地價割（宅地） | 課率 附加税 地價割（其他） | 課率 附加税 國税營業税割 | 課率 附加税 所得税割 | 課率 附加税 戸別割 | 課率 附加税 地方税營業税割 | 課率 附加税 雜種税割 | 課率 特別税 反別割 田 | 課率 特別税 反別割 畑 | 課率 特別税 反別割 宅地 | 課率 特別税 反別割 山林 | 課率 特別税 反別割 原野 | 課率 特別税 反別割 牧場 | 課率 特別税 反別割 海産干場 | 課率 特別税 反別割 雜種地 | 課率 特別税 建物割 | 課率 特別税 牛馬割 | 課率 特別税 戸別割 |
|---|---|---|---|---|---|---|---|---|---|---|---|---|---|---|---|---|---|---|---|---|---|---|---|---|---|---|---|---|---|---|---|
| 同 | 同 | 同 | 同 | 同 | 同 | 同 | 同 | 同 | 同 | 同 | 同 | 同 | 人 | 厘 | | 同 | 同 | 同 | 同 | 同 | 同 | 同 | 同 | 同 | 同 | 同 | 同 | 同 | 同 | 同 | 同 |
| — | — | — | — | — | — | — | — | — | — | — | — | — | — | — | | — | — | — | — | — | — | — | — | — | — | — | — | — | — | — | — |
| — | — | — | — | — | — | — | — | — | — | — | — | — | — | — | | — | — | — | — | — | — | — | — | — | — | — | — | — | — | — | — |
| — | — | — | — | — | — | — | — | — | — | — | 六六四 | 三五五 | 一八 | — | | 一五〇 | 一五〇 | 五、二〇〇 | 八〇〇 | 一、〇〇〇 | 一五〇 | 一〇〇 | 三〇〇 | — | — | 〇一〇 | — | — | — | 五〇〇 | — |
| — | — | — | — | 九、六六六 | 五九〇 | — | — | — | — | — | 五九五 | 一八〇 | 一九 | — | | 二四〇 | 一四〇 | 四、八四〇 | 八〇〇 | 一、〇〇〇 | 一五〇 | 一〇〇 | 〇九〇 | — | — | 〇一〇 | — | — | — | 五〇〇 | — |
| — | — | 九二 | — | 五、一四七 | 二、〇二一 | — | — | — | — | 二九八 | 五二六 | 一二七 | 一三 | 〇九〇 | 二一〇 | 二四〇 | 一四〇 | 四、八四〇 | 八〇〇 | 一、〇〇〇 | 一八〇 | 一二〇 | 三〇〇 | — | — | 〇四〇 | — | — | — | 五〇〇 | — |
| 一、五六八 | 二、〇四七 | 二四〇 | — | 二〇、三五六 | 六九、一四九 | — | — | — | — | 一、〇二五 | — | 九六八 | 七三 | 〇九四 | 二一〇 | 一五〇 | 一五〇 | — | 五〇〇 | 五〇〇 | 一〇〇 | 〇五〇 | 二〇〇 | 〇〇三 | 〇〇三 | 〇〇五 | — | — | — | 三〇〇 | 四六〇 |
| 二、二〇〇 | 四、二五九 | 二四〇 | — | 三九、九〇九 | 七一、九五九 | — | — | — | — | 二、〇六三 | — | 一、〇二九 | 六六 | 〇九六 | 二一〇 | 一五〇 | 一五〇 | — | 八〇〇 | 一、〇〇〇 | 一〇〇 | 〇五〇 | 二〇〇 | 〇〇三 | 〇〇三 | 〇〇五 | — | — | — | 五〇〇 | 五三〇 |
| 二、六六七 | 六、〇〇〇 | 二七七 | — | 一三、九二〇 | 六五、〇〇〇 | — | — | — | — | — | 一、八七一 | 二、四二八 | 七二 | 〇九〇 | 二一〇 | 一五〇 | 一五〇 | — | 八〇〇 | 一、〇〇〇 | 一〇〇 | 〇五〇 | 二〇〇 | 〇〇三 | 〇〇三 | 〇〇五 | — | — | — | 五〇〇 | 七九〇 |
| 三、六五五 | 一四、八七八 | 二五〇 | — | 二四、八〇八 | 二一六、四四七 | — | — | — | — | 二、九四一 | 一、六七五 | 一、七七七 | 九六 | 一四〇 | 三三六 | 二四〇 | 二四〇 | 六、五五〇 | 八〇〇 | 一、〇〇〇 | 三〇〇 | 一五〇 | 四〇〇 | 〇〇八 | 〇〇八 | 〇一五 | — | — | — | 五〇〇 | — |
| — | — | 二一〇 | — | 二八、〇八〇 | 二一八、三六二 | — | — | — | — | 三、二八九 | 一、四七九 | 二、〇九〇 | 九四 | 一四四 | 三三六 | 二四〇 | 一四〇 | 六、〇〇〇 | 八〇〇 | 一、〇〇〇 | 三五〇 | 一八〇 | 四〇〇 | 〇一二 | 〇一二 | 〇二〇 | — | — | — | 五〇〇 | — |

| 町村名 | 種別 | 面積 | 民有地 田 | 畑 | 宅地 | 山林 | 原野 | 牧場 | 其他 | 現住戸數 | 現住人口 | 負擔 直接國稅額 | 地方稅額 | 市町村稅額 | 財政 歳入 | 歳出 經常部 役所役場費 | 土木費 | 教育費 | 衛生費 | 勸業費 | 其他 | 計 | 臨時部計 | 總計 | 基本財産 動産 | 不動産 |
|---|---|---|---|---|---|---|---|---|---|---|---|---|---|---|---|---|---|---|---|---|---|---|---|---|---|---|
| 名村町 | 單位 | 方里 | 反 | 同 | 同 | 同 | 同 | 同 | 同 | 戸 | 人 | 圓 | 同 | 同 | 同 | 同 | 同 | 同 | 同 | 同 | 同 | 同 | 同 | 同 | 同 | 同 |
| 高江村外十ヶ村 | 大正六年度 | 四〇、〇〇 | 一〇四 | 二、一九七二 | 四九 | 七一 | 一五四九 | 一、〇二九七 | 一五四九 | 三九八 | 二、〇二五 | 二、一七二 | 一、四七四 | 二、六二八 | 三、八〇六 | 三六九 | — | 一、五〇六 | 五七五 | 二七六 | 一六七 | 二、八九三 | 七〇四 | 三、六〇二 | 四、九二九 | — |
| | 同 七年度 | 四〇、〇〇 | 一三八 | 二、二五一一 | 四九 | 七一 | 一五四九 | 一、〇二七四 | 一四六二 | 四〇三 | 二、〇九八 | 二、八七六 | 一、七八七 | 三、八四一 | 五、二〇七 | 三七一 | — | 二、三六七 | 五八三 | 三四一 | 二一六 | 三、八七八 | 三八五 | 四、二六三 | 三、八九〇 | — |
| | 同 八年度 | 四〇、〇〇 | 一三二 | 二、三五三五 | 五〇 | 七一 | 一五四九 | 一、〇二八五 | 一三八 | 四三七 | 二、一三九 | 三、一〇三 | 二、〇〇〇 | 五、一四九 | 八、〇四一 | 一、三七四 | — | 四、三三七 | 六二八 | 四三二 | 五一二 | 七、二八三 | 二八四 | 七、五六七 | 一四、〇二九 | — |
| | 同 九年度 | 四〇、〇〇 | 三二六 | 二、二九五二 | 七八 | 七〇 | 一八三二 | 七三三八 | 二四四 | 五四七 | 二、五四八 | 四、九〇六 | 三、五八六 | 八、〇九五 | 一六、三二五 | 二、九〇四 | 三〇 | 六、七五三 | 一、二二八 | 七四七 | 三一一 | 一一、九七三 | 三、七六二 | 一五、七三五 | 一四、七五六 | — |
| | 同 十年度 | 四〇、〇〇 | 四八四 | 二、〇九四四 | 一〇八 | 七〇 | 二四二二 | 七五三九 | 三二七 | 五一二 | 二、三六七 | 六、三二九 | 三二七 | 八、九五二 | 二〇、四九四 | 二、八八六 | 二四一 | 八、二四五 | 一、一八一 | — | 二、〇九八 | 一四、六五一 | 五、八四三 | 二〇、四九四 | 三、〇五三 | — |
| 帶廣町 | 同 六年度 | 三、一四 | 七〇七〇 | 一七、二九〇〇 | 九四八〇 | 二四〇 | 二〇八〇 | 九五〇〇 | — | 二、三一一 | 一〇、三二六 | 一九、〇一四 | 一二、四八四 | 二八、二五四 | 四五、二三六 | 七、九四二 | 三〇一 | 一一、一四〇 | 三、四七一 | 九六 | 四、七四七 | 二七、六九七 | 一七、五三九 | 四五、二三六 | 三、四八五 | 三九四、九二四 |
| | 同 七年度 | 三、一四 | 六九八〇 | 一七、七〇四〇 | 九五四〇 | 二四〇 | 二三五〇 | 九五〇〇 | 二四〇 | 二、五八五 | 一一、三六五 | 三一、八五三 | 一五、四三三 | 三八、四九六 | 六一、一七九 | 一一、〇三六 | 五九三 | 一六、三六〇 | 四、五二九 | 九六 | 七、七八三 | 四〇、三九七 | 二〇、七八二 | 六一、一七九 | 四、三二八 | 五八九、八四八 |
| | 同 八年度 | 三、一四 | 六五九〇 | 一三、六一八〇 | 九九五〇 | 二四〇 | 八七二〇 | 九五〇〇 | 二四〇 | 二、五八五 | 一二、六二八 | 五三、八八九 | 二三、一三〇 | 五六、八二四 | 二四〇、〇二〇 | 一七、九三五 | 三、五九七 | 二八、〇七八 | 七、六四三 | 九〇 | 一二、二七一 | 六九、六一四 | 一七〇、四〇六 | 二四〇、〇二〇 | 五、八二七 | 八四二、六一四 |
| | 同 九年度 | 三、一四 | 八二七〇 | 九、九九二〇 | 一、〇九五〇 | 二四〇 | 五、一〇四〇 | 六五〇〇 | 二四〇 | 三、一五五 | 一五、六六六 | 四四、五五〇 | 四〇、〇三一 | 一〇〇、七四六 | 三〇七、一八四 | 二二、三〇〇 | 三、四九八 | 四四、一二一 | 八、九二九 | 九〇 | 二一、五四七 | 一〇〇、四八五 | 二〇六、六九九 | 三〇七、一八四 | 七、二五七 | 八六五、七六九 |
| | 同 十年度 | 三、一四 | 一、二二一〇 | 一四、四九八〇 | 一、一九六〇 | 二四〇 | 一、七七五〇 | 六八四〇 | 二四〇 | 三、六四八 | 一七、九八〇 | 五六、六五五 | 六二、四八二 | 一二八、七九八 | 三四〇、二九四 | 二七、八七〇 | 八〇八 | 五一、一〇七 | 九、三七九 | 九〇 | 二八、九五二 | 一一八、二〇六 | 二二二、〇八八 | 三四〇、二九四 | 一、〇〇四 | 八二二、八四一 |

| 課率 | | 單位 | 1 | 2 | 3 | 4 | 5 | 6 | 7 | 8 | 9 | 10 |
|---|---|---|---|---|---|---|---|---|---|---|---|---|
| 附加稅 | 地價割 | 厘 | — | — | — | — | — | — | — | — | — | — |
| | 國稅營業稅割 | 同 | 一五〇 | 一五〇 | 一五〇 | 二四〇 | 二四〇 | 一五〇 | 一五〇 | 一五〇 | 二四〇 | 四七〇 |
| | 所得稅割 | 同 | 一五〇 | 一五〇 | 一五〇 | 二四〇 | 一四〇 | 一五〇 | 一五〇 | 一五〇 | 二四〇 | 一四〇 |
| | 戶別割 | 同 | — | — | — | — | 五、九二〇 | 四、六〇〇 | 五、一八〇 | 五、五〇〇 | 七、九〇〇 | 六、〇〇〇 |
| | 地方稅營業稅割 | 同 | 五〇〇 | 八〇〇 | 八〇〇 | 一、〇〇〇 | 一、〇〇〇 | 一、〇〇〇 | 一、〇〇〇 | 一、〇〇〇 | 一、〇〇〇 | 一、〇〇〇 |
| | 雜種稅割 | 同 | 五〇〇 | 八〇〇 | 八〇〇 | 一、〇〇〇 | 一、〇〇〇 | 八〇〇 | 八〇〇 | 一、〇〇〇 | 一、〇〇〇 | 一、〇〇〇 |
| 特別稅 反別割 | 田 | 同 | — | 〇八〇 | 〇八〇 | 三〇〇 | 三〇〇 | 〇六三 | 〇六三 | 〇六三 | 〇六三 | 二六五 |
| | 畑 | 同 | 〇八〇 | 〇六〇 | 〇六〇 | 一二〇 | 一二〇 | 一一八 | 一一八 | 一一八 | 一一八 | 一七一 |
| | 宅地 | 同 | 一〇〇 | 一〇〇 | 一〇〇 | 二四〇 | 二四〇 | 四〇〇 | 四〇〇 | 四〇〇 | 四〇〇 | 八八〇 |
| | 山林 | 同 | 〇〇六 | 〇〇六 | 〇〇六 | 〇一〇 | 〇一〇 | 五 | 五 | 五 | 五 | 七 |
| | 原野 | 同 | 〇〇六 | 〇〇六 | 〇〇六 | 〇一〇 | 〇一〇 | 五 | 五 | 五 | 五 | 七 |
| | 牧場 | 同 | 〇〇六 | 〇〇六 | 〇〇六 | 〇一五 | 〇一五 | 一〇 | 一〇 | 一〇 | 一〇 | 一三 |
| | 海産干場 | 同 | 一二〇 | 一二〇 | 一二〇 | 二四〇 | 二四〇 | — | — | — | — | — |
| | 雜種地 | 同 | — | — | — | — | — | — | — | — | — | — |
| 特別稅 | 建物割 | 同 | — | — | — | — | — | — | — | — | — | — |
| | 牛馬割 | 同 | 三〇〇 | 五〇〇 | 五〇〇 | 一、三〇〇 | 一、〇〇〇 | — | — | — | — | — |
| | 戶別割 | 同 | 四七〇 | 五〇〇 | 五〇〇 | 一、一六〇 | — | — | — | — | — | — |
| 財産ヨリ生スル收入 | | 同 | 五七四 | 四〇八 | 五九 | 一〇七 | 一、五一〇 | 六、八九八 | 一七、一九〇 | 三七、八二三 | 二一、〇〇七 | 一四、八八四 |
| 市町村債額 | | 同 | 一、八五八 | 一、五七四 | 一、二七四 | 一、〇〇六 | 七二二 | — | — | — | — | — |
| 第三種所得稅額 | | 同 | 五四一 | 七四七 | 一、一三九 | 四六六 | 三九一 | 一五、四六八 | 一六、三九二 | 一八、二六七 | 一九、二五〇 | 二一、三五九 |
| 同納稅者實人員 | | 人 | 三六 | 三五 | 四三 | 五九 | 四九 | 四一二 | 四六六 | 五〇五 | 五五六 | 六二〇 |
| 財産 學校基本財産 | 動産 | 同 | 二八〇 | 三九三 | 四五四 | 四七八 | 五三八 | 九八 | 一〇三 | 二二三 | 二五四 | 九〇一 |
| | 不動産 | 同 | — | — | — | — | — | — | — | — | — | — |
| 特別基本財産 | 動産 | 同 | 五一〇 | 七六三 | 八八六 | 一、二四〇 | 一九一 | 四八三 | 六五二 | 七三二 | 八六八 | 九三二 |
| | 不動産 | 同 | 三〇 | 三〇〇 | 三〇〇 | — | — | — | — | — | — | — |
| 收益ナキ財産 | 動産 | 同 | 二二、六九八 | 二、〇〇〇 | 二、〇〇〇 | 二、〇〇〇 | 六、九七五 | — | — | — | — | — |
| | 不動産 | 同 | 三〇〇 | 二四、六五〇 | 二四、九六〇 | 三四、六五〇 | 二七、四五七 | 一四五、一五八 | 二一六、三二四 | 二六三、二三二 | 二八五、三三三 | 三五六、〇八九 |
| 一部有財産 | 動産 | 同 | — | — | — | — | — | — | — | — | — | — |
| | 不動産 | 同 | — | — | — | — | — | — | — | — | — | — |
| 積立金穀 | | 同 | — | — | — | — | — | — | — | — | — | — |
| 罹災救助金 | | 同 | — | — | — | — | — | — | — | — | — | — |

| 町村名 | 種別 | 面積（方里） | 民有地 田（反） | 民有地 畑（同） | 民有地 宅地（同） | 民有地 山林（同） | 民有地 原野（同） | 民有地 牧場（同） | 民有地 其他（同） | 現住戸數（戸） | 現住人口（人） | 負擔 直接國税額（圓） | 負擔 地方税額（同） | 負擔 市町村税額（同） |
|---|---|---|---|---|---|---|---|---|---|---|---|---|---|---|
| 音更村 | 大正六年度 | 一〇三、〇〇 | 一三六 | 一、六二九〇 | — | — | — | 一〇、一〇五〇 | — | 二、七九六 | 一六、二五四 | 三、六九二 | 一六、二四九 | 二八、七四四 |
| 音更村 | 同 七年度 | 一〇三、〇〇 | 五九八 | 一六、九二三〇 | 一〇〇 | — | 八、〇〇〇〇 | 七、六八一〇 | — | 二、八九五 | 一三、一八〇 | 六、二一二 | 一八、六六八 | 三四、二四四 |
| 音更村 | 同 八年度 | 一〇三、〇〇 | 八〇三 | 一七、〇七四六 | 一五〇 | 四、九五三二 | 一一、六四八〇 | 八、一四一八 | — | 三、二四七 | 一四、〇一〇 | 七、八〇六 | 三〇、四三五 | 六三、四一七 |
| 音更村 | 同 九年度 | 一〇三、〇〇 | 六八七 | 二一、三三〇〇 | 一九五 | — | 一八、二三四八 | 七、七三七八 | — | 三、四〇八 | 一八、五二七 | 五、一八四 | 四二、〇八〇 | 一二七、三四三 |
| 音更村 | 同 十年度 | 三〇、〇〇 | 三六八八 | 一四、四三五〇 | 一三五 | — | 八、七四〇〇 | 四、七六七三 | — | 一、八四〇 | 一〇、一二〇 | 五、〇九〇 | 二六、九四七 | 七一、四四三 |
| 芽室村 | 同 六年度 | 四九、三〇 | 二九〇 | 一二、五三五〇 | 四九九 | — | 八七七〇 | 一三、七六五〇 | — | 二、〇四一 | 一〇、八三六 | 四、五七五 | 一四、四二〇 | 二五、五二五 |
| 芽室村 | 同 七年度 | 四九、三〇 | 三〇九 | 一二、八三八一 | 五五二 | — | 八五一三 | 一四、七一八八 | — | 二、三二五 | 一二、四三四 | 九、七五〇 | 一九、一三五 | 三三、八七四 |
| 芽室村 | 同 八年度 | 四九、三〇 | 七一七 | 一六、六四七三 | 五五二 | 一二八 | 七一一五 | 一一、二五八九 | — | 二、三九七 | 一二、七五二 | 一〇、九三一 | 二四、八九九 | 六七、〇三八 |
| 芽室村 | 同 九年度 | 四九、三〇 | 七一七 | 二二、三三六五 | 五七一 | 三五〇〇 | 一、二九七七 | 五、一一七三 | — | 二、九〇七 | 一一、六四〇 | 八、四一一 | 三九、五八三 | 七六、八二〇 |
| 芽室村 | 同 十年度 | 一八、八〇 | 一三四 | 一八、六六四五 | 七四六 | 三三三三 | 六六五三 | 四、一四九〇 | — | 一、九一四 | 一〇、五二五 | 八、六〇三 | 三三、四八五 | 五三、〇八一 |

| 町村名 | 種別 | 財政 歳入（同） | 歳出經常部 役所役場費（同） | 歳出經常部 土木費（同） | 歳出經常部 教育費（同） | 歳出經常部 衛生費（同） | 歳出經常部 勸業費（同） | 歳出經常部 其他（同） | 歳出經常部 計（同） | 同臨時部計（同） | 通計（同） | 基本財産 動産（同） | 基本財産 不動産（同） |
|---|---|---|---|---|---|---|---|---|---|---|---|---|---|
| 音更村 | 大正六年度 | 三六、一七四 | 五、九一三 | 一、五三五 | 一六、四四三 | 四〇一 | 九四三 | 五、〇九五 | 三〇、三三〇 | 五、八四四 | 三六、一七四 | — | 三五、〇五〇 |
| 音更村 | 同 七年度 | 四三、九九三 | 八、一五二 | 一、二九五 | 二三、七七九 | 四二七 | 一八七 | 九、二七九 | 四三、一一九 | 八七四 | 四三、九九三 | — | 三七、〇六五 |
| 音更村 | 同 八年度 | 七七、四四一 | 一〇、四九七 | 三、四二六 | 三九、二三一 | 七三三 | 八五 | 一一、七八六 | 六五、七五八 | 一一、六八三 | 七七、四四一 | — | 四一、八二八 |
| 音更村 | 同 九年度 | 一三九、三九二 | 二一、八六四 | 五、四二〇 | 六〇、一一二 | 一五四 | 八五 | 一八、五一〇 | 一〇六、一四一 | 三三、二五一 | 一三九、三九二 | — | 四七、〇〇五 |
| 音更村 | 同 十年度 | 七七、〇四六 | 二〇、三九四 | 三、四五六 | 三六、一七八 | 一七七 | 三〇 | 一一、九一四 | 七二、一四九 | 四、八九七 | 七七、〇四六 | — | 七七、八六七 |
| 芽室村 | 同 六年度 | 三四、四八〇 | 五、二四二 | 八五 | 一四、五〇四 | 二六四 | 七五八 | 二、六二二 | 二三、四七五 | 一一、〇〇五 | 三四、四八〇 | 三〇、六四三 | 一五〇、二〇〇 |
| 芽室村 | 同 七年度 | 四三、四五一 | 七、三二二 | 二五〇 | 二〇、六七四 | 二六〇 | 六二一 | 六、一七六 | 三五、三〇三 | 八、一四八 | 四三、四五一 | 三六、九〇九 | 一四六、四七五 |
| 芽室村 | 同 八年度 | 一〇九、七八九 | 一六、九二七 | 三〇〇 | 三八、三七九 | 四八六 | 四六五 | 九、四八〇 | 六六、〇三七 | 四三、七五三 | 一〇九、七八九 | 四一、七六六 | 一六二、七五〇 |
| 芽室村 | 同 九年度 | 一二八、四八〇 | 二一、一八八 | 五七〇 | 五〇、七四九 | 二、二三七 | 四六五 | 一〇、八五一 | 八六、〇六〇 | 四二、四二〇 | 一二八、四八〇 | 四三、三一〇 | 一一五、六六六 |
| 芽室村 | 同 十年度 | 八〇、六六五 | 一七、八二五 | 一、四四五 | 三六、二二六 | 七二一 | 六五 | 一四、三九八 | 七〇、六八〇 | 九、九八五 | 八〇、六六五 | 四五、三四二 | 一四五、二〇二 |

| 項目 | 單位 | 1 | 2 | 3 | 4 | 5 | 6 | 7 | 8 | 9 | 10 |
|---|---|---|---|---|---|---|---|---|---|---|---|
| 財産 學校基本財産 動産 | 同 | — | — | — | — | — | 八九 | 九五 | 一〇九 | 一〇九 | 一一四 |
| 財産 學校基本財産 不動産 | 同 | 七、八二五 | 八、〇二五 | 八、二七七 | 八、七〇二 | 一〇、六八四 | — | — | — | — | — |
| 財産 特別基本財産 動産 | 同 | — | — | — | — | — | 六三七 | 六七七 | 一、四七八 | 二、三三三 | 二、〇四七 |
| 財産 特別基本財産 不動産 | 同 | 五二〇 | 五七五 | 五九八 | 六六〇 | 八三〇 | — | — | — | — | — |
| 財産 收益ナキ財産 動産 | 同 | — | — | — | — | — | — | — | — | — | — |
| 財産 收益ナキ財産 不動産 | 同 | 二七、七八三 | 三一、七五二 | 三九、六九〇 | 二〇、五六八 | 四一、〇六〇 | 三八、六九二 | 四二、八六〇 | 四九、一四〇 | 四九、一四〇 | 三九、八六一 |
| 財産 一部有財産 動産 | 同 | — | — | — | — | — | 六、三一三 | 六、七一二 | 六、九七二 | 七、二六二 | 七、一〇八 |
| 財産 一部有財産 不動産 | 同 | — | — | — | — | — | 五、九七〇 | 六、七一六 | 七、四六三 | 三、九七五 | 六、四六八 |
| 財産 積立金穀 | 同 | — | — | 二、二二六 | — | — | — | — | — | — | — |
| 財産 罹災救助金 | 同 | — | — | — | — | — | — | — | — | — | — |
| 財産ヨリ生スル收入 | 同 | — | — | — | — | — | 一一、〇七二 | 四、七六一 | 四、五五三 | 六、九七二 | 六、四六一 |
| 市町村債額 | 同 | — | — | — | — | — | — | — | — | — | — |
| 第三種所得税額 | 同 | 六五三 | 四、五一九 | 五、二九六 | 一、七八七 | 一、七九八 | 三、一八八 | 七、七二五 | 六、七九四 | 三、〇八九 | 二、一三九 |
| 同納税者實人員 | 人 | — | — | — | — | — | 九〇〇 | 一、〇三三 | 一、一九三 | 六九七 | 七三三 |
| 課率 附加税 地價割 | 厘 | 二〇〇 | 二一〇 | — | — | — | 二〇〇 | 三二〇 | 三三〇 | — | — |
| 課率 附加税 國税營業税割 | 同 | 一五〇 | 一五〇 | 一五〇 | 二四〇 | 四七〇 | 一五〇 | 一五〇 | 二四〇 | 二四〇 | 四七〇 |
| 課率 附加税 所得税割 | 同 | 一五〇 | 一五〇 | 一五〇 | 二四〇 | 一四〇 | 一五〇 | 一五〇 | 二四〇 | 一四〇 | 一四〇 |
| 課率 附加税 戸別割 | 同 | — | — | 五、二二〇 | 六、二〇〇 | 六、三〇〇 | — | 三、五〇〇 | 七、九〇〇 | 八、一五〇 | 五、〇〇〇 |
| 課率 附加税 地方税營業税割 | 同 | 五〇〇 | 五〇〇 | 五〇〇 | 一、〇〇〇 | 一、〇〇〇 | 五〇〇 | 五〇〇 | 七五〇 | 七五〇 | 七五〇 |
| 課率 附加税 雜種税割 | 同 | 五〇〇 | 五〇〇 | 五〇〇 | 一、〇〇〇 | 一、〇〇〇 | 五〇〇 | 五〇〇 | 七五〇 | 七五〇 | 七五〇 |
| 課率 特別税 反別割 田 | 同 | 二一〇 | 一三〇 | 二六二 | 二八〇 | 五二五 | 一〇〇 | 一二〇 | 二五〇 | 三三〇 | 三〇五 |
| 課率 特別税 反別割 畑 | 同 | 一一〇 | 〇八八 | 一五八 | 一二三 | 二〇九 | 〇七七 | 〇八七 | 一三三 | 一〇七 | 一〇三 |
| 課率 特別税 反別割 宅地 | 同 | — | 三〇〇 | 五二五 | 五二五 | 七二六 | 二〇四 | 二三九 | 三八三 | 六三六 | 八七九 |
| 課率 特別税 反別割 山林 | 同 | — | — | 一〇五 | — | — | — | — | 一五 | 一五 | 一四 |
| 課率 特別税 反別割 原野 | 同 | — | 〇〇六 | 一〇五 | 〇二〇 | 〇二〇 | 一〇 | 一二 | 一五 | 一五 | 一四 |
| 課率 特別税 反別割 牧場 | 同 | 〇〇六 | 〇〇六 | 一〇五 | 〇三〇 | — | 〇〇八 | 一〇 | 一五 | 一五 | 一四 |
| 課率 特別税 反別割 海産 | 同 | — | — | — | — | — | — | — | — | — | — |
| 課率 特別税 反別割 干場 | 同 | — | — | — | — | — | — | — | — | — | — |
| 課率 特別税 反別割 雜種地 | 同 | — | — | — | — | — | — | — | — | — | — |
| 課率 特別税 建物割 | 同 | — | — | — | — | — | — | — | — | — | — |
| 課率 特別税 牛馬割 | 同 | — | 二五〇 | 二五〇 | 二五〇 | — | 二、〇〇〇 | 二、〇〇〇 | 二、〇〇〇 | 三、〇〇〇 | 三、〇〇〇 |
| 課率 特別税 戸別割 | 同 | 一、〇六〇 | 一、〇六〇 | — | — | — | 六、九六〇 | — | — | — | — |

| 種別 | | 單位 | 川合村 大正六年度 | 同 七年度 | 同 八年度 | 同 九年度 | 同 十年度 |
|---|---|---|---|---|---|---|---|
| 面積 | | 方里 | 三八、八 | 三八、八 | 三八、八 | 三八、八 | 三八、八 |
| 民有地 | 田 | 反 | 四〇三 | 四九七 | 八九八 | 一四一九 | 一八二五 |
| | 畑 | 同 | 六、九〇二八 | 七、二九五八 | 七、五六一六 | 七、八〇九〇 | 七、九五二八 |
| | 宅地 | 同 | 三五五 | 五〇〇 | 三六〇 | 四五九 | 四六二 |
| | 山林 | 同 | 六、八二九四 | 四、二五二八 | 四、八七九五 | 五、〇三三七 | 五、一三二六 |
| | 原野 | 同 | 一五、四四三一 | 一六、六三一九 | 一七、三六八三 | 二〇、五二六〇 | 一七、三八八三 |
| | 牧場 | 同 | 六、七九九二 | 七、一〇四一 | 六、八三二七 | 六、八八九三 | 七、〇八三九 |
| | 其他 | 同 | — | — | — | — | — |
| 現住戸數 | | 戸 | 一、七一二 | 二、一三七 | 二、四六三 | 二、七六六 | 二、六四八 |
| 現住人口 | | 人 | 九、四一六 | 一一、五三九 | 一二、二一五 | 一三、八〇四 | 一三、三三二 |
| 負擔 | 直接國稅額 | 圓 | 六、二五三 | 九、六七〇 | 一〇、九二五 | 九、三〇一 | 一一、七二二 |
| | 地方稅額 | 同 | 一一、三四九 | 一二、二三三 | 一八、七八八 | 二〇、〇九七 | 二一、三三六 |
| | 市町村稅額 | 同 | 一九、九三四 | 二七、九四〇 | 四九、二八四 | 七八、三一三 | 六七、四七四 |
| 財政 | 歳入 | 同 | 五四、六四三 | 三七、三〇四 | 一一〇、六七五 | 一四四、七一五 | 八五、二四三 |
| 歳出經常部 | 役所役場費 | 同 | 三、三一五 | 七、七五二 | 一二、五五四 | 一六、八九六 | 一四、九〇四 |
| | 土木費 | 同 | 四〇〇 | 一、一五〇 | 一、〇〇〇 | 二〇〇 | 一、‥六〇 |
| | 教育費 | 同 | 一二、〇五八 | 一八、九七九 | 三〇、二五三 | 三九、三四四 | 三九、四四三 |
| | 衛生費 | 同 | 四八四 | 七四〇 | 一、一二一 | 一、五九四 | 一、八四五 |
| | 勸業費 | 同 | 四九〇 | 六一四 | 五二〇 | 六六〇 | 六二〇 |
| | 其他 | 同 | 三、六六五 | 五、三六七 | 八、五四一 | 一一、九三六 | 一一、八八〇 |
| | 計 | 同 | 二〇、四一二 | 三四、六〇二 | 五三、九八九 | 七〇、六三〇 | 六九、八五二 |
| 同臨時部 | 計 | 同 | 三四、二三一 | 二、七〇二 | 五六、六八六 | 七四、〇八五 | 一五、三九一 |
| 通計 | | 同 | 五四、六四三 | 三七、三〇四 | 一一〇、六七五 | 一四四、七一五 | 八五、二四三 |
| 基本財産 | 動産 | 同 | 八、一九六 | 八、六八七 | 一、二九三 | 五、四五一 | 一二、七五〇 |
| | 不動産 | 同 | 七一、一六二 | 七〇、四七二 | 八五、二四八 | 八五、二四八 | 八五、二四八 |

| 種別 | | 單位 | 大津村 同 六年度 | 同 七年度 | 同 八年度 | 同 九年度 | 同 十年度 |
|---|---|---|---|---|---|---|---|
| 面積 | | 方里 | 三〇、八 | 三〇、八 | 三〇、八 | 三〇、八 | 三〇、八 |
| 民有地 | 田 | 反 | — | — | — | — | — |
| | 畑 | 同 | 一、四五〇〇 | 一、四四四五 | 一、六六九八 | 一、九三八九 | 一、九六四七 |
| | 宅地 | 同 | 九四 | 一六四 | 一六四 | 一六四 | 一七二 |
| | 山林 | 同 | — | — | — | — | — |
| | 原野 | 同 | 二、五〇〇〇 | 四、五六〇〇 | 五、八二二〇 | 五、九一七〇 | 六、二二四〇 |
| | 牧場 | 同 | 六、五〇〇〇 | 六、七九九二 | 六、七九九二 | 七、一二五二 | 八、七四一四 |
| | 其他 | 同 | 四五 | 七八 | 七八 | 七八 | 七八 |
| 現住戸數 | | 戸 | 四九六 | 四九七 | 四八三 | 五三二 | 五三一 |
| 現住人口 | | 人 | 二、二三八 | 二、二五四 | 二、二二三 | 二、七一六 | 二、七一一 |
| 負擔 | 直接國稅額 | 圓 | 五、七六二 | 三、七〇六 | 六、九〇七 | 三、四五九 | 五、七六二 |
| | 地方稅額 | 同 | 三、一七七 | 三、四三九 | 四、一四一 | 五、一二八 | — |
| | 市町村稅額 | 同 | 六、一三〇 | 七、一二〇 | 一一、七七二 | 二〇、七四三 | 一九、四四二 |
| 財政 | 歳入 | 同 | 七、〇七〇 | 九、二〇九 | 一四、三七〇 | 三一、二六三 | 三〇、〇六四 |
| 歳出經常部 | 役所役場費 | 同 | 一、七二〇 | 二、四九三 | 三、一三四 | 五、六四五 | 五、一二四 |
| | 土木費 | 同 | 三六 | 八六 | 一、一三六 | 八、五六七 | 八、〇五三 |
| | 教育費 | 同 | 三、五八二 | 四、八七九 | 八、四七二 | 一一、八〇七 | 一二、二〇七 |
| | 衛生費 | 同 | 五九九 | 六四九 | 六一九 | 一、一六四 | 一、三〇三 |
| | 勸業費 | 同 | 一五 | 八五 | 五五 | 五〇 | 一七 |
| | 其他 | 同 | 六八九 | 六〇〇 | 五三七 | 二、六二七 | 二、八九一 |
| | 計 | 同 | 六、六四一 | 八、七九二 | 一三、九五三 | 二九、八六〇 | 二九、五九五 |
| 同臨時部 | 計 | 同 | 四二九 | 四一七 | 四一七 | 一、三〇三 | 四六九 |
| 通計 | | 同 | 七、〇七〇 | 九、二〇九 | 一四、三七〇 | 三一、一六三 | 三〇、〇六四 |
| 基本財産 | 動産 | 同 | 五、八五〇 | 七、〇六〇 | 七、七六〇 | 八、二一四 | 一二、〇四四 |
| | 不動産 | 同 | 一、五〇〇 | 一、五〇〇 | 一、五〇〇 | 一、五〇〇 | 一、五〇〇 |

| | | | | | | | | | | | | |
|---|---|---|---|---|---|---|---|---|---|---|---|---|
| 財産 | 學校基本財産 | 動産 | 同 | 二、三九九 | 三、四八二 | 三、四八二 | 二、八〇二 | 三、四〇〇 | 四二〇 | 四七〇 | 五一九 | 五四五 | 五七三 |
| | | 不動産 | 同 | 一三、九九七 | 一三、九五七 | 二〇、九三五 | 二〇、九三五 | 二〇、九三五 | 三、〇〇〇 | 三、〇〇〇 | 三、〇〇〇 | 三、〇〇〇 | 三、〇〇〇 |
| | 特別基本財産 | 動産 | 同 | 九九二 | 一、〇二三 | 一一、〇七九 | 一、二八六 | 五八九 | 八〇〇 | 九〇〇 | 九三七 | 一、〇七一 | 一、一二六 |
| | | 不動産 | 同 | — | — | — | — | — | — | — | — | — | — |
| | 收益ナキ財産 | 動産 | 同 | — | — | — | — | — | — | — | — | — | — |
| | | 不動産 | 同 | 六、一四八〇 | 六、一四八〇 | 九一、五八〇 | 一〇一、七二〇 | 一〇一、七三〇 | 二、〇〇〇 | 二、〇〇〇 | 二、〇〇〇 | 二、〇〇〇 | 二、〇〇〇 |
| | 一部有財産 | 動産 | 同 | — | — | — | — | — | — | — | — | — | — |
| | | 不動産 | 同 | — | — | — | — | — | — | — | — | — | — |
| | 積立金穀 | | 同 | — | — | — | — | — | — | — | — | — | — |
| | 罹災救助金 | | 同 | — | — | — | — | — | — | — | — | — | — |
| 財産ヨリ生スル收入 | | | 同 | 三、〇五三 | 二、八七八 | 七、五一七 | 一、三二一 | 四、二二三 | — | — | — | — | — |
| 市町村債額 | | | 同 | 一一、二六九 | 九、二八五 | 七、二六八 | 二五、一八〇 | 一九、四六三 | — | — | — | — | — |
| 第三種所得税額 | | | 同 | 三、六三九 | 五、七一八 | 八、三七〇 | 三、一六五 | 三、八六九 | 三、〇九六 | 三、九八〇 | 三、六〇四 | 二、三〇六 | 四、四〇〇 |
| 同納税者實人員 | | | 人 | 二〇四 | 二〇五 | 二八九 | 一五六 | 二三〇 | 四三 | 四四 | 四二 | 四六 | 四六 |
| 課率 | 附加税 | 地價割 | 厘 | 八 | 八 | — | — | — | — | — | — | — | — |
| | | 國税營業税割 | 同 | 一五〇 | 一五〇 | 二四〇 | 二四〇 | 四七〇 | 一五〇 | 一五〇 | 二四〇 | 二四〇 | 四七〇 |
| | | 所得税割 | 同 | 一五〇 | 一五〇 | 二四〇 | 二四〇 | 一四〇 | 一五〇 | 一五〇 | 二四〇 | 一四〇 | 一四〇 |
| | | 戸別割 | 同 | 三、四〇〇 | 四、三〇〇 | 五、七〇〇 | 七、七〇〇 | 四、九〇〇 | 四、五〇〇 | 四、八〇〇 | 四、九五〇 | 七、五〇〇 | 五、〇〇〇 |
| | | 地方税營業税割 | 同 | 五〇〇 | 五〇〇 | 一、〇〇〇 | 一、〇〇〇 | 一、〇〇〇 | 五〇〇 | 五〇〇 | 一、〇〇〇 | 一、二〇〇 | 一、二〇〇 |
| | | 雜種税割 | 同 | 五〇〇 | 五〇〇 | 一、〇〇〇 | 一、〇〇〇 | 一、〇〇〇 | 五〇〇 | 五〇〇 | 一、〇〇〇 | 二、〇〇〇 | 一、五〇〇 |
| | 特別税 反別割 | 田 | 同 | 一一四 | 一三〇 | 二〇〇 | 二五〇 | 二八五 | — | — | — | — | — |
| | | 畑 | 同 | 八四 | 九五 | 一四三 | 一七九 | 一九六 | 七〇 | 七〇 | 一四〇 | 二〇〇 | 二一〇 |
| | | 宅地 | 同 | 一九七 | 二二三 | 五〇〇 | 五五〇 | 五五〇 | 二〇〇 | 二〇〇 | 三〇〇 | 三〇〇 | 三一〇 |
| | | 山林 | 同 | 七 | 八 | 一三 | 一六 | 一七 | — | — | — | — | — |
| | | 原野 | 同 | 七 | 八 | 一三 | 一六 | 一七 | 五 | 五 | 二三 | 二二 | 二三 |
| | | 牧場 | 同 | 七 | 八 | 一三 | 一六 | 一七 | 七 | 七 | 二二 | 三六 | 三七 |
| | | 海産干場 | 同 | — | — | — | — | — | 二〇〇 | 二〇〇 | 二五〇 | 二五〇 | 二七〇 |
| | | 雜種地 | 同 | — | — | — | — | — | — | — | — | — | — |
| | 特別税 | 建物割 | 同 | — | — | — | — | — | — | — | — | — | — |
| | | 牛馬割 | 同 | — | — | — | — | — | — | — | 八〇〇 | 八〇〇 | 八〇〇 |
| | | 戸別割 | 同 | — | — | — | — | — | — | — | — | — | — |

| 種別 | 單位 | 川上村 大正六年度 | 同 七年度 | 同 八年度 | 同 九年度 | 同 十年度 | 大正村 同 六年度 | 同 七年度 | 同 八年度 | 同 九年度 | 同 十年度 |
|---|---|---|---|---|---|---|---|---|---|---|---|
| 面積 | 方里 | — | — | — | — | 四六、〇〇 | 六〇、九 | 六〇、九 | 六〇、九 | 六〇、九 | 六〇、九 |
| 民有地 田 | 反別 反 | — | — | — | — | — | — | — | — | — | — |
| 民有地 畑 | 同 | — | — | — | — | 五、九一三〇 | 七、三四〇〇 | 七、三六八九 | 七、三九六八 | 二、二五八〇 | 九、七六五一 |
| 民有地 宅地 | 同 | — | — | — | — | 六〇 | 一 | 八一 | 一二〇 | 五五 | 一七五 |
| 民有地 山林 | 同 | — | — | — | — | 三、七六五〇 | — | 一、〇九六二 | 二、三八九一 | 二一、六三七 | 二、〇九七五 |
| 民有地 原野 | 同 | — | — | — | — | 三、〇八八〇 | 一、一五〇〇 | 三、八三二五 | 四、〇一二七 | 三、〇二二七 | 四、〇一一一 |
| 民有地 牧場 | 同 | — | — | — | — | 一、四五一〇 | 一、三三三〇 | 一、七八九一 | 一、三四五七 | 一、〇二五四 | 一、〇七六四 |
| 民有地 其他 | 同 | — | — | — | — | — | 二四一八 | 二七〇九 | 二九一六 | 三三三七 | 三三八九 |
| 現住戸數 | 戸 | — | — | — | — | 七九五 | 一、二二七 | 一、四四八 | 一、七二七 | 一、九四七 | 一、九四八 |
| 現住人口 | 人 | — | — | — | — | 四、三〇四 | 六、九五六 | 八、二四八 | 八、八八七 | 八、九六九 | 九、六三〇 |
| 負擔 直接國稅額 | 圓 | — | — | — | — | 一、〇一七 | 一、四二四 | 二、一五一 | 二、九七一 | 二、三〇〇 | 三、六〇一 |
| 負擔 地方稅額 | 同 | — | — | — | — | 九、五五六 | 八、一二四 | 九、五八八 | 一三、二八九 | 二一、五四〇 | 二六、五六四 |
| 負擔 市町村稅額 | 同 | — | — | — | — | 二六、七五六 | 一五、〇八八 | 二二、六一三 | 二七、四九八 | 四七、〇二二 | 四〇、六〇四 |
| 財政 歲入 | 同 | — | — | — | — | 二九、二九三 | 一八、六二四 | 三六、八九三 | 三五、六七八 | 六〇、〇〇〇 | 五六、九五九 |
| 歲出 經常部 役所役場費 | 同 | — | — | — | — | 一一、八一〇 | 三、五三六 | 五、九〇五 | 七、四一六 | 九、七二七 | 八、八八九 |
| 歲出 經常部 土木費 | 同 | — | — | — | — | 四六四 | 二〇 | 五 | 五 | 二〇 | 八二 |
| 歲出 經常部 教育費 | 同 | — | — | — | — | 一三、四八九 | 八、五七三 | 一三、一九四 | 一九、〇〇〇 | 二七、四八五 | 二六、四五八 |
| 歲出 經常部 衛生費 | 同 | — | — | — | — | 三一七 | 一五七 | 二〇二 | 二五〇 | 三七〇 | 三五四 |
| 歲出 經常部 勸業費 | 同 | — | — | — | — | 六〇 | 三一一 | 二五〇 | 七五 | 一〇七 | 六〇 |
| 歲出 經常部 其他 | 同 | — | — | — | — | 三、一五三 | 二、四二一 | 二、八九八 | 三、九三八 | 五、二七〇 | 五、五三六 |
| 同(經常部)計 | 同 | — | — | — | — | 二九、二九三 | 一五、〇一八 | 二二、四五四 | 三〇、六八四 | 四二、九二九 | 四一、三七九 |
| 臨時部計 | 同 | — | — | — | — | — | 二、三三八 | 一二、五二七 | 二、七四六 | 九、八〇二 | 一二、三七〇 |
| 通計 | 同 | — | — | — | — | 二九、二九三 | 一七、三五六 | 三四、九八一 | 三三、四三〇 | 五二、七八一 | 五三、七四九 |
| 基本財產 動產 | 同 | — | — | — | — | — | 一一六 | 九七 | 一一五 | 七九 | 八七 |
| 基本財產 不動產 | 同 | — | — | — | — | — | 三六六 | 四四七 | 一、四四〇 | 二、三一四 | 二、六五五 |

| 學校基本財産 動産 | 學校基本財産 不動産 | 特別基本財産 動産 | 特別基本財産 不動産 | 收益ナキ財産 動産 | 收益ナキ財産 不動産 | 一部有財産 財産 | 一部有財産 不動産 | 積立金穀 | 罹災救助金 | 財産ヨリ生スル收入 | 市町村債額 | 第三種所得税額 | 同納税者實人員 | 附加税 地價割 | 附加税 國稅營業稅割 | 附加税 所得稅割 | 附加税 戸別割 | 附加税 地方稅營業割 | 附加税 雜種稅割 | 特別稅 反別割 田 | 特別稅 反別割 畑 | 特別稅 反別割 宅地 | 特別稅 反別割 山林 | 特別稅 反別割 原野 | 特別稅 反別割 牧場 | 特別稅 反別割 海產干場 | 特別稅 反別割 雜種地 | 特別稅 建物割 | 特別稅 牛馬割 | 特別稅 戸別割 |
|---|---|---|---|---|---|---|---|---|---|---|---|---|---|---|---|---|---|---|---|---|---|---|---|---|---|---|---|---|---|---|
| 同 | 同 | 同 | 同 | 同 | 同 | 同 | 同 | 同 | 同 | 同 | 同 | 同 | 人 | 同 | 同 | 同 | 同 | 同 | 同 | 同 | 同 | 同 | 同 | 同 | 同 | 同 | 同 | 同 | 同 | 同 |
| — | — | — | — | — | — | — | — | — | — | — | — | — | — | — | — | — | — | — | — | — | — | — | — | — | — | — | — | — | — | — |
| — | — | — | — | — | — | — | — | — | — | — | — | — | — | — | — | — | — | — | — | — | — | — | — | — | — | — | — | — | — | — |
| — | — | — | — | — | — | — | — | — | — | — | — | — | — | — | — | — | — | — | — | — | — | — | — | — | — | — | — | — | — | — |
| — | — | — | — | — | — | — | — | — | — | — | — | — | — | — | — | — | — | — | — | — | — | — | — | — | — | — | — | — | — | — |
| — | — | — | — | — | — | — | — | — | — | — | — | 五二七 | 二七 | — | 四七〇 | 一四〇 | 五、八〇〇 | 一、〇〇〇 | 一、〇〇〇 | — | 三〇六 | 七二七 | 三〇 | 三〇 | 四〇 | — | — | — | — | — |
| 一七 | — | 一五 | — | — | 一二、八一二 | — | — | — | — | 五一四 | 一、三二五 | 一、二九九 | 一〇八 | — | 一五〇 | — | 五、〇〇〇 | 一、〇〇〇 | 一、〇〇〇 | — | 六二 | 一四〇 | — | 一 | 一 | — | — | — | — | — |
| 二一 | — | 一六 | — | — | 二四、七六四 | — | — | — | — | 五八一 | 九三七 | 一、八三九 | 一〇七 | — | 一五〇 | — | 六、五〇〇 | 五〇〇 | 五〇〇 | — | 六二 | 一四〇 | — | 一 | 一 | — | — | — | — | — |
| 二五 | — | 一六 | — | — | 三四、〇四九 | — | — | — | — | 一、五九六 | 五四九 | 二、〇八五 | 一二六 | — | 一五〇 | — | 六、五〇〇 | 一、〇〇〇 | 一、〇〇〇 | — | 六二 | 一四〇 | — | 一 | 一 | — | — | — | — | — |
| 二二 | — | 一六 | — | — | 三五、一三二 | — | — | — | — | 二、四三一 | 四一二 | 六七九 | 九〇 | 宅地 一四四 其他 三三六 | 二四〇 | — | 八、八〇〇 | 一、〇〇〇 | 一、〇〇〇 | — | 一五七 | 二八〇 | — | 二 | 二 | — | — | — | — | — |
| 五一 | — | 一八 | — | — | 七四、四六八 | — | — | — | — | 二、八一一 | 二七五 | 一、一三三 | 一〇二 | 二八〇 六六〇 | 四七〇 | 一四〇 | 五、七〇〇 | 一、〇〇〇 | 一、〇〇〇 | — | 一五七 | 二八〇 | — | 二 | 二 | — | — | — | — | — |

| 種別 | 單位 | 鹿追村 大正六年度 | 同 七年度 | 同 八年度 | 同 九年度 | 同 十年度 | 西足寄村 同 六年度 | 同 七年度 | 同 八年度 | 同 九年度 | 同 十年度 |
|---|---|---|---|---|---|---|---|---|---|---|---|
| 面積 | 方里 | — | — | — | — | 二六、三 | — | — | — | — | 五八、八 |
| 民有地 田 | 反 | — | — | — | — | 三〇〇 | — | — | — | — | 二四一 |
| 民有地 畑 | 同 | — | — | — | — | 六、一二七六 | — | — | — | — | 三、五七八二 |
| 民有地 宅地 | 同 | — | — | — | — | 五九 | — | — | — | — | 三九三 |
| 民有地 山林 | 同 | — | — | — | — | 一、二五二六 | — | — | — | — | 五、〇五三二 |
| 民有地 原野 | 同 | — | — | — | — | 六、〇五一三 | — | — | — | — | 二、〇〇〇〇 |
| 民有地 牧場 | 同 | — | — | — | — | 一、四四一〇 | — | — | — | — | 二、八四二六 |
| 民有地 其他 | 同 | — | — | — | — | — | — | — | — | — | 七七、九〇八五 |
| 現住戸數 | 戸 | — | — | — | — | 九七二 | — | — | — | — | 九九五 |
| 現住人口 | 人 | — | — | — | — | 五、一一七 | — | — | — | — | 五、三六二 |
| 負擔 直接國税額 | 圓 | — | — | — | — | 一、〇〇二 | — | — | — | — | 三、六二六 |
| 負擔 地方税額 | 同 | — | — | — | — | 一五、〇二四 | — | — | — | — | 一〇、五四八 |
| 負擔 市町村税額 | 同 | — | — | — | — | 三八、五七二 | — | — | — | — | 三〇、八九六 |
| 財政 歳入 | 同 | — | — | — | — | 四三、一六五 | — | — | — | — | 四〇、五五二 |
| 財政 歳出 經常部 役所役場費 | 同 | — | — | — | — | 一二、七八八 | — | — | — | — | 九、四九三 |
| 財政 歳出 經常部 土木費 | 同 | — | — | — | — | 一、一二〇 | — | — | — | — | 三一四 |
| 財政 歳出 經常部 教育費 | 同 | — | — | — | — | 一七、九一四 | — | — | — | — | 二〇、〇五六 |
| 財政 歳出 經常部 衛生費 | 同 | — | — | — | — | 二四〇 | — | — | — | — | 二六九 |
| 財政 歳出 經常部 勸業費 | 同 | — | — | — | — | 二七 | — | — | — | — | 一九七 |
| 財政 歳出 經常部 其他 | 同 | — | — | — | — | 五、五〇八 | — | — | — | — | 四、二一九 |
| 財政 歳出 經常部 計 | 同 | — | — | — | — | 三七、五九七 | — | — | — | — | 三四、五四八 |
| 財政 歳出 臨時部 計 | 同 | — | — | — | — | 五、五六八 | — | — | — | — | 六、〇〇四 |
| 財政 歳出 通計 | 同 | — | — | — | — | 四三、一六五 | — | — | — | — | 四〇、五五二 |
| 基本財産 動産 | 同 | — | — | — | — | — | — | — | — | — | 二六、二四二 |
| 基本財産 不動産 | 同 | — | — | — | — | — | — | — | — | — | — |

| 項目 | | | 單位 | 1 | 2 | 3 | 4 | 5 | 6 | 7 | 8 | 9 | 10 |
|---|---|---|---|---|---|---|---|---|---|---|---|---|---|
| 財産 | 學校基本財産 | 動産 | 同 | — | — | — | — | — | — | — | — | — | 三二五 |
| | | 不動産 | 同 | — | — | — | — | — | — | — | — | — | — |
| | 特別基本財産 | 動産 | 同 | — | — | — | — | — | — | — | — | — | 二九一 |
| | | 不動産 | 同 | — | — | — | — | — | — | — | — | — | — |
| | 收益ナキ財産 | 動産 | 同 | — | — | — | — | — | — | — | — | — | — |
| | | 不動産 | 同 | — | — | — | — | — | — | — | — | — | 一八、六一三 |
| | 一部有財産 | 動産 | 同 | — | — | — | — | — | — | — | — | — | — |
| | | 不動産 | 同 | — | — | — | — | — | — | — | — | — | — |
| | 積立金穀 | | 同 | — | — | — | — | — | — | — | — | — | — |
| | 罹災救助金 | | 同 | — | — | — | — | — | — | — | — | — | — |
| 財産ヨリ生スル收入 | | | 同 | — | — | — | — | — | — | — | — | — | — |
| 市町村債額 | | | 同 | — | — | — | — | — | — | — | — | — | — |
| 第三種所得税額 | | | 同 | — | — | — | — | 三五一 | — | — | — | — | 一、六六五 |
| 同納税者實人員 | | | 人 | — | — | — | — | 六一 | — | — | — | — | 二六二 |
| 課率 | 附加税 | 地價割 | 厘 | — | — | — | — | — | — | — | — | — | — |
| | | 國税營業税割 | 同 | — | — | — | — | 四七〇 | — | — | — | — | 四七〇 |
| | | 所得税割 | 同 | — | — | — | — | 一四〇 | — | — | — | — | 一四〇 |
| | | 戸別割 | 同 | — | — | — | — | 六、〇〇〇 | — | — | — | — | 五、〇〇〇 |
| | | 地方税營業税割 | 同 | — | — | — | — | 一、〇〇〇 | — | — | — | — | 一、〇〇〇 |
| | | 雜種税割 | 同 | — | — | — | — | 一、〇〇〇 | — | — | — | — | 一、〇〇〇 |
| | 特別税 | 反別割 田 | 同 | — | — | — | — | 四五二 | — | — | — | — | 四一四 |
| | | 反別割 畑 | 同 | — | — | — | — | 二九八 | — | — | — | — | 二九七 |
| | | 反別割 宅地 | 同 | — | — | — | — | 六二八 | — | — | — | — | 七〇一 |
| | | 反別割 山林 | 同 | — | — | — | — | 二二 | — | — | — | — | 一二 |
| | | 反別割 原野 | 同 | — | — | — | — | 二二 | — | — | — | — | 一二 |
| | | 反別割 牧場 | 同 | — | — | — | — | 四〇 | — | — | — | — | 二三 |
| | | 反別割 海産干場 | 同 | — | — | — | — | — | — | — | — | — | — |
| | | 反別割 雜種地 | 同 | — | — | — | — | — | — | — | — | — | — |
| | | 建物割 | 同 | — | — | — | — | — | — | — | — | — | — |
| | | 牛馬割 | 同 | — | — | — | — | — | — | — | — | — | — |
| | | 戸別割 | 同 | — | — | — | — | — | — | — | — | — | — |

| 種別 | 單位 | 八舞村 大正六年度 | 同 七年度 | 同 八年度 | 同 九年度 | 同 十年度 | 茂寄村 同 六年度 | 同 七年度 | 同 八年度 | 同 九年度 | 同 十年度 |
|---|---|---|---|---|---|---|---|---|---|---|---|
| 面積 | 方里 | 一六、八 | 一六、八 | 一六、八 | 一六、八 | 一三、七 | 九四、〇 | 九四、〇 | 九四、〇 | 九四、〇 | 九四、〇 |
| 民有地 反別 田 | 反 | 五四八 | 五七七 | 七四四 | 七四四 | 七〇〇 | — | — | — | — | — |
| 同 畑 | 同 | 八、六八九一 | 九、二四〇三 | 九、二三四四 | 一〇、一一八五 | 一〇、一一八五 | 四、四三二六 | 四、七七四七 | 五、〇〇二八 | 五、九一六〇 | 五、八九七四 |
| 同 宅地 | 同 | 六八 | 七九 | 二五九 | 二六六 | 六九五 | 三八八 | 一六九 | 一四〇 | 二二四 | 二三五 |
| 同 山林 | 同 | — | — | — | 三 | 三 | 二、七八三八 | 二、七六六八 | 二、七八五八 | 二、七八一四 | 二、八〇二七 |
| 同 原野 | 同 | 一、一三三四 | 九六九三 | 八二八八 | 一、〇二四八 | 一、〇二四八 | 四、五四〇一 | 四、八〇三六 | 四、七七三六 | 四、七三九二 | 四、七四二六 |
| 同 牧場 | 同 | 一、五七八五 | 一、一三八八 | 一、二七二〇 | 一、三〇一六 | 一、三〇一六 | 六、八一五四 | 七七、五四七 | 七、七五五七 | 七、七四八四 | 七、七五四〇 |
| 同 其他 | 同 | — | — | — | — | — | 四、一六〇〇 | 四、一六一五 | 四、一六〇〇 | 四、六八〇三 | 四、六八〇三 |
| 現住戸數 | 戸 | 一、三四六 | 一、五四九 | 一、三二二 | 一、三三八 | 一、七〇五 | 一、二八五 | 一、二九〇 | 一、三三二 | 一、四九七 | 一、五〇四 |
| 現住人口 | 人 | 七、一九七 | 七、七五八 | 六、八一四 | 六、七八九 | 八、五三一 | 七、七五五 | 七、九六二 | 八、三八八 | 七、八二八 | 八、〇六五 |
| 負擔 直接國税額 | 圓 | 二、〇一七 | 三、一〇三 | 四、六八七 | 三、二九九 | 三、七七七 | 二、四〇〇 | 二、一九八 | 二、五三九 | 三、〇二七 | 四、五八〇 |
| 地方税額 | 同 | 八、〇四〇 | 九、三一六 | 一二、九五六 | 一八、九六〇 | 二四、二三七 | 六、四〇九 | 七、〇一八 | 九、八二五 | 一一、〇九一 | 一一、一四六 |
| 市町村税額 | 同 | 一四、一四二 | 二〇、五八六 | 二七、九三七 | 四〇、九八七 | 四四、六五七 | 一三、四八五 | 一八、五六一 | 二六、一〇〇 | 五〇、三四〇 | 四八、〇三八 |
| 財政 歳入 | 同 | 一七、七七四 | 二二、四八四 | 三二、〇七三 | 四四、八二六 | 五五、八八三 | 一五、〇八二 | 四一、一七〇 | 四六、六五二 | 六三、三五七 | 五五、四三八 |
| 歳出經常部 役所役場費 | 同 | 三、〇一六 | 四、六〇三 | 六、五六七 | 八、四〇六 | 九、三四九 | 二、六七二 | 四、三八四 | 五、一二八 | 七、八七五 | 八、一〇二 |
| 土木費 | 同 | 二〇〇 | 二〇〇 | 二〇〇 | 三〇〇 | 三、二四一 | 七四 | 一二四 | 四〇八 | 九六〇 | 一、〇一六 |
| 教育費 | 同 | 八、六〇一 | 一二、一五一 | 一八、八五二 | 二五、八六七 | 二七、七〇二 | 八、一七六 | 一一、六七八 | 一九、一六七 | 三〇、九四五 | 三〇、九五〇 |
| 衛生費 | 同 | 一二四 | 一四四 | 一二八 | 二七六 | 三〇五 | 四〇 | 七三 | 一三五 | 五九〇 | 七五七 |
| 勸業費 | 同 | 二五 | 七 | 二〇 | 八〇 | 八〇 | — | — | 一〇 | 一五 | 一五 |
| 其他 | 同 | 二、一六八 | 二、三二五 | 三、六三二 | 四、二七八 | 五、三〇七 | 二、一五四 | 二、九二四 | 三、三四四 | 四、六六四 | 五、五一七 |
| 計 | 同 | 一四、一三四 | 一九、四三〇 | 二九、三九九 | 三九、二〇七 | 四五、九八四 | 一三、一一六 | 一九、一八三 | 二八、一九二 | 四五、〇四九 | 四六、三五七 |
| 同臨時部計 | 同 | 三、六四〇 | 三、〇五四 | 二、六七四 | 五、六一九 | 九、八九九 | 一、九二六 | 二一、九八七 | 一八、四六〇 | 一八、三〇八 | 九、〇八一 |
| 通計 | 同 | 一七、七七四 | 二二、四八四 | 三二、〇七三 | 四四、八二六 | 五五、八八三 | 一五、〇八二 | 四一、一七〇 | 四六、六五二 | 六三、三五七 | 五五、四三八 |
| 基本財産 動産 | 同 | — | 二、〇〇〇 | 四、〇〇〇 | 四、五〇〇 | 四、五〇〇 | 八五 | 一〇〇 | 一〇〇 | 一〇〇 | 一〇〇 |
| 不動産 | 同 | 二八、六〇〇 | 四三、〇六七 | 四四、一〇一 | 三七、二九八 | 五四、九七五 | 一、四四五 | 六、三一〇 | 六、七六五 | 四八、四五五 | 四八、四五五 |

| | | | | | | | | | | | | |
|---|---|---|---|---|---|---|---|---|---|---|---|---|
| 財産 | 學校基本財産 | 動産 | 同 | 丨 | 丨 | 丨 | 丨 | 丨 | 三、九一三 | 四、八二四 | 三一一 | 三五八 | 三九四 |
| | | 不動産 | 同 | 丨 | 丨 | 丨 | 丨 | 丨 | 八一四 | 一、三〇六 | 三、九六六 | 八、八一八 | 一三、五一八 |
| | 特別基本財産 | 動産 | 同 | 二六〇 | 二八二 | 二九五 | 三九一 | 丨 | 一、五一〇 | 一、六四九 | 一、七五四 | 一、八五四 | 二、〇一七 |
| | | 不動産 | 同 | 丨 | 丨 | 丨 | 丨 | 丨 | 丨 | 丨 | 丨 | 丨 | 丨 |
| | 收益ナキ財産 | 動産 | 同 | 丨 | 丨 | 丨 | 丨 | 丨 | 丨 | 丨 | 丨 | 丨 | 丨 |
| | | 不動産 | 同 | 七、五〇〇 | 三一、三六三 | 三一、六八八 | 一七、九二四 | 八一、六〇〇 | 四、六五五 | 八、三五〇 | 一一、二九七 | 三四、二〇七 | 五八、三二一 |
| | 一部有財産 | 動産 | 同 | 丨 | 丨 | 丨 | 丨 | 丨 | 丨 | 丨 | 丨 | 丨 | 丨 |
| | | 不動産 | 同 | 丨 | 丨 | 丨 | 丨 | 丨 | 丨 | 丨 | 丨 | 丨 | 丨 |
| | 積立金穀 | | 同 | 一、三八五 | 一一 | 四六一 | 五二〇 | 一、一二〇 | 三、〇六一 | 五、八〇六 | 六六 | 一、六一四 | 一、六五四 |
| | 罹災救助金 | | 同 | 丨 | 丨 | 丨 | 丨 | 丨 | 丨 | 丨 | 丨 | 丨 | 丨 |
| 財産ヨリ生スル收入 | | | 同 | 一、〇一一 | 八七六 | 七四二 | 六〇七 | 四六二 | 丨 | 一、三六五 | 一、五七五 | 一、三〇二 | 一、五六三 |
| 町村債額 | | | 同 | 一、三九七 | 丨 | 丨 | 丨 | 丨 | 丨 | 丨 | 丨 | 丨 | 丨 |
| 所得稅額 | | | 同 | 丨 | 二、一九一 | 二、九六五 | 六六七 | 八五九 | 三五五 | 一、四二〇 | 一、九〇七 | 六八二 | 一、二七八 |
| 納稅者實人員 | | | 人 | 一〇八 | 一〇八 | 一三五 | 二八三 | 三七二 | 六一 | 六八 | 七九 | 五四 | 六三 |
| 地價割 | | | 厘 | 丨 | 二一〇 | 二一〇 | 丨 | 丨 | 一五〇 | 一五〇 | 一五〇 | 二四〇 | 丨 |
| 國稅營業稅割 | | | 同 | 一五〇 | 一五〇 | 一五〇 | 二四〇 | 四七〇 | 一五〇 | 一五〇 | 一五〇 | 二四〇 | 四七〇 |
| 所得稅割 | | | 同 | 一五〇 | 一五〇 | 一五〇 | 二四〇 | 一四〇 | 一五〇 | 一五〇 | 一五〇 | 二四〇 | 一四〇 |
| 戸別割 | | | 同 | 二、九〇〇 | 四、一〇〇 | 五、二〇〇 | 七、六〇〇 | 七、六〇〇 | 四、〇〇〇 | 四、七四〇 | 六、〇〇〇 | 八、七五〇 | 六、八五五 |
| 地方稅營業稅割 | | | 同 | 五〇〇 | 五〇〇 | 一、〇〇〇 | 一、〇〇〇 | 一、〇〇〇 | 五〇〇 | 七五〇 | 一、〇〇〇 | 二、〇〇〇 | 一、六〇〇 |
| 雜種稅割 | | | 同 | 一、〇〇〇 | 一、〇〇〇 | 一、〇〇〇 | 一、〇〇〇 | 一、〇〇〇 | 五〇〇 | 七五〇 | 一、〇〇〇 | 二、〇〇〇 | 一、六〇〇 |
| 反別割 | 田 | | 同 | 八六 | 八六 | 八六 | 三五六 | 三五六 | 丨 | 丨 | 丨 | 丨 | 丨 |
| | 畑 | | 同 | 七七 | 七七 | 七七 | 一六六 | 一六六 | 五四 | 七六 | 七六 | 一〇七 | 一〇七 |
| | 宅地 | | 同 | 三〇五 | 三〇五 | 三〇五 | 四一七 | 四一七 | 二〇〇 | 二五〇 | 二五〇 | 五二八 | 五二八 |
| | 山林 | | 同 | 丨 | 丨 | 丨 | 一六 | 一六 | 丨 | 丨 | 丨 | 丨 | 丨 |
| | 原野 | | 同 | 丨 | 丨 | 丨 | 一六 | 一六 | 丨 | 丨 | 丨 | 丨 | 丨 |
| | 牧場 | | 同 | 七 | 七 | 七 | 一六 | 一六 | 五 | 四 | 四 | 六 | 六 |
| | 海産干場 | | 同 | 丨 | 丨 | 丨 | 丨 | 丨 | 丨 | 丨 | 丨 | 丨 | 丨 |
| | 雜種地 | | 同 | 丨 | 丨 | 丨 | 丨 | 丨 | 四〇〇 | 四〇〇 | 四〇〇 | 五四二 | 五四二 |
| 建物割 | | | 同 | 丨 | 丨 | 丨 | 丨 | 丨 | 丨 | 丨 | 丨 | 丨 | 丨 |
| 牛馬割 | | | 同 | 丨 | 丨 | 丨 | 丨 | 丨 | 丨 | 丨 | 丨 | 丨 | 丨 |
| 戸別割 | | | 同 | 丨 | 丨 | 丨 | 丨 | 丨 | 丨 | 丨 | 丨 | 丨 | 丨 |

| 町村名 | 年度 | 面積（方里） | 民有地 田（反） | 畑（同） | 宅地（同） | 山林（同） | 原野（同） | 牧場（同） | 其他（同） | 現住戸數（戸） | 現住人口（人） | 負擔 直接國稅額（圓） | 地方稅額（同） | 市町村稅額（同） |
|---|---|---|---|---|---|---|---|---|---|---|---|---|---|---|
| 本別村 | 大正六年度 | 八五、一 | — | 七、〇五一六 | 六九 | — | 一、一〇二一 | 七、三二五一 | — | 一、八七三 | 八、五九七 | 七、六三二 | 一〇、三四六 | 二三、二四[illegible] |
| 同 | 同 七年度 | 八五、一 | — | 七、二〇〇〇 | 八五 | — | 三、〇〇〇〇 | 七、七〇〇〇 | — | 二、二三六 | 一〇、七三〇 | 一一、二五〇 | 一〇、五五七 | 二三、五三〇 |
| 同 | 同 八年度 | 八五、一 | — | 七、五〇〇〇 | 四二五 | — | 四、〇〇〇〇 | 七、五〇〇〇 | — | 二、四三四 | 一二、二四九 | 一三、六八〇 | 一五、八四四 | 四一、五三二 |
| 同 | 同 九年度 | 八五、一 | — | 七、五二〇〇 | 三〇〇 | — | 八、九八〇〇 | 六、六五〇〇 | — | 二、六四四 | 一四、四八二 | 三〇、三三〇 | 二八、四七四 | 七九、二九九 |
| 同 | 同 十年度 | 二六、三 | — | 四、三五〇〇 | 一九〇 | — | 四、七四八〇 | 三、九〇〇〇 | — | 一、六八八 | 九、〇四三 | 七、四六七 | 二八、四六〇 | 四八、四四一 |
| 御影村 | 同 六年度 | — | — | — | — | — | — | — | — | — | — | — | — | — |
| 同 | 同 七年度 | — | — | — | — | — | — | — | — | — | — | — | — | — |
| 同 | 同 八年度 | — | — | — | — | — | — | — | — | — | — | — | — | — |
| 同 | 同 九年度 | — | — | — | — | — | — | — | — | — | — | — | — | — |
| 同 | 同 十年度 | 一三、七 | 一七三三 | 五、四八五三 | 一〇八 | 一〇三 | 二九二〇 | 二、五七二九 | — | 六一三 | 四、〇〇六 | 一、七四九 | 一〇、七九八 | 二〇、一三〇 |

| 町村名 | 年度 | 財政 歲入（同） | 歲出經常部 役所役場費（同） | 土木費（同） | 教育費（同） | 衛生費（同） | 勸業費（同） | 其他（同） | 計（同） | 臨時部計（同） | 通計（同） | 基本財產 動產（同） | 不動產（同） |
|---|---|---|---|---|---|---|---|---|---|---|---|---|---|
| 本別村 | 大正六年度 | 三七、〇一二 | 四、六二八 | 一八〇 | 一二、八七四 | 二五六 | 五六五 | 三、六四〇 | 二二、一四三 | 一四、八六九 | 三七、〇一二 | — | 三一、六五五 |
| 同 | 同 七年度 | 三三、〇四五 | 六、三六四 | 一、二二六 | 一七、三三一 | 二八四 | 五八 | 三、九八九 | 二九、二五二 | 三、七九三 | 三三、〇四五 | — | 五六、八〇四 |
| 同 | 同 八年度 | 五六、六三六 | 八、八四五 | 一、〇三〇 | 二九、二四二 | 三三三 | 四〇 | 五、八四三 | 四五、三三三 | 一一、三〇三 | 五六、六三六 | — | 五五、五五〇 |
| 同 | 同 九年度 | 一二六、九二五 | 一三、九〇四 | 五三〇 | 四三、七五五 | 七四五 | 一〇〇 | 一七、五九八 | 七六、六三二 | 五〇、二九三 | 一二六、九二五 | — | 七四、七一二 |
| 同 | 同 十年度 | 七〇、〇一八 | 八、九七六 | 三、二三一 | 二七、八五四 | 七九五 | 八〇 | 八、〇一二 | 四八、九四八 | 二一、〇七〇 | 七〇、〇一八 | — | 四四、五〇五 |
| 御影村 | 同 六年度 | — | — | — | — | — | — | — | — | — | — | — | — |
| 同 | 同 七年度 | — | — | — | — | — | — | — | — | — | — | — | — |
| 同 | 同 八年度 | — | — | — | — | — | — | — | — | — | — | — | — |
| 同 | 同 九年度 | — | — | — | — | — | — | — | — | — | — | — | — |
| 同 | 同 十年度 | 三一、八八二 | 七、九一六 | 七〇 | 一二、四九二 | 三三一 | 一五 | 三、七八〇 | 二四、六〇四 | 七、二七八 | 三一、八八二 | 八、〇九九 | 二五、一九八 |

| 財産 學校基本財産 動産 | 財産 學校基本財産 不動産 | 財産 特別基本財産 動産 | 財産 特別基本財産 不動産 | 財産 收益ナキ財産 動産 | 財産 收益ナキ財産 不動産 | 財産 一部有財産 動産 | 財産 一部有財産 不動産 | 積立金穀 | 罹災救助金 | 財産ヨリ生スル收入 | 市町村債額 | 第三種所得税額 | 同納税者實人員 | 課率 附加税 地價割 | 課率 附加税 國税營業税割 | 課率 附加税 所得税割 | 課率 附加税 戸別割 | 課率 附加税 地方税營業税割 | 課率 附加税 雜種税割 | 課率 特別税 反別割 田 | 課率 特別税 反別割 畑 | 課率 特別税 反別割 宅地 | 課率 特別税 反別割 山林 | 課率 特別税 反別割 原野 | 課率 特別税 反別割 牧場 | 課率 特別税 反別割 海産干場 | 課率 特別税 反別割 雜種地 | 課率 特別税 建物割 | 課率 特別税 牛馬割 | 課率 特別税 戸別割 |
|---|---|---|---|---|---|---|---|---|---|---|---|---|---|---|---|---|---|---|---|---|---|---|---|---|---|---|---|---|---|---|
| 同 | 同 | 同 | 同 | 同 | 同 | 同 | 同 | 同 | 同 | 同 | 同 | 同 | 人 | 釐 | 同 | 同 | 同 | 同 | 同 | 同 | 同 | 同 | 同 | 同 | 同 | 同 | 同 | 同 | 同 | 同 |
| 四二八 | — | 一、〇七三 | — | — | 二九、六八二 | — | — | 四、八五六 | — | 二、五四五 | 四六六 | 四、〇一八 | — | — | 一五〇 | 一五〇 | 三、二〇〇 | 八〇〇 | 八〇〇 | — | 二〇〇 | 三〇〇 | — | 五 | 七 | — | — | — | — | — |
| 八八八 | — | 一、一八六 | — | — | 三三、九一三 | — | — | 一七、七二六 | — | 二、五二五 | 四六六 | 六、二九二 | — | — | 一五〇 | 一五〇 | 三、〇〇〇 | 五〇〇 | 五〇〇 | — | 二〇〇 | 三〇〇 | — | 五 | 七 | — | — | — | — | — |
| 七七五 | — | 七一八 | — | — | 五〇、五八七 | — | — | 四、二七四 | — | 二、八一〇 | 四六六 | 八、一二六 | — | — | 一五〇 | 一五〇 | 四、九〇〇 | 八〇〇 | 八〇〇 | — | 二〇〇 | 三〇〇 | — | 五 | 七 | — | — | — | — | — |
| 八一七 | — | 七五三 | — | — | 五〇、三三九 | — | — | 九、三四〇 | — | 四、四四四 | 四六六 | 三、一二三 | — | — | 一四〇 | 四七〇 | 七、〇〇〇 | 一、〇〇〇 | 一、〇〇〇 | — | 三〇〇 | 八〇〇 | — | 一〇 | 一四 | — | — | — | — | — |
| 一、四九六 | — | 四九八 | — | — | 三七、五四八 | — | — | 一、六八八 | — | 六、六一二 | 三二六 | 三、一九〇 | — | — | 一四〇 | 四七〇 | 四、〇〇〇 | 一、〇〇〇 | 一、〇〇〇 | — | 三〇〇 | 五〇〇 | — | 一〇 | 一四 | — | — | — | — | — |
| — | — | — | — | — | — | — | — | — | — | — | — | — | — | — | — | — | — | — | — | — | — | — | — | — | — | — | — | — | — | — |
| — | — | — | — | — | — | — | — | — | — | — | — | — | — | — | — | — | — | — | — | — | — | — | — | — | — | — | — | — | — | — |
| — | — | — | — | — | — | — | — | — | — | — | — | — | — | — | — | — | — | — | — | — | — | — | — | — | — | — | — | — | — | — |
| — | — | — | — | — | — | — | — | — | — | — | — | — | — | — | — | — | — | — | — | — | — | — | — | — | — | — | — | — | — | — |
| 五一 | — | — | — | — | 一〇、六八七 | — | — | — | — | — | — | 六五一 | 四八 | — | 四七〇 | 一四〇 | 五、〇〇〇 | 七五〇 | 七五〇 | 四〇〇 | 一七六 | 一、〇〇〇 | 一六〇 | 一六〇 | 一六〇 | — | — | — | — | — |

| 種別 | | 面積 | 民有地 | | | | | | | 現住戸數 | 現住人口 | 負擔 | | | 財政 | | | | | | | | | | 基本財産 | |
|---|---|---|---|---|---|---|---|---|---|---|---|---|---|---|---|---|---|---|---|---|---|---|---|---|---|---|
| | | | 田 | 畑 | 宅地 | 山林 | 原野 | 牧場 | 其他 | | | 直接國税額 | 地方税額 | 市町村税額 | 歳入 | 歳出經常部 役所役場費 | 土木費 | 教育費 | 衛生費 | 勧業費 | 其他 | 計 | 同臨時部 計 | 通計 | 動産 | 不動産 |
| 町村名 | 單位 | 方里 | 反別 | 同 | 同 | 同 | 同 | 同 | 同 | 戸 | 人 | 圓 | 同 | 同 | 同 | 同 | 同 | 同 | 同 | 同 | 同 | 同 | 同 | 同 | 同 | 同 |
| 幕別村 | 大正六年度 | 三七、五 | 三四三 | 一〇、三〇九八 | 三五八 | 四、四八二一 | 二二〇七 | 五、五七〇五 | — | 一、五二八 | 八、一八九 | 三、八八三 | 一三、二九三 | 二三、三四一 | 三二、一九八 | 四、〇九九 | 一、二七〇 | 一三、二三三 | 一一八 | 一五三 | 三、八〇一 | 二二、六七四 | 九、五二一 | 三二、一九八 | 四五、八二六 | 一四二、五五五 |
| | 同　七年度 | 三七、五 | 三二四 | 一一、二二二一 | 三七四 | 四、四八二一 | 二〇〇七 | 五、二七〇五 | — | 一、六九三 | 九、一八七 | 八、一五八 | 一一、六一一 | 三七、六三七 | 五七、九九六 | 七、八五六 | 一、九六五 | 一五、九三二 | 三〇七 | 一〇七 | 五、六七九 | 三一、八四六 | 二六、一五〇 | 五七、九九六 | 五一、〇〇六 | 一五一、三八八 |
| | 同　八年度 | 三七、五 | 五七四 | 一一、九一六一 | 四〇五 | 四、八二六三 | 二三七七 | 五、三二六〇 | — | 一、七八六 | 九、三六四 | 八、五三一 | 一八、四〇六 | 五四、一八五 | 五五、七三四 | 一二、七八七 | 三、一〇三 | 二七、三一八 | 五七八 | 二五 | 九、六三三 | 五三、四四四 | 二、二九〇 | 五五、七三四 | 五七、八二八 | 一六九、三二八 |
| | 同　九年度 | 三七、五 | 二、〇二六 | 一一、九七三一 | 四〇一 | 四、八二六三 | 二三七七 | 四、九八一八 | — | 一、九二一 | 一〇、一八二 | 五、七五一 | 二六、四〇二 | 七五、七六二 | 九三、九八八 | 一八、二〇六 | 六、二〇〇 | 三七、〇九三 | 六九〇 | 六〇 | 一五、九七四 | 七八、二二三 | 一五、七六五 | 九三、九八八 | 六一、二四四 | 一八五、四八五 |
| | 同　十年度 | 三七、五 | 二、九三八 | 一二、五五七四 | 四〇〇 | 四、八三二〇 | 二三〇五 | 四、九八一八 | — | 一、九七五 | 一〇、九二六 | 二二、八七九 | 三〇、五一五 | 七〇、八六九 | 六九、九三六 | 一七、三七五 | 二〇一五 | 三六、六三八 | 七三九 | 四〇 | 九、四二四 | 六六、二三一 | 三、七〇五 | 六九、九三六 | 六二、八四一 | 一八五、三八三 |
| 豊頃町 | 同　六年度 | 二五、五 | — | 三、四二七七 | 一九〇 | — | 一、八七六三 | 五、一九五四 | — | 七〇五 | 四、〇四〇 | 三五〇 | 一、九五七 | 一〇、一五一 | 一一、五七五 | 二、五一三 | 二〇 | 五、九六五 | 一三六 | 三七 | 一、一一二 | 九、七八三 | 一、七九二 | 一一、五七五 | 一、二三〇 | 六二、六五一 |
| | 同　七年度 | 二五、五 | — | 三、四二七七 | 一九〇 | — | 一、八七六三 | 五、一九五四 | — | 七三六 | 四、三八七 | 三四〇 | 八二一 | 一四、一一四 | 一七、三六六 | 四、〇九〇 | 一〇五 | 九、三〇〇 | 一九四 | 六七 | 一、五一〇 | 一五、二六六 | 二、一〇〇 | 一七、三六六 | 一、二三〇 | 六二、六五一 |
| | 同　八年度 | 二五、五 | — | 三、三八一一 | 二三〇 | — | 五、三二三九 | 六、六六八九 | — | 六八九 | 四、三五八 | 五四九 | 一、七七九 | 一七、〇四七 | 二七、四一八 | 五、二七七 | 一〇〇 | 一三、二三〇 | 二〇一 | 四八 | 一、六二三 | 二〇、四七九 | 六、九三九 | 二七、四一八 | 一、二三〇 | 六二、六五一 |
| | 同　九年度 | 二五、五 | — | 三、七五七一 | 二四一 | 四六〇六 | 七、三一五九 | 六、〇五八七 | — | 六四六 | 三、九二九 | 六六六 | 一、六二六 | 二八、六八二 | 三七、八〇〇 | 八、四七八 | 四〇一 | 一八、三八〇 | 二三九 | 七七 | 三、四六五 | 三一、〇四〇 | 六、七六〇 | 三七、八〇〇 | 一、二三〇 | 六二、六五一 |
| | 同　十年度 | 二五、五 | — | 三、五一六六 | 二七七 | 二四三三 | 六、五七二六 | 四三、六三〇 | — | 六七九 | 四、三三六 | 九〇五 | 一、九二〇 | 二六、三三九 | 三〇、〇一三 | 八、〇六九 | 五〇〇 | 一六、七六八 | 三二九 | 九八 | 四、一七四 | 二九、九三八 | 七五 | 三〇、〇一三 | 一、二三〇 | 六二、六五一 |

| 財産 學校基本財産 動産 | 財産 學校基本財産 不動産 | 財産 特別基本財産 動産 | 財産 特別基本財産 不動産 | 財産 收益ナキ財産 動産 | 財産 收益ナキ財産 不動産 | 財産 一部有財産 動産 | 財産 一部有財産 不動産 | 積立金穀 | 罹災救助金 | 財産ヨリ生スル收入 | 市町村債額 | 第三種所得税額 | 同納税者實人員 | 課率 附加税 地價割 | 課率 附加税 國税營業税割 | 課率 附加税 所得税割 | 課率 附加税 戸別割 | 課率 附加税 地方税營業税割 | 課率 附加税 雜種税割 | 課率 特別税 反別割 田 | 課率 特別税 反別割 畑 | 課率 特別税 反別割 宅地 | 課率 特別税 反別割 山林 | 課率 特別税 反別割 原野 | 課率 特別税 反別割 牧場 | 課率 特別税 反別割 海産干場 | 課率 特別税 反別割 雜種地 | 課率 特別税 建物割 | 課率 特別税 牛馬割 | 課率 特別税 戸別割 |
|---|---|---|---|---|---|---|---|---|---|---|---|---|---|---|---|---|---|---|---|---|---|---|---|---|---|---|---|---|---|---|
| 同 | 同 | 同 | 同 | 同 | 同 | 同 | 同 | 同 | 同 | 同 | 同 | 同 | 人 | 厘 | 同 | 同 | 同 | 同 | 同 | 同 | 同 | 同 | 同 | 同 | 同 | 同 | 同 | 同 | 同 | 同 |
| 二、五五三 | — | 九五三 | — | — | 二三、〇〇〇 | — | — | — | — | 七、〇八六 | — | 二、四六六 | 一九七 | 二一〇 | 一五〇 | 一五〇 | 三、五八〇 | 五〇〇 | 五〇〇 | 一八〇 | 一一 | 三八 | 一 | 一 | 一 | — | — | — | — | — |
| 二、七六二 | — | 九八七 | — | — | 二五、〇〇〇 | — | — | — | — | 七、四六六 | — | 四、一四四 | 二一九 | 二一〇 | 一五〇 | 一五〇 | 五、〇〇〇 | 五〇〇 | 四〇〇 | 三〇〇 | 一六七 | 三九七 | 一二 | 一二 | 一二 | — | — | — | — | — |
| 二、九二二 | — | 一、〇〇四 | — | — | 二四、〇〇〇 | — | — | — | — | 九、四五一 | — | 五、一〇九 | 二三九 | — | 一五〇 | 一五〇 | 五、一一〇 | 一、〇〇〇 | 一、〇〇〇 | 四三五 | 二〇八 | 六〇六 | 一九 | 一九 | 一九 | — | — | — | — | — |
| 三、二七九 | — | 一、〇五九 | — | — | 二四、〇〇〇 | — | — | — | — | 六、五六四 | — | 一、三九八 | 一四三 | — | 二四〇 | 二四〇 | 八、六五〇 | 一、〇〇〇 | 一、〇〇〇 | 四三五 | 二〇八 | 六〇六 | 一九 | 一九 | 一九 | — | — | — | — | — |
| 三、五六一 | — | 一、一二六 | — | — | 二三、〇〇〇 | — | — | — | — | 八、八八二 | — | 一八、四七一 | 一六八 | — | 四七〇 | 一四〇 | 四、六〇〇 | 一、〇〇〇 | 一、〇〇〇 | 四三五 | 二〇八 | 六〇六 | 一九 | 一九 | 一九 | — | — | — | — | — |
| 六六 | — | 四、〇四四 | — | — | — | — | — | — | — | 五一四 | — | 七二〇 | 四二 | — | 一五〇 | 一五〇 | — | — | — | — | 一〇八 | 二〇八 | — | 八 | 七 | — | — | — | — | — |
| 九五 | — | 四、三九三 | — | — | — | — | — | — | — | 六三九 | — | 七二八 | 四四 | — | — | — | — | — | — | — | 一〇八 | 二〇八 | — | 八 | 七 | — | — | — | — | — |
| 一三六 | — | 五、八〇八 | — | — | — | — | — | — | — | 六八五 | — | 一、二〇〇 | 五八 | 二一〇 | 一五〇 | 一五〇 | 六、四五〇 | 一、〇〇〇 | 一、〇〇〇 | — | 一二八 | 二一四 | — | 七 | 九 | — | — | — | — | — |
| 一七〇 | — | 四、三八六 | — | — | — | — | — | — | — | 八〇四 | — | 一、五八〇 | 八二 | — | 二四〇 | 二四〇 | 七、〇四〇 | 一、〇〇〇 | 一、〇〇〇 | — | 二八三 | 二〇九 | 一五 | 一五 | 一八 | — | — | — | — | — |
| 一七九 | — | 五、四五一 | — | — | — | — | — | — | — | 七二四 | — | 七五二 | 九〇 | — | 四七〇 | 一四〇 | 七、三〇〇 | 一、〇〇〇 | 一、〇〇〇 | — | 二五〇 | 三八六 | 一六 | 一六 | 一六 | — | — | — | — | — |

| 町村名 | 種別 | 面積 | 民有地 田 反別 | 畑 | 宅地 | 山林 | 原野 | 牧場 | 其他 | 現住戸數 | 現住人口 | 負擔 直接國稅額 | 地方稅額 | 市町村稅額 | 財政 歳入 | 歳出經常部 役所役場費 | 土木費 | 教育費 | 衛生費 | 勸業費 | 其他 | 計 | 臨時部計 | 通計 | 基本財産 動産 | 不動産 |
|---|---|---|---|---|---|---|---|---|---|---|---|---|---|---|---|---|---|---|---|---|---|---|---|---|---|---|
| 單位 | | 方里 | 反 | 同 | 同 | 同 | 同 | 同 | 同 | 戸 | 人 | 圓 | 同 | 同 | 同 | 同 | 同 | 同 | 同 | 同 | 同 | 同 | 同 | 同 | 同 | 同 |
| 屈足村 | 大正六年度 | 六六、七 | 五〇〇 | 五、五九九九 | 一二 | | 二九二 | 一、三六四八 | — | 一、四三四 | 六、八八五 | 二、三九二 | 五、七七六 | 一五、五一一 | 三一、二〇〇 | 三、六四二 | 一、一六二 | 八、八二四 | 二一八 | 二一五 | 二、一三五 | 一六、一九六 | 一五、〇〇四 | 三一、二〇〇 | 一三、二七〇 | 七、六〇〇 |
| 屈足村 | 同 七年度 | 六六、七 | 一六六〇 | 七、四四六〇 | 五九 | | 三八五九 | 一、二〇一八 | — | 一、四六五 | 七、一五六 | 四、六八九 | 六、七一〇 | 二〇、五二五 | 三一、五三〇 | 六、二四四 | 一、五九八 | 一一、四五〇 | 八〇 | 四二九 | 三、二七三 | 二三、〇七四 | 八、四五六 | 三一、五三〇 | 一〇、九八四 | 八、一八四 |
| 屈足村 | 同 八年度 | 六六、七 | 三〇〇〇 | 八、〇五〇〇 | 一六〇 | — | 二一三一 | 一、〇〇三五 | — | 二、二三一 | 九、二七〇 | 六、七一三 | 九、二九二 | 三一、八九三 | 五〇、三四五 | 九、二四九 | 一、三九六 | 一八、五三四 | 二二〇 | 一五〇 | 三、九四七 | 三三、四九六 | 一六、八四九 | 五〇、三四五 | 一一、四五四 | 一七、七五〇 |
| 屈足村 | 同 九年度 | 六六、七 | 三五〇〇 | 八、一六五〇 | 一四〇九 | — | 一、一二三三 | 一、一四五八 | — | 一、四七二 | 六、九八二 | 四、八六六 | 一〇、九五〇 | 四九、六六四 | 九七、五〇〇 | 一〇、四六三 | 一、七〇〇 | 二六、九七三 | 四〇八 | 六一〇 | 八、五三三 | 四八、六八七 | 四八、八一三 | 九七、五〇〇 | 五、二三六 | 一六、七一四 |
| 屈足村 | 同 十年度 | 六六、七 | 六四九七 | 八、三九四七 | 一四五二 | — | 七九一四 | 五七七四 | — | 一、八一七 | 九、四一八 | 八、二七八 | 一七、一五二 | 五一、四三四 | 九六、九〇三 | 一一、〇五八 | 一、四〇〇 | 三〇、三四三 | 五二八 | 一五七 | 九、七五一 | 五三、二三七 | 四三、六六六 | 九六、九〇三 | 五、二六一 | 一六、七一四 |
| 浦幌村 | 同 六年度 | 三五、一 | — | 四、八二五〇 | 三九五 | — | 七、六〇〇〇 | 一、二〇〇〇 | — | 九一二 | 四、四〇八 | 三、五三二 | 五、〇二四 | 一五、七四六 | 二〇、四〇七 | 三、三一四 | 七二八 | 七、四三七 | 一三二 | 四八 | 二、〇九八 | 一三、五五七 | 六、六五〇 | 二〇、四〇七 | 六、六二六 | 三〇、八六八 |
| 浦幌村 | 同 七年度 | 三五、一 | 一一 | 四、一七五〇 | 三二五 | — | 一〇、六五〇〇 | 二、一一五〇 | — | 一、〇〇九 | 五、四〇一 | 四、四七六 | 六、一二六 | 二〇、三九八 | 二五、九四三 | 五、〇〇四 | 一、七二五 | 一一、三六三 | 一三二 | 六一 | 三、二六八 | 二一、五五三 | 四、三九〇 | 二五、九四三 | 一三、五七四 | 二八、三〇六 |
| 浦幌村 | 同 八年度 | 三五、一 | 六七 | 四、二一九八 | 三三八 | — | 一一、六一二五 | 二、八六八三 | — | 一、一一一 | 五、三九〇 | 六、三六八 | 八、五三七 | 二四、二六三 | 四二、三二一 | 七、一九二 | 二〇〇 | 一七、〇五五 | 一八九 | 六一 | 三、九一〇 | 二八、六〇七 | 一三、七一四 | 四二、三二一 | 一七、三一四 | 二九、一四二 |
| 浦幌村 | 同 九年度 | 三五、一 | 一二 | 四、二一九八 | 三三八 | 二二、七四〇〇 | 一二、一六〇四 | 二、八六八三 | — | 一、一一一 | 五、八一〇 | 四、八六七 | 一一、一三九 | 三七、八八二 | 一一四、四二三 | 八、六七〇 | 一、四三〇 | 二四、二四二 | 三九一 | 二二五 | 六、〇一一 | 四〇、九六九 | 七三、四五四 | 一一四、四二三 | 一二、七八一 | 二九、六〇〇 |
| 浦幌村 | 同 十年度 | 三五、一 | 二一三 | 四、二一七四 | 三一七 | 二一、三九二六 | 一七、六〇四七 | 二、八一〇五 | 六 | 一、一三二 | 六、〇〇七 | 五、二六一 | 一〇、九四七 | 四〇、二五〇 | 八七、九二四 | 一一、二〇三 | 五〇〇 | 二二、六六三 | 二七一 | 一二五 | 九、〇六五 | 四三、八二七 | 四四、〇九七 | 八七、九二九 | 一八、三八五 | 三七、六八六 |

| | | | | | | | | | | | |
|---|---|---|---|---|---|---|---|---|---|---|---|
| 財産 學校基本財産 動産 | 同 | — | 四一 | 四一 | 一、一五一 | 一、一五一 | 二七四 | 三〇〇 | 三三八 | 三九一 | 一、〇一八 |
| 財産 學校基本財産 不動産 | 同 | — | — | — | — | — | — | — | — | — | — |
| 財産 特別基本財産 動産 | 同 | 二四二 | 二五四 | 二七一 | 二八一 | 一、一三九 | 六七六 | 七〇九 | 七四三 | 七七八 | 八一六 |
| 財産 特別基本財産 不動産 | 同 | — | — | — | — | — | — | — | — | — | — |
| 財産 收益ナキ財産 動産 | 同 | — | — | — | — | — | 一三、五九〇 | 一一、七六〇 | 一一、七六〇 | 一一、七六〇 | 一四、〇六〇 |
| 財産 收益ナキ財産 不動産 | 同 | 二、七八三 | 一四、二六五 | 五九、五四〇 | 六七、七四七 | 七一、三三二 | 二、八八一 | 二、八八一 | 二、八八一 | 二、八八一 | 二、八八一 |
| 財産 一部有財産 動産 | 同 | — | — | — | — | — | — | — | — | — | — |
| 財産 一部有財産 不動産 | 同 | — | — | — | — | — | — | — | — | — | — |
| 財産 積立金穀 | 同 | — | — | — | — | — | — | — | — | — | — |
| 財産 罹災救助金 | 同 | — | — | — | — | — | — | — | — | — | — |
| 財産ヨリ生スル收入 | 同 | 八七九 | 二五五 | 一、二六九 | 七六一 | 一、一六九 | 一、三二九 | 二、八四六 | 三、三八五 | 三、五一〇 | 四、一二五 |
| 市町村債額 | 同 | 八、三五三 | 七、四二六 | 一九、七七九 | 一八、一一九 | 一五、五〇二 | — | — | — | — | — |
| 第三種所得税額 | 同 | 一、三九九 | 二、一二七 | 三、三五六 | 一、四九三 | 四、二二三 | 一、三五〇 | 二、二一三 | 二、九八七 | 一、〇八八 | 一、二〇六 |
| 同納税者實人員 | 人 | 八七 | 八五 | 一四三 | 七〇 | 一四四 | 八七四 | 九三二 | 九六七 | 一、〇二二 | 一、〇七二 |
| 課率 附加税 地價割 | 厘 | 一五 | 五五 | 一五〇 | — | — | 二一〇 | 二一〇 | 二一〇 | — | — |
| 課率 附加税 國税營業税割 | 同 | 一五〇 | 一五〇 | 一五〇 | 二四〇 | 二四〇 | 一五〇 | 一五〇 | 一五〇 | 二四〇 | 四七〇 |
| 課率 附加税 所得税割 | 同 | 一五〇 | 一五〇 | 一五〇 | 二四〇 | 一四〇 | 一五〇 | 一五〇 | 一五〇 | 二四〇 | 一四〇 |
| 課率 附加税 戸別割 | 同 | 三、九五五 | 五、〇〇〇 | 七、五五〇 | 九、六〇〇 | 九、六二〇 | 五、〇〇〇 | 六、〇〇〇 | 八、〇〇〇 | 九、五六〇 | 八、八〇〇 |
| 課率 附加税 地方税營業税割 | 同 | 五〇〇 | 五〇〇 | 一五五 | 一、〇〇〇 | 一、〇〇〇 | 一、〇〇〇 | 一、〇〇〇 | 一、〇〇〇 | 五〇〇 | 一、〇〇〇 |
| 課率 附加税 雜種税割 | 同 | 五〇〇 | 五〇〇 | 一、〇〇〇 | 一、〇〇〇 | 一、〇〇〇 | 一、〇〇〇 | 一、〇〇〇 | 一、〇〇〇 | 五〇〇 | 一、〇〇〇 |
| 課率 特別税 反別割 田 | 同 | 二〇五 | 二〇五 | 二〇五 | 三七一 | 三七一 | — | — | — | — | — |
| 課率 特別税 反別割 畑 | 同 | 一一〇 | 一一〇 | 一一〇 | 二一七 | 二一七 | 九六 | 一一七 | 一三四 | 二四六 | 二〇〇 |
| 課率 特別税 反別割 宅地 | 同 | 二二五 | 二二五 | 二二五 | 六〇五 | 六〇五 | 二八八 | 二六九 | 三三二 | 六一三 | 四三五 |
| 課率 特別税 反別割 山林 | 同 | — | — | — | 一八 | 一八 | — | — | — | 一二 | 一二 |
| 課率 特別税 反別割 原野 | 同 | — | — | — | | | 六 | 六 | 七 | 一〇 | 一〇 |
| 課率 特別税 反別割 牧場 | 同 | 一〇 | 一〇 | 一〇 | 二五 | 二五 | 七 | 七 | 八 | 一〇 | 一〇 |
| 課率 特別税 反別割 海産 | 同 | — | — | — | — | — | — | — | — | — | — |
| 課率 特別税 反別割 干場 | | | | | | | | | | | |
| 課率 特別税 反別割 雜種地 | 同 | — | — | — | — | — | — | — | — | — | — |
| 課率 特別税 建物割 | 同 | — | — | — | — | — | — | — | — | — | — |
| 課率 特別税 牛馬割 | 同 | — | — | — | — | — | — | — | — | — | — |
| 課率 特別税 戸別割 | 同 | — | — | — | — | — | — | — | — | — | — |

| 種別 | 單位 | 厚岸町 大正六年度 | 同 七年度 | 同 八年度 | 同 九年度 | 同 十年度 | 濱中村 同 六年度 | 同 七年度 | 同 八年度 | 同 九年度 | 同 十年度 |
|---|---|---|---|---|---|---|---|---|---|---|---|
| 面積 | 方里 | 三四、〇〇 | 三四、〇〇 | 三四、〇〇 | 三四、〇〇 | 三四、〇〇 | 二八、〇〇 | 二八、〇〇 | 二八、〇〇 | 二八、〇〇 | 二八、〇〇 |
| 民有地 田 | 反 | — | — | — | — | — | — | — | — | — | — |
| 民有地 畑 | 同 | 四六八五 | 四六九八 | 四六五二 | 四九九六 | 四九九一 | 四二〇 | 四五六 | 五二七 | 一〇二七 | 一〇二七 |
| 民有地 宅地 | 同 | 三三九 | 三九二 | 三九九 | 四三二 | 四四一 | 二〇〇 | 二〇〇 | 二二一 | 二二一四 | 二二二四 |
| 民有地 山林 | 同 | 一、二九九五 | 一、二八四四 | 一、二四〇八 | 一、一〇四八 | 一、二一五〇 | 五、〇八〇〇 | 五、一八四七 | 五、二二三四 | 五、二五〇〇 | 五、二五〇〇 |
| 民有地 原野 | 同 | 一、八九九四 | 一、八九五〇 | 一、八五二三 | 一、八五〇三 | 一、八九五〇 | 一、一〇〇〇 | 一、一六四三 | 一、一八七一 | 一、八三八〇 | 二、二六三五 |
| 民有地 牧場 | 同 | 二、六九四五 | 二、六九四五 | 二、七九七九 | 二、六九〇〇 | 二、六九〇〇 | 一〇一六 | 一〇一六 | 二六〇〇 | 七〇九〇 | 七〇九〇 |
| 民有地 其他 | 同 | — | — | — | — | — | 一三五五 | 一三五五 | 一三五五 | 一一七七 | 一一七七 |
| 現住戸數 | 戸 | 一、八八八 | 一、九三五 | 二、二四〇 | 二、〇四八 | 一、九三七 | 一、〇八五 | 一、〇四九 | 九八八 | 一、〇二七 | 九八五 |
| 現住人口 | 人 | 一二、三一五 | 一一、二二〇 | 一二、五四六 | 一〇、四五〇 | 一〇、三八九 | 五、三九〇 | 五、二八九 | 五、〇二三 | 五、一三九 | 五、一四五 |
| 負擔 直接國稅額 | 圓 | 一六、〇二一 | 一七、六七九 | 二〇、六一九 | 二〇、四三一 | 一九、三二八 | 六、〇九九 | 五、六六四 | 一〇、八三九 | 六、二九七 | 一〇、〇二九 |
| 負擔 地方稅額 | 同 | 一三、〇七八 | 一六、八一二 | 一一、五一九 | 二〇、四二七 | 一七、三四一 | 七、一八一 | 七、六八〇 | 九、一三四 | 九、五二三 | 九、四六三 |
| 負擔 市町村稅額 | 同 | 二六、三七六 | 三二、四八八 | 四八、六三二 | 五四、六三二 | 四九、六四八 | 一二、四八一 | 一五、四八〇 | 二三、〇九〇 | 三〇、八四三 | 二七、四七五 |
| 財政 歲入 | 同 | 四四、一二〇 | 五五、〇二五 | 七一、一二〇 | 七〇、三七四 | 八四、八一八 | 一八、四二一 | 二四、四九八 | 三二、一四八 | 三七、一九六 | 三四、一二一 |
| 歲出經常部 役所役場費 | 同 | 一〇、六六八 | 一二、一五二 | 一六、六九三 | 一一、三六七 | 一七、八一〇 | 三、一四二 | 四、三三九 | 一〇、一〇三 | 一一、六八一 | 一〇、〇九八 |
| 歲出經常部 土木費 | 同 | 一、五一六 | 一、二九八 | 一、五九四 | 一、三五〇 | 四九九 | 一九五 | 三〇〇 | 五三〇 | 二五〇 | 三五〇 |
| 歲出經常部 教育費 | 同 | 一四、五二八 | 一九、六一一 | 三三、〇一六 | 四一、一五八 | 三八、一一四 | 八、四二三 | 一一、二九四 | 一六、三七八 | 一九、七五七 | 一八、四〇七 |
| 歲出經常部 衛生費 | 同 | 一八〇 | 一四五 | 四五二 | 九七九 | 三三九 | 一、四二三 | 一、一〇八 | 一、三〇四 | 一、四七六 | 一、四六七 |
| 歲出經常部 勸業費 | 同 | 二七〇 | 三〇〇 | 三〇〇 | 三〇〇 | — | 二〇五 | 二〇五 | 二一五 | 二一五 | 四〇 |
| 歲出經常部 其他 | 同 | 三、一五九 | 四、四八三 | 三、一六五 | 一八、七一四 | 八、〇七六 | 二、六一四 | 二、六四二 | 二、六五六 | 三、〇一〇 | 二、八九六 |
| 歲出經常部 計 | 同 | 三〇、三二一 | 三七、九八九 | 五五、二二〇 | 七三、八六八 | 六四、八二八 | 一五、七四六 | 一九、八八八 | 三一、一八六 | 三六、三八九 | 三三、二五八 |
| 同臨時部 計 | 同 | 六、一五二 | 一二、〇九七 | 七四、二六一 | 六八、七二八 | 九〇、六一四 | 二、六七五 | 四、六一〇 | 九六二 | 八〇七 | 八六三 |
| 通計 | 同 | 三六、四七三 | 五〇、〇八六 | 一二九、四八一 | 一四二、五九六 | 一五五、四五二 | 一八、四二一 | 二四、四九八 | 三二、一四八 | 三七、一九六 | 三四、一二一 |
| 基本財產 動產 | 同 | 四、七五六 | 四、八二一 | 四、七四〇 | 八、二一六 | 四、七〇〇 | 一〇、八七二 | 一一、一一〇 | 一一、七五一 | 一〇、五二七 | 一〇、六三二 |
| 基本財產 不動產 | 同 | 五七、六一六 | 五七、六一六 | 五九、六九〇 | 二六五、二三九 | 二六五、二三九 | 五、九〇五 | 五、九〇五 | 五、九〇五 | 五、九〇五 | 五、九〇五 |

| 種別 | 単位 | 白糠村 大正六年度 | 同 七年度 | 同 八年度 | 同 九年度 | 同 十年度 | 音別村 同 六年度 | 同 七年度 | 同 八年度 | 同 九年度 | 同 十年度 |
|---|---|---|---|---|---|---|---|---|---|---|---|
| 面積 | 方里 | 五〇、三〇 | 五〇、三〇 | 五〇、三〇 | 五〇、三〇 | 五〇、三〇 | 三八、〇〇 | 三八、〇〇 | 三八、〇〇 | 三八、〇〇 | 三八、〇〇 |
| 民有地 田 | 反別 反 | ー | ー | ー | ー | ー | ー | ー | ー | ー | ー |
| 民有地 畑 | 同 | 二、三三二二 | 二、三九八二 | 二、三九八二 | 二、四二二三 | 二、四二二八 | 一、三七六八 | 一四、五五五 | 一、三六八〇 | 一、一四二〇 | 一、一〇八〇 |
| 民有地 宅地 | 同 | 一八二 | 一八四 | 一八九 | 一九二 | 二二一 | 一七 | 一九 | 一三七 | 一六四 | 九〇 |
| 民有地 山林 | 同 | 五、一五九二 | 五、二二八二 | 五、一八九二 | 五、二二八一 | 五、二二八一 | 二、三一〇八 | 一八、二九〇五 | 二〇、二八六七 | 二〇、七五八五 | 二〇、八四六六 |
| 民有地 原野 | 同 | 二、一二二一 | 二、一二二二 | 二、二二二二 | 二、二二二八 | 二、二二二八 | | | | | |
| 民有地 牧場 | 同 | 三、二二八一 | 三、三二八一 | 三、三二八二 | 三、三二二一 | 三、二二八二 | 五、七八七二 | 九、三五〇四 | 八、九七七二 | 八、七四三七 | 八、七九五一 |
| 民有地 其他 | 同 | 八二二二 | 八一三三 | 八三三三 | 八四二二 | 八一八三 | 一二 | 一二 | 二八 | 四六 | 三一 |
| 現住戸数 | 戸 | 一、〇四一 | 一、〇八〇 | 一、一五三 | 一、一五八 | 一、一二九 | 六三四 | 六四七 | 七二八 | 九二三 | 九五六 |
| 現住人口 | 人 | 四、七九二 | 五、五五九 | 五、六三九 | 五、三五五 | 五、四九八 | 三、二四三 | 三、三三二 | 三、六二六 | 五、三〇二 | 五、四六九 |
| 負擔 直接國税額 | 圓 | 二、〇二八 | 二、二七九 | 三、三四九 | 二、七〇五 | 三、四二七 | 二、〇三三 | 二、〇五六 | 三、六五六 | 三、七六八 | 四、一〇二 |
| 負擔 地方税額 | 同 | 四、九五七 | 六、一〇八 | 七、三一一 | 九、七〇八 | 一三、一七四 | 三、〇四七 | 三、一五四 | 四、五六五 | 八、一三〇 | 八、二八八 |
| 負擔 市町村税額 | 同 | 八、七六五 | 一二、六六五 | 二〇、六七九 | 二八、九三七 | 二九、八一七 | 五、二九一 | 六、〇五七 | 一一、四一〇 | 一九、四二四 | 一八、九五〇 |
| 財政 歳入 | 同 | 一三、四九五 | 一九、九七〇 | 二四、六六八 | 三四、四四二 | 一一〇、八五八 | 六、六二二 | 八、四五六 | 二六、一八一 | 二四、三三一 | 二四、八一〇 |
| 歳出 經常部 役所役場費 | 同 | 一、七五二 | 三、三一三 | 五、一五四 | 六、八〇二 | 七、一二四 | ー | ー | 三、四八〇 | 五、二一三 | 五、五六九 |
| 歳出 經常部 土木費 | 同 | 三五八 | 一、二五九 | 三九〇 | 七九九 | 一、一五〇 | 七〇 | 七〇 | 五八一 | 五五〇 | 四〇〇 |
| 歳出 經常部 教育費 | 同 | 六、四五三 | 九、九四二 | 一五、六三九 | 一八、五一八 | 二〇、一三八 | 三、八九三 | 五、六六五 | 九、一七三 | 一三、二二一 | 一三、三二四 |
| 歳出 經常部 衛生費 | 同 | 一二三 | 一三六 | 四四一 | 八〇〇 | 五九五 | 六一 | 六九 | 三八六 | 三〇一 | 三〇四 |
| 歳出 經常部 勸業費 | 同 | 二五〇 | 二八五 | 一九一 | 五七 | 二七〇 | 二六三 | 三一四 | 二一五 | 二四一 | 六六三 |
| 歳出 經常部 其他 | 同 | 七七八 | 一、四四二 | 二、二六七 | 五、〇九一 | 六、六六七 | 一、八三五 | 一、八六二 | 三、九九三 | 三、六八一 | 四、四二〇 |
| 歳出 經常部 計 | 同 | 九、七一四 | 一六、三七七 | 二四、〇八二 | 三二、〇六七 | 三五、四四六 | 六、一二二 | 七、九八〇 | 一七、八二八 | 二三、二〇六 | 二四、六八〇 |
| 歳出 臨時部 計 | 同 | 三、七八一 | 三、五九三 | 五八五 | 二、三七五 | 七五、四一二 | 五〇〇 | 四七六 | 八、三五二 | 一、一二五 | 一三〇 |
| 歳出 通計 | 同 | 一三、四九五 | 一九、九七〇 | 二四、六六七 | 三四、四四二 | 一一〇、八五八 | 六、六二二 | 八、四五六 | 二六、一八〇 | 二四、三三一 | 二四、八一〇 |
| 基本財産 動産 | 同 | 二、一〇〇 | 二、四〇〇 | 二、四四〇 | 四、四〇〇 | 一、一九五 | 二、五三二 | 二、六〇八 | 二、六九一 | 二、八一一 | 三、二〇四 |
| 基本財産 不動産 | 同 | 三二、八二〇 | 三二、九八二 | 三三、八二〇 | 三四、二二〇 | 三四、八二〇 | 二、二八〇 | 二、二八〇 | 二、二八〇 | 二、二八〇 | 二、二八〇 |

| 財産 學校基本財産 動産 | 財産 學校基本財産 不動産 | 財産 特別基本財産 動産 | 財産 特別基本財産 不動産 | 財産 收益ナキ財産 動産 | 財産 收益ナキ財産 不動産 | 財産 一部有財産 動産 | 財産 一部有財産 不動産 | 積立金穀 | 罹災救助金 | 財産ヨリ生スル收入 | 市町村債額 | 第三種所得稅額 | 同納稅者實人員 |
|---|---|---|---|---|---|---|---|---|---|---|---|---|---|
| 同 | 同 | 同 | 同 | 同 | 同 | 同 | 同 | 同 | 同 | 同 | 同 | 同 | 人 |
| 七八四 | — | — | — | — | 四六、五六九 | — | — | — | — | 三、二〇一 | — | 一〇、七四六 | 一九三 |
| 八三一 | — | — | — | — | 四六、五六九 | — | — | — | — | 三、六〇六 | — | 一〇、〇七六 | 一八〇 |
| 一、三二〇 | — | — | — | — | 四六、九二九 | — | — | — | — | 三、七七〇 | — | 三〇、八四五 | 二八七 |
| 一、三三〇 | — | — | — | — | 七一〇、五二一 | — | — | — | — | 三、八六一 | — | 一二、一五二 | 二〇〇 |
| 一、四二三 | — | — | — | — | 七一〇、五二一 | — | — | — | — | 三、九八二 | — | 一一、三六二 | 二六七 |
| 六、〇二八 | 一〇、二三七 | 二、七七四 | — | — | 二四、七八五 | — | — | — | — | 二、五七一 | — | 二、四七七 | 七九 |
| 六、三一〇 | 一〇、二三七 | 二、八五八 | — | — | 二四、八六一 | — | — | — | — | 二、〇九三 | — | 一、八一三 | 七三 |
| 七、〇九五 | 一〇、二三七 | 二、九五八 | — | — | 二四、五八四 | — | — | — | — | 二、三九六 | — | 五、一三五 | 一一 |
| 六、二四一 | 一〇、二三七 | 二、七四一 | — | — | 二四、五八四 | — | — | — | — | 二、七四四 | — | 一、六三六 | 八六 |
| 一二、五九六 | 一〇、二三七 | 三、〇四六 | — | — | 二七、四八〇 | — | — | — | — | 二、七〇五 | — | 五、五六〇 | 一〇三 |

| 課率 附加稅 地價割 | 附加稅 國稅營業稅割 | 附加稅 所得稅割 | 附加稅 戸別割 | 附加稅 地方稅營業割 | 附加稅 雜種稅割 | 特別稅 反別割 田 | 特別稅 反別割 畑 | 特別稅 反別割 宅地 | 特別稅 反別割 山林 | 特別稅 反別割 原野 | 特別稅 反別割 牧場 | 特別稅 反別割 海產干場 | 特別稅 反別割 雜種地 | 特別稅 建物割 | 特別稅 牛馬割 | 特別稅 戸別割 |
|---|---|---|---|---|---|---|---|---|---|---|---|---|---|---|---|---|
| 釐 | 同 | 同 | 同 | 同 | 同 | 同 | 同 | 同 | 同 | 同 | 同 | 同 | 同 | 同 | 同 | 同 |
| — | 一五〇 | 一五〇 | 四、五五〇 | 一、〇〇〇 | 一、〇〇〇 | — | 〇六〇 | 三三三 | 〇八〇 | 〇八〇 | 〇八〇 | 四〇〇 | — | 一、〇〇〇 | 一五〇 | — |
| — | 一五〇 | 一五〇 | 五、一六〇 | 一、〇〇〇 | 一、〇〇〇 | — | 〇六〇 | 三九二 | 〇八〇 | 〇八〇 | 〇八〇 | 四〇〇 | — | 一、〇〇〇 | 二五〇 | — |
| — | 二五八 | 一四〇 | 六、三五〇 | 一、〇〇〇 | 一、五〇〇 | — | 〇六〇 | 一二六 | 〇八〇 | 〇八〇 | 〇八〇 | 四〇〇 | — | 一、九〇〇 | 一五〇 | — |
| — | 二五八 | 一四〇 | 八、五〇〇 | 一、三〇〇 | 一、五〇〇 | — | 二〇六 | 六八九 | 〇二五 | 〇二五 | 〇二五 | 六八八 | — | 一、九〇〇 | 五〇〇 | — |
| — | 四七〇 | 一四〇 | 六、〇〇〇 | 一、三〇〇 | 一、五〇〇 | — | 二〇六 | 六七一 | 〇二五 | 〇二五 | 〇二五 | 六八八 | — | 一、九〇〇 | 五〇〇 | — |
| 宅地 〇七〇 其他 二一〇 | 一五〇 | 一五〇 | 三、八五九 | 一、〇〇〇 | 一、〇〇〇 | — | 〇八〇 | 三一七 | — | — | 〇五〇 | 四〇〇 | — | — | 二〇〇 | — |
| 一四〇 三三〇 | 二七〇 | 二七〇 | 三、六九六 | 一、〇〇〇 | 一、〇〇〇 | — | 〇八〇 | 三二一 | — | — | 〇五〇 | 四〇〇 | — | — | 二〇〇 | — |
| 一四〇 三三〇 | 二四〇 | 二四〇 | 六、六一四 | 一、〇〇〇 | 一、〇〇〇 | — | 〇八〇 | 三二五 | — | — | 〇五〇 | 四〇〇 | — | — | 二〇〇 | — |
| 一五四 三六一 | 二五八 | 二五八 | 六、一九七 | 一、五〇〇 | 一、五〇〇 | — | 一三〇 | 四六九 | — | — | 〇〇八 | 六四〇 | — | — | 一、一〇〇 | — |
| 二八〇 六六〇 | 四七〇 | 四七〇 | 六、一七〇 | 一、五〇〇 | 一、五〇〇 | — | 二〇〇 | 九七五 | 〇〇五 | 〇〇五 | 〇一〇 | 一、〇〇〇 | — | — | 八〇〇 | — |

| 財産 學校基本財産 動産 | 學校基本財産 不動産 | 特別基本財産 動産 | 特別基本財産 不動産 | 收益ナキ財産 動産 | 收益ナキ財産 不動産 | 一部有財産 動産 | 一部有財産 不動産 | 積立金穀 | 罹災救助金 | 財産ヨリ生スル收入 | 市町村債額 | 第三種所得税額 | 同納税者實人員 |
|---|---|---|---|---|---|---|---|---|---|---|---|---|---|
| 同 | 同 | 同 | 同 | 同 | 同 | 同 | 同 | 同 | 同 | 同 | 同 | 同 | 人 |
| 六一〇 | 一、四二八 | — | — | — | 九、一〇〇 | — | — | — | — | 四二一 | 一、三九五 | 八二八 | 五〇 |
| 六一〇 | 一、四二八 | — | — | — | 九、二〇〇 | — | — | — | — | 四二二 | 一、二七六 | 八三一 | 五一 |
| 九三〇 | 二、七二八 | — | — | — | 九、二〇〇 | — | — | — | — | 四二八 | 一、一五六 | 一、四八六 | 七一 |
| 七八〇 | 二、八六七 | — | — | — | 九、二〇〇 | — | — | — | — | 四三八 | 一、〇三六 | 七五二 | 五四 |
| 七八〇 | 二、八六七 | — | — | — | 九、四〇〇 | — | — | — | — | 五二八 | 二一、九二六 | 一、二八八 | 六五 |
| 三三四 | — | — | — | — | 五、九一七 | — | — | — | — | 三〇〇 | 七二五 | 五一三 | 三五 |
| 三四五 | — | — | — | — | 六、一四五 | — | — | — | — | 三〇九 | 六八五 | 四二九 | 二八 |
| 三五三 | — | — | — | — | 六、一四五 | — | — | — | — | 二八八 | 六四四 | 一、七一六 | 四二 |
| 三八三 | — | — | — | — | 三、三五八 | — | — | — | — | 三六七 | 六〇三 | 六七三 | 三七 |
| 四一五 | — | — | — | — | 一六、六五三 | — | — | — | — | 四三五 | 五六三 | 一、一〇七 | 五一 |

| 課率 附加税 地價割 宅地 | 地價割 其他 | 國税營業税割 | 所得税割 | 戸別割 | 地方税營業税割 | 雜種税割 | 特別税 反別割 田 | 畑 | 宅地 | 山林 | 原野 | 牧場 | 海産干場 | 雜種地 | 建物割 | 牛馬割 | 戸別割 |
|---|---|---|---|---|---|---|---|---|---|---|---|---|---|---|---|---|---|
| 厘 | | 同 | 同 | 同 | 同 | 同 | 同 | 同 | 同 | 同 | 同 | 同 | 同 | 同 | 同 | 同 | 同 |
| 〇九〇 | 二一〇 | 一五〇 | 一五〇 | 二、六〇〇 | 一、〇〇〇 | 六五〇 | — | 一〇八 | 三六五 | 〇〇三 | 〇〇三 | 〇〇九 | 三二四 | — | — | 一五〇 | — |
| 〇九〇 | 二一〇 | 一五〇 | 一五〇 | 二、八〇〇 | 一、〇〇〇 | 一、〇〇〇 | — | 一〇九 | 三三二 | 〇〇三 | 〇〇三 | 〇〇九 | 三七六 | — | — | 一五〇 | — |
| 一三〇 | 三二〇 | 一五〇 | 一五〇 | 四、〇〇〇 | 一、〇〇〇 | 一、〇〇〇 | — | 一六八 | 三一三 | 〇〇三 | 〇〇三 | 〇〇九 | 四五三 | — | — | 一五〇 | — |
| 一五〇 | 三六〇 | 二五八 | 二五八 | 五、〇〇〇 | 一、五〇〇 | 一、五〇〇 | — | 一九八 | 六二二 | 〇〇六 | 〇〇六 | 〇〇八 | 四八三 | — | — | 一、〇〇〇 | — |
| 二八〇 | 六六〇 | 一四〇 | 四七〇 | 四、八〇〇 | 一、二五〇 | 一、五〇〇 | — | 一九二 | 六一四 | 〇〇六 | 〇〇六 | — | 四八五 | — | — | 一、〇〇〇 | — |
| — | | 一五〇 | 一五〇 | — | 六〇〇 | 六〇〇 | — | 〇六〇 | 一〇〇 | 〇〇三 | 〇〇三 | 〇〇五 | — | 二〇〇 | — | 一五〇 | 五、〇〇〇 |
| — | | 一五〇 | 一五〇 | — | 六〇〇 | 六〇〇 | — | 〇六〇 | 一〇〇 | 〇〇三 | 〇〇三 | 〇〇五 | — | 二〇〇 | — | 一五〇 | 五、〇〇〇 |
| 四四六 | | 二四〇 | 二四〇 | 四、〇〇〇 | 八〇〇 | 八〇〇 | — | 一二九 | 三〇二 | 〇〇五 | 〇〇五 | 〇〇九 | — | 四〇〇 | — | 二〇〇 | — |
| — | | 四七〇 | 一四〇 | 四、〇〇〇 | 一、〇〇〇 | 一、〇〇〇 | — | 一二四 | 四八八 | 〇〇九 | 〇〇九 | 〇一三 | — | 三三五 | — | 二〇〇 | — |
| — | | 四七〇 | 一四〇 | 三、九〇〇 | 一、〇〇〇 | 一、〇〇〇 | — | 一二九 | 三六〇 | 〇〇九 | 〇〇九 | 〇一三 | — | 三四〇 | — | 二〇〇 | — |

| 種別 町村名 | 年度 | 面積 | 民有地 田 | 民有地 畑 | 民有地 宅地 | 民有地 山林 | 民有地 原野 | 民有地 牧場 | 民有地 其他 | 現住戸數 | 現住人口 | 負擔 直接國稅額 | 負擔 地方稅額 | 負擔 市町村稅額 | 財政 歲入 | 歲出經常部 役所役場費 | 歲出經常部 土木費 | 歲出經常部 教育費 | 歲出經常部 衛生費 | 歲出經常部 勸業費 | 歲出經常部 其他 | 歲出經常部 計 | 同臨時部 計 | 通計 | 基本財產 動產 | 基本財產 不動產 |
|---|---|---|---|---|---|---|---|---|---|---|---|---|---|---|---|---|---|---|---|---|---|---|---|---|---|---|
| 單位 | | 方里 | 反 | 同 | 同 | 同 | 同 | 同 | 同 | 戸 | 人 | 圓 | 同 | 同 | 同 | 同 | 同 | 同 | 同 | 同 | 同 | 同 | 同 | 同 | 同 | 同 |
| 釧路村 | 大正六年度 | — | — | — | — | — | — | — | — | — | — | — | — | — | — | — | — | — | — | — | — | — | — | — | — | — |
| | 同 七年度 | — | — | — | — | — | — | — | — | — | — | — | — | — | — | — | — | — | — | — | — | — | — | — | — | — |
| | 同 八年度 | — | — | — | — | — | — | — | — | — | — | — | — | — | — | — | — | — | — | — | — | — | — | — | — | — |
| | 同 九年度 | 一一、〇〇 | — | 九〇七七 | 六 | 四八四八 | 九三三九 | 五、八九七六 | 一〇 | 七八〇 | 三、〇七七 | 四三五 | 四、〇一三 | 一〇、二九一 | 二二、四一八 | 四、五一八 | 四八〇 | 八、八二一 | 八八四 | — | 一、六七七 | 一六、三八〇 | 六、〇三八 | 二二、四一八 | 一〇〇、一二三 | 四、〇〇〇 |
| | 同 十年度 | 一一、〇〇 | — | 九〇八二 | 六 | 七八六五 | 九四一六 | 六、四五六八 | 一〇 | 六七五 | 二、八五七 | 六六四 | 三、三九九 | 一一、一三八 | 一九、一四八 | 五、二一八 | 四〇〇 | 一〇、五六七 | 五七五 | — | 一、七八二 | 一八、五四二 | 六〇六 | 一九、一四八 | 一〇一、五九四 | 三、六八〇 |
| 昆布森村 | 同 六年度 | 五、〇〇 | — | 九四〇 | 八二 | 一、三〇〇九 | 一、三四三〇 | 七二五一 | 一一六 | 四七四 | 二、二七五 | 一、六九七 | 二、〇〇七 | 四、二五七 | 六、二二二 | — | 一五四 | 二、八一七 | 三一 | 一四 | 一、五三三 | 四、六〇三 | 一、六一九 | 六、二二五 | 三、一三五 | 二〇 |
| | 同 七年度 | 五、〇〇 | — | 九四一 | 八一 | 一、三〇〇九 | 一、三四三〇 | 一、四〇八七 | 一一六 | 五二二 | 二、五〇一 | 一、三二六 | 二、二〇七 | 四、八九三 | 七、三六三 | — | 八一 | 三、四四五 | 四三 | 一七 | 一、七五八 | 五、三四四 | 二、〇一九 | 七、三六三 | 三、三九三 | 二〇 |
| | 同 八年度 | 五、〇〇 | — | 九四四 | 八四 | 一、三〇〇九 | 一、三四三〇 | 一、四〇八七 | 一一六 | 四五五 | 二、一八〇 | 二、九二〇 | 二、九一七 | 八、九〇四 | 一三、四二六 | 二、三九五 | 四四五 | 五、六〇五 | 一一七 | 二〇 | 三、〇八五 | 一一、六六七 | 一、七五九 | 一三、四二六 | 三、六一三 | 二〇 |
| | 同 九年度 | 五、〇〇 | — | 一〇四四 | 八四 | 一、三〇〇六 | 一、三四四〇 | 一、四〇八七 | 一一六 | 四九三 | 二、三六六 | 一、三二五 | 三、七八八 | 一〇、七三〇 | 一三、一二三 | 三、二七〇 | 二五〇 | 六、七一九 | 四二 | 一五 | 二、五二一 | 一二、八一七 | 三〇六 | 一三、一二三 | 三、六七一 | 二〇 |
| | 同 十年度 | 五、〇〇 | — | 九三一 | 九一 | 一、三五五〇 | 一、四〇八七 | 一、三〇〇七 | 七三 | 四六〇 | 二、二三四 | 二、五二一 | 五、九九九 | 九、六一三 | 一二、六二二 | 二、九四二 | 三八四 | 六、〇一二 | 五二 | 四五 | 三、一八七 | 一二、六二二 | — | 一二、六二二 | 四、〇六八 | 二〇 |

| 學校基本財產 動產 | 學校基本財產 不動產 | 特別基本財產 動產 | 特別基本財產 不動產 | 收益ナキ財產 動產 | 收益ナキ財產 不動產 | 一部有財產 動產 | 一部有財產 不動產 | 積立金穀 | 罹災救助金 | 財產ヨリ生スル收入 | 市町村債額 | 第三種所得稅額 | 同納稅者實人員 | 課率 附加稅 地價割 | 國稅營業稅割 | 所得稅割 | 戶別割 | 地方稅營業稅割 | 雜種稅割 | 特別稅 反別割 田 | 畑 | 宅地 | 山林 | 原野 | 牧場 | 干場海產 | 雜種地 | 建物割 | 牛馬割 | 戶別割 |
|---|---|---|---|---|---|---|---|---|---|---|---|---|---|---|---|---|---|---|---|---|---|---|---|---|---|---|---|---|---|---|
| 同 | 同 | 同 | 同 | 同 | 同 | 同 | 同 | 同 | 同 | 同 | 同 | 同 | 人 | 同 | 同 | 同 | 同 | 同 | 同 | 同 | 同 | 同 | 同 | 同 | 同 | 同 | 同 | 同 | 同 | 同 |
| — | — | — | — | — | — | — | — | — | — | — | — | — | — | — | — | — | — | — | — | — | — | — | — | — | — | — | — | — | — | — |
| — | — | — | — | — | — | — | — | — | — | — | — | — | — | — | — | — | — | — | — | — | — | — | — | — | — | — | — | — | — | — |
| — | — | — | — | — | — | — | — | — | — | — | — | — | — | — | — | — | — | — | — | — | — | — | — | — | — | — | — | — | — | — |
| — | — | — | — | — | 二四、〇〇六 | — | — | — | — | 五、二一四 | — | 三九二 | 一九 | 六六〇 | 四七〇 | 一四〇 | 六、四〇〇 | 一、〇〇〇 | 一、〇〇〇 | — | 一〇〇 | 四〇〇 | 〇〇三 | 〇〇三 | 〇〇三 | 四〇〇 | — | — | 五〇〇 | 二、八〇〇 |
| — | — | — | — | — | 一五、一二一 | — | — | — | — | 六、五九四 | — | 三七一 | 二三 | 六六〇 | 四七〇 | 一四〇 | 四、〇〇〇 | 一、〇〇〇 | 一、〇〇〇 | — | 〇九〇 | 二一〇 | 〇〇三 | 〇〇三 | 〇〇七 | 四一〇 | — | — | 五〇〇 | 二、五五〇 |
| 五、二〇九 | 二、八七八 | 一、六五四 | — | — | 二、四三〇 | — | — | — | — | 一、〇〇七 | — | 四四八 | 三九 | 宅地〇九〇 其他二一〇 | 一五〇 | 一五〇 | 四、六〇〇 | 五〇〇 | 一、〇〇〇 | — | 一八〇 | 二八〇 | 〇一〇 | 〇一〇 | 〇一〇 | 四〇〇 | — | — | 一五〇 | 四、六〇〇 |
| 五、　一七 | 二、八七八 | 一、七〇〇 | — | — | 二、四三〇 | — | — | — | — | 一、〇四四 | — | 四三三 | 三一 | 二一〇 二一〇 | 一五〇 | 一五〇 | 四、六〇〇 | 五〇〇 | 一、〇〇〇 | — | 二〇〇 | 三〇〇 | 〇一〇 | 〇一〇 | 〇一〇 | 四〇〇 | — | — | 一五〇 | 四、六〇〇 |
| 四、七七二 | 二、八七八 | 二、七六八 | — | — | 二、一七〇 | — | — | — | — | 九七七 | — | 一、六五六 | 二九 | 一四四 三三六 | 二四〇 | 二四〇 | 三、二〇〇 | 一、〇〇〇 | 一、〇〇〇 | — | 三一八 | 四九五 | 〇一〇 | 〇一〇 | 〇一九 | 七〇五 | — | — | 二〇〇 | 三、二〇〇 |
| 四、八〇四 | 二、八七八 | 一、八二三 | — | — | 二、一七〇 | — | — | — | — | 一、〇二四 | — | 七九 | 一六 | 一四四 三三六 | 二四〇 | 二四〇 | 一、三〇〇 | 一、三〇〇 | 一、三〇〇 | — | 二〇六 | 五七六 | 〇〇九 | 〇〇九 | 〇一六 | 七〇五 | — | — | 二〇〇 | 一、三〇〇 |
| 五、六七一 | 二、八七八 | 一、九一七 | — | — | 二、四五〇 | — | — | — | — | 一、六二九 | — | 一、二三九 | 二五 | 二八〇 六六〇 | 四七〇 | 一四〇 | 五、二〇〇 | 一、五〇〇 | 一、五〇〇 | — | 二六三 | 四六三 | 〇〇九 | 〇〇九 | 〇一三 | 七四四 | — | — | 五〇〇 | 五、二〇〇 |

| 種別 | 面積 | 民有地 田 | 畑 | 宅地 | 山林 | 原野 | 牧場 | 其他 | 現住戸數 | 現住人口 |
|---|---|---|---|---|---|---|---|---|---|---|
| 單位 | 方里 | 反 | 同 | 同 | 同 | 同 | 同 | 同 | 戸 | 人 |
| 鳥取村 大正六年度 | 九、〇〇 | — | 一、四五四五 | 三〇 | 一五八九 | 二、六七六〇 | 七六三二 | — | 二〇六 | 一、二〇五 |
| 同 七年度 | 九、〇〇 | — | 一、三七九一 | 四〇 | 一五七九 | 二、五六〇〇 | 一、五二九九 | — | 二一三 | 一、一七三 |
| 同 八年度 | 九、〇〇 | — | 一、三七九一 | 六〇 | 一五六〇 | 二、五三〇四 | 一、五二九九 | — | 二五一 | 一、三一〇 |
| 同 九年度 | 九、〇〇 | 五 | 一、二六一〇 | 六〇 | 一五〇〇 | 二、五二九六 | 一、一八七五 | — | 四七〇 | 二、三五〇 |
| 同 十年度 | 九、〇〇 | 五 | 一、二五〇五 | 四〇 | 一五六〇 | 一、九八三〇 | 一、六〇九〇 | — | 六一〇 | 二、七七九 |
| 舌辛外三村 同 六年度 | 八七、〇〇 | 五 | 二、〇六四五 | 三 | 四、七五八〇 | 九八七七 | 五、五七六八 | — | 五五〇 | 二、七五五 |
| 同 七年度 | 八七、〇〇 | 一〇 | 二、七〇七七 | 三 | 一五、〇八四〇 | 九八七七 | 五、五七一六 | — | 七八九 | 三、九四五 |
| 同 八年度 | 八七、〇〇 | 一〇 | 二、八二六五 | 三 | 一五、〇八四〇 | 九八七七 | 五、一五二二 | — | 一、〇四三 | 四、六六四 |
| 同 九年度 | 八七、〇〇 | 一五 | 二、〇三九六 | 三三 | 一五、七八二七 | 九八八九 | 五、五五三二 | — | 一、一二二 | 五、〇一一 |
| 同 十年度 | 八七、〇〇 | 一五 | 二、六八四七 | 三二 | 一七、〇三二七 | 一、五三三七 | 六、七四四〇 | — | 一、一三〇 | 五、四二四 |

| 種別 | 負擔 直接國税額 | 地方税額 | 市町村税額 | 財政 歳入 | 歳出 經常部 役所役場費 | 土木費 | 教育費 | 衛生費 | 勸業費 | 其他 | 同計 | 臨時部計 | 通計 | 基本財産 動産 | 不動産 |
|---|---|---|---|---|---|---|---|---|---|---|---|---|---|---|---|
| 單位 | 圓 | 同 | 同 | 同 | 同 | 同 | 同 | 同 | 同 | 同 | 同 | 同 | 同 | 同 | 同 |
| 鳥取村 大正六年度 | 六七五 | 九六一 | 二、七〇九 | 五、八三二 | 二一三 | 二二〇 | 一、七六三 | 一四 | — | 八五二 | 三、〇六二 | 二、七七〇 | 五、八三二 | 二、六七五 | 一一、六七五 |
| 同 七年度 | 六五四 | 一、〇五一 | 二、九三一 | 九、八三七 | 四八八 | 一八〇 | 一、九五六 | 二三 | — | 九〇九 | 三、五五六 | 六、二八一 | 九、八三七 | 二、七二九 | 一一、六七五 |
| 同 八年度 | 一、〇二三 | 一、四七二 | 四、四七四 | 五、五一五 | 七〇六 | 一六〇 | 二、六七一 | 一二七 | — | 一、〇四八 | 四、七一二 | 八〇三 | 五、五一五 | 九、三三二 | 四、五六八 |
| 同 九年度 | 一、三〇〇 | 五、〇五四 | 八、三七二 | 一二、〇二八 | 一、五七三 | 三九〇 | 六、一〇〇 | 一八〇 | — | 一、六六一 | 九、九〇四 | 二、一二四 | 一二、〇二八 | 九、八〇六 | 一一、〇三〇 |
| 同 十年度 | 三、二七五 | 五、八九八 | 九、三六四 | 一三、一三九 | 二、三〇〇 | 三九〇 | 八、四四七 | 一六〇 | — | 二、〇〇〇 | 一三、一三九 | — | 一三、一三九 | 一〇、六二五 | 一〇、八七五 |
| 舌辛外三村 同 六年度 | 五四七 | 二、五一〇 | 一〇、〇四〇 | 五、六九六 | 三三三 | 一〇〇 | 三、三七七 | 六四八 | 五四五 | 五三八 | 五、五四一 | 一五五 | 五、六九六 | 二、〇三五 | 三、一五七 |
| 同 七年度 | 七一四 | 三、五五〇 | 九、九一四 | 七、七五四 | 五三九 | 六三〇 | 四、四六三 | 六六八 | 六四〇 | 六六八 | 七、六三〇 | 一二五 | 七、七五五 | 二、二〇二 | 三、三八八 |
| 同 八年度 | 一、三一七 | 五、五六七 | 一八、九二九 | 一一、五七五 | 一、一五七 | 九〇六 | 六、六六六 | 七四八 | 五四〇 | 七四八 | 一一、二五〇 | 三二五 | 一一、五七五 | 二、六六〇 | 三、八三六 |
| 同 九年度 | 二、六一七 | 七、二七九 | 二三、九八一 | 三四、九七〇 | 三、六八四 | 八三二 | 一四、七八一 | 九五四 | 五六五 | 九五四 | 二二、五二二 | 一二、四四八 | 三四、九七〇 | 二、八二二 | 三、四五二 |
| 同 十年度 | 一、四五八 | 一〇、〇一五 | 二九、八二九 | 二五、二八八 | 四、六四五 | 一、六〇〇 | 一四、三七一 | 一、五六一 | 九一〇 | 一、五六一 | 二五、〇五三 | 二三五 | 二五、二八八 | 一、九四〇 | 五、九九一 |

| 項目 | 單位 | | | | | | | | | | |
|---|---|---|---|---|---|---|---|---|---|---|---|
| 財産 學校基本財産 動産 | 同 | 九五二 | 九九六 | 九一〇 | 九一〇 | 一、〇一二 | 一〇七 | 一二五 | 一三一 | 一三八 | 一五二 |
| 財産 學校基本財産 不動産 | 同 | 七、八三六 | 七、八三六 | 一八七 | 四七五 | 四七五 | — | — | — | — | — |
| 財産 特別基本財産 動産 | 同 | 九六二 | 一、〇三四 | 一、四九五 | 一、四八五 | 一、六四七 | 一、六〇一 | 一、六四八 | 一、七二八 | 一、八一〇 | 一、九〇二 |
| 財産 特別基本財産 不動産 | 同 | — | — | — | — | — | — | — | — | — | — |
| 財産 收益ナキ財産 動産 | 同 | — | — | — | — | — | — | — | — | — | — |
| 財産 收益ナキ財産 不動産 | 同 | 三、八八一 | 四、一二二 | 三、八一七 | 一二、〇三五 | 二四、四一〇 | 六、九九二 | 六、七三〇 | 七、五四一 | 七、八九二 | 一四、六四三 |
| 財産 一部有財産 動産 | 同 | — | — | — | — | — | — | — | — | — | — |
| 財産 一部有財産 不動産 | 同 | — | — | — | — | — | — | — | — | — | — |
| 財産 積立金穀 | 同 | — | — | — | — | — | — | — | — | — | — |
| 財産 罹災救助金 | 同 | — | — | — | — | — | — | — | — | — | — |
| 財産ヨリ生スル收入 | 同 | 九五 | 一一三 | 一三六 | 一五九 | 四八九 | 一三〇 | 一三〇 | 一八一 | 一六〇 | 一四八 |
| 市町村債額 | 同 | — | — | — | — | — | 八二五 | 七〇〇 | 五七五 | 四五〇 | 三二五 |
| 第三種所得税額 | 同 | 一五一 | 一八六 | 三五一 | 三三七 | 一、二九〇 | 三四二 | 五三〇 | 七七七 | 一、七九二 | 五五四 |
| 同納税者實人員 | 人 | 一二 | 九 | 二三 | 四三 | 八七 | 二四 | 二七 | 三八 | 三八 | 五五 |
| 課率 附加税 地價割 | 厘 | — | — | — | — | — | — | — | — | — | — |
| 課率 附加税 國税營業税割 | 同 | 一五〇 | 一五〇 | 一五〇 | 一五〇 | 一五〇 | 一五〇 | 一五〇 | 一五〇 | 一五〇 | 四七〇 |
| 課率 附加税 所得税割 | 同 | 一五〇 | 一五〇 | 一五〇 | 一五〇 | 一四〇 | 一五〇 | 一五〇 | 一五〇 | 一五〇 | 一四〇 |
| 課率 附加税 戸別割 | 同 | — | — | — | — | — | — | — | — | — | — |
| 課率 附加税 地方税營業税割 | 同 | 七〇〇 | 七〇〇 | 七〇〇 | 一、〇〇〇 | 一、〇〇〇 | 一、〇〇〇 | 一、〇〇〇 | 一、〇〇〇 | 一、五〇〇 | 一、五〇〇 |
| 課率 附加税 雜種税割 | 同 | 七〇〇 | 七〇〇 | 七〇〇 | 一、〇〇〇 | 一、〇〇〇 | 八〇〇 | 一、〇〇〇 | 一、〇〇〇 | 一、五〇〇 | 一、五〇〇 |
| 課率 特別税 反別割 田 | 同 | — | — | — | 四〇〇 | 四〇〇 | — | — | — | — | — |
| 課率 特別税 反別割 畑 | 同 | 一一六 | 一一七 | 一一七 | 三七五 | 三七八 | 〇四五 | 一〇〇 | 一二〇 | 一六〇 | 一八〇 |
| 課率 特別税 反別割 宅地 | 同 | — | — | — | 四〇〇 | 四五〇 | 二〇〇 | 二〇〇 | 二四〇 | 三二〇 | 四二〇 |
| 課率 特別税 反別割 山林 | 同 | — | — | — | 〇一〇 | 〇一〇 | 〇〇八 | 〇一〇 | 〇一〇 | 〇一八 | 〇一八 |
| 課率 特別税 反別割 原野 | 同 | — | — | — | 〇一〇 | 〇一〇 | — | — | 〇一二 | 〇一八 | 〇一八 |
| 課率 特別税 反別割 牧場 | 同 | 〇一〇 | 〇一〇 | 〇一〇 | 〇一五 | 〇一五 | — | — | 〇一二 | 〇一八 | 〇一八 |
| 課率 特別税 反別割 海産干場 | 同 | — | — | — | — | — | — | — | — | — | — |
| 課率 特別税 反別割 雜種地 | 同 | — | — | — | — | — | — | — | — | — | — |
| 課率 特別税 建物割 | 同 | — | — | — | — | — | — | — | — | — | — |
| 課率 特別税 牛馬割 | 同 | 一五〇 | 一五〇 | 一五〇 | 二〇〇 | 二〇〇 | 一五〇 | 一五〇 | 一五〇 | 四〇〇 | 四〇〇 |
| 課率 特別税 戸別割 | 同 | 二、六〇〇 | 三、六〇〇 | 三、一〇〇 | 八、〇〇〇 | 八、〇〇〇 | 三、五〇〇 | 四、二〇〇 | 四、七〇〇 | 九、〇〇〇 | 一〇、六〇〇 |

| 町村名 | 種別 | 面積 | 民有地 田 | 民有地 畑 | 民有地 宅地 | 民有地 山林 | 民有地 原野 | 民有地 牧場 | 民有地 其他 | 現住戸數 | 現住人口 | 負擔 直接國稅額 | 負擔 地方稅額 | 負擔 市町村稅額 | 財政 歳入 | 財政 歳出 經常部 役所役場費 | 財政 歳出 經常部 土木費 | 財政 歳出 經常部 教育費 | 財政 歳出 經常部 衛生費 | 財政 歳出 經常部 勸業費 | 財政 歳出 經常部 其他 | 財政 歳出 同計 | 財政 歳出 臨時部計 | 財政 歳出 通計 | 基本財産 動産 | 基本財産 不動産 |
|---|---|---|---|---|---|---|---|---|---|---|---|---|---|---|---|---|---|---|---|---|---|---|---|---|---|---|
| 單位 | | 方里 | 反 | 同 | 同 | 同 | 同 | 同 | 同 | 戸 | 人 | 圓 | 同 | 同 | 同 | 同 | 同 | 同 | 同 | 同 | 同 | 同 | 同 | 同 | 同 | 同 |
| 足寄外一村 | 大正六年度 | 六八、〇〇 | — | 二、七九七三 | 一一二 | — | — | 一、二七五四 | — | 一、一七六 | 五、四〇〇 | 一、五三五 | 五、三〇七 | 一一、七八二 | 一二、八七〇 | 一、六四二 | 七五 | 七、九二三 | 四七一 | 三八八 | 一、八一六 | 一二、三一五 | 五五五 | 一二、八七〇 | 五、〇四七 | 一七、八二二 |
| | 同 七年度 | 六八、〇〇 | — | 二、八〇四〇 | 一一五 | — | — | 一、五二五九 | — | 一、三四一 | 六、九三四 | 二、一一六 | 六、四二四 | 一六、六五八 | 一七、〇〇〇 | 二、〇五八 | 九〇 | 一一、一五七 | 四〇三 | 三七七 | 二、〇〇五 | 一六、〇九〇 | 九一〇 | 一七、〇〇〇 | 五、五三九 | 一九、五八二 |
| | 同 八年度 | 三三、〇〇 | 三二 | 二、四九三三 | 七七 | 七二三 | | 一一三八 | — | 五七二 | 二、七九八 | 一、三七〇 | 四、五一五 | 一一、四二四 | 一二、一〇〇 | 一、七四九 | 五〇 | 七、六七六 | 二五五 | 三五〇 | 一、七六〇 | 一一、八四〇 | 二六〇 | 一二、一〇〇 | 三、三三五 | 一五、〇六〇 |
| | 同 九年度 | 三三、〇〇 | 四二 | 二、四九七〇 | 一二七 | 二五〇〇 | | 一、九〇〇 | — | 六七六 | 三、〇六九 | 一、一一九 | 八、一七五 | 一七、五二七 | 八五、〇六三 | 四、〇〇八 | 二〇〇 | 一二、七四四 | 三二〇 | 四九〇 | 二、六九二 | 二〇、四五四 | 六四、六〇九 | 八五、〇六三 | 三、〇九〇 | 一五、〇六〇 |
| | 同 十年度 | 三三、〇〇 | 一〇二 | 二、五〇五三 | 一二六 | 三、九一九二 | | 八、四六六 | — | 六八七 | 二、九四五 | 一、二二五 | 五、八七一 | 一八、三七一 | 五四、六八七 | 三、八七二 | 一〇〇 | 一二、四五七 | 三〇六 | 三五〇 | 二、七〇四 | 一九、七八九 | 三四、八九八 | 五四、六八七 | 三、五八四 | 一五、〇六〇 |
| 陸別外一村 | 同 六年度 | — | — | — | — | — | — | — | — | — | — | — | — | — | — | — | — | — | — | — | — | — | — | — | — | — |
| | 同 七年度 | — | — | — | — | — | — | — | — | — | — | — | — | — | — | — | — | — | — | — | — | — | — | — | — | — |
| | 同 八年度 | 三五、五〇 | — | 一、四二四一 | 六五 | — | 六、一一一八 | 一、六三一二 | — | 一、〇九八 | 四、七六七 | 二、一〇八 | 五、三三八 | 一三、六八六 | 一七、四九三 | 三、六七九 | 五〇 | 一一、三三八 | 一九二 | 一〇 | 一、九六四 | 一七、二三三 | 二六〇 | 一七、四九三 | 二、八八五 | 一七、四七二 |
| | 同 九年度 | 三五、五〇 | — | 一、六二二七 | 一〇五 | — | 五、二〇八六 | 一、二九三三 | — | 一、二七八 | 六、〇三八 | 一、六八八 | 一二、六五〇 | 二五、〇九〇 | 三四、八七二 | 五、五七二 | 五〇 | 一七、八〇七 | 五一九 | 三〇 | 六、八四六 | 三〇、八二四 | 四、〇四八 | 三四、八七二 | 二、八九〇 | 一〇、四八一 |
| | 同 十年度 | 三五、五〇 | — | 一、九〇〇〇 | 二九〇 | — | 四、一五〇〇 | 九九〇〇 | — | 一、三三六 | 六、四一三 | 二、二七〇 | 一四、三八五 | 二八、八八五 | 三八、五七二 | 六、八九九 | 二五〇 | 二〇、八五四 | 七四一 | 三〇 | 四、九八八 | 三三、七六二 | 四、八一〇 | 三八、五七二 | 四、一五五 | 一〇、六〇二 |

| | 一 | 二 | 三 | 四 | 五 | 六 | 七 | 八 | 九 | 十 |
|---|---|---|---|---|---|---|---|---|---|---|
| 財産 學校基本財産 動産（同） | 一〇五 | 一三〇 | 七一 | 七五 | 八〇 | — | — | 七二 | 七二 | 七五 |
| 財産 學校基本財産 不動産（同） | — | — | — | — | — | — | — | — | — | — |
| 財産 特別基本財産 動産（同） | 三九八 | 四八四 | 二四八 | 三六八 | 三九〇 | — | — | — | — | — |
| 財産 特別基本財産 不動産（同） | — | — | — | — | — | — | — | — | — | — |
| 財産 收益ナキ財産 動産（同） | — | — | — | — | — | — | — | — | — | — |
| 財産 收益ナキ財産 不動産（同） | 一三、二八八 | 一三、七一一 | 九六五四 | 一〇、一五四 | 一〇、三九七 | — | — | 一三、〇二〇 | 一一、九九六 | 一二、[illegible] |
| 財産 一部有財産 動産（同） | — | — | — | — | — | — | — | — | — | — |
| 財産 一部有財産 不動産（同） | — | — | — | — | — | — | — | — | — | — |
| 財産 積立金穀（同） | — | — | — | — | — | — | — | — | — | — |
| 財産 罹災救助金（同） | — | — | — | — | — | — | — | — | — | — |
| 財産ヨリ生スル收入（同） | 三八三 | 四三五 | 一、〇二九 | 一、三〇三 | 一、〇〇六 | — | — | 一、〇六八 | 一、一一五 | 一、〇八三 |
| 市町村債額（同） | 一、〇二〇 | 七八〇 | 二一〇 | 七〇 | 九、五〇〇 | — | — | 二一〇 | 七〇 | — |
| 第三種所得稅額（同） | 一、一二八 | 一、四六六 | 一、三〇〇 | 四七八 | 六三八 | — | — | 一、三八九 | 七〇一 | 一、〇五六 |
| 同納稅者實人員（人） | 七六 | 六九 | 六三 | 四〇 | 六四 | — | — | 四六 | 四五 | 五八 |
| 課率 附加稅 地價割（厘） | — | — | — | — | — | — | — | — | — | — |
| 課率 附加稅 國稅營業稅割（同） | 一五〇 | 一五〇 | 一五〇 | 四七〇 | 四七〇 | — | — | 一五〇 | 四七〇 | 四七〇 |
| 課率 附加稅 所得稅割（同） | 一五〇 | 一五〇 | 一五〇 | 一四〇 | 一四〇 | — | — | 一五〇 | 一四〇 | 一四〇 |
| 課率 附加稅 戶別割（同） | — | — | — | — | — | — | — | — | — | — |
| 課率 附加稅 地方稅營業稅割（同） | 八〇〇 | 八〇〇 | 一、〇〇〇 | 一、〇〇〇 | 一、〇〇〇 | — | — | 一、〇〇〇 | 一、〇〇〇 | 一、〇〇〇 |
| 課率 附加稅 雜種稅割（同） | 八〇〇 | 八〇〇 | 一、〇〇〇 | 一、〇〇〇 | 一、〇〇〇 | — | — | 一、〇〇〇 | 一、〇〇〇 | 一、〇〇〇 |
| 課率 特別稅 反別割 田（同） | — | — | — | — | — | — | — | — | — | — |
| 課率 特別稅 反別割 畑（同） | 一二三 | 二一七 | 二二二 | 三〇〇 | 二四一 | — | — | 二一〇 | 二七〇 | 二七〇 |
| 課率 特別稅 反別割 宅地（同） | 〇八七 | 一六六 | 一七五 | 三三一 | 二七九 | — | — | 三四〇 | 一、六〇〇 | 一、六〇〇 |
| 課率 特別稅 反別割 山林（同） | 〇七〇 | 〇七〇 | 〇七〇 | 〇一四 | 〇一〇 | — | — | — | — | — |
| 課率 特別稅 反別割 原野（同） | 〇七〇 | 〇七〇 | 〇七〇 | 〇一四 | 〇一〇 | — | — | 一〇 | 一〇 | 一〇 |
| 課率 特別稅 反別割 牧場（同） | 〇七〇 | 一四〇 | 〇二〇 | 〇二〇 | 〇一四 | — | — | 〇一四 | 〇一五 | 〇一五 |
| 課率 特別稅 反別割 海産（同） | — | — | — | — | — | — | — | — | 六四〇 | 七〇〇 |
| 課率 特別稅 反別割 干場 雜種地（同） | — | — | — | — | — | — | — | — | — | — |
| 課率 特別稅 建物割（同） | — | — | — | — | — | — | — | — | — | — |
| 課率 特別稅 牛馬割（同） | 一五〇 | 一五〇 | 一五〇 | 一、〇〇〇 | 一、〇〇〇 | — | — | 一五〇 | 一、〇〇〇 | 一、〇〇〇 |
| 課率 特別稅 戶別割（同） | 六、〇〇〇 | 六、〇〇〇 | 八、五〇〇 | 一四、〇〇〇 | 八、五〇〇 | — | — | 八、五〇〇 | 一二、〇〇〇 | 一一、〇〇〇 |

| 種別 | | 面積 | 民有地 | | | | | | | 現住戸數 | 現住人口 | 負擔 | | | 財政 | | | | | | | | | | 基本財産 | |
|---|---|---|---|---|---|---|---|---|---|---|---|---|---|---|---|---|---|---|---|---|---|---|---|---|---|---|
| | | | 田 | 畑 | 宅地 | 山林 | 原野 | 牧場 | 其他 | | | 直接國税額 | 地方税額 | 市町村税額 | 歳入 | 歳出 經常部 役所役場費 | 土木費 | 教育費 | 衛生費 | 勸業費 | 其他 | 計 | 臨時部 計 | 通計 | 動産 | 不動産 |
| 町村名 | 單位 | 方里 | 反 | 同 | 同 | 同 | 同 | 同 | 同 | 戸 | 人 | 圓 | 同 | 同 | 同 | 同 | 同 | 同 | 同 | 同 | 同 | 同 | 同 | 同 | 同 | 同 |
| 弟子屈村外一村 | 大正六年度 | 五三、〇〇 | — | 五五〇 | 一九 | 一二〇〇 | 二一八七 | 一三〇八六 | — | 三九〇 | 一、八九二 | 一、〇三二 | 九一八 | 二、九六二 | 三、五三八 | 二四七 | — | 二、二五四 | 七四 | 一七〇 | 七九三 | 三、五三八 | — | 三、五三八 | 一、九九七 | 二二 |
| | 同 七年度 | 五三、〇〇 | — | 五五〇 | 一九 | 一二〇〇 | 二一八七 | 一三七六六 | — | 四一八 | 一、九四八 | 二、一八五 | 一、一四四 | 三、一一七 | 四、八〇八 | 二三六 | — | 三、四五六 | 六五 | 一七〇 | 八八一 | 四、八〇八 | — | 四、八〇八 | 二、七四二 | 二二 |
| | 同 八年度 | 五三、〇〇 | — | 五五〇 | 一九 | 一二〇〇 | 二一八七 | 一三七六六 | — | 五七五 | 二、五八〇 | 一、五六二 | 二、九二五 | 五、四二五 | 七、七一一 | 四〇三 | — | 六、一〇九 | 五七 | 一五二 | 九九〇 | 七、七一一 | — | 七、七一一 | 三、二六八 | 三三 |
| | 同 九年度 | 五三、〇〇 | — | 六九〇 | 一九 | 一二〇〇 | 二〇四七 | 一三八〇八 | — | 五六六 | 二、六七四 | 九四九 | 五、〇一六 | 九、〇三七 | 一三、一九八 | 一、八八七 | — | 七、八三〇 | 一四三 | 一五二 | 一、七九七 | 一一、八〇九 | 一、三八九 | 一三、一九八 | 三、八三二 | 三三 |
| | 同 十年度 | 五三、〇〇 | — | 七九九 | 二六 | 一二〇〇 | 一九三一 | 一三八〇八 | — | 五七〇 | 二、七〇一 | 一、〇九四 | 五、八四一 | 五、三五六 | 一四、三八八 | 二、三〇六 | — | 一〇、〇〇六 | 九八 | 一七〇 | 一、八〇八 | 一四、三八八 | — | 一四、三八八 | 四、一四三 | 三三 |
| 熊牛村外二村 | 同 六年度 | 七八、〇〇 | — | 二七八一 | 一一〇 | 七三七二 | | — | — | 三〇五 | 一、二〇〇 | 六二一 | 一、二五一 | 二、七四五 | — | 一九六 | 九三 | 一、三七六 | 一〇〇 | 八四 | 二八〇 | 二、〇九九 | 一四八 | 二、二四七 | 一、七四六 | 一〇八 |
| | 同 七年度 | 七八、〇〇 | — | 二八八三 | 一〇六 | 二、七八五八 | | — | — | 五〇七 | 一、四五七 | 六四一 | 一、三二四 | 三、二七〇 | — | 三七一 | — | 二、七二七 | 七〇 | — | 三二九 | 三、四九七 | 二〇〇 | 三、六九七 | 二、二七八 | 一六二 |
| | 同 八年度 | 七八、〇〇 | — | 二九六三 | 一〇五 | 一六〇四 | | 三、四六九二 | — | 五三八 | 二、一一一 | 九五四 | 一、六二三 | 六、三九〇 | — | 五二六 | — | 三、三三〇 | 六七 | 五〇 | 二三八 | 四、二一一 | 一三五 | 四、三四六 | 二、七四九 | 一六二 |
| | 同 九年度 | 七八、〇〇 | — | 二九三二 | 九七 | 二、八三二三 | | 四、三七六九 | — | 六五一 | 二、九二三 | 七四〇 | 二、二六八 | 七、〇一三 | — | 一、二一二 | 一二〇 | 五、三三八 | 六二 | 一三〇 | 一五五 | 七、〇一七 | 二、九四五 | 九、九六二 | 二、九〇〇 | 七六六 |
| | 同 十年度 | 七八、〇〇 | — | 四六三七 | 九五 | 三、二七八〇 | | 四、六三八一 | — | 五五九 | 二、五四六 | 九三二 | 三、六九二 | 一〇、〇三六 | — | 一、九〇二 | 二八 | 七、三二二 | 二八二 | 二一〇 | 三五二 | 一〇、〇九六 | 五〇五 | 一〇、六〇一 | 三、二二八 | 六七二 |

| 財産 學校基本財産 動産 | 財産 學校基本財産 不動産 | 財産 特別基本財産 動産 | 財産 特別基本財産 不動産 | 財産 收益ナキ財産 動産 | 財産 收益ナキ財産 不動産 | 財産 一部有財産 動産 | 財産 一部有財産 不動産 | 財産 積立金穀 | 財産 罹災救助金 | 財産ヨリ生スル收入 | 市町村債額 | 第三種所得税額 | 同納税者實人員 | 課率 附加税 地價割 | 課率 附加税 國税營業税割 | 課率 附加税 所得税割 | 課率 附加税 戸別割 | 課率 附加税 地方税營業税割 | 課率 附加税 雜種税割 | 課率 特別税 反別割 田 | 課率 特別税 反別割 畑 | 課率 特別税 反別割 宅地 | 課率 特別税 反別割 山林 | 課率 特別税 反別割 原野 | 課率 特別税 反別割 牧場 | 課率 特別税 反別割 海産 | 課率 特別税 反別割 干場 | 課率 特別税 反別割 雜種地 | 課率 特別税 建物割 | 課率 特別税 牛馬割 | 課率 特別税 戸別割 |
|---|---|---|---|---|---|---|---|---|---|---|---|---|---|---|---|---|---|---|---|---|---|---|---|---|---|---|---|---|---|---|---|
| 同 | 同 | 同 | 同 | 同 | 同 | 同 | 同 | 同 | 同 | 同 | 同 | 同 | 人 | 厘 | 同 | 同 | 同 | 同 | 同 | 同 | 同 | 同 | 同 | 同 | 同 | 同 | 同 | | 同 | 同 | 同 |
| 六一 | — | 九二九 | — | 五六二 | 五、〇七一 | — | — | — | — | 一三四 | — | 五三八 | 二六 | — | 一五〇 | 一五〇 | — | 九〇〇 | 九〇〇 | — | 〇四五 | 一〇五 | — | — | 〇〇五 | — | — | | — | 一五〇 | 五、五〇〇 |
| 六三 | — | 九六四 | — | 八九二 | 五、〇七一 | — | — | — | — | — | — | 七八〇 | 二五 | — | 一五〇 | 一五〇 | — | 一、〇〇〇 | 一、〇〇〇 | — | 〇七五 | 一七五 | — | — | 〇〇五 | — | — | | — | 一五〇 | 六、〇〇〇 |
| 六四 | — | 九六四 | — | 一、二三一 | 一二、五一七 | — | — | — | — | 七九 | — | 一、二〇四 | 三四 | — | 一五〇 | 一五〇 | — | 一、〇〇〇 | 一、〇〇〇 | — | 〇七五 | 一七五 | — | — | 〇〇五 | — | — | | — | 一五〇 | 一〇、〇〇〇 |
| 七〇 | — | 一、〇三六 | — | 一、八九五 | 一二、五一七 | — | — | — | — | 三七九 | — | 五三三 | 三四 | — | 四七〇 | 一四〇 | — | 一、〇〇〇 | 一、〇〇〇 | — | 三四三 | 四四〇 | 〇〇九 | 〇〇九 | 〇一二 | — | — | | — | 五〇〇 | 一三、五〇〇 |
| 七三 | — | 一、〇八六 | — | 二、七〇九 | 一二、六三七 | — | — | — | — | 三一一 | — | 四一五 | 三四 | — | 四七〇 | 一四〇 | — | 一、〇〇〇 | 一、〇〇〇 | — | 一三二 | 二〇〇 | 〇〇五 | 〇〇五 | 〇〇六 | — | — | | — | 五〇〇 | 六、五〇〇 |
| 七六二 | 七六〇 | 一、四三五 | 一五四 | — | 一、五八七 | — | — | — | — | 一九七 | — | 四〇三 | 二八 | — | 一五〇 | 一五〇 | — | 八〇〇 | 八〇〇 | — | 〇六二 | 一七五 | — | — | 〇〇五 | — | — | | — | 一五〇 | 四、一〇〇 |
| 八二〇 | 一、〇九四 | 一、五一一 | 一五四 | — | 二、四三三 | — | — | — | — | 二四九 | — | 五三三 | 二六 | — | 一五〇 | 一五〇 | — | 八〇〇 | 八〇〇 | — | 〇六二 | 一七五 | — | — | 〇〇五 | — | — | | — | 一五〇 | 五、〇〇〇 |
| 九〇三 | 一、〇九四 | 一、五九〇 | 一五四 | — | 二、九一一 | — | — | — | — | 二八七 | — | 七一九 | 三二 | — | 一五〇 | 一五〇 | — | 八〇〇 | 八〇〇 | — | 〇六二 | 一七五 | — | — | 〇〇五 | — | — | | — | 一五〇 | 五、四〇〇 |
| 九四五 | 一、一五九 | 一、六一六 | 一五四 | — | 四、〇一三 | — | — | — | — | 二七六 | — | 二六四 | 二五 | — | 二四〇 | 二四〇 | — | 一、〇〇〇 | 一、〇〇〇 | — | 一二五 | 三五〇 | 〇〇八 | 〇〇八 | 〇一〇 | — | — | | — | 一五〇 | 七、〇〇〇 |
| 一、〇二三 | 一、三五三 | 一、六七八 | 一五四 | — | 四、八九六 | — | — | — | — | 四四四 | — | 二九九 | 二五 | — | 四七〇 | 一四七 | — | 一、〇〇〇 | 一、〇〇〇 | — | 一八七 | 五二五 | 〇一二 | 〇一二 | 〇一五 | — | — | | — | 一五〇 | 八、四五〇 |

| 町村名 | 種別 | 面積 | 民有地 田 | 民有地 畑 | 民有地 宅地 | 民有地 山林 | 民有地 原野 | 民有地 牧場 | 民有地 其他 | 現住戸數 | 現住人口 | 負擔 直接國税額 | 負擔 地方税額 | 負擔 市町村税額 | 財政 歳入 | 歳出經常部 役所役場費 | 歳出經常部 土木費 | 歳出經常部 教育費 | 歳出經常部 衛生費 | 歳出經常部 勸業費 | 歳出經常部 其他 | 歳出經常部 計 | 同臨時部計 | 通計 | 基本財産 動産 | 基本財産 不動産 |
|---|---|---|---|---|---|---|---|---|---|---|---|---|---|---|---|---|---|---|---|---|---|---|---|---|---|---|
| 單位 | | 方里 | 反別 反 | 同 | 同 | 同 | 同 | 同 | 同 | 戸 | 人 | 圓 | 同 | 同 | 同 | 同 | 同 | 同 | 同 | 同 | 同 | 同 | 同 | 同 | 同 | 同 |
| 太田村 | 大正六年度 | 二五、〇〇 | — | 一〇三九 | 二一 | 四五二〇 | 一、八四四二 | 二、六三一二 | 九九 | 一六八 | 九四〇 | 五七 | 六六四 | 一、三九七 | 三、二五六 | 三〇 | 三〇〇 | 一、九四四 | 五〇四 | 一七五 | 三〇三 | 三、二五六 | — | 三、二五六 | 一四、〇五八 | — |
| 太田村 | 同 七年度 | 二五、〇〇 | — | 一〇三九 | 二一 | 四五二〇 | 一、八四四二 | 二、六三一二 | 九九 | 一六三 | 九二九 | 八三 | 七〇三 | 一、四二九 | 三、四七三 | 二三四 | 六〇 | 一、九七〇 | 四六五 | 一九八 | 二四七 | 三、一七四 | 二九九 | 三、四七三 | 一五、二四二 | — |
| 太田村 | 同 八年度 | 二五、〇〇 | — | 一〇三九 | 二一 | 四五二〇 | 一、八四四二 | 二、六三一二 | 九九 | 二〇九 | 一、〇四五 | 三九三 | 九三六 | 一、八九〇 | 四、六八五 | 三、六 | 一五〇 | 三、六六四 | 四五八 | 二一二 | 三四五 | 四、一三五 | 五五〇 | 四、六八五 | 一五、七三七 | — |
| 太田村 | 同 九年度 | 二五、〇〇 | — | 一〇三九 | 二一 | 四五二〇 | 一、八四四二 | 二、六三一二 | 九九 | 二一一 | 一、〇九七 | 一九七 | 一、三六四 | 四、〇四二 | 六、八九三 | 三三六 | 一七五 | 四、四三二 | 八三一 | 一九五 | 八二四 | 六、七九三 | 一〇〇 | 六、八九三 | 一七、二七四 | — |
| 太田村 | 同 十年度 | 二五、〇〇 | — | 一〇三九 | 二一 | 四五二〇 | 一、八四四二 | 二、九四七四 | 九九 | 二一三 | 一、一〇一 | 五二八 | 一、一八四 | 三、三三四 | 八、八五〇 | 三一四 | 二五〇 | 四、四〇〇 | 一、三四〇 | 二二〇 | 五四九 | 七、〇七三 | 一、七七七 | 八、八五〇 | 一七、二七四 | — |
| 根室町 | 同 六年度 | 三、四〇 | — | 三八三二 | 九一〇 | 一五 | 一三三二 | 三、五六八九 | 三五二 | 二、九六八 | 一三、九四九 | 四三、五二八 | 一七、〇一七 | 四九、二五七 | 八〇、九二二 | 一五、九二二 | 一、三一〇 | 二五、四七五 | 四、二三〇 | 二〇 | 一〇、三九三 | 五六、五四一 | 二四、三八一 | 八〇、九二二 | 一三、三六九 | 二二一、四四一 |
| 根室町 | 同 七年度 | 三、四〇 | — | 三八九三 | 九二四 | 一四 | 一五三五 | 三、六六八四 | 三六三 | 三、〇八四 | 一四、一九〇 | 五六、六九二 | 一八、七六四 | 六一、六〇九 | 一〇〇、九四一 | 一八、九八九 | 一、六〇〇 | 三四、五八一 | 四、九四七 | 五〇 | 一二、四五四 | 七一、六二一 | 二九、三二〇 | 一〇〇、九四一 | 一三、九四五 | 二二一、四四一 |
| 根室町 | 同 八年度 | 三、四〇 | — | 三三七四 | 九〇四 | 一四 | 一八九〇 | 三、六二五五 | 三三八 | 三、〇九三 | 一四、三三六 | 六三、六四三 | 二六、六四八 | 八八、五〇九 | 一二三、七四一 | 二五、七二二 | 一、八四〇 | 四八、一三一 | 七、二四九 | 五〇 | 一七、一二三 | 一〇〇、一一五 | 二三、六二六 | 一二三、七四一 | 一〇、四七二 | 二二三、〇九二 |
| 根室町 | 同 九年度 | 三、四〇 | — | 四〇四七 | 九三〇 | 二八七二 | 一、八五七五 | 三、六一三〇 | 五六三 | 三、一五二 | 一五、三九一 | 五七、五六三 | 三四、三八五 | 一二〇、二一九 | 一九二、〇一三 | 三三、三六五 | 三、一九二 | 六一、一九四 | 九、八三九 | 一〇〇 | 二一、二九七 | 一二八、九八七 | 六三、〇二六 | 一九二、〇一三 | 一八、二四三 | 四五三、三六二 |
| 根室町 | 同 十年度 | 三、四〇 | — | 四〇四七 | 九五五 | 二二九〇 | 三、〇五二〇 | 三、六五七五 | 五五五 | 三、一六〇 | 一五、四五八 | 六四、五二四 | 五五、一四八 | 一三三、三〇五 | 二三四、六七九 | 三九、六六二 | 三、二二二 | 六五、二五七 | 九、二三一 | 一〇〇 | 二六、一二六 | 一四三、五九八 | 九二、〇九二 | 二三四、六七九 | 一七、五九四 | 四四一、六五〇 |

| | 財産 學校基本財産 動産 | 財産 學校基本財産 不動産 | 財産 特別基本財産 動産 | 財産 特別基本財産 不動産 | 財産 收益ナキ財産 動産 | 財産 收益ナキ財産 不動産 | 財産 一部有財産 動産 | 財産 一部有財産 不動産 | 積立金穀 | 罹災救助金 | 財産ヨリ生スル收入 | 市町村債額 | 第三種所得税額 | 同納税者實人員 | 課率 附加税 地價割 | 課率 附加税 國税營業税割 | 課率 附加税 所得税割 | 課率 附加税 戸別割 | 課率 附加税 地方税營業税割 | 課率 附加税 雑種税割 | 課率 特別税 反別割 田 | 課率 特別税 反別割 畑 | 課率 特別税 反別割 宅地 | 課率 特別税 反別割 山林 | 課率 特別税 反別割 原野 | 課率 特別税 反別割 牧場 | 課率 特別税 反別割 海産干場 | 課率 特別税 反別割 雑種地 | 課率 特別税 建物割 | 課率 特別税 牛馬割 | 課率 特別税 戸別割 |
|---|---|---|---|---|---|---|---|---|---|---|---|---|---|---|---|---|---|---|---|---|---|---|---|---|---|---|---|---|---|---|---|
| | 同 | 同 | 同 | 同 | 同 | 同 | 同 | 同 | 同 | 同 | 同 | 同 | 同 | 人 | 厘 | 同 | 同 | 同 | 同 | 同 | 同 | 同 | 同 | 同 | 同 | 同 | 同 | 同 | 同 | 同 | 同 |
| | — | — | — | — | — | — | — | — | — | — | 六三三 | — | 五六 | 七 | — | — | 一五〇 | — | 二五〇 | 二五〇 | — | 〇一〇 | 〇二〇 | 〇五〇 | 〇五〇 | 〇五〇 | — | — | — | 一五〇 | 五、七〇〇 |
| | — | — | — | — | — | — | — | — | — | — | 八〇八 | — | 三五 | 四 | — | 一五〇 | 一五〇 | — | 二五〇 | 七五〇 | — | 〇一〇 | 〇二〇 | 〇五〇 | 〇五〇 | 〇五〇 | — | — | — | 一五〇 | 五、七〇〇 |
| | — | — | — | — | — | — | — | — | — | — | 九九四 | — | 二五七 | 二五 | — | 一五〇 | 一五〇 | — | 五〇〇 | 五〇〇 | — | 〇一〇 | 〇二〇 | 〇五〇 | 〇五〇 | 〇五〇 | — | — | — | 一五〇 | 五、七〇〇 |
| | — | — | — | — | — | — | — | — | — | — | 一、〇一二 | — | 六八 | 九 | — | 一五〇 | 一五〇 | — | 一、〇〇〇 | 一、〇〇〇 | — | 〇六〇 | 一二〇 | 〇一二 | 〇一二 | 〇一二 | — | — | — | 四〇〇 | 一二、九〇〇 |
| | — | — | — | — | — | — | — | — | — | — | 一、三二四 | — | 八六 | 一四 | — | 四七〇 | 一四〇 | — | 一、〇〇〇 | 一、〇〇〇 | — | 〇八〇 | 一四〇 | 〇一四 | 〇一四 | 〇一四 | — | — | — | 五〇〇 | 一一、〇〇〇 |
| | 六、六三二 | — | — | — | 四一、八六八 | 五八、四〇八 | — | — | — | — | 一二、四九〇 | — | 一九、六六三 | 五八八 | 一二一 | 一六八 | 一六八 | 四、三〇〇 | 八〇〇 | 八〇〇 | — | 〇六〇 | 三三三 | — | 〇〇五 | 〇〇五 | 一二〇 | — | 〇三八 | — | — |
| | 六、九四八 | — | — | — | 六八、七四三 | 五七、四〇八 | — | — | 三、五四四 | — | 一二、八七二 | 四、〇〇〇 | 二七、九七三 | 五九九 | 一二一 | 一六八 | 一六八 | 四、〇〇〇 | 八八九 | 一、一九一 | — | 一七〇 | 三二七 | — | 〇〇八 | 〇〇八 | 一一〇 | — | 〇四〇 | — | — |
| | 七、九七六 | — | — | — | 八三、八二二 | 五七、四〇八 | — | — | 七 | — | 一三、四五三 | 三七、六七一 | 三〇、〇七七 | 六五九 | 一二一 | 一六八 | 一六八 | 五、二五〇 | 一、二二四 | 一、八七五 | — | 一七〇 | 三二七 | — | 〇〇八 | 〇〇八 | 一一〇 | — | 〇五〇 | — | — |
| | 八、〇七五 | — | — | — | 一二二、二〇一 | 一四三、一九九 | — | — | 三八二 | — | 二〇、七三九 | 三五、一九五 | 二〇、六〇八 | 五七〇 | 二四一 | 二四〇 | 二四〇 | 六、〇〇〇 | 一、一二四 | 一、七六一 | — | 三四〇 | 六四〇 | — | 〇一六 | 〇一六 | 二二〇 | — | 〇五〇 | — | — |
| | 六、九二〇 | — | 二九一 | — | 一三〇、九九八 | 一一六、四五〇 | — | — | 一〇、〇三六 | — | 二三、四七五 | 四四、五六一 | 二一、〇二八 | 七三二 | 四一四 | 四七〇 | 一四〇 | 六、〇〇〇 | 一、三二〇 | 一、二六九 | — | 四三〇 | 八四六 | — | 〇一三 | 〇二〇 | 二八〇 | — | 〇五〇 | — | — |

| 種別 町村名 | 年度 | 面積（方里） | 民有地 田（反別） | 畑（同） | 宅地（同） | 山林（同） | 原野（同） | 牧場（同） | 其他（同） | 現住戸数（戸） | 現住人口（人） | 負擔 直接國税額（圓） | 地方税額（同） | 市町村税額（同） |
|---|---|---|---|---|---|---|---|---|---|---|---|---|---|---|
| 和田村 | 大正六年度 | 一八、七〇 | — | 六三六五 | 四一六 | 二、〇二一〇 | 一、九九七五 | 七五一五 | 一〇八八 | 五四七 | 三、〇四一 | 一、四七六 | 四、八〇四 | 八、八〇〇 |
| | 同 七年度 | 一八、七〇 | — | 六四九七 | 四二九 | 二、〇二二五 | 二、〇〇五七 | 七、五一八 | 一〇八五 | 五五六 | 二、七九八 | 一、七一四 | 五、三五九 | 八、七九〇 |
| | 同 八年度 | 一八、七〇 | — | 六五九九 | 四五〇 | 二、〇三七〇 | 二、〇〇七七 | 七六〇九 | 六三二 | 五五二 | 二、八八八 | 一、〇八六 | 五、〇二二 | 一二、六八三 |
| | 同 九年度 | 一八、七〇 | — | 六七三〇 | 四六三 | 二、〇一一四 | 二、九二六八 | 一、〇七一四 | 六四五 | 六六七 | 三、三七八 | 一、七七二 | 六、七四〇 | 一五、七八七 |
| | 同 十年度 | 一八、七〇 | — | 六八三二 | 四八四 | 二、九二六八 | 二、〇八九四 | 二、〇九五九 | 六五二 | 六三八 | 三、三七五 | 二、三一九 | 七、三九六 | 一七、〇[illegible]九 |
| 齒舞村 | 同 六年度 | 一〇、四〇 | — | 一五〇五 | 七〇 | — | 二八七 | 六二二九 | 一六三八 | 八〇五 | 四、二六三 | 五、五三三 | 八、三二六 | 一六、一〇四 |
| | 同 七年度 | 一〇、四〇 | — | 一六二一 | 八二 | — | 一一六 | 六二二九 | 二二一四 | 一、三九二 | 六、一二〇 | 五、四七三 | 一〇、六二六 | 一八、一八一 |
| | 同 八年度 | 一〇、四〇 | — | 一八九八 | 七三 | — | 一〇二 | 六二二九 | 二二二一 | 一、〇六八 | 五、〇二六 | 五、八二二 | 八、六七三 | 一四、六〇九 |
| | 同 九年度 | 一〇、四〇 | — | 二〇三三 | 八〇 | — | 八九 | 六二二九 | 二四六〇 | 七二一 | 四、四六二 | 四、九五五 | 九、五五七 | 一五、八一〇 |
| | 同 十年度 | 一〇、四〇 | — | 二二〇六 | 八九 | — | 七八 | 六二二九 | 二五〇七 | 七五一 | 三、九九一 | 五、一九七 | 一二、三四九 | 一七、四六九 |

| 種別 町村名 | 年度 | 財政 歳入（同） | 歳出經常部 役所役場費（同） | 土木費（同） | 教育費（同） | 衛生費（同） | 勸業費（同） | 其他（同） | 同部計（同） | 臨時部計（同） | 通計（同） | 基本財産 動産（同） | 不動産（同） |
|---|---|---|---|---|---|---|---|---|---|---|---|---|---|
| 和田村 | 大正六年度 | 八、四八二 | 二、〇五七 | — | 四、四四三 | 一二一 | 一一〇 | 一、三二四 | 八、〇五五 | 四二七 | 八、四八二 | 四、六六六 | 二四〇 |
| | 同 七年度 | 一〇、九三〇 | 二、九八九 | — | 五、七五三 | 一四五 | 七四 | 一、五五七 | 一〇、五一八 | 四一二 | 一〇、九三〇 | 五、〇六五 | 二八〇 |
| | 同 八年度 | 一四、二二四 | 三、八六〇 | 四〇 | 八、二六〇 | 一三七 | 一〇 | 一、三四五 | 一三、六五二 | 五七二 | 一四、二二四 | 五、・四〇 | 三五〇 |
| | 同 九年度 | 二〇、九二七 | 四、五三一 | 五五 | 一一、三六八 | 八八 | 三〇 | 一、五一八 | 一七、五九〇 | 三、三三七 | 二〇、九二七 | 五、三七五 | 三七九 |
| | 同 十年度 | 二〇、四九八 | 五、〇六七 | 五五 | 一二、二五二 | 一三九 | 三〇 | 一、八一七 | 一九、三六〇 | 一、一三八 | 二〇、四九八 | 六、〇〇五 | 三九五 |
| 齒舞村 | 同 六年度 | 一九、七八四 | 三、二五一 | 三五〇 | 七、三八三 | 二一九 | 四〇 | 四、〇二一 | 一五、二六四 | 四、五二〇 | 一九、七八四 | 六、五八六 | 二〇九、一九五 |
| | 同 七年度 | 三〇、六二五 | 四、三八六 | 七〇〇 | 一一、三五八 | 二三九 | 七〇 | 四、九二三 | 二一、六七六 | 八、九四八 | 三〇、六二四 | 四、五五〇 | 三一三、七九三 |
| | 同 八年度 | 二〇、五六九 | 四、八七八 | 四一 | 一一、七五六 | 一二〇 | 三五 | 三、〇六〇 | 一九、八九〇 | 六七九 | 二〇、五六九 | 六、一二六 | 二〇〇、九六五 |
| | 同 九年度 | 二三、三五五 | 五、三八六 | 二九九 | 一二、〇五一 | 八〇 | 六七 | 五、〇四一 | 二二、九二四 | 四三二 | 二三、三五六 | 五、六五五 | 二一九、六五六 |
| | 同 十年度 | 二五、六二八 | 五、四六二 | 一一二 | 一二、六四九 | 八七 | 四三 | 四、一九五 | 二二、五四八 | 三、〇七九 | 二五、六二七 | 五、七〇二 | 二〇四、〇二五 |

| 財産 學校基本財産 動産 | 財産 學校基本財産 不動産 | 財産 特別基本財産 動産 | 財産 特別基本財産 不動産 | 財産 收益ナキ財産 動産 | 財産 收益ナキ財産 不動産 | 財産 一部有財産 動産 | 財産 一部有財産 不動産 | 財産 積立金穀 | 財産 罹災救助金 | 財産ヨリ生スル收入 | 市町村債額 | 第三種所得税額 | 同納税者實人員 |
|---|---|---|---|---|---|---|---|---|---|---|---|---|---|
| 同 | 同 | 同 | 同 | 同 | 同 | 同 | 同 | 同 | 同 | 同 | 同 | 同 | 人 |
| 八、六五二 | 一、二二三 | — | — | — | 九、六九六 | 一四、二五〇 | 一一、七四〇 | — | — | 一、四〇六 | — | 四二〇 | 四四 |
| 九、四三九 | 一、九〇〇 | — | — | — | 九、六九六 | 一四、九七二 | 一四、〇〇〇 | — | — | 一、九六五 | — | 五三〇 | 三八 |
| 九、〇六九 | 三、四〇〇 | — | — | — | 一〇、六〇〇 | 一五、五七八 | 一、九〇〇〇 | — | — | 二、四五一 | — | 七五三 | 四九 |
| 八、六〇五 | 一、一七五 | — | — | — | 一二、〇八六 | 一六、〇六四 | 一八、五四六 | — | — | 二、二四六 | — | 一九〇 | 三〇 |
| 九、五一三 | 三、五三五 | — | — | — | 一二、〇八〇 | 一五、六一三 | 一八、一三二 | — | — | 二、二二一 | — | 五九一 | 六四 |
| 四九五 | 一、二九五 | — | — | — | 二三、六七四 | — | — | — | — | 五、一三八 | 一三、五七一 | 一、一八六 | 一〇三 |
| 一、一九五 | 一、九四三 | — | — | — | 三八、四〇八 | — | — | — | — | 五、四六三 | 一〇、五二四 | 一、一八四 | 八〇 |
| 一、一九五 | 一、五六〇 | — | — | — | 三八、七四六 | — | — | — | — | 五、〇八五 | 七、二五八 | 一、二七七 | 八〇 |
| 一、二六五 | 一、八六〇 | — | — | — | 三一、〇三二 | — | — | — | — | 四、八五四 | 三、七五六 | 二一五 | 三七 |
| 一、二二五 | 二、二六一 | — | — | — | 四二、三六四 | — | — | — | — | 四、二四五 | — | 二三一 | 四一 |

| 課率 附加税 地價割 | 課率 附加税 國税營業割 | 課率 附加税 所得税割 | 課率 附加税 戸別割 | 課率 附加税 地方税營業割 | 課率 附加税 雜種税割 | 課率 特別税 反別割 田 | 課率 特別税 反別割 畑 | 課率 特別税 反別割 宅地 | 課率 特別税 反別割 山林 | 課率 特別税 反別割 原野 | 課率 特別税 反別割 牧場 | 課率 特別税 反別割 海産干場 | 課率 特別税 反別割 雜種地 | 課率 特別税 建物割 | 課率 特別税 牛馬割 | 課率 特別税 戸別割 |
|---|---|---|---|---|---|---|---|---|---|---|---|---|---|---|---|---|
| 厘 | 同 | 同 | 同 | 同 | 同 | 同 | 同 | 同 | 同 | 同 | 同 | 同 | 同 | 同 | 同 | 同 |
| 一九八 | 一五〇 | 一五〇 | 四、〇〇〇 | 五〇〇 | 八〇〇 | — | — | — | — | — | — | — | — | — | — | — |
| 一九八 | 一五〇 | 一五〇 | 四、〇〇〇 | 一、〇〇〇 | 九四〇 | — | — | — | — | — | — | — | — | — | — | — |
| — | 一五〇 | 一五〇 | 五、〇〇〇 | 一、〇〇〇 | 九四八 | — | 一五〇 | 二八九 | — | 〇〇一 | 〇〇五 | 二六七 | — | — | — | — |
| — | 二四〇 | 二四〇 | 五、五九〇 | 一、〇〇〇 | 一、一九〇 | — | 一五〇 | 三三九 | 〇一五 | 〇〇一 | 〇一五 | 二九〇 | — | — | — | — |
| — | 四七〇 | 一四〇 | 六、二〇〇 | 一、〇〇〇 | 一、二二六 | — | 二〇〇 | 三九〇 | 〇二〇 | 〇二〇 | 〇二〇 | 三四〇 | — | — | — | — |
| 二〇九 | 一四〇 | 一五〇 | 三、五〇〇 | 五〇〇 | 一、九〇五 | — | 二〇〇 | 三〇〇 | — | 〇二〇 | 〇二〇 | 二〇〇 | — | — | — | — |
| 二〇八 | 一四〇 | 一五〇 | 三、五〇〇 | 五〇〇 | 一、八九二 | — | 二〇〇 | 三〇〇 | — | 〇二〇 | 〇二〇 | 二〇〇 | — | — | — | — |
| 二〇八 | 一四〇 | 一五〇 | 三、〇〇〇 | 五〇〇 | 一、八九五 | — | 二〇〇 | 三〇〇 | — | 〇二〇 | 〇二〇 | 三〇〇 | — | — | — | — |
| 三二九 | 二四〇 | 二四〇 | 三、五〇〇 | 七〇〇 | 一、八二九 | — | 二〇〇 | 三〇〇 | — | 〇二〇 | 〇二〇 | 三五〇 | — | — | — | — |
| 四九七 | 三八〇 | 一四〇 | 三、五〇〇 | 七〇〇 | 一、九二八 | — | 二〇〇 | 四〇〇 | — | 〇五〇 | 〇二〇 | 五〇〇 | — | — | — | — |

| 種別 | 單位 | 別海外五村 大正六年度 | 同 七年度 | 同 八年度 | 同 九年度 | 同 十年度 | 標津外五村 同 六年度 | 同 七年度 | 同 八年度 | 同 九年度 | 同 十年度 |
|---|---|---|---|---|---|---|---|---|---|---|---|
| 面積 | 方里 | 一〇八、〇〇 | 一〇八、〇〇 | 一〇八、〇〇 | 一〇八、〇〇 | 一〇八、〇〇 | 七二、三〇 | 七二、三〇 | 七二、三〇 | 七二、三〇 | 七二、三〇 |
| 民有地 田 | 反 | — | — | — | — | — | — | — | — | — | — |
| 同 畑 | 同 | 三九二四 | 四〇〇八 | 五八六六 | 六三八九 | 六八四二 | 六、〇五六 | 一、三一八一 | 二、一四八〇 | 三、〇二八九 | 三、三九一五 |
| 同 宅地 | 同 | 一五四 | 一五九 | 一六三 | 一六四 | 一六八 | 一九八 | 二〇二 | 二〇五 | 二一三 | 二二七 |
| 同 山林 | 同 | 三七二三 | 三七八五 | 四五八〇 | 四六〇五 | 四七六〇 | — | — | — | — | — |
| 同 原野 | 同 | 二、二五五一 | 四、九九五六 | 八、〇三一二 | 八、二〇〇三 | 八、三五六〇 | 一、〇一六七 | 一、〇四七七 | 一二、一三三五 | 一四、一一九三 | 一九、八一五九 |
| 同 牧場 | 同 | 六、一四八四 | 七、九四一一 | 八、一二三〇 | 八、六〇〇三 | 八、九〇〇〇 | 六、九五八〇 | 七、二四六九 | 七、四一二四 | 七、八六六五 | 七、八六六五 |
| 同 其他 | 同 | 二、四三三一 | 二、四五〇〇 | 二、五四三〇 | 二、九五〇五 | 二、九五三五 | 二七九 | 二四四 | 二四四 | 二四四 | 二三九 |
| 現住戸數 | 戸 | 三六〇 | 四〇五 | 四三九 | 四六〇 | 五四八 | 六七八 | 九八二 | 一、五三六 | 一、五二〇 | 一、五四九 |
| 現住人口 | 人 | 一、九七四 | 二、〇九七 | 二、〇九九 | 二、一七六 | 二、二五八 | 二、九八一 | 四、一二五 | 六、〇九二 | 五、九七〇 | 六、一三七 |
| 負擔 直接國稅額 | 圓 | 一、八二四 | 一、六八九 | 一、九六六 | 二、〇四五 | 二、〇七二 | 一、三六四 | 一、六〇三 | 二、〇六七 | 四、〇九三 | 二、六三八 |
| 同 地方稅額 | 同 | 二、二六三 | 三、〇九七 | 三、八三〇 | 五、四三四 | 五、五二四 | 二、七三八 | 三、六五〇 | 五、一四七 | 八、〇四五 | 八、三七二 |
| 同 市町村稅額 | 同 | 五、二一七 | 六、六二七 | 七、五二九 | 一二、一〇九 | 一二、三三〇 | 四、八六七 | 七、八七八 | 一一、九三五 | 二一、二三九 | 二五、九〇五 |
| 財政 歳入 | 同 | 五、四九三 | 七、七七〇 | 九、九七三 | 一三、四一七 | 一六、七二〇 | 六、七四〇 | 一四、〇三七 | 二一、〇〇八 | 五五、二一五 | 四一、九五二 |
| 歳出經常部 役所役場費 | 同 | — | — | — | — | — | — | — | — | — | — |
| 同 土木費 | 同 | 八五 | 一五四 | 一四〇 | 一八〇 | 一一〇 | 五 | 一〇 | 一〇 | 一五 | 二六五 |
| 同 教育費 | 同 | 三、六二三 | 五、二四〇 | 七、一八六 | 八、五九七 | 一〇、二九四 | 三、六九五 | 六、三〇一 | 一二、四〇〇 | 二二、四三二 | 二六、一三四 |
| 同 衛生費 | 同 | 七八 | 一〇六 | 七八 | 七一 | 一三六 | 三一 | 三三 | 四三 | 五八 | 一五三 |
| 同 勸業費 | 同 | 九二 | 六七 | 九七 | 二七 | 二〇 | 一八 | 一八 | 一八 | 一三 | 二四 |
| 同 其他 | 同 | 一、六一五 | 二、二〇三 | 二、四七二 | 三、七九一 | 三、九三〇 | 二、九九一 | 三、五九三 | 四、〇八七 | 七、五〇六 | 八、八八二 |
| 同 計 | 同 | 五、四九三 | 七、七七〇 | 九、九七三 | 一二、六六六 | 一四、四九〇 | 六、七四〇 | 九、九五五 | 一六、五五八 | 三〇、〇二四 | 三五、三九八 |
| 同臨時部計 | 同 | — | — | — | 七五一 | 二、二三〇 | — | 四、〇八二 | 四、四五〇 | 二五、一九一 | 六、五五四 |
| 通計 | 同 | 五、四九三 | 七、七七〇 | 九、九七三 | 一三、四一七 | 一六、七二〇 | 六、七四〇 | 一四、〇三七 | 二一、〇〇八 | 五五、二一五 | 四一、九五二 |
| 基本財産 動産 | 同 | 五、五〇四 | 五、七六二 | 六、〇三六 | 五、〇一八 | 五、三〇二 | 六、一三四 | 八、八二八 | 九、二八七 | 五、九六一 | 七、六九三 |
| 同 不動産 | 同 | — | — | — | 一、三五〇 | 一、三五〇 | 三八二 | 四〇〇 | 二、八六六 | 九三一 | 九三一 |

| | | | | | | | | | | | |
|---|---|---|---|---|---|---|---|---|---|---|---|
| 財産 學校基本財産 動産 | 同 | 九、四三五 | 一〇、〇七七 | 一〇、八四一 | 一一、六五六 | 一二、一五七 | 一、一四八 | 一、三九七 | 一、四九五 | 一、五六八 | 一、六九五 |
| 財産 學校基本財産 不動産 | 同 | 三、七〇〇 | 三、七〇〇 | 三、五七〇 | 四、三六九 | 四、八四六 | 三、五〇〇 | 一一、三三九 | 四六、一〇一 | 四四、五七七 | 四四、五七七 |
| 財産 特別基本財産 動産 | 同 | — | — | — | — | — | — | — | — | — | — |
| 財産 特別基本財産 不動産 | 同 | — | — | — | — | — | — | — | — | — | — |
| 財産 收益ナキ財産 動産 | 同 | — | — | — | — | — | — | — | — | — | — |
| 財産 收益ナキ財産 不動産 | 同 | 二、五五八 | 二、五五八 | 二、五五八 | 二、九九三 | 五、三九八 | 三、四七九 | 一一、二八九 | 四五、七九六 | 四四、〇一五 | 四四、〇一五 |
| 財産 一部有財産 動産 | 同 | — | — | — | — | — | — | — | — | — | — |
| 財産 一部有財産 不動産 | 同 | — | — | — | — | — | — | — | — | — | — |
| 財産 積立金穀 | 同 | 七七 | 九九 | 一一三 | 一二八 | 一五三 | 三〇 | 五〇 | 五〇 | — | 五〇 |
| 財産 罹災救助金 | 同 | — | — | — | — | — | — | — | — | — | — |
| 財産ヨリ生スル收入 | 同 | 二〇三 | 二〇三 | 二六七 | 一、四〇九 | 一、四七二 | 五八八 | 九二七 | 九〇五 | 六二三 | 五〇一 |
| 市町村債額 | 同 | — | — | — | — | — | — | — | — | — | — |
| 第三種所得税額 | 同 | 一三四 | 一八一 | 五五二 | 三八〇 | 四二二 | 四四〇 | 六三五 | 九七八 | 二、六六四 | 七二五 |
| 同納税者實人員 | 人 | 一二 | 一三 | 三三 | 二九 | 三四 | 三七 | 三七 | 四九 | 五八 | 六五 |
| 課率 附加税 地價割 | 厘 | 二三九 | 二三九 | 二三九 | 三一六 | 四七八 | — | — | — | — | — |
| 課率 附加税 國税營業税割 | 同 | 一五〇 | 一五〇 | 一五〇 | 二四〇 | 四七〇 | 一五〇 | 一五〇 | 一五〇 | 二四〇 | 三五〇 |
| 課率 附加税 所得税割 | 同 | 一五〇 | 一五〇 | 一五〇 | 二四〇 | 一四〇 | 一五〇 | 一五〇 | 一五〇 | 二四〇 | 一四〇 |
| 課率 附加税 戸別割 | 同 | 三、一〇〇 | 三、五〇〇 | 三、七〇〇 | 四、〇〇〇 | 四、五〇〇 | 四、〇〇〇 | 四、〇〇〇 | 四、〇〇〇 | 五、一〇六 | 五、〇〇〇 |
| 課率 附加税 地方税營業割 | 同 | 五〇〇 | 五〇〇 | 五〇〇 | 七〇〇 | 七〇〇 | 五〇〇 | 五〇〇 | 五〇〇 | 六〇〇 | 一、〇〇〇 |
| 課率 附加税 雜種税割 | 同 | 三〇〇 | 三〇〇 | 三〇〇 | 一、七一七 | 一、四八八 | 三〇〇 | 三〇〇 | 三〇〇 | 五〇〇 | 一、〇〇〇 |
| 課率 特別税 反別割 田 | 同 | — | — | — | — | — | — | — | — | — | — |
| 課率 特別税 反別割 畑 | 同 | 〇九九 | 〇九九 | 〇九九 | 一五〇 | 一四五 | 一八〇 | 一八〇 | 一八〇 | 一八〇 | 三〇〇 |
| 課率 特別税 反別割 宅地 | 同 | 三五〇 | 三五〇 | 三五〇 | 三五七 | 三五〇 | 四〇〇 | 四〇〇 | 四〇〇 | 四〇〇 | 八〇〇 |
| 課率 特別税 反別割 山林 | 同 | — | — | — | — | — | 〇〇五 | 〇〇五 | 〇〇五 | 〇〇五 | 〇一〇 |
| 課率 特別税 反別割 原野 | 同 | 〇〇四 | 〇〇四 | 〇〇四 | 〇〇七 | 〇〇七 | 〇〇五 | 〇〇五 | 〇〇五 | 〇〇五 | 〇一〇 |
| 課率 特別税 反別割 牧場 | 同 | 〇〇四 | 〇〇四 | 〇〇四 | 〇〇七 | 〇〇七 | 〇一〇 | 〇一〇 | 〇一〇 | 〇一〇 | 〇二〇 |
| 課率 特別税 反別割 海産干場 | 同 | 三六四 | 三六四 | 三六四 | 四〇〇 | 三五〇 | 二〇〇 | 二〇〇 | 二〇〇 | 二〇〇 | 二〇〇 |
| 課率 特別税 反別割 雜種地 | 同 | — | — | — | — | — | — | — | — | — | — |
| 課率 特別税 建物割 | 同 | — | — | — | — | — | 〇五四 | 〇五七 | 〇五八 | 〇七〇 | 〇七三 |
| 課率 特別税 牛馬割 | 同 | — | — | — | — | — | — | — | — | — | — |
| 課率 特別税 戸別割 | 同 | — | — | — | — | — | — | — | — | — | — |

| 種別 | 單位 | 植別村 大正六年度 | 同 七年度 | 同 八年度 | 同 九年度 | 同 十年度 | 泊外三村 同 六年度 | 同 七年度 | 同 八年度 | 同 九年度 | 同 十年度 |
|---|---|---|---|---|---|---|---|---|---|---|---|
| 面積 | 方里 | 三二、四〇 | 三二、四〇 | 三二、四〇 | 三二、四〇 | 三二、四〇 | 三二、〇〇 | 三二、〇〇 | 三二、〇〇 | 三二、〇〇 | 三二、〇〇 |
| 民有地 田 | 反別 | ─ | ─ | ─ | ─ | ─ | ─ | ─ | ─ | ─ | ─ |
| 畑 | 同 | 六三八 | 五三八 | 五六五 | 四三一 | 四六四 | 二、二〇八 | 二、〇七八 | 一、〇〇七 | 九七八 | 一、〇三九 |
| 宅地 | 同 | 一一四 | 一〇九 | 一〇五 | 八八 | 七五 | 三一〇 | 三一八 | 四三九 | 三一七 | 三四九 |
| 山林 | 同 | 八 | 八 | 一〇 | 一〇 | 六 | 一四三 | 一四三 | 三五 | 三七 | 三七 |
| 原野 | 同 | 九〇 | 九〇 | 九〇 | 六九 | 一三 | 七四九 | 一〇四九 | 八九八 | 一二四四 | 九八八 |
| 牧場 | 同 | 三九二 | 三九二 | 四三二 | 四三二 | 七四三 | 八四六七 | 八四六七 | 九一八二 | 九〇七八 | 八五二六 |
| 其他 | 同 | 一九五 | 一八七 | 一八七 | 九二 | 一八九 | 八九六 | 九一三 | 一、六六二 | 九四三 | 一、七六九 |
| 現住戸數 | 戸 | 三八四 | 三八七 | 三八八 | 三六七 | 三八三 | 五六五 | 五六七 | 五二九 | 五七五 | 六一三 |
| 現住人口 | 人 | 一、七〇二 | 一、九三一 | 一、九八二 | 一、八二四 | 一、九七三 | 二、四四二 | 二、五三一 | 二、五五一 | 三、七九四 | 三、九二五 |
| 負擔 直接國稅額 | 圓 | 一、〇二六 | 九、六七九 | 一一、五四七 | 二、三九五 | 一、一五五 | 一、六六六 | 一、九〇六 | 三、二五九 | 一、六〇五 | 二、〇二四 |
| 地方稅額 | 同 | 一、八七四 | 二、二九五 | 二、九八二 | 三、六六〇 | 四、二〇〇 | 四、五七一 | 四、〇七五 | 五、四〇四 | 七、二四四 | 七、一四六 |
| 市町村稅額 | 同 | 四、三六四 | 四、九六九 | 七、五九三 | 九、八六二 | 九、五七二 | 七、三〇〇 | 八、八一二 | 一二、九七九 | 一八、〇二〇 | 一六、二八四 |
| 財政 歲入 | 同 | 五、〇六一 | 六、六五八 | 九、一二〇 | 一二、九五五 | 一二、六七四 | 一二、一六五 | 一四、九八七 | 一八、〇二八 | 二五、〇二八 | 二五、六九八 |
| 歲出經常部 役所役場費 | 同 | ─ | ─ | ─ | ─ | ─ | ─ | ─ | ─ | ─ | ─ |
| 土木費 | 同 | 七二 | 七五 | 一〇八 | 八〇 | 一二六 | 一〇〇 | 六〇 | 一八〇 | 二〇〇 | 二〇 |
| 教育費 | 同 | 二、七九七 | 三、八九四 | 五、九二八 | 六、二九二 | 七、二四九 | 五、一八四 | 七、一二一 | 九、八七一 | 一三、七五四 | 一四、三二一 |
| 衛生費 | 同 | 四三 | 三四 | 二八 | 六五 | 五三 | 九二 | 二二八 | 二八四 | 三三一 | 四九二 |
| 勸業費 | 同 | 五 | 七五 | 一五 | 五一 | 一〇〇 | 四五 | 九五 | 三五七 | 一一〇 | 二三 |
| 其他 | 同 | 一、九九四 | 二、五八〇 | 三、〇四一 | 六、三六七 | 五、一四六 | 四、〇三六 | 四、二二四 | 六、三五六 | 八、〇一二 | 八、一〇九 |
| 計 | 同 | 四、九一一 | 六、六五八 | 九、一二〇 | 一二、九五五 | 一二、六七四 | 九、四五七 | 一一、七一八 | 一七、〇四八 | 二二、四〇七 | 二二、九六五 |
| 同臨時部計 | 同 | 一五〇 | ─ | ─ | ─ | ─ | 二、七〇八 | 三、二六九 | 九八〇 | 二、六二一 | 二、七三三 |
| 通計 | 同 | 五、〇六一 | 六、六五八 | 九、一二〇 | 一二、九五五 | 一二、六七四 | 一二、一六五 | 一四、九八七 | 一八、〇二八 | 二五、〇二八 | 二五、六九八 |
| 基本財產 動產 | 同 | 五、三九五 | 六、二二八 | 六、七〇九 | 六、五九一 | 六、七七六 | 一〇、五〇七 | 一一、六六二 | 一二、二〇八 | 一二、七七四 | 一三、三二一 |
| 不動產 | 同 | 三、九〇六 | 三、八五〇 | 三、八五〇 | 三、八五〇 | 一、七五〇 | 四、〇五〇 | 四、〇五〇 | 五、四六八 | 四、五〇〇 | 四、三六八 |

| | | | | | | | | | | | |
|---|---|---|---|---|---|---|---|---|---|---|---|
| 財產 本學校基本財產 動產 | 同 | 三六三 | 四〇四 | 四二三 | 四四二 | 四九八 | 九、九七八 | 一一、五六二 | 一七、二八八 | 一八、三八二 | 一七、二九九 |
| 財產 本學校基本財產 不動產 | 同 | — | — | — | — | — | 一、〇五〇 | 一、〇五〇 | 一、〇五〇 | 一、〇〇〇 | 三八〇 |
| 財產 特別基本財產 動產 | 同 | — | — | — | — | — | — | — | — | — | — |
| 財產 特別基本財產 不動產 | 同 | — | — | — | — | — | — | — | — | — | — |
| 財產 收益ナキ財產 動產 | 同 | — | — | — | — | — | — | — | — | — | — |
| 財產 收益ナキ財產 不動產 | 同 | 八、二八四 | 八、一〇〇 | 七、八〇〇 | 七、七〇〇 | 六、四九三 | 三、九四八 | 三、九四八 | 三、九四八 | 三、九八八 | 四、二一八 |
| 財產 一部有財產 動產 | 同 | — | — | — | — | — | — | — | — | — | — |
| 財產 一部有財產 不動產 | 同 | — | — | — | — | — | — | — | — | — | — |
| 財產 積立金穀 | 同 | 四六一 | 四九三 | 一、〇二一 | 一、六六一 | 一、二三四 | 一六六 | 一六六 | — | 六一 | — |
| 財產 罹災救助金 | 同 | — | — | — | — | — | — | — | — | — | — |
| 財產ヨリ生スル收入 | 同 | 五九六 | 二六七 | 四一〇 | 四二六 | 四六八 | 一、〇四八 | 一、八九四 | 三、二一四 | 三、八一七 | 三、三八〇 |
| 市町村債額 | 同 | — | — | — | — | — | — | — | — | — | — |
| 第三種所得稅額 | 同 | 四二七 | 六、〇五八 | 五、八五三 | 一、五三六 | 五、五二七 | 八二〇 | 九三七 | 一、六六八 | 三一〇 | 六三七 |
| 同納稅者實人員 | 人 | 三八 | 三三 | 九一 | 二八 | 三七 | 六二 | 六二 | 七七 | 二九 | 四九 |
| 課率 附加稅 地價割 | 厘 | 一九四 | 一九二 | 一九二 | 一八九 | 一八九 | — | — | — | — | — |
| 課率 附加稅 國稅營業稅割 | 同 | 一二〇 | 一五〇 | 一五〇 | 二四〇 | 一五〇 | 一五〇 | 一五〇 | 一五〇 | 二四〇 | 二四〇 |
| 課率 附加稅 所得稅割 | 同 | 一二〇 | 一五〇 | 一五〇 | 二四〇 | 一四〇 | 一五〇 | 一五〇 | 一五〇 | 二四〇 | 一四〇 |
| 課率 附加稅 戶別割 | 同 | 二、八八〇 | 三、三〇〇 | 三、八〇〇 | 五、〇〇〇 | 五、〇〇〇 | 五、〇〇〇 | 五、〇〇〇 | 五、〇〇〇 | 五、〇〇〇 | 五、〇〇〇 |
| 課率 附加稅 地方稅營業稅割 | 同 | 五〇〇 | 五五〇 | 六〇〇 | 六〇〇 | 六〇〇 | 五〇〇 | 五〇〇 | 五〇〇 | 八〇〇 | 八〇〇 |
| 課率 附加稅 雜種稅割 | 同 | 一、五一〇 | 一、四〇九 | 一、五六二 | 一、七〇五 | 一、七二八 | 七八三 | 九三一 | 九五二 | 九五八 | 一、四一二 |
| 課率 特別稅 反別割 田 | 同 | — | — | — | — | — | — | — | — | — | — |
| 課率 特別稅 反別割 畑 | 同 | 二五〇 | 二七〇 | 二七〇 | 二七〇 | 二七〇 | 二五〇 | 二五〇 | 二五〇 | 四〇〇 | 四〇〇 |
| 課率 特別稅 反別割 宅地 | 同 | 三九三 | 三九二 | 三九二 | 三九二 | 三九二 | 四〇〇 | 四〇〇 | 四〇〇 | 六四〇 | 六四〇 |
| 課率 特別稅 反別割 山林 | 同 | — | — | — | — | — | — | — | — | — | — |
| 課率 特別稅 反別割 原野 | 同 | — | — | — | — | — | — | — | — | — | — |
| 課率 特別稅 反別割 牧場 | 同 | 〇〇四 | 〇〇四 | 〇〇四 | 〇〇四 | 〇〇四 | 〇〇三 | 〇〇三 | 〇〇三 | 〇〇五 | 〇〇五 |
| 課率 特別稅 反別割 海產干場 | 同 | 三九一 | 三七七 | 三七九 | 三二六 | 三八一 | 四〇〇 | 四〇〇 | 四〇〇 | 六四〇 | 六四〇 |
| 課率 特別稅 反別割 雜種地 | 同 | — | — | — | — | — | — | — | — | — | — |
| 課率 特別稅 建物割 | 同 | 〇六一 | 〇六七 | 〇七六 | 一〇二 | 一〇二 | 〇五八 | 〇七二 | 〇七三 | 〇六九 | 〇七二 |
| 課率 特別稅 牛馬割 | 同 | — | — | — | — | — | — | — | — | — | — |
| 課率 特別稅 戶別割 | 同 | — | — | — | — | — | — | — | — | — | — |

| 町村名 | 種別 | 面積（方里） | 民有地 田（反別） | 民有地 畑（同） | 民有地 宅地（同） | 民有地 山林（同） | 民有地 原野（同） | 民有地 牧場（同） | 民有地 其他（同） | 現住戸數（戸） | 現住人口（人） | 負擔 直接國税額（圓） | 負擔 地方税額（同） | 負擔 市町村税額（同） | 財政 歳入（同） | 歳出經常部 役所役場費（同） | 歳出經常部 土木費（同） | 歳出經常部 教育費（同） | 歳出經常部 衛生費（同） | 歳出經常部 勸業費（同） | 歳出經常部 其他（同） | 歳出經常部 計（同） | 同臨時部計（同） | 通計（同） | 基本財産 動産（同） | 基本財産 不動産（同） |
|---|---|---|---|---|---|---|---|---|---|---|---|---|---|---|---|---|---|---|---|---|---|---|---|---|---|---|
| 留夜別外一村 | 大正六年度 | 七八、六〇 | — | 五二六 | 一七二 | — | — | 二、五九四 | 九〇二 | 三四七 | 一、三三六 | 一、三六四 | 三、四六一 | 四、七八四 | 八、七二五 | — | 二一五 | 二、三五六 | 五一 | 六〇 | 三、五〇三 | 六、一八九 | 二、五三六 | 八、七二五 | 六、三六八 | 五六九 |
| | 同 七年度 | 七八、六〇 | — | 四五三 | 一七三 | — | 八八 | 二、五九四 | 九八三 | 三三一 | 一、三四五 | 一、四四六 | 三、五五五 | 五、一八六 | 六、四九二 | — | 三〇二 | 二、七五八 | 五一 | 六〇 | 三、三〇三 | 六、四七四 | 一八 | 六、四九二 | 六、三四八 | 五六九 |
| | 同 八年度 | 七八、六〇 | — | 四〇二 | 一七五 | — | 一五〇 | 三、七五七 | 九九六 | 三四二 | 一、六七〇 | 二、〇〇九 | 三、四八五 | 六、〇一二 | 九、五〇三 | — | 三〇六 | 四、六〇五 | 六五 | 六〇 | 三、九〇三 | 八、九三九 | 五六四 | 九、五〇三 | 七、三二六 | 五六九 |
| | 同 九年度 | 七八、六〇 | — | 三九六 | 一七九 | 一五二 | 一五二 | 三、九一五 | 九九九 | 三四六 | 一、四八六 | 一、三六二 | 四、九二三 | 八、五一九 | 一一、六七五 | — | 三三七 | 四、九四九 | 七三 | 三四 | 五、六九〇 | 一一、〇八三 | 五九二 | 一一、六七五 | 六、三〇九 | 五六九 |
| | 同 十年度 | 七八、六〇 | — | 二七二 | 一八九 | — | 一七七 | 四、一四〇 | 一、〇一五 | 三五四 | 一、五九三 | 一、四三〇 | 五、七六八 | 九、八六五 | 一二、七二三 | — | 二二三 | 五、八八七 | 一〇三 | 四〇 | 六、〇九五 | 一二、三四八 | 三七五 | 一二、七二三 | 八、四二八 | 五六九 |
| 斜古丹村 | 同 六年度 | 一五、八〇 | — | 二〇 | 二七 | — | — | — | 一五五 | 七八 | 三五六 | 一四 | 二、四五〇 | 一、五七六 | 一、九八三 | — | 五〇 | 八七八 | 六二八 | 一〇 | 四一七 | 一、九八三 | — | 一、九八三 | 二、六七六 | 三六 |
| | 同 七年度 | 一五、八〇 | — | 六一 | 三三 | — | 五七 | — | 二五九 | 一〇六 | 三九六 | 六四 | 二、八九八 | 二、〇三〇 | 四、五一四 | — | 六四〇 | 一、二八〇 | 六三八 | 一〇 | 四四六 | 三、〇一四 | 一、五〇〇 | 四、五一四 | 二、七四八 | 三六 |
| | 同 八年度 | 一五、八〇 | — | 六四 | 三三 | — | 六三 | — | 二六〇 | 一〇八 | 三八三 | 一二九 | 二、六六七 | 一、六四五 | 八、四九八 | — | 一〇〇 | 二、四三七 | 七六〇 | 一〇 | 一、九三五 | 五、二四二 | 三、二五六 | 八、四九八 | 二、六七〇 | 一、〇六六 |
| | 同 九年度 | 一五、八〇 | — | 六八 | 三四 | — | 六九 | — | 二五一 | 一一四 | 四四八 | 六四 | 二、二八九 | 二、四一一 | 六、九五六 | — | 二五〇 | 二、七一三 | 九〇七 | 六〇 | 二、八二六 | 六、七五六 | 二〇〇 | 六、九五六 | 三、一〇六 | 一、〇六六 |
| | 同 十年度 | 一五、八〇 | — | 六八 | 五二 | — | 五九 | — | 二五八 | 九三 | 三九一 | 二二〇 | 二、二六八 | 二、三〇八 | 五、七〇五 | — | 五〇 | 二、七四九 | 九六七 | 六〇 | 一、八九七 | 五、七〇五 | — | 五、七〇五 | 三、六四三 | 一、〇六六 |

| 項目 | 單位 | 一 | 二 | 三 | 四 | 五 | 六 | 七 | 八 | 九 | 十 |
|---|---|---|---|---|---|---|---|---|---|---|---|
| 財産 學校基本財産 動産 | 同 | 八六〇 | 一、〇九二 | 一、二二七 | 一、四〇九 | 二、七〇一 | 一四〇 | 一四六 | 一五三 | 一六一 | 一六八 |
| 財産 學校基本財産 不動産 | 同 | 一、八〇三 | 一、三〇三 | 一、一〇三 | 八〇三 | 八〇三 | 七〇 | 七〇 | — | — | — |
| 財産 特別基本財産 動産 | 同 | — | — | — | — | — | — | — | — | — | — |
| 財産 特別基本財産 不動産 | 同 | — | — | — | — | — | — | — | — | — | — |
| 財産 收益ナキ財産 動産 | 同 | — | — | — | — | — | — | — | — | — | — |
| 財産 收益ナキ財産 不動産 | 同 | 八、八九九 | 七、八四九 | 七、一四九 | 八、三九七 | 七、七九一 | — | — | — | — | — |
| 財産 一部有財産 財産 | 同 | — | — | — | — | — | — | — | — | — | — |
| 財産 一部有財産 不動産 | 同 | — | — | — | — | — | — | — | — | — | — |
| 積立金穀 | 同 | 二六 | 三六 | 四二五 | 五三八 | 六六一 | 二一四 | 二二四 | 二一 | 五九 | 六一 |
| 罹災救助金 | 同 | — | — | — | — | — | — | — | — | — | — |
| 財産ヨリ生スル收入 | 同 | 三五三 | 五〇五 | 五一四 | 五七四 | 五七一 | 一三九 | 一四六 | 一四五 | 一六六 | 二〇二 |
| 市町村債額 | 同 | — | — | — | — | — | — | — | — | — | — |
| 第三種所得税額 | 同 | 三九三 | 五七一 | 七九七 | 一七一 | 二二三 | 一四 | 六〇 | 一一〇 | 三九 | 一九六 |
| 同納税者實人員 | 人 | 二八 | 三〇 | 四〇 | 一五 | 二六 | 一 | 四 | 七 | 六 | 一四 |
| 課率 附加税 地價割 | 同 | — | — | — | — | — | — | — | — | — | — |
| 課率 附加税 國税營業税割 | 同 | 一五〇 | 一五〇 | 一五〇 | 二四〇 | 一四〇 | — | — | — | — | — |
| 課率 附加税 所得税割 | 同 | 一五〇 | 一五〇 | 一五〇 | 二四〇 | 一四〇 | 一五〇 | 一五〇 | 一五〇 | 一五〇 | 一四〇 |
| 課率 附加税 戸別割 | 同 | 二、五〇〇 | 二、八〇〇 | 二、八〇〇 | 三、五〇〇 | 三、五〇〇 | 二、〇〇〇 | 二、〇〇〇 | 二、〇〇〇 | 二、五〇〇 | 二、七五〇 |
| 課率 附加税 地方税營業割 | 同 | 五〇〇 | 五〇〇 | 五〇〇 | 五〇〇 | 五〇〇 | 五〇〇 | 五〇〇 | 五〇〇 | 五〇〇 | 五〇〇 |
| 課率 附加税 雜種税割 | 同 | 七九四 | 七八六 | 九八一 | 一、〇八八 | 一、〇八七 | — | — | — | — | — |
| 課率 特別税 反別割 田 | 同 | — | — | — | — | — | — | — | — | — | — |
| 課率 特別税 反別割 畑 | 同 | 二五〇 | 二五〇 | 二五〇 | 二五〇 | 四〇〇 | 〇四〇 | 〇四〇 | 〇四〇 | 一三四 | 一三八 |
| 課率 特別税 反別割 宅地 | 同 | 三三六 | 三二三 | 三二七 | 三五五 | 八九六 | 二〇〇 | 二〇〇 | 二〇〇 | 三七三 | 三八〇 |
| 課率 特別税 反別割 山林 | 同 | — | — | — | — | — | — | — | — | — | — |
| 課率 特別税 反別割 原野 | 同 | 〇〇三 | 〇〇三 | 〇〇三 | 〇〇三 | 〇一〇 | — | — | — | — | — |
| 課率 特別税 反別割 牧場 | 同 | 〇〇三 | 〇〇三 | 〇〇三 | 〇〇三 | 〇一〇 | — | — | — | — | — |
| 課率 特別税 反別割 海産干場 | 同 | 三三四 | 三三五 | 三三六 | 三五一 | 八九七 | — | — | — | — | — |
| 課率 特別税 反別割 雜種地 | 同 | — | — | — | — | — | 二〇〇 | 二〇〇 | 二〇〇 | 三〇五 | 三三二 |
| 課率 特別税 建物割 | 同 | 〇四八 | 〇五二 | 〇五二 | 〇五二 | 〇五一 | — | — | — | — | — |
| 課率 特別税 牛馬割 | 同 | — | — | — | — | — | — | — | — | — | — |
| 課率 特別税 戸別割 | 同 | — | — | — | — | — | — | — | — | — | — |

| 種別 | 單位 | 留別外四村 大正六年度 | 同 七年度 | 同 八年度 | 同 九年度 | 同 十年度 | 紗那外二村 同 六年度 | 同 七年度 | 同 八年度 | 同 九年度 | 同 十年度 |
|---|---|---|---|---|---|---|---|---|---|---|---|
| 面積 | 方里 | 一一、〇〇〇 | 一一、〇〇〇 | 一一、〇〇〇 | 一一、〇〇〇 | 一一、〇〇〇 | 五四、四〇 | 五四、四〇 | 五四、四〇 | 五四、四〇 | 五四、四〇 |
| 民有地 反別 田 | 反 | — | — | — | — | — | — | — | — | — | — |
| 畑 | 同 | 一六五 | 一六八 | 一七七 | 一八九 | 一九五 | 三三五 | 三七七 | 三〇〇 | 二八六 | 二八六 |
| 宅地 | 同 | 四九 | 五二 | 五八 | 六七 | 七一 | 一七二 | 一九五 | 一七三 | 一七[illegible] | 一七五 |
| 山林 | 同 | — | — | — | — | — | — | — | — | — | — |
| 原野 | 同 | 四二〇 | 四三一 | 五二二 | 五七一 | 五八四 | 九 | 六九 | 七三 | 六九 | 七九 |
| 牧場 | 同 | 八九九 | 九〇三 | 九八八 | 九八八 | 九八八 | 六八六 | 六八六 | 八三二 | 八三二 | 八三二 |
| 其他 | 同 | 二〇三 | 二九五 | 三〇四 | 三八九 | 四〇〇 | 三一八 | 三七九 | 三三四 | 三二三 | 三二四 |
| 現住戸數 | 戸 | 三〇一 | 三二三 | 三三一 | 三三二 | 三三五 | 一八七 | 二四三 | 二一六 | 二一三 | 二二七 |
| 現住人口 | 人 | 一、三五六 | 一、四〇〇 | 一、五一九 | 一、五九九 | 一、四七八 | 一、〇六八 | 八六四 | 八五三 | 八五五 | 八九七 |
| 負擔 直接國稅額 | 圓 | 八五〇 | 一、一〇三 | 一、四二一 | 一、二五五 | 一、八〇一 | 八八三 | 一、〇六五 | 一、〇五九 | 七六七 | 八五〇 |
| 地方稅額 | 同 | 三、七〇八 | 四、六一六 | 五、八六一 | 六、七二一 | 七、七五二 | 四、五九三 | 四、六一五 | 五、五二八 | 七、〇〇九 | 八、二七三 |
| 市町村稅額 | 同 | 四、七九一 | 六、七七一 | 八、一八六 | 一一、九九五 | 一二、二〇〇 | 四、三七六 | 五、三九五 | 五、九一八 | 八、一七五 | 八、〇八二 |
| 財政 歳入 | 同 | 八、〇八一 | 一二、二七八 | 一〇、七一五 | 一四、八二三 | 一六、九八三 | 七、〇一九 | 一二、六〇七 | 一一、九〇九 | 一五、〇一八 | 一六、七一四 |
| 歳出經常部 役所役場費 | 同 | — | — | — | — | — | — | — | — | — | — |
| 土木費 | 同 | — | — | — | 三〇 | 一〇〇 | — | — | 二〇 | 六〇 | 六〇 |
| 教育費 | 同 | 二、七六八 | 三、七七六 | 五、四二一 | 七、一六八 | 六、六三八 | 二、三四二 | 二、七九五 | 三、二六九 | 四、二二六 | 四、八二七 |
| 衛生費 | 同 | 八四 | 八四 | 六〇 | 二五三 | 九五 | 三一 | 三一 | 四一 | 四五 | 五七 |
| 勸業費 | 同 | — | — | — | 五〇 | 五〇 | — | — | 五〇 | 一七八 | 六三 |
| 其他 | 同 | 五、〇三二 | 三、九五五 | 四、五〇六 | 六、七九七 | 七、五九九 | 四、六四九 | 五、一二三 | 八、一〇七 | 九、五一七 | 九、二八二 |
| 計 | 同 | 七、八八四 | 七、八一五 | 九、九八七 | 一四、二九八 | 一四、四八三 | 七、〇一九 | 七、九四九 | 一一、四八七 | 一四、〇二六 | 一四、二八九 |
| 同臨時部計 | 同 | 一九七 | 七、四六三 | 七二八 | 五二五 | 二、五〇〇 | — | 四、六五八 | 四二二 | 九九二 | 二、四二五 |
| 通計 | 同 | 八、〇八一 | 一二、二七八 | 一〇、七一五 | 一四、八二三 | 一六、九八三 | 七、〇一九 | 一二、六〇七 | 一一、九〇九 | 一五、〇一八 | 一六、七一四 |
| 基本財産 動産 | 同 | 九、七六二 | 一三、二八三 | 二四、七〇二 | 二五、一五〇 | 二六、二〇一 | 一六、〇二八 | 一八、一二三 | 一四、一八一 | 一五、六〇二 | 一七、六二二 |
| 不動産 | 同 | 四一、二八四 | 四〇、六三五 | 四一、四三三 | 四二、一四八 | 四一、〇〇八 | 五、六九六 | 七、一三八 | 五、八四八 | 一四、二〇〇 | 二四、二〇〇 |

| 財産 學校基本財産 動産 | 財産 學校基本財産 不動産 | 財産 特別基本財産 動産 | 財産 特別基本財産 不動産 | 財産 收益ナキ財産 動産 | 財産 收益ナキ財産 不動産 | 財産 一部有財産 動産 | 財産 一部有財産 不動産 | 積立金穀 | 罹災救助金 | 財産ヨリ生スル收入 | 市町村債額 | 第三種所得税額 | 同納税者實人員 | 課率 附加税 地價割 | 課率 附加税 國税營業税割 | 課率 附加税 所得税割 | 課率 附加税 戸別割 | 課率 附加税 地方税營業税割 | 課率 附加税 雜種税割 | 課率 特別税 反別割 田 | 課率 特別税 反別割 畑 | 課率 特別税 反別割 宅地 | 課率 特別税 反別割 山林 | 課率 特別税 反別割 原野 | 課率 特別税 反別割 牧場 | 課率 特別税 反別割 海產干場 | 課率 特別税 反別割 雜種地 | 課率 特別税 建物割 | 課率 特別税 牛馬割 | 課率 特別税 戸別割 |
|---|---|---|---|---|---|---|---|---|---|---|---|---|---|---|---|---|---|---|---|---|---|---|---|---|---|---|---|---|---|---|
| 同 | 同 | 同 | 同 | 同 | 同 | 同 | 同 | 同 | 同 | 同 | 同 | 同 | 人 | 厘 | 同 | 同 | 同 | 同 | 同 | 同 | 同 | 同 | 同 | 同 | 同 | 同 | 同 | 同 | 同 | 同 |
| 五九三 | — | — | — | — | 二、八八二 | — | — | 三九三 | — | 一、二六一 | — | 二九七 | 一二 | — | 一五〇 | 一五〇 | — | 五〇〇 | 五〇〇 | — | 一一九 | 三四八 | — | — | 〇〇五 | 三五三 | — | — | — | 一〇、〇〇〇 |
| 六二五 | — | — | — | — | 九、六二二 | — | — | 六四 | — | 一、一二三 | — | 五〇八 | 一七 | — | 一五〇 | 一五〇 | — | 五〇〇 | 五〇〇 | — | 一二〇 | 三四七 | — | — | 〇〇五 | 三四六 | — | — | — | 一二、〇〇〇 |
| 七三五 | — | — | — | — | 一〇、一七五 | — | — | 六七 | — | 一、二〇二 | — | 八五六 | 一九 | — | 一五〇 | 一五〇 | — | 五〇〇 | 五〇〇 | — | 一二二 | 三五〇 | — | — | 〇〇五 | 三四七 | — | — | — | 一二、〇〇〇 |
| 六六四 | — | — | — | — | 一〇、〇四二 | — | — | 二一三 | — | 二、六七一 | — | 五一八 | 二二 | — | 二四〇 | 二四〇 | — | 七〇〇 | 七〇〇 | — | 一五三 | 五〇〇 | — | — | 〇〇八 | 四八三 | — | — | — | 一五、〇〇〇 |
| 八三四 | — | — | — | — | 九、三七五 | — | — | 四三五 | — | 二、九三〇 | — | 九一四 | 三二 | — | 二四〇 | 一四〇 | — | 七〇〇 | 七〇〇 | — | 一四四 | 四三七 | — | — | 〇〇八 | 四七七 | — | — | — | 一五、〇〇〇 |
| 一一、五八五 | 六七〇 | — | — | 一、〇〇〇 | 二、九〇五 | — | — | 二、四四八 | — | 一、五二五 | — | 三三七 | 二四 | 一六四 | 一五〇 | 一五〇 | 三、〇〇〇 | 五〇〇 | 四〇五 | — | 二〇〇 | 四〇〇 | 〇〇四 | 〇〇四 | 〇〇四 | 四〇〇 | — | — | — | — |
| 一三、一三二 | 六、七〇〇 | — | — | 一、一〇〇 | 五、八一〇 | — | — | 三、七〇五 | — | 一〇、七六 | — | 四七〇 | 三〇 | 一六四 | 一五〇 | 一五〇 | 三五、〇〇〇 | 五〇〇 | 四〇一 | — | 二〇〇 | 四〇〇 | 〇〇四 | 〇〇四 | 〇〇四 | 四〇〇 | — | — | — | — |
| 九、一九二 | 七四九 | — | — | 一、四九五 | 二、八九二 | — | — | 三、三八六 | — | 二、一八六 | — | 五五四 | 三二 | 一六八 | 一五〇 | 一五〇 | 三、〇〇〇 | 五〇〇 | 四〇一 | — | 二〇〇 | 四〇〇 | 〇〇四 | 〇〇四 | 〇〇四 | 四〇〇 | — | — | — | — |
| 一〇、〇五九 | 七五〇 | — | — | 八、〇〇〇 | 二、八九二 | — | — | 三、三〇一 | — | 九七八 | — | 二三三 | 二二 | 一七三 | 一五〇 | 一五〇 | 二、〇〇〇 | 五〇〇 | 五〇〇 | — | 二〇〇 | 四〇〇 | 〇〇四 | 〇〇四 | 〇〇四 | 四〇〇 | | — | — | — |
| 一〇、九三四 | 七五〇 | — | — | 八、〇〇〇 | 二、八九二 | — | — | 四、三〇七 | — | 二、九二三 | — | 二九二 | 三七 | 一七三 | 一五〇 | 一四〇 | 二、〇〇〇 | 五〇〇 | 五〇〇 | — | 二〇〇 | 四〇〇 | 〇〇四 | 〇〇四 | 〇〇四 | 四〇〇 | — | — | — | — |

## 蘂取外一村

| 種別 | | 單位 | 大正六年度 | 同 七年度 | 同 八年度 | 同 九年度 | 同 十年度 |
|---|---|---|---|---|---|---|---|
| 面積 | | 方里 | 七三、九〇 | 七三、九〇 | 七三、九〇 | 七三、九〇 | 七三、九〇 |
| 民有地反別 | 田 | 反 | — | — | — | — | — |
| | 畑 | 同 | 一〇三 | 一〇三 | 一〇三 | 一〇三 | 一〇三 |
| | 宅地 | 同 | 三七〇 | 三七〇 | 三七〇 | 三七〇 | 三七〇 |
| | 山林 | 同 | — | — | — | — | — |
| | 原野 | 同 | 二四 | 二四 | 二四 | 二九 | 三九 |
| | 牧場 | 同 | — | — | — | — | — |
| | 其他 | 同 | 二三六 | 二三六 | 二三六 | 二三六 | 二三八 |
| 現住戸數 | | 戸 | 八四 | 八一 | 七四 | 七二 | 六三 |
| 現住人口 | | 人 | 三七一 | 三三三 | 三三一 | 三一六 | 三三〇 |
| 負擔 | 直接國税額 | 圓 | 九三〇 | 九五八 | 八、五一〇 | 四、一二一 | 一、四八二 |
| | 地方税額 | 同 | 三、一四八 | 三、〇八八 | 四、一三二 | 五、一二七 | 六、三八二 |
| | 市町村税額 | 同 | 三、四七九 | 二、九三七 | 三、五三一 | 四、八五四 | 五、一八七 |
| 財政 | 歳入 | 同 | 四、〇一六 | 五、二六九 | 六、四六九 | 七、一二六 | 一五、二八三 |
| 歳出經常部 | 役所役場費 | 同 | — | — | — | — | — |
| | 土木費 | 同 | 二八一 | 六二四 | 五八〇 | 七〇〇 | 六四二 |
| | 教育費 | 同 | 九五四 | 一、三四六 | 二、〇八一 | 二、〇三二 | 一、九八六 |
| | 衛生費 | 同 | 一、〇六八 | 九二六 | 一、一〇九 | 二、三一六 | 二、五八六 |
| | 勸業費 | 同 | 二三 | 一一九 | 一二七 | 一六五 | 三〇 |
| | 其他 | 同 | 一、六九〇 | 二、〇八九 | 二、五七二 | 一、七三三 | 一、九二二 |
| | 計 | 同 | 四、〇一六 | 五、一〇四 | 六、四六九 | 六、九四六 | 七、一六六 |
| 同臨時部 | 計 | 同 | — | 一六五 | — | 一八〇 | 八、一一七 |
| 通計 | | 同 | 四、〇一六 | 五、二六九 | 六、四六九 | 七、一二六 | 一五、二八三 |
| 基本財産 | 動産 | 同 | 一一、一六〇 | 一二、七四二 | 一八、〇八〇 | 二四、四五六 | 二九、八三二 |
| | 不動産 | 同 | 四〇、一一四 | 四〇、一一四 | 四〇、三〇四 | 四〇、三〇四 | 四二、〇六二 |

| 項目 | | | 單位 | | | | | |
|---|---|---|---|---|---|---|---|---|
| 財産 | 學校基本財産 | 動産 | 同 | 一四〇 | 一七九 | 二〇九 | 二四六 | 二八九 |
| | | 不動産 | 同 | 二、七七八 | 二、七七八 | 二、七七八 | 二、七七八 | 二、七七八 |
| | 特別基本財産 | 動産 | 同 | 一、〇三九 | 一、〇四四 | 一、一五五 | 一、一四三 | 一、三八五 |
| | | 不動産 | 同 | — | — | — | — | — |
| | 收益ナキ財産 | 動産 | 同 | — | — | — | — | — |
| | | 不動産 | 同 | 一、五六〇 | 一、四九一 | 一、〇一一 | 一、〇一一 | 一、〇一一 |
| | 一部有財産 | 動産 | 同 | — | — | — | — | — |
| | | 不動産 | 同 | — | — | — | — | — |
| | 積立金穀 | | 同 | 七七七 | 一、七四六 | 二、五〇〇 | 二、八七一 | 一八五 |
| | 罹災救助金 | | 同 | — | — | — | — | — |
| 財産ヨリ生スル收入 | | | 同 | 一、五四七 | 二、二二二 | 三、〇八九 | 三、四三九 | 三、八六三 |
| 市町村債額 | | | 同 | — | — | — | — | — |
| 第三種所得税額 | | | 同 | 六九三 | 七〇八 | 四、八三五 | 三、八四〇 | 一、一六七 |
| 同納税者實人員 | | | 人 | 一一 | 一〇 | 一二 | 七 | 一〇 |
| 課率 | 附加税 | 地價割 | 厘 | 一九二 | 一九二 | 一九九 | 一八八 | 一九三 |
| | | 國税營業税割 | 同 | 一五〇 | 一五〇 | 一五〇 | 一五〇 | 一五〇 |
| | | 所得税割 | 同 | 一五〇 | 一五〇 | 一五〇 | 一五〇 | 一四〇 |
| | | 戸別割 | 同 | 三、〇〇〇 | 二、〇〇〇 | 一、五〇〇 | 一、五〇〇 | 一、五〇〇 |
| | | 地方税營業税割 | 同 | 五〇〇 | 五〇〇 | 五〇〇 | 五〇〇 | 五〇〇 |
| | | 雜種税割 | 同 | 七九二 | 七九二 | 六九六 | 七四六 | 七四六 |
| | 特別税 反別割 | 田 | 同 | — | — | — | — | — |
| | | 畑 | 同 | 一五〇 | 一五〇 | 一〇〇 | 一五〇 | 一五〇 |
| | | 宅地 | 同 | 三〇〇 | 三〇〇 | 二〇〇 | 三〇〇 | 三〇〇 |
| | | 山林 | 同 | 〇〇三 | 〇〇三 | 〇〇二 | 〇〇三 | 〇〇三 |
| | | 原野 | 同 | 〇〇三 | 〇〇三 | 〇〇二 | 〇〇三 | 〇〇三 |
| | | 牧場 | 同 | — | — | — | — | — |
| | | 海産干場 | 同 | 四〇〇 | 四〇〇 | 四〇〇 | 四〇〇 | 四〇〇 |
| | | 雜種地 | 同 | — | — | — | — | — |
| | 特別税 | 建物割 | 同 | — | — | — | — | — |
| | | 牛馬割 | 同 | — | — | — | — | — |
| | | 戸別割 | 同 | — | — | — | — | — |

大正十二年八月十五日印刷
大正十二年八月二十日發行

不許複製

【非賣品】

編纂兼發行者　川西輝昌
北海道廳內務部地方課

印刷者　野澤逸郎
札幌市北三條西二丁目一番地

印刷所　同　野澤活版所

發行所　北海道自治協會
北海道廳內務部地方課內

地方自治法研究復刊大系〔第248巻〕

北海道市町村財政便覧〔大正12年初版〕

日本立法資料全集 別巻 1058

2018(平成30)年6月25日　復刻版第1刷発行　7658-9:012-010-005

編　纂　川　西　輝　昌
発行者　今　井　貴
　　　　稲　葉　文　子
発行所　株式会社信山社

〒113-0033 東京都文京区本郷6-2-9-102東大正門前
Ⓣ03(3818)1019　Ⓕ03(3818)0344
来栖支店〒309-1625 茨城県笠間市来栖2345-1
Ⓣ0296-71-0215　Ⓕ0296-72-5410
笠間才木支店〒309-1611 笠間市笠間515-3
Ⓣ0296-71-9081　Ⓕ0296-71-9082

印刷所　ワイズ書籍
製本所　カナメブックス
用　紙　七洋紙業

printed in Japan　分類 323.934 g 1058

ISBN978-4-7972-7658-9　C3332 ¥28000E

日本立法資料全集 別巻

# 地方自治法研究復刊大系

仏蘭西邑法 和蘭邑法 皇国郡区町村編制法 合巻〔明治11年8月発行〕／箕作麟祥 閲 大井憲太郎 譯／神田孝平 譯
郡区町村編制法 府県会規則 地方税規則 三法綱論〔明治11年9月発行〕／小笠原美治 編輯
郡吏議員必携三新法便覧〔明治12年2月発行〕／太田啓太郎 編輯
郡区町村編制 府県会規則 地方税規則 新法例纂〔明治12年3月発行〕／柳澤武運三 編輯
全国郡区役所位置 郡政必携 全〔明治12年9月発行〕／木村陸一郎 編輯
府県会規則大全 附 裁定録〔明治16年6月発行〕／朝倉達三 閲 若林友之 編輯
区町村会議要覧 全〔明治20年4月発行〕／阪田辨之助 編纂
英国地方制度 及 税法〔明治20年7月発行〕／良保両氏 合著 水野遵 翻訳
鼇頭傍訓 市制町村制註釈 及 理由書〔明治21年1月発行〕／山内正利 註釈
英国地方政治論〔明治21年2月発行〕／久米金彌 翻譯
市制町村制 附 理由書〔明治21年4月発行〕／博聞本社 編
傍訓 市町村制及説明〔明治21年5月発行〕／高木周次 編纂
鼇頭註釈 市町村制俗解 附 理由書 第2版〔明治21年5月発行〕／清水亮三 註解
市制町村制註釈 完 附 市制町村制理由 明治21年初版〔明治21年5月発行〕／山田正賢 著述
市町村制詳解 全 附 市町村制理由〔明治21年5月発行〕／日鼻豊作 著
市制町村制釈義〔明治21年5月発行〕／壁谷可六 上野太一郎 合著
市制町村制詳解 全 附 理由書〔明治21年5月発行〕／杉谷庸 訓點
町村制詳解 附 市制及町村制理由〔明治21年5月発行〕／磯部四郎 校閲 相澤富蔵 編述
傍訓 市制町村制 附 理由〔明治21年5月発行〕／鶴聲社 編
市制町村制 並 理由書〔明治21年7月発行〕／萬字堂 編
市制町村制正解 附 理由〔明治21年6月発行〕／芳川顯正 序文 片貝正晉 註解
市制町村制釈義 附 理由書〔明治21年6月発行〕／清岡公張 題字 樋山廣業 著述
市制町村制釈義 附 理由 第5版〔明治21年6月発行〕／建野郷三 題字 櫻井一久 著
市町村制註解 完〔明治21年6月発行〕／若林市太郎 編輯
市町村制釈義 全 附 市町村制理由〔明治21年7月発行〕／水越成章 著述
市制町村制義解 附 理由〔明治21年7月発行〕／三谷軌秀 馬袋鶴之助 著
傍訓 市制町村制註解 附 理由書〔明治21年8月発行〕／鯰江貞雄 註解
市制町村制註釈 附 市制町村制理由 3版増訂〔明治21年8月発行〕／坪谷善四郎 著
傍訓 市制町村制 附 理由書〔明治21年8月発行〕／同盟館 編
市町村制正解 明治21年第3版〔明治21年8月発行〕／片貝正晉 註釈
市制町村制註釈 完 附 市制町村制理由 第2版〔明治21年9月発行〕／山田正賢 著述
傍訓註釈 日本市制町村制 及 理由書 第4版〔明治21年9月発行〕／柳澤武運三 註解
鼇頭参照 市町村制註解 完 附 理由書及参考諸令〔明治21年9月発行〕／別所富貴 著述
市町村制問答詳解 附 理由書〔明治21年9月発行〕／福井淳 著
市制町村制註釈 附 市制町村制理由 4版増訂〔明治21年9月発行〕／坪谷善四郎 著
市制町村制 並 理由書 附 直接間接税類別 及 実施手続〔明治21年10月発行〕／高崎修助 著述
市町村制釈義 附 理由書 訂正再版〔明治21年10月発行〕／松木堅葉 訂正 福井淳 釈義
増訂 市制町村制註解 全 附 市制町村制理由挿入 第3版〔明治21年10月発行〕／吉井太 註解
鼇頭註釈 市町村制俗解 附 理由書 増補第5版〔明治21年10月発行〕／清水亮三 註解
市町村制施行取扱心得 上巻・下巻 合冊〔明治21年10月・22年2月発行〕／市岡正一 編纂
市制町村制傍訓 完 附 市制町村制理由 第4版〔明治21年10月発行〕／内山正如 著
鼇頭対照 市町村制解釈 附理由書及参考諸布達〔明治21年10月発行〕／伊藤寿 註釈
市制町村制俗解 明治21年第3版〔明治21年10月発行〕／春陽堂 編
市町村制正解 明治21年第4版〔明治21年10月発行〕／片貝正晉 註釈
市制町村制詳解 附 理由 第3版〔明治21年11月発行〕／今村長善 著
町村制実用 完〔明治21年11月発行〕／新田貞橘 鶴田嘉内 合著
町村制精解 完 附 理由書 及 問答録〔明治21年11月発行〕／中目孝太郎 磯谷群爾 註釈
市町村制問答詳解 附 理由 全〔明治22年1月発行〕／福井淳 著述
訂正増補 市町村制問答詳解 附 理由 及 追輯〔明治22年1月発行〕／福井淳 著
市町村制質問録〔明治22年1月発行〕／片貝正晉 編述
傍訓 市町村制 及 説明 第7版〔明治21年11月発行〕／高木周次 編纂
町村制要覧 全〔明治22年1月発行〕／浅井元 校閲 古谷省三郎 編纂
鼇頭 市制町村制 附 理由書〔明治22年1月発行〕／生稲道蔵 略解
鼇頭註釈 町村制 附 理由 全〔明治22年2月発行〕／八乙女盛次 校閲 片野続 編釈
市町村制実解〔明治22年2月発行〕／山田顕義 題字 石黒磐 著
町村制実用 全〔明治22年3月発行〕／小島鋼次郎 岸野武司 河毛三郎 合述
実用詳解 町村制 全〔明治22年3月発行〕／夏目洗蔵 編集
理由挿入 市町村制俗解 第3版増補訂正〔明治22年4月発行〕／上村秀昇 著
町村制市制全書 完〔明治22年4月発行〕／中嶋廣蔵 著
英国市制実見録 全〔明治22年5月発行〕／高橋達 著
実地応用 町村制質疑録〔明治22年5月発行〕／野田籐吉郎 校閲 國吉拓郎 著
実用 町村制市制事務提要〔明治22年5月発行〕／島村文耕 輯解
市町村条例指鍼 完〔明治22年5月発行〕／坪谷善四郎 著

信山社